depressão

A Artmed é a editora oficial da FBTC

Autores

Aaron T. Beck, M.D., é Professor Universitário Emérito de Psiquiatria, Escola de Medicina, Universidade da Pensilvânia, e criador da terapia cognitiva. Autor de 21 livros publicados e mais de 540 artigos em revistas profissionais e científicas. Pela Artmed tem os seguintes títulos: *Terapia cognitiva da depressão, Terapia cognitiva dos transtornos da personalidade, Terapia cognitiva da esquizofrenia, Terapia cognitivo-comportamental para pacientes suicidas, O poder integrador da terapia comportamental, Terapia cognitiva na prática clínica* e *Terapia cognitiva para os transtornos de ansiedade*. O Dr. Beck é beneficiário de inúmeros prêmios, incluindo o Prêmio de Pesquisa Médica Clínica Albert Lasker em 2006, o Prêmio de Realização em Vida da Associação Americana de Psicologia em 2007, o Prêmio por Serviços Notáveis da Associação Americana de Psiquiatria em 2008 e o Prêmio por Pesquisa em Neuropsiquiatria da Fundação Robert J. and Claire Pasarow em 2008. É presidente do Instituto Beck para Terapia e Pesquisa Cognitiva e Presidente Honorário da Academia de Terapia Cognitiva.

Brad A. Alford, Ph.D., é Professor de Psicologia na Universidade de Scranton e coautor com Aaron T. Beck em *O poder integrador da terapia cognitiva* e *Scientific Foundations of cognitive Theory and Therapy of Depression*.

B393d   Beck, Aaron T.
          Depressão : causas e tratamento / Aaron T. Beck, Brad A.
      Alford ; tradução: Daniel Bueno ; revisão técnica: Elisabeth Meyer. –
      Porto Alegre : Artmed, 2011.
          344 p. ; 25 cm.

          ISBN 978-85-363-2572-9

          1. Terapia cognitivo-comportamental – Depressão. I. Alford, Brad A.
      II. Título.

CDU 616.89-008.454

Catalogação na publicação: Ana Paula M. Magnus – CRB 10/2052

depressão
causas e tratamento

2ª edição

Aaron T. **Beck** | Brad A. **Alford**

Tradução:
Daniel Bueno

Consultoria, supervisão e revisão técnica desta edição:
Elisabeth Meyer
Terapeuta cognitivo-comportamental com treinamento no Instituto Beck, Filadélfia-Pensilvânia.
Mestre e doutora em Psiquiatria pela Faculdade de Medicina da UFRGS.

2011

Obra originalmente publicada sob o título *Depression: causes and treatment*, 2.Ed.

ISBN 978-0-8122-1964-7

© 2009 Aaron T. Beck

All rights reserved. Published by arrangement with the University of Pennsylvania Press, Philadelphia, Pennsylvania. No part of this book may be reproduced or transmitted in any form or by any means, electronic or mechanical, including photocopying, or by any information storage and retrieval system, without permission in writing from the University of Pennsylvania Press.

Capa
Gustavo Macri

Preparação do original
Jonas Stocker

Editora Sênior - Ciências Humanas
Mônica Ballejo Canto

Projeto e editoração
Armazém Digital® Editoração Eletrônica – Roberto Carlos Moreira Vieira

Reservados todos os direitos de publicação, em língua portuguesa, à
ARTMED® EDITORA S.A.
Av. Jerônimo de Ornelas, 670 - Santana
90040-340 Porto Alegre RS
Fone (51) 3027-7000 Fax (51) 3027-7070

É proibida a duplicação ou reprodução deste volume, no todo ou em parte, sob quaisquer formas ou por quaisquer meios (eletrônico, mecânico, gravação, fotocópia, distribuição na Web e outros), sem permissão expressa da Editora.

SÃO PAULO
Av. Embaixador Macedo Soares, 10735 - Pavilhão 5 - Cond. Espace Center
Vila Anastácio 05095-035 São Paulo SP
Fone (11) 3665-1100 Fax (11) 3667-1333

SAC 0800 703-3444

IMPRESSO NO BRASIL
PRINTED IN BRAZIL
Impresso sob demanda na Meta Brasil a pedido de Grupo A Educação.

SUMÁRIO

Prefácio à segunda edição 7

Parte I
Aspectos clínicos da depressão

1. A definição de depressão 13
2. Sintomatologia da depressão 21
3. Curso e prognóstico 47
4. Classificação dos transtornos de humor 64
5. Depressão psicótica *versus* não psicótica 77
6. Transtornos bipolares 85
7. Depressão involutiva 98
8. Transtorno esquizoafetivo 104

Parte II
Aspectos experimentais da depressão

9. Estudos biológicos da depressão 122
10. Estudos psicológicos: testes da teoria psicanalítica 150

Parte III
Aspectos teóricos da depressão

11. Teorias da depressão 184
12. Cognição e psicopatologia 193
13. Desenvolvimento da depressão..209

Parte IV
Tratamento da depressão

14. Terapias somáticas 226

15. Psicoterapia 246

16. Avaliando os tratamentos para depressão:
ensaios randomizados controlados 273

Epílogo 292
Apêndice 295
Referências 300
Índice onomástico 328
Índice remissivo 334

PREFÁCIO À SEGUNDA EDIÇÃO

A primeira edição deste livro propôs a pergunta: "O que está definitivamente estabelecido sobre a natureza, causas e tratamento da depressão?". Para respondê-la, Aaron Beck vasculhou milhares de estudos clínicos e controlados e sintetizou a pesquisa representativa sobre os aspectos clínicos, biológicos, psicológicos e teóricos da depressão. De maior importância, ele descreveu um original programa de pesquisa que, em retrospecto, representou um avanço na compreensão dos componentes cognitivos e no tratamento da depressão.

Como a primeira edição, esta apresenta uma atualização e um apanhado geral do que se sabe atualmente sobre a depressão clínica, incluindo desenvolvimentos que ocorreram desde que o livro foi originalmente publicado há quarenta anos e, também como naquele primeiro volume, oferece uma perspectiva histórica. Além disso, o Capítulo 16 apresenta uma revisão dos estudos randomizados controlados que se fundamentaram na teoria e pesquisa cognitiva e a desenvolveram.

O que há de novo na segunda edição? As definições dos transtornos de humor mudaram com o passar do tempo, e novas categorias foram acrescentadas. Hoje reconhecemos a depressão maior como a principal causa de incapacitação no mundo inteiro, dando-lhe maior atenção clínica e investigativa. Nos anos que sucederam a primeira edição deste livro, tipos adicionais de transtorno bipolar foram reconhecidos, e pesquisas foram feitas sobre a relação entre sintomas maníacos e eventos de vida. Novos medicamentos, tais como os inibidores seletivos da recaptação de serotonina (ISRS), foram desenvolvidos. Embora de eficácia comparável (exceto na depressão grave), os ISRS são quimicamente diferentes dos antidepressivos tricíclicos, heterocíclicos e de outros tipos discutidos na primeira edição, além de desfrutarem de várias vantagens sobre aqueles medicamentos de "primeira geração". Os medicamentos mais novos podem provocar menos efeitos colaterais adversos e oferecer maior segurança em caso de *overdose*, além de maior tolerabilidade e adesão do paciente. Os ISRS também podem ser associados ao lítio, psicoestimulantes e outros agentes.

Contudo, ainda hoje existem muitos problemas sem resolução na farmacoterapia. O tratamento medicamentoso da depressão – mesmo utilizando os novos ISRS – ainda acarreta efeitos colaterais indesejáveis, tais como disfunção sexual, a qual afeta 60% dos pacientes. Existem interações potencialmente fatais entre os ISRS e os inibidores da monoaminoxidase (IMAO). Outros efeitos indesejados incluem perturbação gastrointestinal, náusea e sonolência. A eletroconvulsoterapia (ECT) também tem efeitos colaterais, e alternativas estão sendo examinadas, inclusive a estimulação magnética transcraniana (EMT). Descrevemos os resultados e conclusões de estudos preliminares sobre este novo tratamento.

Desde que este livro foi publicado pela primeira vez, houve considerável progresso na compreensão das bases biológicas da depressão. Passos foram dados na identificação da base genética dos transtornos afetivos, incluindo o transtorno esquizoafetivo. A pesquisa sobre as alterações nos neurônios hipocampais e o aumento no tamanho da amígdala parece promissora. São muitas as teorias "neurotróficas" (manter as células vivas) e "neurogenéticas" (estimular o crescimento de novas células) que estão sendo testadas.

Muitos dos aspectos biológicos da depressão ainda continuam incertos, mas o progresso continua. Uma área de pesquisa explora as alterações cerebrais específicas que correspondem aos tratamentos farmacológicos e psicológicos bem-sucedidos da depressão. Por exemplo, estudos focalizaram os efeitos diferenciais na recuperação por tratamento com paroxetina (Aropax) e com terapia cognitiva na modulação de locais específicos em regiões cerebrais límbicas e corticais.

Os pesquisadores continuam identificando os aspectos fisiopatológicos do transtorno depressivo maior, incluindo alterações em diversos sistemas monoaminérgicos cerebrais. Neuropeptídeos, como o hormônio liberador de corticotropina, estão sendo investigados, além de variáveis hormonais, como a segregação de glicocorticoides. A não supressão do cortisol plasmático pela dexametasona foi sugerida como um marcador, embora os mesmos efeitos tenham sido induzidos experimentalmente por privação de sono e jejum alimentar.

Muitos estudos investigaram se marcadores genéticos indicam resposta medicamentosa diferencial, assim possibilitando o tratamento farmacológico individualizado da depressão. A resposta à paroxetina em relação ao polimorfismo do gene transportador de serotonina (5-HTTLPR) constatou que as reduções nas classificações de depressão são mais rápidas em alguns genótipos do que em outros, apesar de concentrações equivalentes de paroxetina. Futuros estudos de farmacogenômica continuarão a identificar marcadores genéticos com o intuito de melhor prever a resposta medicamentosa individual e os motivos para semelhante resposta. O resultado final será a possibilidade de tratamento farmacológico individualizado da depressão.

As abordagens clínicas e psicossociais da depressão fizeram grandes avanços. Hoje sabemos bem mais sobre vulnerabilidade cognitiva, interação da predisposição genética com o estresse infantil e adulto e recaída do que entendíamos uma geração atrás. A maioria dos aspectos da teoria cognitiva da depressão e suicídio foi confirmada empiricamente, inclusive cognições negativamente tendenciosas sobre si próprio, importância da desesperança como indicador, especificidade dos conteúdos dos temas e recordação congruente com o humor. Estudos de pré-ativação cognitiva e de delineamento longitudinal hoje respaldam a teoria da vulnerabilidade cognitiva em adultos, e evidências estão surgindo também quanto às crianças.

Ao redor do mundo, estimulantes programas de pesquisa sobre depressão clínica estão em andamento. As terapias cognitivas focadas nos mecanismos neurobiológicos estão sendo testadas como coadjuvantes para o tratamento convencional. Existe uma crescente apreciação pela natureza biopsicossocial dos transtornos de humor e uma maior sofisticação em relação à ação das terapias psicológicas e somáticas em múltiplas dimensões. A dicotomia entre o fenomenológico e o "biológico" é cada vez mais compreendida como sendo, na realidade, duas faces da mesma moeda. Por exemplo, revisamos um relato que constatou alterações nos níveis do hormônio tireoideo em resposta à terapia cognitiva como tratamento da depressão maior, compatível com o efeito sobre o eixo tireóideo verificado em diversos tratamentos antidepressivos somáticos. Estudos adicionais são necessários para testar os efeitos das terapias cognitivas e somáticas sobre a neurogênese, especialmente no nível celular granular do giro denteado (GD), região hipocampal considerada imprescindível no estabelecimento de novas cognições.

Como assinalado, a pesquisa sobre depressão é vibrante e está sempre mudando. Contudo, além de abordar o novo, esta segunda edição conserva quase que inteiramente a pesquisa e as ideias originais da primeira. A teoria basilar da terapia cognitiva foi especificada naquela época. A Parte I, "Aspectos clínicos da depressão", mantém a pesquisa naturalista sobre os aspectos cognitivos da depressão (Capítulo 2, "Sintomatologia da depressão"). Este trabalho levou à formulação do conteúdo cognitivo que relaciona o sistema cognitivo aos fenômenos afetivos, motivacionais e físicos da depressão (Capítulo 12, "Cognição e psicopatologia"). A Parte II, "Aspectos experimentais da depressão", inclui os testes originais da teoria freudiana que levaram a uma "descoberta anômala",[1] a qual posteriormente gerou um novo sistema de tratamento, a terapia cognitiva. Esta pesquisa também é preservada, como parte do Capítulo 10, inclusive o estudo de sonhos e o inventário de sonhos negativos ("masoquismo") (ver Apêndice).

A Parte III, "Aspectos teóricos da depressão", mantém da primeira edição a ideia original da tríade cognitiva negativa na depressão, além da teoria da mania e outros transtornos, como ansiedade, fobia, somatização, paranoia, transtornos obsessivos-compulsivos e psicose. De modo semelhante, o Capítulo 13, "Desenvolvimento da depressão", articula as várias causas da depressão e tem gerado centenas de estudos. A esses capítulos, novas seções acrescentam descobertas genéticas, sustentação empírica da terapia e teoria integradora, que hoje embasam o sistema cognitivo geral de tratamento. Portanto, grande parte da primeira edição foi mantida na segunda, mas o trabalho anterior foi ampliado e atualizado com as últimas descobertas.

A Parte IV, "Tratamento da depressão", sintetiza os avanços nas terapias somática e psicológica. Analisamos os resultados de estudos randomizados controlados, com especial atenção às comparações entre psicoterapia e medicação antidepressiva. Revisões de metanálises e revisões narrativas convencionais mostram que alguns tratamentos psicológicos e terapias farmacológicas são igualmente viáveis como abordagens clínicas para os transtornos de humor, com limitadas evidências sugerindo a utilização de uma abordagem combinada. Além disso, os dados agora mostram o claro efeito de prevenção de recaída da terapia cognitiva se comparada com o tratamento medicamentoso. Isso inclui terapia cognitiva de grupo para recaída da depressão maior, assim como prevenção de novas tentativas de suicídio em adultos. Além disso, a experiência do terapeuta com terapia cognitiva geralmente está associada a melhores resultados.

Nossa abrangente revisão de estudos bem delineados revela que pacientes deprimidos tratados com intervenções psicológicas tiveram uma taxa de recaída de apenas 30%, comparada com uma taxa de recaída de 69% entre os tratados com farmacoterapia isolada. Revisamos pesquisas que hoje respaldam o uso rotineiro de tratamento de manutenção para depressão. Um estudo importante calculou que a metade de toda a depressão durante os cinco anos após um episódio depressivo maior pode ser evitada por meio de tratamento de manutenção, seja com terapia cognitivo-comportamental, seja com antidepressivos.

Em suma, onde ocorreram avanços significativos, nós os incorporamos nesta revisão do clássico texto de Aaron Beck. Nos casos em que a terminologia é nova, como na classificação dos transtornos, termos atuais substituem termos mais antigos ou são incluídos a seu lado. Na nova edição, portanto, tentamos preservar o material atemporal da primeira edição e abranger todos os avanços oportunos que ocorreram desde então.

Gostaríamos de agradecer pela assistência de pesquisa de Kathleen Shinko, Melissa St. Ledger, Sarah O'Neill, Rachel D'Agostino, Ruslan Denysyk, Mary Donohue, Jennifer Marsala, Patrick Orr, Sarah Tarquini e James Yadavaia.

Agradecemos a Kenneth S. Kendler pela revisão e pelos comentários sobre o manuscrito. Geary S. Alford sugeriu material de fonte original para a seção sobre neurobiologia cognitiva. Donna Rupp converteu o manuscrito para o estilo da Associação

Médica Americana. Krista McGlynn e Kavita Shah ajudaram na revisão.

Por fim, expressamos nosso apreço ao pessoal da Pen Press, que agregou estímulo e inspiração ao desenvolvimento da segunda edição. O diretor Eric Halpern e o editor sênior Jo Joslyn merecem menção especial. A editora Alison Anderson desempenhou papel importante na facilitação do objetivo de preservar o material clássico original e ligá-lo à pesquisa mais recente que dele decorreu de maneira lógica.

O Capítulo 16 é uma versão ampliada do texto Psychotherapeutic treatment of depression and bipolar disorder, de Alford, BA e Beck, AT, publicado em *Physician's Guide to Depression and Bipolar Disorder*, DL Evans & DS Charney (Eds.), New York, McGraw Hill, 2006. Trechos do Capítulo 15 são adaptados da mesma fonte, reproduzidos com a permissão de The McGraw-Hill Companies.

As seguintes tabelas e quadros foram reimpressos ou adaptados com permissão dos proprietários de direitos autorais:

Tabela 1.1 de Lopez AD, Murray CJL, The global burden of disease, *Nature Medicine* 1998;4:1241-1243.

Tabelas 1.2, 3.1, Quadros 4.1, 4.2, 4.3, 4.4, 6.1, 6.2, 6.3, 8.1 da American Psychiatric Association, *Diagnostic and statistical manual of mental disorders*, 4th ed., textual revisions (DSM-IV-TR) (Washington, DC: APA, © 2000).

Tabela 1.3 de Kessler RC, Chiu WT, Demler O, Walters EE, Prevalence, severity, and comorbidity of 12-month DSM-IV disorders in the National Comorbidity Survey Replication, *Archives of General Psychiatry* 2005; 62, 616-627.

Tabelas 1.4, 1.5 de Kessler RC, Berglund P, Demler O, Jin R, Walters EE, Lifetime prevalence and age-of-onset distributions of DSM-IV disorders in the National Comorbidity Survey Replication, *Archives of General Psychiatry* 2005;62,593-602.

Tabela 3.5 de Lundquist G, Prognosis and course in manic-depressive psychoses. *Acta Psychiat. Neurol. Suppl.* 1945;35.

Tabela 3.6 de Kiloh G, Andrews G, Neilson M, The long-term outcome of depressive illness, *British Journal of Psychiatry* 1988; 153:752-757.

Tabela 3.7 de Riso LP, Blandino JA, Penna S, Dacey S, Grant MM, Toit PL, Duin JS, Pacoe EM, Ulmer CS, Cognitive aspects of chronic depression. *Journal of Abnormal Psychology* 2003; 112:72-80 (com permissão da American Psychological Association).

Tabelas 8.1, 8.2 de Bertelsen A, Gottesman II, Schizoaffective psychoses: genetical clues to classification. *American Journal of Medical Genetics* 1995;60: 7-11.

Tabela 9.2 de McGuffin R, Rijsdijk F, Andrew M, Sham P, Katz R, Cardno A, The heritability of bipolar affective disorder and the genetic relationship to unipolar depression. *Archives of General Psychiatry* 2003;60:497-502.

Tabelas 14.2, 14.5 de Masand PS, Gupta S, Selective serotonin-reuptake inhibitors: an update. *Harvard Review of Psychiatry* 1999;7:69-84 (com permissão de Taylor & Francis Group, LLC).

Tabela 14.3 de Johnson GF, Lithium in depression: A review of the antidepressant and prophylactic effects of lithium. *Australian and New Zealand Journal of Psychiatry* 1987;21:356-365.

Quadro 14.1 de Baldessarini RJ, Tonodo L, Hennen J, Viguera AC, Is lithium still worth using? An update of selected recent research. *Harvard Review of Psychiatry* 2002; 10:59-75 (com permissão de Taylor & Francis Group, LLC).

PARTE I

Aspectos clínicos da depressão

1
A DEFINIÇÃO DE DEPRESSÃO

PARADOXOS DA DEPRESSÃO

Um dia talvez a depressão venha a ser compreendida em termos de seus paradoxos. Existe, por exemplo, um contraste impressionante entre a imagem que a pessoa deprimida tem de si mesma e os fatos objetivos. Uma mulher rica lamenta-se por não ter recursos financeiros para alimentar seus filhos. Um ator de cinema amplamente reconhecido implora por uma cirurgia plástica por acreditar-se feio. Uma física eminente repreende-se "por ser burra".

Apesar do sofrimento vivenciado em decorrência dessas ideias autodepreciativas, os pacientes não são facilmente demovidos por evidências objetivas ou por demonstrações lógicas da natureza insensata desses pensamentos. Além disso, os pacientes com frequência praticam atos que parecem aumentar seu sofrimento. O homem abastado veste andrajos e humilha-se publicamente implorando por dinheiro para sustentar a si e sua família. Um clérigo com uma reputação impecável tenta se enforcar porque se diz "o pior pecador do mundo". Um cientista cujo trabalho foi confirmado por numerosos investigadores independentes "confessa" publicamente que suas descobertas eram uma farsa.

Atitudes e comportamentos como esses são muito intrigantes – superficialmente, ao menos –, pois parecem contradizer alguns dos axiomas mais fortemente estabelecidos da natureza humana. De acordo com o "princípio do prazer", os pacientes deveriam buscar maximizar as satisfações e minimizar a dor. Segundo este há muito respeitado conceito de instinto de autopreservação, esses indivíduos deveriam tentar prolongar a vida, e não terminar com ela.

Ainda que a depressão (ou melancolia) seja reconhecida como uma síndrome clínica há mais de 2 mil anos, até hoje não foi encontrada uma explicação plenamente satisfatória de suas características intrigantes e paradoxais. Ainda existem importantes questões não resolvidas sobre sua natureza, classificação e etiologia. Entre essas questões estão as seguintes:

1. A depressão é o exagero de um estado de humor vivenciado por indivíduos normais, ou é qualitativa e quantitativamente diferente de um estado de humor normal?
2. Quais são as causas, as características definidoras, os resultados e os tratamentos efetivos da depressão?
3. A depressão é um tipo de reação (conceito meyeriano) ou uma doença (conceito kraepeliniano)?
4. A depressão é causada principalmente por estresse psicológico e conflito, ou está basicamente relacionada a uma desordem biológica?

Não existem respostas universalmente aceitas para essas perguntas. Na verdade, há uma nítida discórdia entre os clínicos e investigadores que escreveram sobre depressão. Há considerável controvérsia quanto à classificação da depressão, e alguns escritores não vêem justificativa para utilizar essa categoria nosológica. A natureza e a etiologia da depressão estão sujeitas a opiniões ainda mais divididas. Algumas autoridades afirmam que a depressão é sobretudo um transtorno psicogênico; outras asseveram que ela é causada por fatores orgânicos. Um terceiro grupo defende o conceito de dois tipos diferentes de depressão: um psicogênico e outro orgânico.

PREVALÊNCIA DA DEPRESSÃO

A importância da depressão é reconhecida por todos no campo da saúde mental. Segundo Kline,[1] a depressão tem causado mais sofrimento humano do que qualquer outra das doenças que afetam a humanidade. A depressão só fica atrás da esquizofrenia nas primeiras e segundas internações em hospitais psiquiátricos nos Estados Unidos, e estima-se que a prevalência da depressão fora dos hospitais é cinco vezes maior do que a da esquizofrenia.[2] Murray e Lopez[3] constataram que, mundialmente, a depressão unipolar foi a segunda maior causa de invalidez em 1990, medida em anos vividos com alguma invalidez. A depressão unipolar foi responsável por mais do que um de cada dez anos vividos com alguma invalidez.

Há mais de 40 anos, um levantamento sistemático da prevalência da depressão em uma área geográfica bem definida indicou que 3,9% da população de mais de 20 anos de idade sofria de depressão em algum momento especificado.[4] De acordo com a quarta edição do *Manual Diagnóstico e Estatístico de Transtornos Mentais (DSM-IV)* da Associação Psiquiátrica Americana (APA),[5] a probabilidade de desenvolvermos transtorno depressivo maior durante nossa vida é de 12 a 15% para os homens e de 10 a 25% para as mulheres. Em qualquer ponto no tempo ("prevalência pontual"), de 2 a 3% da população masculina e de 5 a 9% da feminina sofrem de depressão maior. Piccinelli[6] analisou os estudos sobre diferenças de gênero na depressão e constatou que as diferenças de gênero se iniciam em meados da puberdade e continuam durante a vida adulta.

TABELA 1.1
Principais causas de invalidez no mundo (1990)

	Total de anos vividos com deficiência (milhões)	Porcentagem do total
Todas as causas	427,7	
1. Depressão maior unipolar	50,8	10,7
2. Anemia por deficiência de ferro	22,0	4,7
3. Quedas	22,0	4,6
4. Uso de álcool	15,8	3,3
5. Doença pulmonar obstrutiva crônica	14,7	3,1
6. Transtorno bipolar	14,1	3,0
7. Anomalias congênitas	13,5	2,9
8. Osteoartrite	13,3	2,8
9. Esquizofrenia	12,1	2,6
10. Transtorno obsessivo-compulsivo	10,2	2,2

Adaptado de Lopez e Murray (1998). Para dados atualizados da OMS, visite http://www.who.int/mental_health/management/depression/definition/en/

TABELA 1.2
Prevalência de transtorno depressivo maior por gênero (%)

	Homens	Mulheres
Na vida	5 a 12	10 a 25
Prevalência pontual	2 a 3	5 a 9

Adaptado de DSM-IV-TR.

Prevalência e intensidade por tipos e idade de início

As taxas de prevalência na vida de outros transtornos de humor (ver Capítulo 4 para distinções entre os tipos) são descritas no *DSM-IV*[5] como segue: transtorno distímico, 6%; bipolar I, 0,4-1,6%; bipolar II, 0,5%; ciclotímico, de 0,4 - 1%. O Instituto Nacional de Saúde Mental (EUA)[7] relata que 18,8 milhões de americanos adultos (9,5% da população de 18 anos ou mais) em um dado ano sofre de algum tipo de transtorno depressivo. O transtorno depressivo maior é a principal causa de invalidez nas economias de mercado consagradas ao redor do mundo.[7]

A prevalência em 12 meses e as taxas de gravidade são fornecidas por Kessler e colaboradores.[8] O U.S. National Comorbidity Survey Replication incluiu um levantamento domiciliar face a face de representatividade nacional realizado entre fevereiro de 2001 e abril de 2003. O estudo empregou uma entrevista diagnóstica estruturada, uma versão da Composite International Diagnostic Interview, da World Mental Health Survey Initiative, da Organização Mundial da Saúde (OMS). Os participantes incluíram 9.282 entrevistados fluentes em inglês com 18 anos ou mais. A prevalência em 12 meses e as estimativas dos transtornos de humor desse estudo constam na Tabela 1.3.

As taxas de idade de início e prevalência (a probabilidade de sofrer de um transtorno do humor em algum momento na vida) são apresentadas nas Tabelas 1.4 e 1.5.[9]

TABELA 1.3
Prevalência em 12 meses e gravidade dos transtornos de humor (%)

		Intensidade		
	Total	Grave	Moderada	Leve
Transtorno depressivo maior	6,7	30,4	50,1	19,5
Distimia	1,5	49,7	32,1	18,2
Transtornos bipolares I e II	2,6	82,9	17,1	0
Qualquer transtorno de humor	9,5	45,0	40,0	15,0

Adaptado de Kessler et al. (2005).

TABELA 1.4
Percentis selecionados sobre distribuições de idade de início padronizadas dos transtornos de humor do DSM-IV/WMH-CIDI, com risco na vida projetado aos 75 anos

	Risco na vida projetado aos 75 anos (%)	Idade em percentis de idade de início selecionados							
		5	10	25	50	75	90	95	99
Transtorno depressivo maior	23,2	12	14	19	32	44	56	64	73
Distimia	3,4	7	11	17	31	43	51	57	73
Transtornos bipolares I e II	5,1	11	13	17	25	42	50	57	65
Qualquer transtorno de humor	28,0	11	13	18	30	43	54	63	73

Adaptado de Kessler et al. (2005).

TABELA 1.5
Prevalência (%) ao longo da vida dos transtornos por idade

		Idade			
	Total	18-29	30-44	45-59	>60
Transtorno depressivo maior	16,6	15,4	19,8	18,8	10,6
Distimia	2,5	1,7	2,9	3,7	1,3
Transtornos bipolares I e II	3,9	5,9	4,6	3,5	1,0
Qualquer transtorno de humor	20,8	21,4	24,6	22,9	11,9

Adaptado de Kessler et al. (2005).

CONCEITOS DESCRITIVOS DA DEPRESSÃO

A condição que hoje rotulamos de depressão foi descrita por alguns autores antigos sob a categoria de "melancolia". A primeira descrição clínica da melancolia foi feita por Hipócrates no século IV a.C. Ele também se referiu a oscilações semelhantes a mania e depressão.[10]

Aretaeus, um médico que viveu no século II d.C., descreveu o paciente melancólico como "triste, consternado, insone [...] Eles emagrecem por causa de sua agitação e perda do sono reparador [...] Em idade mais avançada, queixam-se de milhares de futilidades e desejam a morte". É digno de nota que Aretaeus delineou especificamente o ciclo maníaco-depressivo. Algumas autoridades acreditam que ele antecipou a síntese de Kraepelin da psicose maníaco-depressiva, mas Jelliffe desconsidera esta hipótese.

No século II d.C., Plutarco apresentou uma descrição particularmente vívida e detalhada da melancolia:

> Ele vê a si mesmo como alguém que os Deuses odeiam e perseguem com sua raiva. Um mal muito pior o aguarda; ele não ousa tentar evitar ou remediar tal mal, por medo de encontrar-se lutando contra os deuses. O médico e o amigo consolador são afastados. "Deixe-me", diz o infeliz, "eu, o ímpio, o amaldiçoado, odiado pelos deuses, sofrer meu castigo". Senta-se ao relento, enrolado em aniagem ou em trapos imundos. Vez ou outra rola nu sobre a sujeira,

confessando sobre um ou outro pecado. Ele comeu ou bebeu algo errado. Fez alguma coisa ou outra que o Ser Divino não aprovou. Os festejos em homenagem aos deuses não lhe trazem prazer e sim enchem-no de medo ou pavor. (citado em Zilboorg[11])

No início do século XIX, Pinel descreveu a melancolia da seguinte maneira:

> Os sintomas geralmente abarcados pelo termo melancolia são taciturnidade, um ar pensativo sério, suspeitas soturnas e amor à solidão. Esses traços, sem dúvida, parecem distinguir a personalidade de alguns homens com boa saúde e frequentemente em circunstâncias prósperas. Contudo, nada pode ser mais abominável do que a figura do melancólico remoendo seus imaginários infortúnios. Se ademais possuído de poder, e dotado de uma disposição perversa e de um coração sanguinário, a imagem torna-se ainda mais repulsiva.

Esses relatos guardam uma semelhança impressionante com as descrições de depressão dos livros modernos e são similares também às descrições autobiográficas contemporâneas, como as de Clifford W. Beers.[12] Os sinais e sintomas cardinais atualmente utilizados no diagnóstico da depressão encontram-se nas descrições antigas: humor perturbado (triste, consternado, inútil), autopunições ("o amaldiçoado, odiado pelos deuses"), comportamentos autodepreciativos ("enrolado em aniagem ou em trapos imundos", "rola nu sobre a sujeira"), desejo de morrer, sintomas físicos e vegetativos (agitação, perda de apetite e peso, insônia), e delírios de ter cometido pecados imperdoáveis.

As descrições da depressão mencionadas incluem as características típicas dessa condição. Poucas são as síndromes psiquiátricas que têm descrições clínicas tão constantes ao longo de sucessivas épocas da história (para descrições da depressão através dos tempos, ver Burton[13]). É digno de nota que as descrições históricas da depressão indicam que se observam manifestações desse transtorno em todos os aspectos do comportamento, incluindo as divisões psicológicas tradicionais de afeição, cognição e conação.

Uma vez que a perturbação das emoções é uma característica marcante da depressão, tornou-se comum considerar tal condição um "transtorno primário de humor" ou um "transtorno afetivo". A importância central atribuída ao componente emocional da depressão é exemplificada pelo uso de listas de adjetivos afetivos para definir e medir o transtorno. A representação da depressão como um transtorno afetivo é tão enganosa quanto seria descrever a escarlatina como uma "doença de pele" ou como uma "desordem basicamente febril". Existem muitos outros componentes da depressão além dos desvios de humor. Em uma significativa parcela dos casos, não se observa absolutamente nenhuma anormalidade no paciente. Em nosso atual nível de conhecimento, não sabemos qual componente do quadro clínico da depressão é o principal ou se esses componentes são simplesmente manifestações externas de algum processo patológico desconhecido.

A depressão pode hoje ser definida em termos dos seguintes atributos:

1. Alteração específica no humor: tristeza, solidão, apatia.
2. Autoconceito negativo associado a autorrecriminações e autoacusações.
3. Desejos regressivos e autopunitivos: desejos de fugir, esconder-se ou morrer.
4. Alterações vegetativas: anorexia, insônia, perda da libido.
5. Alteração no nível de atividade: retardo psicomotor ou agitação.

SEMÂNTICA DA DEPRESSÃO

Uma das dificuldades de se conceituar a depressão é essencialmente semântica: o termo tem sido variavelmente aplicado para designar um determinado tipo de sentimento ou sintoma, um complexo de sintomas (ou síndrome) e uma patologia bem definida.

É comum indivíduos normais dizerem que estão deprimidos quando observam qualquer queda em sua disposição de ânimo para um nível mais baixo do que o costumeiro. O indivíduo que vivencia tristeza ou solidão transitória pode dizer que está deprimido. É discutível se essa disposição de ânimo *normal* equivale ao sentimento vivenciado na condição anormal da depressão ou mesmo se tem alguma relação com ela. Seja como for, quando alguém se queixa de estar se sentindo exageradamente desanimado, desesperançado ou infeliz, o termo *deprimido* com frequência é usado para rotular esse estado subjetivo.

O termo *depressão* muitas vezes é usado para designar um complexo padrão de desvios nos sentimentos, na cognição e no comportamento (descritos na seção anterior) não representado como um transtorno psiquiátrico distinto. Nestes casos, a depressão é considerada uma síndrome ou complexo de sintomas. O aglomerado de sinais e sintomas às vezes é conceituado como uma dimensão psicopatológica cuja intensidade (ou grau de anormalidade) varia de leve a grave. A síndrome da depressão pode ser concomitante a um transtorno psiquiátrico definido, tal como a reação esquizofrênica; nesse caso, o diagnóstico seria "reação esquizofrênica com depressão". Às vezes, a síndrome é uma manifestação secundária ou uma afecção orgânica do cérebro, como, por exemplo, paresia cerebral ou arteriosclerose cerebral.

Por fim, o termo *depressão* tem sido usado também para designar uma entidade nosológica distinta. Geralmente é qualificado por algum adjetivo para indicar determinado tipo ou forma, como, por exemplo, depressão reativa, depressão agitada ou reação psicótico-depressiva. Quando a depressão é conceituada como uma entidade clínica específica, presume-se que possui alguns atributos consistentes além dos sinais e sintomas característicos; esses atributos incluem um tipo especificável de início, curso, duração e resultado.

O sistema de classificação da APA (APA)[5] ilustra alguns desses aspectos. A APA categoriza os transtornos de humor em

1. transtornos depressivos (depressão unipolar) e
2. transtornos bipolares.

No primeiro tipo, não há história de episódio maníaco ou hipomaníaco; no segundo, existe essa história.

Os transtornos depressivos incluem transtorno depressivo maior e transtorno distímico. O transtorno depressivo maior é definido por um ou mais episódios depressivos. Tais episódios incluem 2 semanas de humor deprimido ou perda de interesse e no mínimo quatro sintomas de depressão adicionais. O transtorno distímico é, em parte, definido por ao menos 2 anos de humor deprimido de baixa intensidade, e a pessoa está deprimida na maior parte dos dias. Os transtornos bipolares geralmente são acompanhados por episódios de depressão maior e divididos em dois tipos: bipolar I e bipolar II.[5] A classificação dos transtornos de humor será considerada mais minuciosamente no Capítulo 4.

Na medicina, presume-se que uma entidade clínica ou doença responda a formas específicas de tratamento (não necessariamente já descobertos) e tenha uma etiologia específica. Existe um considerável conjunto de evidências indicativas de que a depressão responde a certas drogas e/ou eletroconvulsoterapia (ECT), mas ainda não existe consenso sobre sua etiologia. Essa questão será adicionalmente analisada na Parte II, "Aspectos Experimentais da Depressão".

DEPRESSÃO E ESTADOS DE HUMOR NORMAIS

Existe bastante discussão entre os estudiosos sobre a relação entre a depressão e mudanças de humor vivenciadas por indivíduos normais. A palavra *humor* geralmente é aplicada a um espectro de sentimentos que vão da euforia e felicidade em um extremo à tristeza e infelicidade no outro. Os sentimentos particulares abrangidos por essa palavra, em consequência, estão diretamente relacionados ou à felicidade ou à tristeza. Estados subjetivos, tais como ansiedade ou raiva, que não se enquadram nas categorias de felicidade e tristeza geralmente não são incluídos. Alguns autores[14] acreditam que todos os indivíduos têm oscilações de humor e que indivíduos normais podem apresentar momentos de tristeza ou dias tristes. Esta crença tem sido respaldada por estudos sistemáticos das oscilações de humor em sujeitos normais.[15]

Os episódios de humor deprimido ou de tristeza que ocorrem nos indivíduos normais assemelham-se, em diversos aspectos, aos estados clínicos da depressão. Em primeiro lugar, existe uma semelhança entre as descrições da experiência subjetiva do humor deprimido normal e da depressão. As palavras usadas para descrever o humor deprimido normal tendem a ser as mesmas usadas por depressivos para descrever seus sentimentos – *triste, infeliz, vazio, mal, solitário*. Contudo, é possível que esta semelhança se deva ao fato de que os pacientes deprimidos utilizam vocabulário familiar para descrever um estado patológico para o qual não dispõem de palavras. Na verdade, alguns pacientes afirmam que seus sentimentos durante suas depressões são muito diferentes de qualquer sentimento já vivenciado quando não estavam clinicamente deprimidos.

Em segundo lugar, o comportamento do paciente deprimido se assemelha ao de uma pessoa que está triste ou infeliz, principalmente na expressão facial lúgubre e na voz baixa. Em terceiro lugar, algumas das manifestações vegetativas e físicas características da depressão podem ser observadas em indivíduos que estão se sentindo tristes mas que não seriam considerados clinicamente deprimidos. Uma pessoa que é reprovada em uma prova, que perde um emprego ou que recebe um fora pode não apenas se sentir desanimada e desamparada, mas também apresentar anorexia, insônia e fadiga. Por fim, muitos indivíduos vivenciam estados de tristeza que parecem oscilar de maneira regular ou rítmica, independentemente de estímulos externos, sugerindo variações rítmicas na intensidade da depressão.[15]

A semelhança entre depressão e humor deprimido de indivíduos normais levou ao conceito de que o patológico é simplesmente uma exacerbação do normal. À primeira vista, essa conclusão parece plausível. Como será discutido no Capítulo 2, cada sintoma de depressão pode ter sua intensidade graduada ao longo de uma dimensão, e as intensidades mais leves são com certeza semelhantes aos fenômenos observados em indivíduos normais que se sentem tristes.

Em respaldo à perspectiva da continuidade, Hankin e colaboradores[16] utilizaram os procedimentos taxométricos de Meehl para analisar a estrutura da depressão em uma amostra de crianças e adolescentes. Levando em conta a assimetria dos sintomas depressivos, os autores descreveram a depressão nos jovens como um construto dimensional, não categórico. Ao discutirem as implicações de suas descobertas, Hankin e colaboradores[16] assinalam que o poder estatístico da pesquisa aumenta com a utilização de escores distribuídos de forma contínua, assim auxiliando a capacidade dos pesquisadores de identificar corretamente as verdadeiras causas e consequências da depressão.

À semelhança das descobertas de Hankin e colaboradores,[17] Haslam e Beck[18] utilizaram procedimentos taxométricos para testar a distinção (descontinuidade) de cinco subtipos hipotéticos de depressão maior, incluindo as formas endógena, sociotrópica, autônoma, autocrítica e desesperançada. O estudo utilizou perfis de sintomas e de personalidade autorrelatados de 531 pacientes ambulatoriais consecutivamente atendidos e diagnosticados com depressão maior. As características dos respectivos subtipos não apresentaram a covariância prevista, excetuando-se o subtipo endógeno.[18]

Pode-se afirmar que muitos estados patológicos que parecem situar-se em um *continuum* com o estado normal diferem do estado normal em sua qualidade essencial. Para ilustrar isso, considere-se uma analogia entre os desvios de humor e os desvios da temperatura corporal interna. Ainda que mudanças acentuadas na temperatura corporal estejam no mesmo *continuum* que temperaturas normais, os fatores subjacentes que produzem os grandes desvios não são uma extensão do estado normal de saúde: uma pessoa pode ter uma doença (por exemplo, febre tifoide) que se manifesta por uma progressão serial na temperatura e contudo é categoricamente diferente do estado normal. Do mesmo modo, o desvio de humor observado na depressão pode ser a manifestação de um processo patológico que é diferente do estado normal.

Não há consenso absoluto entre as autoridades sobre a relação entre depressão e oscilações de humor normais. Alguns escritores, notavelmente Kraepelin e seus seguidores, consideram a depressão uma doença bem definida, muito distinta do humor normal. Esses autores postularam a presença de uma desorganização biológica profunda como o fator essencial na depressão. Este conceito de uma dicotomia entre saúde e doença é em geral compartilhado pela *escola somatogênica*. Os *ambientalistas* parecem favoráveis à hipótese da continuidade. Em seu ponto de vista, existe uma série contínua de reações de humor que variam de normais a extremas em um indivíduo especialmente suscetível. A escola psicobiológica criada por Adolph Meyer tende a favorecer esta visão.

A resposta final para a questão de haver uma dicotomia ou continuidade entre humor normal e depressão terá que esperar até que a questão da etiologia da depressão esteja plenamente resolvida.

2
SINTOMATOLOGIA DA DEPRESSÃO

ESTUDOS SISTEMÁTICOS

Como afirmado no Capítulo 1, observa-se uma notável consistência nas descrições de depressão desde tempos antigos. Contudo, embora tenha havido unanimidade entre os escritores sobre algumas de suas características, tem havido pouca concordância sobre outras. Os sinais e sintomas essenciais, tais como humor deprimido, pessimismo, autocrítica e agitação ou retardo psicomotor parecem ter sido universalmente aceitos. Outros sinais e sintomas que foram considerados inerentes à síndrome depressiva incluem sintomas autonômicos, constipação, dificuldade de concentração, pensamento lento e ansiedade. Em 1953, Campbell[1] listou 29 manifestações médicas de perturbação autonômica, entre as quais as mais comuns nos maníaco-depressivos eram calores, taquicardia, dispneia, fraqueza, dores de cabeça e tontura, frio e dormência nas extremidades do corpo.

Pouquíssimos estudos sistemáticos tiveram por objetivo delinear os sinais e sintomas característicos da depressão. Cassidy e colaboradores[2] compararam a sintomatologia de 100 pacientes diagnosticados como maníaco-depressivos com um grupo-controle de 50 pacientes com diagnósticos de doenças médicas reconhecidas. A frequência dos sintomas específicos foi determinada pedindo-se que os pacientes respondessem a um questionário com 199 perguntas. Entre os sintomas que eram confirmados com frequência significativamente maior pelos participantes no grupo psiquiátrico estavam anorexia, perturbação do sono, humor deprimido, pensamentos suicidas, choro, irritabilidade, medo de perder o controle, má concentração e delírios.

É interessante observar que Cassidy e seus colaboradores constataram que somente 25% dos pacientes no grupo maníaco-depressivo pensavam que se recuperariam, comparados com 61% dos que apresentavam doença médica. Isso é indicativo da tendência ao pessimismo característica dos maníaco-depressivos: quase todos eles poderiam esperar uma recuperação completa, em contraste com o número de pacientes com doenças incuráveis no grupo-controle. Alguns sintomas às vezes atribuídos aos maníaco-depressivos, tais como constipação, foram encontrados em proporções semelhantes nos dois grupos.

Campbell relatou uma alta frequência de sintomas médicos, geralmente atribuídos a um desequilíbrio autonômico, entre os maníaco-depressivos. O estudo de Cassidy, contudo, constatou que a maioria desses sintomas médicos ocorreu ao menos com a mesma frequência em pacientes clinicamente doentes quanto em maníaco-depressivos. Além disso, muitos desses sintomas foram encontrados em um grupo-controle de pacientes saudáveis. Cefaleias, por exemplo, foram relatadas por 49% dos pacientes maníaco-depressivos, 36% dos controles com doenças médicas e 25% dos controles saudáveis. Quando os sintomas dos pacientes maníaco-depressivos, neuróticos ansiosos e histéricos foram comparados, constatou-se que sintomas autonômicos ocorreram ao menos com a mesma frequência nos dois últimos grupos que no grupo de maníaco-depressivos. Palpitação, por exemplo, foi relatada por 56% dos maníaco-depressivos, 94% dos neuróticos ansiosos e 76% dos histéricos. Portanto, parece claro que os sintomas autonômicos não são especificamente característicos dos transtornos maníaco-depressivos.

No início dos anos 1960, duas investigações sistemáticas da sintomatologia dos transtornos depressivos foram realizadas para delinear o quadro clínico típico, bem como para sugerir subgrupos típicos de depressão.[3,4] Entretanto, como os estudos de caso contavam basicamente com pacientes deprimidos e não incluíam um grupo-controle de pacientes psiquiátricos não deprimidos para comparação, não foi possível determinar quais conjuntos de sintomas seriam característicos da depressão ou de seus vários subgrupos e quais ocorreriam em qualquer paciente psiquiátrico ou mesmo em indivíduos normais.

O material a seguir foi reproduzido na íntegra da primeira edição, com pequenas atualizações de linguagem. O capítulo termina com uma breve seção sobre variações nos sintomas por idade e cultura da forma como são compreendidos no século XXI.

Após uma análise das principais queixas, os sintomas de depressão são descritos sob quatro principais aspectos:

1. emocionais;
2. cognitivos;
3. motivacionais;
4. físicos e vegetativos.

A isso, segue-se uma seção sobre delírios e alucinações. Algumas dessas divisões podem parecer arbitrárias, e não resta dúvida de que alguns dos sintomas descritos separadamente podem apenas ser diferentes facetas do mesmo fenômeno. Não obstante, parece-nos necessário neste ponto apresentar a sintomatologia da maneira mais ampla possível, apesar da inevitável sobreposição. Segue-se uma seção sobre observação comportamental à categorização dos sintomas.

As descrições nesta última seção foram obtidas pela observação direta do comportamento não verbal e verbal dos pacientes.

QUEIXA PRINCIPAL

A queixa principal apresentada por pacientes deprimidos com frequência aponta imediatamente para o diagnóstico de depressão, embora às vezes ela sugira uma perturbação física. Por meio de um questionamento habilidoso geralmente é possível determinar se a sintomatologia depressiva básica está presente.

A queixa principal assume diversas formas:

1. um estado emocional desagradável;
2. uma mudança de atitude perante a vida;
3. sintomas somáticos de natureza especificamente depressiva;
4. sintomas somáticos não típicos de depressão.

As queixas subjetivas mais comuns[5] incluem declarações como estas: "Eu me sinto infeliz", "Eu só me sinto sem esperança", "Estou desesperado", "Estou preocupado com tudo". Embora a depressão geralmente seja considerada um transtorno afetivo, deve-se enfatizar que nem todos os pacientes deprimidos relatam uma mudança subjetiva no humor. Como em muitos outros transtornos, a ausência de uma característica clínica importante não descarta o diagnóstico daquele transtorno. Em nosso estudo, por exemplo, apenas 53% dos pacientes ligeiramente deprimidos reconheciam sentirem-se tristes ou infelizes.

Às vezes a queixa principal assume a forma de uma mudança nas ações, reações ou atitudes perante a vida. Por exemplo, o paciente pode fazer as seguintes afirmações: "Eu não tenho mais objetivo algum", "Eu não me importo mais com o que acontece comigo", "Eu não vejo mais sentido em viver". Às vezes a queixa principal é um sentimento de frivolidade com relação à vida.

A queixa principal do paciente deprimido também pode se referir a algum sintoma físico que é característico da depressão. O paciente queixa-se de fadiga, falta de energia ou perda de apetite. Às vezes os pacientes se queixam de alguma mudança na aparência ou nas funções corporais, como começarem a parecer velhos ou a ficar feios. Outros se queixam de algum sintoma físico considerável, como "Meu intestino está trancado".

Pacientes deprimidos atendidos em clínicas médicas ou que consultam clínicos gerais ou de medicina interna com frequência apresentam algum sintoma sugestivo de uma doença física.[6] Em muitos casos, o exame físico não revela qualquer anormalidade física. Em outros, alguma pequena anormalidade pode ser encontrada, mas sua intensidade é insuficiente para explicar a magnitude do desconforto do paciente. Em uma avaliação adicional, o paciente pode admitir uma mudança de humor, mas tende a atribuir isso aos sintomas somáticos.

Dor localizada ou generalizada intensa com frequência é o principal foco de queixa de um paciente. Bradley[7] descreveu 35 casos de depressão em que a principal queixa era intensa dor localizada. Em cada caso, sentimentos de depressão eram espontaneamente relatados pelo paciente ou revelados em entrevista. Nos casos em que a dor estava integralmente ligada à depressão, a dor foi curada quando a depressão foi resolvida. Kennedy[8] e Von Hagen[9] relataram que a dor associada à depressão respondeu à eletroconvulsoterapia (ECT).

Cassidy e colaboradores[2] analisaram as principais queixas de pacientes maníaco-depressivos. Essas queixas foram divididas em várias categorias:

1. psicológica;
2. médica localizada;
3. médica generalizada;
4. médica e psicológica associada;
5. médica, geral e local;
6. sem informações claras.

Algumas das queixas típicas em cada categoria são listadas a seguir:

1. *Psicológica* (58%): "estou deprimido"; "não posso esperar nada"; "tenho medo de ficar sozinho"; "não me interesso por nada"; "não consigo lembrar nada"; "fico desanimado e magoado"; "estou baixo astral e cego de raiva"; "estou fazendo coisas idiotas"; "estou todo confuso"; "às vezes fico muito infeliz"; "fico enfurnado em casa".
2. *Médica localizada* (18%): "sinto a cabeça pesada"; "sinto uma pressão na garganta"; "tenho dores de cabeça"; "urino com muita frequência"; "sinto dor na cabeça como um balão que estoura"; "fico com o estômago revirado".
3. *Médica generalizada* (11%): "estou cansado"; "estou exausto"; "eu me sinto exaurido"; "canso fácil"; "fico apreensivo principalmente à noite"; "não consigo fazer meu trabalho, não me sinto forte"; "eu tremo como uma folha".
4. *Médica e psicológica* (2%): "fico apavorado e não consigo respirar"; "sinto o pescoço duro e tenho crises de choro".
5. *Médica, geral e local* (2%): "tenho dificuldade para respirar...sinto dores por tudo"; "eu não tenho força, meus braços estão fracos"; "não consigo trabalhar".
6. *Sem informações* (9%).

Os autores tabularam as porcentagens dos diversos tipos de sintoma que foram citados por pacientes maníaco-depressivos e pelos pacientes com doenças físicas do grupo-controle (Tabela 2.1). Vale lembrar que um sintoma físico, localizado ou generalizado, foi relatado por 33% dos pacientes maníaco-depressivos e por 92% dos pacientes do grupo-controle.

SINTOMAS

A decisão sobre quais sintomas deveriam ser incluídos aqui foi tomada como resultado de várias etapas. Em primeiro lugar, muitos livros-texto de psiquiatria e monografias sobre depressão foram estudados para determinar quais sintomas foram atribuídos à depressão por consenso geral. Segundo, em

TABELA 2.1
Queixas principais de 100 pacientes com diagnóstico maníaco-depressivo
e 50 pacientes com diagnóstico médico (%)

Tipo de queixa	Maníaco-depressivos	Controles médicos
Psicológica	58	0
Médica localizada	18	86
Médica generalizada		116
Médica, localizada e generalizada	2	0
Médica e psicológica	2	6
Sem informações	9	2

Adaptado de Cassidy et al. (1957).

um estudo intensivo com 50 pacientes deprimidos e 30 pacientes não deprimidos em psicoterapia, foram calculados quais sintomas ocorriam com maior frequência nos pacientes deprimidos do que nos pacientes não deprimidos. Com base nesta tabulação, foi construído e pré-testado em aproximadamente 100 pacientes um inventário composto de itens relacionados à depressão. Por último, esse inventário foi revisado e apresentado a 966 pacientes psiquiátricos. As distribuições dos sintomas descritas em resposta ao inventário são apresentadas nas Tabelas 2.3 a 2.7.

Um dos sintomas, nomeadamente *irritabilidade*, não ocorreu com significativa maior frequência nos pacientes deprimidos em relação aos não deprimidos. Esse sintoma foi, portanto, retirado da lista. Casualmente, Cassidy e seus colaboradores[2] constataram que a irritabilidade era mais frequente no grupo com ansiedade neurótica do que no grupo de maníaco-depressivos.

Alguns dos sintomas frequentemente atribuídos à síndrome maníaco-depressiva não são incluídos nas descrições deste capítulo. Por exemplo, *medo da morte* não foi incluído porque constatou-se que não é mais frequente entre pacientes deprimidos em relação aos não deprimidos no estudo clínico preliminar. Cassidy, Flanagan e Spellman[2] constataram, aliás, que o medo da morte ocorria em 42% dos pacientes com ansiedade neurótica e em apenas 35% dos maníaco-depressivos. De modo semelhante, constipação ocorria em 60% dos pacientes maníaco-depressivos e em 54% dos pacientes com histeria. Assim, este sintoma não parece ser específico à depressão.

Categorias nosológicas convencionais não foram usadas em nossa análise da sintomatologia. Em vez de serem classificados de acordo com os diagnósticos primários, tais como reação maníaco-depressiva, esquizofrenia, reação de ansiedade etc., os pacientes foram categorizados de acordo com a profundidade da depressão que apresentavam, independentemente dos diagnósticos primários. Isto se deve a duas razões principais. Em primeiro lugar, em nossos próprios estudos, bem como em estudos anteriores, constatou-se que o grau de confiabilidade inter-avaliadores era relativamente baixo em diagnósticos feitos de acordo com a nomenclatura padrão. Em consequência, quaisquer descobertas baseadas em diagnósticos com confiabilidade tão baixa teriam um valor duvidoso. As avaliações interpsiquiatras da profundidade da depressão, em contraste, apresentaram uma correlação relativamente alta (0,87). Em segundo lugar, constatamos que o conjunto de sintomas geralmente considerado como constitutivo da síndrome depressiva ocorre não apenas em transtornos como a reação neurótico-depressiva e reação maníaco-depressiva, mas também em pacientes cujo diagnóstico primário é a reação de ansiedade, esquizofrenia, neurose obsessiva etc. Na verdade, constatamos que um paciente com diagnóstico primário de uma das categorias depressivas típicas talvez esteja menos deprimido do que um paciente cujo diagnóstico primário é, por exemplo, esquizofrenia ou neurose obsessiva. Por isso, a amostra foi dividida em quatro grupos segundo a profundidade da depressão: ausente, leve, moderada e grave.

Além de fazermos as distinções qualitativas costumeiras entre os sintomas, procuramos oferecer um guia para avaliar a intensidade. Os sintomas são discutidos em termos de como tendem a aparecer nos estados (ou fases) leves, moderados e graves da depressão. Isso serve de auxílio para o clínico ou investigador em uma estimativa quantitativa da gravidade da depressão. As tabelas podem ser usadas como guia para o diagnóstico da depressão, pois mostram a frequência relativa dos sintomas em pacientes que foram considerados não deprimidos, levemente deprimidos, moderadamente deprimidos ou gravemente deprimidos. O método para a coleta dos dados nos quais as tabelas se baseiam é descrito com maior minúcia no Capítulo 10. A amostra de pacientes é descrita na Tabela 2.2.

Manifestações emocionais

A expressão *manifestações emocionais* refere-se às mudanças nos sentimentos ou no comportamento explícito do paciente *diretamente* atribuíveis a seus estados emocionais (Tabela 2.3). Ao avaliar as manifes-

TABELA 2.2
Distribuição dos pacientes de acordo com raça, sexo e profundidade da depressão

	Profundidade da Depressão				
	Ausente	Leve	Moderada	Grave	Total
Homens brancos	71	98	91	15	275
Mulheres brancas	51	90	137	40	318
Homens afro-americanos	50	32	30	4	116
Mulheres afro-americanas	52	77	102	26	257
Total de brancos	122	188	228	55	593
Total de afro-americanos	102	109	132	30	373
Total de homens	121	130	121	19	391
Total de mulheres	103	167	239	66	575
Total	224	297	360	85	966

TABELA 2.3
Frequência de manifestações emocionais entre pacientes deprimidos e não deprimidos (%)

	Profundidade da Depressão			
Manifestação	Ausente (n = 224)	Leve (n = 288)	Moderada (n = 377)	Grave (n = 86)
Humor deprimido	23	50	75	88
Baixa autoestima	37	64	81	86
Perda de satisfação	35	65	86	92
Perda de vínculos	16	37	60	64
Crises de choro	29	44	63	83
Perda da resposta ao humor	8	29	41	52

tações emocionais, é importante levar em consideração o nível de humor e comportamento pré-mórbido do indivíduo, assim como o que o examinador consideraria a faixa *normal* para a idade, sexo e grupo social do paciente. A ocorrência de crises de choro frequentes em um paciente que raramente ou nunca chorava antes de ficar deprimido indica um maior nível de depressão do que no caso de um paciente que chorava habitualmente estivesse deprimido ou não.

Humor deprimido

A depressão característica no humor é descrita de maneira diferente pelos diversos pacientes clinicamente deprimidos. Toda palavra que o paciente emprega para descrever seus sentimentos subjetivos deve ser mais bem explorada pelo examinador. Se o paciente usa a palavra "deprimido", por exemplo, o examinador não deve tomá-la por seu valor aparente, e sim tentar determinar sua conotação para o paciente. Alguns indivíduos que não estão de forma alguma clinicamente deprimidos usam este adjetivo para designar sentimentos transitórios de solidão, enfado ou desânimo.

As vezes o sentimento é expresso predominantemente em termos somáticos, tais como "tenho um nó na garganta" ou "tenho uma sensação de vazio na barriga" ou "tenho uma sensação de peso no peito". Em um exame mais aprofundado, estes sentimentos mostram-se semelhantes aos expressos por outros pacientes em termos de adjetivos como triste, infeliz, solitário ou entediado.

A intensidade do desvio de humor deve ser medida pelo examinador. Entre os critérios gerais para o estabelecimento do grau de depressão estão o nível de morbidade implicado pelo adjetivo escolhido, a qualificação por advérbios como "levemente" ou "muito" e o nível de tolerância que o paciente expressa ao sentimento (p. ex., "Eu me sinto tão infeliz que não vou aguentar isso mais um minuto").

Os adjetivos usados pelos pacientes deprimidos em resposta à pergunta "Como você se sente?" incluem os seguintes: infeliz, desesperançado, triste, solitário, de baixo astral, humilhado, envergonhado, preocupado, inútil, culpado. Oitenta e oito por cento dos pacientes profundamente deprimidos descreveram algum nível de tristeza ou infelicidade, comparados com 23% dos pacientes não deprimidos.

Leve: O paciente afirma sentir-se triste ou infeliz. O sentimento tende a oscilar consideravelmente durante o dia e às vezes desaparece, e o paciente chega a se sentir alegre. O sentimento disfórico pode também ser aliviado de forma parcial ou completa por outros estímulos externos, tais como um elogio, uma piada ou um fato favorável. Com um pouco de esforço ou de habilidade, o examinador pode provocar uma resposta positiva. Os pacientes neste nível geralmente reagem com riso genuíno a piadas ou histórias engraçadas.

Moderada: A disforia tende a ser mais acentuada e mais persistente. O sentimento do paciente tende a ser menos influenciado pelas tentativas das outras pessoas de alegrá-lo, e qualquer ajuda dessa natureza é temporária. Além disso, uma variação diurna está com frequência presente: a disforia muitas vezes é pior pela manhã e tende a diminuir à medida que o dia avança.

Grave: Nos casos de depressão grave, os pacientes tendem a afirmar que se sentem "sem esperança" ou "infelizes". Pacientes agitados com frequência declaram que estão "preocupados". Em nossa casuística, 70% dos pacientes gravemente deprimidos indicaram que se sentiam tristes o tempo todo e "não conseguiam escapar disso", que estavam tão tristes a ponto de ser muito doloroso ou que quase não suportavam tamanha tristeza.

Sentimentos negativos em relação a si próprio

Os pacientes deprimidos com frequência expressam sentimentos negativos em relação a si próprios que podem ter relação com os sentimentos disfóricos gerais recém-descritos, mas diferem no sentido de que são especificamente dirigidos à própria pessoa. O paciente parece distinguir sentimentos de baixa autoestima de atitudes negativas sobre si mesmo, tais como "Sou um inútil". A frequência da baixa autoestima variou de 37% no grupo não deprimido até 86% nos gravemente deprimidos.

Leve: Os pacientes dizem que se sentem decepcionados consigo mesmos. Este sentimento é acompanhado por ideias como "Decepcionei todo mundo... Se eu tivesse tentado com mais empenho, eu poderia ter sido bem-sucedido".

Moderada: O sentimento de baixa autoestima é mais forte e pode evoluir para uma repulsa por si próprio. Geralmente é acompanhado por ideias como "Sou um fracote... Não faço nada direito... Não presto".

Grave: O sentimento pode evoluir a um ponto em que os pacientes se odeiam. Esta fase pode ser identificada por afirmativas como "Sou uma pessoa terrível... Não mereço viver... Sou desprezível... Eu me abomino".

Redução da satisfação

A perda de satisfação é um processo tão global entre os depressivos que muitos pacientes a consideram a característica central de sua doença. Em nossa casuística, 92% dos pacientes com depressão grave descreveram ao menos uma perda parcial da satisfação. Este foi o sintoma mais comum no grupo deprimido como um todo.

A perda de satisfação parece começar com algumas atividades e, à medida que a depressão evolui, se difunde para praticamente tudo o que o paciente faz. Mesmo atividades que geralmente são associadas a necessidades ou impulsos biológicos, tais como comer ou ter atividade sexual, não são poupadas. Vivências basicamente psicossociais, como alcançar fama, receber expressões de amor ou amizade ou mesmo conversar, são analogamente destituídas de suas características agradáveis.

A ênfase dada por alguns pacientes à perda de satisfação dá a impressão de que estão especialmente orientados em suas vidas à obtenção de satisfação. Não é possível afirmar com certeza se isso se aplica ou não ao estado pré-mórbido, mas é verdade que a busca frenética por satisfação constitui uma característica cardinal dos estados maníacos.

A inicial perda de satisfação em atividades que envolvem responsabilidade ou obrigação, tais como as envolvidas no papel de trabalhador, cônjuge que fica em casa ou estudante, muitas vezes é compensada pelo aumento da satisfação com atividades recreativas. Essa observação levou Saul[10] e colaboradores a sugerir que, na depressão, o equilíbrio "dar-receber" estaria perturbado: o paciente, esgotado psicologicamente durante um período de tempo por atividades de natureza sobretudo *doadora*, vivencia uma acentuação das necessidades passivas, que são gratificadas por atividades que envolvam menos obrigação ou responsabilidade (dar) e mais uma satisfação tangível e facilmente obtida. Nos estágios mais avançados da doença, contudo, mesmo atividades passivas e regressivas não trazem mais satisfação.

Leve: O paciente se queixa de que a vida perdeu parte de sua alegria. Ele não sente mais o estímulo ou prazer de estar com a família, com os amigos ou com o trabalho. Caracteristicamente, atividades que envolvam responsabilidade, obrigação ou esforço tornam-se menos gratificantes. Com frequência, os pacientes obtêm mais satisfação em atividade *passivas* que envolvam recreação, relaxamento ou repouso. Buscam tipos incomuns de atividades a fim de obter a emoção que sentiam antes. Certo paciente relatou que sempre conseguia sair de uma depressão leve assistindo a uma cena de práticas sexuais aberrantes.

Moderada: Os pacientes sentem-se entediados a maior parte do tempo. Tentam usufruir de atividades das quais gostavam muito, mas que agora lhes parecem "sem graça". Atividades comerciais ou profissionais que antes os emocionavam agora não os emocionam mais. Os pacientes obtêm alívio temporário por meio de uma mudança, como férias, mas o tédio volta ao retomar as atividades usuais.

Grave: Os pacientes não obtêm prazer com atividades que antes consideravam agradáveis e chegam a ter aversão por atividades das quais gostavam. A aprovação popular ou as expressões de amor ou amizade já não trazem qualquer satisfação. Os pacientes se queixam quase uniformemente que nada lhes satisfaz.

Perda dos vínculos emocionais

A perda de envolvimento emocional com outras pessoas ou atividades geralmente acompanha a perda de satisfação. Isso se manifesta por uma diminuição no interesse por determinadas atividades ou na afeição ou preocupação com outras pessoas. A perda de afeição pelos familiares com frequência é um motivo de preocupação para o paciente e às vezes constitui um fator importante na busca de atendimento médico. Sessenta e quatro por cento dos pacientes com depressão grave relataram a perda do sentimento ou do interesse por outras pessoas, ao passo que apenas 16% dos pacientes não deprimidos relataram o mesmo sintoma.

Leve: Em casos leves, existe alguma diminuição no grau de entusiasmo ou absorção por uma atividade. O paciente às vezes relata não sentir a mesma intensidade de amor ou afeição pelo cônjuge, filhos ou amigos, mas ao mesmo tempo sente-se mais dependente deles.

Moderada: A perda de interesse ou de um sentimento positivo evolui para a indiferença. Alguns pacientes descreveram isso como um "muro" entre si e as outras pessoas. Às vezes o marido se queixa de que não ama mais a esposa, ou a mãe se preocupa porque não parece mais se importar com os filhos ou com o que lhes acontece. O trabalhador que costumava ser dedicado não se interessa mais por suas atividades profissionais. Tanto homens quanto mulheres podem não se preocupar mais com a própria aparência.

Grave: A perda do vínculo com objetos externos evolui para apatia. O paciente não apenas perde qualquer sentimento positivo pelos familiares, mas também se surpreende ao constatar que sua única reação é negativa. Em alguns casos, o paciente sente apenas uma espécie de ódio frio, o qual pode ser mascarado por dependência. Um relato típico é "Disseram-me que eu tenho amor e posso dar amor, mas eu não sinto nada por minha família. Eu não ligo a mínima para eles. Eu sei que isso é terrível, mas às vezes eu os odeio".

Crises de choro

Períodos de choro prolongados são frequentes entre os pacientes deprimidos. Isso é particularmente verdadeiro entre as mulheres deprimidas em nossa casuística. Dos pacientes com depressão grave, 83% disseram que tinham chorado com mais frequência do que costumavam chorar antes de ficarem deprimidos ou que sentiam vontade de chorar mesmo que as lágrimas não brotassem.

Alguns pacientes que raramente choravam quando não estavam deprimidos eram capazes de diagnosticar o início da depressão por observarem um forte desejo de chorar. Uma mulher observou o seguinte: "Não sei se me sinto triste ou não, mas sinto, sim, vontade de chorar, e portanto acho que estou deprimida". Perguntas adicionais revelaram os demais sintomas cardinais de depressão.

Leve: Existe maior tendência de chorar. Estímulos ou situações que normalmente não afetariam o paciente podem agora lhe provocar lágrimas. Uma mãe, por exemplo, pode romper em prantos durante uma discussão com os filhos ou caso sinta que seu marido não é atencioso. Ainda que o aumento do choro seja frequente entre mulheres com depressão leve, é incomum que homens com depressão leve chorem.[5]

Moderada: O paciente pode chorar durante a entrevista psiquiátrica, e referências a seus problemas talvez provoquem lágrimas. Homens que não choram desde a infância choram ao discutirem seus problemas. Mulheres choram sem motivo aparente: "Isso me atinge como uma onda, e eu não consigo evitar o choro". Às vezes os pacientes se sentem aliviados depois de chorar, mas com mais frequência se sentem ainda mais deprimidos.

Grave: Quando chegaram à fase grave, os pacientes que choravam com facilidade na fase anterior podem descobrir que não conseguem mais chorar mesmo quando querem. Talvez chorem sem derramar lágrimas ("depressão seca"): 29% relataram que, embora antes fossem capazes de chorar quando estavam tristes, agora não conseguiam mais chorar – ainda que quisessem.

Perda da resposta ao humor

Pacientes deprimidos com frequência informam espontaneamente que perderam seu senso de humor. O problema não parece ser a perda da capacidade de entender uma piada ou mesmo, quando instruído, de construir uma piada. A dificuldade parece ser que os pacientes não respondem ao humor da maneira usual. Eles não se divertem, não sentem vontade de rir e não têm qualquer sentimento de satisfação com um comentário jocoso, com uma piada ou com uma charge.

Em nossa casuística, 52% dos pacientes com depressão grave indicaram que tinham perdido seu senso de humor, em contraste com 8% dos pacientes não deprimidos.

Nussbaum e Michaux[11] estudaram a resposta ao humor (na forma de charadas e piadas) com 18 pacientes do sexo feminino com depressões psicóticas e neuróticas graves. Os pesquisadores constataram que melhoras na resposta a estímulos humorísticos correlacionavam-se bem com as avaliações clínicas de decréscimo da depressão.

Leve: Pacientes que com frequência gostavam de ouvir e contar piadas constatam que isso não é mais uma fonte imediata de satisfação. Observam que as piadas já não lhes parecem mais engraçadas. Além disso, não lidam com as piadas ou gozações de seus amigos tão bem quanto antes.

Moderada: Os pacientes podem entender as piadas e até forçam sorrisos, mas geralmente não se divertem. Não são capazes de ver o lado leve dos fatos e tendem a levar tudo a sério.

Grave: Os pacientes absolutamente não respondem às investidas humorísticas das outras pessoas. Em situações nas quais os outros respondem ao elemento humorístico de uma piada, os pacientes tendem a reagir ao conteúdo agressivo ou hostil e sentirem-se feridos ou enojados.

Manifestações cognitivas

As manifestações cognitivas da depressão incluem alguns fenômenos diversos (Tabela 2.4). Um grupo é composto pelas atitudes distorcidas do paciente em relação a si mesmo, sua vivência pessoal e o futuro. Este grupo inclui baixas autoavaliações, distorções da imagem corporal e expectativas negativas. Outro sintoma, a autorrecriminação, expressa a noção de causalidade dos pacientes: eles são propensos a se considerarem responsáveis por quaisquer dificuldades ou problemas que encontrem. Um terceiro sintoma envolve a área de tomada de decisões: o paciente tipicamente vacila e é indeciso.

Autoavaliação negativa

A baixa autoestima é um atributo característico da depressão. A autodesvalorização aparentemente faz parte do padrão dos pacientes deprimidos de verem a si mesmos como deficientes dos atributos que lhes parecem especificamente importantes: capacidade, desempenho, inteligência, saúde, força, atratividade pessoal, popularidade ou recursos financeiros. Muitas vezes o sentimento de deficiência se expressa em decla-

TABELA 2.4
Frequência de manifestações cognitivas e motivacionais entre pacientes deprimidos e não deprimidos (%)

Manifestação	Profundidade da Depressão			
	Ausente (n = 224)	Leve (n = 288)	Moderada (n = 377)	Grave (n = 86)
Baixa autoavaliação	38	60	78	81
Expectativa negativa	22	55	72	87
Autorrecriminação e autocrítica	43	67	80	80
Indecisão	23	48	67	76
Autoimagem distorcida	12	33	50	66
Perda de motivação	33	65	83	86
Desejos suicidas	12	31	53	74

rações como "eu sou inferior" ou "eu não estou à altura". Este sintoma foi descrito por 81% dos pacientes com depressão grave e por 38% dos pacientes não deprimidos.

O sentimento de deficiência pode também se refletir em queixas de privação de amor ou de posses materiais. Esta reação é mais evidente em pacientes que tiveram, respectivamente, um caso amoroso infeliz ou um revés financeiro pouco antes da depressão.

Leve: Os pacientes mostram uma reação excessiva a seus erros ou dificuldades e são propensos a considerá-los como um reflexo da insuficiência ou como um defeito. Comparam-se com os outros e, com maior frequência, concluem que são inferiores. Contudo, é possível corrigir estas autoavaliações imprecisas, ao menos temporariamente, confrontando os pacientes com evidências apropriadas ou raciocinando com eles.

Moderada: A maioria do conteúdo dos pensamentos dos pacientes gira em torno do sentimento de deficiência, e eles são propensos a interpretar situações neutras como indicativas desta deficiência. Exageram o grau e a importância de qualquer erro. Quando examinam sua vida presente e passada, veem seus fracassos como proeminentes e seus êxitos como comparativamente insignificantes. Eles se queixam de que perderam a confiança em si mesmos, e seu sentimento de insuficiência é tamanho que, quando confrontados com tarefas com as quais lidaram com facilidade no passado, sua reação inicial é "Não posso fazer isso".

Pacientes religiosos ou moralistas tendem a deter-se em seus pecados ou defeitos morais. Pacientes que davam importância a atratividade pessoal, inteligência ou sucesso comercial tendem a acreditar que falharam nessas áreas. As tentativas de modificar autoavaliações distorcidas reassegurando a confiança dos pacientes ou apresentando evidências em contrário geralmente encontram considerável resistência. Qualquer aumento no pensamento realista sobre si mesmos é temporário.

Grave: As autoavaliações dos pacientes estão em seu ponto mais baixo. Eles denigrem a si mesmos radicalmente em termos de atributos pessoais e de seu papel como pai ou mãe, cônjuge, empregador etc. Consideram-se inúteis, completamente incompetentes e fracassos totais. Dizem ser um peso para os familiares, que estariam melhor sem eles. O paciente com depressão grave pode estar preocupado com a ideia de ser o pior pecador do mundo, estar totalmente empobrecido ou ser totalmente insuficiente. As tentativas de corrigir as ideias errôneas geralmente são inúteis.

Expectativas negativas

Perspectiva sombria e pessimismo estão intimamente relacionados com os sentimentos de desesperança mencionados anteriormente. Mais de 78% dos pacientes deprimidos descreveram uma perspectiva negativa, em comparação com 22% do grupo não deprimido. Este sintoma foi o que se mostrou mais altamente correlacionado com a avaliação clínica da depressão.

O padrão dos pacientes deprimidos de esperar o pior e rejeitar a possibilidade de qualquer melhora impõe obstáculos terríveis às tentativas de submetê-los a um programa de tratamento. Sua perspectiva negativa com frequência é motivo de frustração para amigos, família e médico quando tentam ajudar. É comum, por exemplo, que os pacientes descartem medicações antidepressivas por acreditarem de antemão que elas "não servem para nada".

Ao contrário dos pacientes ansiosos, que moderam suas expectativas negativas com a consciência de que os eventos desagradáveis podem ser evitados ou são transitórios, os pacientes deprimidos pensam em termos de um futuro em que a presente condição deficiente (financeira, social, física) vai continuar ou até piorar. Esse senso de permanência e de irreversibilidade da própria condição ou dos próprios problemas parece formar a base para a consideração do suicídio como um curso de ação lógico. O vínculo entre desesperança e suicídio é indicado pela descoberta de que, de todos os sintomas que estavam correlacionados com o suicídio, o coeficiente de correlação desesperança/suicídio foi o maior de todos.

Leve: Os pacientes tendem a esperar um resultado negativo em situações ambíguas ou duvidosas. Quando colegas e amigos têm motivos para esperar resultados favoráveis, suas expectativas inclinam-se para o negativismo ou pessimismo. Quer o motivo de preocupação seja a saúde, problemas pessoais ou problemas econômicos, os pacientes duvidam que qualquer melhora vá ocorrer.

Moderada: Os pacientes veem o futuro como não promissor e afirmam que nada podem esperar. É difícil que façam qualquer coisa porque sua resposta inicial é "não vou gostar" ou "não vai adiantar nada".

Grave: Os pacientes veem o futuro como negro e irremediável. Declaram que jamais vão conseguir superar seus problemas e que as coisas não podem melhorar. Acreditam que nenhum de seus problemas pode ser resolvido, e fazem declarações como as seguintes: "Esse é o fim da linha. De agora em diante eu vou parecer mais velho e mais feio"; "Não há mais nada para mim aqui. Eu não tenho lugar. Não há futuro"; "Eu sei que não posso melhorar... tudo acabou para mim".

Autorrecriminação e autocrítica

A autorrecriminação e autocrítica perseverante dos depressivos parece estar relacionada com suas noções egocêntricas de causalidade e pendor para criticarem a si mesmos por suas supostas deficiências. Esses indivíduos são especialmente propensos a atribuir ocorrências adversas a alguma deficiência em si mesmos e então se censurarem por este suposto defeito. Nos casos mais severos, os pacientes podem se culpar por acontecimentos que de forma alguma têm ligação com eles e abusarem de si mesmos de maneira brutal. Oitenta por cento dos pacientes com depressão grave relataram este sintoma.

Leve: Em casos leves, os pacientes são propensos a culpar e criticar a si próprios quando ficam aquém de seus rígidos padrões perfeccionistas. Quando as pessoas parecem menos responsivas a eles, ou se eles mesmos demoram a resolver um problema, tendem a se autocensurar por serem tolos ou burros. Os pacientes parecem intolerantes com quaisquer falhas em si mesmos e não aceitam a ideia de que errar é humano.

Moderado: Os pacientes tendem a se autocriticar duramente por quaisquer aspectos de sua personalidade ou de seu comportamento que julguem inferiores. Tendem a culpar a si mesmos por infortúnios que evidentemente não são sua culpa. Sua autocrítica torna-se quase extrema.

Grave: No estado grave, os pacientes são ainda mais extremados na autorrecriminação ou na autocrítica. Fazem declarações como "Eu sou responsável pela violência e sofrimento no mundo. Não existe castigo suficiente para mim por meus pecados. Eu gostaria de ser enforcado". Veem a si mesmos como párias e criminosos e interpretam diversos estímulos extrínsecos como sinais de desaprovação pública.

Indecisão

Dificuldade para tomar decisões, vacilar entre alternativas e mudar de decisão são características da depressão que costumam ser irritantes para a família e para os amigos do paciente, bem como para ele próprio. A frequência dessa característica de indecisão variou de 48% nos pacientes com depressão leve até 76% no grupo com depressão grave.

Parece haver ao menos duas facetas quanto à indecisão. A primeira situa-se basicamente na esfera cognitiva. Os pacientes deprimidos antecipam tomar a decisão errada: sempre que consideram uma entre várias possibilidades, tendem a considerá-la errônea e pensar que se arrependerão por ter feito aquela escolha. A segunda faceta é basicamente motivacional e está relacionada à "paralisia da vontade", tendências de evitação e aumento da dependência. Os pacientes carecem de motivação para passar pelas operações mentais necessárias a fim de chegar a uma conclusão. Além disso, a ideia de tomar uma decisão representa um ônus: eles desejam fugir ou ao menos receber ajuda em qualquer situação que lhes pareça onerosa. Percebem que tomar uma decisão muitas vezes os compromete com alguma ação e, uma vez que desejam evitar a ação, tendem a procrastinar a decisão.

Decisões rotineiras que devem ser tomadas no desempenho de seus papéis ocupacionais ou domésticos tornam-se um grande problema para os pacientes deprimidos. O professor não consegue decidir qual material incluir em uma palestra; a dona de casa não consegue decidir o que cozinhar para o jantar; o estudante não consegue decidir se passa as férias na faculdade ou se vai para casa; o executivo não consegue decidir se contrata um novo assistente.

Leve: Pacientes que normalmente são capazes de tomar decisões com rapidez descobrem que as soluções não parecem ocorrer com facilidade. Enquanto que em seu estado normal chegam a uma decisão "sem sequer pensar sobre ela", agora se veem impelidos a remoer sobre o problema, avaliar as possíveis consequências da decisão e considerar diversas alternativas muitas vezes descabidas. O medo de tomar a decisão errada se reflete em um senso geral de incerteza. Com frequência, esses pacientes buscam confirmação de outra pessoa.

Moderada: A dificuldade em tomar decisões se espalha para quase todas as atividades e envolve problemas menores, como que roupa vestir, que caminho fazer para o escritório, e cortar ou não o cabelo. Muitas vezes a alternativa escolhida tem pouca importância prática, mas a vacilação e incapacidade de chegar a uma decisão apresenta consequências desfavoráveis. Por exemplo, uma mulher passou várias semanas tentando escolher entre duas tonalidades de tinta para pintar sua casa. As duas tonalidades em pauta eram praticamente idênticas, mas a incapacidade dela de chegar a uma decisão criou um tumulto na casa, e o pintor abandonou seus baldes e andaimes até que fosse tomada uma decisão.

Grave: Pacientes com depressão grave geralmente acreditam que são incapazes de tomar uma decisão e em consequência nem sequer tentam. Uma mulher estimulada a fazer uma lista de compras ou de roupas para seus filhos levarem a um acampamento insistia que não era capaz de decidir o que escrever. Os pacientes com frequência têm dúvidas sobre tudo o que fazem e dizem. Uma mulher duvidava seriamente de que tinha dado seu nome correto ao psiquiatra, ou de que havia anunciado seu nome corretamente.

Distorção da imagem corporal

A imagem corporal distorcida que os pacientes têm de sua aparência física é com frequência bem marcada na depressão. Isso é mais comum nas mulheres do que nos homens. Em nossa casuística, 66% dos pacientes com depressão grave acreditavam que não eram atraentes, em comparação com 12% dos pacientes não deprimidos.

Leve: Os pacientes começam a ficar excessivamente preocupados com a aparência física. Uma mulher vê-se franzindo a testa toda vez que se olha no espelho. Ela examina seu rosto minuciosamente em busca de sinais de defeitos e fica preocupada com a ideia de que ela parece comum ou está engordando. Um homem se preocupa incessantemente sobre estar começando a perder cabelo, convencido de que as mulheres não o acham atraente.

Moderado: A preocupação com a aparência física é maior. Um homem acredita que houve uma mudança em sua aparência desde o início da depressão mesmo não havendo indícios objetivos que respaldem tal ideia. Quando vê uma pessoa feia, ele pensa, "Sou parecido com ele/ela". Ao ficar preocupado com sua aparência, sua testa fica franzida. Quando observa sua testa franzida no espelho, ele pensa: "Meu rosto está todo vincado e os vincos jamais vão desaparecer". Alguns pacientes buscam cirurgia plástica para corrigir as mudanças faciais imaginárias ou exageradas.

Às vezes uma mulher acredita que engordou embora não haja prova objetiva disso. Na verdade, alguns pacientes têm esta ideia mesmo que estejam emagrecendo.

Grave: A ideia de não ser pessoalmente atraente torna-se mais fixa. Os pacientes acreditam que são feios e repulsivos de olhar. Esperam que as outras pessoas desviem o olhar com asco: uma mulher usava um véu e outra virava a cabeça toda vez que alguém chegava perto.

Manifestações motivacionais

As manifestações motivacionais incluem os esforços, desejos e impulsos proeminentes na depressão que são conscientemente vivenciados. Esses padrões motivacionais muitas vezes são inferidos observando-se o comportamento do paciente; entretanto, o questionamento direto evoca uma descrição bastante precisa e abrangente das motivações (ver Tabela 2.4).

Um traço marcante das motivações características do paciente deprimido é sua natureza *regressiva*. O termo regressivo é aplicável no sentido de que o paciente sente-se atraído a atividades que exigem o menor grau de responsabilidade ou iniciativa ou quantidade de energia requerida. Eles se afastam de atividades que estejam especificamente associadas ao papel adulto e buscam aquelas mais típicas do papel infantil. Quando confrontados com uma escolha, preferem passividade à atividade e dependência à independência (autonomia); evitam responsabilidades e fogem de seus problemas ao invés de tentar resolvê-los; buscam gratificações imediatas, mas transitórias, ao invés de satisfações posteriores, mas prolongadas. A manifestação derradeira da tendência escapista se expressa no desejo de se retirar da vida por meio do suicídio.

Um aspecto importante dessas motivações consiste em que sua realização geralmente é incompatível com os objetivos e valores pré-mórbidos do indivíduo. Essencialmente, ceder aos impulsos e desejos de recuar ou cometer suicídio leva ao abandono da família, dos amigos e da vocação. De modo análogo, o paciente furta-se à chance de obter satisfação pessoal por meio de realizações ou de relações interpessoais. Além disso, por evitar até os problemas mais simples, o paciente descobre que estes se acumulam até parecerem esmagadores.

Os padrões motivacionais específicos a serem descritos são apresentados como fenômenos distintos, embora evidentemente estejam inter-relacionados e possam, na verdade, representar diferentes facetas do mesmo padrão fundamental. É possível que alguns fenômenos sejam primários e outros secundários ou terciários – por exemplo, poderia ser postulado que a paralisia da vontade é o resultado de desejos escapistas ou passivos, de um senso de inutilidade, da perda de investimentos externos ou da sensação de fadiga. Uma vez que estas sugestões são meramente especulativas, parece preferível no presente tratar tais fenômenos em separado, em vez de prematuramente atribuir primazia a certos padrões.

Paralisia da vontade

A perda de motivação positiva é muitas vezes uma característica marcante da depressão. Os pacientes apresentam grande dificuldade para se mobilizarem a fim de realizarem até as tarefas mais elementares e vitais, tais como comer, evacuar ou tomar a medicação para aliviar seu sofrimento. A essência do problema parece estar no fato de que, embora sejam capazes de definir sozinhos o que fazer, os pacientes não sentem nenhum estímulo interno para agirem. Mesmo quando encorajados, persuadidos ou ameaçados, parecem não ser capazes de despertar qualquer desejo para fazer as coisas. A perda de motivação positiva variou de 65% dos casos leves a 86% dos casos graves.

Às vezes uma mudança real ou iminente na situação de vida do paciente serve para mobilizar motivações construtivas. Uma paciente com notável apatia e retardo motor viu-se repentinamente despertada quando seu marido adoeceu e ela sentiu um forte desejo de ajudá-lo. Outra paciente apresentou um retorno da motivação positiva quando foi informada de que seria hospitalizada, perspectiva que ela identificou como extremamente desagradável.

Leve: Os pacientes constatam que não têm mais o desejo espontâneo de realizar certas atividades, especialmente aquelas que não trazem uma gratificação imediata. O publicitário observa uma perda de impulso e iniciativa para planejar uma promoção de vendas especial; o professor universitário vê-se sem nenhuma vontade de preparar suas palestras; o aluno de medicina perde a vontade de estudar. Uma aposentada que antigamente sentia vontade de envolver-se em diversos projetos domésticos e comunitários descreveu sua falta de motivação da seguinte maneira: "Não tenho vontade de fazer nada. Eu só faço as coisas mecanicamente, sem nenhum sentimento pelo que estou fazendo. Eu só faço os movimentos como um robô e, quando estou exausta, eu paro".

Moderada: Em casos moderados, a perda de desejo espontâneo se dissemina por quase todas as atividades costumeiras do paciente. Uma mulher queixou-se: "Existem certas coisas que sei que tenho que fazer, como comer, escovar os dentes e ir ao banheiro, mas não tenho vontade". Em contraste com pacientes com depressão grave, pacientes com depressão moderada conseguem "obrigar-se" a fazer as coisas. Além disso, respondem à pressão de terceiros ou a situações potencialmente constrangedoras. Por exemplo, uma mulher esperou em frente a um elevador por cerca de 15 minutos porque não conseguiu mobilizar a vontade de apertar o botão. Contudo, quando outras pessoas se aproximaram, ela rapidamente apertou o botão por receio de que os outros a achassem esquisita.

Grave: Em casos graves, é comum ocorrer uma completa paralisia da vontade. Os pacientes não têm vontade de fazer nada, até coisas que são essenciais à vida. Em consequência, permanecem relativamente imóveis a menos que estimulados ou forçados por outros a agir. Por vezes é necessário arrancar os pacientes da cama, lavá-los, vesti-los e alimentá-los. Em casos extremos, até a comunicação é bloqueada pela inércia do paciente. Uma mulher, que era incapaz de responder às perguntas durante o pior período de sua depressão, assinalou posteriormente que apesar de "querer" responder, ela não conseguia reunir "força de vontade" para isso.

Desejos de evitação, escapismo e retraimento

O desejo de romper com o padrão usual ou com a rotina de vida é uma manifestação comum da depressão. O auxiliar de escritório quer se afastar da burocracia, o estudante sonha com lugares distantes e a dona-de-casa deseja abandonar os afazeres domésticos. Os indivíduos deprimidos consideram suas obrigações tediosas, sem sentido ou onerosas e querem fugir para uma atividade que ofereça relaxamento ou refúgio.

Esses desejos escapistas assemelham-se às atitudes descritas como paralisia da vontade. Uma distinção útil é que os desejos escapistas são vivenciados como motivações definidas com objetivos específicos, ao passo que a paralisia da vontade se refere à perda ou ausência de motivação.

Leve: Pacientes com depressão leve sentem uma forte inclinação para evitar ou adiar certas atividades que consideram desinteressantes ou onerosas. São propensos a não prestar atenção a detalhes que consideram sem importância. Tendem a procrastinar ou evitar totalmente uma atividade que não prometa gratificação imediata ou que envolva esforço. Assim como sentem aversão por atividades que envolvam esforço ou responsabilidade, sentem atração por atividades mais passivas e menos complexas.

Um estudante deprimido expressou isso da seguinte maneira: "É muito mais fácil devanear durante as aulas do que prestar atenção. É mais fácil ficar em casa e beber do que telefonar para uma garota para marcar um encontro... É mais fácil murmurar e não ser ouvido do que falar clara e distintamente. É muito mais fácil escrever de qualquer jeito do que se esforçar para escrever legivelmente. É mais fácil levar uma vida autocentrada, passiva do que fazer um esforço para mudá-la".

Moderada: Em casos moderados, os desejos de evitação são mais fortes e envolvem uma gama muito mais ampla de atividades usuais. Um professor universitário deprimido descreveu isso da seguinte forma: "Fugir parece ser meu desejo mais forte. É como se eu fosse me sentir melhor em praticamente qualquer outra ocupação ou profissão. Enquanto vou de ônibus para a universidade, desejo ser o motorista do ônibus em vez de professor".

Os pacientes pensam constantemente sobre modos de divertimento ou fuga. Gostariam de entregar-se a atividades de entretenimento passivo, como ir ao cinema, assistir à televisão ou embebedar-se. Podem ter devaneios de fugir para uma ilha deserta ou virar andarilho. Neste estágio, podem se afastar muito do convívio social, uma vez que as relações interpessoais parecem ser demasiado exigentes. Ao mesmo tempo, devido à solidão ou maior dependência, talvez queiram a companhia de outras pessoas.

Grave: Em casos graves, o desejo de evitar ou fugir se manifesta em acentuado isolamento. É comum os pacientes permanecerem na cama e, quando as pessoas se aproximam, esconderem-se sob as cobertas. Um paciente disse: "Eu só penso em me afastar de tudo e de todos. Eu não quero ver ninguém nem fazer coisa alguma. Eu só quero dormir". Uma forma de fuga que geralmente ocorre aos pacientes com depressão grave é o suicídio. Esses pacientes sentem forte desejo de acabar com sua vida como forma de fugir de uma situação que consideram intolerável.

Desejos suicidas

Os desejos suicidas têm historicamente sido associados ao estado deprimido. Embora também ocorram em indivíduos não deprimidos, desejos suicidas ocorrem com muito mais frequência nos pacientes deprimidos. Em nossa casuística, nos pacientes não deprimidos este foi o sintoma mais raramente descrito (12%), tendo contudo sido frequentemente relatado (74%) por pacientes com depressão grave. Essa diferença indica o valor diagnóstico de tal sintoma na identificação da depressão grave. A intensidade com a qual este sintoma foi expresso também mostrou uma das correlações mais altas com a intensidade da depressão.

O interesse do paciente pelo suicídio assume diversas formas. Esse interesse pode ser sentido como um desejo passivo ("Eu gostaria de estar morto"), como um desejo ativo ("Eu quero me matar"), como um pensamento repetitivo, obsessivo, sem nenhuma qualidade volitiva, como um devaneio ou como um plano meticulosamente arquitetado. Em alguns pacientes, os desejos suicidas ocorrem constantemente ao longo da doença, e o paciente luta continuamente para repeli-los. Em outros casos, o desejo é esporádico e caracterizado por um acúmulo gradual, depois uma diminuição de intensidade até desaparecer temporariamente. Os pacientes muitas vezes relatam, uma vez dissipado o desejo, que estão felizes por não terem sucumbido a ele. Deve-se assinalar que a tentativa suicida impulsiva é tão perigosa quanto a tentativa deliberadamente planejada.

A importância dos sintomas suicidas é óbvia, uma vez que em nossos dias esta se trata praticamente da única característica da depressão que envolve uma probabilidade relativamente alta de consequências fatais. A incidência de suicídio entre maníaco-depressivos variou de 2,8% em um estudo de seguimento de 10 anos[12] a 5% em um período de observação de 25 anos.[13]

Leve: Desejos de morrer foram relatados por cerca de 31% dos pacientes com depressão leve. Muitas vezes assumem a forma passiva, tais como "Eu estaria melhor se estivesse morto". Os pacientes afirmam que não fariam nada para adiantar a morte, mas consideram atraente a ideia de morrer. Um paciente aguardava ansiosamente uma viagem de avião porque este poderia cair.

Às vezes o paciente expressa uma indiferença à vida ("Eu não me importo se vou viver ou morrer"). Outros pacientes demonstram ambivalência ("Eu gostaria de morrer, mas ao mesmo tempo tenho medo da morte").

Moderada: Nestes casos, os desejos suicidas são mais diretos, frequentes e inegáveis. Existe um risco definido de tentativas suicidas impulsivas ou premeditadas. A manifestação passiva do desejo suicida é verificada em afirmações como "Espero não me acordar de manhã" ou "Se eu morresse, minha família estaria melhor". A expressão ativa desse desejo varia desde uma declaração ambivalente, "Eu gostaria de me matar, mas não tenho coragem", até uma asserção explícita, "Se eu pudesse me matar com competência, eu iria em frente e me mataria". O desejo suicida também pode ser manifestado sob a forma de riscos desnecessários. Diversos pacientes dirigiram seus automóveis em velocidades excessivas esperando que algo lhes acontecesse.

Grave: Os desejos suicidas tendem a ser intensos, ainda que o paciente esteja apático demais para consumar a tentativa suicida. As declarações típicas incluem: "Eu me sinto péssimo. Por que vocês não me deixam morrer?; "Não adianta. Tudo está perdido. Só existe uma saída – me matar"; "Eu vou chorar até morrer. Eu não posso viver e vocês não me deixam morrer"; "Eu não vou suportar viver mais um dia. Por favor, acabe com meu sofrimento".

Aumento da dependência

O termo *dependência* aqui é utilizado para designar o *desejo* de receber ajuda, orientação ou instrução mais do que o real processo de depender de outra pessoa. Os desejos acentuados de dependência têm sido apenas ocasionalmente incluídos nas descrições clínicas da depressão; contudo, são reconhecidos e a eles se tem atribuído um papel etiológico importante em muitas explicações teóricas da depressão.[14,15] A acentuada oralidade atribuída aos pacientes deprimidos por esses autores inclui os tipos de desejo que geralmente são considerados "dependentes".

Uma vez que a dependência tem sido atribuída a outras condições além da depressão, seria possível questionar se a dependência pode ser justificadamente relacionada a uma manifestação *específica* da depressão. O aumento dos desejos de dependência é observado de maneira explícita em indivíduos que têm uma doença física aguda ou crônica; além disso, dependência encoberta ou reprimida tem sido considerada por muitos teóricos como fator central em algumas condições psicossomáticas, tais como úlcera péptica, bem como no alcoolismo e em outras adições. Contudo, de nosso ponto de vista, os desejos francos, abertos e intensos de ajuda, apoio e incentivo constituem elementos salientes nos estágios avançados da depressão e fazem parte de qualquer descrição clínica desta síndrome. Em outras condições, o aumento da dependência pode ser uma característica variável e transitória.

O desejo de receber ajuda parece transcender a *necessidade* realista de ajuda: o paciente muitas vezes pode atingir seu objetivo sem auxílio. Contudo, receber ajuda parece ter um significado emocional especial para o paciente além de sua importância prática e com frequência é gratificante – ao menos temporariamente.

Leve: O paciente que normalmente é muito autossuficiente e independente começa a expressar o desejo de ser ajudado, orientado ou apoiado. Um paciente que sempre insistiu em dirigir quando estava no carro com sua esposa pediu a ela que dirigisse. Ele se sentia capaz de dirigir, mas a ideia de ela dirigir era-lhe mais atraente naquele momento.

À medida que os desejos de dependência tornam-se mais fortes, tendem a substituir impulsos independentes habituais. Os pacientes então descobrem que preferem ter alguém que faça as coisas com eles a fazê-las sozinhos. O desejo dependente não parece simplesmente um subproduto dos sentimentos de desamparo e insuficiência ou fadiga. Os pacientes sentem uma ânsia por ajuda mesmo reconhecendo que não precisam dela; quando o auxílio é recebido, geralmente vivenciam algumas gratificação e abrandamento da depressão.

Moderada: O desejo do paciente de que outros façam coisas por ele e de receber instrução e reasseguramento é mais forte. O paciente que na fase leve vivencia um desejo de ser ajudado agora sente isso como uma *necessidade*. Receber ajuda não é mais um luxo opcional, mas uma necessidade. Uma mulher deprimida que estava legalmente separada do marido implorou a ele que voltasse para ela. "Eu preciso muito de você", ela disse. Ela não tinha clareza de por que precisava dele, a não ser pelo sentimento de que queria ter uma pessoa forte perto de si.

Quando confrontados com uma tarefa ou problema, pacientes com depressão moderada sentem-se impelidos a buscar ajuda antes de tentar resolvê-lo sozinhos. Muitas vezes declaram que querem que alguém lhes diga o que fazer. Alguns pacientes fazem pesquisas de opinião sobre alguma atividade e parecem mais envolvidos com a ideia de receber conselhos do que em usá-los. Uma mulher fazia inúmeras perguntas sobre problemas triviais, mas não parecia prestar muita atenção ao conteúdo da resposta – assim que uma resposta estava por vir.

Grave: A intensidade do desejo de receber ajuda aumenta, e o conteúdo desse desejo tem um molde predominantemente passivo. Ele se expressa quase que exclusivamente em termos de querer que alguém faça tudo pelo paciente, inclusive cuidar dele. Os pacientes não se preocupam mais em receber instruções ou conselhos, nem em dividir problemas. Querem que a outra pessoa tome o encargo e resolva o problema para eles. Uma paciente agarrou-se ao médico e implorou: "Doutor, você precisa me ajudar". O desejo dessa paciente era de que o psiquiatra fizesse tudo por ela sem que ela nada fizesse. Ela queria até mesmo que o psiquiatra adotasse os filhos dela.

O paciente pode mostrar dependência ao não querer sair do consultório médico ou não querer que o médico saia. Encerrar a consulta muitas vezes torna-se um processo difícil e doloroso.

Manifestações vegetativas e físicas

Alguns autores consideram as manifestações físicas e vegetativas uma prova de que o estado depressivo tem uma base autonômica ou hipotalâmica.[1,16] Esses sintomas, ao contrário do que seria de esperar, têm uma correlação relativamente baixa entre si e com as classificações clínicas da profundidade da depressão. A matriz de intercorrelações é mostrada na Tabela 2.5. A frequência dos sintomas em pacientes deprimidos e não deprimidos é apresentada na Tabela 2.6.

Perda de apetite

Para muitos pacientes, a perda do apetite é com frequência o primeiro sinal de uma depressão incipiente, e o retorno do apetite constitui o primeiro sinal de que esse estado começa a ceder. Algum grau de perda de apetite foi relatado por 72% dos pacientes com depressão grave e apenas 21% dos pacientes não deprimidos.

Leve: Os pacientes não fazem mais as refeições com o grau usual de prazer ou contentamento. Ocorre também certo amortecimento do desejo por comida.

Moderado: O desejo por comida pode ter quase desaparecido, e os pacientes deixam de fazer uma refeição sem nem perceberem isso.

TABELA 2.5
Intercorrelações de sintomas físicos e vegetativos ($n = 606$)

Sintoma	Fadiga	Perda do sono*	Perda do apetite*	Perda da libido*
Profundidade da depressão	0,31	0,30	0,35	0,27
Fatigabilidade		0,25	0,20	0,29
Perturbação do sono			0,35	0,29
Perda do apetite				0.33

* Coeficientes de correlação produto-momento de Pearson.

TABELA 2.6
Frequência de manifestações vegetativas e físicas em pacientes deprimidos e não deprimidos (%)

	Grau de depressão			
Manifestação	Nenhuma (n = 224)	Leve (n = 288)	Moderada (n = 377)	Grave (n = 86)
Perda do apetite	21	40	54	72
Perturbação do sono	40	60	76	87
Perda da libido	27	38	58	61
Fatigabilidade	40	62	80	78

Grave: Os pacientes precisam se obrigar – ou ser forçados – a comer. Pode até haver uma aversão à comida. Após várias semanas de depressão grave, a quantidade de perda de peso pode ser considerável.

Perturbação do sono

A dificuldade para dormir é um dos sintomas mais notáveis da depressão, embora isso ocorra também em uma grande proporção de pacientes não deprimidos. Dificuldade para dormir foi relatada por 87% dos pacientes com depressão grave e por 40% dos pacientes não deprimidos.

Foram realizados alguns estudos cuidadosos sobre o sono de pacientes deprimidos (ver Capítulo 9). Os investigadores apresentaram sólidas evidências, baseadas na observação direta dos pacientes e registros eletroencefalográficos durante a noite, de que pacientes deprimidos dormem menos do que indivíduos do grupo-controle sem depressão. Além disso, os estudos mostram um grau excessivo de inquietação e movimento durante a noite em pacientes deprimidos.

Leve: Os pacientes relatam ter despertado alguns minutos a meia hora mais cedo do que o de costume. Em muitos casos, afirmam que, embora costumassem dormir profundamente até serem acordados pelo despertador, agora despertam alguns minutos antes de o despertador tocar. Em alguns casos, a perturbação do sono ocorre na direção inversa: os pacientes constatam que dormem mais do que o de costume.

Moderada: Os pacientes se acordam uma ou duas horas mais cedo do que o de costume e com frequência dizem que o sono não foi repousante. Além disso, parecem passar a maior parte do tempo em sono leve. Também despertam depois de três ou quatro horas de sono e precisam de um hipnótico para voltar a dormir. Em alguns casos, os pacientes manifestam uma tendência excessiva ao sono e podem dormir até 12 horas por dia.

Grave: Os pacientes com frequência despertam após apenas 4 ou 5 horas de sono e não conseguem mais voltar a dormir. Em alguns casos, afirmam que não dormiram nada durante a noite, que se lembram de terem ficado "pensando" continuamente durante a noite. Contudo, como assinalaram Oswald e colaboradores[17], é provável que esses pacientes na verdade tenham um sono leve durante boa parte do tempo.

Perda da libido

Alguma perda do interesse por sexo, de natureza autoerótica ou dirigida a outra pessoa, foi descrita por 61% dos pacientes deprimidos e por 27% dos pacientes não deprimidos. A perda da libido teve uma correlação mais forte com a perda do apetite, perda do interesse por outras pessoas e humor deprimido.

Leve: Geralmente ocorre uma ligeira perda do desejo sexual espontâneo e da responsividade aos estímulos sexuais. Contudo, em alguns casos, o desejo sexual parece aumentar quando o paciente está levemente deprimido.

Moderada: O desejo sexual está nitidamente reduzido e só é despertado com considerável estimulação.

Grave: Qualquer responsividade a estímulos sexuais se perdeu, e o paciente pode ter uma pronunciada aversão ao sexo.

Fatigabilidade

O aumento do cansaço foi relatado por 79% dos pacientes deprimidos e por apenas 33% dos não deprimidos. Alguns pacientes parecem vivenciar esse sintoma como um fenômeno exclusivamente físico: sentem os membros pesados ou o corpo sobrecarregado. Outros expressam fatigabilidade como uma perda de energia ou vigor. O paciente se queixa de que se sente "apático", "esgotado", "fraco demais para se mexer" ou "exausto".

Às vezes é difícil distinguir a fatigabilidade da perda de motivação e dos desejos de evitação. É interessante notar que a fatigabilidade correlaciona-se melhor com a falta de satisfação (0,36) e com uma visão pessimista (0,36) do que com outros sintomas físicos ou vegetativos, tais como perda do apetite (0,20) e perturbação do sono (0,28). A correlação com a falta de satisfação e com a visão pessimista sugere que o quadro mental consiste em um fator importante na sensação de cansaço do paciente; o inverso, evidentemente, deve ser considerado como uma possibilidade, isto é, o cansaço influencia o quadro mental.

Alguns autores conceitualizaram a depressão como uma "síndrome de esgotamento" por causa da proeminência de fatigabilidade; esses autores postulam que o paciente esgota a energia disponível durante o período que antecede o início da depressão, e o estado deprimido representa uma espécie de hibernação, durante a qual o paciente paulatinamente acumula uma nova reserva de energia. Às vezes a fadiga é atribuída à perturbação do sono. Contra essa teoria encontra-se a observação de que, mesmo quando os pacientes dormem mais em consequência de hipnóticos, raramente ocorre alguma melhora na sensação de fadiga. Também é interessante observar que a correlação entre perturbação do sono e fatigabilidade é de somente 0,28. Se a perturbação do sono fosse um fator importante, uma correlação consideravelmente maior seria esperada. Como será discutido no Capítulo 12, a fatigabilidade pode ser a manifestação da perda de uma motivação positiva.

Tende a ocorrer uma variação diurna na fatigabilidade paralela ao humor deprimido e às expectativas negativas. O paciente tende a se sentir mais cansado ao despertar, mas um pouco menos cansado à medida que o dia avança.

Leve: Os pacientes constatam que se cansam com mais facilidade do que de costume. Caso tenham sofrido um período hipomaníaco pouco antes da depressão, o contraste é marcante: enquanto antes se mantinham ativos por muitas horas sem sentirem cansaço, agora se sentem fatigados após um período relativamente curto de atividade. Não raro uma distração ou uma soneca restaura a sensação de vitalidade, mas a melhora é passageira.

Moderada: Os pacientes costumam se sentir cansados quando despertam pela manhã. Praticamente qualquer atividade parece acentuar o cansaço. Repouso, relaxamento e recreação não parecem aliviar essa sensação e talvez até a agravem. Um paciente que costumava caminhar longas distâncias quando estava bem se sentia exausto após breves caminhadas quando deprimido. Não somente atividades físicas, mas também atividades mentais concentradas, como leitura, aumentam a sensação de cansaço.

Grave: Os pacientes se queixam de que estão cansados demais para fazer qualquer coisa. Sob pressão externa, às vezes são capazes de realizar tarefas que exigem grande gasto de energia. Sem essa estimulação, contudo, não parecem capazes de mobilizar energia mesmo para realizar as tarefas mais simples, como se vestir. Reclamam, por exemplo, de que não têm força suficiente para sequer levantar o braço.

Delírios

Os delírios na depressão podem ser agrupados em várias categorias: delírios de inutilidade; delírios do pecado "imperdoável" e de ser punido ou esperar punição; delírios niilistas; delírios somáticos; delírios de pobreza. Qualquer uma das distorções cognitivas descritas pode progredir em intensidade e alcançar rigidez suficiente para justificar ser considerada um delírio. Uma pessoa com baixa autoestima, por exemplo, pode progredir do pensar para o acreditar que é um diabo. Uma pessoa com tendência a se culpar pode com o tempo começar a atribuir a si mesma crimes como o assassinato do presidente.

Para verificar a frequência dos diversos delírios em pacientes com depressão psicótica, um grupo de 280 pacientes psicóticos foi entrevistado. Os resultados são apresentados na Tabela 2.7.

Inutilidade

Os delírios de inutilidade ocorreram em 48% dos psicóticos com depressão grave. Esse tipo de delírio foi expressado da seguinte maneira por um paciente: "Eu devo chorar até morrer. Eu não posso viver. Eu não posso morrer. Portanto, eu fracassei. Seria melhor se eu não tivesse nascido. Minha vida sempre foi um fardo... Eu sou a pessoa mais baixa do mundo... Eu sou sub-humano". Outro paciente disse: "Eu sou totalmente inútil. Eu não consigo fazer nada. Eu nunca fiz nada de bom".

Crime e castigo

Alguns pacientes acreditam que cometeram um crime terrível para o qual merecem ou esperam ser punidos. Dos pacientes com depressão psicótica grave, 46% relataram o delírio de serem pecadores terríveis. Em muitos casos, os pacientes sentem que alguma punição severa como tortura ou enforcamento é iminente: 42% dos pacientes com depressão grave esperavam punição de algum tipo. Muitos outros pacientes acreditavam que estavam sendo punidos e que o hospital era uma espécie de instituição penal. O paciente se lamenta: "Será que Deus nunca vai desistir?", "Por que eu devo ser escolhido para ser punido?", "Meu coração se foi. Será que Ele não vê isso? Será que Ele não pode me deixar em paz?". Em alguns casos os pacientes acreditam que são o diabo: 14% dos deprimidos psicóticos graves tinham tal delírio.

Delírios niilistas

Os delírios niilistas têm tradicionalmente sido associados à depressão. Um delírio niilista típico está refletido na seguinte declaração: "Não adianta. Tudo está perdido. O mundo está vazio. Todo mundo morreu ontem de noite". Às vezes os pacientes acreditam que eles mesmos estão mortos: isso ocorreu em 10% dos pacientes com depressão grave.

A preocupação com órgãos é particularmente comum nos delírios niilistas. Os pacientes se queixam de que um órgão de seu corpo está faltando ou de que todas as suas vísceras foram retiradas. Isso foi expresso em declarações como "Meu coração,

TABELA 2.7
Frequência dos delírios com conteúdo depressivo em pacientes psicóticos conforme a profundidade da depressão (%; *n* = 280)

	Grau de depressão			
Delírio	Nenhuma (n = 85)	Leve (n = 68)	Moderada (n = 77)	Grave (n = 50)
Inutilidade	6	9	21	48
Pecador	11	19	29	46
Diabo	3	4	3	14
Punição	18	21	18	42
Morto	0	2	3	10
Decadência corporal	9	13	16	24
Doença fatal	5	6	14	20

meu fígado e meu intestino se foram. Não sou mais do que uma concha vazia".

Delírios somáticos

Às vezes os pacientes acreditam que seus corpos estão se deteriorando, ou que eles têm alguma doença incurável. Dos pacientes com depressão grave, 24% acreditavam que seus corpos estavam apodrecendo e 20% que tinham doenças fatais. Os delírios somáticos são expressos em declarações como as seguintes: "Não consigo comer. O gosto na minha boca é horrível. Minhas tripas estão doentes. Elas são incapazes de digerir a comida"; "Eu não consigo pensar. Meu cérebro está totalmente bloqueado"; "Meu intestino está trancado. A comida não consegue passar". Um paciente fez a seguinte declaração acompanhada da ideia de ter uma anormalidade grave: "Faz seis meses que eu não durmo nada".

Pobreza

Delírios de pobreza parecem uma consequência natural da excessiva preocupação com as finanças manifestada por pacientes deprimidos. Um paciente rico pode queixar-se amargamente: "Todo o meu dinheiro acabou. Do que é que eu vou viver? Quem vai comprar comida para os meus filhos?". Muitos autores descreveram a incongruência de um homem de posses que, vestindo farrapos, sai pedindo esmolas ou comida.

Em nosso estudo, os delírios de pobreza não foram investigados. Devido à altíssima proporção de pacientes de baixa renda no grupo, era difícil distinguir um delírio de pobreza de pobreza real.

No estudo de Rennie,[13] quase a metade dos 99 casos tinha delírios como parte de suas psicoses; 49 pacientes tinham ideias de perseguição ou de passividade. (O número de indivíduos com cada um desses delírios não é informado.) Delírios depressivos típicos estavam presentes em 25 pacientes; estes envolviam predominantemente autor-recriminação e autodepreciação, bem como ideias de estar morto, de seus corpos terem mudado ou de imoralidade. Os delírios eram mais comuns entre os pacientes mais velhos (72%). Em pacientes com mais de 50 anos, o conteúdo girava predominantemente em torno de ideias de pobreza, de ser destruído ou torturado de alguma maneira terrível, de ser envenenado, ou de estar contaminado por fezes.

Alucinações

Rennie constatou que 25% dos pacientes tinham alucinações. Estas eram mais proeminentes no grupo depressivo recorrente. Exemplos dos tipos de alucinação foram os seguintes: "Conversei com Deus"; "Ouvi a frase 'Sua filha está morta'"; "Ouvi pessoas falando através de minha barriga"; "Vi uma estrela no Dia de Natal"; "Vi e ouvi minha mãe morta"; "Vozes me avisaram para não comer"; "Vozes me mandaram caminhar para trás"; "Vi e ouvi Deus e anjos"; "Vi meu pai morto"; "Vi rostos de animais na comida"; "Vi e ouvi animais"; "Vi pessoas mortas"; "Ouvi vozes de meu irmão e de pessoas mortas"; "Vi meu marido em seu caixão"; "Uma voz me disse 'Não fique com seu marido'"; "Vi dois homens cavando uma sepultura".

Em nosso estudo, constatamos que 13% dos pacientes com depressão psicótica grave disseram ter ouvido vozes que os condenavam. Esse era o tipo de alucinação relatado com maior frequência.

EXAME CLÍNICO

Aparência

Os psiquiatras em nosso estudo classificaram a intensidade de algumas características clínicas dos pacientes deprimidos e dos não deprimidos. Muitas dessas características seriam consideradas *sinais*; ou seja, são abstraídas de comportamentos observáveis mais do que das autodescrições dos pacientes. Outras características foram avaliadas com base nos relatos verbais dos pacientes, bem como na observação de seu comportamento. Algumas das características clínicas coincidem com as descritas na seção anterior. Este estudo oferece uma oportunidade para comparar a frequência de sintomas obtidos em resposta ao inventário com a frequência de sintomas derivados de um exame clínico.

A amostra era composta pelos últimos 486 dos 966 pacientes descritos na Tabela 2.2. A distribuição das características clínicas entre os não deprimidos, com depressão leve, com depressão moderada e com depressão grave é apresentada na Tabela 2.8.

A maioria dos casos de depressão pode ser diagnosticada por meio de observação.[18] A expressão triste e melancólica aliada ao retardo psicomotor ou agitação é praticamente patognomônica da depressão. Em contraste, muitos pacientes escondem seus sentimentos desagradáveis por trás de uma fachada de alegria ("depressão sorridente"), e uma entrevista minuciosa é necessária para revelar uma expressão facial de sofrimento.

A expressão facial mostra características típicas associadas à tristeza. Os cantos da boca são curvados para baixo, a testa é vincada, as linhas e rugas são profundas, e com frequência os olhos estão vermelhos devido ao choro. As descrições usadas pelos clínicos são taciturno, desesperançado, sombrio, abatido, sério, solene, demasiado resignado.[5] Lewis relatou que o choro ocorria na maioria das mulheres, mas em apenas uma sexto dos homens em sua amostra.

Em casos graves, o rosto parece congelado em uma expressão sombria. Contudo, a maioria dos pacientes demonstra certa labi-

TABELA 2.8
Frequência das características clínicas dos pacientes conforme a profundidade da depressão (%; n = 486)

Característica clínica	Profundidade da depressão			
	Nenhuma	Leve	Moderada	Grave
Expressão facial triste	18	72	94	98
Postura curvada	6	32	70	87
Choro na entrevista	3	11	29	28
Fala: lenta, etc.	25	53	72	75
Humor deprimido	16	72	94	94
Variação diurna do humor	6	13	37	37
Desejos suicidas	13	47	73	94
Indecisão	18	42	68	83
Desesperança	14	58	85	86
Sentimento de insuficiência	25	56	75	90
Culpa consciente	27	46	64	60
Perda de interesse	14	56	83	92
Perda de motivação	23	54	88	88
Fatigabilidade	39	62	89	84
Perturbação do sono	31	55	73	88
Perda de apetite	17	33	61	88
Constipação	19	26	38	52

lidade de expressão, especialmente quando sua atenção é desviada de seus sentimentos. Sorrisos genuínos podem às vezes ser provocados mesmo nos casos mais graves, mas geralmente são passageiros. Alguns pacientes apresentam um sorriso forçado ou social, que pode ser enganoso. O chamado sorriso sem alegria, que indica a ausência de diversão genuína, é facilmente reconhecido. Esse tipo de sorriso pode ser provocado em resposta a uma observação humorística do examinador e indica a consciência intelectual do humor no paciente, mas sem qualquer resposta emocional a ele.

Uma expressão facial triste foi observada em 85% do grupo deprimido (incluindo casos leves, moderados e graves) e em 18% do grupo não deprimido. Nos pacientes com depressão grave, 98% mostraram essa característica.

Retardo

O sinal mais marcante de uma depressão com retardo psicomotor é a redução da atividade espontânea. O paciente tende a permanecer em uma posição por mais tempo do que o usual e a usar o mínimo de gestos. Os movimentos são lentos e deliberados como se o corpo e os membros estivessem sobrecarregados. O paciente caminha devagar, com frequência arqueado e arrastando os pés. Essas características posturais foram observadas em 87% dos pacientes com depressão grave em nossa amostra.

A fala mostra menor espontaneidade, e a produção verbal está reduzida. O paciente não inicia uma conversa nem faz comentários espontaneamente; quando questionado, responde com poucas palavras. Às vezes, a fala é reduzida somente quando um assunto doloroso está sendo discutido. O tom de voz do paciente com frequência é baixo, e a fala tende a ser monocórdica. Essas características vocais foram observadas em 75% dos pacientes com depressão grave.

Os pacientes com mais retardo psicomotor podem iniciar frases e não as concluí- rem. Também podem responder a perguntas com resmungos ou gemidos. Os casos mais graves apresentam mudez. Como assinala Lewis, às vezes é difícil distinguir a fala escassa de um depressivo da de um esquizofrênico paranoide desconfiado bem preservado. Em ambas as condições, há pausas, hesitações, evasivas, rupturas e brevidade. O diagnóstico deve se basear em outras observações – do conteúdo e comportamento.

Nas depressões graves, os pacientes manifestam sinais de uma síndrome que foi denominada *estupor* ou *semiestupor*.[19] Se deixados sozinhos, os pacientes permanecem praticamente imóveis, estejam de pé, sentados ou deitados na cama. Raramente, ou nunca, há flexibilidade cérea que se vê na catatonia ou qualquer turvação evidente da consciência. Os pacientes variam no grau em que respondem à estimulação. Alguns respondem ao esforço prolongado do entrevistador para estabelecer *rapport*; outros não parecem conscientes disso. Questionamos vários pacientes nesta última categoria depois de terem se recuperado de sua depressão, e eles revelaram que haviam vivenciado sentimentos e pensamentos durante o exame clínico, mas tinham se sentido incapazes de expressá-los.

Em casos extremos, os pacientes não comem nem bebem mesmo com insistência. Os alimentos colocados em sua boca permanecem ali até serem retirados, e nessas circunstâncias a alimentação enteral torna-se necessária como medida de preservação da vida. Às vezes seu intestino não funciona, e é necessário retirar as fezes manualmente ou com enemas. A saliva se acumula e cai da boca. Alguns piscam com pouca frequência e desenvolvem úlcera nas córneas. Uma descrição mais completa desses casos extremos encontra-se na seção sobre estupor benigno no Capítulo 8.

Bleuler (p. 209)[20] descreveu a tríade da melancolia como composta de afeto deprimido, inibição da ação e inibição do pensamento. As duas primeiras características são certamente típicas da depressão com retardo psicomotor. Contudo, existe uma forte dúvida quanto a se ocorre inibição do processo de pensamento. Lewis[5] acredita que o pensamento é ativo – ou mesmo hiperativo – ainda que a fala esteja inibida. Além disso, testes psicológicos aprimorados não demonstraram interferência significativa nos processos de pensamento (Capítulo 10).

Agitação

A principal característica dos pacientes agitados é a atividade incessante. Eles não conseguem ficar sentados quietos e se movem constantemente na cadeira. Esses indivíduos transmitem uma sensação de inquietação e perturbação, torcendo as mãos ou um lenço, rasgando roupas, espremendo a pele e apertando e soltando os dedos. Às vezes coçam o couro cabeludo ou outras partes do corpo até desgastar a pele.

Levantam-se da cadeira muitas vezes no decorrer de uma consulta e ficam andando. À noite, saem da cama e andam de um lado para o outro sem parar. É tão difícil desempenharem alguma atividade construtiva quanto ficarem parados. Sua agitação também se manifesta por queixas e gemidos. Eles abordam médicos, enfermeiras e outros pacientes e os assediam pedindo ou suplicando apoio.

As emoções de furor e angústia são congruentes com o conteúdo de seus pensamentos. Eles lamuriam: "Por que fiz isso? Oh! Deus, o que vai ser de mim? Por favor, tenha piedade de mim". Esses pacientes acreditam que estão prestes a serem abatidos ou enterrados vivos. Eles lastimam: "Meu intestino se foi. É insuportável". Eles gritam "Eu não aguento a dor. Por favor, me livre deste tormento". Queixam-se, "Minha casa se foi. Minha família acabou. Eu só quero morrer. Por favor, deixe-me morrer".

O conteúdo dos pensamentos do paciente com retardo psicomotor parece girar em torno da resignação passiva a seu destino. Já o paciente agitado não pode aceitar ou suportar a tortura antevista. O comportamento agitado parece representar tentativas desesperadas de lutar contra a maldição iminente.

VARIAÇÕES NOS SINTOMAS

Crianças e adolescentes

Weiss e Garber[21] revisaram os achados empíricos sobre se as crianças e adolescentes vivenciam e expressam depressão da mesma maneira que os adultos. Embora geralmente se aceite que a depressão ocorre nesta faixa etária e que o nível de desenvolvimento tem relativamente pouca influência na fenomenologia da depressão, a perspectiva desenvolvimentista prevê a possibilidade de manifestações e vivências especiais. Assim, é possível que o nível de desenvolvimento fisiológico, social e cognitivo deva ser levado em conta na definição de depressão.

Com base em mais de uma dúzia de estudos pertinentes à questão, Weiss e Garber[21] concluíram que o problema continua sem solução: não se sabe em que aspecto a depressão na infância e na adolescência difere da depressão em adultos. Contudo, os autores articularam as questões e, assim, diferenciaram entre a continuidade em um mesmo indivíduo e a continuidade da forma ou natureza da depressão entre os níveis de desenvolvimento. Entre os exemplos oferecidos estava a anedonia (falta de prazer), presente em todos os níveis de desenvolvimento, mas com expressão diferente em cada um. Crianças pequenas podem expressar anedonia em sua falta de interesse por brinquedos; adolescentes podem parecer entediados; adultos podem perder o interesse pelo sexo.

É importante observar que a revisão e metanálise da literatura empírica[21] não implica a inexistência de diferenças entre crianças e adultos na experiência e expressão da depressão; contudo, o atual estado da pesquisa é tal que resultados inequívocos ainda não estão disponíveis. Caso diferenças sejam encontradas após estudos adequadamente controlados, a questão investigativa mais importante é se as diferenças resultam das causas ou das consequências da depressão. Antes de chegar a isso, contudo, "a questão fundamental de existirem ou não diferenças desenvolvimentistas nos sintomas que compõem a síndrome da depressão continua sem resposta" (p. 427).

O manual diagnóstico oficial da Associação Psiquiátrica Americana (APA)[22] não é tão cauteloso quanto pesquisadores acima e afirma que os "sintomas essenciais" de um episódio depressivo são os mesmos para crianças e adolescentes. Contudo, admite que a proeminência dos sintomas característicos possa mudar com a idade: "Alguns sintomas como queixas somáticas, irritabilidade e retraimento social são particularmente comuns nas crianças, ao passo que retardo psicomotor, hipersonia e delírios são menos comuns na pré-puberdade do que na adolescência e na idade adulta" (p. 354).

Variações culturais

O contexto cultural deve ser mais bem compreendido a fim de evitar o subdiagnóstico ou o diagnóstico errôneo devido à variação na vivência e na comunicação dos sintomas de depressão.[22] Os seguintes devem servir como exemplos concretos: "Queixar-se dos 'nervos' e de dores de cabeça (nas culturas latinas e mediterrânicas), de fraqueza, cansaço ou 'desequilíbrio' (nas culturas chinesa e asiáticas), de problemas de 'coração' (nas culturas do oriente médio), de ter o 'coração partido' (entre os Hopi) podem [todas] expressar a vivência depressiva" (p. 353). Mais pesquisas são necessárias para compreendermos plenamente a expressão dos sintomas da depressão nas diversas culturas ao redor do mundo.

3

CURSO E PROGNÓSTICO

DEPRESSÃO COMO UMA ENTIDADE CLÍNICA

No Capítulo 2, a depressão foi abordada como uma dimensão ou síndrome psicopatológica. As características físicas da depressão foram analisadas transversalmente, ou seja, em termos de conjuntos de fenômenos patológicos exibidos em um determinado ponto no tempo. Neste capítulo, a depressão é abordada como uma entidade clínica distinta (tal como o transtorno bipolar ou a distimia) que possui certas características específicas ao longo do tempo em termos de início, remissão e recorrência. Como entidade clínica ou tipo de reação, a depressão tem muitas características salientes que a distinguem de outros tipos clínicos, tais como a esquizofrenia, ainda que esses outros tipos possam ter elementos depressivos associados. A constelação depressiva como um concomitante de outras entidades nosológicas não será descrita neste capítulo, mas será considerada posteriormente em termos de sua associação com a sintomatologia esquizofrênica na categoria esquizoafetiva (Capítulo 8).

Entre as importantes características da entidade clínica da depressão estão as seguintes: existe geralmente um início bem definido, uma progressão na intensidade dos sintomas até que a condição chegue ao ponto mais baixo e depois uma regressão (melhora) constante dos sintomas até que o episódio termine; as remissões são espontâneas; há uma tendência à recorrência; os intervalos entre as crises são livres de sintomas depressivos.

IMPORTÂNCIA DO CURSO E RESULTADO

Os aspectos *longitudinais* da depressão tem sido objeto de muitas investigações desde a época de Kraepelin. Informações adequadas sobre o curso de curto e longo prazo da depressão são importantes não apenas para o manejo prático, mas também para uma compreensão da psicopatologia e para a avaliação de formas específicas de tratamento. Dados consideráveis sobre as histórias de vida dos pacientes deprimidos foram acumulados antes do advento dos agentes terapêuticos específicos – tratamentos psicológicos (como terapia cognitiva e interpessoal), eletroconvulsoterapia (ECT) e drogas. Esses dados geralmente são considerados como reflexo da história natural do transtorno, ainda que seja difícil separar os efeitos da hospitalização.

O médico incumbido de fazer um prognóstico em um determinado caso é confrontado com diversas questões.

1. No caso de um primeiro episódio de depressão, quais são as perspectivas de remissão completa, e qual é a probabilidade de sintomas residuais ou de um estado crônico irrecuperável?
2. Qual é a provável duração da primeira crise?

3. Qual é a probabilidade de recidiva, e qual é a provável duração de eventuais crises múltiplas?
4. Quanto tempo se deve esperar após a remissão de um paciente de uma determinada crise antes de descartar a probabilidade de recidiva?
5. Qual é o risco de morte por suicídio?

Respostas para essas perguntas podem ser obtidas por referência à pesquisa sobre os primeiros casos diagnosticados como psicoses maníaco-depressivas e estudos subsequentes que desenvolveram os primeiros achados. Uma série de estudos razoavelmente bem delineados foram conduzidos para determinar o destino desses pacientes. Deve-se enfatizar que grande parte dos dados disponíveis se aplica principalmente a pacientes hospitalizados.

Em uma casuística descrita em 1930 por Paskind como "maníaco-depressivos", sem dúvida preponderavam casos que posteriormente seriam diagnosticados como "reações neurótico-depressivas". Uma vez que este estudo é anterior às terapias somáticas modernas, os achados podem ser considerados pertinentes à história natural das reações neurótico-depressivas.

ESTUDOS SISTEMÁTICOS

Kraepelin[1] estudou o curso usual de 899 casos de psicose maníaco-depressiva. O período de observação variou consideravelmente: alguns pacientes foram acompanhados por períodos curtos, e outros, por até 40 anos. Além disso, visto que o seguimento dependia em grande parte da readmissão hospitalar, as informações sobre os pacientes que não eram readmitidos são escassas. Apesar dessas limitações, seu estudo é de grande valor por prover fatos concretos sobre os episódios recorrentes, frequência e duração das crises, e sobre a duração dos intervalos entre as crises. A amostra era composta da seguinte forma: depressão isolada, 263; depressão recorrente, 177; episódio único bifásico, 106; misto recorrente, 214; episódio maníaco isolado, 102; maníaco recorrente, 47. *Bifásico* era usado para os casos em que havia tanto episódios maníacos quanto depressivos. Estes foram designados por termos como *composto, misto, combinado, em forma dupla, ciclotímico* e *cíclico*. *Alternados* e *circulares* referem-se a casos em que uma fase sucede imediatamente à oposta sem nenhum intervalo livre. *Tipo circular fechado* refere-se a ciclos maníacos e depressivos sem interrupção.

O estudo de Paskind[2,3,4] dos casos de depressão vistos em uma clínica privada fornece dados sobre o curso do transtorno fora do hospital. Embora existam muitas deficiências metodológicas sérias neste estudo, os dados apresentados são relevantes para episódios mais leves de depressão. Paskind revisou os registros de 633 casos de depressão na clínica privada do Dr. Q. T. Patrick. Embora todos esses casos tenham sido incluídos na abrangente categoria de psicose maníaco-depressiva, uma análise dos casos apresentados nos artigos deixa pouca dúvida de que são na verdade descrições de transtorno de humor bipolar, e não de psicose. Ao revisar os dados tabulados apresentados pelo autor, é evidente que seus achados se baseiam nos 248 casos retirados do grupo original. Os casos foram coletados durante um período de 32 anos, mas não há referência ao período médio de observação ou de qualquer tentativa sistemática de obter material de seguimento sobre esses pacientes. Paskind assinalou que 88 casos (32%) podiam ser classificados como "crises curtas de psicose maníaco-depressiva", uma vez que a duração média dos episódios variava de algumas horas a alguns dias.

Paskind descreveu os sintomas das crises curtas como idênticos aos de crises mais longas: tristeza profunda e infelicidade sem motivo evidente; autorrepreensão; autorrecriminação; autodepreciação; falta de iniciativa; falta de resposta aos interesses usuais acompanhada por consciência desta falta; evitação dos amigos; sentimento de desesperança; desejo de morrer; inclinação ou desejo de cometer suicídio. Paskind afirmou que os conhecidos antídotos para depressão, tais como perspectiva filosófica, companhia de amigos, entretenimento, divertimento, repouso, mudança de ambiente e boas novas não faziam as crises desaparecer. "Ao contrário, encontra-se uma pessoa em um estado de humor normal que, sem causa aparente, torna-se em pouco tempo profundamente triste e infeliz; apesar de todas as tentativas para alegrá-la, a crise continua por algumas horas a alguns dias; quando desaparece, é do mesmo modo abrupto e misterioso com que apareceu."

Rennie[5] realizou um estudo de seguimento de 208 pacientes com reações maníaco-depressivas internados na Clínica Psiquiátrica Henry Phipps entre 1913 e 1916. Casos atípicos não foram incluídos porque o autor queria estudar apenas reações maníaco-depressivas (bipolares) bem definidas. Vários pacientes apresentando o que pareciam ser excitações maníacas no momento da internação desenvolveram reações esquizofrênicas na observação em longo prazo. Esses casos foram excluídos, assim como o foram casos de depressão que tinham perdido o afeto depressivo preponderante e haviam, no curso de alguns anos, evoluído lentamente para comportamento mais automático e semelhante ao comportamento esquizofrênico. Também foram excluídos pacientes depressivos com hipocondria que tinham perdido a maior parte de seu afeto depressivo e que haviam caído em um estado de invalidez crônica com pouco conteúdo depressivo. Pode-se considerar, consequentemente, que o material segue critérios razoavelmente rigorosos para diagnosticar síndrome maníaco-depressiva.

O seguimento desses pacientes foi realizado por carta, entrevista com assistente social, consulta com médico, notícias de suicídio em jornais e prontuários de outros hospitais. Somente em um caso não foram obtidos dados de seguimento. O período de seguimento variou de 35 a 39 anos.

No estudo de Rennie, os seguintes grupos clínicos foram descritos por ordem de frequência:

1. depressão recorrente: 102 pacientes – 15 com intervalos livres de sintomas de ao menos 20 anos entre as crises, e 52 com remissões de ao menos 10 anos;
2. ciclotímicos (bifásicos) – 49 pacientes nos quais todas as combinações foram observadas, com euforia e depressão por vezes sucedendo uma a outra em ciclos imediatos;
3. crises únicas de depressão, com recuperação – 26 pacientes;
4. crises únicas de depressão, sem recuperação – 14 pacientes, dos quais 9 cometeram suicídio;
5. crises maníacas recorrentes – 14 casos;
6. crises maníacas isoladas – 2 pacientes (estes se mantiveram bem por mais de 20 anos após a crise; um terceiro paciente tornou-se maníaco pela primeira vez aos 40 anos e ainda estava internado aos 64).

Uma comparação da relativa frequência dos pacientes deprimidos, bifásicos e maníacos observada em diversos estudos é apresentada no Capítulo 6.

Lundquist[6] conduziu um estudo longitudinal de 319 pacientes maníaco-depressivos cuja primeira hospitalização para esse transtorno foi no Hospital Langbrö de 1912 a 1931. O investigador revisou os prontuários e conferiu a adequação dos diagnósticos para "satisfazer todas as demandas razoáveis no que diz respeito à confiabilidade". A amostra era composta de 123 homens (38%) e 196 mulheres (62%).

Depois de localizar os pacientes que tinham recebido alta, o seguimento foi conduzido por um exame pessoal dos pacientes no hospital, uma visita doméstica por um assistente social se os pacientes morassem em Estocolmo, um questionário detalhado enviado por correio para os pacientes que não moravam em Estocolmo e uma análise do prontuário de internação dos pacientes então hospitalizados em outros lugares. O período de observação variou consideravelmente: 20 a 30 anos, 42%; 10 a 20 anos, 38%; menos de 10 anos, 20%.

A duração de um episódio foi definida como o tempo decorrido entre o reconhecimento dos sintomas pelos pacientes e seu retorno à ocupação anterior. A remissão se baseou em uma avaliação aproximada da capacidade dos pacientes de retomar seu trabalho e modo de vida normal.

Início dos episódios

A frequência relativa de um início insidioso, comparada com um início agudo, foi estudada por Hopkinson[7] entre 100 pacientes internados consecutivamente e diagnosticados como portadores de uma doença afetiva. Todos tinham mais de 50 anos ao serem internados, e 39 haviam apresentado outras crises antes dos 50 anos. Oitenta pacientes foram examinados pessoalmente pelo autor, e nos 20 casos restantes os dados pertinentes foram selecionados dos casos.

Quando o início da doença foi estudado, constatou-se que 26% dos casos apresentaram um período prodrômico bem definido; os 74% restantes foram considerados de início agudo. As queixas feitas por esses pacientes no período prodrômico eram vagas e não específicas. Tensão e ansiedade ocorreram em todos em alguma medida. A duração do período prodrômico antes do início de uma nítida psicose depressiva variou de 8 meses a 10 anos; a duração média foi de 33,5 meses. Em um estudo posterior,[8] Hopkinson investigou a fase prodrômica em 43 pacientes mais jovens (de 16 a 48 anos). Treze (30,2%) mostraram uma fase prodrômica de 2 meses a 7 anos (média = 23 meses). As características clínicas do período prodrômico foram sobretudo tensão, ansiedade e indecisão. Em resumo, de 70 a 75% dos pacientes com um transtorno afetivo em ambos os estudos tiveram um início agudo.

A relação entre o início agudo e o prognóstico tem sido estudada por diversos investigadores, com resultados contraditórios. Steen[9] constatou, em um estudo com 493 pacientes, que a taxa de remissão era mais alta entre maníaco-depressivos que apresentaram um início agudo do que entre aqueles com um início prolongado. Por outro lado, Strecker e colaboradores,[10] em uma comparação de 50 maníaco-depressivos recuperados e 50 não recuperados, descobriram que um início agudo não ocorria com mais frequência no grupo recuperado do que no grupo crônico. Em um estudo com 96 casos grosseiramente diagnosticados como maníaco-depressivos, Astrup e colaboradores[11] constataram que um início agudo favorecia a remissão. Hopkinson[8] identificou uma *frequência* significativamente mais alta de crises por paciente entre os casos com início agudo (média = 2,8) do que entre os pacientes com uma fase prodrômica (média = 1,3). Lundquist[6] relatou que pacientes com mais de 30 anos com um início agudo (menos de 1 mês) tinham episódios com uma *duração* significativamente mais curta do que os pacientes com um início mais gradual. Na faixa etária dos 30 a 39 anos, a duração média dos casos de início agudo era de 5,1 meses, e dos casos de início gradual, 27,2 meses.

A idade média de início da depressão variou tanto nesses estudos iniciais que não foi possível obter conclusões definitivas. As seguintes estatísticas para a década de incidência máxima podem servir como orientação básica: 20-30, Kraepelin[1]; 30-39, Stenstedt,[12] Cassidy e colaboradores,[13] Ayd[14]; 45-55, Rennie[5]; 50 ou mais, Lundquist.[6]

Remissão e cronicidade

Houve considerável variação entre os autores quanto à proporção dos pacientes que permaneceram cronicamente doentes após o início da doença depressiva. É difícil fazer comparações entre os vários estudos porque critérios diagnósticos diferentes foram utilizados, a definição de cronicidade variou, os períodos de observação variaram, e, em muitos estudos, não foi feita distinção entre os que se tornaram crônicos depois da primeira crise e os que se tornaram crônicos depois de múltiplas crises.

O estudo retrospectivo relativamente bem delineado de Rennie indicou que aproximadamente 3% foram identificados como cronicamente doentes no seguimento de longo prazo. Kraepelin relatou que 5%

de seus casos tornaram-se crônicos. Lundquist relatou que 79,6% dos depressivos se recuperaram totalmente da primeira crise. A idade de início foi um fator: a taxa de remissão variou de 92% para pacientes com menos de 30 anos a 75% na faixa etária de 30 a 40. É provável que suas porcentagens sejam mais baixas do que as dos outros por causa de sua definição mais estrita de remissão completa.

Astrup e colaboradores[11] dividiram seu grupo de pacientes maníaco-depressivos nas categorias de "crônico", "melhorado" e "recuperado". Dos 70 maníaco-depressivos "puros", 6 (8,6%) ainda estavam cronicamente doentes no período de seguimento. A maioria havia se recuperado plenamente, e uma minoria apresentava "instabilidade" residual e foi classificada como melhorados. (Números precisos para as categorias de melhorado e recuperado não estão disponíveis devido à mistura de pacientes maníaco-depressivos e esquizoafetivos.) O período de seguimento foi de 5 anos ou mais.

É digno de nota que um paciente pode ter um episódio maníaco ou depressivo inicial do qual se recupera completamente e, depois de um longo intervalo livre de sintomas, recair em um estado crônico. Rennie descreveu o caso de um paciente que sofreu um episódio inicial de mania seguido de depressão, o ciclo inteiro durando cerca de um ano. Ele se manteve livre de sintomas durante os 23 anos seguintes e então recaiu em um estado de excitação maníaca que durou 22 anos.

Kraepelin[1] indicou que um paciente pode ter depressão crônica de muitos anos de duração e ainda assim chegar a uma remissão completa. Ele apresentou um caso ilustrativo (p. 143) com um único ataque de 15 anos de duração, do qual o paciente teve uma remissão completa.

Remissão de transtorno distímico

Mais recentemente, o estudo da depressão crônica de baixa intensidade – referida como "transtorno distímico" – foi relatado por Klein e colaboradores[15]. Os critérios diagnósticos para transtorno distímico são listados na Tabela 3.1. (Mais informações detalhadas sobre a classificação dos diversos transtornos de humor são apresentadas no Capítulo 4.)

Para estudar a recuperação no transtorno distímico, Klein e colaboradores[15] utilizaram uma metodologia prospectiva e um seguimento naturalista de 5 anos. Os participantes eram 86 pacientes ambulatoriais com transtorno distímico de início precoce e 39 pacientes ambulatoriais com transtorno depressivo maior episódico. Os seguimentos foram conduzidos aos 30 e 60 meses. Somente cerca de a metade (52,9%) dos pacientes com transtorno distímico haviam se recuperado depois de 5 anos. Durante uma média de 23 meses de observação, a taxa de recaída para este transtorno foi de 45,2%.

Klein comparou pacientes com transtorno distímico com pacientes com transtorno depressivo maior episódico. Os primeiros passaram 70% do tempo durante um seguimento de 5 anos satisfazendo os critérios para transtorno de humor, e os segundos, menos de 25% do tempo.

Os pacientes com distimia apresentavam mais sintomas, pior funcionamento e maior probabilidade de tentar o suicídio e serem hospitalizados do que os pacientes com transtorno depressivo maior. No final do seguimento de 5 anos, 94,2% (81 de 86 casos) do grupo distímico teve ao menos um episódio de transtorno depressivo maior na vida. Este número inclui os 77,9% (67 de 86 casos) deste grupo que já tinham vivenciado depressão maior sobreposta no início do estudo. Entre os pacientes com transtorno distímico que não haviam relatado um episódio depressivo maior antes do estudo (19 de 86 casos), o risco estimado de ter seu primeiro episódio depressivo maior na vida era de 76,9% (14 de 19 casos). De modo geral, esses achados sugerem que o transtorno distímico é uma condição crônica grave com alto risco de recaída.[15]

TABELA 3.1
Critérios diagnósticos para transtorno distímico

A) Humor deprimido na maior parte do dia, na maioria dos dias, como indicado por descrição subjetiva ou observação feita por terceiros, durante ao menos 2 anos. Nota: Em crianças e adolescentes, o humor pode ser irritável, e a duração deve ser de ao menos 1 ano.
B) Presença, enquanto deprimido, de duas (ou mais) das seguintes características:
   1. apetite diminuído ou hiperfagia
   2. insônia ou hipersonia
   3. baixa energia ou fadiga
   4. baixa autoestima
   5. má concentração ou dificuldade para tomar decisões
   6. sentimentos de desesperança
C) Durante o período de 2 anos (1 ano para crianças ou adolescentes) da perturbação, o indivíduo nunca esteve sem os sintomas dos Critérios A e B por mais de 2 meses de cada vez.
D) Ausência de episódio depressivo maior durante os primeiros 2 anos da perturbação (1 ano para crianças e adolescentes); i.e., a perturbação não é mais bem explicada por transtorno depressivo maior crônico, ou transtorno depressivo maior, em remissão parcial.
E) Nunca houve um episódio maníaco, um episódio misto ou um episódio hipomaníaco, e critérios para transtorno ciclotímico nunca foram satisfeitos.
F) A perturbação não ocorre exclusivamente durante o curso de um transtorno psicótico crônico, tais como esquizofrenia ou transtorno delirante.
G) Os sintomas não se devem aos efeitos fisiológicos diretos de uma substância (p. ex., uma droga de abuso, um medicamento) ou de uma condição médica geral (p. ex., hipotireoidismo).
H) Os sintomas causam sofrimento ou prejuízo clinicamente significativo no funcionamento social, ocupacional ou outras áreas importantes de funcionamento.

Remissão de prejuízos funcionais

Buist-Bouwman e colaboradores[16] investigaram a questão de se os indivíduos que se recuperam de um episódio depressivo maior também se recuperam de prejuízos funcionais. Esses prejuízos foram avaliados pela *Short Form-36 Health Survey* e incluíam itens como funcionamento físico, vitalidade, dor, funcionamento social e saúde geral.

O estudo utilizou dados do Estudo de Sondagem e Incidência de Saúde Mental da Holanda, e a depressão foi diagnosticada utilizando-se as regras hierárquicas do *DSM-III-R*. Os que sofriam de episódios depressivos maiores durante o curso de transtornos psicóticos ou bipolares foram excluídos. Um total de 165 indivíduos foram incluídos no estudo.

Os resultados mostraram que 60 a 85% dos entrevistados saíam-se melhor ou não apresentavam diferença no funcionamento após recuperação da depressão, comparado com seu funcionamento antes da depressão. Contudo, os níveis médios de funcionamento após a depressão eram inferiores se comparados com os de indivíduos de uma amostra sem depressão, que nunca estiveram deprimidos. Aqueles que sofriam de abuso de substâncias e transtornos de ansiedade, doenças físicas e fraco apoio social demonstraram pior funcionamento. Os autores indicaram que constituem limitações do estudo o fato de entrevistadores não profissionais haverem determinado o diagnóstico de depressão por meio de entrevistas estruturadas e de o funcionamento ter se baseado em autoavaliações.

Duração

Alguma ideia da duração média ou prevista de um episódio de depressão é importante para que o médico possa preparar o paciente e sua família psicologicamente e dar-lhes uma base para tomarem decisões sobre os negócios do paciente, bem como sobre as disposições financeiras adequadas para seu tratamento.

Um aspecto do episódio depressivo usual relevante para o tratamento é o fato de que o episódio tende a seguir uma curva, ou seja, tende a piorar progressivamente até chegar ao fundo e depois melhorar progressivamente até que o paciente retorne a seu estado pré-mórbido. Determinando o momento de início da depressão, o médico faz uma estimativa aproximada sobre quando se pode esperar uma volta para cima no ciclo. É particularmente importante durante a avaliação da eficácia de formas específicas de tratamento levar em conta o início espontâneo da melhora.

Há certa variação nos resultados dos numerosos estudos relacionados à duração. Sem dúvida, essas variações podem ser atribuídas aos diferentes métodos de observação e aos diferentes critérios para fazer diagnósticos e julgar melhoras. Em geral, os estudos clínicos relativamente não refinados (que serão discutidos a seguir) indicam uma duração mais longa do que os estudos sistemáticos.

Lundquist[6] constatou que a duração média de uma crise de depressão em pacientes com menos de 30 anos era de 6,3 meses, e em pacientes com mais de 30 anos, 8,7 meses. Essa diferença foi estatisticamente significativa. Não havia diferença significativa entre homens e mulheres em relação à duração. (Como observado anteriormente, o autor também constatou associação entre início agudo e curta duração.) Em seu grupo de pacientes ambulatoriais, Paskind[4] também descobriu que as crises eram de duração mais curta antes dos 30 do que depois dos 30 anos. O estudo de Rennie obteve resultados semelhantes, o primeiro episódio durando em média 6,5 meses. Ele descobriu acidentalmente que a duração média de hospitalização era de 2,5 meses. Na série de depressivos não hospitalizados de Paskind, a duração média era de 3 meses. Ele descobriu que 14% dos episódios duravam 1 mês ou menos, e que quase 80% se resolviam em 6 meses ou menos.

Os primeiros estudos, menos refinados, relataram predominantemente um período de 6 a 18 meses como a duração média da primeira crise: Kraepelin,[1] 6 a 8 meses; Pollack,[17] 1,1 anos; Strecker e colaboradores,[10] 1,5 anos. A impressão clínica dos autores de monografias sobre depressão publicadas nas décadas de 1950 e 1960 indica uma variação semelhante. Kraines[18] afirmou que a média de um episódio depressivo dura cerca de 18 meses. Ayd[14] relatou que, antes dos 30 anos, as crises duram em média de 6 a 12 meses; entre os 30 e 50, em média de 9 a 18 meses; depois dos 50 anos, tendem a persistir por mais tempo, e muitos pacientes permanecem doentes de 3 a 5 anos.

Em relação à *duração de múltiplos episódios* de depressão, houve uma opinião predominante entre os primeiros clínicos de uma tendência para a prolongação dos episódios com cada recidiva.[1] Lundquist, contudo, realizou uma análise estatística da duração de múltiplos episódios e não constatou aumento significativo na duração com crises sucessivas. O estudo de casos ambulatoriais realizado por Paskind[4] indicou, de forma semelhante, que as crises não se tornam mais longas com a recorrência da doença. A duração mediana para a primeira crise foi de 4 meses, e para a segunda, terceira ou subsequentes, 3 meses.

As diferenças nos resultados entre os estudos clínicos aproximados e estudos estatísticos podem ser reflexo de uma diferença nas amostras e/ou diferentes critérios para recuperação da depressão. É provável que certos vieses influenciaram a seleção de casos nos estudos menos refinados, e, portanto, as amostras não podem ser consideradas representativas.

Lundquist identificou uma associação significativa entre duração prolongada e presença de delírios em pacientes mais jovens, mas não em mais velhos. Contudo, a presença de confusão favoreceu uma duração mais curta.

Crises breves de psicose maníaco-depressiva (transtorno bipolar)

Em 1929, Paskind[2] descreveu 88 casos de depressão de brevíssima duração, de algumas horas a alguns dias. Estes pacientes apresentavam essencialmente os mesmos sintomas que os de outros casos extramurais de maior duração e constituíam 13,9% de sua extensa série de casos diagnosticados como transtorno maníaco-depressivo. Os casos que ele apresentou deixam pouca dúvida de que eles posteriormente seriam diagnosticados como reação neurótico-depressiva (distimia).

A maioria desses pacientes com crises breves também apresentava episódios de depressão mais longos. Em 51, as crises breves vieram primeiro e foram seguidas alguns meses ou décadas depois por crises mais longas que duraram de várias semanas a muitos anos. Em 18, as crises mais longas ocorreram primeiro e foram seguidas por episódios passageiros. Em 9, ocorreram apenas episódios breves.

Recorrência

Existe considerável variação na literatura mais antiga em relação à frequência de recaídas entre pacientes deprimidos. Exceto quando indicado, as estatísticas para psicose maníaco-depressiva incluem alguns pacientes maníaco-depressivos além dos pacientes deprimidos. Nos estudos mais antigos, autores alemães relataram uma incidência significativamente maior de recidiva do que investigadores americanos.[6] Essas diferenças podem ser atribuídas a critérios diagnósticos mais estritos e a períodos de observação mais longos pelos autores alemães.

Dos estudos mais aprimorados, a taxa de recaída relatada por Rennie assemelhava-se mais a dos autores alemães do que às dos investigadores americanos. O autor constatou que 97 dos 123 pacientes (79%) inicialmente hospitalizados em estado depressivo subsequentemente tiveram uma recidiva de depressão. (Esses números não incluem 14 pacientes que cometeram suicídio depois da primeira internação ou que permaneceram cronicamente doentes.) Quando os casos ciclotímicos (i.e., pacientes que tiveram ao menos uma crise maníaca além da depressão) são adicionados a este grupo, a proporção de recaída é de 142 pacientes de 170 (84%).

Os investigadores escandinavos Lundquist[6] e Stenstedt[12] relataram, respectivamente, uma incidência de recaída de 49 e de 47%. Comparando-se seus estudos com o de Rennie, pode-se concluir sensatamente que os critérios diagnósticos mais rigorosos empregados por Rennie e o período mais longo de observação de sua amostra podem explicar o maior percentual de recaídas em seu relato.

As diferenças na taxa de recaída se refletem em uma distinção marcante na taxa de múltiplas recorrências. Na série de Rennie, mais da metade dos pacientes deprimidos tiveram três ou mais recorrências (ver Tabela 3.2). A frequência de múltiplas recorrências nos casos ciclotímicos foi particularmente alta na série de Rennie. Dos 47 pacientes do grupo, 37 tiveram quatro ou mais episódios. Na série de Kraepelin, 204 dos 310 casos deste tipo (67%) tiveram uma ou mais recorrências, sendo que mais da metade teve três ou mais crises.

Outro aspecto importante das crises recorrentes é sua duração. A opinião frequente é de que os episódios tornam-se progressivamente mais longos com cada recorrência. Contudo, Rennie, ao analisar os dados, constatou que o segundo episódio tinha a mesma duração que o episódio inicial em 20% dos casos, era mais longo em 35% e era mais curto em 45%. Paskind constatou que a duração mediana diminuía com as sucessivas crises.

Belsher e Costello[19] revisaram 12 estudos publicados sobre recaída em depressão unipolar comparada com depressão bipolar. Os autores selecionaram estudos que incluíssem correlatos de recaída, taxas de recaída e um período de seguimento naturalista sem

TABELA 3.2
Frequência de crises únicas e múltiplas de depressão

Frequência	Rennie		Lundquist	
	nº	%	nº	%
1 crise	26	21	105	61
2 crises	33	27	45	26
3 crises	28	23	11	6,5
4 ou + crises	36	29	11	6,5
Total	123	100	172	100

terapia de manutenção controlada. Constataram diversas inadequações metodológicas, tais como definições de recuperação e recaída confusas e variadas, características dos pacientes nebulosas e critérios de inclusão e exclusão vagos. Apesar dessas incertezas, puderam concluir que o risco de recaída em depressão unipolar diminui quanto maior for o tempo que a pessoa permanece bem. Vários fatores prediziam recaída:

1. história de episódios depressivos,
2. estresse recente,
3. fraco apoio social e
4. disfunção neuroendócrina.

Outras variáveis não prediziam recaída, incluindo estado civil, gênero e condição socioeconômica.

Intervalos entre crises

Ao examinar a literatura mais antiga sobre os intervalos entre os episódios de depressão, fica-se impressionado com o fato de que as recidivas podem ocorrer depois de anos, ou mesmo décadas, de aparente boa saúde. Os estudos sistemáticos oferecem pouco respaldo à noção de uma cura permanente análoga às curas de cinco anos descritas no tratamento do câncer. Existem relatos de recorrências em até 40 anos após a remissão de uma depressão inicial.[1]

Os resultados apresentados por Rennie, em especial, são dignos de nota porque a maior proporção de recaídas ocorreu entre 10 a 20 anos após o episódio inicial de depressão. O seguimento indicou a seguinte taxa de recaída para seus 97 casos de depressões recorrentes: menos de 10 anos depois da primeira crise de depressão, 35%; de 10 a 20 anos, 52%; mais de 20 anos, 13%. Deve-se enfatizar que 65% tiveram recidivas após remissões de 10 a 30 anos.

Em um estudo anterior, Kraepelin havia tabulado os intervalos livres de sintomas entre 703 episódios de depressão. Diferente do estudo de Rennie, o de Kraepelin incluiu intervalos depois da segunda crise e de crises posteriores (assim como intervalos entre o primeiro e segundo episódios). O autor constatou que, com cada crise sucessiva, os intervalos tendiam a tornar-se mais curtos. Uma vez que a série consistia de pacientes hospitalizados, é interessante observar a mesma tendência entre pacientes extramurais no estudo de Paskind. A Tabela 3.3 apresenta uma comparação da distribuição dos intervalos em categorias de dez anos. Para fins de comparação, os resultados de Rennie também foram incluídos. Deve-se enfatizar que os resultados se aplicam apenas ao *primeiro* intervalo. A tendência de os intervalos de Rennie serem mais longos do que os de Kraepelin e Paskind pode ser explicada pelo fato de que os intervalos posteriores incluídos no estudo deles eram mais curtos do que os primeiros intervalos. Kraepelin e Paskind mostraram uma distribuição um pouco semelhante dos intervalos, e os casos ambulatoriais de Paskind apresentaram pe-

TABELA 3.3
Distribuição dos intervalos de tempo entre episódios maníaco-depressivos em pacientes hospitalizados e ambulatoriais

Fonte	Intervalos	Duração dos intervalos em anos (%)				
		0 a 9	10 a 19	20 a 29	30 a 39	>40
Kraepelin (1913) (pacientes hospitalizados)	703	80,5	13,5	4,8	1,1	0,14
Paskind (1930b) (pacientes ambulatoriais)	438	64	27,8	5,7	1,6	0,92
Rennie (1942) (pacientes hospitalizados)	97*	35	52	15		

* Inclui somente o primeiro intervalo (entre o primeiro e segundo episódio).

ríodos mais longos de remissão do que os casos hospitalizados de Kraepelin.

Outra maneira de expressar a duração dos intervalos é em termos da duração mediana dos intervalos específicos. A Tabela 3.4 mostra que o intervalo mediano é mais longo nos casos ambulatoriais de Paskind e que tanto em pacientes ambulatoriais quanto em pacientes hospitalizados os intervalos medianos tendiam a ser mais curtos com as sucessivas crises. No estudo de Kraepelin, os casos bifásicos apresentavam intervalos livres de sintomas consistentemente mais curtos do que as depressões simples.

Respaldo adicional à observação de que depois da primeira recorrência o intervalo tende a tornar-se menor se encontra no estudo de Lundquist. Na faixa etária acima dos 30 anos, a duração média do primeiro intervalo era de cerca de sete anos, e do segundo intervalo, três anos. Esta diferença foi estatisticamente significativa.

Os dados de Lundquist, classificados de acordo com intervalos de três anos, mostraram que a maioria esmagadora das recaídas ocorreu nos primeiros nove anos. Deve-se assinalar que o período de seguimento deles foi de apenas 10 anos em alguns casos, comparados com de 25 a 30 anos na série de Rennie. Portanto, é provável que muitos dos casos na série de Lundquist tivessem apresentado uma recaída se houvessem sido seguidos por um período mais longo do que 10 anos. Lundquist calculou a *probabilidade* de uma recaída depois que um paciente se recuperou de um episódio inicial de depressão (Tabela 3.5). Estes resultados foram tabulados separadamente para jovens deprimidos e para deprimidos mais velhos, mas não foi encontrada diferença entre os dois grupos. Pode-se observar que a maior probabilidade de recorrência situou-se no intervalo de 3 a 6 anos.

TABELA 3.4
Intervalos medianos para pacientes hospitalizados e pacientes ambulatoriais (anos)

	Casos	Primeiro intervalo	Segundo intervalo	Terceiro intervalo e intervalos subsequentes
Pacientes hospitalizados (Kraepelin, 1913)	167	6	2,8	2
Pacientes ambulatoriais (Paskind, 1930b)	248	8	5	4

TABELA 3.5
Probabilidade de recorrência após remissão da primeira crise (%)

	Idade depois da primeira depressão				
Idade na primeira crise	3	6	9	12	15
< 30 anos	12	13	4	–	–
+ 30 anos ou mais	10	12	9	8	6

Adaptado de Lundquist (1945).

Resultado para depressão "endógena" versus "neurótica"

Kiloh e colaboradores[20] estudaram o resultado de longo prazo de 145 pacientes com doença depressiva primária internados em um hospital universitário entre 1966 e 1970. Os pacientes foram categorizados nos subtipos endógeno e neurótico. O período de seguimento foi em média 15 anos depois, e dados foram obtidos em 92% dos pacientes. A Tabela 3.6 mostra as porcentagens dos pacientes

1. que se recuperaram e permaneceram bem,
2. que se recuperaram, mas apresentaram subsequente depressão, ou
3. que permaneceram incapacitados ou cometeram suicídio.

Resultado esquizofrênico

Na amostra de 1942 de Rennie de 208 casos de psicose maníaco-depressiva, quatro casos mudaram sua característica suficientemente para justificar a conclusão de um desenvolvimento final esquizofrênico. Uma análise desses casos sugeriu que havia um forte componente da sintomatologia esquizofrênica no momento do diagnóstico de psicose maníaco-depressiva.

Aproximadamente na mesma época, Hoch e Rachlin[21] revisaram os registros de 5.799 casos de esquizofrenia internados no Manhattan State Hospital, na cidade de Nova Iorque. Constataram que 7,1% desses pacientes tinham sido diagnosticados como maníaco-depressivos durante internações anteriores. Os autores não verificaram se houve uma alteração na natureza do transtorno, um erro de classificação inicial ou uma mudança nos critérios diagnósticos.

Lewis e Piotrowski[22] constataram que 38 (54%) de 70 pacientes, originalmente diagnosticados como maníaco-depressivos, tiveram seus diagnósticos alterados para esquizofrenia em um seguimento de 3 a 20 anos. Revisando os registros originais, os autores demonstraram que os pacientes cujos diagnósticos mudaram foram mal classifi-

TABELA 3.6
Resultado segundo critérios clínicos (%)

Critérios clínicos	Depressão endógena	Depressão neurótica	Total
Recuperado e mantendo-se bem	26	14	20
Recuperado com crises subsequentes	58	70	63
Sempre incapacitado ou morte por suicídio	17	17	17

Adaptado de Kiloh et al. (1988).

cados inicialmente, ou seja, apresentaram sinais esquizofrênicos claros no momento de sua primeira internação. Devido aos critérios pouco rigorosos utilizados para diagnosticar o transtorno maníaco-depressivo nas primeiras décadas do século XX, é difícil determinar que proporção, se alguma, dos maníaco-depressivos claros tiveram um resultado esquizofrênico.

Lundquist relatou que cerca de 7% dos casos maníaco-depressivos que acompanhou posteriormente desenvolveram um quadro esquizofrênico.

Astrup e colaboradores[11] isolaram 70 casos de transtorno maníaco-depressivo "puro" e os acompanharam de 7 a 19 anos depois do início do transtorno. Constataram que nenhum teve um resultado esquizofrênico. Em contraste, 13 (50%) de um grupo de 26 casos diagnosticados como psicose esquizoafetiva apresentaram sintomatologia esquizofrênica no seguimento.

Suicídio

Atualmente, a única causa importante de morte na depressão é o suicídio. (O tópico geral do suicídio é amplo, e muitas monografias excelentes estão disponíveis, como Farberow e Schneidman,[23] Meerloo.[24]) Anteriormente, inanição por falta de comida e infecção secundária eram eventuais causas de morte, mas com o tratamento hospitalar moderno essas complicações são menos comuns.

O real risco de suicídio entre pacientes deprimidos é difícil de avaliar por causa dos seguimentos incompletos e das dificuldades no estabelecimento da causa de morte. Seguimentos de longo prazo de Rennie[5] e de Lundquist[6] indicaram que aproximadamente 5% dos pacientes inicialmente diagnosticados em um hospital como maníaco-depressivos (ou como portadores de um dos transtornos depressivos) posteriormente cometeram suicídio.

Em meados do século XX, vários estudos demonstraram taxas de suicídio comparativamente mais altas entre pacientes deprimidos. Pokorny[26] investigou a taxa de suicídio entre ex-pacientes em um serviço psiquiátrico de um hospital de veteranos no Texas durante um período de 15 anos. Utilizando um sistema atuarial complexo, ele calculou as seguintes taxas de suicídio a cada 100.000 por ano: depressão, 566; esquizofrenia, 167; neurose, 119; transtorno de personalidade, 130; alcoolismo, 133; doença orgânica, 78. O autor então calculou a taxa de suicídio ajustada por idade para os veteranos do sexo masculino do Texas como de 22,7 por 100.000. A taxa de suicídio para pacientes deprimidos, portanto, era 25 vezes a taxa esperada e significativamente mais alta do que a de outros pacientes psiquiátricos.

Temoche e colaboradores[27], estudando as taxas de suicídio entre atuais pacientes e ex-pacientes de uma instituição psiquiátrica em Massachusetts, encontraram uma taxa significativamente mais alta de suicídio em pacientes deprimidos do que em pacientes não deprimidos. A proporção calculada entre depressivos era 36 vezes mais alta do que a da população em geral e cerca de três vezes mais alta do que a de esquizofrênicos ou alcoolistas.

A taxa de suicídio entre pacientes com sabido risco de suicídio é aparentemente alta. Moss e Hamilton[28] conduziram um estudo de seguimento por períodos de 2 meses a 20 anos com 50 pacientes que haviam manifestado "alta tendência suicida" durante sua internação anterior (em média 4 anos). Onze (22%) dos 50 posteriormente cometeram suicídio. Em um estudo retrospectivo de 134 suicídios, Robins e colaboradores[29] constataram que 68% haviam comunicado ideias suicidas anteriormente e 41% haviam afirmado especificamente que pretendiam cometer suicídio.

Os números disponíveis naquela época indicavam com clareza que o risco de suicídio era maior durante as saídas do hospital nos fins de semana e logo depois da alta. Wheat,[30] pesquisando suicídios entre pacientes psiquiátricos, constatou que 30%

cometeram suicídio durante o período de internação, e 63% dos suicídios entre os pacientes que receberam alta ocorreram em menos de 1 mês depois desta. Temoche e colaboradores[27] calcularam que o risco de suicídio nos primeiros 6 meses depois da alta é 34 vezes maior do que na população em geral e cerca de 9 vezes maior no semestre seguinte. Aproximadamente a metade dos suicídios ocorreu em menos de 11 meses após a alta.

Muitos estudos mais antigos relataram a observação de que mulheres depressivas tentaram suicídio com mais frequência do que os homens, mas que os homens com frequência eram mais bem-sucedidos. Kraines[18] relatou que, em sua série de pacientes maníaco-depressivos, duas vezes mais mulheres do que homens tentaram se suicidar e três vezes mais homens do que mulheres tiveram êxito.

Embora não existam dados disponíveis sobre os métodos de suicídio empregados por depressivos, estatísticas recentes para a população geral são relevantes. Em 2001, o número de autoagressões (suicídios) intencionais por disparo de armas de fogo foi de 16.869. Por outros meios e por meios não especificados, o número foi de 13.753. A proporção de homens para mulheres foi de 4,6 para 1; de negros para brancos, de 0,5; de hispânicos para não hispânicos, 0,5.[31]

Há evidências de que o número de suicídios anuais nos Estados Unidos é maior do que os 30.622 informados no relatório oficial de 2001. Muitas mortes por acidente na verdade representam suicídios velados. Por exemplo, em 1962 MacDonald[32] relatou 37 casos de tentativa de suicídio por meio de automóveis. Acreditava-se que a real taxa de suicídio era de três a quatro vezes mais alta do que a taxa oficial. O número de tentativas de suicídio era sete ou oito vezes maior do que o número de suicídios bem-sucedidos.[33]

Homicídios podem ocorrer em associação com suicídios em pacientes deprimidos.[34] Relatos, por exemplo, de pais que matam os filhos e depois se suicidam não são raros. Uma mulher, convencida pelo psicoterapeuta de que os filhos precisavam dela ainda que ela se acreditasse inútil, decidiu matá-los e a si mesma a fim de "poupá-los da angústia de crescerem sem mãe". Essa mulher posteriormente levou a cabo seu plano.

Vários fatores contribuem para o risco de tentativa ou consumação de suicídio. O risco é especialmente alto durante um episódio depressivo maior em pacientes com sintomas psicóticos, tentativas de suicídio anteriores, história familiar de suicídios consumados e uso concomitante de substâncias.[35,36] A melhor indicação de um risco de suicídio é a comunicação da intenção de se suicidar.[29] Stengel[33] assinalou que a noção de que a pessoa que fala sobre suicídio jamais o levará a cabo é falaciosa. Além disso, uma tentativa anterior de suicídio aumenta muito a probabilidade de uma subsequente tentativa de suicídio bem-sucedida.[36,37] Brown e colaboradores[38] foram capazes de reduzir a repetição de tentativas de suicídio em 50% através da aplicação de terapia cognitiva, comparada com o tratamento usual de rastreamento e serviços de encaminhamento. Além disso, conseguiram reduzir a severidade da depressão e a desesperança (ver Capítulo 15).

Durante um período de seguimento de 5 anos, Klein e colaboradores[15] constataram que tentativas de suicídio foram feitas por 19% (16 de 84) dos pacientes com depressão crônica, e uma delas resultou em real suicídio. Neste estudo, não houve tentativas entre 37 pacientes que apresentaram apenas um transtorno episódico. Isso sugere que a taxa de tentativas de suicídio aumenta nos casos de doença depressiva crônica (transtorno distímico) comparada com depressão maior episódica.

Além de tentar identificar desejos suicidas no paciente depressivo, o médico deve procurar sinais de desesperança. Em nossos estudos, constatamos que os desejos suicidas têm uma correlação mais alta com a desesperança do que com qualquer outro sintoma de depressão. Além disso, Pichot e

Lempérière,[39] em uma análise fatorial do inventário de depressão, extraíram um fator que continha apenas duas variáveis: pessimismo (desesperança) e desejos suicidas.

Risco de suicídio no transtorno bipolar

Fagiolini e colaboradores[40] constataram que o pensamento e comportamento suicida são comuns em indivíduos com transtorno bipolar. Eram 175 pacientes com transtorno bipolar I participantes de um estudo randomizado controlado, o Estudo Pittsburgh de Terapias de Manutenção no Transtorno Bipolar. Vinte e nove por cento dos pacientes haviam tentado se suicidar antes de ingressarem no estudo.

O método usado neste estudo foi comparar as características clínicas e demográficas dos que haviam tentado suicídio antes de entrar no estudo com as dos que não haviam tentado se suicidar. Concluiu-se que maior gravidade do transtorno bipolar e maior massa corporal eram preditoras de tentativas de suicídio. A gravidade era definida como um maior número de episódios depressivos anteriores, assim como pontuações mais elevadas em uma escala de depressão (Escala de Classificação de Hamilton – 25 itens).[40]

Preditores de depressão crônica

Riso e colaboradores[41] revisaram os estudos dos determinantes de depressão crônica. Relataram que esses determinantes não foram adequadamente elucidados, mas que estudos têm considerado seis fatores possíveis:

1. fatores desenvolvimentistas, como adversidade na infância (trauma ou maus-tratos precoces);
2. personalidade e transtornos de personalidade, como neuroticismo (instabilidade emocional ou vulnerabilidade ao estresse) e reatividade ao estresse;
3. estressores psicológicos;
4. transtornos comórbidos;
5. fatores biológicos;
6. fatores cognitivos.

A seguir, resumimos os resultados da pesquisa.

Fatores desenvolvimentistas

Entre os fatores desenvolvimentistas, existe alguma evidência para a importância de trauma e maus-tratos precoces, mas não para separação ou perda precoce.

Transtornos de personalidade

Em 11 estudos comparando taxas de personalidade de distimia a depressão maior, constatou-se que pacientes com distimia tinham taxas mais altas de transtornos de personalidade. Entretanto, desde 2002, apenas um estudo prospectivo foi realizado. As duas condições podem compartilhar fatores causais, em vez de a distimia se desenvolver como uma consequência de um transtorno de personalidade.

Estressores psicológicos

Em relação aos estressores psicológicos, a duração da depressão crônica dificulta o isolamento de estressores que podem levar ao prolongamento da depressão e dos efeitos da própria depressão na geração de estressores. Riso e colaboradores[41] observaram que os manuais diagnósticos da Associação Psiquiátrica Americana (APA) afirmam que o transtorno distímico está associado a estresse crônico, mas é possível que os dois estudos que respaldam isso sejam confundidos pelo que os pacientes percebem como estressores, e não eventos reais. Isso é corroborado pelo fato de que o tratamento com medicações antidepressivas modifica os relatos de irritações diárias.

Transtornos comórbidos

Os achados sobre transtornos comórbidos incluem um estudo que sugere que a doença crônica em um cônjuge pode acarretar distimia. Além disso, a distimia tem sido associada a várias condições psiquiátricas, incluindo ansiedade e abuso de substâncias – a fobia social é a mais comum.

Fatores biológicos

Os fatores biológicos são abordados mais minuciosamente no Capítulo 9. Com relação à predição de um curso crônico de depressão, estudos neuroendocrinológicos demonstraram que as perturbações no eixo hipotalâmico-hipofisário-adrenal na depressão crônica se assemelham àquelas nos tipos não crônicos. Além disso, não foram encontradas diferenças consistentes na fisiologia do sono relacionadas ao curso. Estudos imunológicos sugerem maior ativação de células exterminadoras naturais (NK) tanto na distimia quanto na depressão maior, mas a resposta imune superativada na distimia pode ser mais uma característica traço se comparada com a depressão não crônica.

Fatores cognitivos

O papel de fatores cognitivos na depressão crônica "talvez seja a área mais carente de estudos".[41] Contudo, uma pesquisa constatou que diversas variáveis cognitivas diferenciavam indivíduos com depressão crônica de indivíduos com depressão maior.[42] O estudo incluiu 42 pacientes ambulatoriais com depressão crônica(DC), 27 pacientes ambulatoriais com transtorno depressivo maior não crônico (TDMNC) e 24 indivíduos que nunca apresentaram doenç psiquiátrica (NDP). As variáveis cognitivas incluíam um questionário de esquemas, uma escala de atitudes disfuncionais, um questionário de estilo de atribuição e um questionário de estilo de resposta ruminativa (ver Tabela 3.7).

Os resultados indicaram que os dois grupos deprimidos tinham todas as medidas cognitivas elevadas se comparados com o grupo-controle. Os grupos deprimidos apre-

TABELA 3.7
Variáveis cognitivas na depressão crônica (DC), no transtorno depressivo maior não crônico (TDMNC) e controles que nunca apresentaram doença psiquiátrica (NDP)

Instrumento	Grupo de comparação(M/DP)		
	DC	TDMNC	NDP
Questionário de esquemas			
Desconexão e rejeição	265,4 (70,4)	202,2 (84,9)	118,7 (54,5)
Autonomia e desempenho prejudicados	137,0(37,4)	103,0 (38,5)	67,7 (22,5)
Supervigilância e inibição	123,6 (29,0)	99,5 (37,7)	70,0 (24,6)
Limites prejudicados	78,3 (21,7)	65,5 (19,8)	42,3 (17,7)
Escala de atitudes disfuncionais	141,5 (38,5)	119,7 (30,7)	96,6 (26,2)
Questionário de estilo de atribuição			
Estável	63,6 (10,6)	58,7 (12,2)	44,7 (19,0)
Global	63,2 (10,2)	31,7 (14,0)	38,1 (18,4)
Questionário de estilo de resposta	56,5 (12,5)	54,4 (12,9)	39,3 (10,3)

Adaptado de Riso et al. (2003).

sentavam elevação nos aglomerados de esquemas, atitudes funcionais, estilo de atribuição estável e global e ruminação. Além disso, o grupo de indivíduos com depressão crônica comparado com o grupo daqueles com depressão não crônica apresentava elevação significativa em todas as escalas cognitivas, exceto pela resposta ruminativa e pelo estilo de atribuição. De modo geral, o grupo de pacientes crônicos apresentavam elevação nas escalas de variáveis cognitivas mesmo depois de levar em consideração (controlar estatisticamente) o estado de humor e sintomas de transtorno da personalidade. Assim, este estudo preliminar sugere que a perspectiva cognitiva pode ser de alguma utilidade na distinção entre os que sofrem de depressão crônica comparados com os que apresentam transtorno depressivo maior não crônico.

De modo geral, Riso e colaboradores[41] concluíram o estudo sugerindo que pesquisas contínuas são necessárias, com

1. melhores definições de cronicidade,
2. utilização de grupos de comparação mais apropriados e
3. estudos de seguimento prospectivo durante períodos mais longos.

Determinar de modo mais completo as causas da depressão crônica é uma das áreas mais importantes de pesquisa no campo da psicopatologia experimental.

CONCLUSÕES

1. Em estudos naturalistas, a remissão completa de um episódio de depressão ocorre em 70 a 95% dos casos. Cerca de 95% dos pacientes mais jovens se recuperam completamente.
2. Quando a crise inicial ocorre antes dos 30 anos, ela tende a ser mais curta do que quando ocorre depois dos 30. Um início agudo também favorece uma duração mais breve.
3. Após uma crise inicial de depressão, 47 a 79% dos pacientes terão uma recidiva em algum ponto de suas vidas. O número correto provavelmente está próximo de 79%, porque este se baseia em um período de seguimento mais longo.
4. Indivíduos que vivenciaram um episódio isolado de transtorno depressivo maior têm ao menos 60% de chance de sofrerem um segundo episódio; os que viveram dois episódios têm 70% de chance de sofrer um terceiro, e os que passaram por três episódios têm 90% de chance de sofrer um quarto.[35]
5. A probabilidade de recorrências frequentes é maior nos casos bifásicos do que nos de depressão sem uma fase maníaca. Entre 5 e 10% dos indivíduos com episódio único de transtorno depressivo maior posteriormente desenvolvem um episódio maníaco.[35]
6. Embora a duração de episódios múltiplos permaneça a mesma, o intervalo livre de sintomas tende a diminuir com cada crise sucessiva. Nos casos bifásicos os intervalos são consistentemente mais curtos do que nas depressões simples.
7. Cerca de 5% dos pacientes bipolares hospitalizados cometem suicídio posteriormente. O risco de suicídio é sobretudo alto nos passeios de fim de semana fora do hospital e durante o mês posterior à hospitalização e permanece alto por 6 meses após a alta.
8. A taxa de tentativas de suicídio parece ser mais alta entre os que têm doença depressiva crônica (transtorno distímico) em comparação com aqueles que sofrem de depressão maior episódica.
9. A ideia de que uma pessoa que ameaça se suicidar não levará a cabo a ameaça é falaciosa. A comunicação da intenção de suicídio é o melhor preditor de uma tentativa de suicídio bem-sucedida. Tentativas malogradas são seguidas por tentativas bem-sucedidas em uma proporção substancial de casos.
10. O risco de suicídio em pacientes com transtorno bipolar é maior naqueles com maior gravidade e maior massa corporal.
11. A busca de determinantes de depressão crônica inclui fatores desenvolvimentistas, como adversidade na infância (trauma ou maus-tratos precoces), personalidade,

estressores psicológicos, transtornos comórbidos, fatores biológicos e cognitivos. Em estudos de depressão crônica, as evidências mais fortes de etiologia estão nos fatores desenvolvimentistas, com algum incremento por estressores crônicos e reatividade ao estresse.

12. O papel de fatores cognitivos na depressão crônica "talvez seja a área mais carente de estudos".[41] Entretanto, uma pesquisa sugeriu que a perspectiva cognitiva pode ter alguma utilidade na distinção das formas crônica e não crônica do transtorno depressivo.

4
CLASSIFICAÇÃO DOS TRANSTORNOS DE HUMOR

A NOMENCLATURA OFICIAL

A classificação dos transtornos de humor evoluiu nos mais de 50 anos desde que o primeiro manual diagnóstico e estatístico da Associação Psiquiátrica Americana (APA) foi publicado. À medida que a pesquisa e teoria avançaram, refletiram-se nas quatro edições e duas revisões do manual.

Os atuais critérios para classificação dos episódios depressivos maiores e episódios maníacos são listados nos Quadros 4.1 e 4.2 do *DSM-IV-TR*.[1] Pode-se observar que os critérios do *DSM-IV* para um episódio depressivo maior (como no Quadro 4.1) incluem sintomas "biológicos" ou fisiológicos e cognitivos. Entre outros, estes quatro sintomas são em grande parte de natureza fisiológica: (3) perda de peso (ou, em crianças, incapacidade de obter os ganhos de peso esperados); (4) insônia ou hipersonia; (5) agitação ou retardo psicomotor; (6) fadiga ou perda de energia quase todos os dias. Estes cinco são sintomas cognitivos ou motivacionais: (1) humor deprimido (ou, em crianças e adolescentes, irritabilidade); (2) acentuada diminuição de interesse ou prazer em quaisquer atividades; (7) sentimentos de inutilidade ou culpa excessiva ou inapropriada; (8) diminuída capacidade de pensar ou de se concentrar, ou indecisão; (9) pensamentos recorrentes de morte ou ideação suicida. Os diversos tipos de transtorno de humor são listados no Quadro 4.3.[1]

Para descobrir os diversos tipos de depressão na nomenclatura anterior usada pela APA,[2,3] comparada com versões subsequentes,[1,4,5,6] foi necessário vasculhar muitas sessões. Essa dispersão quanto à nomenclatura dos transtornos afetivos contrastou com a consolidação presente em outros sistemas de classificação (p. ex., a classificação britânica).[7] Tal dispersão foi um reflexo de várias tendências históricas, incluindo a dissolução da grandiosa união de Kraepelin de todos os transtornos afetivos na categoria maníaco-depressivo, o isolamento de novas entidades, como reação neurótico-depressiva, e a tentativa de separar os transtornos com base em supostas diferenças etiológicas.

O *transtorno esquizoafetivo*, que tem características afetivas salientes, era considerado um subtipo da reação esquizofrênica. Em termos de sua conceitualização histórica, seu curso e prognóstico, esse transtorno pode estar mais intimamente ligado ao transtorno bipolar (ver Capítulo 8).

DERIVAÇÃO DO SISTEMA DE CLASSIFICAÇÃO

Em seu desenvolvimento original, o sistema de classificação do *DSM* representou um compósito de três escolas de pensamento: as de Emil Kraepelin, Adolph Meyer e Sigmund Freud. A divisão das diversas categorias nosológicas, especialmente das psico-

QUADRO 4.1
Critérios para episódio depressivo maior

A) Cinco (ou mais) dos seguintes sintomas estiveram presentes durante o mesmo período de duas semanas e representam uma alteração do funcionamento prévio; ao menos um dos sintomas é (1) humor deprimido ou (2) perda de interesse ou prazer. *Nota*: Não inclua sintomas evidentemente decorrentes de uma condição médica geral ou delírios ou alucinações incongruentes com o humor.

1. Humor deprimido na maior parte do dia, quase todos os dias, como indicado por relato subjetivo (p. ex., sente-se triste ou vazio) ou observação feita por terceiros (p. ex., chora muito). *Nota:* Em crianças e adolescentes, considere humor irritável.
2. Acentuada diminuição do interesse ou prazer em todas, ou quase todas, as atividades na maior parte do dia, quase todos os dias (como indicado por descrição subjetiva ou pela observação feita por terceiros).
3. Significativa perda de peso sem dieta ou ganho de peso (p. ex., uma mudança de mais de 5% do peso corporal em um mês), ou diminuição ou aumento de apetite quase todos os dias. *Nota*: Em crianças, considere incapacidade de obter os ganhos de peso esperados.
4. Insônia ou hipersonia quase todos os dias.
5. Agitação ou retardo psicomotor quase todos os dias (observável pelos outros, não apenas sensações subjetivas de inquietação ou de estar mais lento).
6. Fadiga ou perda de energia quase todos os dias.
7. Sentimentos de inutilidade ou culpa excessiva ou inadequada (possivelmente delirante) quase todos os dias (não simplesmente autorrecriminação ou culpa por estar doente).
8. Diminuição da capacidade de pensar ou se concentrar, ou indecisão, quase todos os dias (ou por descrição subjetiva ou pela observação de outras pessoas).
9. Pensamentos recorrentes de morte (não apenas medo de morrer), ideação suicida recorrente sem um plano específico, ou tentativa de suicídio ou um plano específico para cometer suicídio.

B) Os sintomas não satisfazem os critérios para episódio misto.
C) Os sintomas causam sofrimento clinicamente significativo ou prejuízo no funcionamento social ou ocupacional ou em outras áreas importantes.
D) Os sintomas não se devem aos efeitos fisiológicos diretos de uma substância (p. ex., uso de droga de abuso ou medicamento) ou uma condição médica geral (p. ex., hipotireoidismo).
E) Os sintomas não são mais bem explicados por Luto, i.e., após a perda de um ente querido, os sintomas persistem por mais de dois meses ou são caracterizados por acentuado prejuízo funcional, preocupação mórbida com desvalia, ideação suicida, sintomas psicóticos ou retardo psicomotor.

ADAPTADO DO *DSM-IV-TR*.

ses, refletia as fronteiras originais traçadas por Kraepelin. A principal modificação na terminologia refletiu a influência de Meyer. Este rejeitou o conceito kraepeliniano de entidades patológicas e formulou em seu lugar uma teoria dos "tipos de reação", os quais ele concebia serem resultantes da interação entre a dotação hereditária específica e a matriz de forças psicológicas e sociais que afetam o organismo. O termo *reação* na nomenclatura refletia a visão meyeriana.

A influência de Freud era vista nas descrições das categorias específicas na seção do glossário do manual original da APA.[2] Ali as síndromes eram delineadas de acordo com teorias psicanalíticas; os diversos transtornos afetivos eram apresentados em termos dos conceitos de culpa, hostilidade internamente dirigida e defesas contra ansiedade. Mais recentemente, Jerome Wakefield contribuiu com algumas ideias importantes sobre o con-

> **QUADRO 4.2**
> Critérios para episódio maníaco
>
> A) Trata-se de um período distinto de humor anormal e persistentemente elevado, expansivo ou irritável, durante ao menos uma semana (ou qualquer duração caso seja necessária hospitalização).
> B) Durante o período de perturbação do humor, três (ou mais) dos seguintes sintomas persistiram (quatro se o humor for apenas irritável) e estiveram presentes em grau significativo:
>   1. autoestima inflada ou grandiosidade;
>   2. redução da necessidade de sono (p. ex., sente-se descansado depois de apenas 3 horas de sono);
>   3. loquacidade ou pressão por falar;
>   4. fuga de ideias ou experiência subjetiva de que os pensamentos estão correndo;
>   5. distratibilidade (i.e., atenção muito facilmente desviada para estímulos externos insignificantes ou irrelevantes);
>   6. aumento da atividade dirigida a objetivos (socialmente, no trabalho, na escola ou sexualmente) ou agitação psicomotora;
>   7. envolvimento excessivo em atividades prazerosas com alto potencial para consequências dolorosas (p. ex., gastar dinheiro sem controle, indiscrições sexuais ou realizar investimentos financeiros insensatos).
> C) Os sintomas não satisfazem critérios para episódio misto.
> D) A perturbação do humor é suficientemente grave a ponto de causar prejuízo acentuado no funcionamento ocupacional, nas atividades sociais ou nos relacionamentos costumeiros com outros, ou de exigir a hospitalização como um meio de evitar danos a si mesmo e a terceiros, ou existem características psicóticas.
> E) Os sintomas não se devem aos efeitos fisiológicos diretos de uma substância (p. ex., uma droga de abuso, um medicamento ou outro tratamento) ou uma condição médica geral (p. ex., hipertireoidismo). *Nota:* Episódios do tipo maníaco que são claramente causados por tratamento antidepressivo somático (p. ex., medicamentos, eletroconvulsoterapia, fototerapia) não devem ser considerados para o diagnóstico de transtorno bipolar I.
>
> ADAPTADO DO *DSM-IV-TR.*

ceito de transtorno mental como *disfunção danosa*.[8,9,10]

CONFIABILIDADE E VALIDADE DA CLASSIFICAÇÃO

Os primeiros estudos nos Estados Unidos e no Reino Unido lançaram dúvida sobre a confiabilidade das nomenclaturas oficiais. Alguns investigadores, entretanto, sugeriram na época que o problema essencial estaria na *aplicação* da nomenclatura, e não em sua construção.[11,12,13] Discrepâncias substanciais foram identificadas entre diagnosticadores que entrevistavam concomitantemente os mesmos pacientes. A concordância diagnóstica melhorou consideravelmente formulando-se definições operacionais das categorias na nomenclatura oficial.

A validade de uma nomenclatura refere-se à precisão com a qual os termos diagnósticos designam entidades verídicas. Infelizmente, no caso dos ditos transtornos psiquiátricos funcionais, não há uma patologia ou anormalidade fisiológica conhecida que ofereça diretrizes na construção da nomenclatura. A definição básica das categorias nosológicas tem se baseado em grande medida em critérios clínicos.

Ao avaliar a validade de uma classificação médica ou psiquiátrica, é apropriado perguntar se os grupos ou síndromes específicas isoladas umas das outras são diferentes em aspectos que possuam significado

QUADRO 4.3
Tipos de transtorno de humor

Transtorno	Características
Transtornos depressivos	
Transtorno depressivo maior	Um ou mais episódios depressivos maiores (i.e., ao menos duas semanas de humor deprimido ou de perda de interesse acompanhados por ao menos quatro sintomas adicionais de depressão).
Transtorno distímico	Ao menos dois anos de humor deprimido na maioria dos dias, acompanhado por sintomas adicionais de depressão que não satisfazem os critérios para episódio depressivo maior.
Transtorno depressivo sem outra especificação	Incluído para codificar transtornos com características depressivas que não satisfazem os critérios para transtorno depressivo maior, transtorno distímico, transtorno de adaptação com humor deprimido, ou transtorno de adaptação com ansiedade e humor deprimido mistos (ou sintomas depressivos sobre os quais há informações insuficientes ou contraditórias).
Transtornos bipolares	
Transtorno bipolar I	Um ou mais episódios maníacos ou mistos, geralmente acompanhados por episódios depressivos maiores.
Transtorno bipolar II	Um ou mais episódios maníacos ou mistos, acompanhados por ao menos um episódio hipomaníaco.
Transtorno ciclotímico	Ao menos dois anos de numerosos períodos de sintomas hipomaníacos que não satisfazem os critérios para episódio maníaco e numerosos períodos de sintomas depressivos que não satisfazem critérios para episódio depressivo maior.
Transtorno bipolar sem outra especificação	Incluído para codificar transtornos com características bipolares que não satisfazem os critérios para nenhum dos Transtornos Bipolares específicos definidos nesta seção (ou sintomas bipolares sobre os quais há informações insuficientes ou contraditórias).
Outros transtornos de humor	
Transtorno de humor devido a uma condição médica geral	Uma perturbação proeminente e persistente no humor que é julgada como uma consequência fisiológica direta de uma condição médica geral.
Transtorno de humor induzido por substância	Uma perturbação proeminente e persistente no humor que é julgada como uma consequência fisiológica direta de uma droga de abuso, um medicamento, outro tratamento somático para depressão ou com exposição a alguma toxina.
Transtorno de humor sem outra especificação	Incluído para codificar transtornos com sintomas de humor que não satisfazem os critérios para nenhum dos transtornos de humor específicos e nos quais é difícil escolher entre transtorno depressivo sem outra especificação e transtorno bipolar sem outra especificação (p. ex., agitação aguda).

ADAPTADO DO *DSM-IV-TR*.

médico ou psiquiátrico, ou seja, em termos de sintomas, duração, resultado, tendência à recorrência e resposta ao tratamento. Em geral, os estudos parecem justificar o isolamento do grupo de transtornos depressivos dos demais transtornos psiquiátricos; além disso, existe algum respaldo para separar dentro do grupo afetivo (agora transtornos de humor) as depressões *endógenas* das depressões *reativas* (agora *transtorno de adaptação*[1]).

No início da década de 1960, Clark e Mallet[14] conduziram um estudo de seguimento de casos de depressão e esquizofrenia em adultos jovens, no qual 74 casos diagnosticados como psicose maníaco-depressiva ou depressão reativa e 76 inicialmente diagnosticados com esquizofrenia foram acompanhados por três anos. Durante o período de seguimento, 70% dos esquizofrênicos foram reinternados, assim como 20% dos depressivos. Treze (17%) dos esquizofrênicos tornaram-se crônicos, em comparação com apenas um (1,3%) dos depressivos. Dos 15 pacientes deprimidos que necessitaram reinternação, quatro foram considerados esquizofrênicos naquele momento. Dos 76 pacientes inicialmente diagnosticados com esquizofrenia, nenhum apresentou transtorno depressivo na reinternação.

Várias inferências podem ser feitas a partir dos estudos clínicos. Distinguem-se duas categorias principais (como sugeriu Kraepelin) quando a taxa de recuperação e cronicidade são examinadas como componentes do quadro clínico. São:

1. transtornos depressivos que possuem uma taxa relativamente alta de recuperação, uma taxa moderada de recaída durante os três anos após o diagnóstico inicial e uma taxa moderada de cronicidade;
2. esquizofrenia com uma alta taxa de recaída e cronicidade.

Alguns casos que inicialmente evidenciam o quadro clínico de depressão por fim desenvolvem sintomas de esquizofrenia. Contudo, é raro que um paciente com sintomas de esquizofrenia desenvolva sintomas de transtorno bipolar posteriormente. Lewis e Piotrowski[15] sugeriram que muitos casos são diagnosticados incorretamente como transtorno bipolar devido ao reconhecimento insuficiente de alguns sinais de esquizofrenia.

DICOTOMIAS E DUALISMOS: PASSADO E PRESENTE

Aubrey Lewis[16] e Paul Hoch[17] consideraram a depressão como essencialmente uma entidade única, ao passo que outros subdividiram a síndrome em vários planos para produzir diversas dicotomias. Essa controvérsia refletia distinções fundamentais entre as escolas unitárias e separatistas.[18] A escola unitária (gradualistas) sustentava que a depressão é um transtorno clínico único que pode se expressar de diversas formas; os separatistas afirmavam que existem vários tipos distinguíveis.

Endógena *versus* exógena

Esta divisão tentou estabelecer a etiologia básica da depressão. Casos de depressão foram divididos em causados essencialmente por fatores internos (endógenos) e causados por fatores externos (exógenos). Embora originalmente o grupo exógeno incluísse agentes ambientais como toxinas e bactérias, autores equipararam fatores exógenos a psicogênicos. Essa dicotomia será discutida em maior detalhe a seguir.

Autônoma *versus* reativa

Alguns autores distinguiram tipos de depressão com base no grau de reatividade a eventos externos. Gillespie[19] descreveu vários grupos de pacientes deprimidos que diferiam em sua responsividade a influências externas. O autor rotulou os casos que seguiam um curso implacável independente de quaisquer influências ambientais favoráveis como "autônomos". Os que respondiam favoravelmente a encorajamento e compreensão eram rotulados de "reativos".

Agitada *versus* retardada

A depressão tem com frequência sido caracterizada em termos do nível predominante de atividade. Muitos autores consideraram a agitação como característica das depressões do chamado período involutivo e o retardo psicomotor como característica de depressões mais precoces. Vários estudos (ver Capítulo 7) desconsideraram tal hipótese.

Psicótica *versus* neurótica

A maioria dos autores traçou uma linha nítida entre depressão psicótica e não psicótica. Contudo, os gradualistas[16,17] acreditam que essa distinção é artificial e que as diferenças são basicamente quantitativas. Afirmam que as distinções descritas são totalmente baseadas em diferenças na intensidade da doença.

DEPRESSÕES ENDÓGENA E EXÓGENA

O ponto de controvérsia entre os separatistas e os gradualistas estava basicamente nos conceitos etiológicos da depressão. Os separatistas favoreciam duas entidades distintas. Uma categoria era composta pelos casos considerados *endógenos*, ou seja, causados basicamente por alguma desordem biológica no organismo humano. A segunda categoria, as *depressões reativas*, consistiam de casos desencadeados principalmente por estresse externo (luto, reveses financeiros, perda de emprego). A escola unitária considerava essas distinções artificiais e não reconhecia a validade de rotular alguns casos como endógenos e outros como reativos.

O conceito de dois tipos etiologicamente diferentes de depressão não era novo.

Em 1586, o médico Timothy Bright escreveu uma monografia, *Melancholy and the Conscience of Sinne*, na qual discriminava dois tipos de depressão. Ele descrevia um tipo "no qual o perigo não é do corpo" e requer "cura da mente" (psicoterapia). No segundo tipo, "o humor melancólico, enganando as ações orgânicas, agride a mente"; este exigiria tratamento físico.

Origem do modelo endógeno-exógeno

As palavras "endógeno" e "exógeno" foram cunhadas pelo botânico suíço Augustin de Candolle.[20] O conceito foi introduzido na psiquiatria perto do fim do século XIX pelo neuropsiquiatra alemão P. J. Moebius (para uma discussão mais completa da evolução do conceito, ver Heron[22]). Moebius rotulou de "endógeno" o grupo de transtornos mentais que naquela época eram vistos como consequência de degeneração ou de fatores hereditários (causas internas). Ele também distinguia outro grupo de transtornos mentais que considerava serem produzidos por bactérias, produtos químicos e toxinas (causas externas); este grupo foi rotulado de "exógeno". A concepção exógeno-endógeno dos transtornos psiquiátricos constituía uma dicotomia completamente orgânica que não deixava espaço para uma ordem diferente de agentes causais, isto é, o social ou psicogênico. A exclusividade desta doutrina causou dificuldades semânticas quando o conceito posteriormente teve que ser adaptado para incluir os determinantes sociais do comportamento anormal.

O dualismo inerente ao conceito endógeno-exógeno é visível em Kraepelin.[21] Ele aceitava a classificação de Moebius e afirmava que a principal demarcação da etiologia dos transtornos mentais é entre causas *internas* e *externas*. Kraepelin propôs que existe uma divisão natural entre os dois grandes grupos de doenças, exógenas e endógenas. Na doença maníaco-depressiva, "as reais causas da enfermidade devem ser buscadas nas mudanças internas permanentes que muitas vezes, se não sempre, são inatas". O ambiente poderia ser no máximo um precipitante da doença maníaco-depressiva, porque por definição uma doença endógena não poderia ser ao mesmo tempo exógena.

"Os grandes debates"

A controvérsia sobre o conceito endógeno-exógeno foi mais proeminente na Grã-Bretanha, e algumas autoridades importantes participaram em ambos os lados da discussão.[18] Anteriormente, Kraepelin havia tentado incluir quase todas as formas de depressão sob um rótulo, transtorno maníaco-depressivo. Posteriormente, os autores alemães quase uniformemente dividiam as depressões em endógenas e exógenas. Contudo, os britânicos estavam nitidamente divididos neste ponto, e, como resultado do choque de opiniões em uma série de grandes debates, os conceitos de depressão foram consideravelmente refinados (embora ainda não se tenha chegado à unanimidade).

O primeiro dos debates foi desencadeado por Mapother em 1926, quando atacou a noção de uma distinção clínica entre depressões neuróticas e depressões psicóticas. (Esta discussão posteriormente lançou uma sombra sobre a polêmica da depressão endógena *versus* reativa.) O autor sustentava que as dificuldades práticas ligadas ao cumprimento de obrigações eram o único motivo para fazer a distinção. Mapother alegava que "não pôde encontrar outra base para a distinção; nem o *insight*, nem a cooperação no tratamento, e tampouco a suscetibilidade à psicoterapia". Mapother criticava a noção de que existem condições neuróticas exclusivamente psicogênicas e condições psicóticas dependentes de alteração estrutural. Em sua opinião todas as depressões, ostensivamente psicogênicas ou aparentemente endógenas, seriam em essência influenciadas pelos mesmos meios.

O conceito de Mapother consiste em um enunciado interessante do fenômeno da depressão: "A essência de uma crise é o fato clínico de que as emoções perderam temporariamente a relação duradoura com a experiência atual, e seja qual for sua origem e intensidade, elas adquiriram uma espécie de autonomia". Houve uma série de refutações na discussão do artigo de Mapother e depois outro debate em 1930, que desencadeou outra sequência de discussões e artigos (ver Partridge).

Klein e Wender[23] observam que os rótulos "depressão neurótica", "reativa" e "endógena" estão começando a desaparecer. Os autores especulam que um dos maiores motivos para tal desaparecimento está nas crescentes evidências de que diversos tipos de transtornos de humor são desencadeados por eventos de vida, sendo não obstante tratáveis por "métodos físicos" (p. 93). Contudo, como analisado nos Capítulos 14, 15 e 16, as terapias somáticas e psicológicas em geral parecem igualmente capazes de prover tratamento e prevenção dos transtornos de humor.

Distinção entre depressões endógena e reativa

Das diversas opiniões conflitantes, bem como complementares, sobre a validade de diferenciar depressões endógenas de reativas ou neuróticas, é possível formar um quadro compósito da depressão endógena surgida a partir dos debates. Isso pode ser útil na compreensão das referências ao termo *endógeno*, que com frequência aparecia na literatura anterior, embora não tenha sido incluído em nenhuma nomenclatura oficial.

Em geral, existem duas características definidoras da categoria *depressão endógena*. Primeiro, ela geralmente é equacionada à psicose e distinguida das depressões neuróticas. Segundo, ela foi considerada como decorrente sobretudo de fatores internos (fisiológicos) e assim podia ser contrastada com depressões reativas produzidas por estresse externo. Contudo, para complicar as distinções, as depressões reativas, embora frequentemente equiparadas às depressões neuróticas, eram as vezes distinguidas delas.

A *etiologia* da depressão endógena era atribuída a um agente químico tóxico, a um fator hormonal ou a uma perturbação metabólica.[24,25] Autonomia dos estímulos ambientais externos era considerada uma característica essencial. Crichton-Miller comparava a variação no humor à oscilação de um pêndulo, completamente independente do ambiente. As variações neuróticas de humor, em contraste, eram comparadas ao movimento de um barco com quilha insuficiente, sujeito às oscilações em seu meio.

A *sintomatologia* específica era caracterizada como uma coloração difusa de toda a perspectiva, variação de fase manhã-noite, continuidade, distanciamento da realidade, perda da afetividade e da capacidade de sentir pesar.[26] A isso se acrescentaria a observação de Gillespie de que os sintomas pareciam alheios ao indivíduo e incongruentes com sua personalidade pré-mórbida.

O papel da *hereditariedade* nas depressões endógenas foi enfatizado por alguns autores. Gillespie[19] relatou que uma história familiar de psicose era comum neste grupo, e Buzzard[26] sugeriu que suicídio e alcoolismo eram frequentes na história familiar. *Fatores constitucionais* refletidos na estrutura corporal foram enfatizados por Strauss.

Depressões reativas eram distinguidas de depressões endógenas porque se dizia que oscilavam de acordo com fatores psicológicos identificáveis.[19] Em termos de sintomatologia, as características definidoras eram consideradas como uma tendência de culpar o ambiente e uma compreensão da natureza anormal da condição.

Estudos sistemáticos

Vários investigadores tentaram determinar se as doenças depressivas são simplesmente extraídas de diferentes pontos ao longo de um *continuum* ou se existe uma série de entidades qualitativamente distintas. Kiloh e Garside[27] relataram um estudo destinado a diferenciar depressão endógena de neurótica (exógena). Seu artigo analisava o desenvolvimento histórico da controvérsia, e a literatura experimental apresentava os dados coletados pelos autores.

Foram estudados os registros de 143 pacientes ambulatoriais deprimidos e foram selecionados dados pertinentes à investigação: 31 dos pacientes tinham sido diagnosticados com depressão endógena, 61 com depressão neurótica e 51 como dúbios. Trinta e cinco características clínicas da doença foram selecionadas para estudo adicional. Uma análise fatorial foi realizada, e dois fatores foram extraídos. O primeiro era um fator geral: os autores consideravam que o segundo fator bipolar diferenciava depressão neurótica de endógena. O segundo fator explicava uma maior parte da variância total do que o fator geral e, portanto, era mais importante na produção de correlações entre as 35 características clínicas analisadas.

Kiloh e Garside constataram significativa correlação entre algumas características clínicas e cada uma das categorias diagnósticas. As características clínicas que se correlacionavam significativamente ($p < 0,05$) com o diagnóstico de depressão neurótica foram em ordem decrescente de magnitude de suas correlações: reatividade da depressão, precipitação, autopiedade, variabilidade da doença, características histéricas, inadequação, insônia inicial, depressão reativa, piora à noite, início repentino, irritabilidade, hipocondria, obsessão. As características que se correlacionavam significativamente com a depressão endógena eram despertar cedo, piora pela manhã, qualidade da depressão, retardo psicomotor, duração de um ano ou menos, idade de 40 ou mais, profundidade da depressão, dificuldade de concentração, perda de peso de 3 quilos ou mais, crises anteriores.

Outro estudo de Carney e colaboradores[28] estendeu a pacientes internados a abordagem geral utilizada por Kiloh e Garside em seu estudo com pacientes ambulatoriais. Carney e os demais estudaram 129 pacientes deprimidos hospitalizados tratados com ECT. Todos os pacientes foram acompanhados por três meses, e 108 deles, por seis meses. Inicialmente, todos foram classificados pela presença ou ausência de 35 características que discriminam depressões endógenas de neuróticas. Os diagnósticos foram feitos antes ou pouco depois do início do tratamento. A melhora foi julgada em uma escala de quatro pontos ao término da ECT e três e seis meses depois. Aos três meses haviam respondido bem ao tratamento apenas 12 dos depressivos neuróticos (19%) enquanto 44 dos 53 depressivos endógenos (83%) responderam bem.

Uma análise fatorial das características clínicas produziu três fatores significativos: um fator bipolar "correspondente à distinção entre depressão endógena e neurótica"; um fator geral com altas cargas para muitas características comuns a todos os casos depressivos estudados; um "fator psicótico paranoide". O fator bipolar assemelhava-se muito àquele extraído no estudo de Kiloh e Garside. As características com altas cargas positivas no primeiro fator e, portanto, correspondentes a um diagnóstico de depressão endógena, incluíram personalidade pré-mórbida adequada, ausência de fatores psicogênicos adequados em relação à doença, qualidade distinta da depressão, perda de peso, constituição física pícnica, ocorrência de episódio depressivo prévio, despertar cedo pela manhã, atividade psicomotora depressiva, delírios niilistas, somáticos e paranoides, bem como ideias de culpa. As características com carga negativa, correspondendo a um diagnóstico de depressão neurótica, incluíram ansiedade, agravamento dos sintomas ao anoitecer, autopiedade, tendência a culpar os outros e características histéricas.

Por meio de análise de regressão múltipla, foram calculadas três séries de 18 coeficientes ponderados para o diagnóstico diferencial entre as duas variedades de depressão e como preditor de resposta à ECT aos três e seis meses. As correlações múltiplas entre as características somadas, por um lado, e o diagnóstico e resultado aos três e seis meses, por outro, foram de 0,91, 0,72 e 0,74, respectivamente. Verificou-se que a resposta à ECT podia ser mais bem prevista pelo uso direto dos coeficientes ponderados de resposta à ECT do que a partir dos coeficientes ponderados de diagnóstico isoladamente. Os resultados baseados nas 18 características clínicas eram complexos, e, portanto uma tabela foi construída atribuindo coeficientes ponderados simplificados baseados em dez características de diagnóstico. Quando os escores ponderados para cada paciente foram computados, verificou-se que, dos pacientes com um escore de seis ou mais, 52 haviam sido clinicamente diagnosticados como endógenos e três como neuróticos. Os pacientes com escores abaixo de seis incluíam um depressivo endógeno e 60 depressivos neuróticos. A quantidade de sobreposição, consequentemente, foi pequena, e os resultados corroboraram a hipótese de dois tipos de depressão.

Problemas metodológicos

Várias questões metodológicas podem ser levantadas em relação a esses estudos. Primeiro, a confiabilidade das avaliações do material clínico não foi relatada. Como assinalado em muitos trabalhos, a concordância entre avaliadores tende a ser relativamente baixa quando aplicada ao material clínico, e a baixa confiabilidade automaticamente impõe um limite sobre a validade das eventuais descobertas baseadas nessas avaliações. Além disso, uma vez que os psiquiatras que fizeram essas avaliações estavam cientes das hipóteses subjacentes, a possibilidade de viés ao fazer seus juízos não pode ser excluída.

O segundo problema metodológico refere-se às diferenças entre os dois grupos estudados com respeito a variáveis importantes não controladas, tais como idade e sexo. Por exemplo, relativa falta de sono e perda de apetite são características de pacientes mais velhos. (Verificamos uma correlação relativamente alta entre idade e perda de apetite entre nossos pacientes psiquiátricos.) Também houve evidência de que mulheres e homens reagiam de maneira diferente ao estresse. Considerando que estes estudos não tiveram controle adequado para idade ou sexo (ou para outras variáveis demográficas), não podemos ter certeza de que as diferenças salientes entre os dois grupos são explicadas pela hipótese dualista.

Também existe um problema na interpretação da análise fatorial. Os autores extraíram um fator bipolar que parecia indicar uma divisão da amostra de pacientes em dois grupamentos independentes. A fim de provar que esses grupamentos se aplicam a diferentes tipos de pacientes em vez de simplesmente a diferentes conjuntos de sinais e sintomas, é necessário demonstrar a existência uma divisão bem definida da amostra de pacientes em dois grupos independentes. Kiloh e Garside[27] não apresentaram quaisquer informações sobre a distribuição dos casos. Contudo, no estudo de Carney, Roth e Garside,[28] uma separação dos grupos endógeno e neurótico foi realizada ponderando os itens com base na análise estatística.

Estudos da sintomatologia

Hamilton e White[29] realizaram uma análise fatorial nos dados obtidos de 64 pacientes com depressão grave que haviam sido avaliados por meio da escala de classificação de Hamilton.[30] O primeiro dos quatro fatores obtidos incluía características clínicas como humor deprimido, culpa, retardo psicomotor, perda de *insight*, tentativa de suicídio e perda de interesse. Segundo os autores, esse fator mostrou-se correlacionado com um diagnóstico clínico de depressão com retardo motor. Escores médios significativamente diferentes entre os grupos endógeno e reativo foram obtidos para o primeiro fator. Contudo, deve-se enfatizar que esse resultado não especifica se a diferença é qualitativa ou meramente quantitativa.

Infelizmente, os ditos fatores precipitantes apresentados para justificar o diagnóstico de depressão reativa não pareceram convincentes. Nos três casos de depressão reativa apresentados, os autores se referem aos seguintes como fatores psicológicos precipitantes: um paciente ficou sozinho por períodos prolongados de tempo enquanto a esposa foi cuidar da filha doente; outro foi encarregado de um programa que estava além de suas capacidades; o terceiro descobriu que a tuberculose pulmonar da qual sofria há nove anos era bilateral.

Resultados contrários aos relatados por Hamilton e White estavam contidos em um estudo de Rose.[31] Este investigador usou a mesma escala de avaliação clínica ao estudar 50 pacientes deprimidos. Os pacientes foram divididos nos grupos endógeno, reativo e duvidoso. Em contraste com Hamilton e White, Rose não encontrou diferenças nos sintomas entre os três grupos.

Respostas e testes fisiológicos

Kiloh e Garside referiram-se ao trabalho sobre limiar de sedação de Shagass e Jones,[32] o qual indicava que casos de depressão endógena tinham limiares de sedação mais baixos do que os de depressão neurótica. Também citaram o trabalho de Ackner e Pampiglione[33] e de Roberts,[34] os quais não confirmaram os resultados de Shagass. O trabalho de Shagass e Schwartz[35] sobre excitabilidade cortical após estimulação elétrica do nervo ulnar também foi citado. Eles verificaram que em 21 pacientes com depressão psicótica, o tempo médio de recuperação foi significativamente mais longo. Contudo, controles para idade não foram incluídos nesses primeiros estudos, assim confundindo as variáveis de interesse.

O teste de Funkenstein foi citado por Sloan e colaboradores como evidência adicional em apoio à distinção entre esses dois tipos de depressão.[36] Estudos melhor delineados não confirmaram estas descobertas (ver Capítulo 9). Pesquisas mais recentes sustentam uma perspectiva interativa sobre o desenvolvimento da depressão, incluindo vulnerabilidade cognitiva, estresse, experiências precoces e componentes genéticos (ver Capítulo 13).

Constituição física

Kiloh e Garside citaram um estudo de Rees[37] que demonstrou uma associação entre depressão neurótica e constituição leptossômica, e entre constituição eurissômica e transtorno maníaco-depressivo. Aqui mais uma vez, a idade média do grupo maníaco-depressivo era significativamente mais alta do que a do grupo neurótico-depressivo. Como será indicado no Capítulo 9, a constituição física torna-se mais eurissômica com o avanço da idade.

Resposta ao tratamento

Kiloh e Garside citaram vários estudos que sugerem que a depressão exógena reage pouco à eletroconvulsoterapia, mas a depressão endógena reage favoravelmente. Alguns indícios para sustentar esta afirmativa estão presentes em um estudo de Rose,[31] que constatou que a melhor resposta foi obtida somente para mulheres que tinham depressão endógena. Não houve diferença na resposta ao tratamento entre os homens no estudo. (O estudo de Carney e colaboradores[28] descrito em detalhe anteriormente ajudou a comprovar a alegação de uma resposta diferencial.)

EQUIVALENTES DEPRESSIVOS

Muitos escritores tentaram ampliar o espectro da depressão para que abrangesse casos que apresentavam sintomas clínicos ou comportamentos diferentes daqueles que geralmente indicam depressão. O termo *equivalentes depressivos* foi introduzido por Kennedy e Wiesel[38] para descrever pacientes que tinham diversas queixas somáticas, mas não apresentavam nenhuma depressão visível do humor. Eles relataram três casos caracterizados por dor somática, perturbação do sono e perda de peso, os quais se recuperaram totalmente após tratamento com ECT.

Uma série de outros termos foram aplicados em diversas épocas para designar os casos de depressão oculta. Incluem depressão incompleta, depressão latente, depressão atípica e depressão mascarada. Vários transtornos psicossomáticos, reações hipocondríacas, reações de ansiedade, reações fóbicas e reações obsessivo-compulsivas também foram implicadas como máscaras do quadro típico de reações depressivas.[39]

O uso de tais termos como equivalentes da depressão levantou vários problemas conceituais, semânticos e diagnósticos difíceis.

1. Como uma síndrome poderia substituir uma reação depressiva?
2. Uma vez que os índices de depressão estão ausentes, como o diagnóstico de depressão mascarada poderia ser feito?
3. Tendo em vista que o conceito de equivalente depressivo é tão vago, ele poderia ser expandido para abarcar praticamente qualquer síndrome psiquiátrica ou somática.

Um dos principais critérios para diagnosticar um equivalente depressivo tem sido a resposta dos pacientes com sintomas anteriormente intratáveis à ECT.[38] Denison e Yaskin,[40] em um relato intitulado "Mascaramentos Médicos e Cirúrgicos do Estado Depressivo", listaram vários critérios para o diagnóstico de uma depressão subjacente. Estes incluem crises anteriores de queixas somáticas semelhantes à presente crise, com recuperação completa após vários meses; perturbação do ciclo de sono; perda de apetite; perda de energia desproporcional às queixas somáticas; variação diurna na intensidade dos sintomas somáticos, e sentimento de irrealidade. Ao considerar as depressões disfarçadas, vale a pena enfatizar o truísmo de que a depressão pode mascarar a doença orgânica e vice-versa.

DEPRESSÕES SECUNDÁRIAS A TRANSTORNOS SOMÁTICOS

Há muito se compreende que as depressões estão associadas a uma ampla variedade de transtornos não psiquiátricos. Em alguns casos, a depressão parece ser uma manifestação da perturbação fisiológica causada por doença estrutural ou por agentes tóxicos. Os atuais critérios da APA para diagnosticar depressões secundárias a transtornos somáticos estão no Quadro 4.4. Em outros casos, a depressão parece uma reação psicológica a estar aguda ou cronicamente doente – ou seja, a doença é um fator precipitante inespecífico. Em qualquer caso, a sintomatologia depressiva em si não se distingue daquela observada em depressões primárias.[1, 41]

Sabe-se há muito que condições que especificamente prejudicam o funcionamento normal do sistema nervoso produzem depressão.[42] Estas condições podem ser agudas (as síndromes cerebrais agudas), como as associadas ao álcool, drogas, traumatismos cranianos ou estados pós-ictais, ou crônicas (síndromes cerebrais crônicas), como as associadas à arteriosclerose cerebral, demência, neurossífilis, esclerose múltipla, desnutrição e diversas síndromes por deficiência de vitaminas.

A depressão como uma complicação do uso de drogas tranquilizantes tem sido relatada com frequência. Relatos iniciais do uso de reserpina no tratamento de hipertensão implicaram esta droga como agente causal em muitas depressões. Também há suspeita em torno das fenotiazinas. Simonson,[43] por exemplo, entrevistou 480 pacientes que estavam em sua primeira depressão reconhecida. Ele verificou que 146 (30%) haviam tomado alguma fenotiazina antes da depressão. Ayd,[44] entretanto, não acreditava no papel dos tranquilizantes como causa de depressão. Ele estudou 47 casos da assim chamada depressão induzida por droga e concluiu que cada caso continha uma história de predisposição à perturbação psíquica e de estresses físicos e psicológicos que ajudaram a precipitar a depressão. Isso não é de surpreender, pois os indivíduos neste estudo presumivelmente já tinham prescrição de tranquilizantes devido a alguma "perturbação psíquica".

A sintomatologia depressiva foi encontrada em uma proporção substancial de pacientes hospitalizados por transtornos médicos.[45] Yaskin[46] e Yaskin e colaboradores[47]

QUADRO 4.4
Critérios diagnósticos para transtorno de humor devido a uma condição médica geral

A) Predomínio de uma perturbação proeminente e persistente do humor no quadro clínico e se caracteriza por um (ou ambos) dos seguintes sintomas:
  1. humor depressivo ou diminuição do interesse ou do prazer em todas ou quase todas as atividades;
  2. humor eufórico, expansivo ou irritável.
B) Existem evidências a partir do histórico, exame físico ou achados laboratoriais de que a perturbação é consequência fisiológica direta de uma condição médica geral.
C) A perturbação não é mais bem explicada por outro transtorno mental (p. ex., transtorno de adaptação com humor depressivo em resposta ao estresse de ter uma condição médica geral).
D) A perturbação não ocorre exclusivamente durante o curso de um *delirium*.
E) Os sintomas causam sofrimento clinicamente significativo ou prejuízo no funcionamento social, ocupacional ou em outras áreas importantes da vida do indivíduo.

ADAPTADO DO *DSM-IV-TR*.

relataram uma alta frequência em pacientes com doença orgânica intra-abdominal, particularmente carcinoma do pâncreas. Dovenmuehle e Verwoerdt[48] relataram que 64% dos 62 pacientes hospitalizados por doença cardíaca corretamente diagnosticada tinham sintomas depressivos de grau moderado ou grave.

Outros tipos de distúrbios somáticos generalizados que, segundo Castelnuovo-Tedesco, tendem a ser complicados por depressão são:

1. algumas doenças infecciosas – especialmente hepatite infecciosa, gripe, mononucleose infecciosa, pneumonia atípica, febre reumática e tuberculose;
2. os chamados transtornos psicossomáticos, como colite ulcerativa, asma, neurodermatite e artrite reumatoide;
3. anemias;
4. tumores malignos;
5. perturbações endócrinas.

Considerando a antiga teoria de que a depressão primária seria causada por uma perturbação endócrina, é interessante que algumas doenças das glândulas endócrinas estejam associadas com uma alta frequência de depressão. Michael e Gibbons[49] assinalaram que a hiperfunção adrenocortical da síndrome de Cushing é quase sempre acompanhada por mudança de humor. A alteração no humor geralmente é depressiva, mas também pode se caracterizar por labilidade emocional e super-reatividade. Em sua análise dos relatos de perturbações psiquiátricas relacionadas à síndrome de Cushing, Michael e Gibbons afirmaram que a incidência de perturbações psiquiátricas geralmente excedia 50%. Perturbação mental grave, forte o suficiente para merecer o rótulo *psicótica*, foi encontrada em 15 a 20% dos casos. Em uma série, 12 dos 13 pacientes com a síndrome de Cushing encontravam-se consistente ou intermitentemente deprimidos. Contudo, não havia correlação estreita entre os sintomas de depressão e a produção de esteroide.

Michael e Gibbons também analisaram a incidência de depressão na doença de Addison. Observaram que a depressão ocorria em 25% dos casos, e, um pouco surpreendentemente, euforia ocorria em 50%. Perturbações psiquiátricas também foram relatadas em casos de hipopituitarismo. Em casos não tratados por longo período, os sintomas podem aparecer em sua forma extrema. O sintoma mais proeminente tende a ser apatia e inatividade. Depressão leve, ocasionalmente interrompida por episódios breves de irritabilidade e querelância, também é proeminente. Estudos adicionais sobre os aspectos biológicos são revisados no Capítulo 9.

5

DEPRESSÃO PSICÓTICA *VERSUS* NÃO PSICÓTICA

No passado, houve uma considerável controvérsia entre os pesquisadores sobre a distinção entre depressão psicótica e neurótica. Embora essa divisão tenha feito parte da nomenclatura oficial por muitos anos, estudiosos como Paul Hoch[1] a questionaram, e ela foi posteriormente descartada. Hoch afirmou:

> As manifestações dinâmicas, a oralidade, a estrutura do superego, etc., são as mesmas em ambas, e geralmente a diferenciação é feita de forma arbitrária. Se o paciente teve algumas crises depressivas anteriores, ele provavelmente seria colocado no grupo psicótico; se não, seria colocado no grupo neurótico. Se a depressão do paciente se desenvolve como reação a um fator precipitante externo, julga-se então que se trata de uma depressão neurótica. Se esses fatores não são comprovados, classifica-se como depressão endógena. Na verdade, não há diferença entre a chamada depressão psicótica e a chamada depressão neurótica. A diferença é apenas uma questão de grau.

A declaração de Hoch sintetiza o ponto de vista dos *gradualistas* em oposição ao conceito dos *separatistas*, que fizeram uma dicotomia entre depressão neurótica e psicótica. O precedente histórico para o conceito gradualista encontra-se na declaração de Kraepelin:[2]

> Incluímos no grupo maníaco-depressivo algumas colorações suaves e mais leves do humor, algumas delas periódicas, algumas continuamente mórbidas, que, por um lado, devem ser consideradas o rudimento dos transtornos mais graves e, por outro, ignoradas sem fronteira nítida, no domínio da predisposição pessoal.

Paskind[3] também acreditava que as depressões psicóticas eram simplesmente formas graves da síndrome maníaco-depressiva (bipolar). Elas diferiam das formas mais brandas em termos dos sintomas dramáticos, mas não em termos de quaisquer fatores fundamentais. Paskind declarou (p. 789): "A situação é um pouco semelhante, por exemplo, a como seriam as descrições do diabetes se apenas casos hospitalares fossem descritos. Quase todo caso de diabetes então apresentaria acidose, coma, gangrena e infecção generalizada".

Separar a depressão em dois transtornos distintos seria, segundo Paskind, análogo a separar o diabetes em duas entidades distintas com base na intensidade.

Diferente do sistema atual,[4] a opinião preponderante na literatura mais antiga favorecia a separação das depressões neurótica e psicótica. Algum respaldo para o conceito de duas doenças foi fornecido pelos estudos de Kiloh e Garside[5] e Carney, Roth e Garside.[6] Esses autores demonstraram, pelo uso da análise fatorial, um fator bipolar, e os polos corresponderiam à depressão neurótica e depressão endógena, respectivamente (ver Capítulo 4). Sandifer e colaboradores[7] obtiveram uma distribuição bimodal dos escores em sua escala de classificação, a qual interpretaram como representativa de dois tipos de depressão. Contudo, a distribuição bimodal pode ter dependido do tipo de instrumento empregado. Schwab e colaboradores[8], por exemplo, encontraram uma distribuição bimodal dos escores na Escala de Classificação de Hamilton, mas não no Inventário de Depressão de Beck.

REAÇÃO DEPRESSIVA "PSICONEURÓTICA"

Definição

No manual diagnóstico original da Associação Psiquiátrica Americana (APA),[9] esta síndrome foi caracterizada da seguinte maneira:

> A reação é precipitada por uma situação presente, com frequência por alguma perda sustentada pelo paciente, está associada a um sentimento de culpa por fracassos ou ações passadas [...] O termo é sinônimo de "depressão reativa" e deve ser diferenciado da reação psicótica correspondente. Nesta diferenciação, pontos a serem considerados são:
> 1. história de vida do paciente, com especial consideração das oscilações de humor (indicativas de reação psicótica), da estrutura da personalidade (neurótica ou ciclotímica) e de fatores ambientais precipitantes;
> 2. ausência de sintomas malignos (preocupação hipocondríaca, agitação, delírios, principalmente somáticos, alucinações, intensos sentimentos de culpa, insônia intratável, ruminações suicidas, retardo psicomotor grave, prejuízo grave do pensamento, estupor).

Além dessa declaração sobre as características manifestas de tal condição, a seguinte formulação psicodinâmica foi incluída no manual: "A ansiedade nesta reação é abrandada e assim parcialmente aliviada, pela depressão e autodepreciação... O grau da reação nestes casos depende da intensidade dos sentimentos ambivalentes do paciente em relação à perda (amor, posse) bem como das circunstâncias realistas da perda".

Embora não especificado no manual, pode-se presumir que as características definidoras da reação depressiva psiconeurótica são as características geralmente aceitas de depressão. Os sintomas *malignos* indicativos de uma depressão psicótica foram mencionados anteriormente. É digno de nota que os autores consideravam que a presença de ruminações suicidas excluía um diagnóstico de depressão neurótica. Essa noção é contradita pela descoberta de que o sintoma estava presente em 58% dos pacientes diagnosticados como reação depressiva neurótica (Tabela 5.1). Um paciente com humor deprimido e sintomas tais como abatimento, baixa autoestima, indecisão e, possivelmente, alguns sintomas físicos e vegetativos mencionados no Capítulo 2, teria sido considerado portador de uma reação neurótico-depressiva.

Além da breve descrição dos sintomas manifestos, o glossário também introduziu dois conceitos etiológicos. O primeiro, que a depressão é precipitada por uma situação atual, deriva do conceito de depressão reativa, cujo desenvolvimento será discutido. No segundo conceito etiológico, considera-se que a depressão é uma defesa contra a ansiedade (p. 12, 32) e que os sentimentos ambivalentes frente a uma suposta perda de objeto determinam a intensidade da reação.

Essa formulação psicodinâmica específica representou uma tentativa dos autores do manual de oferecer uma explicação psicológica para tal condição. Não está claro se a formulação psicodinâmica pretendia ser uma característica definidora da categoria. Em retrospectiva, a tentativa deveria ter sido considerada como *experimental* e a validade da categoria como não dependente da validade da formulação psicodinâmica ou da possibilidade de se discernir esta configuração particular em um determinado caso. Relatos de investigadores que tentaram aplicar a formulação psicodinâmica questionaram sua utilidade para firmar o diagnóstico.[10,11] O conceito de que a reação neurótica depressiva é *reativa* parece ser mais inerente à definição da síndrome, e alguns podem ter considerado que, se um estresse externo não pôde ser comprovado em um determinado caso, o uso desse diagnóstico não se justificaria naquele caso.

Apesar da inclusão desta categoria em muitas nomenclaturas, ela absolutamente não desfrutava de aceitação geral. Na verdade, muitos autores que escreveram sobre depressão continuaram aceitando o *conceito gradualista* ou *unitário*, isto é, que a diferença entre depressão "neurótica" e "psicótica" estava no grau, e que não havia mais justificativa para construir categorias separadas do que para dividir a escarlatina em dois grupos tais como leve e grave. Os proponentes deste ponto de vista incluíam os autores que mais escreveram sobre depressão, tais como Mapother[12] e Lewis,[13] na Inglaterra, e Ascher,[10] Cassidy e colaboradores,[14] Campbell,[15] Kraines,[16] Robins e colaboradores[17] e Winokur e Pitts,[18] nos Estados Unidos.

Evolução do conceito

Houve uma série de reviravoltas radicais na evolução gradual e posterior descarte do conceito. Nas primeiras classificações, a categoria reativo-depressiva não se misturava com depressão neurótica. Kraepelin reconhecia uma condição semelhante à noção de depressão neurótica e a atribuía à categoria de neurastenia congênita, que ele incluía nos estados psicopáticos constitucionais. Kraepelin também se referia a um grupo de "depressões psicogênicas", que considerava diferentes da psicose maníaco-depressiva. Pacientes com depressões psicogênicas mostravam um alto grau de reatividade a situações externas e a depressão deles tendia a diminuir quando a situação externa melhorava. A crise maníaco-depressiva, em contraste, não era então compreendida como parcialmente resultante de situações externas de estresse.

Bleuler[19] evidentemente atribuía as depressões mais leves à categoria maníaco-depressiva, como indicado por sua declaração de que "provavelmente tudo designado como neurastenia periódica, dispepsia recorrente e melancolias neurastênicas pertence inteiramente à insanidade maníaco-depressiva". O autor também admitia a existência de depressões psicogênicas: "Depressões psicogênicas simples, que ocorrem nos psicopatas não do grupo maníaco-depressivo e atingem a intensidade de doença mental, são raras".

O precursor mais definido do conceito de reação neurótico-depressiva era o de depressão reativa. Em 1926, Lange listou depressão psicogênica e reativa separadamente em sua classificação. Ele diferenciava depressões psicogênicas da variedade endógena com base em maior agressividade, egocentrismo, teimosia e hostilidade explícita. Além disso, ele afirmava que não existem variações discerníveis no humor nas depressões psicogênicas. Mudanças no ambiente influenciavam a condição, e esta regride quando o conflito de personalidade se resolvia. Wexberg[20] descreveu sete grupos diferentes de "estados depressivos leves". O autor incluía um "grupo reativo", mas não fazia distinção entre neurótico e psicótico em sua classificação.

Paskind[21] descreveu 663 casos de transtorno maníaco-depressivo leve atendidos em uma clínica ambulatorial. Harrowes[22] definia seis grupos de depressão que incluíam categorias separadas para os tipos reativo e psiconeurótico. Os pacientes classificados como depressivos psiconeuróticos apresentavam "psicopatia, neuropatia, crises de ansiedade, sentimentos de fracasso na vida, trauma sexual, sentimentos de irrealidade, e uma maior subjetividade do que o humor objetivamente deprimido". Essa condição ocorria na terceira década de vida e, apesar de leve, tendia à cronicidade.

Aubrey Lewis,[13] em seu clássico artigo sobre depressão, afirmou que uma análise rigorosa de 61 casos indicou que os sintomas neuróticos apareciam com igual frequência nas formas reativa e endógena de depressão. Ele enfatizava que não era possível traçar uma linha nítida entre depressão neurótica e psicótica.

É visível que apesar das objeções de autoridades como Lewis, existe uma tendência dominante entre os estudiosos da nosologia de separar depressão reativa e neurótica de outros tipos de depressão. Os conceitos de depressão reativa e neurótica gradualmente convergiram. A fusão dessas categorias ocorreu oficialmente em 1934. Naquela época, a APA aprovou uma nova classificação em que a depressão reativa era incluída nas psiconeuroses. Este conceito não adquiriu ampla aceitação na década que se seguiu, como indicado pelo fato de que a maioria dos livros-texto e de referência sobre psiquiatria não incluía a categoria de depressão nas psiconeuroses.

A categoria *depressão reativa* foi definida no *Outlines for Psychiatric Examinations*[23] de Cheney como segue:

> Aqui devem ser classificados os casos que apresentam depressão em reação a causas externas óbvias que poderiam naturalmente produzir tristeza, tais como perda de um ente querido, doença e preocupações financeiras e de outros tipos. A reação de um grau mais acentuado e de duração mais longa do que a tristeza normal pode ser considerada patológica. As depressões profundas com retardo psicomotor não estão presentes, mas estas reações *podem, na verdade, estar mais intimamente relacionadas com as reações maníaco-depressivas do que com as psiconeuroses.* (grifo nosso)

Neste estágio de seu desenvolvimento, o conceito de depressão neurótica ainda estava intimamente aliado à categoria abrangente de transtorno maníaco-depressivo.

O próximo passo na evolução do atual conceito foi um importante impulso em direção ao presente conceito etiológico. Na classificação do Ministério de Guerra dos Estados Unidos, adotada em 1945, o termo *reação depressiva neurótica* foi utilizado. O termo *reação* representava um desvio claro da noção kraepeliniana de uma entidade patológica definida e incorporava o conceito psicobiológico de Adolph Meyer de uma interação de um tipo particular de personalidade com o ambiente. Uma vez que a presença de um estresse externo específico era mais saliente no exército em guerra do que na clínica civil, a ênfase à reação ao estresse pareceu adquirir maior plausibilidade.

A outra mudança importante na definição da nomenclatura do exército foi a introdução de duas hipóteses psicanalíticas: a depressão representaria uma tentativa de aliviar a ansiedade por meio do mecanismo de introjeção e estaria relacionada à *agressividade reprimida*. Afirmava-se:

> A ansiedade nesta reação é amenizada, e, daí, parcialmente aliviada pela autodepreciação por meio do mecanismo mental da introjeção. Ela com frequência está associada à culpa por fracassos ou ações passadas [...] Esta reação é uma resposta não psicótica precipitada por uma situação atual – com frequência alguma perda sustentada pelo paciente – embora dinamicamente a depressão geralmente esteja relacionada a uma agressão (inconsciente) reprimida.

A classificação do Ministério de Guerra recebeu um extenso julgamento nas forças armadas e foi posteriormente adotada com ligeiras alterações pela Administração de Veteranos. A opinião dos psiquiatras que usaram a nomenclatura, tanto no exército quanto nas clínicas e hospitais da Administração de Veteranos, foi evidentemente favorável, pois essa classificação foi mais adiante usada como base para o manual diagnóstico de 1952 da APA. As novas categorias de reação neurótico-depressiva e psicótico-depressiva haviam então se tornado firmemente estabelecidas.

DEPRESSÃO GRAVE COM CARACTERÍSTICAS PSICÓTICAS (REAÇÃO DEPRESSIVA PSICÓTICA)

O termo *reação depressiva psicótica* não consta em nenhuma das classificações americanas ou europeias oficiais de antes do fim da Segunda Guerra Mundial, mas em 1951 a classificação-padrão da Administração de Veteranos incluía o termo. Em 1952, ele foi incluído na classificação oficial da APA. No glossário que acompanha a nomenclatura, considerava-se que a reação depressiva psicótica incluía pacientes que estavam gravemente deprimidos e que apresentavam evidências de gritante interpretação errônea da realidade, até com ocasionais delírios e alucinações.

A nomenclatura distinguia essa reação da maníaco-depressiva, tipo deprimido, com base nas seguintes características: ausência de uma história de repetidas depressões ou de oscilações de humor psicóticas acentuadas e presença de fatores ambientais precipitantes. Esta categoria evidentemente era considerada análoga à reação neurótico-depressiva e uma atualização das depressões psicóticas reativas descritas na literatura na década de 1920.

Várias características relacionadas a essa categoria diagnóstica preocupavam alguns estudiosos da área, muitos dos quais não aceitavam a distinção entre reação neurótico-depressiva e psicótico-depressiva. De seu ponto de vista, o primeiro episódio depressivo de um transtorno maníaco-depressivo típico podia muito bem aparecer em reação a algum estresse ambiental.[2] Com base na sintomatologia, não havia critério para distinguir a reação psicótico-depressiva da fase deprimida da reação maníaco-depressiva.

As características da reação psicótico-depressiva são ilustradas nos seguintes casos de Beck e Valin,[24] selecionados de um grupo de soldados que apresentaram reação psicótico-depressiva depois de acidentalmente matarem seus companheiros durante a Guerra da Coreia. Os casos tinham as seguintes características comuns pertinentes ao conceito de reação psicótico-depressiva:

1. a psicose se seguiu um evento específico altamente perturbador para o paciente;
2. houve sintomas psicóticos claros como delírios e alucinações;
3. o conteúdo das preocupações, delírios e alucinações dos pacientes giravam em torno do companheiro morto;
4. os sintomas típicos de depressão estavam presentes – humor deprimido, desesperança, desejos suicidas e autorrecriminações;
5. os pacientes se recuperaram totalmente após ECT ou psicoterapia;
6. não havia história prévia de depressão ou oscilações de humor.

Caso 1

Um soldado de 21 anos foi encaminhado ao Valley Forge Army Hospital de um quartel disciplinar ao qual havia sido confinado por "negligência culposa". Enquanto estavam perto da linha de combate na Coreia, ele e seu melhor amigo, Buck, tinham trabalhado muito fixando arame e pararam para descansar e começaram a "brincar" e a jogar água um no outro. Buck jogou uma carabina carregada para ele, que acidentalmente a disparou na boca do amigo e o matou. Buck e ele tinham sido grandes amigos por muito tempo e haviam trabalhado em dupla sozinhos por várias semanas. O soldado era muito apegado a Buck, que era uma pessoa autossuficiente e competente. Mais tarde ele declarou: "Buck era a única pessoa que me compreendia e me amava".

Por causa da negligência envolvida no manuseio descuidado de uma arma carregada, o paciente foi submetido à corte marcial, três meses depois e sentenciado à prisão com trabalhos forçados por três anos. Na época da corte marcial ele parecia estar lutando para conter seus sentimentos de culpa e tinha uma recordação apenas vaga dos detalhes do acidente. Contudo, mostrava-se capaz de manter um bom contato com a realidade até nove meses depois, quando então começou a ruminar constantemente sobre seu delito. Em poucos dias, ele sofreu um surto psicótico agudo e foi transferido para o Valley Forge Army Hospital em profundo estado de perturbação. Chorava violentamente, tentou se estrangular com o pijama e depois cortar os punhos com a tela da janela, e estava extremamente agressivo. Teve alucinações visuais de Buck e longas conversas com ele. Revelou que às vezes Buck lhe dizia "coisas ruins" e noutras "coisas boas". As "coisas ruins" consistiam em se matar, e as "coisas boas", em continuar vivendo. Ele recebeu uma série de 20 sessões de ECT e alcançou completa remissão da psicose.

Caso 2

Enquanto examinava um revólver atrás da linha de combate na Coreia, um soldado de 20 anos acidentalmente disparou a arma, atingindo outro soldado no peito, matando-o. Foi condenado a dois anos de trabalhos forçados por "negligência culposa". Oito meses depois do acidente, enquanto cumpria a pena, começou a ficar cada vez mais perturbado e teve que ser hospitalizado. Começou a ruminar obsessivamente sobre o acidente e a fantasiar que iria magicamente desfazê-lo. Poucas semanas depois, tornou-se francamente psicótico, suicida e violento. Tinha alucinações visuais e auditivas envolvendo o soldado morto. Via o colega se aproximando dele em uma nuvem com um revolver na mão esquerda. O soldado o repreendia pelo que havia feito e dizia que iria "descontar" ao inverso. Com 20 sessões de ECT, houve completa remissão dos sintomas.

Caso 3

Um soldado de 22 anos da infantaria acidentalmente alvejou o sargento do pelotão durante uma patrulha na Coreia. Ele tentou esconder sua reação emocional ao evento, mas um mês depois começou a ouvir vozes que diziam: "É isso... pegue um rifle, coloque um prendedor nele e mate-se". Outra voz então dizia: "Não faça isso, não vai adiantar nada. Se não, serão dois de vocês [mortos]". Na época de sua transferência para o Valley Forge Army Hospital, o soldado apresentava agitação moderada, depressão e imensa ansiedade. Com frequência expressava medo de perder seus genitais. No curso da psicoterapia, os sintomas foram esbatidos em grande parte.

Foulds[25] realizou um estudo sistemático para verificar que sintomas diferenciavam os depressivos psicóticos. O autor administrou um inventário com 86 itens a 20 depressivos neuróticos e 20 depressivos psicóticos, todos com menos de 60 anos de idade. Verificou que a frequência de ocorrência de 14 itens era ao menos 25% maior no grupo psicótico do que no grupo neurótico. Usando estes 14 itens como escala, era possível selecionar corretamente 90% dos pacientes clinicamente diagnosticados como depressivos psicóticos e 80% dos depressivos neuróticos. Na lista a seguir, as frequências entre psicóticos e neuróticos aparecem, respectivamente, entre parênteses depois de cada item.

1. Ele é uma pessoa indigna a seus próprios olhos. (12-3)
2. Ele é uma pessoa condenada por conta de seus pecados. (12-3)
3. Ele está sendo falado e criticado pelas pessoas por causa de coisas erradas que fez. (10-1)
4. Ele está com medo de sair sozinho. (13-4)
5. Ele disse coisas que feriram outras pessoas. (9-2)

6. Ele está tão "perturbado" que fica andando de um lado para o outro esfregando as mãos. (11-4)
7. Ele não pode se comunicar com os outros porque parece estar noutra "frequência". (10-3)
8. Tem algo incomum no corpo dele, sendo um lado diferente do outro, ou querendo dizer outra coisa. (6-0)
9. O futuro não tem sentido. (12-7)
10. Ele pode acabar consigo mesmo porque não é mais capaz de enfrentar suas dificuldades. (8-3)
11. Outras pessoas o consideram muito estranho. (8-3)
12. Ele está sempre incomodado com dores no coração, no peito ou nas costas. (8-3)
13. Ele está tão "baixo astral" que fica sentado por horas a fio. (12-7)
14. Quando ele dorme, não nos importamos se ele "nunca voltar a despertar". (10-5)

Ideias ou delírios relacionados a ser indigno, condenado e criticado, assim como o delírio de estar fisicamente alterado, são os melhores diferenciadores entre os dois grupos.

Afora os delírios, o Inventário de Depressão de Beck constatou que típicos sinais e sintomas de depressão existiam em uma grande proporção tanto de depressivos neuróticos quanto de psicóticos. Como mostra a Tabela 5.1, as características apareciam com relativa alta frequência em ambas as condições. Essa distribuição de frequência foi obtida abstraindo-se as avaliações e os diagnósticos feitos por psiquiatras em uma amostra randômica de pacientes psiquiátricos hospitalizados e ambulatoriais. Cada característica clínica foi avaliada de acordo com sua intensidade, como ausente, leve, moderada ou grave. Os registros de 50 pacientes diagnosticados como reação depressiva psicótica e de 50 pacientes diagnosticados como reação depressiva neurótica foram usados nesta análise.

Em quase todos os casos, sinais e sintomas de depressão foram observados na

TABELA 5.1
Frequência de características clínicas na reação depressiva neurótica (RDN) e na reação depressiva psicótica (RDP) (%; n = 50)

Característica clínica	Característica presente		Presente em grau grave	
	RDN	RDP	RDN	RDP
Expressão facial triste	86	94	4	24
Postura recurvada	58	76	4	20
Fala: lenta, etc.	66	70	8	22
Humor deprimido	84	80	8	44
Variação diurna do humor	22	48	2	10
Desesperança	78	68	6	34
Culpa consciente	64	44	6	12
Sentimento de insuficiência	68	70	10	42
Preocupação somática	58	66	6	24
Desejos suicidas	58	76	14	40
Indecisão	56	70	6	28
Perda da motivação	70	82	8	48
Perda do interesse	64	78	10	44
Fatigabilidade	80	74	8	48
Perda do apetite	48	76	2	40
Perturbação do sono	66	80	12	52
Constipação	28	56	2	16

maioria dos depressivos neuróticos e psicóticos. Variação diurna do humor ocorreu com frequência significativamente maior entre os depressivos psicóticos, estando, porém, presente somente em uma minoria destes casos. Constipação ocorreu duas vezes mais no grupo depressivo psicótico como seria previsível porque os pacientes neste grupo geralmente estavam na categoria de idade mais avançada. Embora quase todas as características clínicas tenham sido observadas com mais frequência no grupo deprimido psicótico, a disparidade em sua frequência relativa não foi acentuada (com exceção das duas recém-mencionadas).

Uma vez que cada característica clínica foi avaliada em termos não só de presença e ausência, mas também de intensidade, foi possível determinar a gravidade relativa dos sinais e sintomas específicos nos dois grupos. Verificou-se que os depressivos psicóticos tendiam a apresentar um maior grau de intensidade ou gravidade de cada um desses sinais e sintomas. Isso era esperado, pois a classificação global da profundidade da depressão foi substancialmente mais alta no grupo depressivo psicótico. A frequência de classificações *graves* nos dois grupos é mostrada na Tabela 5.1. Em todos os casos, o grupo depressivo psicótico recebeu um número significativamente maior de classificações graves do que o grupo neurótico.

DIAGNÓSTICO CONTEMPORÂNEO

A linha histórica de raciocínio acima descrita nos trouxe aonde estamos hoje. Não foram encontrados sinais ou sintomas, afora delírios, que distinguissem depressão psicótica de não psicótica. Não se faz mais distinção entre depressão "neurótica" e psicótica. No que se refere a sintomas depressivos específicos, a distinção é em termos de gravidade ou de fatores "quantitativos" mais do que qualitativos. Atualmente, o diagnóstico de transtorno depressivo maior grave com características psicóticas[4] é aplicado para designar casos que mostram sinais definidos de psicose, tais como perda da realidade, delírios e alucinações.

6
TRANSTORNOS BIPOLARES

HISTÓRIA E DEFINIÇÃO

O conceito clínico contemporâneo de transtorno bipolar tem suas origens no trabalho de Kraepelin. Quando ele começou a aventurar-se na classificação dos transtornos mentais, confrontou-se com uma coleção de síndromes brilhantemente descritas que pareciam não ter relação entre si. Kraepelin consolidou os diversos transtornos em duas principais categorias: demência precoce e insanidade maníaco-depressiva. Ele considerava a demência precoce um transtorno progressivo que paulatinamente levava a um estado crônico de deterioração intelectual; a insanidade maníaco-depressiva era vista como episódica (i.e., caracterizada por remissões e recorrências) e não deteriorante. A nova categoria maníaco-depressiva se estendia, em última análise, a quase todas as síndromes reconhecidas que incluíssem características afetivas salientes. Em suas palavras,[1]

> A insanidade maníaco-depressiva compreende, por um lado, todo o domínio da dita insanidade periódica e circular, e, por outro, a mania simples, geralmente distinguida da anterior. No decorrer dos anos tornei-me cada vez mais convencido de que todos os quadros mencionados são simplesmente formas de um único processo patológico [...] A insanidade maníaco-depressiva, como indica sua denominação, segue seu curso em crises isoladas, que ora apresentam sinais da chamada excitação maníaca (fuga de ideias, exaltação e hiperatividade), ora as de uma depressão psíquica peculiar com inibição psicomotora, ou uma mistura dos dois estados.

Kraepelin tentou definir seus grupos nosológicos de acordo como o modelo de paresia geral que se comprovou ser consequência de sífilis do sistema nervoso. Seu modelo de transtorno maníaco-depressivo pode ser expresso nos termos das seguintes hipóteses:

1. Trata-se de uma entidade patológica definida. O conceito de entidade patológica foi contestado por alguns escritores alemães contemporâneos e atacado nos Estados Unidos por Adolf Meyer,[2] que substituiu o conceito de "tipos de reação" por "entidades patológicas". A ascendência de Meyer neste aspecto refletiu-se no desenvolvimento da nomenclatura americana oficial.[3]
2. O transtorno tem uma neuropatologia e etiologia específica. Kraepelin sugeria que a causa básica seria provavelmente uma instabilidade metabólica que explicaria os sintomas e oscilações afetivas.
3. O transtorno tem um prognóstico definido. Kraepelin considerava a recuperação completa de um determinado episódio como característica desta doença. Acreditava que, diferente da demência precoce, não havia deterioração intelectual. A visão de recuperação completa em todos os

casos foi contestada por muitos autores, e o próprio Kraepelin admitia que cerca de 10% dos casos tornavam-se crônicos.
4. O transtorno tem uma sintomatologia definida. Esta consistia dos sintomas depressivos e maníacos clássicos.
5. O transtorno é recorrente. A tendência à recorrência levou Kraepelin ao conceito de uma instabilidade crônica que torna o paciente vulnerável a crises repetidas; contudo, recorrências foram observadas somente na metade dos casos.
6. As crises maníacas e depressivas eram vistas como polos opostos do mesmo processo subjacente.

Se o conceito de Kraepelin tivesse sido respaldado pela experiência posterior, haveria pouco problema de classificação na atualidade. Cada uma das hipóteses listadas acima foi atacada por escritores posteriores com base em razões lógicas formais, experiência clínica ou evidências experimentais.

Vários estudiosos questionaram a validade da categoria maníaco-depressiva. Zilboorg,[4] por exemplo, afirmou: "Com base em minha experiência clínica, tenho a nítida impressão de que as psicoses maníaco-depressivas, apesar de sua longuíssima existência, não representam de fato uma entidade clínica distinta, sendo uma cultura pura, por assim dizer, daquele ritmo cíclico que é facilmente observado em histéricos, nas neuroses compulsivas e até em várias formas de esquizofrenia". Possivelmente, segundo Zilboorg, estas alternações de mania e depressão seriam apenas expressões extremas de algumas doenças mentais.

Na definição dos termos na primeira edição do manual diagnóstico da Associação Psiquiátrica Americana (APA),[3] reações maníaco-depressivas foram descritas como segue: "Estes grupos compreendem as reações psicóticas que fundamentalmente são marcadas por oscilações de humor graves e uma tendência à remissão e recorrência. Vários sintomas acessórios como ilusões, delírios e alucinações podem ser acrescentados à alteração afetiva fundamental". Parece, a partir dessa definição, que o rótulo maníaco-depressivo estava limitado aos casos que têm uma fase maníaca (ou hipomaníaca), bem como uma fase depressiva. Assim, a grande síntese de Kraepelin dos transtornos afetivos sob o rótulo maníaco-depressivo foi fragmentada em reações depressivas neuróticas e psicóticas, reações involutivas e o tipo esquizoafetivo de esquizofrenia. Somente o cerne da categoria maníaco-depressiva original permaneceu. Essa fragmentação se refletiu na notável queda na frequência de uso do diagnóstico para primeiras internações em hospitais estaduais nos Estados Unidos de 12% em 1933 para 3% em 1953.[5]

CRITÉRIOS ATUAIS PARA DIAGNÓSTICO DE TRANSTORNO BIPOLAR

A atual edição do manual diagnóstico da APA[6] fornece critérios específicos para o diagnóstico de transtorno bipolar e o distingue entre dois tipos: transtorno bipolar I e bipolar II. O bipolar I é definido pela experiência de ao menos um episódio maníaco ou misto e nenhum episódio depressivo maior anterior. Os critérios diagnósticos para um episódio maníaco são apresentados no Quadro 4.2.

Os dois tipos de transtorno bipolar excluem causas alternativas comuns de comportamento maníaco, tais como presença de transtorno esquizoafetivo (ver Capítulo 8), esquizofrenia, transtorno esquizofreniforme, transtorno delirante ou outras formas de psicose. O transtorno bipolar II é diferenciado do bipolar I no sentido de que

1. no bipolar I há um episódio maníaco ou um episódio misto e
2. no bipolar II não há episódio maníaco, mas sim um "episódio hipomaníaco", e um ou mais episódios depressivos maiores (como definido no Capítulo 1).

O que distingue episódios maníacos e hipomaníacos é que – apesar de uma lista idêntica de sintomas característicos – as perturbações nos episódios hipomaníacos são menos graves e não causam prejuízo substancial no funcionamento social ou ocupacional, nem requerem hospitalização. Às vezes os episódios hipomaníacos tornam-se maníacos plenos.[6] As características diagnósticas para um conjunto de critérios para transtorno bipolar I estão relacionadas no Quadro 6.1. Para um diagnóstico de bipolar I, o critério central é ter havido (ou estar havendo) ao menos um episódio maníaco ou misto. Os seis conjuntos de critérios distintos para bipolar I são os seguintes:

1. episódio maníaco único (como no Quadro 6.1);
2. episódio hipomaníaco mais recente;
3. episódio maníaco mais recente;
4. episódio misto mais recente;
5. episódio depressivo mais recente;
6. episódio sem especificação mais recente.[6]

As características diagnósticas para o transtorno bipolar II são listadas na Tabela 6.2. Para bipolar II, os critérios são:

1. ocorrência de ao menos um episódio depressivo maior;
2. inexistência de um episódio maníaco ou misto;
3. ocorrência de ao menos um episódio hipomaníaco.

Além de transtorno bipolar I e II, existem outros padrões de sintomas maníacos possíveis. Se uma pessoa não experimentou tanto um episódio hipomaníaco quanto ao menos um episódio depressivo maior (bipolar II), mas passou dois anos ou mais com sintomas hipomaníacos e períodos de humor deprimido, o termo "transtorno ciclotímico" é aplicado. Se houve sintomas maníacos ou hipomaníacos clinicamente significativos que não satisfazem os critérios para transtorno bipolar I ou II ou para transtorno ciclotímico, o diagnóstico "transtorno bipolar sem outra especificação" é utilizado no sistema de classificação da APA.[6]

RELAÇÃO ENTRE EPISÓDIOS MANÍACOS E DEPRESSIVOS

A observação de que os episódios maníacos podem ocorrer em indivíduos que passam por depressões (ou vice-versa) foi feita há dois mil anos (Capítulo 1). Apesar da antiguidade dessa observação, ainda existe considerável incerteza sobre a relação entre essas duas formas de doença mental. Kraepelin amontoou depressões únicas, depressões múltiplas, manias únicas, manias múltiplas e casos de depressão alternada com mania (os casos circulares). Esta tentativa de reunir os diversos quadros clínicos na mesma rubrica ainda é objeto de controvérsia. É comum argumentar-se que os casos bifásicos são suficientemente diferentes das depressões puras para justificar a categorização totalmente separada que consta na atual nomenclatura da APA. Contudo, a integração de Kraepelin de todos os transtornos afetivos pode por fim mostrar-se análoga à cristalização final dos conceitos de tuberculose e sífilis, as quais apresentam

---

QUADRO 6.1
Critérios diagnósticos para transtorno bipolar I, episódio maníaco único

A) Há apenas um episódio maníaco sem nenhum episódio depressivo maior anterior.
B) O episódio maníaco não é mais bem explicado por transtorno esquizoafetivo e não coincide com esquizofrenia, transtorno esquizofreniforme, transtorno delirante ou transtorno psicótico sem outra especificação.

ADAPTADO DE *DSM-IV-TR*.

ambas uma ampla variedade de características clínicas, tendo sido depois comprovado que são causadas por um agente patogênico específico.

Angst[7] estudou o início, curso e resultado dos transtornos afetivos em 406 pacientes internados no Hospital Universitário Psiquiátrico de Zurique entre 1959 e 1963. Os pacientes foram estudados prospectivamente, em intervalos de 5 anos, até 1980. O autor verificou que os transtornos bipolar I e II apresentam um curso semelhante. Em contraste, a idade mediana de início diferiu entre depressão unipolar (45 anos) e transtorno bipolar (29 anos); foi encontrada mais recorrência na doença bipolar, mas episódios mais curtos do que na depressão unipolar; no seguimento em 1980, o resultado era melhor para transtorno unipolar comparado com bipolar (42% *versus* 26% livre de recaída por 5 anos ou mais). Entretanto, Angst observou que essas diferenças foram identificadas em casos graves com ao menos uma hospitalização, e não foram apresentados dados sobre as formas leves mais comuns de transtorno afetivo.

Sharma e colaboradores[8] fizeram uma reavaliação diagnóstica dos pacientes "unipolares" refratários. Utilizando informações suplementares da família e seguimento estendido, a taxa diagnóstica para transtorno bipolar aumentou de 35% na internação para 59% no seguimento. A mudança mais frequente na medicação foi para monoterapia com estabilizadores de humor,[9] e verificou-se uma melhora significativa desde a época da consulta inicial[8] (ver também Capítulo 14).

Um problema é gerado pelo fato de que uma grande proporção de pacientes deprimidos mostra uma leve tendência hipomaníaca depois de se recuperarem da depressão. Especialmente no transtorno bipolar II, com frequência existe confusão com depressão unipolar.[10] Além disso, sinais e sintomas semelhantes aos da mania estão presentes em certo grau em todos os transtornos de humor.[11] Os psiquiatras que defendem a ideia de um transtorno cíclico classificariam esses casos como transtornos bipolares. No passado, outros consideraram essa fase hipomaníaca passageira apenas um fenômeno compensatório relacionado com a depressão, e não uma manifestação de uma fase maníaca.[5] Problemas de classificação como esses serão considerados mais detalhadamente a seguir.[10,11,12]

Outro problema é gerado pelo fato de que, embora a polarização dos sintomas pareça respaldar o conceito bifásico, ainda não há evidência de que essas duas condições sejam contrárias em seus substratos biológicos. Tais diferenças fisiológicas observadas parecem secundárias à diferença no nível de atividade mais do que à qualquer diferença primária no transtorno subjacente.[13]

A frequência relativa de casos deprimidos, maníacos e circulares depende em

---

QUADRO 6.2
Critérios diagnósticos para transtorno bipolar II

A) Presença (ou histórico) de no mínimo um Episódio Depressivo Maior.
B) Presença (ou histórico) de um Episódio Hipomaníaco.
C) Jamais houve um Episódio Maníaco ou um Episódio Misto.
D) Os sintomas de humor nos Critérios A e B não são mais bem explicados por Transtorno Esquizoafetivo nem estão sobrepostos a Esquizofrenia, Transtorno Esquizofreniforme, Transtorno Delirante ou Transtorno Psicótico Sem Outra Especificação.
E) Os sintomas causam sofrimento clinicamente significativo ou prejuízo no funcionamento social ou ocupacional ou em outras áreas importantes da vida do indivíduo.

ADAPTADO DE *DSM-IV-TR*.

grande medida da definição da síndrome maníaco-depressiva. Na série de Kraepelin,[1] a frequência relativa era de 49% para apenas depressão, 17% para apenas mania e 34% para circular ou mista. Rennie[14] relatou as seguintes proporções: apenas depressão, 67%; apenas mania, 9%; mista, 24%. Clayton e colaboradores[15] relataram que de 366 pacientes diagnosticados como portadores de reação afetiva 31 (9%) tiveram um diagnóstico de mania.

Os sinais e sintomas da fase depressiva foram descritos no Capítulo 2. As características da fase maníaca serão descritas agora.

SINTOMATOLOGIA DA FASE MANÍACA

A sintomatologia do transtorno maníaco apresenta um flagrante contraste com a do transtorno depressivo. Na verdade, quando se considera cada um dos sintomas, eles parecem estar nos extremos opostos de uma dimensão bipolar. Como mostra o Quadro 6.3, na qual os vários sintomas são categorizados como primordialmente emocionais, cognitivos, motivacionais ou vegetativos, em quase todos os casos os sintomas de reações maníacas são diametralmente opostos aos das reações depressivas. A maior exceção a isso é a dificuldade para dormir, que está presente em ambas as condições.

Manifestações emocionais

Euforia

A maioria dos pacientes maníacos transmite um quadro de completa leveza de espírito e de alegria. Estas declarações são comuns: "Sinto como se estivesse flutuando no ar"; "Estou explodindo de felicidade"; "Nunca me senti tão maravilhosamente feliz em minha vida"; "Estou explodindo de alegria". Alguns pacientes maníacos estão cientes de uma falsa sensação de bem-estar e podem até se sentir desconfortáveis com essa exaltação de espírito. A euforia do paciente maníaco contrasta nitidamente com os sentimentos do paciente deprimido, que está triste, mal-humorado e infeliz: a diferença pode ser expressa em termos do contraste de prazer e dor.

Maior satisfação

Pacientes maníacos, em contraste com pacientes deprimidos, são capazes de obter satisfação de uma ampla variedade de situações, e a intensidade da satisfação excede em muito a de sua fase normal. Uma folha que caiu de uma árvore pode provocar sentimentos de êxtase; um comercial interessante pode produzir uma grande emoção. Em contraste, pacientes deprimidos sentem pouca ou nenhuma satisfação. Mesmo atividades que em um estado normal despertariam grandes sentimentos de prazer agora "não me emocionam". Contudo, quando entram na fase maníaca tais pacientes não apenas respondem a essas vivências, mas também reagem com excessos a elas.

Aparentemente, somente os maníacos puros vivenciam satisfação consistente. Maníacos com tendências paranoides leves em geral vivenciam irritação. Essa irritação tende a ser estimulada sempre que encontram qualquer discordância, crítica ou obstáculo a seus objetivos.

Amor próprio

Enquanto os pacientes deprimidos muitas vezes se concentram no quanto desgostam de si próprios, até o ponto de aversão ou ódio, pacientes maníacos vivenciam um sentimento de afeição ou de amor por si mesmos. Têm por si o mesmo tipo de sentimento amoroso intenso que uma pessoa sente por outra quando está amorosamente envolvida com ela. Vivenciam uma espécie de excitação quando pensam ou falam sobre si mesmos e sentem muito prazer e satisfação com todos os seus atributos. Em con-

QUADRO 6.3
Comparação de sintomas maníacos e depressivos

Maníaco	Depressivo
Manifestações emocionais	
Euforia	Humor deprimido
Maior satisfação	Perda de satisfação
Gostar de si mesmo	Não gostar de si mesmo
Aumento nos apegos	Perda dos apegos
Aumento da resposta ao humor	Perda da resposta ao humor
Manifestações cognitivas	
Autoimagem positiva	Autoimagem negativa
Expectativas positivas	Expectativas negativas
Culpar os outros	Culpar a si mesmo
Negação dos problemas	Exagero dos problemas
Tomada de decisões arbitrária	Indecisão
Delírios: autoengrandecimento	Delírios: autodepreciação
Manifestações motivacionais	
Direcionamento e impulsividade	Paralisia da vontade
Desejos orientados à ação	Desejos de fuga
Impulso de independência	Aumento dos desejos de dependência
Desejo de autoengrandecimento	Desejo de morrer
Manifestações físicas e vegetativas	
Hiperatividade	Retardo/agitação psicomotora
Infatigabilidade	Fatigabilidade
Apetite variável	Perda de apetite
Aumento da libido	Perda da libido
Insônia	Insônia

ADAPTADO DO *DSR-IV-TR*.

traste com a autodepreciação dos pacientes deprimidos, tendem a idealizar a si mesmos. Proclamam suas grandes virtudes e feitos e constantemente congratulam a si mesmos.

Maior apego a pessoas e atividades

Enquanto os pacientes deprimidos se queixam de que não sentem mais nada pela família ou pelos amigos e que perderam o interesse pelo trabalho e por diversos passatempos favoritos, os pacientes maníacos muitas vezes sentem um carinho excessivo por outras pessoas e mergulham em diversos interesses com imenso entusiasmo. Vivenciam um alargamento, bem como uma intensificação de seus interesses. Alguns maníacos sentem-se tão estimulados que pulam de uma atividade para outra. Com frequência são muito bem-sucedidos na perseguição de uma série de projetos durante a fase maníaca. Observamos uma série de cientistas, artistas e administradores de empresa que atingiram seu máximo desempenho durante fases hipomaníacas ou maníacas.

Pacientes maníacos tendem a se comunicar com as outras pessoas e desfrutar de sua companhia. Puxam conversa com estranhos e chegam a influenciar muita gente por sua maneira de pensar. São muitas vezes uma influência destrutiva em uma ala psiquiátrica por causa de sua capacidade de estimular outros pacientes em direção a um determinado objetivo pessoal – por exemplo, rebeldia contra autoridade hospitalar. Por outro lado, alguns pacientes maníacos são extraordinariamente capazes de romper a barreira autista de esquizofrênicos retraídos.

Aumento da resposta de riso

Pacientes deprimidos manifestam uma perda do senso de humor, mas pacientes maníacos se divertem muito. Contam piadas, compõem rimas e *jingles*, contam histórias e cantam. São muito espirituosos, e seu bom senso de humor tem uma qualidade contagiante. Quando apresentado em um *round* clínico, um paciente maníaco é facilmente capaz de arrancar risos da plateia.

Em contraste com a tendência do paciente deprimido de chorar e lamentar, o paciente maníaco ri e irradia alegria.

Manifestações cognitivas

Autoimagem positiva

É imediatamente perceptível na conversação que os pacientes maníacos têm uma visão muito positiva de si mesmos. Além de superestimarem o grau ou importância de sua atratividade física, alegam vários outros atributos fora de série – isso é constatado no uso de superlativos. Alguns maníacos afirmam que são as mais belas pessoas que já existiram e declaram que possuem grandes talentos, inventividade, percepção e compreensão. Este autoconceito positivo contrasta com o dos pacientes deprimidos, que se veem como totalmente destituídos de atributos positivos e possuidores apenas de fraquezas e vícios.

Expectativas positivas

Pacientes maníacos são otimistas sobre o resultado de qualquer coisa que fazem. Mesmo quando confrontados com um problema insolúvel, confiam que encontrarão uma solução. Essa atitude contrasta com a de pacientes deprimidos, que colocam uma baixa probabilidade de êxito sobre quaisquer tentativas. Com a tendência de superestimar perspectivas, pacientes maníacos muitas vezes se envolvem em negócios arriscados com a consequente possibilidade de perderem uma quantidade considerável de dinheiro.

Atribuição de culpa

Em contraste com pacientes deprimidos, que tendem a se culpar por quase tudo que dá errado, pacientes maníacos tendem a atribuir a culpa a outras pessoas, mesmo que um determinado erro possa obviamente ser resultado de suas próprias decisões e ações. A tendência a atribuir aos outros a culpa por seus erros com frequência dificulta o trabalho com um paciente maníaco.

Negação

Pacientes maníacos tendem a negar a possibilidade de quaisquer fraquezas, deficiências ou problemas pessoais. Geralmente rejeitam sugestões de que seu comportamento é excessivo ou de que podem ter algum transtorno psiquiátrico. Quando confrontados com problemas difíceis, tendem a minimizá-lo. Tendem a negar os erros óbvios que cometem. O paciente deprimido, em contraste, tende a maximizar os problemas e ver fraquezas e deficiências onde elas não existem.

Arbitrariedade

Pacientes maníacos diferem nitidamente de pacientes deprimidos, que são atormentados por indecisões e vacilações. Pacientes maníacos tendem a tomar decisões com rapidez, muitas vezes sem qualquer base sólida. Esta rapidez na tomada de decisões tem relação com a impulsividade. Por exemplo, uma mulher saía fazendo muitas compras sempre que estava na fase maníaca; quando deprimida, ela devolvia todas as mercadorias às lojas.

Delírios

Os delírios dos pacientes maníacos tendem a ser do tipo autoengrandecedor. O indivíduo em estado maníaco acredita ferrenhamente que é a pessoa mais atraente de todos os tempos ou o maior gênio do mundo, ou que possui capacidades físicas prodigiosas. Pode considerar-se um super-homem ou a reencarnação de Deus, ou crer que possui bilhões de dólares e um vasto império. Esses delírios contrastam com os do paciente deprimido, os quais envolvem ideias de inutilidade, pobreza, deterioração e pecado.

Manifestações motivacionais

Guiados por impulsos

Pacientes maníacos transmitem a impressão de serem guiados por impulsos sobre os quais têm pouco ou nenhum controle. Embora aleguem que fazem o que desejam fazer, geralmente é evidente o quão difícil é parar de agir. Em geral, parecem estar superestimulados e ter um impulso extraordinariamente forte em um grande número de direções. Pacientes deprimidos, em contraste, experienciam paralisia da vontade. Parecem incapazes de mobilizar espontaneamente motivação suficiente para encarregar-se dos afazeres mais básicos.

Orientados à ação

Os desejos de pacientes maníacos geralmente têm algum objetivo que oferece uma perspectiva de realização pessoal. Querem impressionar as pessoas, ajudá-las, criar alguma coisa nova ou ser bem-sucedidos em uma determinada tarefa. Os tipos de metas que possuem são semelhantes aos de seus contemporâneos, ainda que mais extravagantes e respaldadas por um impulso compulsivo. Querem mergulhar na vida. Os pacientes deprimidos, em contraste, desejam escapar da vida.

Impulso por independência

Pacientes na fase maníaca perdem a dependência que era manifesta durante a fase deprimida. Não sentem mais que precisam da ajuda de outros e muitas vezes assumem o papel de benfeitor e ajudante. Querem assumir responsabilidades e demonstrar autossuficiência.

Impulso por autoengrandecimento

Os desejos dos pacientes maníacos giram em torno do desejo de aumentar seu prestígio, sua popularidade e suas posses. Em seu modo expansivo, desejam receber tudo que a vida tem a oferecer e ao mesmo tempo demonstrar em grau cada vez maior seus atributos superiores. Em contraste, pacientes deprimidos são levados a uma constrição cada vez maior de sua esfera de experiência e de sua autoestima.

Manifestações físicas e vegetativas

Hiperatividade

Pacientes na fase maníaca envolvem-se em muito mais atividades do que em seu período normal. Com frequência falam sem parar, ao ponto de ficarem roucos. Diferentemente de pacientes agitados, contudo, cuja atividade não tem objetivo, os maníacos possuem metas específicas. A superatividade, tanto na fala quanto na ação, contrasta com o retardo psicomotor exibido pelo paciente deprimido.

Alta tolerância à fadiga

Pacientes maníacos parecem ter um limiar altíssimo para a fadiga subjetiva. Alegam que têm energia inesgotável e podem passar muitas horas ou até dias sem descanso. Alguns parecem manter um alto nível de atividade durante semanas a fio, com poucas horas de sono à noite. Isso é um contraste marcante com a notável fatigabilidade dos pacientes deprimidos.

Apetite

O apetite de pacientes maníacos é variável. Em um caso descrito em 1911, Karl Abraham descreveu a "oralidade" aumentada dos pacientes maníacos. Em alguns casos de mania, o apetite pode ser voraz; em outros, pode estar diminuído. Pacientes deprimidos geralmente têm perda de apetite e deixam de fazer uma refeição sem se darem conta disso.

Aumento da libido

O impulso sexual geralmente é maior nos pacientes maníacos. Eles tendem a ser um pouco imprudentes e até promíscuos durante a fase maníaca. Esta característica evidentemente contrasta muito com a perda de libido vivenciada durante um episódio depressivo.

Insônia

Como mencionado anteriormente, os maníacos tendem a ter uma quantidade de sono abaixo da média. Não há padrão fixo para seu dormir. Em muitos casos, eles se sentem tão empolgados que são incapazes de dormir. Em outros, despertam três ou quatro horas mais cedo do que de costume. Uma característica interessante de suas reações subjetivas à insônia é a declaração: "Eu acordei completamente renovado mesmo tendo dormido apenas duas horas". A insônia também é característica dos depressivos, mas geralmente segue o padrão de despertar cedo pela manhã mais do que grande dificuldade para adormecer.

OBSERVAÇÕES COMPORTAMENTAIS DA FASE MANÍACA

Durante a fase maníaca, o comportamento, a fala e o temperamento do paciente são tão típicos desta condição que geralmente é fácil identificar pacientes maníacos assim que são admitidos na internação. Eles tendem a ser energéticos, agressivos, animados e hiperativos. Apresentam conduta de impulsividade, ousadia e falta de inibição. Geralmente são sociáveis, afáveis e exibicionistas. Uma característica marcante é o caráter contagiante de seu humor e alegria. Quem tem contato com esses pacientes muitas vezes observa o quanto pode prontamente sentir empatia por eles devido à sua livre expressão emocional.

Quando frustrados, contudo, os pacientes maníacos podem demonstrar muita hostilidade e lançar ataques vulgares contra aqueles que consideram seus frustradores, por vezes de forma violenta ou ofensiva. Alguns apresentam alternância entre um jeito alegre e desinibido ou ser retraído, desconfiado, paranoide. Um paciente tinha ciclos de comportamento maníaco que se alternavam com comportamento paranoide, cada um com cerca de quatro a seis horas de duração.

A fala espontânea geralmente aumenta, e os pacientes maníacos geralmente têm dificuldade para parar de falar. Podem continuar falando ou cantando até ficarem roucos ou totalmente sem voz. Muitas vezes apresentam fuga de ideias, passando rapidamente de um assunto para o outro. Em contraste com a fuga de ideias desconexas do esquizofrênico, os maníacos geralmente demonstram algum tema unificador subjacente a suas associações tangenciais.

Os pacientes passam a impressão de serem extremamente suscetíveis a estímulos oriundos de seu próprio interior ou do ambiente. São propensos a associar ou responder rapidamente a qualquer estímulo externo ou a qualquer pensamento que surja. Com frequência recorrem a brincadeiras, trocadilhos, fazendo rimas e cantarolando ou cantando.

Pacientes maníacos não mostram deterioração intelectual. Contudo, nos estágios mais avançados, pode haver uma maior tendência a erros por causa de sua distratibilidade.

Por conta do menor controle e da impulsividade, pacientes maníacos muitas vezes envolvem-se em situações difíceis e precisam ser internados para que sejam impedidos de dar ou gastar todo o seu dinheiro, adotar esquemas financeiros imprudentes ou apresentar outras formas de comportamento autodestrutivo.

Clayton e colaboradores[15] enumeraram a frequência de 13 características clínicas em 31 casos de mania. Os resultados são apresentados na Tabela 6.1. É notável que hiperatividade, fuga de ideias e pressão por falar tenham ocorrido em todos os casos.

PERIODICIDADE DO COMPORTAMENTO MANÍACO-DEPRESSIVO

Muitos autores observaram uma regularidade ou ritmo (periodicidade) no comportamento de alguns pacientes maníaco-depressivos. Isso foi mais notável nas consistentes variações diurnas no humor e na regularidade da recorrência das fases maníaca e depressiva.

Richter[16] revisou diversos relatos de pacientes que apresentaram recorrências de sintomas a intervalos de tempo relativamente fixos. O autor postulou a existência de "relógios biológicos" para explicar as regularidades dos ciclos. O tempo dos ciclos pode variar de 24 horas a 10 anos. Richter se referiu, por exemplo, a um caso descrito por Kraepelin de um paciente que sofreu crises de depressão aos 30, 40, 50 e 60 anos. Bunney e Hartmann[17] identificaram dez casos na literatura que apresentavam um ci-

TABELA 6.1
Frequência de características clínicas na mania (n = 31)

Sintoma	Pacientes com sintoma registrado como positivo (%)
Hiperatividade	100
Fuga de ideias	100
Pressão por falar	100
Euforia	97
Distratibilidade	97
Circunstancialidade	96
Diminuição do sono	94
Grandiosidade e/ou religiosidade	79
Ideias de referência	77
Sexualidade exacerbada	74
Delírios	73
Passividade	47
Despersonalização e/ou desrealização	43

Adaptado de Clayton, Pitts e Winokur (1965).

clo regular de 24 horas de mania alternados com 24 horas de depressão e acrescentaram uma descrição completa de um caso adicional.

Richter também relata algumas experiências interessantes para demonstrar relógios biológicos em animais com lesões cerebrais específicas. Foi capaz de produzir mudanças cíclicas em ratos por meio de incisão da glândula hipófise. Também demonstrou que, levando os animais quase ao ponto de total exaustão física, poderia induzir mudanças cíclicas marcantes em seu nível de atividade.

Infelizmente, nenhum dos relatos da periodicidade nos pacientes maníaco-depressivos nem as experiências lançam muita luz sobre a natureza da perturbação. Apenas uma porcentagem muito pequena de casos mostra um ciclo fixo; na verdade, ampla variação no intervalo entre recorrências é a regra. Mesmo a variação diurna de humor atribuída à depressão não é encontrada com muita frequência (ver Capítulo 2). No presente, parece prematuro estender o conceito de um relógio biológico para além dos poucos casos que de fato mostram periodicidade. Contudo, muitos destes casos têm sido minuciosamente estudados e mostram oscilações bioquímicas interessantes (ver Capítulo 9).

PERSONALIDADE PRÉ-MÓRBIDA DOS PACIENTES MANÍACO-DEPRESSIVOS

Muitos dos primeiros autores enfatizaram a existência de um tipo específico de personalidade pré-mórbida em pacientes que subsequentemente desenvolveram uma reação maníaco-depressiva. A personalidade pré-mórbida era alegadamente caracterizada por traços como gregarismo, jovialidade e alegria. Apesar da aceitação geral da noção de uma personalidade pré-mórbida característica, não existem estudos sistemáticos que lhe deem respaldo. Titley[18] avaliou maníaco-depressivos e indivíduos normais quanto à força relativa de traços como interesses, sociabilidade e afabilidade. O autor não encontrou diferenças entre os dois grupos.

Evidência adicional contra a noção de um tipo específico de personalidade pré-mórbida no transtorno maníaco-depressivo é oferecida por um estudo posterior de Kohn e Clausen.[19] Os autores descobriram que os maníaco-depressivos eram tão propensos quanto os esquizofrênicos a terem sido socialmente isolados no início da adolescência. A proporção de isolados sociais em ambos os grupos estava próxima de um terço, ao passo que em um grupo-controle normal era próxima de zero. Esses resultados contradizem o conceito de que os maníaco-depressivos são extrovertidos em seus anos de juventude e que os esquizofrênicos são predominantemente isolados.

QUESTÕES PARA ESTUDO ADICIONAL

Problemas de classificação

O diagnóstico diferencial entre transtorno bipolar e unipolar muitas vezes é confuso, especialmente no caso de transtorno bipolar II. Por exemplo, quase 50% de todos os pacientes bipolares II teriam sido perdidos sem uma avaliação prospectiva em pelo menos dois pontos no tempo em um estudo multicêntrico nacional francês realizado recentemente (15 locais, 48 investigadores). Especificamente, verificou-se que a taxa de transtorno bipolar II aumentou – de 21% no ingresso para 39,7% depois do período de um mês – como resultado da busca sistemática por critérios do *DSM-IV* para hipomania.[10]

Em uma ampla amostra nacional, Hantouche e Akiskal[10] avaliaram as diferenças psicométricas e fenomenológicas entre as depressões unipolar (*n* = 256) e bipolar II (*n* = 196) depois de definir minuciosamente grupos de cada transtorno. Os pacientes bipolares II incluíam depressão maior com hipomania tanto espontânea quanto associada a antidepressivo. Os resultados indicaram que o grupo unipolar alcançou pontuação mais alta em retardo psicomotor, perda de interesse e insônia. Os pacientes bipolares II tiveram pontuação elevada em hipersonia e caracterizaram-se por ativação psicomotora. No transtorno bipolar II havia mais características mistas do que na depressão unipolar, e menos concordância entre as avaliações dos profissionais e nas autoavaliações em diversas características de depressão.[10] Os autores sugeriram que tais aspectos ajudariam a explicar por que o transtorno bipolar II é, com frequência, pouco ou mal diagnosticado pelos profissionais.

Outros pesquisadores sobre problemas de classificação avaliaram se a mania e hipomania têm perfis diferentes, e estudaram quais dos fenômenos maníacos se encontram no transtorno depressivo maior (TDM). Serretti e Olgiati[11] usaram uma amostra de 652 pacientes internos (158 bipolares do tipo I, 122 bipolares do tipo II e 372 com TDM) e constataram que os bipolares do tipo I em comparação com os do tipo II apresentavam maior prevalência de atividade imprudente, distratibilidade, agitação psicomotora, humor irritável e autoestima elevada. Mais de 30% dos pacientes com transtorno depressivo maior tinham um ou dois sintomas maníacos e 18% apresentava agitação psicomotora.

Por fim, Akiskal e Benazzi[12] verificaram que a frequência de depressão atípica era de 43% em uma amostra mista de pacientes com transtorno bipolar II e transtorno depressivo maior. Depressão atípica estava relacionada a maiores taxas de transtorno bipolar II e associada à história de bipolaridade na família. A história familiar estava especificamente associada aos sintomas de depressão atípica de "paralisia plúmbea" e hipersonia. Os autores concluíram que a depressão atípica é mais bem considerada uma variante do transtorno bipolar II.

Realização de metas e sintomas maníacos

Como exposto, o conteúdo do pensamento maníaco inclui viés otimista quanto à capacidade de obter recompensas ou realizar metas. Neste sentido, Leahy[20] propôs uma "teoria do portfólio" que incluía tomada de decisões em estado maníaco, na qual os indivíduos na fase maníaca operam com "hipóteses de mercado" de abundância e ampliação. Abordagens terapêuticas foram desenvolvidas para mitigar essa vulnerabilidade cognitiva específica, a tendência para um otimismo exagerado disfuncional (ver Capítulo 15).[21]

É importante saber em que medida os eventos da vida pessoal desempenham um papel na geração de sintomas de episódios maníacos em indivíduos suscetíveis ao transtorno bipolar. Johnson e colaboradores[22] fornecem um teste a respeito em um estudo com 43 indivíduos diagnosticados com transtorno bipolar I. Os autores previam que a realização de metas – atingir um objetivo desejado – resultaria em exacerbação dos sintomas maníacos.

Classificações padronizadas da intensidade de sintomas foram obtidas mensalmente por telefone. Entrevistas sobre eventos da vida foram realizadas em seguimentos face a face aos 6, 12, 18 e 24 meses. As escalas de realização de metas e positividade do programa de eventos e dificuldades durante a vida foram usadas para a avaliação. Para avaliar a possibilidade de confundir eventos da vida de realização de objetivos com características demográficas ou patológicas, os eventos foram correlacionados com uma série de variáveis que incluíam idade, gênero, educação, situação ocupacional, idade de início, número de hospitalizações, número de episódios, número de depressões e níveis de medicação. Não foram encontradas correlações positivas.

Os resultados confirmaram as previsões dos autores. Os sintomas maníacos aumentaram nos dois meses após a realização de metas. Os sintomas de depressão na realização de metas não mudaram. Além disso, eventos positivos gerais não estavam relacionados com exacerbações dos sintomas maníacos subsequentes, nem eventos positivos nem realização de metas estavam ligados a mudanças nos sintomas depressivos.

Muitas variáveis além da realização de metas indicavam mania, tais como privação de sono, alterações na medicação e emoções expressas. Além disso, nesse estudo,[22] a realização de metas indicou apenas uma proporção "modesta" da variação nos sintomas maníacos. Portanto, os autores sugerem a necessidade de mais pesquisas para melhor compreender o processamento de informações e afeto positivo em pacientes bipolares no contexto da realização de metas. Estudos adicionais são necessários para confirmar que a realização de metas aumenta os sintomas maníacos em indivíduos vulneráveis. Caso confirmada, então a relação entre eventos da vida e variáveis cognitivas seria mais bem descrita como de influência recíproca.

7
DEPRESSÃO INVOLUTIVA

Na história da classificação clínica dos transtornos de humor, o conceito de uma depressão que seja específica para o período involutivo estava incorporado no termo *reação psicótica involutiva* na versão original da nomenclatura da Associação Psiquiátrica Americana (APA).[1] O manual diagnóstico da associação especificava cinco critérios, e cada um deles, como veremos, foi objeto de questionamento. A *etiologia* foi definitivamente indicada ao listar-se a condição sob o título "Transtornos devidos a uma perturbação do metabolismo, do crescimento, da nutrição ou da função endócrina". A *idade de início* foi especificada como o "período involutivo". A *sintomatologia* consistia em "preocupação, insônia intratável, culpa, ansiedade, agitação e preocupações somáticas". Essa categoria nosológica incluía um tipo paranoide primário, bem como um tipo depressivo, nosso principal interesse nesta discussão. O *curso* foi descrito como "prolongado", e a *personalidade pré-mórbida*, como "compulsiva". Algumas das questões sobre a validade dessa designação de classe, assim como suas características definidoras, serão discutidas neste capítulo.

HISTÓRIA DO CONCEITO

Na formulação original das duas grandes divisões de doença mental, demência precoce e psicose maníaco-depressiva, Kraepelin[2] concebia a depressão agitada da meia-idade como uma entidade totalmente independente com um prognóstico variável. Contudo, outros clínicos não estavam convencidos da validade dessa distinção. Thalbitzer[3] argumentou que a chamada melancolia involutiva pertencia à síndrome maníaco-depressiva, e este ponto de vista foi reforçado por Dreyfus,[4] que fez um estudo detalhado de uma série de 81 pacientes diagnosticados por Kraepelin[2] como melancólicos involutivos. Analisando este material clínico, Dreyfus decidiu que seis casos eram de diagnóstico questionável e os outros 75 eram maníaco-depressivos. O pesquisador concluiu que a maioria esmagadora de casos de depressão agitada no período involutivo correspondem a estados mistos de psicose maníaco-depressiva e que não há motivo para considerar a melancolia involutiva uma entidade separada. Dreyfus estava impressionado com a frequência relativamente alta de recuperação desses pacientes (66%) e, aplicando o critério de prognóstico de Kraepelin, ponderou que tais casos pertenciam a outras depressões de bom prognóstico que ocorrem na faixa etária mais jovem.[2] Observou, além disso, que 54% tinham sofrido episódios psicóticos anteriormente.

Kraepelin aceitou os resultados de Dreyfus e por fim rendeu-se a seu ponto de vista: na oitava edição de seu livro, incluiu melancolia involutiva na categoria da psicose maníaco-depressiva.[2,4]

Entretanto, a controvérsia ficou mal resolvida. Nos Estados Unidos, Kirby, depois de revisar a monografia de Dreyfus, comentou: "Em alguns casos, os sintomas maníaco-depressivos estavam evidentes, tendo sido indevidamente colocados com as melancolias. Em um número considerável de outros casos, a conclusão do autor de que os sintomas maníaco-depressivos estavam presentes se baseia em dados extremamente escassos". [5,4] Kirby consequentemente se recusou a aceitar as conclusões de Dreyfus.

Em outro ataque à posição de Dreyfus, Hoch e MacCurdy[6] contestaram a asserção de que os melancólicos involutivos quase sempre se recuperavam. Os pesquisadores demonstraram em uma série de pacientes um grupo que não melhorou. Separaram os casos em dois grupos: um, associado à psicose maníaco-depressiva, que de modo geral melhorou; outro, relacionado à esquizofrenia, que não melhorou.

O resultado da controvérsia foi que, embora a nomenclatura oficial nos Estados Unidos seguisse o sistema kraepeliniano em seus contornos gerais, ela diferia da taxonomia de Kraepelin ao listar a melancolia involutiva como uma entidade diagnóstica distinta.[7] Além disso, na Inglaterra, apesar dos protestos de autores como Aubrey Lewis, a melancolia involutiva foi classificada separadamente da psicose maníaco-depressiva.[8] Essa distinção também foi feita na classificação internacional de doenças da Organização Mundial de Saúde, na nomenclatura canadense, na classificação alemã (*Wurzberg Scheme*), na nosologia dinamarquesa, na classificação russa e na japonesa, na classificação-padrão francesa.[9] É evidente, contudo, ao se examinar as publicações recentes, que raramente se emprega o termo em estudos sistemáticos.

ETIOLOGIA

A ocorrência dessa condição durante o período da menopausa em mulheres (mas presumivelmente em idade posterior nos homens) levou alguns autores a atribuir relevância às alterações hormonais ou bioquímicas nesta época da vida. A tese recebeu suporte temporário de alguns estudos não controlados que sugeriam que a condição respondia à terapia estrogênica. Tais resultados foram posteriormente contraditos por um estudo mais bem delineado de Palmer, Hastings e Sherman, que verificaram que a terapia estrogênica era menos eficaz do que a eletroconvulsoterapia (ECT).[10] O golpe final à esperança da terapia estrogênica foi desferido por Ripley, psiquiatra clínico, Shorr, especialista em medicina interna, e Papanicolaou, endocrinologista, que combinaram seus conhecimentos em um estudo das depressões no período involutivo.[11] Descobriram que a terapia estrogênica não modificava diretamente a depressão do paciente, embora realmente aliviasse um pouco os sintomas vasomotores típicos associados à menopausa. Atualmente, emplastros estrogênicos transdérmicos às vezes são úteis para depressões no período da perimenopausa (involutivo).

Não existem evidências experimentais sólidas que relacionem anormalidades do crescimento, do metabolismo ou da função endócrina à ocorrência de depressões involutivas. Por exemplo, Henderson e Gillespie relataram em 1963 que, nos pacientes do Glasgo Royal Mental Hospital, 57% das mulheres e 70% dos homens entravam em crise em consequência de fatores psíquicos, ao passo que fatores físicos eram importantes em somente 21% das mulheres e 6% dos homens.[12] Matthews e colaboradores[13] estudaram as consequências psicológicas e sintomatológicas da menopausa natural em um estudo longitudinal com 541 mulheres saudáveis pré-menopáusicas, e verificaram que a menopausa natural acarretava poucas mudanças nas características psicológicas. Concluíram que a menopausa natural não tinha consequências negativas na saúde mental para a maioria das mulheres de meia-idade saudáveis. É evidente que a etiologia das depressões neste período ainda não foi comprovada e ainda é em grande parte uma questão de conjectura.

A principal razão para atribuir uma etiologia orgânica a esses casos de depressão era sua ocorrência durante o período involutivo. Contudo, o mesmo fato pode ser usado como evidência de psicogenicidade, como afirmado por Cameron:[14] "Ocorre um declínio gradual no vigor e na saúde física.

Doenças crônicas próprias, ou em familiares e amigos, tornam-se mais comuns e chamam nossa atenção para a passagem do tempo. A realização de ambições torna-se obviamente menos provável. Tende a haver menos plasticidade pessoal e menos interesse por novos amigos e novas aventuras. Nas mulheres, a perda da juventude e o fim da procriação e, nos homens, a perspectiva de diminuição de capacidades e a aposentadoria sem dúvida atuam como fatores etiológicos".

Assim, deve-se fazer uma distinção entre o envelhecimento em si e a presença de problemas de saúde. Sabe-se que indivíduos em clínicas de repouso apresentam maior frequência de depressão. Residentes de clínicas geriátricas que sofrem de depressão clínica muitas vezes perderam muitas coisas que davam significado às suas vidas, coisas que amavam e que faziam sua vida valer a pena. A questão do controle pessoal é fundamental e pode ser um componente essencial na compreensão da depressão no ambiente de instituição assistencial. Infelizmente, os acordos de contingências de controle em instituições de assistência em muitos casos exageram, ou controlam muitas situações para as quais seria melhor que os residentes administrassem ou decidissem sozinhos. Sempre que o controle ou tomada de decisões houver sido restringido desnecessariamente, a prioridade máxima deve ser recuperar o que for possível.[15]

IDADE

Durante a época em que era utilizado como termo diagnóstico, não havia concordância geral sobre a faixa etária para depressão involutiva além de termos vagos como "período involutivo" ou "climatério". Além do mais, por motivos não totalmente claros, presumia-se que esse período ocorria cerca de dez anos mais tarde nos homens do que nas mulheres. Henderson e Gillespie[12] afirmavam que essa síndrome ocorre em torno dos 40 aos 55 anos nas mulheres e dos 50 aos 65 nos homens. Contudo, em outro ponto, admitiam que "uma síndrome muito semelhante pode ocorrer em idade mais precoce, aos vinte ou trinta anos nas mulheres e antes da quinta década nos homens".[12] Outros escritores estenderam muito os limites de idade em ambas as direções de modo a atenuar a alegação de uma síndrome depressiva específica ao período involutivo.

Outra questão relacionada com a faixa etária especificada é se existe alguma diferença válida entre depressões involutivas e episódios depressivos de transtorno bipolar que ocorram na mesma faixa etária. Havia a suposição entre os estudiosos da nosologia de que o início do transtorno maníaco-depressivo ocorria mais cedo do que o da depressão involutiva. Consequentemente, o diagnóstico muitas vezes era decidido com base na idade. Quando examinamos as frequências tabuladas dos casos diagnosticados nos hospitais estaduais de Nova Iorque, fica evidente que a moda diagnóstica talvez tenha sido um fator. As tabelas no *Annual Report* do Departamento de Higiene Mental do Estado de Nova Iorque mostram que, à medida que o diagnóstico de melancolia involutiva aumentou, houve uma queda correspondente no diagnóstico de transtorno depressivo.[16]

Além disso, vários estudos de depressão realizados durante o climatério indicaram que, na grande maioria dos casos, um episódio depressivo havia ocorrido anteriormente. Em um estudo de 140 casos de psicose no climatério, Berger[17] constatou que apenas 14 das pacientes estavam em sua primeira crise e concluiu que não existia uma psicose específica desse período. Driess,[18] em um estudo de 163 casos de depressão nessa faixa etária, constatou que apenas 17 pacientes estavam vivenciando sua primeira depressão.

SINTOMATOLOGIA

A sintomatologia em geral atribuída à depressão involutiva era essencialmente a de uma depressão agitada. Alguns autores tentaram definir as diversas formas dessa síndrome com base nas variações de sintoma, mas, como assinalaram Henderson e Gillespie, tais grupos eram em grande parte artificiais.

Considerando-se que a agitação consistia no principal sintoma que tenderia a diferenciar as depressões involutivas de outras depressões, disso decorrem naturalmente algumas questões:

1. Que proporção de todas as depressões *agitadas* tem seu início durante o climatério? Além disso, que proporção de depressões durante o climatério é caracterizada por agitação, e que proporção apresenta retardo psicomotor?
2. Existe alguma diferença essencial na sintomatologia entre casos diagnosticados como depressão involutiva e de depressão maníaca que têm seu início em idade precoce e que se repetem no período involutivo? Em outras palavras, existe uma mudança na sintomatologia do retardo psicomotor à agitação?

Quando se compara a frequência relativa de agitação e retardo psicomotor em pacientes deprimidos no período involutivo, anula-se o significado de agitação como uma característica distintiva. Malamud, Sands e Malamud relataram, em um estudo de 47 casos diagnosticados como psicose involutiva, que 17 (36%) apresentaram retardo psicomotor e 24 (52%) apresentaram agitação. Os restantes presumivelmente não apresentaram nem retardo psicomotor nem agitação.[19]

Cassidy, Flanagan e Spellman abordaram diretamente a possibilidade de se distinguirem pacientes involutivos de pacientes deprimidos mais jovens com base em sua sintomatologia. Os autores compararam a frequência relativa de 66 sintomas médicos e psiquiátricos em dois grupos – 20 pacientes deprimidas de 45 anos ou mais (sem episódios prévios de depressão) e 46 pacientes deprimidas mais jovens. Não houve diferença significativa na frequência de sintomas. A lentificação do pensamento, por exemplo, ocorreu com frequência semelhante nos dois grupos. Infelizmente, não foram apresentados dados sobre a frequência relativa de agitação.[20]

O estudo mais relevante – e decisivo – na literatura foi relatado por Hopkinson. Ele investigou as características de 100 casos consecutivos de doença afetiva em pacientes de 50 anos ou mais na Clínica da Universidade de Glasgow. Hopkinson estudou os 61 casos que apresentaram sua primeira doença afetiva, que consequentemente seria diagnosticada como involutiva, e os comparou com os 39 que, havendo tido crises anteriores, seriam considerados maníaco-depressivos. Contrário à concepção prevalente, ele constatou que a agitação ocorreu com frequência significativamente maior no grupo maníaco-depressivo do que no grupo com depressão involutiva (61,5% *versus* 36%; $p < 0,02$). Esse resultado foi forte evidência contra a ideia de uma síndrome involutiva distinguível de outras depressões com base na sintomatologia.[21]

No curso de nossa investigação sistemática original da depressão (que será discutida adicionalmente no Capítulo 10), coletamos dados relevantes para a ligação de agitação com depressão involutiva. Constatamos que dos 482 pacientes avaliados pelos psiquiatras quanto ao grau de agitação, 47% apresentaram algum grau de agitação (leve, moderada ou grave). A incidência de agitação entre as diversas categorias nosológicas foi a seguinte: reação depressiva neurótica (95 casos), 57%; reação depressiva psicótica (27 casos), 70%; reação involutiva (21 casos), 52%; maníaco-depressiva, fase depressiva (6 casos), 17%; reação esquizofrênica (161 casos), 42%; todas as outras categorias nosológicas (172 casos), 44%.

É notável que agitação fosse um sintoma comum entre os pacientes não deprimidos, tais como os esquizofrênicos, assim como entre os deprimidos. Ademais, a agitação foi observada com mais frequência em pacientes diagnosticados como portadores de reação depressiva psicótica ou reação depressiva neurótica do que nos diagnosticados como portadores de reação involutiva. Isso parecia corroborar a tese de que a agitação não é especificamente encontrada entre depressivos involutivos.

Outro modo de abordar os dados é verificar se a agitação pode ser relacionada com o período de idade involutivo, independente do diagnóstico específico. Quando todos os casos de depressivos psicóticos foram analisados, constatou-se que haviam 52 de depressão agitada. Destes, 25 pacientes tinham menos de 45 anos e 27 pacientes tinham 45 anos, ou mais, indicando que a depressão agitada não ocorre com mais frequência entre depressivos psicóticos mais velhos do que entre depressivos psicóticos mais jovens. De modo semelhante, nos 95 casos de agitação na categoria depressiva neurótica, 72 ocorreram antes dos 45 anos.

PERSONALIDADE PRÉ-MÓRBIDA

Durante a década de 1930 e início da década de 1940, vários estudos tentaram definir a personalidade pré-mórbida dos pacientes com depressões involutivas. O primeiro estudo, de Titley,[22] foi metodologicamente superior a alguns dos estudos posteriores e será descrito com maior minúcia. Com base nas histórias obtidas por outros psiquiatras, Titley comparou a frequência relativa de vários traços, tais como excessivamente zeloso, meticulosidade e teimosia em três grupos de indivíduos: 10 melancólicos involutivos, 10 maníaco-depressivos e 10 indivíduos normais. Cada um foi classificado em uma escala de 5 pontos para cada traço, e uma pontuação de traços para um dos três grupos foi obtida somando-se as classificações combinadas de todos os membros de cada grupo.

Titley constatou que as pontuações de grupo dos involutivos eram mais altas do que as dos outros dois grupos para os seguintes traços: código ético, economia, reticência, sensibilidade, teimosia, escrupulosidade excessiva, meticulosidade com o trabalho e com as pessoas. Os involutivos pontuaram menos nos seguintes: interesses, ajustabilidade, sociabilidade, cordialidade, tolerância e sexualidade.

Muitas limitações são evidentes nesse estudo, o que impede a pronta aceitação dos resultados. Primeiro, somar as pontuações em vez de apresentar a pontuação média em cada grupo na verdade distorce os dados em estudos nos quais não há evidência de uma distribuição normal na população. Um ou dois casos extremos, sobretudo em grupos tão pequenos, podem alterar radicalmente a pontuação do grupo. Segundo, a pontuação dos indivíduos normais foi ligeiramente superior a dos maníaco-depressivos em traços que em geral são descritos como indicativos da personalidade pré-mórbida de maníaco-depressivos (interesse, cordialidade, sociabilidade). Isso sugere ou que o estudo refutou a hipótese de um tipo de personalidade prevalente entre maníaco-depressivos ou que este estudo é inválido. Terceiro, existe uma marcante disparidade na idade média dos melancólicos involutivos comparados com os outros dois grupos: melancólicos involutivos, 56,2 anos; maníaco-depressivos, 29,2 anos; indivíduos normais, 34 anos. Esse resultado sugere a possibilidade de que as diferenças na personalidade pré-mórbida dependem mais da idade dos pacientes do que do tipo de doença. Quarto, as categorias diagnósticas usadas têm um alto grau de falibilidade (ver Capítulo 10). Além disso, os tipos de características do paciente avaliadas são notoriamente difíceis de classificar e costumam ter um alto grau de falibilidade interavaliadores. Por fim, o número de cada grupo (10) era relativamente pequeno, e na ausência de testes de significância não há razão para atribuir as diferenças obtidas a nada a não ser o acaso.

Vários outros estudos aparentemente confirmaram a hipótese de Titley de uma personalidade pré-mórbida típica nos involutivos. Palmer e Sherman[23] chegaram a essa conclusão com base em uma comparação dos protocolos de 50 pacientes involutivos com os de 50 maníaco-depressivos. Contudo, os autores não apresentaram nenhuma tabulação ou análise estatística de seus dados, e assim a validade de suas conclusões não pode ser avaliada.

Malamud, Sands e Malamud[19] endossaram de modo semelhante o perfil de Titley dos traços involutivos, com base em um estudo de 47 pacientes involutivos. Um exame dos dados indica que os traços típicos (zelo excessivo, recato, teimosia) ocorreram somente em uma minoria de casos, e a característica de extroversão ocorreu na mesma frequência que os outros traços mais frequentes. Em ordem decrescente de frequência, os traços atribuídos aos involutivos foram extrovertido (15), introvertido (15), sensível (15), consciencioso (9), pudico (7), teimoso (5) e parcimonioso (3). Seus próprios resultados parecem contradizer a alegação de uma organização de personalidade específica nos melancólicos.

Em suma, esses primeiros estudos não resolveram o problema de uma personalidade pré-mórbida específica na melancolia. As investigações foram pouco planejadas para permitir conclusões definidas, e em pelo menos um caso (Malamud et al.[19]), os resultados, se tomados por seu valor aparente, parecem invalidar a ideia de uma personalidade pré-mórbida específica.

CONCLUSÃO

A seguinte conclusão figura na primeira edição deste volume:

> Uma análise dos estudos sistemáticos de depressão involutiva levanta sérias dúvidas sobre a utilidade dessa categoria nosológica. A crença muito comum de que a depressão involutiva pode ser distinguida de outros tipos de depressão psicótica com base em sintomas (tais como agitação) não foi confirmada por estudos controlados. Além disso, não há prova de que as mudanças hormonais durante o climatério sejam de alguma forma responsáveis pelas depressões que ocorrem durante tal período.
>
> À luz das evidências atualmente disponíveis, não há justificativa para reservar um rótulo diagnóstico especial para depressões no período involutivo mais do que há para estabelecer outras categorias de idade específica, tais como depressões da adolescência ou da meia-idade. Além disso, listar as reações depressivas e paranoides da idade avançada sob a rubrica de reações involutivas vincula de modo artificial dois transtornos clinicamente distintos apenas com base na idade do paciente.[24]

Compatível com essa análise, uma abrangente revisão posterior de Newmann[25] sobre envelhecimento e depressão não encontrou apoio consistente para uma ligação entre ambos. Alguns investigadores chegaram inclusive a constatar que os idosos são relativamente imunes à depressão se comparados com seus equivalentes adultos mais jovens. Seja como for, variações de medição, falhas de delineamento e análises imperfeitas tornaram impossível até agora obter conclusões definitivas sobre a relação entre idade e depressão.

8

TRANSTORNO ESQUIZOAFETIVO

DEFINIÇÃO

A frequente associação de sintomas esquizofrênicos e afetivos proeminentes, que atraiu o interesse de psiquiatras estudiosos da nosologia por mais de um século, levou à inclusão da "reação esquizoafetiva" (hoje transtorno esquizoafetivo) na primeira edição da nomenclatura da Associação Psiquiátrica Americana (APA).[1] A categoria foi então listada como um subtipo de esquizofrenia juntamente com os subtipos mais tradicionais como a hebefrênica (desorganizada), catatônica e paranoide, e suas características distintivas eram a ocorrência de desordens afetivas (acentuada depressão ou euforia) em um contexto de pensamento e comportamento esquizofrênico típico.

Como Clark e Mallet[2] assinalaram em 1963, uma grande proporção de pacientes psicóticos apresentam uma mistura de características esquizofrênicas e afetivas, sendo difícil decidir se um dado caso deve ser considerado como esquizofrenia com características afetivas ou como transtorno afetivo com esquizofrenia. Nos Estados Unidos, tem sido costumeiro designar tais casos como do grupo esquizofrênico, de acordo com o descrito. Essa prática é condizente com a máxima de Lewis e Piotrowski[3] de que "mesmo um traço de esquizofrenia é esquizofrenia".

Duas questões importantes são evocadas pela nosologia:

1. esse transtorno está devidamente situado na hierarquia diagnóstica, pertence ao grupo bipolar ou deve ser classificado como uma entidade independente?
2. o prognóstico para completa remissão é comparável aos transtornos afetivos ou tende a ser mais reservado, como na esquizofrenia?

EVOLUÇÃO DO CONCEITO

Uma análise da literatura mais antiga indica que três principais correntes convergiram para produzir o atual conceito de transtorno esquizoafetivo. A primeira estabelece *novas* subcategorias de reações maníaco-depressivas, incluindo a descrição de Kirby de uma "síndrome catatônica aliada à insanidade maníaco-depressiva"[4] e o delineamento de August Hoch de "estupores benignos".[5] A segunda abrange uma série de síndromes com sintomatologia semelhante à esquizofrenia, mas com bom prognóstico; aqui são incluídos o "transtorno esquizoafetivo"[6] de Kasanin e muitas outras síndromes com características comuns, mas com nomes diferentes.[7] A terceira consiste em estudos de casos que inicialmente foram diagnosticados como psicose maníaco-depressiva, mas que posteriormente mostraram a sintomatologia típica da esquizofrenia crônica.[8]

Catatonia e psicose maníaco-depressiva

Kirby[4] tentou isolar da categoria de demência precoce um grupo de casos que apresentam sintomas catatônicos que lhe pareciam mais intimamente aliados à síndrome maníaco-depressiva do que à demência precoce. Na introdução de seu artigo, assinala que a concepção de Kraepelin da catatonia como parte do grupo de demência precoce, compartilhando de seu mau prognóstico, era contrária à formulação anterior de Kahlbaum, o qual afirmara que na catatonia existe uma tendência à recuperação e que apenas alguns casos se tornam crônicos e deterioram. Kraepelin reconhecia que alguns casos de catatonia se recuperam, mas considerava as remissões temporárias.

Kirby revisou a sintomatologia de um número não especificado de casos e apresentou cinco histórias de uma síndrome catatônica que lhe parecia fazer parte da categoria maníaco-depressiva. Ele assinalou que durante o episódio catatônico os pacientes apresentavam os mesmo tipos de sintomas classicamente associados à catatonia. Apresentavam completa inatividade, rigidez, mutismo, insensibilidade à picadas de agulha e flexibilidade cérea. Kirby observou, contudo, que essas crises catatônicas pareciam ocorrer como parte de uma psicose circular: alternavam-se com crises maníacas e assim podiam ser consideradas como substitutas da fase depressiva usual na psicose maníaco-depressiva. Às vezes o episódio catatônico parecia essencialmente a extensão de uma depressão preexistente. Os pacientes apresentavam um conteúdo de pensamento com frequência encontrado na depressão, tais como desejo de morrer, crença de que estavam mortos, ou preocupação com o conceito de inferno. Posteriormente, quando os pacientes puderam relatar suas emoções, disseram que tinham se sentido deprimidos.

Uma característica marcante dos casos de Kirby é que apresentavam uma recuperação completa. O início geralmente era agudo, e não do tipo insidioso associado à esquizofrenia. Além disso, a personalidade pré-mórbida não era do tipo esquizoide geralmente associada aos pacientes que desenvolvem esquizofrenia. Kirby concluiu que a síndrome catatônica poderia ser subdividida em dois tipos principais: casos com um início insidioso e um mau prognóstico associado à demência precoce; casos com um início agudo e um bom prognóstico associado à psicose maníaco-depressiva.

Estupor benigno

Em sua monografia de 1921, *Benign Stupors: A Study of a New Manic-Depressive Reaction Type*,[5] August Hoch apresentou 40 casos de estupor benigno. A maioria dos pacientes estava na faixa etária de 15 a 25 anos. Hoch descreveu as seguintes características nos casos típicos de estupor profundo.

Inatividade

Houve completa cessação ou acentuada diminuição de todos os movimentos espontâneos ou reativos, inclusive reflexos musculares voluntários, como se fosse um componente psíquico. Por exemplo, houve interferência no engolir (resultando em acumulação de saliva e baba), interferência no piscar e até nos processos inibitórios envolvidos na retenção de urina e fezes. Com frequência não havia reação a picadas de agulha. A inatividade com frequência impedia a ingestão de alimentos, obrigando a utilização de colher ou alimentação por sonda. O paciente ou mantinha os olhos cobertos ou tinha o olhar vago, e o rosto apresentava uma expressão imóvel, rígida ou impassível. Mutismo total era a regra. Quando a atividade não estava totalmente ausente, os movimentos eram lentos. Muitas vezes o paciente tinha que ser conduzido.

Negativismo

Consistia em acentuado enrijecimento do corpo, assumido ora espontaneamente, ora quando eram feitas tentativas de interferência. Também ocorria mais afastamento ativo, ou mesmo afugentamento direto, às vezes com carrancas, praguejamentos ou golpes.

Afeto

"Total ausência de afeto" era parte integrante da reação de estupor. O paciente parecia basicamente indiferente, e apenas alguns estímulos (alguma observação bem-humorada de um familiar ou uma situação engraçada) eram capazes de despertar reações emocionais.

Catalepsia

Flexibilidade cérea (a tendência de manter posições artificiais) era uma condição frequente, mas não essencial da síndrome.

Processos intelectuais

Segundo Hoch, os pacientes em estupor profundo não revelavam qualquer evidência de atividade mental e retrospectivamente afirmavam que suas mentes estavam vazias. Incompletude e lentidão das operações mentais eram característica dos estupores parciais.

Conteúdo ideacional

Conteúdos ideacionais foram obtidos enquanto o estupor estava em incubação, durante interrupções ou a partir das recordações de pacientes recuperados. Hoch constatou que 35 dos 40 pacientes demonstravam preocupação com a morte, a qual era não somente um tópico dominante, mas com frequência um interesse exclusivo. Após a recuperação, o paciente com frequência dizia ter se sentido morto, paralisado ou drogado. Hoch relatou que 25% dos pacientes reconheciam haver tido o delírio de estarem à beira da morte, ou de estarem mortos, ou de estarem no céu ou no inferno. O delírio de morte era acompanhado por completa apatia. Isso estava relacionado com uma tendência a impulsos suicidas que eram ostensivamente tão casuais e inesperados quanto outros atos impulsivos de catatônicos.

A reação de estupor incluía os estupores parciais assim como os completos. Hoch fez uma analogia com a hipomania e com a mania: a primeira é simplesmente uma diluição da segunda; ambas são formas de reação maníaca.

Hoch acreditava que a característica fundamental dos sintomas de estupor é uma mudança no afeto que poderia ser resumida em uma palavra: apatia. A pobreza emocional se evidenciava em uma falta de sentimento, perda de energia e ausência da vontade normal de viver. O autor ressaltou que a inadequação de afeto não era observada em um estupor benigno genuíno.

Hoch diferenciava o tipo catatônico de esquizofrenia de estupores benignos pela presença, somente no primeiro, de peculiaridades como verbalizações vazias, risinhos e fala fragmentada. Além disso, na esquizofrenia o início se caracteriza por sintomas patognomônicos antes que o estupor real ocorra.

Estudos de seguimento

Rachlin[9] tentou traçar a evolução dos casos de estupor benigno de Hoch. Infelizmente, Hoch havia fornecido dados de identificação suficientes para apenas 19 casos. Rachlin conseguiu localizar somente 13 dos 19, alguns deles até 30 anos depois do diagnóstico inicial de Hoch. Rachlin verificou que 11 dos 13 tinham sido reinternados e que 6, depois de remissões que duraram em média 10 anos, tinham desenvolvido o quadro típico de demência precoce (esquizofrenia crônica). Tachlin acreditava que esse estudo indicava a natureza esquizofrênica básica dos ditos estupores benignos. Em defesa da formulação de Hoch, contudo, há o fato de que, como o seguimento de Rachlin tendeu a localizar pacientes que haviam sido reinternados, os pacientes que evoluíram bem não estavam adequadamente representados na tabulação.

Rachlin[10] posteriormente relatou o seguimento de 132 casos diagnosticados como estupor benigno por diferentes psiquiatras no Manhattan State Hospital durante um período de 17 anos. Destes, 56 estavam disponíveis para estudo adicional, e 76 não estavam disponíveis. Depois de revisar os casos disponíveis, Rachlin concluiu que 40 (71,4%) deveriam ter seus diagnósticos alterados de estupor benigno para demência precoce. Contudo, a amostra de seguimento disponível tinha mais uma vez um viés em favor dos pacientes que não haviam evoluído bem, isto é, o grupo reinternado.

Embora estivesse listado como uma forma de psicose maníaco-depressiva na classificação da APA de 1934,[11] o estupor há muito foi omitido da nomenclatura oficial e raramente é mencionado na literatura recente. A publicação do trabalho de Rachlin acelerou o abandono do conceito de Hoch de estupores benignos. Entretanto, deve-se enfatizar que, embora uma significativa proporção de casos anteriormente diagnosticados como estupor benigno pertençam à categoria esquizofrênica, existe uma proporção substancial cujo comportamento após a alta é semelhante ao dos portadores de transtorno bipolar.

Psicose esquizoafetiva aguda

Kasanin[6] descreveu um grupo de nove pacientes que ele havia estudado pessoalmente e que haviam despertado sua curiosidade por terem apresentado um quadro clínico especial. Todos haviam sido diagnosticados como portadores de demência precoce. Eram homens e mulheres jovens (entre 20 e 40 anos) com excelente saúde física. Vários exames clínicos de urina, sangue e liquor foram negativos. Os pacientes tinham inteligência média ou superior e apresentavam uma adaptação educacional ou ocupacional satisfatória antes do início da doença. Contudo, as crises foram precedidas por uma situação ambiental difícil que serviu de fator precipitante. Segundo Kasanin, o estresse ambiental foi crônico em alguns casos e agudo em outros. Exemplos listados pelo autor incluem a perda de emprego, estado de ansiedade devido a uma repentina promoção, envolvimento amoroso difícil, ambiente estranho e hostilidade da família do cônjuge.

Kasanin afirmou que a psicose geralmente era prenunciada por uma depressão latente, e certa quantidade de ruminação persistia por algum tempo até que o quadro esquizofrênico dramático aparecesse. O autor observou que era capaz de reconstruir o significado psicológico da psicose revisando os vários sintomas e o comportamento com o paciente após sua recuperação e que eles então se tornavam muito inteligíveis. Kasanin constatou que havia comparativamente pouco de bizarro, incomum ou misterioso.

Em seu resumo, Kasanin salientou as seguintes características clínicas:

1. A psicose foi caracterizada por um início muito repentino em um ambiente de acentuada turbulência emocional com distorção do mundo externo e, em alguns casos, falsas impressões sensórias;
2. A psicose durou de algumas semanas a meses e foi seguida por recuperação completa;
3. Os pacientes tinham entre 20 e 40 anos e geralmente apresentavam uma história de crise anterior no final da adolescência;
4. As personalidades pré-psicóticas dos pacientes mostraram as variações usuais encontradas em qualquer outro grupo;
5. Boa adaptação social e profissional, presença de algum estresse ambiental definido e específico, interesse pela vida e ausência de qualquer passividade ou retraimento foram considerados fatores favoráveis à recuperação.

É de certa forma interessante que 30 anos depois Vaillant tenha incluído três destes casos em seu estudo de seguimento sobre esquizofrênicos após a remissão:[12] um deles recaiu em esquizofrenia crônica após cerca de quatro anos, um teve cinco recorrências depois de aproximadamente oito anos de total remissão, e um morreu de síndrome cerebral crônica dez anos após a remissão.

Esquizofrenia aguda remitente

Vaillant[7] demonstrou que desde 1849 ao menos 16 nomes diferentes tinham sido atribuídos a uma condição caracterizada por um quadro agudo semelhante à esquizofrenia, sintomas de depressão psicótica e recuperação. Partindo da mania de Bell em 1849, essa condição incluíra melancolia com estupor (1861), demência aguda (1862), condições mistas de psicose maníaco-depressiva (1903), síndrome catatônica associada à insanidade maníaco-depressiva (1913), pânico homossexual (1920), estupor benigno (1921), estado crepuscular histérico (1924), psicose esquizoafetiva (1933), estado esquizofreniforme (1937), síndrome de Gjessing (1938), estado reativo da adolescência (1944), psicose exaustiva aguda (1947), onirofrenia (1950), psicose cicloide (1960) e turbulência adolescente (1964).

Além dos sintomas de esquizofrenia e depressão com recuperação, a maioria dos autores descreveu uma boa adaptação pré-mórbida, sintomas psicologicamente compreensíveis, causas precipitantes reconhecíveis, confusão e preocupação com a morte. Essas características assemelham-se às geralmente associadas ao transtorno bipolar.

Estudos de diagnósticos revisados

Alguns estudos anteriores demonstraram evidências de que certos pacientes que inicialmente haviam sido diagnosticados como maníaco-depressivos, mas que apresentaram um componente da sintomatologia esquizofrênica, exibiram progressivamente mais sintomas esquizofrênicos em cada internação subsequente. Lewis e Hubbard[13] estudaram um grupo de 77 pacientes originalmente diagnosticados como psicóticos maníaco-depressivos que foram seguidos por alguns anos e finalmente diagnosticados como esquizofrênicos. Os autores observaram que, independente de a primeira psicose ter sido caracterizada por euforia ou depressão, havia uma tendência cada vez maior de o conteúdo tornar-se esquizofrênico nas crises posteriores. Afirmaram: "Tais desenvolvimentos esquizofrênicos foram tão acentuados que se o psiquiatra, fazendo um diagnóstico com base no afeto, tivesse visto o paciente em uma crise posterior não hesitaria em fazer o diagnóstico de demência precoce". O quadro geralmente torna-se de esquizofrenia com deterioração. Os primeiros sinais esquizofrênicos ocorriam na crise inicial observada, mas eram minimizados pelo médico que fazia o diagnóstico. Estes sinais consistiam em sentimentos somáticos estranhos, ideias hipocondríacas, atitudes estranhas e alucinações auditivas interpretadas pelos pacientes como de conteúdo místico.

Relato posterior de Lewis e Piotrowski[3] baseava-se em um estudo de pacientes que, após uma primeira internação no Instituto Psiquiátrico do Estado de Nova Iorque na cidade de Nova Iorque, haviam recebido alta com diagnóstico de psicose maníaco-depressiva. Os pacientes foram rediagnosticados por Lewis ao menos 3 anos e não mais do que 20 anos depois da alta. Para mais de 90% dos pacientes, o intervalo de seguimento teve ao menos 7 anos de duração. O novo diagnóstico foi feito com base em dados históricos e de um exame pessoal, exceto no de um paciente hospitalizado em outra instituição na época do estudo.

Dos 70 pacientes que inicialmente receberam alta como maníaco-depressivos, considerou-se que 38 (54%) tinham desenvolvido esquizofrenia bem definida. Os autores localizaram 10 sinais que apareceram com muito mais frequência nos prontuários dos pacientes que posteriormente desenvolveram esquizofrenia óbvia do que nos prontuários dos que continuaram sendo psicóticos maníaco-depressivos genuínos. Atribuindo uma pontuação de um ponto para cada um desses 10 sinais, os autores encontraram uma clivagem muito clara entre os dois grupos. Os pacientes com mais de dois pontos eram esquizofrênicos, e os com menos de dois pontos eram quase todos maníaco-depressivos.

Hoch e Rachlin[8] examinaram os prontuários de aproximadamente 5.800 casos de esquizofrenia internados no Hospital Estadual de Manhattan na cidade de Nova Iorque. Identificaram 415 casos cujo diagnóstico inicial de psicose maníaco-depressiva não pôde ser confirmado em uma internação posterior. Em outras palavras, 7,1% dos casos de esquizofrenia foram inicialmente classificados de forma errônea como psicose maníaco-depressiva. Os autores mencionaram diversos pontos que deveriam ser considerados ao se fazer o diagnóstico diferencial.

DIFERENCIAÇÃO ENTRE DEPRESSÃO E ESQUIZOFRENIA

Em seu trabalho sobre estupores benignos, Rachlin[9] assinalou que é raro se ver um paciente genuinamente depressivo lançando olhares furtivos ou um paciente maníaco recusando-se a responder perguntas verbalmente e optando por escrever a resposta; de modo semelhante, a incongruência de um paciente brincalhão, que ri de suas brincadeiras, e ao mesmo tempo baba é indicativo de um processo esquizofrênico, e não de transtorno maníaco-depressivo. Mudanças repentinas de comportamento com impulsividade (recusar-se a fazer uma refeição e depois fazer a refeição seguinte com voracidade) também são mais sugestivas de esquizofrenia. Por fim, o uso de evasivas e reticência em relação à melhora podem ser vistos na esquizofrenia, mas não na psicose maníaco-depressiva.

Hoch e Rachlin[8] assinalaram que, embora periodicidade ou crises repetidas de curta duração sejam com frequência consideradas uma característica da psicose maníaco-depressiva, muitos casos de esquizofrenia apresentam completa remissão com aparente bem-estar entre episódios psicóticos. Os autores sugeriram que em muitas das chamadas boas recuperações um exame minucioso "revelaria alterações na afetividade ou no comportamento".

Hoch e Rachlin também enfatizaram a importância de uma avaliação minuciosa da ideação do paciente. Observações ilógicas ou declarações incongruentes com elaboração bizarra devem levantar a suspeita de esquizofrenia. Mesmo uma ligeira dissociação entre afeto e conteúdo do pensamento é indicativo de esquizofrenia.

Os autores assinalaram que casos de mania com alucinações auditivas e delírios paranoides acabam em esquizofrenia. Salientaram em especial a importância de ideias de referência ou de perseguição como indicativas do processo esquizofrênico. Também indicativa de esquizofrenia é a rápida alteração do conteúdo delirante ou alucinatório acompanhada por afeto oscilante: é mais provável que um paciente que rapidamente alterna riso e choro seja esquizofrênico do que maníaco-depressivo. Nos transtornos afetivos puros, o humor tende a ser relativamente constante e não mostra oscilações notáveis durante períodos curtos. Lewis e Piotrowski[3] também salientaram essa característica diferencial.

Os dez sinais listados por Lewis e Piotrowski[3] como indicativos de um processo esquizofrênico subjacente em casos inicialmente diagnosticados como maníaco-depressivos são os seguintes:

Sinal 1. Sensação física com dissociação. Este sinal denota delírios de percepção mais do que delírios de julgamento. Os autores citam a título de exemplo afirmações como "Tem uma chapa de aço na minha testa", "Eu tenho pele de macaco e sou um ser humano que vira um animal", "Eu sinto como se um pedaço de carne estivesse saindo pra fora do meu reto". Também eram atribuídas a esta categoria as sensações elétricas no corpo, especialmente nos genitais, a sensação de que se está emagrecendo ou diminuindo de tamanho (contrário às evidências) e a impressão de que o pescoço está torto quando não está. Estes também foram tratados como casos de "sensação física com dissociação".

Sinal 2. Delírios sobre outras pessoas. Estes sinais incluem erros de identificação e de reconhecimento de pessoas. Uma paciente achava que seus pais haviam ressuscitado e estavam fisicamente presentes sempre que ela brigava com o marido. Outro acreditava que alguns de seus companheiros de ala eram seus familiares próximos. Uma paciente estava convencida de que seu bebê estava morto, embora ele estivesse vivo e fosse mostrado a ela. Outro paciente, ouvindo alguém tossir, convenceu-se de que a pessoa morreria e começou a chorar de tristeza.

Sinal 3. Delírios sobre objetos físicos. Uma paciente às vezes sentia que os objetos em seu ambiente tinham se tornado irreais. Outros pacientes tinham a ideia de que paredes, camas, etc., estavam mudando de tamanho ou forma. Outro paciente falava com os objetos como se fossem seres humanos.

Sinal 4. Sentimento de isolamento físico e de irrealidade pessoal. Alguns pacientes ficavam ansiosos por estarem separados de todas as outras coisas pelo espaço ou pelo ar. Estes pacientes diziam ou que a distância era maior do que realmente era ou que o ar ou o espaço era impenetrável. Queixas de irrealidade, tais como a impressão de um paciente de viver em um mundo de sonhos, também foram classificadas nesta categoria.

Sinal 5. Incapacidade de concentração. Os pacientes reclamavam espontaneamente de incapacidade de se concentrar. Este sinal não foi creditado a pacientes que, por estarem preocupados ou com medo, não conseguiam se concentrar em um assunto sugerido pelo psiquiatra.

Sinal 6. Sentimentos de mudança. É o sentimento de ter mudado relacionado a queixas como "Alguma coisa escorregou na minha cabeça", "Algum nervo saiu do lugar", "Eu me vejo internado pelo resto de minha vida", "Minha cabeça se desintegrou e ruiu até não ser mais nada".

Sinal 7. Perturbação da fala e bloqueio intelectual. Este sinal consiste na incapacidade do paciente de completar uma frase na ausência de fadiga física ou tensão emocional, ou em mudanças de assunto durante a fala. Também constitui perturbação da fala murmúrios ininteligíveis, não somente durante a fala do paciente, mas também quando o paciente está em silêncio. Outros casos de perturbação da fala nesta categoria são olhar para frente em uma tentativa de recompor as próprias ideias antes de responder às perguntas ou antes de fazer observações espontâneas; abrir a boca para falar, mas permanecer mudo; queixar-se de que "os pensamentos não estão certos" porque pretendia dizer outra coisa.

Sinal 8. Interrupções repetidas incontroláveis e pensamento ansioso. Este sinal inclui alucinações auditivas e visuais. Um paciente se queixou de que, enquanto tentava pensar nas palavras, seus pensamentos lhe diziam para matar pessoas.

Sinal 9. Ideias de referência e/ou sentimentos de controle por forças externas hostis (ideações paranoides). Os pacientes claramente acusavam outras pessoas ou alguma força externa (mágica ou real) de tentativas definidas de prejudicá-lo. Este sinal era especialmente aplicável caso envolvesse pensamento bizarro, complicado ou mágico.

Sinal 10. Isolamento mantido ou aumentado em hospital. Este sinal era atribuído a um paciente se ele já estivesse hospitalizado há pelo menos um mês sem diminuição do isolamento, apesar de psicoterapia, de outras formas de tratamento e de participação em alguma atividade organizada na ala. Praticamente todos os pacientes que mantinham ou aumentavam seu grau de isolamento acabaram por fim diagnosticados como esquizofrênicos.

Os autores tabularam a frequência de cada sinal nos esquizofrênicos que originalmente tinham sido diagnosticados como maníaco-depressivos e nos maníaco-

-depressivos que mantiveram o diagnóstico. Os sinais que melhor discriminavam os dois grupos foram 1, 6 e 9 (sensação física com dissociação, sentimentos de ter mudado e ideias de referência).

O conceito de transtorno esquizoafetivo como descrito na nomenclatura da APA[14] difere em pelo menos um aspecto significativo da descrição de Kasanin.[6] Na atual nomenclatura, a condição é inequivocamente classificada com a categoria esquizofrenia e outros transtornos psicóticos, e não na fronteira entre transtornos esquizofrênicos e bipolares. Essa posição na classificação implica que o prognóstico não é melhor do que o da esquizofrenia em geral. Isso diverge das descrições anteriores de um transtorno esquizoafetivo remitente.

Vaillant,[12] com base em seu estudo de longo prazo com esquizofrênicos pós-remissão, sugeriu que o termo fosse usado como definido por Kasanin. Assim, o transtorno esquizoafetivo cobriria casos de boa adaptação pré-mórbida e início agudo, manifestando características afetivas, confusão e preocupação com a morte.

Henderson e Gillespie[15] estavam incertos a respeito do uso da designação psicose esquizoafetiva e afirmavam que ela criava mais do que resolvia dificuldades diagnósticas. Asseveravam que, na maioria dos casos, o termo havia sido incorretamente aplicado a casos que deveriam ter sido diagnosticados como transtorno maníaco-depressivo, tipo misto, em que a mescla de sintomas depressivos e maníacos gerava alguma incongruência de afeto aparente.

PROGNÓSTICO

Um estudo de Clark e Mallet[2] de 1963 tentou determinar a frequência relativa de reinternações de pacientes inicialmente diagnosticados com esquizofrenia, transtorno esquizoafetivo ou transtorno depressivo. As proporções em cada grupo que exigiram reinternação no período de até três anos após a alta foram: esquizofrênico, 70%; esquizoafetivo, 53%; depressivo, 20%. Tal resultado era compatível com o relato de Hunt e Appel[16] de que a taxa de recuperação em casos de psicose "situados no ponto intermediário entre esquizofrenia e psicose maníaco-depressiva" era duas vezes melhor do que na esquizofrenia e 50% pior do que na psicose maníaco-depressiva pura.

As "esquizofrenias agudas remitentes" descritas por Vaillant,[7] caracterizadas por início agudo de sintomas esquizofrênicos típicos, componentes afetivos e remissão completa, hoje provavelmente seriam classificadas como transtorno esquizoafetivo. Um estudo de seguimento de 50 anos realizado por Vaillant[12] com um grupo de 12 daqueles pacientes fornece informações valiosas sobre o prognóstico final de tais casos. Oito dos 12 tiveram uma vida independente e útil por ao menos 25 anos. Contudo, o prognóstico final não foi bom: oito deles por fim necessitaram de hospitalização crônica.

O prognóstico do transtorno esquizoafetivo pode ser adicionalmente elucidado examinando-se os estudos da relação entre fatores afetivos e resultado na esquizofrenia. Como a maioria desses estudos foram realizados antes que a subcategoria "tipo esquizoafetivo" fosse oficialmente adotada, os casos de esquizofrenia com depressão, "tendências intrapunitivas", delírios de autodegradação, etc., sem dúvida correspondem à nova categoria. Os resultados desses estudos mais antigos podem, portanto, ser utilizados como base para estabelecer o prognóstico de transtorno esquizoafetivo. Esses estudos são discutidos na próxima seção.

Fatores afetivos e prognóstico na esquizofrenia

Diversos estudos indicaram que, nos casos diagnosticados como esquizofrenia, a presença de características depressivas no indivíduo ou na história familiar é um fator prognóstico favorável. Entre os exemplos da relação de depressão com melhor prognóstico na esquizofrenia existem estudos do afeto manifesto,[17] conteúdo dos delírios,[17,18] história familiar de doença afetiva,[17,19] subtipos específicos de esquizofrenia[17] e estudos do comportamento manifesto dos pacientes.[20,21,22]

Afeto manifesto

Zubin e colaboradores[17] revisaram 800 estudos de resultado na esquizofrenia. Em 159 estudos foi relatada a relação de afeto com prognóstico. Em todos os 159 casos, a presença de afeto manifesto explicitamente, independente de sua qualidade ou direção, acarretou um bom resultado. Os tipos de afeto mencionados eram euforia, depressão, ansiedade e reatividade emocional geral. A presença de culpa, explícita ou inferida, estava associada a um bom resultado em todos os 15 estudos em que foi observada.

Conteúdo dos delírios

Zubin relatou que nos dois estudos em que delírios intrapunitivos se distinguiam de delírios extrapunitivos, a presença dos primeiros favorecia um bom prognóstico. Como assinalado no Capítulo 2, delírios do tipo intrapunitivo são característicos de depressão. Albee[18] estudou os resultados de 261 pacientes com esquizofrenia internados em um hospital psiquiátrico. O autor distinguiu delírios autocondenatórios de outros tipos de delírio. Na primeira categoria incluiu delírios de crimes hediondos, pecados terríveis, feiúra, falta de valor, contaminação, deformidade e doenças, bem como de que odores horríveis ofensivos às outras pessoas emanavam de si. Albee usou como critério de resultado se os pacientes haviam melhorado ou se recuperado um ano após a internação hospitalar. Ele verificou que havia uma relação entre recuperação e delírios autocondenatórios significativa no nível de 0,01. Em contrapartida, os delírios persecutórios estavam significativamente relacionados a um mau prognóstico.

Alucinações

Zubin constatou que a presença de alucinações contribuiu para um mau resultado em cinco de seis estudos. Contudo, em um estudo no qual o conteúdo das alucinações era de natureza autoacusatória, o prognóstico era melhor. Como assinalado no Capítulo 2, quando ocorrem alucinações na depressão, tendem a ser autoacusatórias.

Hereditariedade maníaco-depressiva e resultado na esquizofrenia

Zubin observou que em seis de sete estudos houve uma relação positiva entre história familiar de psicose maníaco-depressiva e um prognóstico favorável para esquizofrenia. Em um dos estudos, constatou que não houve relação entre história familiar e resultado. Vaillant[19] também estudou a relação de hereditariedade maníaco-depressiva e o resultado na esquizofrenia. Verificou que entre esquizofrênicos que se recuperavam completamente a frequência de familiares com psicose afetiva era significativamente maior do que entre os esquizofrênicos com prognóstico desfavorável.

Presença de depressão

Vaillant, em uma predição prospectiva de remissão esquizofrênica,[23] constatou que a presença de depressão estava associada à remissão completa em 77% dos casos. O valor de significância foi 0,01.

Padrões de agressividade no comportamento manifesto

Zubin e colaboradores[17] relataram que pacientes com "agressão autodirigida", em oposição aos com agressão dirigida ao exterior, apresentavam bom prognóstico. Em

8 de 9 estudos, o prognóstico era favorável nos casos de pacientes que demonstravam agressividade dirigida contra si mesmos. Isso contrastava com 8 de 13 estudos que apresentavam um mau prognóstico quando presente agressividade dirigida ao exterior.

Albee[20] estudou 127 pacientes de um hospital psiquiátrico quanto à relação da direção da agressividade com o resultado do tratamento. Os padrões de agressividade foram classificados como extrapunitivos ou intrapunitivos, indicando que as agressões eram inflingidas pelos pacientes, respectivamente, a terceiros ou a si mesmos. Albee verificou que, quando se tratava de agressividade intrapunitiva, a taxa de melhora era significativamente mais alta do que quando se tratava de agressividade extrapunitiva. Albee analisou os dados sobre os 81 esquizofrênicos no grupo para determinar se a relação se mantinha quando eles eram considerados separadamente do grupo não esquizofrênico. O autor constatou que mais da metade dos esquizofrênicos que apresentavam agressividade intrapunitiva haviam melhorado em comparação a apenas um sétimo dos que apresentavam agressividade extrapunitiva ($p < 0,001$).

Feldman e colaboradores[21] também estudaram a direção da agressividade como uma variável prognóstica na doença mental. Um grupo de 486 pacientes hospitalizados foram categorizados como "melhores" ou "sem melhora" um ano após terem recebido alta hospitalar. Constatou-se que pacientes que tendiam a dirigir culpa ou hostilidade a si mesmos e não a outros tinham um prognóstico significativamente melhor do que os que dirigiam a hostilidade exclusivamente ao ambiente.

Phillips e Ziegler[22] estudaram as histórias de 251 pacientes para investigar a relação entre os conjuntos de sintomas e dois parâmetros de resultado: duração da internação e reinternação. Como previsto pelos autores, os pacientes cuja sintomatologia se caracterizava por um "voltar-se contra si mesmo" tinham um período mais curto de hospitalização do que pacientes cujos sintomas consistiam em "evitar os outros".

Zubin observou que a razão para a melhora em casos com agressão dirigida a si próprio não estava clara. O pesquisador sugeriu que se deveria levar em conta a possibilidade de que o hospital poderia estar mais disposto a liberar os pacientes com agressividade dirigida a si mesmos, pois poderiam ser mais facilmente tolerados pela comunidade do que pacientes com agressividade dirigida ao exterior. Entretanto, muitos estudos indicaram que recuperação completa, mais do que a simples alta do hospital, estava associada à presença de diversas características do transtorno depressivo.

Albee[18] propôs que pacientes autocondenatórios avaliam a si mesmos com base em padrões sociais e portanto operam em um nível de maturidade superior ao de pacientes com agressividade dirigida a outras pessoas. Phillips e Ziegler postularam analogamente que os indivíduos que assumem o papel de "voltar-se contra si mesmos" incorporam os valores da sociedade e, em consequência, sentem culpa quando não conseguem alcançar esses valores. Os autores conjecturaram que uma solução patológica para as demandas da vida (p. ex., retraimento acentuado) seria inaceitável para um indivíduo assim, que consequentemente teria um melhor prognóstico.

CLASSIFICAÇÃO ATUAL DE TRANSTORNO ESQUIZOAFETIVO

No atual manual diagnóstico da APA, o transtorno esquizoafetivo é listado como um transtorno separado dentro da categoria geral de esquizofrenia e outros transtornos psicóticos. O manual da APA afirma que o diagnóstico nem sempre é fácil, uma vez que algumas condições médicas – assim como abuso de substâncias – podem acarretar sintomas psicóticos e de humor mistos. Além disso, o diagnóstico diferencial entre transtorno esquizoafetivo e esquizofrenia, ou entre transtorno esquizoafetivo e transtorno de humor com características psicóticas, é considerado difícil.[14]

Eis um exemplo de "padrão típico" de sintomas: um indivíduo apresenta sintomas psicóticos acentuados – tais como alucinações auditivas e delírios persecutórios – por dois meses antes do início de um episódio depressivo maior. Os sintomas psicóticos e o episódio depressivo maior estão presentes simultaneamente durante os três meses seguintes, período após o qual o indivíduo se recupera por completo do episódio depressivo. Os sintomas psicóticos continuam por mais um mês. Neste exemplo, os sintomas satisfizeram *no mesmo ponto no tempo* tanto os critérios para um episódio depressivo maior quanto os sintomas característicos de esquizofrenia. Alucinações auditivas e delírios estiveram presentes tanto antes quanto depois da fase depressiva, e o período total de doença durou seis meses. Os sintomas psicóticos sozinhos foram observados durante os dois primeiros meses, tanto sintomas depressivos quanto psicóticos durante os três meses seguintes e apenas sintomas psicóticos durante o último mês (p. 320).[14]

Os critérios diagnósticos definidores de transtorno esquizoafetivo são listados no Quadro 8.1.

Questões não resolvidas para continuação da pesquisa

Pesquisas adicionais são necessárias sobre a questão de como – e se é significativo – diferenciar transtorno esquizoafetivo dos transtornos de humor e transtornos esquizofrênicos. Três áreas para adicional investigação continuam sendo mais pertinentes a tais questões, incluindo diferenças no curso da doença,[24] sintomas incomuns e perfis cognitivos,[25] e distinções genéticas.[26,27,28] Nesta seção, consideramos essas questões, com especial atenção às revisões da literatura das diferenças de sintomas[28] e genética.[29]

Curso da doença

Como observado, pesquisas adicionais são necessárias para esclarecer se o transtorno esquizoafetivo é uma variante da esquizofrenia, um desvio do transtorno de humor ou uma entidade distinta independente. Estudos comparativos de resultado a longo prazo são pertinentes a essa questão. O curso da doença pode elucidar características distintivas.

QUADRO 8.1
Critérios diagnósticos para transtorno esquizoafetivo

A. Há um período ininterrupto de doença durante o qual, em algum momento, existe um episódio depressivo maior, um episódio maníaco ou um Episódio Misto concomitante com sintomas que satisfazem o critério A para esquizofrenia. *Nota*: O episódio depressivo maior deve incluir o critério A1: humor deprimido.
B. Durante o mesmo período da doença, delírios ou alucinações ocorrem há pelo menos duas semanas na ausência de sintomas de humor proeminentes.
C. Sintomas que satisfazem os critérios para um episódio de humor estão presentes durante uma porção substancial da duração total dos períodos ativo e residual da doença.
D. A perturbação não se deve aos efeitos fisiológicos diretos de uma substância (p. ex., uma droga de abuso, um medicamento) ou de uma condição médica geral.

Tipo específico:
Bipolar: se a perturbação inclui um episódio maníaco ou misto (ou um episódio maníaco ou misto e episódio depressivo maior).
Depressivo: se a perturbação inclui somente episódios depressivos maiores.

ADAPTADO DO *DSM-IV-TR*.

Nesse sentido, Williams e McGlashan[24] compararam pacientes com psicose esquizoafetiva ($n = 68$) e pacientes com esquizofrenia ($n = 163$), transtorno bipolar ($n = 19$) e transtorno unipolar ($n = 44$) em múltiplas dimensões pré-mórbidas, mórbidas e de resultado. Verificaram que, nas amostras de pacientes com longas internações, os que satisfaziam os critérios diagnósticos tanto para esquizofrenia quanto para transtorno afetivo apresentavam um perfil demográfico e pré-mórbido semelhante ao dos pacientes com transtorno unipolar. Contudo, no seguimento de 15 anos (em média), o perfil da psicose esquizoafetiva se comparava ao da esquizofrenia. Os pesquisadores concluíram que – ao menos em amostras de pacientes internados a longo prazo – o transtorno esquizoafetivo assemelha-se mais à esquizofrenia do que ao transtorno afetivo. Investigações em uma faixa mais ampla de amostras são necessárias a fim de interpretar devidamente tal resultado.

Perfis sintomatológicos e cognitivos

Taylor[28] oferece uma revisão seletiva dos estudos que corroboram uma perspectiva de *continuum* sobre a questão de a esquizofrenia e o transtorno afetivo serem ou não entidades patológicas distintas. Numerosos dados de famílias, de irmãos gêmeos e de filhos adotivos documentam a ocorrência simultânea de esquizofrenia e transtorno afetivo em algumas famílias. É possível que essa ocorrência simultânea reflita uma real sobreposição (continuidade) entre os dois transtornos, o que contradiz a visão kraepeliana.

Taylor[28] identificou 14 estudos familiais publicados de transtorno esquizoafetivo que avaliaram o risco de esquizofrenia, transtorno esquizoafetivo e transtorno afetivo em familiares. Esses estudos foram selecionados com base nos critérios de que todos tivessem mais de 40 casos probandos e metodologia adequada. Constatou-se que os riscos nos familiares dos diagnosticados com transtorno esquizoafetivo eram os seguintes: 3,72% para esquizofrenia, 5,3% para transtorno esquizoafetivo e 15,68% para transtorno afetivo. Com base nessa análise geral dos estudos sobre famílias, irmãos gêmeos e filhos adotivos, o risco para esquizofrenia entre os familiares de portadores de transtorno afetivo é de 0,5 a 3,5%, e o risco para transtorno afetivo em familiares em primeiro grau dos portadores de esquizofrenia é de 6 a 8%.

Um estudo de Evans e colaboradores[25] comparou pacientes ambulatoriais de 45 a 77 anos que foram diagnosticados com transtorno esquizoafetivo ($n = 29$), esquizofrenia ($n = 154$) ou transtorno do humor não psicótico ($n = 27$). Todos foram submetidos a uma bateria de testes neuropsicológicos que visavam medir o desempenho cognitivo de maneira abrangente, bem como instrumentos padronizados de disfunção psicológica. Uma análise estatística (função discriminante) foi utilizada para fazer comparações baseadas em seu funcionamento cognitivo. O objetivo era determinar as semelhanças e diferenças dos pacientes com transtorno esquizoafetivo e com esquizofrenia ou transtorno do humor não psicótico.

Evans e colaboradores[25] constataram que os pacientes esquizoafetivos e esquizofrênicos têm as seguintes diferenças (entre outras) em relação a pacientes com transtorno de humor:

1. história familiar de transtorno afetivo mais fraca,
2. hospitalizações mais frequentes por motivos psiquiátricos,
3. mais prescrições de neurolépticos e anticolinérgicos,
4. sintomas de depressão menos graves e
5. desempenhos neuropsicológicos mais prejudicados do que pacientes com transtorno do humor não psicótico.

Os autores concluíram que transtorno esquizoafetivo e esquizofrenia deveriam ser combinados em uma única categoria de pacientes quando o desempenho cognitivo fosse a variável de interesse.

Estudos familiares e genéticos

Um estudo de Maj e colaboradores[27] avaliou os riscos de esquizofrenia e transtorno afetivo maior em familiares em primeiro grau de pacientes com transtorno esquizoafetivo. Os participantes foram recrutados de serviços ambulatoriais de um departamento psiquiátrico universitário. Foram feitas comparações com estudantes e enfermeiras sem diagnostico de transtorno mental.

Um psiquiatra cegado para as informações sobre os familiares conduziu as entrevistas dos probandos (indivíduos que têm o transtorno de interesse em um estudo da história familiar). Da mesma forma, os familiares foram entrevistados por dois psiquiatras que desconheciam os diagnósticos dos probandos. Quando entrevistas diretas não eram possíveis, foram substituídas por dados da história familiar. Isso aconteceu em 24% das entrevistas.

Os casos probando incluíram 21 pacientes com transtorno esquizoafetivo, tipo depressivo; 22 com depressão psicótica incongruente com o humor; 19 com depressão psicótica congruente com humor; 27 com depressão não psicótica, e 28 diagnosticados com esquizofrenia. O grupo de comparação incluiu 18 indivíduos normais. Os familiares em primeiro grau dos casos probando com transtorno esquizoafetivo tinham um risco significativamente mais baixo de transtorno afetivo maior do que os familiares dos portadores de depressão não psicótica. Constatou-se que o risco de esquizofrenia era o mesmo nos familiares de pacientes esquizoafetivos e nos de esquizofrênicos, sugerindo que o transtorno esquizoafetivo pode ter genética em comum com a esquizofrenia.

Um estudo de Kendler e colaboradores[26] avaliou se o transtorno esquizoafetivo difere da esquizofrenia e doença afetiva em características clínicas, resultado e psicopatologia familial. Os autores avaliaram a validade de subdividir os sistemas de transtorno esquizoafetivo, como tipo polar *versus* depressivo (distinguidos pela presença ou ausência de uma síndrome maníaca plena anterior) e boa *versus* má recuperação.

Em contradição com os achados de Maj e colaboradores,[27] em estudo no qual foi constatado um maior risco de transtorno afetivo em familiares de probandos depressivos *versus* esquizoafetivos, os familiares de probandos com transtorno esquizoafetivo em Kendler e colaboradores[26] tinham um risco significativamente elevado para transtorno afetivo maior do que familiares de probando esquizofrênicos. Constatou-se também que eles tinham taxas mais elevadas de esquizofrenia do que familiares de probandos com doença afetiva.

A distinção entre transtorno esquizoafetivo bipolar e depressivo não foi corroborada. As categorias bipolar *versus* depressivo não diferiram em sintomas psicóticos, sintomas negativos, resultado ou história familiar. A distinção entre boa *versus* má recuperação entre as crises não mostrou diferenças na psicopatologia familial. De modo geral, concluiu-se que o transtorno esquizoafetivo incorpora uma alta suscetibilidade tanto à esquizofrenia quanto à doença afetiva.

Revisão de Bertelsen e Gottesman

Como ilustrado, uma análise abrangente de Bertelsen e Gottesman[29] concluiu que os estudos genéticos (estudos de família, de irmãos gêmeos e de filhos adotivos) são "divergentes" (p. 7). Além disso, os pesquisadores observam que a classificação diagnóstica das psicoses esquizoafetivas tem variado desde que Kasanin introduziu o conceito em 1933. Ademais, o número, a qualidade e a sequência de sintomas variam mesmo em classificações recentes como *RDC*, *DSM-III-R* e *CID-10*.

Apesar dessas questões irresolutas, e embora a etiologia do transtorno esquizoafetivo continue indeterminada, existem evidências de um forte fator genético. Considerem-se os estudos familiais anteriores e mais recentes sobre familiares em primeiro grau de portadores de transtorno esquizoafetivo, como mostra a Tabela 8.1.

TABELA 8.1
Psicose esquizoafetiva: estudos familiais

		Risco de morbidez em familiares de primeiro grau (%)		
	Critérios diagnósticos	Esquizofrenia	Esquizoafetivo	Afetivo
Angst et al. (1979)	CID	5,3	3,0	6,7
Scharfetter e Nüsperli (1980)	CID	13,5	2,5	9,6
Baron et al. (1982)	RDC	2,2	2,2	18,9
Gershon et al. (1982)	RDC	3,6	6,1	31,3
Kendler et al. (1986)	DSM-III	5,6	2,7	11,0
Maier et al. (1991)	RDC	4,1	5,3	25,8
Kendler et al. (1993a,b,c)	DSM-III-R	5,7	1,84	9,7

Adaptado de Bertelsen e Gottesman (1995).

Bertelsen e Gottesman[29] observam que estudos familiais de familiares de probandos esquizoafetivos sugerem que o transtorno esquizoafetivo tem componentes genéticos independentes de transtorno afetivo e esquizofrenia. Este é o caso porque os familiares dos portadores de transtorno esquizoafetivo apresentam riscos moderados ou altos de esquizofrenia e de transtornos afetivos, mas risco baixo ou moderado de transtorno esquizoafetivo. Os autores argumentam que, se o transtorno esquizoafetivo fosse o *continuum* de uma psicose ou uma psicose independente, então teriam sido observados maiores riscos de ocorrência de transtorno esquizoafetivo (p. 8).

Foram realizados três estudos com um genitor com transtorno bipolar e outro com esquizofrenia, como na Tabela 8.2. Os baixos riscos de transtorno esquizoafetivo observados são inconsistentes com a hipótese de um *continuum*, que indicaria que a maior parte dos familiares com doença mental teria transtorno esquizoafetivo. Isso também é incompatível com uma psicose genética totalmente independente, na qual poucos casos de transtorno esquizoafetivo teriam ocorrido.[29] Resumindo os dados, Bertelsen e Gottesman afirmam: "Os resultados de estudos de famílias, irmãos gêmeos e filhos adotivos são divergentes, mas ainda assim corroboram uma classificação em separado de psicoses esquizoafetivas amplamente definidas como possíveis variações fenotípicas ou expressões de interformas genéticas entre esquizofrenia e psicoses afetivas" (p. 7).

TABELA 8.2
Estudos de pareamento de genitores com esquizofrenia e transtorno maníaco-depressivo

	Risco de morbidade na prole (%)			
	n	Esquizofrenia	Esquizoafetivo	Afetivo
Schulz (1940)	49	14	6	18
Elsässer (1952) (incl. Schulz)	85	13	4	20
Gottesman e Bertelsen (1989)	25	4	4	32

Adaptado de Bertelsen e Gottesman (1995).

CONCLUSÃO

Fica evidente a partir da revisão da literatura pertinente que a presença de fatores afetivos aumenta significativamente a probabilidade de melhora nos casos de esquizofrenia. Isso foi relatado em um estudo do subtipo esquizoafetivo de esquizofrenia, bem como em numerosos estudos realizados antes da adoção oficial dessa nova subcategoria. A melhora neste tipo de esquizofrenia é maior do que em outros em todos os níveis: em termos do grau de melhora (leve, moderado ou acentuado); em termos das proporções que apresentam remissão total; em termos da frequência de recorrência (medida pela frequência de reinternação); em termos de cronicidade (medida pela duração da hospitalização). O prognóstico de transtorno esquizoafetivo é um pouco melhor do que o de esquizofrenia, mas pior do que o de transtornos de humor. Quando eventos precipitantes ou estressores estão presentes, o prognóstico é melhor.[14]

Essas observações poderiam ser expressas graficamente visualizando-se os casos de doença mental *funcional* em termos de um espectro: em um extremo estão os casos maníaco-depressivos puros com um prognóstico relativamente bom; no outro estão os casos esquizofrênicos puros com mau prognóstico. Entre eles estão as mesclas variáveis desses transtornos (os casos esquizoafetivos) com um prognóstico razoável. Tal relação entre diagnóstico e prognóstico pode ser conceitualizada em termos da operação de duas variáveis: a variável esquizofrênica ligada a um mau prognóstico e a afetiva associada a um bom prognóstico. Os casos em qualquer um dos extremos do espectro representam uma dessas variáveis – esquizofrênica ou afetiva. Os casos entre os polos contêm ambas as variáveis, e o prognóstico resultante depende da força relativa de cada um.

A natureza dessas duas variáveis, prognóstica e diagnóstica, não foi determinada. Contudo, parece provável que os determinantes de transtornos esquizofrênicos e afetivos incluem algum fator (ou fatores) responsável pelo prognóstico. É possível conjeturar que os determinantes esquizofrenogênicos incluem um fator que inibe a recuperação ou promove a cronicidade. Os determinantes dos transtornos afetivos, em contrapartida, contêm um fator que promove a recuperação. Quando as duas variáveis estão misturadas, como no transtorno esquizoafetivo, os casos também mostram uma mistura de fatores de inibição da recuperação e de promoção da recuperação. O prognóstico resultante se baseia no equilíbrio entre esses dois fatores.

Apesar do progresso na compreensão do transtorno esquizoafetivo, como revisado, ainda restam muitas questões. Em parte devido às complexidades do transtorno, a pesquisa ainda precisa determinar fatos fundamentais, tais como taxas de prevalência. Por exemplo, sobre a questão da prevalência, o *DSM-IV-TR*[14] ressalva que "faltam informações detalhadas", mas ele parece ocorrer com menos frequência do que a esquizofrenia (p. 321). Muitas dessas questões básicas aguardam estudos adicionais sobre natureza, causas e devida classificação dessa mistura de psicose e perturbação do humor.

As referências das Tabelas 8.1 e 8.2 são as seguintes:

> Angst J, Felder W, Lohmeyer B. Schizoaffective disorders: results of genetic investigation I. *Journal of Affective Disorders* 1979:1;139-153.
>
> Baron M, Gruen L, Asnis L, Kane J. (1982). Schizo-affective illness, schizophrenia and affective disorders: morbidity risk and genetic transmission. *Acta Psychiatrica Scandinavica* 1982:65;253-262.
>
> Elsässer G. *Die Nachkommen Geisteskranker Elternpaare*. Stuttgart: G Thieme; 1952.
>
> Gershon ES, Hamovit J, Guroff JJ, Dibble E, Leckman IF, Sceery W, Targum SD, Nurnberger JT, Goldin LR, Bunney WE. A family study of schizoaffective, bipolar I, bipolar II, unipolar and normal control probands. *Archives of General Psychiatry* 1982:39;1157-1167.

Gettesman II, Bertelsen A. Dual mating studies in psychiatry: offspring of inpatients with examples from reactive (psychogenic) psychoses. *International Review of Psycho-Analysis* 1989:1; 287-296.

Kendler KS, McGuire M, Guirenberg AM, O'Hare A, Spellman M, Walsh D. The Roscommon Family Study. I. Methods, diagnosis of probands and risk of schizophrenia in relatives. *Archives of General Psychiatry* 1993a:50;527--540.

Kendler KS, McGuire M, Gruenberg AM, O'Hare A, Spellman M, Walsh D. The Roscommon Family Study. II. The risk of nonschizophrenic non-affective psychoses in relatives. *Archives of General Psychiatry* 1993b: 50;645-652.

Kendler KS, McGuire M, Gruenberg AM, O'Hare A, Spellman M, Walsh D. The Roscommon Family Study. IV. Affective illness, anxiety disorder and alcoholism in relatives. *Archives of General Psychiatry* 1993c: 50;952-960.

Scharfetter C, Nüsperli M. The group of schizophrenias, schizoaffective psychoses and affective disorders. *Schizophrenia Bulletin* 1980:6;586-591.

Schulz, B. Kinder von Elternpaaren mit einem schizophrenen und einem affectivpsychotischen Partner. *Zeitschrift Neurologische Psychiatrie* 1940:170;441-514.

PARTE II

Aspectos experimentais da depressão

9
ESTUDOS BIOLÓGICOS DA DEPRESSÃO

PRIMEIROS ESTUDOS

Os aspectos biológicos da depressão têm recebido considerável atenção. Milhares de estudos foram descritos na literatura; quase todos os constituintes conhecidos do sangue, da urina e do líquido cefalorraquidiano foram testados, e estudos patológicos minuciosos do cérebro e outros órgãos foram realizados. Contudo, poucos achados "positivos" resistiram ao teste do tempo, e ainda há pouco conhecimento básico do substrato biológico da depressão.[1]

As palavras de conclusão neste capítulo como originalmente escritas por Beck (p. 153)[2] foram as seguintes: "Com o fortalecimento dos métodos experimentais, pode-se esperar que grande parte da incerteza em torno dos aspectos biológicos da depressão seja dissipada". Isso ainda não ocorreu.

Em 1995, abordando a questão da causalidade nos processos biológicos da depressão, Thase e Howland[3] escreveram que "poucas conclusões ainda podem ser tiradas com certeza, mesmo após 30 anos de pesquisa" (p. 216). Este juízo é compatível com o de outros especialistas em estudos biológicos da depressão.

Dubovsky e Buzan[4] revisaram vários fatores que contribuem para a complexidade de se identificarem as causas biológicas da depressão. Um dos problemas é a persistente diversidade da fenomenologia e comorbidade nas definições dos diversos transtornos, apesar do progresso feito no *Research Diagnostic Criteria* e no *DSM-IV*. Outro é a inexistência de motivo para pensar que há uma única causa de qualquer transtorno de humor.

Mesmo que existisse uma única causa, isso não mitigaria a complexidade de identificá-la. Como exemplo, Dubovsky e Buzan assinalaram, ao pesquisar os fatores de hereditariedade, que um gene anormal, por exemplo, poderia gerar uma proteína que causasse um sintoma positivo, mas outro gene poderia deixar de produzir uma proteína que regulasse o sintoma positivo produzido pela primeira.

Outra dificuldade é a possibilidade de um neurotransmissor específico acarretar uma cascata de eventos que coincidam com uma sequência idêntica iniciada por outro transmissor. Nesse caso, haveria o aparecimento de especificidade onde ela de fato não existiria.[4] O único modo de demonstrar especificidade seria medir ao mesmo tempo todos os neurotransmissores independentes em interação e as sequências de eventos. A contribuição única de cada causa isolada, afora a contribuição de outros fatores e na interação com eles, ainda precisa ser identificada.

Apesar desses obstáculos, o progresso continua. Os estudos biológicos da depressão são revisados neste capítulo. Como em estudos anteriores, os achados positivos iniciais muitas vezes foram refutados por achados negativos posteriores. Um dos problemas que contribui para resultados contraditórios tem sido a falta de controle adequado de fatores como idade, sexo, peso, estado nutricional e tipo de alimentação. A falta de controle da idade, em especial, tem sido responsável por muitos resultados positivos que depois foram refutados. Foi repetidamente demonstrado que mudanças no metabolismo e nas respostas fisiológicas ocorrem com o avanço da idade; uma vez que pacientes deprimidos costumam pertencer a faixas etárias mais velhas, tendem a apresentar respostas diferentes de grupos-controle mais jovens.

Os principais estudos biológicos iniciais sobre depressão estão resumidos na Tabela 9.1. Na primeira edição tentei avaliar a validade dos diversos achados usando as seguintes categorias: certo, provável, incerto e duvidoso. Nenhum dos achados até agora teve comprovação suficiente para justificar o rótulo "certo". Para qualificar-se como de validade "provável", um determinado achado deveria se fundamentar em um estudo bem delineado com os devidos controles e atenção a fontes conhecidas de erro, tais como falibilidade diagnóstica. Além disso, o achado deveria ser corroborado por outros estudos bem delineados de outros investigadores. Quando um achado baseado em estudos imprecisamente delineados era contrariado por estudos bem delineados, ou quando era de pronto explicado com base em alguma variável que não a depressão, o resultado era classificado como duvidoso. O rótulo "incerto" se aplica a áreas de resultados conflitantes, delineamento experimental inadequada ou falta de confirmação independente.

Somente dois achados receberam o rótulo "provável". A secreção de esteroides aumentada justifica essa designação, mas não é específica de depressão. Os estudos eletroencefalográficos, com uma exceção, demonstram períodos diminuídos de sono profundo; o único achado contraditório pode ser explicado pela administração de sedativos durante o período de testes.

TRANSTORNO MANÍACO-DEPRESSIVO E CONSTITUIÇÃO

Uma linha de pesquisa inicial explorou a relação entre "constituição corporal" e psicose maníaco-depressiva. Nesta seção, consideramos correlações que foram encontradas entre compleição física, psicose maníaco-depressiva e esquizofrenia. Uma revisão das limitações metodológicas também é apresentada.

TABELA 9.1
Estudos biológicos da depressão

Área de estudo	Achado	Validade
Constituição	Relação com constituição pícnica	Duvidoso
Gêmeos idênticos	Concordantes para depressão	Incerto
Metabolismo da glicose	Tolerância à glicose diminuída	Incerto
Eletrólitos	Retenção de sódio	Incerto
Esteroides	Secreção aumentada	Provável*
Teste com Mecolil	Resposta vascular anormal	Duvidoso
Salivação	Secreção diminuída	Duvidoso
Resposta de sedação	Diminuído limiar	Duvidoso
EEG no sono	Estágio 4 do sono diminuído	Provável
Resposta fotoconvulsiva	Limiar diminuído	Incerto
EMG	Atividade residual aumentada	Incerto

* Achado não específico de depressão.

O nome Ernst Kretschmer tem sido intimamente associado à teoria da relação entre várias psicoses e constituição corporal. Com base em observações clínicas, ele postulou que existe uma relação biológica entre constituição pícnica (que corresponde a *endomórfica* e *eurimórfica* em relatos posteriores) e psicose maníaco-depressiva. O autor relatou[5] que 81 de 85 pacientes esquizofrênicos apresentavam morfologia leptossômica, ao passo que 58 de 62 maníaco-depressivos tinham constituição pícnica.

Uma série de estudos foram realizados nos anos subsequentes. Alguns deles confirmaram vigorosamente os achados de Kretschmer, mas outros não confirmaram ou confirmaram apenas parcialmente sua teoria. Uma análise crítica completa da literatura foi apresentada por Rees.[6]

Em um estudo de 100 casos de depressão maníaca, 100 indivíduos normais e 100 indivíduos diagnosticados com esquizofrenia, Clegg[7] obteve confirmaçãp apenas parcial da teoria de Kretschmer. Burchard[8] comparou um grupo de 125 maníaco-depressivos e 125 esquizofrênicos. Os pacientes foram inicialmente classificados com base em uma impressão global do examinador nos tipos pícnico, atlético e astênico. Burchard encontrou uma associação entre o tipo pícnico e psicoses maníaco-depressivas e entre o tipo leptossômico e esquizofrenia. Também constatou uma relação estatisticamente significativa entre a classificação da constituição leptossômica baseada em índices antropométricos e esquizofrenia. Contudo, Burchard relatou que o tipo físico é influenciado pela idade do paciente; isso, evidentemente, lança certa dúvida quanto ao significado de seus resultados. Wittman, Sheldon e Katz[9] também encontraram uma correlação significativa (0,51) entre constituição endomórfica (pícnica) e transtorno maníaco-depressivo. Entretanto, a idade não foi devidamente controlada.

Anastasi e Foley[10] encontraram uma tendência definida para uma constituição corporal mais pícnica com o avanço da idade; este achado se aplicava tanto a maníaco-depressivos quanto a esquizofrênicos.

Uma observação semelhante foi feita por Farber,[11] que estudou uma série de dimensões e proporções físicas em 18 pacientes maníaco-depressivos e 81 esquizofrênicos. Ele constatou que a constituição pícnica torna-se mais comum com o aumento da idade. Farber também sugeriu que a maior probabilidade de deterioração física entre pacientes esquizofrênicos poderia explicar sua aparência leptossômica.

Rees[12] comparou 42 pacientes maníaco-depressivos com um grupo de sujeitos normais e 49 esquizofrênicos. Utilizando diversas medidas físicas e proporções corporais, ele constatou maior tendência à constituição eurimórfica (pícnica) no grupo maníaco-depressivo. Rees concluiu que sua relação poderia ser explicada somente em parte – não integralmente – com base nas diferenças de idade, e que haveria uma forte relação entre constituição corporal e transtorno afetivo.

Ao avaliar os estudos mencionados, alguns problemas metodológicos devem ser levados em consideração.

1. Os pacientes esquizofrênicos nos estudos eram mais jovens do que os maníaco-depressivos. Como ocorre uma transição da constituição leptossômica para a pícnica com o avanço da idade, é possível que as diferenças no físico se devam à idade.
2. O estado nutricional pode afetar os índices de constituição física. Assim, esperaríamos que os esquizofrênicos crônicos exibissem efeitos físicos mais acentuados do que os maníaco-depressivos como resultado da maior duração da hospitalização.[13] Além disso, se os relatos de uma relação entre alta classe social e transtorno maníaco-depressivo são válidos, é possível que os maníaco-depressivos tenham melhor nutrição durante seu período desenvolvimentista.
3. A possibilidade de contaminação ou de tendenciosidade estava presente em algum grau na maioria dos estudos. Um investigador que esteja classificando os índices físicos não pode ignorar a pre-

sença ou ausência de afeto nos pacientes e talvez seja influenciado por seus preconceitos teóricos. Além disso, ao fazer o diagnóstico clínico, o investigador pode ser influenciado pelo estereótipo clínico do esquizofrênico magro e pálido e do ciclotímico (maníaco-depressivo) rotundo.

4. Como Rees[6] demonstrou, não existem tipos díspares que correspondam ao pícnico e leptossômico, mas existe uma graduação contínua de um extremo ao outro.
5. Em relação ao achado de que o índice de massa corporal (IMC) mais alto indicaria histórico de tentativas de suicídio em indivíduos como transtorno bipolar, Fagiolini e colaboradores[14] especularam em 2004 que o maior risco de suicídio refletiria o resultado de tratamento geralmente pior em pacientes com alto IMC. Também é possível que a obesidade aumente independentemente o risco de suicídio por causa de suas consequências psicossociais negativas. Essas consequências negativas incluem estigmatização, discriminação e impacto negativo geral do IMC mais alto sobre o bem-estar físico e psicológico geral.[14]

Em suma, nunca foi realizado um estudo bem delineado para testar os resultados de Kretschmer. Com nosso presente estado de conhecimento, parece claro que a associação do físico endomórfico ou eurimórfico à depressão é um artefato que resulta de variáveis intermediárias como idade e estado nutricional.

HEREDITARIEDADE NO TRANSTORNO MANÍACO-DEPRESSIVO

Há mais de um século, diversos escritores apresentaram evidências em favor da teoria de que alguns indivíduos são *portadores* de uma predisposição específica ou vulnerabilidade à psicose maníaco-depressiva.[15,16]

Estes investigadores tentaram demonstrar que a tendência de desenvolver a doença aumenta em proporção ao grau de consanguinidade com um paciente com o mesmo transtorno. Os primeiros estudos do transtorno maníaco-depressivo em geral produziram taxas de concordância compatíveis com a teoria da transmissão do transtorno por um gene dominante.[15]

No levantamento de 461 indivíduos, Kallmann usou o método *da família de gêmeos* para calcular as seguintes taxas de expectativa de psicose maníaco-depressiva entre familiares consanguíneos de pacientes com psicose maníaco-depressiva:

- 0,4%   na população em geral;
- 23,5%   nos pais;
- 16,7%   em irmãos unilaterais;
- 23%   em irmãos bilaterais;
- 26,3%   em gêmeos não idênticos;
- 100%   em gêmeos idênticos.

Estudos de gêmeos idênticos

Kallmann[15] isolou um grupo de 23 pacientes maníaco-depressivos que se distinguiam por terem irmãos gêmeos idênticos (monozigóticos). Em 22 casos, o irmão gêmeo também era diagnosticado como maníaco-depressivo. A característica diagnóstica essencial era a presença de "oscilações de humor agudas, autolimitadas e puras antes da quinta década de vida e nenhuma desintegração residual da personalidade antes ou depois dos episódios maníaco-depressivos".

Diversos problemas são levantados pelos estudos de gêmeos de Kallmann.

O problema da falibilidade diagnóstica. A possibilidade de tendenciosidade do investigador ao fazer o diagnóstico de um gêmeo tendo pleno conhecimento da condição psiquiátrica de seu irmão deve ser considerada. No estudo de Kallmann, o grau de concordância é surpreendentemente alto em virtude da comprovada baixa confiabilidade dos diagnósticos psiquiátricos. Seria de esperar que a variabilidade diagnóstica houvesse reduzido substancialmente a concordância se diagnósticos completamente independentes tivessem sido feitos.

O problema da averiguação de gêmeos. Depender do relato do próprio paciente para averiguação dos gêmeos é uma fonte de erro. Além disso, a seleção do material dentre populações residentes em hospitais gera um viés na amostragem; por exemplo, casos concordantes são mais propensos a visitar um hospital do que casos discordantes porque é um fardo mais pesado para a família cuidar de gêmeos psicóticos do que de apenas um psicótico em casa.[16] Além disso, é possível que a atenção de Kallmann fosse mais atraída para casos em que o transtorno maníaco-depressivo existia em ambos os gêmeos do que para casos em que apenas um deles apresentava a doença. Este fator seletivo poderia falsamente aumentar a concordância obtida.

O problema da determinação da zigosidade. Como assinalou Gregory,[17] existe considerável imprecisão nos métodos mais antigos de determinação da zigosidade (gêmeos idênticos *versus* gêmeos fraternos) empregados nos estudos psiquiátricos citados. Essas imprecisões variaram em até 30% se comparadas com exames sorológicos mais refinados.

Slater[18] selecionou um grupo muito menor de gêmeos idênticos com transtornos afetivos. Ele empregou métodos mais aprimorados para determinação da zigosidade do que Kallmann, além de ter apresentado dados mais completos. Dos oito pares de gêmeos, quatro eram concordantes quanto ao transtorno afetivo. Dos gêmeos discordantes, três foram diagnosticados como normais e um como neurótico. O autor assinala que entre os gêmeos concordantes houve muitas diferenças no quadro clínico. Embora essa casuística seja muito pequena para a obtenção de conclusões definitivas, deve-se observar que o grau de concordância (50%) foi substancialmente menor do que a taxa esperada de 100% apresentada por Kallmann.

Tienari[17] procurou corrigir as inadequações metodológicas e "tapar os buracos" nas investigações anteriores sobre doença mental em gêmeos. Seus dados consistiam de todos os nascimentos vivos registrados na Finlândia entre 1920 e 1929. A ocorrência de gêmeos baseou-se no registro de nascimento. Para determinação da zigosidade, Tienari utilizou técnicas sorológicas aprimoradas além dos métodos mais antigos. O investigador encontrou 16 casos de esquizofrenia e 1 caso de psicose reativa entre gêmeos idênticos (nenhum caso de psicose afetiva foi encontrado). A característica mais marcante do relato é que não houve um único caso sequer em que o irmão gêmeo de um paciente esquizofrênico também tivesse esquizofrenia: o grau de concordância foi zero! Este achado é notável em virtude do relato de Kallmann de uma taxa de expectativa corrigida para esquizofrênicos de 86,2%.

Os resultados de Tienari são relevantes para os estudos de depressão em gêmeos porque Kallmann utilizou as mesmas técnicas para averiguação de gêmeos, determinação da zigosidade e classificação diagnóstica na investigação da psicose maníaco-depressiva e na da esquizofrenia. Se os resultados de seus estudos sobre esquizofrenia são inválidos, seus achados na psicose maníaco-depressiva também estão sujeitos a sérias dúvidas.

Gêmeos idênticos criados separadamente

Shields[19] conduziu uma investigação sobre fatores genéticos e ambientais e variação na personalidade. Ele organizou seu estudo de modo que os gêmeos se apresentassem como voluntários para o estudo por meio do envio de seus nomes a British Broadcasting Corporation. Entre os voluntários havia 44 pares de monozigóticos afastados em idade precoce e criados separadamente. Shields combinou este grupo com 44 pares de gêmeos monozigóticos criados juntos que serviram como grupo-controle.

Shields descobriu que os gêmeos criados juntos eram mais semelhantes em diversas classificações de personalidade do que os pares separados. Contudo, esta diferença não foi estatisticamente significativa. O pesquisador também descobriu que os gêmeos separados e os não separados têm considerável semelhança em cacoetes, voz, temperamento e gostos. Algumas variáveis de personalidade extremas, tais como irritabilidade, ansiedade, labilidade emocional, rigidez e tendências ciclotímicas, apresentaram aproximadamente o mesmo grau de concordância no grupo de irmãos que viveram separados e no daqueles que não viveram separados.

Em um teste de extroversão, tanto os pares de irmão criados separados quanto os daqueles criados juntos apresentaram correlações significativas. O coeficiente de correlação para extroversão foi mais alto (0,61) no grupo de irmãos separados do que no grupo-controle (0,42). Uma vez que se alega que a extroversão tem alguma relação com a personalidade pré-mórbida dos pacientes maníaco-depressivos, este achado pode ter alguma importância. Os gêmeos separados também apresentaram um coeficiente de correlação interclasse mais alto em um teste de neuroticismo (0,53) do que os gêmeos não separados (0,38).

Os dados referentes à concordância de transtornos psiquiátricos entre os gêmeos são inconclusivos, mas vale a pena mencioná-los aqui. Um grupo de gêmeos separados teve perturbações mentais com depressão e tensão após a idade de 40 anos e foram aconselhados a procurar tratamento em um hospital psiquiátrico. Em três casos, um gêmeo teve episódios neurótico-depressivos. Em resumo, um grupo de gêmeos era concordante e três grupos eram discordantes quanto a transtorno afetivo. Obviamente, a amostra é pequena demais para obtermos qualquer conclusão.

Estudos de linhagem

Stenstedt[20] estudou 288 casos de maníaco-depressivos. Ele constatou que a morbidade entre irmãos, pais e filhos de pacientes era de 11,7% entre os homens e de 11,8% entre as mulheres. Os pacientes neste estudo tinham sido internados em hospitais psiquiátricos de uma área rural sueca durante o período de 1919 a 1948. Várias fontes de informação foram exploradas sobre os pacientes e seus familiares. Quando havia possibilidade de perturbação psiquiátrica em um familiar, este foi examinado. Catorze famílias foram excluídas por causa de informações insuficientes. O período de observação variou de 14 meses a mais de 20 anos.

O risco de morbidade no transtorno maníaco-depressivo na área de investigação foi calculado em cerca de 1% se fossem incluídos casos dúbios. Quanto ao risco de morbidade entre os familiares dos pacientes, eis os resultados: pais, 7,5%; irmãos, 14,1%; filhos, 17,1%.

Utilizando dados de entrevistas estruturadas de 748 pacientes consecutivos internados em um hospital psiquiátrico, Winokur e Pitts[21] tentaram determinar a prevalência de transtornos afetivos entre familiares de pacientes diagnosticados como portadores de reação maníaco-depressiva, reação psicótico-depressiva, reação neurótico-depressiva ou reação involutiva. Da amostra inicial, 366 pacientes haviam recebido um desses diagnósticos. As informações sobre a prevalência de transtornos afetivos entre os familiares dos pacientes foram obtidas de um familiar que acompanhava o paciente ou deste próprio.

Os investigadores encontraram uma prevalência de transtorno afetivo em 22,9% das mães e em 13,6% dos pais dos pacientes. Verificaram que a prevalência de transtornos afetivos nos irmãos era muito mais alta quando um ou ambos os pais apresentavam um transtorno afetivo do que quando nenhum deles tinha qualquer transtorno. Segundo os autores, nem a hipótese de um único gene recessivo nem a de um único gene dominante foi confirmada pelos dados.

O estudo tem limitações:

1. As informações sobre a prevalência de transtorno afetivo nos familiares foram

obtidas de um único familiar que acompanhava o paciente ou deste próprio; nenhum outro paciente foi examinado. Isso deixa uma grande área de incerteza no tocante à validade de diagnósticos baseados em dados que talvez fossem incompletos ou tendenciosos.
2. A presença de uma história familiar positiva de transtorno afetivo poderia ter exercido alguma influência no diagnóstico do paciente, principalmente quando o quadro clínico era ambíguo.
3. O seguimento de familiares não abrangeu tempo suficiente para garantir que todos os membros tenham passado pelo *período de risco*. (A idade de risco proposta por Fremming[22] varia de 20 a 65 anos.)

Uma revisão muito mais recente de Taylor e colaboradores[23] conclui que, embora a pesquisa em genética molecular ainda tenha que identificar inequivocamente os genes específicos, estudos de família, de gêmeos e de filhos adotivos indicam uma clara rota genética para o transtorno bipolar. Os autores relatam a prevalência ao longo da vida de doença bipolar na população em geral como sendo cerca de 1%, comparada com estudos familiais que indicam um risco em um familiar em primeiro grau de um caso probando bipolar de 5 a 10%. Em gêmeos monozigóticos, a probabilidade de ocorrência de transtorno bipolar é até 75 vezes maior do que na população em geral. Os autores concluem que as futuras pesquisas devem levar em conta múltiplos locos genéticos e o papel de fatores ambientais.

McGuffin e colaboradores[24] exploraram a sobreposição etiológica genética de transtorno afetivo bipolar e depressão unipolar. Os critérios operacionais do *DSM-IV* foram usados para obter diagnósticos ao longo da vida de cada transtorno de humor. Os pesquisadores constataram que a maior parte da variância genética no desenvolvimento da mania (aproximadamente 71%) é específica à síndrome maníaca, e não compartilhada com depressão. As taxas de concordância em seu estudo sobre transtorno unipolar e bipolar são apresentadas na Tabela 9.2.[24]

Resumo

Transtorno bipolar

Ao revisarem a contribuição genética para a ocorrência de doença bipolar, Sevy e colaboradores[25] constataram forte confirmação de um fator genético. Em estudos com irmãos gêmeos e filhos adotivos, a revisão relatou uma taxa de concordância média para transtorno bipolar de 69,3% em gêmeos monozigóticos, com variação entre 50 e 92,5%. A concordância média em gêmeos dizigóticos foi relatada em 20%, com variação de 0 a 38,5%. Além disso, Sevy e colaboradores[25] citam pesquisa que mostra que a doença bipolar se expressa indepen-

TABELA 9.2
Concordância em casos probandos para transtorno afetivo (TA) unipolar (TUP) e bipolar (TBP)

Diagnóstico do probando	Diagnóstico em pares de gêmeos							
	Monozigóticos (%)				Dizigóticos (%)			
	n	TUP	TBP	Total de TA	n	TUP	TBP	Total de TA
TBP	30	26,7	40	66,7	37	13,5	5,4	18,9
TUP	68	44,1	1,5	45,6	109	20,2	0	20,2

Adaptado de McGuffin et al. (2003).

dentemente do ambiente inicial, uma vez que gêmeos idênticos que foram criados separados tendem a ser concordantes quanto à doença.

Depressão unipolar

Em uma revisão da genética de depressão unipolar, Wallace e colaboradores[26] concluíram que a contribuição genética é bastante substancial. Os autores sugeriram que a contribuição genética foi negligenciada, uma vez que a experiência geral comum nos leva a identificar causas reativas ou situacionais visíveis da depressão. Dois relatos recentes no *American Journal of Psychiatry* concordam muito bem sobre a hereditariedade geral da depressão maior. Estes incluem uma metanálise de Sullivan, Neale e Kendler (2000), e depois um grande estudo nacional sueco de Kendler, Gatz, Gardner e Pedersen (2006). O estudo de 2006 é o único de gêmeos importante publicado após a revisão e metanálise de 2000, e ambos sugerem a hereditariedade da depressão maior em cerca de 38%.

ESTUDOS BIOQUÍMICOS DA DEPRESSÃO

Primeiros estudos (1903-1939)

Apesar das centenas de estudos de transtorno maníaco-depressivo realizados entre 1903 e 1939, não houve resultados inequívocos que relacionassem este transtorno a quaisquer anormalidades bioquímicas. Cleghorn e Curtis[27] resumiram isso da seguinte maneira:

> O trabalho do começo do século XX foi realizado principalmente na busca de alguma patologia somática para explicar a psicose maníaco-depressiva como descrita por Kraepelin. Estes casos podem ser resumidos rapidamente dizendo-se que toda célula, tecido e líquido acessível foi estudada por todas as técnicas disponíveis no momento, com resultados negativos. Algumas anormalidades da curva de tolerância à glicose foram encontradas, mas em nenhum aspecto ela diferiu significativamente do que se encontrou em pacientes que sofrem de esquizofrenia, de ansiedade ou da abrangente expressão "tensão emocional".

Em 1939, McFarland e Goldstein[28] apresentaram uma exaustiva revisão dos estudos bioquímicos da psicose maníaco-depressiva até aquela data. Os autores demonstraram em forma tabular os resultados negativos e em forma descritiva os resultados positivos de 134 estudos. Estes estudos são resumidos a seguir.

Glicemia

Os autores tabularam 19 estudos em que a glicose sérica estava dentro dos limites normais. O maior estudo, de Whitehorn, incluiu 520 casos: 345 de deprimidos, 151 de maníacos e 24 de casos mistos. Em 6 estudos a glicose sérica estava acima dos limites normais.

Tolerância à glicose

A curva de tolerância à glicose estava normal em 5 estudos e anormal em 16 outros. Kooy constatou uma curva de tolerância elevada em casos de melancolia, mas também obteve curvas igualmente elevadas em casos de acentuada ansiedade.

Reserva ácida e alcalina

O pH do sangue de indivíduos maníaco-depressivos estava dentro dos limites normais em 7 estudos. Um estudo de Poli com 12 depressivos e 10 maníacos relatou constante e acentuada diminuição do pH em estados de excitaçãoe pH normal ou ligeiramente diminuído em estados depressivos. A reserva alcalina estava acentuadamente diminuída em estados de excitação e quase normal em estados depressivos.

Cálcio e fósforo séricos

Os níveis de cálcio e fósforo no sangue apresentaram-se normais em 9 estudos, mas 5 outros não confirmaram tais valores nos maníacos-depressivos. Klemperer, por exemplo, relatou que o cálcio estava diminuído na melancolia agitada. Casos de melancolia com estupor também apresentaram baixo nível de cálcio, mas casos de mania apresentaram alto nível de cálcio.

Substâncias nitrogenadas

Dez estudos indicaram que a metabolização de nitrogênio em maníaco-depressivos estava dentro dos limites normais. Contudo, dois estudos relataram achados anormais. Looney, por exemplo, testou 30 casos de depressão e relatou um alto conteúdo plasmático de substâncias nitrogenadas. O autor supôs que aminas tóxicas estariam presentes no sangue em casos de acentuada depressão.

Substâncias lipoides

Níveis normais de colesterol foram obtidos em 4 estudos, e níveis anormais, em 12. Em geral, as investigações que relatam níveis anormais mostram hipocolesteremia e atribuem essa anormalidade geralmente ao grau de atividade do paciente.

Cloreto

Os níveis de cloreto sérico foram relatados como dentro da faixa normal em 5 estudos. Em um estudo com 11 psicóticos ansiosos e depressivos, entretanto, os valores de cloreto no sangue total e no plasma estavam acima do normal.

Análise crítica dos estudos

Na análise dos resultados dos estudos bioquímicos, McFarland e Goldstein assinalaram que pacientes maníaco-depressivos tendiam a apresentar maior variabilidade tanto intraindividual quanto interindividual do que indivíduos normais. Além disso, parecia haver indicações de uma variabilidade ligeiramente maior nas constantes pessoais do paciente depressivo quando comparadas com as do paciente maníaco. Revisões críticas e estudos subsequentes mais sistemáticos descartaram substancialmente os poucos resultados positivos relatados.

A curva anormal de tolerância à glicose, como assinalada por Cleghorn e Curtis,[27] não diferencia psicose maníaco-depressiva de outros transtornos psiquiátricos. A tolerância à glicose alterada foi considerada por Gildea e colaboradores[29] um artefato, produzido pela absorção retardada no trato intestinal no teste da glicose. Quando a glicose foi administrada por via intravenosa em vez de por via oral, não se obteve a curva anormal de tolerância à glicose. Este resultado foi contestado por Pryce,[30] que também utilizou a via intravenosa, mas constatou tolerância diminuída em pacientes deprimidos comparados com um grupo-controle. Como a tolerância à glicose diminui com a idade, a deficiência de carboidratos na dieta e a desnutrição crônica, o resultado de tolerância anormal à glicose nos pacientes deprimidos deve ser interpretado com cautela. O achado de hipocolesteremia foi contradito por Whittier e colaboradores.[31]

Estudos mais recentes (1940-2004)

Diferenças entre as fases maníaca e depressiva

Em 1942, Cameron[32] apresentou uma ponderada análise das comparações dos achados bioquímicos na mania e na depressão. O autor criticou os estudos principalmente tendo em conta que as ditas entidades clínicas consistiam em uma coleção de vários problemas diferentes.

> Os relatos de experimentos laboratoriais usuais simplesmente juntam todos os resultados obtidos de pacientes com transtornos de humor, calculam uma média, descrevem os desvios e a faixa de resultados e depois comparam esses números com outros semelhantes obtidos de grupos não selecionados diagnosticados como esquizofrênicos. Muitas vezes não há indicação de que os pacientes incluídos são ou não hiperativos ou estuporosos, ressentidos ou cooperativos, temerosos ou seguros, ainda que os possíveis efeitos dessas diferenças sejam bem conhecidos por qualquer clínico. Nenhuma quantidade de tratamento estatístico refinado é capaz de dar qualquer sentido a dados apresentados dessa forma.

O estado emocional, especialmente reações de ansiedade e estresse, deve ser levado em conta nas atribuições causais. Uma revisão de 2001 dos estudos biológicos com crianças e adolescentes deprimidos concluiu que os efeitos do estresse e a reatividade a este precisam ser considerados em estudos futuros "porque tais fatores podem por si próprios afetar os mesmos sistemas biológicos que foram implicados na etiologia do transtorno depressivo maior" (p. 153).[33]

Cameron chegou às seguintes conclusões:

1. Não há correlação entre metabolismo basal e humor, mas existe alguma evidência de que a taxa metabólica basal nos transtornos afetivos está relacionada ao grau geral de atividade, ansiedade e medo. *Pacientes maníacos e depressivos não apresentam resultados nos extremos opostos da escala.*
2. A pressão arterial não tem relação com o humor. A variabilidade da pressão pode ser acentuada em uma determinada pessoa, mas o grau de labilidade não se correlaciona com a labilidade do humor.
3. A reação da pressão arterial à adrenalina indica alguma diferença entre estupor e excitação, mas não entre euforia e depressão.
4. As medições do nível de glicemia após administração de efedrina não produzem resultados significativamente diferentes.
5. As curvas de tolerância à glicose não se correlacionam com a direção do transtorno de humor.
6. A evacuação de bário do trato gastrointestinal mostra diferenças: pacientes deprimidos apresentam evacuação consideravelmente retardada.
7. Diferenças significativas são relatadas para a taxa de secreção da glândula parótida: as taxas na mania situam-se na faixa normal, e as taxas na depressão ficam abaixo dela.
8. Acidez gástrica elevada é bastante relatada em maníacos e depressivos agitados e pouco em depressivos com retardo psicomotor.

Em conclusão, Cameron salientou o fato de que os estudos não diferenciam entre transtornos de humor:

> O contraste que aparece com mais frequência nos relatos estaria associado não às diferenças de humor, mas às diferenças no tipo e grau de ação envolvida. Assim, indivíduos tensos ou agitados podem ter mais em comum em sua função biológica com pessoas eufóricas e excitáveis do que com outras síndromes depressivas. Isso não é compatível com a hipótese de que a euforia e a depressão são processos metabólicos fundamentalmente opostos.

Nas décadas de 1950 e 1960, investigou-se muito a metabolização de água e eletrólitos na depressão, ainda que exaustivas revisões da literatura de McFarland e Goldstein em 1939[28] tenham indicado que os eletrólitos plasmáticos estão dentro dos limites normais em pacientes deprimidos.

Estudos de ciclos continuados

A primeira tentativa sistemática de identificar as mudanças no metabolismo associadas a mudanças no estado mental foi feita por Gjessing[34] em casos de *catatonia periódica*. Aplicando aos pacientes uma dieta de alimentos e líquidos durante um período de muitos meses, ele pôde fazer um estudo detalhado das oscilações durante vários ciclos da doença bifásica.

Outros pesquisadores aplicaram a técnica de Gjessing a uma série de pacientes maníaco-depressivos que mostraram rápidas alterações de humor. Nestes casos, um período de depressão e retardo psicomotor de alguns dias de duração foi seguido por um intervalo normal de um ou vários dias e depois por um breve período de euforia e hiperatividade. Esses ciclos continuaram a se repetir por muitos meses ou anos.

Os primeiros estudos com depressivos foram estimulados pela antiga observação de que o volume urinário tende a ser baixo durante a fase depressiva e alto durante a fase maníaca. Apesar da explicação óbvia de que a diferença talvez se deva ao fato de que pacientes maníacos tendem a beber mais do que pacientes deprimidos, os investigadores foram em busca de uma razão mais importante que explicasse as diferenças no débito de urina.

Klein e Nunn[35] estudaram um paciente de 67 anos que apresentava uma regularidade perfeita no ritmo de seus ciclos maníaco-depressivos a cada semana há 14 anos. O acompanhamento clínico, continuado por um período de meses, revelou um período de cinco dias de depressão seguidos por dois de mania. Os pesquisadores realizaram investigações clínicas e bioquímicas paralelas para correlacionar mudanças metabólicas coincidentes com as variações no estado mental. Várias alterações autonômicas estavam associadas às mudanças de humor; durante as fases maníacas havia um aumento claro na pressão arterial, no pulso e na taxa respiratória.

Por um período de vários meses, este paciente recebeu uma dieta balanceada e uma ingesta hídrica constante. Coletas de urina foram feitas a intervalos de 12 horas. O paciente apresentou uma oscilação metabólica cíclica composta de retenção de água e sal na fase depressiva e liberação na fase maníaca. Isso foi acompanhado por ganho de peso durante a depressão e correspondente perda de peso durante a mania. O súbito aumento no fluxo de urina se iniciou quando o paciente ainda estava em depressão e se manteve nesta taxa elevada durante os primeiros estágios da fase maníaca. Contudo, na época em que atingiu o estado de maior excitação, a taxa de excreção urinária já havia diminuído.

Klein descreveu um segundo caso em 1950. O paciente era um homem de 40 anos que tinha crises recorrentes de depressão e mania de duração variável durante um período de cinco anos. Uma crise depressiva geralmente durava cerca de 13 dias e era seguida por uma fase maníaca de 18 dias. A fase maníaca era seguida por 14 dias de humor normal. Este paciente também foi estudado em repouso, com dieta de alimentos e líquido constante. Em contraposição ao primeiro caso, não houve evidência de retenção de líquido ou de eletrólitos em qualquer fase do ciclo.

Em 1959, Crammer[36] relatou um estudo metabólico de dois pacientes psicóticos crônicos com perturbações mentais recorrentes que apresentaram perdas e ganhos de peso periódicos associados às diferentes fases da doença. A perda de peso foi acompanhada por poliúria com excreção urinária de cloreto de sódio aumentada, e o ganho de peso, por oligúria e retenção de sódio. Em um paciente, a perda de peso ocorreu no início de uma crise depressiva; no outro a perda de peso começou pouco antes do surgimento de um estado hipomaníaco a partir de um estado depressivo de semiestupor.

Estudos durante episódios depressivos

Alguns pesquisadores buscaram os correlatos bioquímicos da depressão na década de 1960. Gibbons[37] investigou um grupo de 24 pacientes que "apresentavam o quadro clínico da chamada depressão endógena". Ele constatou que na recuperação da depressão houve uma diminuição no sódio permutável. Nenhuma mudança consistente no potássio permutável total foi constatada. O autor concluiu que os resultados apoiavam a hipótese de que a depressão é acompanhada de retenção de sódio, o qual é excretado durante a recuperação.

Russell[38] investigou 15 pacientes deprimidos pela técnica de equilíbrio metabólico por períodos de duas a cinco semanas, durante os quais receberam eletroconvulsoterapia (ECT). Russell constatou que os pacientes apresentavam uma ligeira perda de sódio que não foi estatisticamente significativa durante o período de recuperação.

Coppen e Shaw[39] estudaram 23 pacientes com "depressão grave persistente". Constataram que sódio residual, que inclui sódio intracelular e algum sódio ósseo, estava significativamente aumentado durante a depressão. Sódio permutável e sódio extracelular não mudaram significativamente. Água corporal total, líquido extracelular e cloreto extracelular estavam todos elevados após a recuperação.

Lobban e colaboradores[40] estudaram a excreção de cloreto, sódio e potássio em 20 pacientes deprimidos e os compararam com 25 neuróticos de um grupo-controle. Constataram que os depressivos haviam excretado menos sódio e cloreto do que os grupos-controle durante o dia e mais durante a noite. Concluíram que pacientes deprimidos apresentavam uma perturbação do ritmo diurno da excreção de eletrólitos que não é secundária às mudanças de comportamento ou de dieta. Evidentemente, seria possível argumentar que as diferenças entre os dois grupos consistiriam em um sinal de perturbação do ritmo diurno do grupo-controle de neuróticos, e não dos pacientes deprimidos.

Anderson e Dawson[41] relataram que cerca da metade de uma série de 98 depressivos tinha um nível elevado de acetilmetilcarbinol no sangue. Este achado foi contradito por um estudo de Assael e Thein[42] que não revelou um aumento significativo de tal metabólito acetaldeído na depressão.

Flach[43] investigou o metabolismo do cálcio em 57 pacientes mantidos em uma dieta-controle constante em uma unidade metabólica. Constatou que após a administração de ECT ou tratamento com imipramina para alívio da depressão houve um declínio significativo associado na excreção urinária de cálcio. Essa mudança também foi observada em pacientes esquizofrênicos paranoides, mas não em pacientes diagnosticados como psiconeuróticos. As mudanças, além disso, eram visíveis em pacientes que melhoraram com a terapia, mas estavam ausentes naqueles que não tiveram melhora clínica durante o período de estudo.

Cade[44] relatou uma elevação significativa dos níveis de magnésio plasmático na esquizofrenia e em estados depressivos, mas não em pacientes maníacos. Este achado, que persistiu após remissão clínica, poderia ser o resultado de diferenças etárias, as quais não foram controladas no estudo.

Os diversos relatos de tratamento bem-sucedido de pacientes maníacos com íon lítio comprovam adicionalmente que mudanças eletrolíticas podem ser importantes nos transtornos afetivos. Durante a fase maníaca os pacientes apresentam uma tolerância anormalmente alta ao lítio. Com a resolução da mania, essa tolerância desaparece e é acompanhada por uma excreção massiva de lítio.[45] Embora os mecanismos de ação do lítio no tratamento da mania não tenham uma explicação imediata, esses achados estão sendo investigados.

Teste experimental de marcadores biológicos

Segundo Gibbons,[46] as eventuais mudanças eletrolíticas na depressão são provavelmente *efeitos secundários* da doença. Algumas podem resultar de mudanças na quantidade e composição da dieta ou da variação na atividade motora. Outras talvez sejam resultado da perturbação afetiva.

Compatível com a ideia de Gibbons[46] de diferenciar os efeitos "secundários" de primários da depressão, duas décadas depois Mullen e colaboradores[47] conduziram uma investigação experimental de dois marcadores biológicos comuns da depressão: o teste de supressão da dexametasona (TSD) e o teste de latência do movimento rápido dos olhos (REM).

As alterações na depressão com frequência incluem transtorno do sono e perda de apetite com concomitante perda de peso devido ao consumo reduzido de calorias. A diminuição da latência do REM e das respostas do cortisol à dexametasona têm sido usadas na prática clínica como auxílios diagnósticos, ou "marcadores biológicos", da depressão. Mullen e colaboradores[47] indagaram se o TSD e o teste de latência do REM poderiam ser artefatos decorrentes das perturbações na alimentação e no sono em vez de marcadores específicos de depressão clínica.

Para responder a tal indagação, 28 voluntários normais foram submetidos à privação de sono ou à restrição calórica. A privação de sono imitou o padrão de perturbação do sono típico dos transtornos depressivos maiores. Primeiro os voluntários mantiveram um ciclo de sono e vigília regular por duas semanas, depois a hora de dormir for atrasada em uma hora, e eles passaram a ser despertados duas horas antes do que o de costume.

O procedimento de restrição calórica limitou o consumo de calorias por 18 dias de 1.000 a 1.200 kcal por dia.

A restrição do sono encurtou a latência do REM, assim replicando a latência diminuída utilizada clinicamente como indicador diagnóstico de depressão. Além disso, verificou-se que a restrição calórica induz uma resposta à dexametasona como aquela que havia sido considerada diagnóstica de depressão clínica.

A despeito do fato de tal estudo ter provado a não especificidade dessa característica, os autores admitiram a possibilidade de que a biologia da depressão e a restrição calórica possam ser mediadas separadamente. Colocando de outra forma, a não supressão dos níveis de cortisol em resposta à dexametasona pode ser causada ou pela depressão ou pela perda de peso, mas com conexões causais através de mecanismos independentes. Independente de ser este o caso, a coexistência de perturbação do sono e restrição calórica durante estados deprimidos elimina qualquer utilidade do TSD para prover informações diagnósticas independentes sobre a presença de depressão.[47]

Respostas de sujeitos normais ao estresse

Schottstaedt e colaboradores[48] constataram que experiências de vida indutoras de depressão, quer ocorram no curso natural dos fatos, quer artificialmente em laboratório, estão associadas a padrões anormais de excreção renal de água e eletrólitos. As reações provocadas nos cinco sujeitos consistiram em atividade física reduzida, atitudes de inutilidade ou desesperança e sentimentos de depressão ou exaustão. Estas associavam-se a taxas diminuídas de excreção de água, sódio e potássio, se comparadas com as taxas de excreção observadas durante períodos neutros e tranquilos.

Parece que em alguns casos de alternação de mania e depressão, variações da metabolização de água e sódio acompanham as oscilações no humor. Contudo, estudos utilizando a técnica de equilíbrio metabólico em crises isoladas de doença depressiva não revelaram essa variação. Alguns estudos com radiossódio indicam que pode haver alguma alteração na metabolização do sódio. De modo geral, as investigações fornecem evidências duvidosas de perturbação no metabolismo da água e sais minerais na depressão. Os achados específicos descritos precisam de confirmação adicional por estudos independentes. Mesmo no caso de achados positivos confirmados, é difícil avaliar o significado das mudanças no metabolismo da água e sais minerais porque talvez sejam secundários a anormalidades sabidamente associadas à depressão. Esses desvios incluem má alimentação e ingestão de líquido, redução na atividade física e aumento na secreção de esteroides. Em relação à alimentação, Mullen e colaboradores[47] demonstraram experimentalmente que a restrição calórica causa efeitos idênticos nos níveis de cortisol em resposta à dexametasona comparados com os encontrados na depressão clínica.

ESTUDOS ENDOCRINOLÓGICOS

Metabolização de esteroides

Existem evidências substanciais de que mudanças na metabolização de esteroides acompanham algumas fases da depressão assim como outros transtornos psiquiátricos. Algumas evidências sugerem que o excesso de hormônios adrenais pode produzir perturbações psiquiátricas. Outras evidências indicam que o excesso desses hormônios talvez seja consequência, e não causa, de uma perturbação psiquiátrica.

A possível associação entre "humores" e transtorno mental é postulada desde a antiguidade. Praticamente todo novo hormônio isolado tem sido usado em um esforço para tratar os transtornos mentais, com inevitável fracasso. O desenvolvimento de técnicas para isolar esteroides no sangue e na urina, assim como a introdução de esteroides no tratamento de diversas condições clínicas, concentrou sua atenção, nos últimos 50 anos, na relação entre esteroides e transtornos psiquiátricos.

Em 1963, Michael e Gibbons[49] apresentaram uma revisão abrangente da relação dos esteroides com os transtornos psiquiátricos. Assinalaram que a experiência de emoção em sujeitos saudáveis está associada ao aumento no nível plasmático de 17-hidroxicorticoides. Este aumento na atividade adrenocortical ocorre tanto quando excitação emocional é produzida espontaneamente em resposta a fatos ambientais ocorridos de modo natural como quando ela é induzida experimentalmente. O aumento no nível plasmático de cortisol ou a excreção urinária de 17-hidroxicorticoides, por exemplo, tem sido descrito nas seguintes situações de estresse: em pacientes hospitalizados pouco antes de procedimentos cirúrgicos importantes; em familiares que acompanham doentes graves ou familiares de feridos à sala de emergência de um hospital; em alunos antes ou após provas; em equipes de corrida de barco pouco antes de uma disputa. Aumentos na segregação de esteroides também foram observados em reação a estresse induzido experimentalmente em laboratório. Sujeitos hospitalizados para um experimento de privação do sono apresentaram um aumento nos níveis de esteroides no sangue antes de o experimento de fato começar. Aumentos moderados no nível de esteroides foram descritos entre pacientes submetidos a entrevistas estressantes. O nível dos esteroides plasmáticos se correlaciona melhor com a intensidade do afeto (ansiedade, raiva ou depressão) provocado do que com qualquer afeto específico. De modo geral, a excitação emocional, mais do que qualquer tipo particular de reação emocional ou de estímulo indutor de estresse, parece ser responsável pelo aumento nos níveis de esteroides.

Michael e Gibbons assinalam que notáveis aumentos nos esteroides plasmáticos ocorrem em pacientes ansiosos e deprimidos e em pacientes esquizofrênicos agudos que apresentam perturbação emocional. Contudo, pacientes esquizofrênicos crônicos, que não apresentam perturbação apreciável do afeto, têm níveis esteroidais dentro da faixa normal. A melhora dos pacientes deprimidos parece ser acompanhada por uma diminuição da atividade adrenocortical. Pacientes adrenalectomizados mantidos com doses adequadas de esteroides apresentam uma vida emocional mais serena e menos oscilações de humor do que antes de adoecerem. Este achado sugeriu a Michael e Gibbons que as mudanças na função adrenocortical que acompanham a emoção podem ter um papel na determinação da experiência emocional.

Board e colaboradores[50] demonstraram que os níveis de cortisol plasmático eram mais altos em pacientes deprimidos do que em indivíduos normais. Quanto mais estresse emocional observado no paciente, mais alto o nível de esteroides. Em testes subsequentes, o nível de esteroides geralmente caía, embora alguns pacientes que haviam recebido ECT apresentassem níveis superiores. Curtis e colaboradores[51] investigaram a relação entre 17-hidroxicorticoides urinários e diversos estados afetivos. Verificaram maior excreção de esteroides nos casos de ansiedade do que nos pacientes deprimidos.

Gibbons e McHugh[52] mediram o cortisol plasmático em intervalos semanais em 17 pacientes deprimidos durante 18 períodos de hospitalização. Os autores encontraram níveis elevados de cortisol plasmático. De modo geral, quanto mais grave era a depressão, maior o nível de cortisol. A recuperação dos 18 casos de depressão foi acompanhada por um declínio no nível de cortisol. Kurland[53] realizou estudos seriais de excreção esteroidal urinária em cinco pacientes neurótico-depressivos e em cinco pacientes maníaco-depressivos. O autor verificou que a excreção de esteroides 17-cetogênicos do grupo total de 10 pacientes encontrava-se significativamente correlacionada com a sintomatologia depressiva clínica. Ele também relatou que a variação diurna na excreção desses compostos seguia a variação diurna usual registrada no humor de pacientes deprimidos: a taxa mais alta ocorria durante as primeiras horas da manhã e diminuía progressivamente ao longo do dia e da noite.

Gibbons[54] mediu o cortisol plasmático em 15 pacientes deprimidos. Taxas de secreção elevadas foram encontradas antes do tratamento: estavam mais altas nos pacientes mais gravemente deprimidos. Em 10 pacientes, o alívio da depressão foi acompanhado por uma diminuição significativa na taxa de secreção.

Em uma série de estudos, Bunney e colaboradores demonstraram a relação entre secreção de esteroides e depressão. Em um estudo, Bunney e colaboradores[55] investigaram a relação entre excreção esteroidal urinária e classificações comportamentais. Sete pacientes foram acompanhados durante períodos de crises depressivas psicóticas. De modo geral, os pesquisadores constataram que o início de uma crise depressiva era acompanhado por um aumento significativo na excreção de 17-hidroxicorticoides.

Em outra investigação, Bunney e colaboradores[56] estudaram as mudanças comportamentais e bioquímicas de um paciente com ciclos maníaco-depressivos de 48 horas. Os pesquisadores verificaram que níveis de excreção de 17-hidroxicorticoides se alternavam regularmente de dois em dois dias na direção oposta à das classificações de 24 horas em estado de mania. Nos dias em que o grau de mania estava elevado, os níveis de 17-hidroxicorticoides estavam baixos; nos dias de depressão com imobilidade, os níveis de 17-hidroxicorticoides estavam altos.

Bunney e Fawcett[57] também investigaram a relação entre suicídio bem-sucedido e excreção prévia de níveis de 17-hidroxicorticoides em excesso. Três pacientes que cometeram suicídio, mas que antes haviam apresentado classificações relativamente baixas de comportamento suicida, apresentaram uma média elevada de 17-hidroxicorticoides pouco antes do suicídio.

Uma revisão de 2003 de Tiemeier[58] sugere que o achado mais confiável na psiquiatria biológica é a associação entre depressão e perturbação do eixo hipotalâmico-hipofisário-adrenal. Além disso, uma revisão dos estudos longitudinais indica que um risco aumentado de recaída está correlacionado com disfunção endócrina.

A despeito do grande número de estudos sobre os correlatos biológicos, pouco se sabe sobre relações causais. Assim, existe a necessidade de estudos prospectivos baseados na população para ajudar a elucidar os mecanismos etiológicos. Estes estudos devem incluir coortes livres de depressão na entrada do estudo.[58] Além disso, os aspectos neuroendócrinos das depressões agudas podem diferir do que se encontra nos transtornos de humor crônicos,[59] o que requer estudos independentes de depressão aguda e crônica, ao invés da junção de pacientes de ambos os tipos em uma análise.

Função da tireoide

Não existe evidência consistente de disfunção da tireoide na depressão. Brody e Man[60] constataram que o nível sérico de iodo ligado à proteína (PBI) de esquizofrênicos deprimidos não difere significativamente do de esquizofrênicos não deprimidos ou de indivíduos normais. Gibbons e colaboradores[61] não encontraram diferenças significativas entre 17 depressivos e indivíduos normais. A maioria dos pacientes apresentou um declínio no PBI ao se recuperarem da depressão.

Entretanto, mais recentemente, Joffe e colaboradores[62] descreveram mudanças nos níveis de hormônios tireóideos em resposta à terapia cognitiva no tratamento de depressão maior, compatível com o efeito no eixo tireoidiano verificado em diversos tratamentos somáticos da depressão. Foram obtidas diminuições nos níveis em 17 pacientes que responderam à terapia, e aumentos, em 13 que não responderam. As implicações de tal resultado não são claras, e há duas possíveis interpretações sugeridas pelos autores: as diminuições nos níveis de hormônio tireoideo talvez sejam epifenômenos e não tenham relação com as atividades biológicas que provocam resposta ao tratamento, ou talvez sejam um componente em uma cascata de ações biológicas que levam à recuperação da depressão.[62]

Com base em um grande número de investigações, fica evidente que a maior produção de esteroides está associada à depressão e que maior é o grau de depressão quanto maior é a produção de esteroides. Também se observou que os níveis de esteroides diminuem significativamente após melhora ou recuperação. Entretanto, o aumento na produção de esteroides adrenais não é de forma alguma específico à depressão. Esse aumento também foi constatado em casos de pacientes ansiosos e de esquizofrênicos perturbados. Tal característica parece estar mais relacionada com a intensidade do afeto do que com o tipo específico de afeto. Contudo, uma exceção é o achado de que os níveis de esteroides estão baixos em muitos casos de mania.

Não foram comprovadas anormalidades significativas em pacientes deprimidos.

FUNÇÃO AUTONÔMICA

Respostas pressóricas ao Mecolil

Em 1954, Funkenstein[63] relatou que ele e seu grupo de pesquisa haviam demonstrado uma relação entre reatividade na pressão arterial e depressão. Diversas técnicas foram usadas, mas a mais empregada por investigadores posteriores media a resposta na pressão sanguínea a uma injeção de Mecolil. Esse procedimento era chamado de *teste de Funkenstein*.

O teste consiste em medir a pressão arterial a intervalos específicos antes e depois de administração intramuscular de Mecolil. Uma resposta positiva é definida como uma queda excessiva na pressão arterial e uma taxa prolongada de retorno ao nível normal. Funkenstein descreveu este efeito em 32 de 36 (88,9%) pacientes maníaco-depressivos ou involutivos. Ele atribuiu essa resposta a uma secreção excessiva de uma substância semelhante à adrenalina. Funkenstein considerou os 4 casos restantes como evidências de uma secreção excessiva de noradrenalina. Relatou uma relação entre uma resposta semelhante à adrenalina e um resultado favorável após ECT. Constatou também que os alunos que apresentavam comportamento intrapunitivo em resposta ao estresse tinham um padrão semelhante ao da adrenalina, ao passo que aqueles que não apresentavam respostas extrapunitivas tinham um padrão similar ao da noradrenalina.

Como tem sido observado com frequência na história da medicina, os primeiros relatos eram entusiásticos e tendiam a confirmar os resultados de Funkenstein. Entretanto, depois de alguns anos, resultados discrepantes foram relatados, e sérias dúvidas foram levantadas em relação à confiabilidade dos procedimentos do teste e à validade dos achados. Em uma revisão crítica da literatura até 1958, Feinberg[64] resumiu as inadequações metodológicas dos estudos e os resultados contraditórios. Ele também sugeriu que a relação entre padrão semelhante ao da adrenalina e depressão poderia ser um reflexo do fato de que os pacientes deprimidos tendiam a ser mais velhos do que os pacientes nos grupos de comparação. Tendo em vista que um padrão semelhante ao da adrenalina está presente em idosos normais, bem como em pacientes em faixas etárias mais altas, a relação entre depressão e resposta fisiológica particular seria falsa. Foram feitas tentativas de aperfeiçoar a metodologia e o delineamento das investigações que utilizavam o teste de Funkenstein; estas investigações aperfeiçoadas utilizavam critérios mais objetivos para estimar o grau de depressão e avaliar as mudanças na pressão arterial. Hamilton[65] constatou uma correlação de 0,42 entre idade e queda na pressão arterial após a injeção de Mecolil.

Uma análise crítica da literatura de Rose[66] em 1962 não conseguiu pôr fim a nenhuma das dúvidas levantadas por Feinberg[64] e Hamilton[65] sobre a validade dos achados de Funkenstein. Em um estudo bem delineado incorporando um bloqueio parcial dos gânglios autonômicos, Rose demonstrou que a queda na pressão arterial após a administração de Mecolil não podia ser atribuída à atividade autonômica central, mas provavelmente estava relacionada à sensibilidade do órgão periférico terminal. Esse resultado tende a invalidar a tese de Funkenstein de que pacientes deprimidos segregam quantidades excessivas de adrenalina.

Uma dúvida adicional sobre a validade da teoria subjacente ao uso do teste de Funkenstein foi levantada pela medição direta da produção de adrenalina e noradrenalina. Funkenstein postulou que as respostas vasculares dos pacientes deprimidos assemelhavam-se às induzidas por uma injeção de adrenalina e eram, portanto, indicativas de secreção excessiva de adrenalina. Entretanto, Curtis e colaboradores[51] constataram que a excreção de adrenalina em pacientes deprimidos era *mais baixa* do que em outros pacientes psiquiátricos, também contrariando a tese de Funkenstein de que a excreção de adrenalina era mais alta nos casos de depressão do que nos de outras condições psiquiátricas.

Estudos de salivação

Queixas de secura na boca têm sido observadas por psiquiatras que examinam pacientes deprimidos. Entre o final da década de 1950 e início dos anos 1960, diversos estudos foram realizados para determinar se existe prova objetiva da diminuição de secreção salivar em pacientes deprimidos.

Strongin e Hinsie[67] tentaram comparar a taxa secretória da glândula parótida em pacientes maníaco-depressivos com a de esquizofrênicos deteriorados e indivíduos normais. Uma ventosa foi acoplada ao duto da parótida para coletar a saliva. Os autores concluíram que os pacientes depressivos mostravam reduções na salivação se comparados a uma amostra de indivíduos não deprimidos. Em um estudo mais refinado, Peck[68] utilizou *swab* oral para absorver o fluxo salivar total. Três roletes de algodão foram colocados na boca de cada sujeito por um período de dois minutos. Levando-se em conta a evaporação, os roletes foram pesados para determinar o volume de absorção salivar. O teste foi aplicado a um grupo heterogêneo composto de pacientes deprimidos e não deprimidos. Constatou-se que os pacientes deprimidos apresentavam uma secreção salivar diminuída.

Gottlieb e Paulson[69] aplicaram a técnica de Peck a 18 pacientes hospitalizados com o diagnóstico de reação depressiva. Os pacientes foram testados outra vez após recuperação da depressão. Constatou-se que

8 pacientes tinham secreções salivares aumentadas e 10 tinham secreções salivares diminuídas após a recuperação; não houve diferença significativa entre as taxas de salivação quando doentes e recuperados.

Busfield e Wechsler[70] estudaram 87 pacientes. Dos 45 julgados como significativamente deprimidos, 20 foram diagnosticados como reação esquizoafetiva e 25 como reação depressiva neurótica ou psicótica, 23 como levemente deprimidos, 14 como moderadamente deprimidos e 8 como gravemente deprimidos. O grupo de pacientes deprimidos foi comparado com um grupo de 42 pacientes não deprimidos (16 diagnosticados como esquizofrênicos e 26 com outros diagnósticos). A secreção salivar foi medida utilizando-se roletes de algodão. Constatou-se que os pacientes hospitalizados deprimidos apresentavam significativamente menos salivação do que os pacientes hospitalizados não deprimidos ou do que os indivíduos normais. Contudo, não houve diferença significativa entre os pacientes com depressão leve, moderada e grave. Em outro relato, Busfield e colaboradores[71] tentou diferenciar depressões reativas e endógenas com base na salivação. Os pesquisadores constataram que o grupo com depressões endógenas apresentou uma taxa de salivação mais baixa do que o grupo com depressões reativas.

Davies e Gurland[72] constataram que 30 pacientes deprimidos tinham salivação ligeiramente *mais alta* do que 11 esquizofrênicos. Entretanto, ambos os grupos segregavam significativamente menos saliva do que indivíduos normais (idade não informada). Palmai e Blackwell[73] mediu o fluxo salivar em 20 pacientes do sexo feminino com diagnóstico de doença depressiva. Indivíduos para o grupo-controle foram selecionados do corpo de enfermeiras e, segundo os autores, "foram pareadas para idade e peso". Contudo, não há menção à faixa de peso ou ao peso médio nos dois grupos. Os investigadores constataram que os pacientes deprimidos apresentavam fluxo significativamente menor ao longo das 24 horas se comparados com os indivíduos do grupo-controle. Houve uma recuperação gradual no fluxo com o retorno ao ritmo diurno normal durante o tratamento com ECT.

Análise crítica dos estudos de salivação

1. Estudos em que grupos de comparação foram utilizados não controlaram adequadamente fatores como idade, sexo, dieta ou estado de higiene oral. Muitas das diferenças apresentadas, tais como a diferença entre grupos com depressão endógena e reativa, podem ser explicadas parcial ou totalmente pela discrepância de idade. É bem reconhecido que em faixas etárias mais altas ocorre uma notável diminuição na taxa de salivação de indivíduos normais.[74]
2. Os estudos longitudinais (Gottlieb *vs.* Davies) mostram uma discrepância definida. No primeiro não houve mudança significativa na salivação após a recuperação, ao passo que o último relatou um aumento na salivação.
3. Valores específicos às idades para a excreção de saliva não foram estabelecidos, e não há evidência, de qualquer forma, de que o grau de salivação relatado estava anormalmente baixo.
4. Nenhuma consideração foi dada à presença de distúrbios orais como piorreia (periodontite), cáries dentárias e estomatites, as quais são comuns em transtornos mentais crônicos, especialmente depressão; estas certamente podem influenciar a atividade das glândulas salivares.
5. Não houve tentativa de fazer controle do hábito de fumar. Pesquisadores constataram que a quantidade de saliva na boca de fumantes é significativamente maior.
6. A natureza do alimento ingerido antes dos testes de salivação poderia influenciar os resultados. Sabe-se que pacientes deprimidos ingerem menos água e comida do que indivíduos normais.

ESTUDOS NEUROFISIOLÓGICOS

Limiar de sedação

Em uma série de artigos, Shagass relatou o uso de um procedimento delineado para diferenciar os vários grupos psicopatológicos. O procedimento consiste em determinar o limiar de sedação do paciente em termos da quantidade de sódio amobarbital necessário para produzir um determinado aumento na atividade eletroencefalográfica frontal. Em um estudo com 182 pacientes descrito em 1956, Shagass e colaboradores[75] verificaram que o limiar era baixo em depressivos psicóticos e alto em depressivos neuróticos e indivíduos ansiosos. Shagass concluiu que o *teste de limiar de sedação* poderia ser utilizado como um exame objetivo para diferenciar depressões neuróticas e psicóticas.

Uma série de estudos desde os relatos originais de Shagass lançaram dúvida sobre a validade de suas conclusões. Ackner e Pampiglione[76] aplicaram o teste de limiar de sedação a 50 pacientes psiquiátricos e não identificaram nenhuma relação significativa entre o limiar de sedação e qualquer dos grupos diagnósticos. Nymgaard[77] relatou que o limiar de sedação médio de um grupo de 44 depressivos psicóticos era significativamente mais baixo do que o de um grupo de 24 depressivos neuróticos. Contudo, é digno de nota que a idade média dos depressivos psicóticos era de 49 anos, ao passo que a dos depressivos neuróticos era de 37. Martin e Davies[78] determinaram o limiar de sono por meio de amital sódico intravenoso em 30 pacientes deprimidos e 12 indivíduos normais. Os pacientes deprimidos foram categorizados como endógenos, reativos ou indeterminados. Os autores não encontraram diferença significativa no limiar de sedação entre os diversos grupos. Martin e Davies relataram outro estudo sobre o limiar de sedação em 1965. Como em seu relato anterior, os pesquisadores não encontraram nenhuma diferença entre as depressões neurótica e psicótica no limiar de sedação. Friedman e colaboradores[79] mediram o limiar de sedação em um grupo de pacientes paranoides e deprimidos. Em uma comparação inicial, constatou-se que a amostra de pacientes deprimidos tinha um limiar de sedação significativamente mais baixo do que a amostra de pacientes paranoides. Friedman[80] constatou, entretanto, que a diferença desaparecia quando os dois grupos eram controlados por idade. Friedman, a propósito, obteve uma correlação de 0,22 entre a idade e o escore do limiar de sedação.

O trabalho sobre limiar de sedação produziu resultados contraditórios. Com base nos achados, parece não haver confirmação experimental sólida para a hipótese de que existe uma diferença significativa no limiar de sedação nas depressões neurótica e psicótica. Todas as diferenças que foram relatadas podem ser atribuídas à diferença de idade entre depressivos neuróticos e psicóticos e ao fato de que o limiar de sedação tende a aumentar com a idade.

ESTUDOS ANATÔMICOS

Mais recentemente, vários estudos preliminares exploraram a possibilidade de que a depressão esteja relacionada a dano neurológico em áreas específicas do cérebro. Em 2004, Farley[81] publicou uma revisão de vários estudos dessas mudanças associadas à depressão. O autor citou pesquisas da psiquiatra Yvette Sheline, em que varreduras do cérebro foram realizadas em 10 mulheres que sofriam de crises recorrentes de depressão grave. Constatou-se que o hipocampo era 15% menor nas mulheres com depressão recorrente, comparadas com 10 mulheres que serviam como controles pareados. Além disso, havia uma correlação positiva entre o reduzido tamanho do hipocampo e a quantidade de tempo em que as mulheres haviam sofrido episódios depressivos.[82]

A revisão de Farley[81] sugere que existem ao menos dois modos de explicar o achado. McEwen e Sapolsky[83] indicam que os neurônios hipocampais podem estar reduzidos em resposta ao estresse e ao consequente aumento de cortisol. Outra possibilidade relaciona-se aos resultados que mostram uma amígdala de maior tamanho em indivíduos propensos à depressão. O mesmo neuropeptídeo que dispara a liberação de cortisol durante estresse também é produzido pela amígdala. Assim, o aumento de tamanho e hiperatividade dessa estrutura cerebral poderia ser responsável pela ativação do ciclo, levando a danos no hipocampo.[81]

O estudo de Frodl

Frodl e colaboradores[84] conduziram um estudo intitulado "Alterações no hipocampo e na amígdala em pacientes com transtorno depressivo maior e controles saudáveis durante seguimento de um ano". O estudo pretendia ajudar a determinar se a depressão está relacionada com a redução do tamanho do hipocampo ou se um hipocampo menor predisporia um indivíduo ao desenvolvimento de depressão.

De março de 2000 a agosto de 2002, 30 pacientes com transtorno depressivo maior conforme o *DSM-IV* foram comparados com 30 indivíduos saudáveis de idade, gênero e lateralidade comparáveis. Ressonâncias magnéticas (RM) de alta resolução foram utilizadas para examinar estes 60 indivíduos no momento da hospitalização e um ano depois. Os exames compararam mudanças nos dois grupos nos volumes do hipocampo e da amígdala. Nenhuma alteração de volume foi constatada em qualquer um dos grupos como um todo entre os valores iniciais e os obtidos um ano depois.

Entretanto, em 12 (de 30) pacientes deprimidos que não tinham melhorado no momento do seguimento comparados com aqueles que haviam melhorado (18 de 30), foram detectados por RM volumes hipocampais esquerdo e direito significativamente reduzidos nos dois momentos de medição. Além disso, constatou-se que indivíduos saudáveis no grupo controle tinham volumes hipocampais direitos maiores em relação a indivíduos cuja depressão não tinha melhorado durante o período de seguimento de um ano. Assim, um menor tamanho do hipocampo foi preditor de um mau resultado.[84]

Frodl e colaboradores (p. 498)[84] especularam a possibilidade de um viés no estudo, uma vez que talvez mais pacientes com bom resultado no tratamento tenham participado do componente de seguimento. Isso explicaria o achado de que, de modo geral, os dois grupos não diferiam nas mudanças nos volumes de hipocampo e amígdala entre as avaliações na entrada do estudo e no seguimento de um ano. Os pesquisadores concluíram que seu estudo seria compatível com a possibilidade de que um menor volume de hipocampo predisporia à depressão, que o número de episódios prévios de depressão teria correlação com a extensão da perda de volume hipocampal e que esta perda então estaria implicada na recorrência da depressão. Isso condiz com o achado de que pacientes cujo humor não melhorou (pacientes sem remissão) eram basicamente aqueles com depressão recorrente e que pacientes deprimidos sem remissão apresentavam volumes hipocampais reduzidos na avaliação inicial e no seguimento (p. 497).

Outros estudos constataram diferenças anatômicas adicionais em outras regiões encefálicas em indivíduos com depressão clínica. Estas incluem neurônios anormalmente pequenos e menor número de células gliais no córtex pré-frontal. Não está claro se o estresse poderia ser responsável também por essas anomalias anatômicas, mas, seja como for, a neurodegeneração observada pode explicar muitas das ruminações negativas e outros padrões cognitivos observados na depressão.[81]

TEORIA NEUROTRÓFICA E DA NEUROGÊNESE

Relacionadas com a linha de pesquisa sobre aberrações anatômicas apontadas, outras pesquisas e teorias sobre "neurotróficos" (que mantêm as células vivas) e "neurogênese" (que estimula o crescimento de novas células) foram citadas por Farley.[81] Duman e colaboradores[85] propuseram que medicamentos antidepressivos podem operar pelo mecanismo de manter vivas as células do hipocampo. Compatível com esta hipótese, Santarelli e colaboradores[86] constataram que a interrupção da neurogênese induzida por antidepressivo bloqueia as respostas comportamentais à fluoxetina em camundongos.

A possibilidade de que os antidepressivos poderiam ter um efeito neuroprotetor foi investigada por Sheline e colaboradores.[87] Em 38 pacientes ambulatoriais do sexo feminino com depressão maior, foi utilizada RM de alta resolução para comparar os volumes da massa cinzenta hipocampal durante períodos em que tratamento antidepressivo era ministrado e em períodos em que não era. Os resultados indicaram que períodos mais longos de episódios depressivos sem tratamento estavam associados a volume hipocampal reduzido, sugerindo que os antidepressivos podem ter um efeito neuroprotetor durante a depressão.

Duman sugeriu que o tempo que se leva para induzir neurogênese é equivalente ao tempo (três a quatro semanas) que camundongos levam para melhorar em resposta ao antidepressivo fluoxetina. A sequência causal aparente é a seguinte:

1. fluoxetina aumenta os níveis de serotonina;
2. a serotonina elevada aumenta a proteína CREB nas células nervosas;
3. a CREB aumenta o nível do fator de crescimento BDNF (fator neurotrófico derivado do cérebro);
4. o BDNF estimula o desenvolvimento de novas células hipocampais.

Compatíveis com essa linha de pensamento, muitos outros tratamentos que comprovadamente aliviam sintomas depressivos (outras classes de antidepressivos e ECT) também aumentam o BDNF.[81,88,89]

Em uma nota de advertência, Duman[90] alerta para uma série de aspectos inconclusivos dessa linha de pesquisa:

1. a confirmação de que a neurogênese facilita a função cerebral se baseia principalmente em estudos correlacionais;
2. o grau de neurogênese no cérebro adulto é inconclusivo, e a relevância funcional em primatas ainda consiste em uma questão aberta;
3. a influência da neurogênese e do volume hipocampal na depressão não foi determinada;
4. atrofia e perda de células nos transtornos do humor não se limitam ao hipocampo.

Jacobs[91] delineou o programa de pesquisa necessário para testar a presente teoria. Ele formulou várias questões para avaliação empírica.

1. O giro denteado (GD) é a região do hipocampo considerada imprescindível no estabelecimento de novas cognições. A neurogênese no GD identifica quando os pacientes estão em episódios de depressão e volta ao normal quando a doença remite? Novas técnicas de imagem precisam primeiro ser desenvolvidas para testar essa questão.
2. Caso tais dados correlativos fossem obtidos por técnicas de imagens adequadas (i.e., correlação definitiva entre neurogênese e episódio depressivo), o próximo teste seria observar se a manipulação experimental da proliferação celular afeta os episódios depressivos.
3. Finalmente, os pesquisadores precisariam ter respostas para outras perguntas relacionadas:
    a) Os tratamentos efetivos para depressão perdem sua potência se a neurogênese é farmacologicamente suprimida?
    b) As novas drogas que facilitam a neurogênese servem como antidepressivos potentes?
    c) As terapias não farmacológicas que comprovadamente aumen-

tam a neurogênese serão mais plenamente testadas para determinar a eficácia antidepressiva?
d) A teoria da neurogênese explica igualmente todos os tipos diferentes de depressão clínica?
e) A perda de células no GD é exclusivamente mediada por hormônios adrenais, ou existem outros neurotransmissores envolvidos que podem do mesmo modo servir de alvo para terapias biológicas?
f) A especificidade da neurogênese para o hipocampo será testada?[91]

Estudos eletromiográficos (EMG)

Em 1959, Whatmore e Ellis[92] relataram a medição de "atividade motora residual" de pacientes deprimidos por meio de eletromiografia (EMG). Os autores constataram que tanto em estado de agitação quanto em estado de retardo a atividade motora residual dos pacientes deprimidos ficava em níveis anormalmente altos. Os investigadores também constataram, contudo, que a atividade motora *invisível* tende a aumentar com a idade. Tal achado indica mais um vez a importância do controle da idade em estudos desse tipo.

Três anos depois, Whatmore e Ellis[93] apresentaram um estudo longitudinal com pacientes deprimidos com depressões recorrentes graves. Os pesquisadores constataram que, durante o período de depressão, as leituras por EMG estavam marcantemente elevadas. Acompanhando o tratamento, houve uma queda temporária nas leituras. Durante o período de bem-estar após o tratamento e antes da recaída, as leituras estavam significativamente *elevadas*.

Goldstein[94] fez leituras basais do potencial de ação muscular durante 15 minutos de repouso e também em resposta ao estímulo sonoro. A autora constatou que, dos diversos pacientes psiquiátricos, os deprimidos apresentavam a resposta muscular esquelética mais acentuada durante o ruído. A atividade autonômica durante o repouso e estimulação também estava potencializada nos pacientes deprimidos.

Estudos eletroencefalográficos do sono (EEG)

Em 1946, Diaz-Guerrero e colaboradores[95] realizaram registros contínuos do sono, durante uma noite inteira, de seis pacientes diagnosticados como portadores de psicose maníaco-depressiva, tipo depressivo, e compararam os dados com os obtidos de sujeitos normais. Os investigadores constataram considerável variabilidade entre os pacientes em termos da porcentagem de tempo de cada tipo de traçado eletroencefalográfico (EEG) durante o registro de uma noite inteira. Essa variabilidade tornou-se menor quando os registros de vigília foram excluídos e passaram a ser considerados somente os traçados que ocorreram durante o sono.

Os autores constataram que os pacientes tinham quase duas vezes mais atividade de baixa voltagem do que os controles normais e aproximadamente a metade dos fusos de sonoe da atividade randômica verificada em indivíduos normais. Em uma comparação das oscilações minuto a minuto de um padrão ou nível de EEG para outro, os pesquisadores observaram que as oscilações nos pacientes eram mais frequentes do que nos indivíduos do grupo-controle. A porcentagem de minutos que continham dois ou mais dos níveis EEG de sono durante o sono da noite era quase duas vezes maior nos pacientes do que nos controles normais.

Os autores concluíram que o sono perturbado dos pacientes com psicose maníaco-depressiva é caracterizado não apenas por dificuldade em adormecer e por despertar precoce ou frequente, mas também por uma maior proporção de sono leve. Além disso, os pacientes demonstraram oscilação mais frequente de um nível de sono para outro do que os controles normais.

Quase 20 anos depois, Oswald e colaboradores[96] conduziram um estudo dos padrões de sono de pacientes depressivos comparados com indivíduos normais pareados. Registros noturnos contínuos por meio de EEG, movimentos dos olhos e do movimento na cama foram feitos em seis indivíduos normais. Os seis pacientes psiquiátricos, cuja idade variou de 33 a 67 anos, tinham em comum o componente depressivo, embora diferissem consideravelmente no restante do quadro psiquiátrico. Cada paciente foi pareado com um indivíduo-controle pago correspondente do mesmo sexo. Cada grupo continha quatro mulheres e dois homens, e as diferenças de idade entre paciente e controle variaram de três a oito anos.

Segundo os autores, todos os pacientes sofriam de uma melancolia autônoma. Em uma definição expandida desta condição, os autores declararam que o paciente tinha um tipo de doença que acreditamos que pode às vezes se desenvolver na ausência de estresse ambiental severo em outras ser claramente provocada por circunstâncias. Contudo, à medida que se desenvolve, a doença pode tornar-se muito independente das circunstâncias ambientais, continuando mesmo passados os fatores que a provocaram. A doença tornou-se uma *melancolia autônoma*. Veremos que por melancolia autônoma nos referimos a uma doença que, segundo a experiência clínica, responde especialmente bem a eletroplexia.

O experimento foi realizado durante um período de cinco noites. Na primeira noite, programada para adaptação ao ambiente laboratorial, os eletrodos foram afixados, mas nenhum registro foi feito. Nas quatro noites seguintes, os registros foram feitos. Os investigadores estavam interessados não apenas no sono natural, mas também nos efeitos dos barbitúricos sobre os padrões de sono. Consequentemente, os pacientes e os indivíduos do grupo-controle receberam heptabarbital ou placebo. Um total de 48 registros foi obtido. O EEG foi interpretado pelo autor sênior que estava cego para pacientes e controles. Houve várias constatações importantes.

1. Os pacientes passavam significativamente mais minutos acordados do que os sujeitos do grupo-controle;
2. a porcentagem de tempo que os pacientes passavam em sono paradoxal (sono REM) e a frequência de alteração na profundidade do sono não eram significativamente diferentes das dos controles;
3. quando os pacientes realmente dormiam, passavam uma porcentagem significativamente maior de tempo no estágio *mais profundo* do sono (estágio E) do que os indivíduos do grupo-controle.

O heptabarbital diminuiu em muito a duração dos períodos de REM e também a frequência dos movimentos dos olhos nesses períodos. A droga diminuiu a duração do tempo em vigília, especialmente nas primeiras horas do dia, e a frequência dos movimentos corporais.

Além de comprovar as observações clínicas de que pacientes deprimidos dormem menos do que indivíduos normais, o estudo foi notável porque demonstrou que, quando os pacientes realmente dormem, apresentam uma porcentagem maior de sono nos estágios mais profundos do que os indivíduos normais (ao contrário dos resultados de Diaz-Guerrero e colaboradores). Os autores explicaram tal achado como uma espécie de compensação pela privação do sono. Entre as limitações desse estudo estão:

1. o pequeno número de pacientes incluídos;
2. os amplos critérios para inclusão de pacientes no grupo psiquiátrico;
3. o uso de um grupo-controle constituído por indivíduos sem transtornos psiquiátricos, em vez de pacientes psiquiátricos não deprimidos (consequentemente, é difícil saber se os achados são específicos a pacientes deprimidos ou característicos dos pacientes psiquiátricos em geral);
4. considerando que todos os pacientes receberam ECT em algum momento, a possibilidade de esses tratamentos terem de alguma forma influenciado os registros de EEG.

Outro estudo, relatado em 1964, do efeito dos transtornos depressivos sobre as respostas eletroencefalográficas no sono foi realizado por Zung e colaboradores[97] A amostra era composta de 11 homens hospitalizados cuja idade variava de 37 a 69 anos. As características dos sujeitos normais não são especificadas. Em uma parte do estudo os pacientes serviram como seus próprios controles. Os critérios diagnósticos foram mais rigorosos do que no estudo de Oswald. "O diagnóstico do transtorno depressivo foi feito clinicamente, com base na presença de um afeto deprimido global e seus fenômenos fisiológicos e psicológicos concomitantes." Os critérios específicos utilizados foram especificados e incluíram 20 indicadores de depressão; contudo, estudos de confiabilidade não foram citados. Além disso, os pacientes quantificaram a intensidade de seus próprios sintomas por meio de uma escala de depressão de autoavaliação.

Observações e análises foram feitas dos registros de EEG contínuos obtidos durante uma noite inteira de sono sem perturbação. Na segunda noite consecutiva, sons pré-gravados de intensidade semelhante foram tocados nos diversos estágios do sono. Para seis dos pacientes, esses testes foram repetidos após remissão dos sintomas.

Os resultados foram os seguintes:

1. o tempo médio entre deitar-se e adormecer foi de 20 minutos (faixa de 7,5 a 63 minutos), a duração média do sono foi de 7 horas, e o número de oscilações entre o estágio E (o mais profundo) ao estágio A (o mais leve) foi de 11 por paciente;
2. as distribuições do sono registrado em A, B, C, D e E foram 26,6, 20,2, 20,5, 23,1 e 9%, respectivamente.

Esses resultados são compatíveis com os de Diaz-Guerrero, mas não com os de Oswald e colaboradores, já citado. O presente estudo, diferente do de Oswald, mostrou uma porcentagem de tempo menor nos níveis mais profundos de sono.

As respostas ao estímulo sonoro pelo grupo de pacientes deprimidos indicam que as respostas dos pacientes nos estágios de sono B, C, D e E antes do tratamento foram de 79,2, 77,1, 61,8 e 54,4%, respectivamente. Uma comparação com os resultados obtidos com sujeitos normais indica que os pacientes deprimidos apresentaram um grau significativamente maior de resposta em todos os estágios do sono. Isso foi interpretado pelos autores como indicativo de uma *resposta de excitação intensificada*. Após o tratamento, as respostas à estimulação auditiva nos estágios B, C, D e E foram de 62,5, 34,8, 31,8 e 25%, respectivamente. A comparação das respostas pós-tratamento com as obtidas em sujeitos normais indica que elas não diferiram de maneira significativa.

Os achados desses autores indicam que a duração do sono dos pacientes foi semelhante à registrada na população normal. Contudo, os pacientes permaneciam mais tempo nos estágios mais leves do sono. As respostas à estimulação auditiva são compatíveis com a sugestão de que os pacientes deprimidos têm uma maior responsividade durante o sono do que indivíduos normais.

Outras interpretações dos dados são possíveis. É concebível, por exemplo, que a maior responsividade dos pacientes deprimidos a estímulos auditivos se deva a um menor grau de fadiga física por causa da atividade física diminuída durante o dia que não se deve à doença depressiva em si, mas está mais relacionada ao baixo nível de atividade dos pacientes deprimidos. A normalização dos registros após ECT e tratamento medicamentoso deve ser considerada em termos do efeito desses tratamentos sobre o ritmo elétrico do cérebro, independentemente de o paciente estar no estado deprimido ou não. Quando um grupo-controle foi usado, idade e sexo não foram adequadamente controlados. Além disso, uma vez que não foram utilizados controles psiquiátricos, não há indicação de que os resultados são específicos da depressão.

Gresham e colaboradores[98] realizaram um estudo mais refinado do que qualquer outro anteriormente publicado. Em vez de utilizarem apenas impressões clínicas para caracterizar o grupo de pacientes deprimidos, os pesquisadores usaram diversos instrumentos clínicos e psicométricos. Oito pacientes psiquiátricos deprimidos hospitalizados foram selecionados com base em seis testes e foram comparados com controles muito bem pareados por quatro noites consecutivas em um laboratório com ruído, temperatura e iluminação controlados, com registros contínuos do EEG e dos movimentos oculares durante toda a noite.

Os registros da primeira noite não foram utilizados nas análises. A duração dos estágios do sono durante as três noites foi estimada por outros observadores que não o experimentador. Os investigadores constataram que os pacientes demonstraram mais vigília, menos sono no estágio 4, e um período de sono latente ligeiramente mais longo do que os controles. Quatro pacientes estavam disponíveis para uma reavaliação depois que as depressões haviam sido substancialmente reduzidas por terapia; eles apresentaram uma mudança na direção dos valores obtidos pelos controles.

Mendels e colaboradores[99] também relataram uma deficiência no quarto estágio do sono. Isso se correlacionou com a intensidade da depressão.

Pesquisadores mais recentes também estudaram variáveis de EEG como correlatos de melhora clínica em resposta ao tratamento. Por exemplo, ao tentarem prever o resultado do tratamento com terapia congitiva, Simons e colaboradores[100] constataram que pacientes com latência de REM mais longa levavam mais tempo para alcançar a remissão dos sintomas depressivos. Havia uma interação entre latência de REM e eventos de vida, com uma associação positiva entre latência de REM e número de semanas até remissão nos pacientes que haviam vivenciado um evento de vida negativo.

Thase e colaboradores[101] tentaram diferenciar anormalidades do sono REM estado-dependentes (temporárias) *versus* traço (estável) em pacientes deprimidos. Seu método experimental foi examinar os perfis de sono de pacientes deprimidos antes e depois de um período-padrão de 16 semanas de terapia cognitivo-comportamental. Os investigadores então procuraram identificar quais anormalidades do sono melhoraram após a terapia e quais não.

Baseado nos resultados de EEG no pré-tratamento, uma amostra de 78 pacientes não medicados foi dividida nos subgrupos de sono anormal e normal. Todos foram diagnosticados pelos critérios do *DSM-III* como portadores de depressão maior não bipolar e não psicótica. O transtorno do sono do tipo I foi definido por reduzida latência reduzida do movimento rápido dos olhos, menor taxa do sono delta e sono de ondas lentas diminuído. Esse tipo de perturbação mostrou estabilidade ao longo do tempo, sem melhora após o tratamento psicológico. Os pesquisadores observaram que, em outros estudos, o tipo 1 de perturbação do sono esteve associada a uma redução na secreção noturna do hormônio de crescimento, e que isso é igualmente tomado como um correlato permanente ou estável da depressão.

Em contraste, a perturbação do tipo 2 foi definida em termos de latência do movimento rápidodos olhos, densidade e eficiência do sono. Esse tipo de perturbação melhorou em resposta ao tratamento. Thase e colaboradores[101] concluíram que é possível dividir os correlatos eletroencefalográficos do sono da depressão em subgrupos estado-independente e parcialmente reversível.

O consenso em relação aos estudos dos registros eletroencefalográficos do sono de pacientes deprimidos é que estes tendem a ter períodos excessivos de sono leve ou inquieto e um período mais curto de sono total. Além disso, esses pacientes tendem a ser mais sensíveis a ruídos quando estão dormindo. Os estudos publicados até o momento são prejudicados pelo pequeno número de pacientes em cada estudo, pelo uso de controles normais em vez de pacientes psiquiátricos não deprimidos e pela falta de valores específicos à idade para os diversos padrões de EEG. Alguns estudos, ademais, não excluíram a possível influência da sedação sobre os traçados de EEG.

Resposta eletroencefalográfica à excitação

Em 1961, Paulson e Gottlieb[102] relataram um estudo longitudinal da resposta eletroencefalográfica à excitação em 11 pacientes deprimidos. A justificativa lógica de seu estudo era que o paciente deprimido geralmente parece absorto e preocupado consigo mesmo, tendo um correspondente prejuízo de sua resposta à estimulação ambiental. A presença de um visível déficit de atenção forneceu a base para as seguintes hipóteses:

1. se os limiares dos pacientes para responder à estimulação ambiental encontram-se excessivamente elevados durante a depressão, então a resposta eletroencefalográfica à estimulação ambiental deveria ocorrer com menos frequência durante a depressão do que após a recuperação;
2. se a taxa periférica de responsividade está retardada durante a depressão, então a latência da resposta à excitação deveria ser mais longa durante a depressão do que após a recuperação;
3. se a responsividade central e as atividades integrativas estão retardadas durante a depressão, então a duração da resposta à excitação deveria ser mais longa durante a depressão do que após a recuperação.

Os investigadores constataram que 8 dos 11 pacientes demonstraram excitação mais frequente após a recuperação, mas que a latência não estava alterada. A duração média da resposta à excitação era mais curta. Os autores interpretaram esses resultados como compatíveis com a suposição de que o limiar atencional é mais alto do que o usual durante a depressão e que os processos integrativos centrais estão mais lentos.

Shagass e Schwartz[103] investigaram a reatividade do córtex cerebral em depressivos psicóticos. Os ciclos de reatividade cortical médios foram determinados em 21 pacientes psicótico-depressivos e 13 sujeitos-controle não pacientes. Os não pacientes apresentaram uma fase precoce de recuperação da resposta, ao passo que essa recuperação era muito menor nos depressivos psicóticos antes do tratamento. Contudo, à medida que se recuperaram, os pacientes deprimidos apresentaram progressivamente uma recuperação da resposta mais precoce.

Wilson e Wilson[104] investigaram a duração das respostas à excitação por estímulo luminoso em pacientes psicóticos deprimidos. Os pesquisadores constataram que a duração média da resposta à excitação nos 16 pacientes era significativamente maior do que no grupo-controle de sujeitos normais.

Alguma evidência contraditória foi apresentada em um estudo de Driver e Eilenberg.[105] Os investigadores mediram o limiar fotoconvulsivo em 27 pacientes com uma doença depressiva grave. Os resultados não são diferentes dos relatados alhures para outras síndromes nosológicas e também para sujeitos normais. Os autores concluíram que o limiar não tinha valor clínico diferenciador. A avaliação foi repetida em 18 pacientes depois de receberem ECT. Não foi observada diferença no limiar fotoconvulsivo. Os investigadores concluíram que não era sensato presumir que algum aspecto da função diencefálica poderia ser avaliado por uma estimativa dos limiares fotoconvulsivos.

Os resultados dos estudos de reatividade do sistema nervoso central são contraditórios. Muitos dos estudos possuem graves falhas metodológicas. O achado mais comum (contrariado por um estudo) foi o aumento do limiar para estimulação externa durante depressão e a redução no limiar com a recuperação. Além disso, a duração da resposta à excitação estava aumentada durante a depressão, mas diminuída após a recuperação. Pesquisas confirmatórias adicionais são necessárias.

ESTUDOS RECENTES DE CRIANÇAS E ADOLESCENTES

Birmaher e Heydl[33] revisaram os estudos biológicos sobre crianças e adolescentes deprimidos. Os autores se concentraram em estudos investigativos do hormônio do crescimento, do sistema serotoninérgico, do eixo hipotálamo-hipófise (EIH), do sono e de neuroimagem. Também revisaram os achados de estudos biológicos de crianças em risco de desenvolver transtorno depressivo maior, mas que nunca estiveram deprimidas.

Como na maioria dos estudos com adultos, Birmaher e Heydl[33] constataram anormalidades na secreção do hormônio do crescimento, na prolactina e nos níveis de cortisol após estimulação farmacológica em crianças e adolescentes deprimidos. Os agentes estimulantes nesses estudos incluíam clonidina, L-dopa, desipramina, insulina e hormônio liberador do hormônio do crescimento, os quais, acredita-se, agem em parte através de receptores hipotalâmicos. Estudos em crianças que nunca tiveram depressão, mas com alto risco genético de transtorno depressivo maior, mostram respostas idênticas, sugerindo que alteração em certos sistemas hormonais podem ser marcadores permanentes desse transtorno.

A correta interpretação de tais observações ainda precisa ser elaborada. Os autores identificaram muitos fatores que não foram controlados nos estudos revisados. Esses fatores incluem idade, sexo, maturação, intensidade da sintomatologia, sintomas melancólicos, ambiente ambulatorial ou hospitalar do paciente, história psiquiátrica familiar e reatividade ao estresse. Essas variáveis podem afetar os mesmos sistemas biológicos associados ao início da depressão clínica. Por esse motivo, ainda não está claro se os fatores não controlados identificados (ou outros) – ou se as variáveis biológicas identificadas (ou outras) – são as verdadeiras causas da depressão clínica.[31]

ESTUDOS NEUROPSICOLÓGICOS

Quraishi e Frangou[106] revisaram 42 estudos neuropsicológicos de transtorno bipolar publicados entre 1980 e 2000. Para ser incluído em sua análise, um estudo tinha que ter

1. um grupo de comparação psiquiátrico ou normal ou testes padronizados,
2. procedimentos diagnósticos rigorosos,
3. inclusão do estado clínico dos pacientes no momento da avaliação e
4. procedimentos de avaliação cognitiva padronizados ou consolidados com apresentação estatística clara do funcionamento cognitivo.

Os pesquisadores constataram prejuízo cognitivo substancial e persistente. Não foram encontradas diferenças importantes no perfil cognitivo entre depressão bipolar e unipolar. Embora a função intelectual geral estivesse em grande parte conservada, os déficits cognitivos foram os seguintes:

1. anormalidades atencionais,
2. prejuízo da memória verbal persistente na remissão,
3. prejuízo da memória verbal (mesmo em pacientes eutímicos) e
4. todos os aspectos da função executiva (planejamento, formação de conceitos abstratos, alternância cognitiva).[106]

Compatível com esses achados, as teorias neuropsicológicas da depressão foram revisadas por Shenal e colaboradores.[107] Eles especularam que disfunção em algumas das divisões neuroanatômicas (frontal esquerda, frontal direita e posterior direita) estaria associada a transtorno do humor e sugeriram a realização de estudos adicionais para confirmar previsões específicas (ver Capítulo 11, Teorias da Depressão).

CONCLUSÕES

Apesar dos milhares de estudos na área, existe pouco conhecimento sólido a respeito do substrato biológico específico da depressão.[1] Nenhum achado laboratorial que diagnostique um episódio depressivo maior, ou um episódio maníaco, foi identificado.[108] Os resultados de estudos sobre a neurobiologia do comportamento suicida também continuam dúbios.[109] Com regularidade quase monótona, resultados iniciais positivos não são confirmados por investigações posteriores. Muitos dos resultados de aceitação geral são obscurecidos por dúvidas por conta de inadequações metodológicas nos estudos originais.

Os resultados positivos que têm sido consistentemente associados à depressão incluem níveis excessivos de esteroides, retenção de sódio e alterações nos padrões de EEG do sono. Contudo, a secreção excessiva de esteroides não é uma característica específica da depressão e parece estar associada a muitos estados de excitação emocional. A retenção de sódio até agora só foi comprovada em alguns estudos. Vários estudos por meio de EEG indicam um déficit nos níveis mais profundos de sono.

No passado, numerosas fontes de erro estiveram presentes nos estudos biológicos. Essas fontes incluíam amostras heterogêneas inadequadas, métodos diagnósticos de confiabilidade e validade duvidosas, e controle inadequado de variáveis como idade, sexo, dieta, condição nutricional e nível de atividade. A falta de controle da idade pode ser destacada como um dos fatores mais frequentemente responsáveis por resultados iniciais positivos que depois foram refutados por estudos mais bem controlados.

Contudo, fez-se algum progresso na elucidação das bases biológicas da depressão, tais como identificação da base genética dos transtornos de humor, inclusive do transtorno esquizoafetivo (ver Capítulo 8). As pesquisas sobre alterações nos neurônios hipocampais e aumento de tamanho da amígdala parecem promissores. As teorias "neurotróficas" (que mantêm as células vivas) e da "neurogênese" (que estimula o crescimento de novas células) são abundantes e estão sendo testadas.

Há pesquisas que exploram as áreas cerebrais específicas que correspondem aos tratamentos farmacológicos e psicológicos efetivos da depressão. Por exemplo, estudos concentraram-se nos efeitos diferenciais na recuperação do tratamento com paroxetina (Paxil) e terapia cognitiva na modulação de pontos específicos em regiões cerebrais límbicas e corticais.[110]

Pesquisadores biológicos continuam identificando os aspectos patofisiológicos do transtorno depressivo maior, inclusive alterações em diversos sistemas monoaminérgicos cerebrais (ver também Capítulo 11). Neuropeptídeos como o hormônio liberador de corticotropina estão sendo investigados, assim como variáveis hormonais como a secreção de glicocorticoides. A não supressão do cortisol plasmático pela dexametasona foi sugerida como um marcador, embora os mesmos efeitos tenham sido experimentalmente induzidos por privação de sono e jejum alimentar.

10
ESTUDOS PSICOLÓGICOS: TESTES DA TEORIA PSICANALÍTICA

Este capítulo resume uma seleção dos primeiros estudos psicológicos da depressão. Esses estudos incluem comparações dos desempenhos psicológicos entre indivíduos deprimidos e não deprimidos e as investigações originais de Beck sobre depressão, que levaram a formulações cognitivas.[1,2,3,4] Os estudos psicológicos mais recentes sobre reatividade, vulnerabilidade (diátese) e o estado empírico dos tratamentos somáticos e psicológicos são abordados em capítulos subsequentes.

Os estudos aqui incluídos são aqueles, constantes na primeira edição, que possuem ligação conceitual com a investigação sistemática de depressão empreendida por Beck e que levaram diretamente ao desenvolvimento da teoria cognitiva. Uma revisão abrangente de outros estudos psicológicos não diretamente ligados a esse tópico pode ser encontrado em textos sobre transtornos de humor, tais como Beckham e Leber,[5] Dubovsky e Buzan[6] e Paykel.[7]

PRIMEIROS TESTES DO FUNCIONAMENTO PSICOLÓGICO

Desempenho psicomotor

As descrições clínicas da depressão têm incluído retardo psicomotor. Os primeiros pesquisadores simplesmente supunham que as queixas dos pacientes de estarem com o pensamento lento indicava inibição do pensamento. Em 1945, Rapaport[8] descreveu a testagem dessa suposição comparando um grupo de pacientes deprimidos com um grupo de pacientes esquizofrênicos: os deprimidos apresentaram pontuações inferiores no teste da substituição de dígitos por símbolos. Entretanto, o grupo de pacientes deprimidos de Rapaport contava com indivíduos significativamente mais velhos do que os do grupo de esquizofrênicos, e assim a diferença de idade poderia explicar os desempenhos inferiores dos pacientes deprimidos.

Para controlar idade e inteligência, Beck e colaboradores[9] submeteram uma amostra de 178 pacientes psiquiátricos aos testes de dígitos e símbolos e de vocabulário. Compatível com sua hipótese, as pontuações nos testes de dígito-símbolo diminuíram de modo escalonado com o aumento da idade e aumentaram do mesmo modo com o incremento dos escores de vocabulário. Quando idade e inteligência eram levadas em conta, não houve relação entre as pontuações nos testes de dígito-símbolo e depressão.

Granick[10] realizou uma análise comparativa do desempenho nos testes de informações e semelhanças da Escala de Inteligência Wechsler para Adultos e no teste de vocabulário de Thorndike-Gallup com 50 pacientes depressivos psicóticos e 50 indivíduos normais pareados para idade, sexo, raça, educação, religião e local de nascimento. Não foram encontradas diferenças entre o grupo de pacientes deprimidos psicóticos e o grupo de indivíduos normais. De modo semelhante, Friedman[11] não encontrou diferenças em 33 testes cognitivos, perceptuais e psicomotores entre 55 indivíduos deprimidos e 65 não deprimidos após ajuste para idade, sexo, educação, pontuação de vocabulário e local de nascimento. Os indivíduos deprimidos ficaram abaixo do grupo normal em apenas 4% das pontuações nos testes, resultado que poderia ser atribuído ao acaso. O autor concluiu que as reais capacidade e desempenho durante depressão grave não são compatíveis com a irrealista baixa autoimagem do paciente deprimido. Isso condiz com Loeb e colaboradores,[12] que compararam 20 pacientes do sexo masculino deprimidos com 20 pacientes não deprimidos pareados em duas tarefas de classificação de cartas. Os pacientes deprimidos tendiam a subestimar seu desempenho, que na realidade foi tão bom quanto o dos pacientes não deprimidos.

De modo semelhante, Shapiro e colaboradores[13] constataram que pacientes deprimidos não apresentaram nenhuma diferença significativa de desempenho em uma bateria de testes psicomotores após a recuperação (obtida com eletroconvulsoterapia – ECT), quando comparados com indivíduos de um grupo-controle.

Tucker e Spielberg[14] compararam os escores Bender-Gestalt de 17 pacientes ambulatoriais com os de 19 pacientes ambulatoriais psiquiátricos não deprimidos. Em geral, os diversos escores Bender-Gestalt não discriminam grupos de pacientes deprimidos e não deprimidos. Dos 20 itens, apenas dois, tremor e distorção no desenho, foram significativos no nível de 5% para discriminar entre os grupos de deprimidos e não deprimidos. Surpreendentemente, os pacientes deprimidos apresentaram um tempo de reação médio *mais rápido* em testes com cartões em relação ao grupo de pacientes não deprimidos, mas esse achado teve pouca significância estatística.

Em resumo, embora os pacientes deprimidos tendessem a reclamar de ineficiências cognitivas, eles se saíram tão bem nas situações de teste quanto os pacientes não deprimidos.

Desempenho conceitual

Payne e Hirst[15] investigaram o pensamento conceitual de pacientes deprimidos. Os autores administraram o teste de superinclusão de Epstein a 11 pacientes deprimidos e 14 indivíduos normais pareados por idade, sexo e nível de vocabulário. Os resultados indicaram que os depressivos apresentaram uma tendência significativamente maior à superinclusão do que os sujeitos normais. Na verdade, os pesquisadores constataram que os pacientes deprimidos pareciam ser mais radicais com relação à superinclusão do pensamento do que os esquizofrênicos. Os autores sugeriram que a tendência à superinclusão estaria relacionada à psicose de um modo geral, mais do que a alguma psicose específica, como esquizofrenia ou depressão.

Limiar perceptual

Hemphill e colaboradores[16] mediram a tolerância à dor e à fadiga de pacientes deprimidos comparados com outros pacientes psiquiátricos. Os pacientes deprimidos apresentaram um limiar significativamente mais elevado, tanto para a dor quanto para fadiga, quando comparados com outros pacientes psiquiátricos. Contudo, a idade média dos pacientes deprimidos era substancialmente mais alta do que a dos outros grupos, o que explicaria as diferenças nos limiares de percepção de fadiga e dor. Hemphill e colaboradores[16] observaram maior perseverança dos pacientes deprimidos em uma tarefa fatigante do que dos pacientes não deprimidos, porém Wadsworth e colaboradores[17] não encontraram diferenças na fatigabilidade ou no desempenho no trabalho entre deprimidos e esquizofrênicos.

Em uma tentativa de relacionar a regulação perceptual aos transtornos mentais,

Dixon e Lear[18] mediram o limiar visual de um olho enquanto apresentavam material neutro e emotivo abaixo do limiar de consciência ao outro olho. Os cinco pacientes depressivos apresentaram uma elevação consistente do limiar ("defesa perceptual") em relação aos seis esquizofrênicos, que demonstraram uma redução do limiar ("vigilância perceptual"). É preciso cautela na interpretação desses resultados devido ao pequeno tamanho das amostras e porque todos os pacientes estavam sob tratamento medicamentoso.

Distorção do julgamento temporal

Muitos autores descreveram uma distorção na percepção de tempo nos transtornos afetivos. Os existencialistas em especial discorreram sobre a relevância da distorção de tempo para a experiência existencial do paciente (Capítulo 11). Mezey e Cohen[19] investigaram a experiência subjetiva do tempo e o julgamento do tempo de 21 pacientes deprimidos. O estudo incluiu declarações introspectivas sobre a experiência do tempo, assim como testes objetivos envolvendo projeção e reprojeção e estimativa verbal dos intervalos de tempo de 1 segundo a 30 minutos. Os autores constataram que cerca de três quartos dos pacientes achavam que o tempo estava passando mais devagar do que o normal, e essa sensação tendia a desaparecer na recuperação. Os testes objetivos, em contrapartida, indicaram que a estimativa de tempo em condições experimentais era tão precisa durante a fase de depressão quanto durante a fase de recuperação.

Distorção do julgamento espacial

Alguns artigos sugerem que os pacientes psiquiátricos sofrem algumas alterações na percepção espacial, tais como distorções na distância percebida entre si mesmos e outras pessoas. Outros fenômenos mencionados são a atribuição de diferentes qualidades aos aspectos direito e esquerdo do espaço e o desaparecimento do aspecto tridimensional dos objetos.[20]

Demonstrou-se que a depressão está relacionada à percepção de superior-inferior em vários estudos. Rosenblatt[21] constatou que em contraste com pacientes maníacos, pacientes deprimidos tendem a se concentrar no aspecto inferior do que no superior de uma situação espacial. Wapner e colaboradores,[22] em um estudo paralelo com estudantes universitários, relacionou a experiência de fracasso acadêmico com um consequente efeito descendente sobre o julgamento subjetivo do nível ocular ("horizonte aparente"). Fisher[20] testou a hipótese específica de que o grau de tendenciosidade no sentido descendente da percepção tem relação positiva com o nível de tristeza ou depressão. Cinquenta e dois sujeitos foram avaliados. A medição da tristeza foi feita conforme o número de palavras tristes utilizadas para descrever uma sequência de rostos. A direcionalidade ascendente ou descendente da percepção foi estimada por meio do fenômeno autocinético e por julgamentos que requeriam o ajuste de um bastão luminoso para a horizontal. Os resultados confirmaram a proposta de que os sujeitos com afeto triste apresentavam um viés descendente na percepção, ao passo que sujeitos com afeto neutro demonstravam um viés ascendente.

PRIMEIROS ESTUDOS EXPERIMENTAIS

Um estudo intrigante sobre o efeito do soro de pacientes maníaco-depressivos no comportamento de cães foi descrito na literatura russa. Polyakova[23] relatou que o tempo que cinco cães levavam para percorrer um labirinto aumentava de uma média de 6,37 segundos para 19 segundos quando recebiam soro de pacientes deprimidos. O tempo diminuía para uma média de 5,8 segundos quando o sangue era de pacientes na fase maníaca. As profundas implicações desse estudo certamente justificariam replicação independente.

No primeiro de vários estudos em que pacientes deprimidos foram expostos a condições experimentais variáveis, alocamos aleatoriamente um grupo de 20 pacientes deprimidos e 22 pacientes não deprimidos a uma condição de desempenho superior e inferior induzida experimentalmente.[24] Antes e logo depois da tarefa experimental, os pacientes avaliaram seu próprio humor. Índices de autoconfiança também foram obtidos. Os pacientes deprimidos tenderam a ser mais afetados pelo desempenho na tarefa do que pacientes não deprimidos quando estimaram como se sairiam em uma atividade futura. Entretanto, os grupos não diferiram no efeito do desempenho sobre as autoavaliações.

Em um estudo posterior, medimos os efeitos do êxito e fracasso sobre o humor, a motivação e o desempenho.[12] Vinte pacientes deprimidos e 20 não deprimidos foram selecionados porque possuíam, respectivamente, alta ou baixa pontuação no inventário de depressão e alta ou baixa classificação de depressão feita de forma independente durante uma entrevista psiquiátrica. Em um experimento que fazia parte do procedimento de avaliação de pacientes psiquiátricos ambulatoriais, os pacientes deprimidos eram significativamente mais pessimistas sobre suas chances de sucesso e tendiam a subestimar a qualidade de seus desempenhos, ainda que seu desempenho real fosse o mesmo que o de pacientes não deprimidos. Em uma segunda tarefa, a experiência prévia de êxito e sucesso tinha efeitos contrastantes sobre os desempenhos reais dos dois grupos. O sucesso melhorou o desempenho dos pacientes deprimidos, e o fracasso melhorou o desempenho dos pacientes não deprimidos.

Harsch e Zimmer[25] selecionaram 62 universitários e 34 universitárias com base em seus desempenhos no Teste de Completar Frases de Zimmer. Considerou-se que 48 estudantes apresentaram um padrão de comportamento predominantemente extrapunitivo e 48 um comportamento predominantemente intrapunitivo. Uma vez que se considerava o comportamento predominantemente intrapunitivo como característico da depressão, tal experimento era relevante para compreender o transtorno. O experimento procurou produzir abandono do padrão de comportamento característico e adoção de um padrão de comportamento diferente. Isso foi tentado recompensando os sujeitos por declarações contrárias ao padrão de comportamento básico ou punindo os sujeitos por declarações que se adaptava ao padrão de comportamento. Em consequência da manipulação experimental, ambos os grupos demonstraram alterações significativas no padrão de comportamento conforme medição pelo teste de Zimmer. As mudanças experimentalmente induzidas em uma direção contrária ao ponto de partida persistiram em um período de seguimento de 8 dias.

CONTEXTO FAMILIAR E PERSONALIDADE

Wilson[26] investigou o papel das pressões familiares na socialização de maníaco-depressivos. Com base em sua revisão dos prontuários de casos e estudo intensivo de 12 pacientes e suas famílias, o autor concluiu que durante a infância os maníaco-depressivos sentiam excessiva pressão para se conformarem às atitudes parentais e tinham menos liberdade do que os participantes do grupo-controle.

Em 1954, Cohen e colaboradores[27] relataram os resultados de uma investigação psicanalítica intensiva de 12 casos de psicose maníaco-depressiva. Um achado consistente em todos os 12 pacientes foi que durante sua infância as famílias sentiram-se divididas por algum fator que as destacavam como "diferentes". Estes fatores incluíam pertencimento a um grupo minoritário, reveses econômicos graves ou doença mental familiar. Em cada caso, a família do paciente sentia intensamente a distinção social e reagia a ela tentando melhorar sua aceitação na comunidade. A família dava muito valor à conformidade e fazia grande esforço para melhorar seu *status* social elevando o nível econômico ou conquistando outros símbolos de prestígio. Para atingir esse objetivo, a família esperava que os filhos se conformassem a um alto padrão de comportamento, baseado sobretudo nos conceitos dos pais do que os vizinhos esperavam. O paciente experienciava seu papel como sendo a serviço do esforço social da família.

A responsabilidade de ganhar prestígio geralmente era delegada pela mãe à criança que depois desenvolveria psicose maníaco-depressiva. Escolhia-se determinada criança por ser excepcional em termos de inteligência ou outros talentos ou por ser o primogênito, o caçula ou um filho único. A ênfase ao sucesso e à competição geralmente fazia a criança ter sérios problemas de inveja.

Gibson[28] utilizou uma técnica mais refinada para testar os achados do estudo de Cohen. O autor estudou um grupo de 27 pacientes maníaco-depressivos e 17 pacientes esquizofrênicos do Hospital St. Elizabeth em Washington, D.C., para determinar se a descrição de Cohen da história de infância e da experiência familiar diferenciariam pacientes maníaco-depressivos de esquizofrênicos. Os prontuários hospitalares e as entrevistas com as famílias por assistentes sociais especialmente treinados forneceram os dados básicos. Estes foram avaliados de acordo com um questionário especificamente elaborado para medir o quanto a história de um paciente está de acordo com os conceitos formulados por Cohen e seu grupo. Os 12 pacientes do estudo original de Cohen também foram avaliados de acordo com o questionário.

Os dois grupos de maníaco-depressivos foram diferenciados dos grupos de esquizofrênicos em três de cinco escalas do questionário. Os maníaco-depressivos eram estatisticamente diferentes dos esquizofrênicos em termos das seguintes características:

1. o maníaco-depressivo provinha de uma família em que havia acentuada busca por prestígio, e o paciente era o instrumento das necessidades de prestígio dos pais;
2. o paciente maníaco-depressivo tinha um contexto de intensa inveja e competitividade;
3. os pais dos pacientes maníaco-depressivos demonstravam alto grau de preocupação com aprovação social.

Algumas inadequações metodológicas são visíveis neste estudo. Entre elas está a possibilidade de contaminação nas avaliações dos dados feitas pelos assistentes sociais e a falta de controle da idade.

Becker e colaboradores, em uma série de estudos sistemáticos, procuraram testar a hipótese derivada do estudo de Cohen e a investigação sistemática de Gibson. De acordo com suas reformulações dos achados de Cohen, indivíduos que desenvolvem reação maníaco-depressiva na idade adulta vivenciaram expectativas excessivas dois pais de conformidade e realização na infância. Elas reagem a essas demandas adotando os valores prevalecentes dos pais e outras figuras de autoridade a fim de aplacá-las e ganhar aprovação. Os autores tentaram investigar o quanto a dependência crônica dos outros para orientação e aprovação se manifesta nas opiniões e atitudes do paciente maníaco-depressivo. Em um estudo inicial, Becker[29] comparou 24 maníaco-depressivos em remissão com 30 controles não psiquiátricos pareados por idade, educação e nível de instrução. Os maníaco-depressivos tiveram pontuações significativamente mais altas do que os controles em medidas de realização de valor, tendências autoritárias e atitudes convencionais. Os maníaco-depressivos não diferiram dos controles não psiquiátricos na autoavaliação direta de motivação ao sucesso ou de produtividade do desempenho.

Em outro estudo, Spielberger e colaboradores[30] realizaram uma investigação mais ampla das formulações derivadas dos estudos de Cohen, Gibson e Wilson. Os sujeitos desta investigação foram 30 maníaco-depressivos em remissão e 30 controles não psiquiátricos. Quatro escalas ou testes psicológicos objetivos foram aplicados: a

Califórnia Fascism Scale, a *Traditional Family Ideology Scale*, a *Value Achievement Scale*, e a *Need Achievement Scale*. Os maníaco-depressivos obtiveram pontuações significativamente mais altas do que os controles em todas essas medidas, exceto quanto à realização de necessidades. Os autores interpretaram seus achados como indicativos de que a estrutura da personalidade adulta dos maníaco-depressivos é caracterizada por atitudes autoritárias convencionais, opiniões tradicionais e valores de realização estereotipados, mas não por motivos de realização internalizados.

Certa dúvida a respeito da especificidade desses achados foi levantada por outro estudo de Becker, Spielberger e Parker.[31] Nesse estudo, as pontuações de maníaco-depressivos em várias medidas de atitude foram comparadas com as pontuações de depressivos neuróticos, esquizofrênicos e indivíduos normais. Não foi encontrada diferença significativa na realização de valores ou nas atitudes autoritárias entre os grupos de pacientes psiquiátricos, embora diferissem significativamente dos controles normais. Entretanto, os pesquisadores constataram que idade e classe social afetavam significativamente as pontuações; isso indica a necessidade de controle empírico ou estatístico dessas variáveis nesse tipo de estudos da personalidade.

AUTOCONCEITO

Um teste de autoconceito foi desenvolvido por Beck e Stein,[32] consistindo de traços e características como aparência, inteligência, atração sexual, egoísmo e crueldade. Os pacientes avaliaram-se em cada um desses traços utilizando uma escala de cinco pontos. Eles também fizeram classificações sobre como se sentiam a respeito de possuírem cada um desses traços (o escore de autoaceitação). Observamos uma correlação significativa (-0,66) entre os escores de autoconceito e os do inventário de depressão; a correlação entre os escores de autoaceitação e os do inventário também foi significativa (-0,42). Este estudo indicou que pacientes deprimidos tendiam a dar a si mesmos notas baixas em traços socialmente desejáveis e notas altas em traços indesejáveis. Concluímos que o autoconceito é baixo em pacientes deprimidos comparados com não deprimidos. O teste de autoconceito foi revisado, e suas propriedades psicométricas podem ser encontradas em Beck e colaboradores[33]

Laxer[34] utilizou o Teste Diferencial Semântico para investigar alterações no autoconceito de pacientes depressivos e outros pacientes psiquiátricos. Os depressivos apresentaram um autoconceito baixo no momento da hospitalização, mas adquiriram um autoconceito melhor no momento da alta. Os paranoides, contudo, começaram com uma autoavaliação relativamente alta e não mudaram muito no momento da alta.

Um conjunto interessante de resultados demonstrou que, em situações de teste, o paciente deprimido é capaz de ter desempenho tão bom quanto controles pareados. Estudos experimentais indicaram que a experiência de sucesso melhora significativamente o desempenho de pacientes deprimidos. Esses achados sugeriram que a inércia na depressão estaria mais relacionada a fatores como perda de motivação do que à inibição fisiológica. Os estudos também indicaram que pacientes deprimidos subestimam grandemente sua capacidade e real desempenho.

A constatação de um alto limiar para fadiga também sugeriu que, em reais situações de trabalho, o paciente deprimido não se fatiga tanto quanto geralmente se acredita. Nenhuma evidência objetiva foi obtida para substanciar a noção de uma perturbação do julgamento temporal. Contudo, alguns estudos sugerem que o paciente deprimido tende a ter um viés descendente na percepção espacial.

Os estudos da personalidade e de contextos familiares de pacientes deprimidos não satisfizeram as expectativas iniciais. As tentativas de testar a hipótese produzida pelos estudos clínicos de M. B. Cohen e seu grupo ofereceram algum suporte inicial. Entretanto, investigações utilizando um delineamento mais rigoroso sugeriram que as diferenças obtidas entre pacientes deprimidos e pacientes não deprimidos seriam oriundas de fatores alheios como idade, classe social e nível de instrução. Os estudos do autoconceito indicaram que as autoavaliações dos pacientes deprimidos são muito mais baixas do que as de pacientes não deprimidos, mas retornam aos níveis normais quando eles se recuperaram da depressão.

INVESTIGAÇÃO SISTEMÁTICA DA DEPRESSÃO POR BECK

Fatores psicodinâmicos

Os fatores psicodinâmicos na depressão atraíram o interesse de autores psiquiátricos desde a primeira exploração deste assunto por Abraham em 1911. A literatura psiquiátrica inicial contêm uma ampla variedade de teorias da depressão incluindo maior oralidade,[35] hostilidade retrofletida[36] e necessidade de manipulação de pessoas importantes no ambiente.[37]

Na época em que Beck iniciou sua investigação sistemática, em vista do grande número de trabalhos clínicos sobre depressão,[38] a pobreza de estudos controlados que testassem as diversas hipóteses era surpreendente. Um dos principais fatores era o número de problemas conceituais e metodológicos altamente complexos confrontados ao submeter essas hipóteses a teste sistemático. Um problema – talvez o maior obstáculo – era a especificidade: as mesmas formulações psicodinâmicas que tinham sido oferecidas para explicar os fenômenos da depressão também foram aplicadas a condições muito diferentes. O conceito de fixação oral, por exemplo, havia sido aplicado não somente à depressão, mas também a diversas condições, inclusive esquizofrenia, alcoolismo e úlcera péptica. Outro problema era que muitas das teorias, tais como a formulação freudiana da depressão em *Luto e Melancolia*,[36] são tão complexas e distantes de observáveis no material clínico que não são facilmente redutíveis a termos operacionais para estudo sistemático.

Para empreender um estudo dos fatores psicodinâmicos da depressão, foi necessário satisfazer dois pré-requisitos. Primeiro, deve ser possível isolar uma determinada constelação ou construto psicodinâmico que tenha uma relação significativa com a depressão, mas não com outras síndromes. Segundo, deve ser possível desenvolver métodos para identificar os referenciais deste construto no material clínico.

História da investigação

A evolução dos estudos de Beck pode ser de interesse para o leitor. Em um estudo anterior, foram coletados dados de cinco soldados que desenvolveram depressão psicótica após terem acidentalmente matado um colega (ver Capítulo 5). Um exame minucioso das produções ideacionais desses pacientes (alucinações, fantasias, sonhos e ruminações obsessivas) revelaram evidências diretas de tendências autopunitivas. Em um caso típico, por exemplo, o paciente tinha uma alucinação visual do colega morto em que este lhe dizia para se matar. Todos os pacientes expressaram o desejo de serem punidos por seus atos, e todos, exceto um, fizeram tentativas de suicídio.

O evento seguinte nessa evolução foi a observação de que os sonhos de pacientes com depressão neurótica em psicoterapia ou análise intensiva apresentavam uma frequência especialmente alta dos temas em torno de sentir-se decepcionado, frustrado, ferido, punido, incompetente ou feio. Estes temas ocorriam ocasionalmente nos sonhos de pacientes não deprimidos, mas com muito menos frequência.

Essa observação dos sonhos dos pacientes deprimidos sugeriu a hipótese de que haveria uma determinada variável ou constelação psicodinâmica que fosse característica da depressão, mas não de outras condições psiquiátricas. O denominador comum desses temas oníricos era que o sonhador experimentava algum desagrado ou sofrimento no sonho manifesto. Seguindo-se a teoria freudiana de que o conteúdo do sonho representa a realização de um desejo, Beck especulou que tais sonhos representavam o desejo de sofrer.

Quando essa observação dos sonhos dos pacientes deprimidos foi alinhada com a observação anterior dos temas de punição nas produções ideacionais dos soldados com depressão psicótica, parecia haver uma característica comum a ambas, isto é, sofrimento autoimposto. Beck conjeturou que os temas oníricos desagradáveis refletiriam as mesmas variáveis psicológicas que as alucinações autopunitivas e declarações verbais dos soldados com depressão psicótica. Essa formulação levou à hipótese formal de que uma característica central na depressão é a necessidade de sofrer. O termo "sonhos negativos" foi empregado para designar essa variável particular. Para confirmar tal hipótese de modo experimental, foi necessário demonstrar que os pacientes deprimidos apresentam um grau significativamente maior de "sonhos negativos" do que pacientes não deprimidos.

Para desenvolver um método de mensuração, primeiro foi necessário obter um tipo de dados que pudessem ser prontamente definidos, coletados e analisados. Os sonhos pareciam preencher essas exigências. O sonho relatado é uma entidade distinta, em contraste com outros tipos de material clínico (tais como respostas discursivas a perguntas, associações livres ou comportamento não verbal). Além disso, é relativamente simples submeter sonhos a sistemas de pontuação de conteúdo que possuam um alto grau de confiabilidade interavaliadores.[40]

Na tentativa de oferecer uma estrutura teórica para explicar as tendências negativas em pacientes deprimidos, Beck considerou duas conceituações alternativas.

1. "Sonhos negativos" poderiam ser considerados como uma manifestação de hostilidade inversa. De acordo com a tese de Freud em *Luto e Melancolia*,[36] os pacientes estão basicamente com raiva de outra pessoa (o objeto amoroso perdido), mas voltam esta raiva contra si mesmos. Os insultos e repreensões inicialmente destinados ao objeto amoroso perdido são focados em si próprios.
2. A necessidade de sofrer poderia ser vista como uma expressão direta das tendências de autopunição. (Esta tese é diferente da primeira porque ela não pressupõe a presença de hostilidade.)

De acordo com essa segunda formulação, o paciente ou fez algo contra seu código moral primitivo (superego) ou tem algum desejo inaceitável. Esse ato ou desejo gera culpa no paciente, e a culpa então leva ao desejo de autopunição.

Várias objeções eram imediatamente visíveis. A primeira formulação referia-se à hostilidade invertida, mas a presença de hostilidade não pôde ser demonstrada no conteúdo manifesto do sonho do paciente deprimido ou na experiência emocional durante o sonho. A segunda formulação supunha a presença de culpa por alguns desejos ou ações inaceitáveis. Nem culpa nem desejos ou ações inaceitáveis puderam ser diretamente identificados no conteúdo manifesto dos sonhos. Uma vez que não foi possível comprovar esses elementos diretamente no material clínico, as formulações não puderam ser submetidas à prova direta.

Outro problema era que a teoria freudiana dos sonhos se baseia na suposição de que o sonho representa a realização de algum tipo de desejo, ou seja, o conteúdo do sonho representa um determinado desejo ou conjunto de desejos. Se essa suposição for inválida, então toda a formulação da necessidade de sofrer desaba.

À medida que a pesquisa se desenvolvia, tentamos driblar esses problemas adotando uma abordagem diferente. Parecia mais satisfatório permanecer no nível das experiências do paciente do que inferir algum processo subjacente. Se os pacientes sonham que estão sendo frustrados por outras pessoas, seria mais prudente considerar isso uma concepção das pessoas como frustrantes do que interpretar no sonho um desejo subjacente. Essa concepção revista também estava de acordo com algumas observações posteriores do conteúdo temático das declarações verbais dos pacientes. Com o enfoque do material em termos da percepção que os pacientes tinham de si mesmos e da realidade externa, a ênfase gradualmente mudou de um modelo motivacional inconsciente para um modelo cognitivo.

A primeira etapa na investigação sistemática da depressão foi uma análise do conteúdo dos sonhos dos pacientes em psicoterapia. Foi confirmada a hipótese de que pacientes deprimidos apresentam maior frequência de sonhos negativos do que um grupo-controle de pacientes não deprimidos.

Essa descoberta inicial parecia justificar uma investigação mais completa, utilizando uma amostra de pacientes muito maior e técnicas mais refinadas. A fim de obter uma base empírica mais sólida para a investigação de ampla escala, realizamos alguns estudos preliminares. O primeiro estágio consistia em uma série de estudos avaliando os atuais métodos de diagnóstico clínico. Com base nesses estudos, decidimos usar as classificações dos psiquiatras e diversas técnicas psicométricas para isolar o grupo deprimido. A segunda etapa foi o desenvolvimento de um inventário para medir a depressão,[41] além de um refinamento da escala de classificação clínica.

Na terceira etapa, os estudos foram orientados a testagem da hipótese de que os pacientes deprimidos se caracterizavam por padrões distintivos que levavam a um sofrimento desproporcional ou inadequado para a situação real. Adotamos duas principais abordagens para demonstrar tais padrões de autossofrimento. Material ideacional (sonhos, respostas a testes projetivos estruturados e associações livres) foi analisado para verificar se os pacientes deprimidos apresentam maior frequência de temas negativos nessas produções do que pacientes não deprimidos, e situações de estresse experimentais controladas foram montadas para verificar se as reações dos pacientes deprimidos eram mais autodegradantes do que as de pacientes não deprimidos.

Em um estudo colateral para verificar se havia diferenças significativas nos contextos de pacientes deprimidos e não deprimidos, computamos a incidência relativa de perda dos pais durante a infância. Além disso, estudamos as produções verbais dos pacientes deprimidos em psicoterapia para determinar se havia padrões que fossem característicos da depressão.

Testando a hipótese

Uma vez estabelecidas escalas razoavelmente confiáveis de depressão, estávamos prontos para prosseguir verificando se os padrões autoderrotistas seriam identificados em sonhos e em outras produções ideacionais (recordações antigas e narração de histórias), respostas a testes verbais e reações a estresses induzidos experimentalmente. A principal hipótese a ser testada era: "Existe uma associação significativa entre padrões autoderrotistas e depressão".

Definição de negativo

Definimos negativo em termos de um grupo de comportamentos relacionados. Alguns padrões típicos de comportamento repetitivo observados em indivíduos considerados autoderrotistas, mas não necessariamente deprimidos, são a tendência de interpretar a falta de sucesso total como fracasso, ter dúvidas em relação a si próprio mesmo quando bem-sucedido, aumentar a importância de defeitos pessoais, reagir à crítica com autodepreciação e esperar rejeição. Esse tipo de padrão de comportamento foi conceitualizado ou como uma manifestação de *uma necessidade de sofrer* ou como manifestação de uma distorção cognitiva duradoura que causa um viés negativo na avaliação do indivíduo de seu próprio valor, adequação, aceitabilidade social ou realizações. Ainda é preciso demonstrar empiricamente quais dessas formulações é mais aplicável. Em qualquer um dos casos, o indivíduo tende a estruturar as experiências pessoais de tal forma que reage às situações de vida com sofrimento inadequado ou excessivo. O tipo de disforia vivenciado inclui sentimentos de humilhação, privação, frustração e isolamento social.

A experiência clínica prévia, e um estudo sistemático baseado em tal experiência,[42] indicou que os sonhos em que o sonhador sente-se abandonado ou frustrado, sofre privações ou é prejudicado são característicos de indivíduos propensos à depressão. Como teste geral de tal achado, tentamos determinar se a autorrepresentação do paciente deprimido como humilhado, impotente ou privado pode ser identificada consistentemente em vários tipos de material ideacional. Como não existe critério definitivo do conceito, foi necessário fazer uma série de predições e delinear testes e experimentos para confirmá-las ou refutá-las. Como primeiro passo, previmos *a priori* que as pontuações nos diversos testes que visavam facilitar respostas negativas se correlacionariam significativamente com as escalas de depressão. Uma vez que esses testes (um inventário e um teste de autoconceito) tratavam de diversas formas e níveis de comportamento, incluindo sonhos, lembranças, narração de histórias e autodescrições, uma área bastante ampla de comportamento verbal foi explorada. O fato de que as pontuações em cada uma dessas escalas indicaram uma relação significativa com depressão oferece evidência de apoio à hipótese.

Estudo de sonhos

Em nosso estudo preliminar, elaboramos um sistema de pontuação para identificar sonhos negativos. Em nosso estudo em ampla escala, este sistema foi aplicado aos sonhos de 219 pacientes. Verificou-se que o grupo de pacientes deprimidos tinha um número significativamente maior de sonhos negativos do que o grupo de pacientes não deprimidos.

Suposições e interpretações. Um dos maiores problemas no uso de sonhos, lembranças e respostas a histórias em testes projetivos é saber se são justificadas as suposições básicas sobre identificação e mensuração dos construtos neste material. Por exemplo, tem-se postulado que os sonhos expressam uma variedade de processos de personalidade. Algumas das suposições específicas sobre o conteúdo onírico mais relevantes para nossa pesquisa, as quais levamos em conta para interpretar os resultados, consideravam que o conteúdo dos sonhos é:

a) expressão de motivações, tais como hostilidade, dependência, necessidade de sofrer e assim por diante; ou
b) representação do conceito que o indivíduo tem de si mesmo e/ou de seu conceito de forças pessoais ou impessoais no ambiente; ou
c) expressão dos padrões característicos de comportamento; ou
d) tradução de afetos, tais como tristeza, em imagens pictóricas; ou
e) manifestação de uma tentativa de resolver um problema; ou
f) condensação aleatória de impressões, pensamentos, preocupações e lembranças da vigília. Duas suposições mais gerais entrelaçadas com estas as listadas levam em conta que as imagens oníricas podem ser consideradas como
g) uma representação simbólica, indireta ou disfarçada de um processo psicológico, ou
h) uma representação direta, não camuflada, que pode ser avaliada por seu valor aparente – ou seja, relativamente pouca inferência é necessária para categorizá-la.

As diversas suposições não são necessariamente mutuamente excludentes.

Como mencionado, nossa utilização dos sonhos no projeto originalmente repousava sobre ao menos duas das suposições referidas. De acordo com a suposição (a), o construto seria expresso em sonhos por causa de suas propriedades motivacionais. Assim, consideramos o sonho de ser submetido a uma experiência dolorosa como a expressão de uma motivação, a necessidade de sofrer. De acordo com a suposição (b), o sonho poderia ser categorizado com base em seu conteúdo superficial e os temas específicos então seriam tomados literalmente (independente de qualquer possível significado simbólico ou disfarçado). Essas duas suposições (que também parecem subjacentes à pesquisa com TAT em que o "sistema de necessidades" de Murray é usado) foram feitas em nosso trabalho com os testes projetivos.

Depois de determinarmos que havia uma relação significativa entre as medidas de depressão e a incidência de sonhos negativos, surgiu a questão de como interpretar tais achados. Considerando que qualquer interpretação depende das suposições subjacentes, estas foram reavaliadas. Nossa suposição de que o sonho é expressão de uma motivação levou à interpretação do sonho como a representação da necessidade de sofrer. Entretanto, uma explicação igualmente (ou mais) plausível tinha que ser considerada. Os comportamentos caracterizados por sofrimento desproporcional à situação real resultariam do modo específico como esses indivíduos estruturam suas experiências. Como resultado de determinados sistemas conceituais, esses indivíduos introduziriam um viés sistemático (contra si mesmos) na avaliação de experiências específicas – por exemplo, seriam propensos a interpretar quaisquer dificuldades ou decepções como manifestações de suas próprias inadequações. De acordo com essa formulação, o sonho negativo seria considerado uma manifestação do autoconceito distorcido do indivíduo, interpretação negativa da experiência e expectativas desagradáveis.

Segundo nossa outra suposição inicial, a ação dramática e as imagens no sonho poderiam ser analisadas de uma maneira relativamente literal com base em temas superficiais. Assim, o sonho de ser traído pelo cônjuge seria atribuído à categoria de *rejeição*. Um corolário é a suposição de que os temas nos sonhos têm equivalentes observáveis no comportamento de vigília ou na atividade mental consciente. Assim, seria de esperar que indivíduos que sonham que são feios demonstrem preocupação incomum com a aparência que se manifesta, digamos, olhando-se frequentemente no espelho ou preocupando-se com sua atratividade física.

Sonhos e comportamentos explícitos. Uma vez que nos baseamos na suposição de que os temas dos sonhos refletem padrões de comportamento específicos, consideramos importante verificar se tal suposição é sustentável. Uma forma de abordar o problema era averiguar se o conteúdo temático dos sonhos tinha alguma ligação com o comportamento manifesto. Uma linha inicial de investigação foi selecionar indivíduos cujas ações tenham sido incomuns ou extremas em algum aspecto e tentar predizer esse comportamento com base em seus sonhos. Por tal motivo, realizamos um estudo dos sonhos de vários tipos de condenados (criminosos sexuais, assassinos e assaltantes) para averiguar se seus sonhos manifestos tinham uma relação significativa com o tipo de delito pelo qual foram aprisionados.

Coletamos dez sonhos consecutivos de cada um de oito prisioneiros condenados por delitos sexuais contra crianças e de um grupo-controle compatível de oito prisioneiros sem história de delitos sexuais,[43] depois empregamos um sistema de pontuação para identificar elementos sexuais patentes e *atividade sexual criminosa* no conteúdo manifesto dos sonhos. A concordância entre dois juízes quanto a se o sonho continha um elemento sexual ou um tema relacionado a delitos sexuais foi de 99% em 200 sonhos pontuados. Constatamos que havia uma frequência significativamente maior de sonhos tanto com elementos sexuais explícitos quanto com atividade sexual *criminosa* no grupo de delinquentes sexuais do que no grupo-controle ($p < 0,01$, Teste pareado de Wilcoxon). Consideramos esses achados compatíveis com a suposição de que os temas dos sonhos têm relação com padrões observáveis de comportamento.

Primeiras recordações

Cada paciente em nossos estudos foi rotineiramente solicitado a descrever suas três lembranças mais antigas, e em cerca de 80% dos casos foi possível obter ao menos três recordações. Constatamos que as mesmas categorias utilizadas para pontuar os sonhos poderiam ser adaptadas a um manual de pontuação para identificar temas relevantes nas primeiras recordações. A concordância entre classificações independentes de dois juízes foi de 95%. Os relatos verbais de 25 pacientes que descreveram suas três lembranças mais antigas passaram por análise cega para identificar a presença de temas negativos; verificamos que a frequência das lembranças antigas negativas descritas pelos pacientes no grupo de deprimidos era significativamente mais alta do que nos pacientes no grupo não deprimido. A associação entre as pontuações no Inventário de Depressão e a frequência das primeiras lembranças negativas foi avaliada estatisticamente pelo Teste U de Mann-Whitney e apresentou nível de significância de 0,05.[1]

Teste da fantasia focalizada

Este teste consiste de um conjunto de quatro cartas ilustradas. Cada carta contém quatro quadros que retratam uma sequência contínua de eventos. A ação na sequência está centrada em torno de duas figuras masculinas que são suficientemente semelhantes para tornar dúbio quais figuras em um quadro correspondem às figuras nos quadros posteriores. Uma das duas figuras é submetida a uma experiência desagradável; a outra evita a experiência desagradável ou tem uma experiência agradável.

Apresenta-se ao sujeito uma das cartas e pede-se a ele que conte uma história sobre a sequência. Depois de ouvir a história, o examinador determina quais dos dois personagens na história é o protagonista ou herói. O herói, por definição, é o personagem que está presente em todos os quatro quadros da história, ou seja, é identificado como a figura solitária no primeiro quadro. O resultado é rotulado como negativo ou não, de acordo com a identificação do herói ou do personagem secundário com a figura ferida no quadro final.

Este teste foi aplicado em 87 pacientes. Uma vez que quatro cartas foram usadas, a pontuação para cada paciente variava de 0 a 4. Os pacientes foram divididos de acordo com suas pontuações no Inventário de Depressão em grupos de deprimidos e de não deprimidos e classificados de acordo com as pontuações no Teste da Fantasia Focalizada. Constatamos que as pontuações eram significativamente mais altas ($p < 0,0003$, Teste U de Mann-Whitney) nos pacientes deprimidos do que nos não deprimidos.[1]

Inventário negativo

O inventário é composto por 46 itens relacionados com os seguintes comportamentos: negatividade (20 itens), hostilidade (20 itens) e submissão (6 itens). Os itens foram basicamente obtidos na clínica. Os itens de negatividade foram fundamentados em comportamentos clinicamente observados compatíveis com a definição e percebidos em pacientes que não estavam clinicamente deprimidos. Cada item no inventário consiste em um enunciado que é lido em voz alta para o paciente, o qual então é solicitado a escolher uma de cinco frases alternativas para completar o enunciado. As alternativas são escalonadas em uma dimensão de frequência da seguinte forma: nunca (0), às vezes (1), com frequência (2), geralmente (3), sempre (4).

Este teste foi aplicado em 109 pacientes. As pontuações nos itens de negatividade foram então comparadas com as pontuações no Inventário de Depressão. Constatou-se que havia uma correlação na classificação Spearman de 0,51 entre os dois testes ($p < 0,001$). A correlação entre as pontuações no Inventário de Depressão e nos itens de hostilidade foi consideravelmente inferior, com coeficiente de 0,24.[1]

Teste do autoconceito

Outro programa administrado por entrevistador foi desenvolvido para indexar um autoconceito negativo. Observamos clinicamente que pacientes negativos e deprimidos tendiam a se desqualificar em relação a atributos que tinham especial importância para eles; também observamos clinicamente que outros tipos de atributos, tais como virtudes convencionais (amabilidade, bondade, generosidade), eram muitas vezes escolhidos pelos pacientes deprimidos como características em relação às quais se consideravam superiores aos outros. O inventário é composto por 25 atributos pessoais, como aparência pessoal, capacidade de conversação, senso de humor e sucesso. O paciente se compara com outras pessoas em uma escala de cinco pontos que varia de "pior do que qualquer pessoa que eu conheça" (1) a "melhor do que qualquer pessoa que eu conheça" (5), indicando de modo semelhante "como eu me sinto por ser assim". Os itens são escalonados de modo que uma baixa pontuação total indica baixa autoestima.

O teste foi aplicado em uma amostra de 49 pacientes psiquiátricos hospitalizados e ambulatoriais. A correlação produto-momento entre as pontuações no teste de autoconceito e no Inventário de Depressão foi -0,66 ($p < 0,01$). Uma correlação negativa (-0,42) foi constatada entre as pontuações de autoaceitação no Teste de Autoconceito e no Inventário de Depressão. Os resultados confirmam a hipótese de que pacientes deprimidos têm uma visão negativa de si mesmos e rejeitam a si próprios por supostas falhas.

Estudos experimentais

Outra abordagem que utilizamos para investigar a relação de construtos psicodinâmicos específicos da depressão e desenvolver escalas dos constructos foi através da manipulação de variáveis específicas em um experimento controlado. Em dois dos experimentos descritos a seguir, fizemos predições sobre a resposta esperada dos pacientes deprimidos quando a situação experimental tinha como objetivo provocar "comportamento negativo".

Efeitos do desempenho inferior em pacientes deprimidos. Um dos comportamentos característicos é a tendência a ser desproporcionalmente afetado por desempenho inferior. Para testar tal suposição empiricamente, criamos um experimento para determinar os efeitos diferenciais do desempenho superior e inferior sobre o humor relatado de pacientes deprimidos e não deprimidos.[24] O Inventário de Depressão foi individualmente aplicado a 32 pacientes do sexo masculino em tratamento intensivo em um hospital neuropsiquiátrico da Administração de Veteranos. Com base em suas pontuações no inventário, os pacientes foram divididos em três grupos: altamente, moderadamente e levemente deprimidos. No mesmo dia em que receberam o Inventário de Depressão, os sujeitos foram submetidos ao experimento em grupos de três. Os pacientes classificaram seu atual humor em uma escala de 11 pontos (sendo "extremamente triste" e "extremamente feliz" os pontos de ancoragem) tanto antes quanto depois da manipulação experimental de êxito e fracasso. Além disso, uma medida posterior do nível de expectativa (em relação ao número estimado de palavras que poderiam escrever em três minutos) foi obtido de todos os sujeitos.

Durante o experimento, os pacientes trabalharam em uma série de quatro tarefas de completar palavras que acreditavam serem idênticas, mas que na realidade variavam em dificuldade. Consequentemente, em cada grupo de três, um sujeito obtinha pontuação alta (superior); outro, pontuação média (neutra), e outro, baixa (inferior). Os moderadamente deprimidos foram sempre alocados para a posição neutra e desconsiderados nos resultados. A metade dos pacientes altamente deprimidos foi alocada para o grupo de desempenho inferior, e a outra metade, para o grupo de desempenho superior; os levemente deprimidos foram tratados da mesma maneira. Depois de cada tarefa de completar palavras, os pontos obtidos eram exibidos em um quadro-negro a fim de se dramatizar o desempenho relativo dos sujeitos. Após a postagem final das pontuações, os pacientes classificavam seu humor pela segunda vez.

Os resultados indicaram que os pacientes altamente deprimidos apresentavam uma queda mais acentuada no nível de humor (como indicado pelas autoavaliações) após fracasso e um maior aumento após sucesso do que os pacientes levemente deprimidos. Essa diferença não atingiu significância estatística ($p = 0{,}10$). Os altamente deprimidos tinham um nível mais alto de expectativa (número de palavras que estimaram que poderiam escrever em três minutos) após desempenho superior do que os outros três grupos; após desempenho inferior, os altamente deprimidos tinham um nível de expectativa mais baixo do que os demais grupos.

Efeitos do sucesso e fracasso sobre expectativa e desempenho. Criamos um estudo para determinar os efeitos do sucesso e fracasso sobre a estimativa de probabilidade de êxito, nível de aspiração e real desempenho de pacientes deprimidos e não deprimidos. Vinte pacientes deprimidos e 20 não deprimidos receberam duas tarefas de classificação de cartas. O experimentador deliberadamente interrompia a segunda tarefa para que todos os sujeitos "fracassassem".

Constatamos que os pacientes deprimidos eram mais sensíveis ao fracasso do que os não deprimidos. Eles reagiam com pessimismo significativamente maior (conforme medido por estimativas de probabilidade de sucesso) e com um nível inferior de aspiração. Apesar do pessimismo maior do que o dos pacientes não deprimidos, o desempenho real dos deprimidos foi consistentemente tão bom quanto o dos pacientes não deprimidos.[12]

ESTUDOS COLATERAIS

Padrões cognitivos em material verbal

Enquanto os estudos sistemáticos dos pacientes recém-admitidos em clínicas ou hospitais psiquiátricos estavam em andamento, revisamos os prontuários de casos de pacientes deprimidos e não deprimidos em psicoterapia para averiguar se diferenças consistentes seriam detectadas em material verbal (não onírico). Constatamos que os pacientes deprimidos tendiam a distorcer suas experiências de maneira idiossincrática: interpretavam mal eventos específicos em termos de fracasso, privação ou rejeição. Também tendiam a fazer previsões negativas do futuro. Contudo, não houve evidência tangível de uma necessidade de sofrer. Essa necessidade, caso exista, não pôde ser identificada diretamente no material clínico e tampouco nos estudos sistemáticos.

Uma vez que os estudos não puderam demonstrar (ou descartar) que o paciente deprimido é motivado pela necessidade de sofrer, consideramos explicações alternativas para os resultados nos estudos de sonho e de materiais verbais. Tanto nos sonhos quanto nas descrições de experiências em vigília, os pacientes com frequência se autorrepresentavam como frustrados, privados, defeituosos e assim por diante. Isso levou à conclusão de que alguns padrões cognitivos seriam responsáveis pela tendência dos pacientes de fazerem juízos negativamente tendenciosos de si mesmos, do ambiente e do futuro. Esses padrões cognitivos, ainda que menos proeminentes no período não deprimido, encontravam-se ativados durante a depressão.

Estudos longitudinais

Em outra abordagem para compreender a depressão, obtivemos informações da história passada para determinar se os pacientes deprimidos estiveram expostos a determinados tipos de estresses do desenvolvimento que explicariam seu sentimento de privação e desesperança. Antecipávamos que se poderia esperar que a morte de um genitor na infância, devido à intensidade e inexorabilidade da perda, sensibilizaria a criança a reagir a futuras situações de vida em termos de privação e desesperança. Constatamos que em um grupo de 100 pacientes adultos com depressão grave, 27% tinham perdido um ou ambos os pais por morte antes dos 16 anos, ao passo que em um grupo-controle de pacientes não psiquiátricos apenas 12% tinham ficado órfãos antes dos 16 anos. Esses resultados pareciam compatíveis com o conceito de que pacientes deprimidos podem desenvolver, por meio de vivências traumáticas, alguns padrões cognitivo-afetivos que, quanto ativados, produzem reações inadequadas ou desproporcionais de privação e desespero.

PADRÕES EM SONHOS DE PACIENTES DEPRIMIDOS

Esta seção resume os estudos originais sobre sonhos relatados por Beck na primeira edição deste livro.[4] Técnicas estatísticas começaram a ser usadas na análise do conteúdo dos sonhos na década de 1930. Em 1935, Alexander e Wilson[44] aplicaram técnicas quantitativas aos sonhos manifestos dos pacientes com o intuito de quantificar o material psicanalítico. Vinte anos depois, Saul e Sheppard[40] criaram uma escala de classificação para medir a hostilidade no sonho manifesto. Em um trabalho posterior,[45] delinearam um sistema de classificação abrangente para estimar funções do ego em sonhos. Esses estudos estimularam as investigações descritas neste capítulo.

Estudo preliminar

No curso da psicoterapia de pacientes ambulatoriais, observamos que o conteúdo manifesto dos sonhos de pacientes com depressão neurótica continha uma frequência relativamente alta de temas desagradáveis, que eram observados com muito menos frequência em outros tipos de pacientes neuróticos. A característica marcante do sonho desagradável era a presença de um determinado tipo de conteúdo temático: o paciente havia sonhado com uma experiência dolorosa, como se sentir rejeitado, contrariado, privado ou punido. O afeto, quando relatado, era compatível com o tema do sonho e descrevia um sentimento de tristeza, solidão ou frustração.

Com base nas associações ao sonho, bem como em outros materiais clínicos, concluímos que os sonhos desagradáveis resultavam de alguns processos de personalidade no paciente deprimido que produziam sofrimento desproporcional em relação à situação real. Os sonhos eram considerados como análogos ao tipo de sofrimento que o paciente deprimido experimentava em vigília. Devido à saliência do sofrimento nesses temas oníricos, o termo "masoquista" foi originalmente escolhido para designar esse tipo de sonho negativo. Agora, referimo-nos a tais conteúdos oníricos simplesmente como "sonhos negativos".

A fim de determinar se a mencionada observação clínica era válida, iniciamos um estudo sistemático dos sonhos de pacientes deprimidos. Os dados para a investigação subsequente limitavam-se ao conteúdo manifesto do sonho; as livre-associações com o sonho e outros materiais clínicos foram excluídas por razões metodológicas. A hipótese para o estudo foi a seguinte: os sonhos consecutivos de pacientes com depressão neurótica em psicoterapia mostram maior incidência de material manifesto com conteúdo negativo do que uma série de sonhos em um grupo pareado de pacientes não deprimidos.

Para testar a hipótese, Beck iniciou um estudo sistemático em cooperação com o Dr. Marvin S. Hurvich. Fundamentando-se essencialmente em observações clínicas, desenvolvemos um manual de pontuação provisório. Depois revisamos várias centenas de sonhos de pacientes diagnosticados como deprimidos ou não deprimidos. Exemplos de temas desagradáveis que foram com frequência encontrados nos sonhos de pacientes deprimidos, mas que não apareceram com a mesma frequência nos sonhos de pacientes não deprimidos, forneceram a base para expandir e refinar as categorias de pontuação. (Deve-se assinalar que os sonhos dos 12 pacientes objeto desta investigação não foram incluídos na construção e no refinamento do manual de pontuação.)

O tema típico consistia em algo desagradável que acontecia ao paciente. O caráter desagradável podia ser *estático* (p. ex., o paciente aparecia deformado) ou *dinâmico* (no desenrolar do sonho o paciente se frustrava ou passava por trauma psíquico ou físico direto ou indireto). Eis as categorias de pontuação:

1. Privado, desapontado ou maltratado.
2. Frustrado.
3. Excluído, substituído ou deslocado.
4. Rejeitado ou abandonado.
5. Culpado, criticado ou ridicularizado.
6. Punido legalmente.
7. Desconforto ou lesão física.
8. Aparência distorcida.
9. Perdido.
10. Perda de algo de valor.

Nenhuma pontuação foi dada para sonhos com conteúdo de "ameaça" ou "vergonha" a menos que houvesse um elemento ou tema negativo de acordo com o indicado. O manual de pontuação completo encontra-se no Apêndice.

Depois de havermos desenvolvido o sistema de pontuação e alcançado um alto grau de concordância na pontuação dos sonhos, aplicamos o sistema aos grupos experimental e controle. Os registros de seis pacientes do sexo feminino com diagnóstico de depressão neurótica e os de seis pacientes do sexo feminino não deprimidas foram selecionados dos arquivos de Beck. Os dois grupos foram pareados paciente por paciente o máximo possível em termos de idade, estado civil e estimativa de intensidade da doença. As características de todas as pacientes são listadas na Tabela 10.1.

Os primeiros 20 sonhos foram selecionados no tratamento a partir de cada registro de caso e datilografados em folhas de papel individuais. A amostra total era composta de 240 sonhos (20 por paciente em um total de 12 pacientes), organizados em ordem aleatória. Os sonhos foram então apresentados ao Dr. Hurvich, que classificou cada um de acordo com uma escala temática negativa. O doutor não tinha nenhuma informação sobre as pacientes, o que garantiu uma pontuação cega imparcial. As avaliações foram submetidas à análise estatística descrita a seguir. A fim de obter uma estimativa da confiabilidade das classificações, Beck também discriminou os sonhos, e foi calculado o percentual de concordância entre nossas classificações.

Os critérios para o estabelecimento do diagnóstico de reação neurótico-depressiva

TABELA 10.1
Identificação de dados nas pacientes deprimidas (D) e não deprimidas (ND)

	Idade		Estado civil		
Par	D	ND	D	ND	Diagnóstico das ND
A	23	20	S	C	Reação de ansiedade
B	28	28	C	C	Neurose de caráter
C	31	29	C	C	Colite espástica
D	31	33	C	C	Neurose cardíaca
E	36	36	C	C	Neurose de caráter

nessas pacientes foram os seguintes: humor deprimido, sentimentos de desânimo, autocrítica e autorrepreensões injustificadas, inércia ou apatia, perturbação do sono, anorexia e desejos suicidas. Os seguintes sinais também foram considerados no diagnóstico: retardo psicomotor, perda de peso e expressões faciais melancólicas associadas a choro. Cada paciente apresentou ao menos 11 dos 13 sinais e sintomas diagnósticos. A ausência de qualquer evidência de desorganização conceitual, afeto inadequado ou comportamento bizarro descartava qualquer processo psicótico.

A estimativa de gravidade da doença baseou-se na intensidade dos sintomas e no grau de prejuízo na adaptação social. Uma estimativa do nível socioeconômico indicou que todos os sujeitos provavelmente seriam rotulados de classe média superior ou classe alta inferior. Uma estimativa clínica aproximada da inteligência sugeriu que todas as pacientes em ambos os grupos tinham ao menos inteligência mediana. A faixa de classe social e inteligência era, portanto, um pouco restrita; não houve diferenças sistemáticas entre os dois grupos nesses dois aspectos.

Para os 240 sonhos, os avaliadores concordaram sobre a presença ou ausência de um elemento negativo ou autoderrotista em 229, com uma concordância ligeiramente acima de 95%. Isso indica que o procedimento de pontuação é bastante confiável. Os resultados da comparação entre os dois grupos são listados na Tabela 10.2. Não houve sobreposição entre os grupos: mais da metade (54%) dos sonhos das pacientes deprimidas continha um ou mais "elementos negativos", ao passo que entre as não deprimidas, um oitavo (12,5%) dos sonhos continha um ou mais desses elementos. A avaliação estatística das diferenças de frequência entre os grupos no teste pareado de Wilcoxon resultou em uma probabilidade de 0,025 (teste unicaudal).

As diferenças obtidas entre o grupo de pacientes com depressão e o grupo-controle foram estatisticamente significativas e nítidas. Com base em tais resultados, a hipótese de que as pacientes deprimidas apresentavam maior incidência de sonhos com conteúdo onírico negativo do que as não deprimidas pareceu ser claramente confirmada.

Contudo, várias qualificações do escopo dos resultados devem ser enfatizadas. O tamanho da amostra, o uso de sonhos apenas de mulheres e as restritas faixas socioeconômicas e de inteligência representadas pelas pacientes limitaram a possibilidade de generalização dos resultados. Além disso, embora a amostra não tenha sido explicitamente usada como base para a construção da escala de classificação, é provável que alguns aspectos da escala tenham ao menos parcialmente se fundamentado nos sonhos das pacientes desta amostra, uma vez que os conhecíamos quando o manual de pontuação foi elaborado.

Estudo principal

Em virtude das óbvias limitações do estudo inicial, consideramos desejável testar os achados em uma amostra de pacientes consideravelmente maior e empregar procedimentos mais refinados, bem como um modelo experimental mais rigoroso. O estudo amplo visou eliminar a possibilidade de sugestão do responsável pela coleta de dados, assim como da possibilidade de viés

TABELA 10.2
Frequência de sonhos negativos de pacientes deprimidas (D) e não deprimidas (ND) pareadas

Par	Sonhos, de um total de 20, com pontuação negativa	
	D	ND
A	13	1
B	9	3
C	14	3
D	13	3
E	7	3
F	9	2

$p < 0,025$ (teste unicaudal)

no relato dos sonhos. Essas possibilidades de contaminação não haviam sido excluídas no primeiro estudo. Ademais, utilizando uma amostra significativamente mais numerosa pudemos testar a possibilidade de generalização dos resultados a pacientes de categorias nosológicas, socioeconômicas, etárias e de inteligência diferentes daquelas representadas por pacientes de clínicas particulares em psicoterapia. Além disso, pudemos determinar se os resultados se aplicavam também aos homens, além das mulheres, que foram os sujeitos no primeiro estudo. Por fim, utilizando um inventário padronizado para medir a depressão, além de avaliações clínicas, pudemos driblar alguns dos complexos problemas associados à baixa confiabilidade dos diagnósticos psiquiátricos.

A replicação precisa do estudo original não foi factível. Embora tivéssemos planejado coletar a intervalos semanais sonhos dos pacientes na amostra, isso não foi possível devido a uma série de problemas insuperáveis. Em consequência, precisamos limitar nossa coleta de sonhos ao primeiro sonho relatado pelo paciente ao ser admitido no serviço ambulatorial ou no hospital.

A probabilidade da introdução de algum viés sistemático pelo responsável pela coleta de dados foi minimizada pelo uso de um grupo de entrevistadores que desconheciam a hipótese sob investigação. Um procedimento de pontuação cego realizado por dois juízes foi utilizado para classificar os sonhos.

A fim de determinar a confiabilidade dos métodos clínicos convencionais de classificar os pacientes segundo categorias nosológicas, um grupo de quatro experientes psiquiatras entrevistou uma série de pacientes e fez diagnósticos independentes de acordo com a primeira edição do manual de diagnóstico da Associação Psiquiátrica Americana (APA). O grau de concordância obtido no diagnóstico primário de depressão, assim como nos diagnósticos de outras categorias nosológicas, foi considerado baixo demais para os propósitos do estudo. Consequentemente, as classificações dos psiquiatras da profundidade da depressão foram usadas, uma vez que apresentavam grau mais alto de confiabilidade. O Inventário de Depressão foi usado como outro indicador do grau de depressão.

Os 287 pacientes da amostra inicial foram extraídos de admissões aleatórias ao ambulatório do departamento psiquiátrico do Hospital da Universidade da Pensilvânia e no serviço psiquiátrico para pacientes internos e ambulatoriais do Hospital Geral da Filadélfia. Os pacientes ambulatoriais foram entrevistados durante o período de avaliação antes do início do tratamento; os pacientes hospitalizados foram entrevistados durante seu primeiro dia completo no hospital. Na amostra, 61% eram mulheres e 39% homens; 65% eram brancos e 35% afro-americanos. A faixa etária variou de 15 a 60 anos, com idade média de 38. O índice social, derivado do Índice de Dois Fatores da Posição Social,[46] indicou que os pacientes eram em sua maioria de grupos socioeconômicos inferiores (15% nos grupos I, II e III; 38% no grupo IV; 47% no grupo V). Do total de pacientes, 66% eram ambulatoriais e 34% hospitalizados. Casos de deficiência mental foram automaticamente excluídos da casuística. Todos os 287 pacientes fizeram uma série completa de exames adicionais.

A distribuição dos pacientes entre as principais categorias diagnósticas foi a seguinte: transtornos psicóticos, 41%; transtornos psiconeuróticos, 43%; transtornos de personalidade, 16%. Os diagnósticos foram: reação esquizofrênica, 28%; reação neurótico-depressiva, 25%; reação de ansiedade, 16%; reação psicótico-depressiva, 10%; transtorno de personalidade, 10%; outros, 11%.

O Inventário de Depressão foi aplicado por um entrevistador treinado (psicólogo clínico ou sociólogo) que lia cada enunciado em voz alta para o paciente, que então era instruído a escolher o enunciado que melhor lhe parecia servir. O paciente também tinha uma cópia do inventário a fim de que pudesse acompanhar os enunciados enquanto o entrevistador fazia a leitura em voz alta.

Depois de aplicar o Inventário de Depressão, o entrevistador pedia ao paciente que contasse seu sonho mais recente. Este era descrito verbalmente e registrado. Somente o primeiro sonho relatado pelo paciente foi utilizado no estudo. Depois desse procedimento, o entrevistador aplicava um breve teste de inteligência e vários outros testes projetivos e questionários.

Imediatamente antes ou depois do referido procedimento, um dos quatro psiquiatras em nosso grupo de pesquisa via o paciente, realizava uma avaliação psiquiátrica minuciosa e fazia um diagnóstico psiquiátrico e uma classificação do nível de depressão.

O manual de pontuação utilizado é descrito em detalhe no Apêndice. A confiabilidade mostrou-se alta: a concordância entre os dois avaliadores no primeiro estudo foi de aproximadamente 95%. Uma verificação adicional por Clyde Ward e Beck da pontuação dos presentes dados revelou um grau de concordância igualmente elevado (96%).

Os sonhos mais recentes coletados foram impressos em folhas de papel individuais identificadas apenas pelos números de arquivo do paciente. Pontuamos os sonhos de maneira independente, e as diferenças foram resolvidas pelo método de conferência. Um sonho só era pontuado se houvesse ao menos um sujeito e um verbo em seu texto. Um exemplo de sonho curto pontuado é: "Minha mãe estava doente". O seguinte não seria pontuado: "Era sobre meu primo. Só me lembro disso".

Resultados. Dos 287 pacientes que receberam a avaliação clínica e experimental completa, foram obtidos sonhos de 228. Dez sonhos não foram pontuáveis devido à sua brevidade ou por serem ininteligíveis; assim, 218 pacientes relataram sonhos pontuáveis. Os casos foram classificados de acordo com os escores no Inventário de Depressão e divididos em três grupos de tamanho quase igual. Uma comparação da incidência de sonhos negativos nos grupos é apresentada na Tabela 10.3. Constatou-se que significativamente mais sonhos negativos ocorriam no grupo altamente deprimido em comparação com o grupo não deprimido ($p < 0,01$). Uma análise da associação geral entre o grau de depressão e a incidência de sonhos negativos indicou relação significativa no nível 0,01.

Quando utilizamos tanto escalas psicométricas quanto clínicas para demarcar os grupos extremos, a incidência de sonhos negativos nos grupos de pacientes deprimidos mostrou-se mais uma vez significativamente maior do que nos grupos de pacientes não deprimidos. Com o critério mais rigoroso, a proporção dos sonhos negativos em cada grupo permaneceu aproximadamente a mesma que na análise prévia, embora tenha havido diminuição de significância ($p < 0,02$) devido ao menor número de casos. Os resultados desta análise são apresentados na Tabela 10.4.

Outro modo de analisar os dados foi dividir os casos entre os que relataram e os que não relataram sonhos negativos. Quando os dados foram organizados dessa maneira,

TABELA 10.3
Comparação da incidência de sonhos negativos com escores no Inventário de Depressão (ID)

Faixa do escore no ID	n	Relataram sonhos negativos	Relataram sonhos não negativos
26-45	73	22 (30%)	51 (70%)
15-25	73	21 (29%)	52 (71%)
0-14	72	8 (11%)	64 (89%)

Distribuição total: $\chi^2 = 9,08$, $p = 0,01$. Terço superior *vs.* inferior: $\chi^2 = 8,00$, $p < 0,01$.

constatamos que 84% dos sonhos negativos foram obtidos dos pacientes cujos escores os colocavam na faixa de depressão leve a grave. Quando avaliamos as diferenças nas categorias dos escores do Inventário de Depressão com o Teste U de Mann-Whitney, obtivemos uma diferença muito significativa entre os dois grupos ($p < 0,003$).

Análises específicas foram realizadas para determinar diferenças significativas na distribuição dos sonhos negativos atribuíveis a idade, sexo, raça, inteligência ou posição socioeconômica. Nenhuma diferença significativa foi encontrada.

No estudo inicial avaliamos uma série de 20 sonhos consecutivos coletados de 6 pacientes deprimidas e de um grupo pareado de 6 pacientes não deprimidas (em um total de 240 sonhos). Constatamos que, embora todas as pacientes tenham relatado sonhos, a proporção de sonhos negativos foi significativamente mais alta entre as deprimidas. Em contraste, os dados do estudo posterior eram compostos por apenas um sonho por paciente de uma amostra muito mais ampla (218 pacientes). Com base nos achados anteriores, esperava-se que a probabilidade de um único sonho ser negativo seria maior se o paciente estivesse deprimido do que se não estivesse. Isso foi confirmado pela constatação de uma porcentagem significativamente mais alta de pacientes deprimidos do que de não deprimidos que relataram sonhos negativos.

Quase tantos pacientes com depressão leve ou moderada quanto com depressão grave relataram sonhos negativos. Isso sugere que o sonho negativo está associado à presença de depressão, independente de sua intensidade. Entretanto, tal resultado talvez se deva ao fato de que, uma vez que o procedimento de pontuação permita apenas uma dicotomia do conteúdo do sonho, diferenças quantitativas no grau de negatividade podem ter sido obscurecidas.

A consideração do significado geral do sonho negativo levanta algumas questões importantes. Visto que muitos indivíduos que nunca sofreram de depressão clínica ou outras doenças psiquiátricas afirmaram que às vezes tinham sonhos dessa natureza, o sonho em si não é necessariamente um sinal de doença. Além do mais, muitos pacientes com depressões recorrentes continuaram a relatar sonhos negativos ou autoderrotistas com a mesma frequência durante os intervalos livres de sintomas. Além disso, alguns pacientes lembram-se de sonhos repetitivos dessa natureza muito anteriores ao início da depressão. Consequentemente, o sonho negativo não pode ser interpretado como associado somente ao estado de depressão. Mais provavelmente seja um correlato de algumas características da personalidade de indivíduos propensos a desenvolver depressões.

A relação dinâmica do sonho negativo (autoderrotista) com a depressão pode ser adicionalmente explorada comparando-se os temas oníricos típicos com outros comportamentos observáveis no paciente deprimido. Por exemplo, os sonhos de cair,

TABELA 10.4

Incidência de sonhos negativos usando duas escalas de depressão como critério: Classificações Clínicas do Nível de Depressão (N de D) e Escores no Inventário de Depressão (ID)

N de D/Faixa de escore no ID	n	Relataram sonhos negativos	Relataram sonhos não negativos
N de D: moderado ou grave ID: 26-45	51	16 (31%)	35 (69%)
N de D: nenhum ID: 0-14	58	4 (11%)	34 (89%)

$\chi^2 = 5,43, p \leq 0,02$.

de ser rejeitado ou de perder algo valioso pode ser comparado aos sentimentos de inadequação, indesejabilidade e privação do paciente deprimido em vigília. Outro sonho característico é o de tentar atingir algum objetivo e sentir-se frustrado pelas circunstâncias. Esse tipo de sonho indica que o depressivo constantemente vê obstáculos em qualquer atividade dirigida a um objetivo, tipo de comportamento que transmite uma atitude geral de indecisão ou de desesperança.

No curso da psicoterapia de pacientes com reações neurótico-depressivas, observamos que havia alta incidência de sonhos com conteúdo desagradável. Esse conteúdo desagradável era de um tipo particular: rejeição, decepção, humilhação ou experiências desagradáveis semelhantes.

Construímos uma escala de classificação para a identificação objetiva dos temas desagradáveis. Essa escala foi aplicada aos primeiros 20 sonhos durante o tratamento de 6 pacientes que receberam o diagnóstico de depressão neurótica e 6 pacientes pareados sem depressão. As pacientes deprimidas apresentaram um número significativamente maior de sonhos com conteúdo negativo do que as não deprimidas.

Por causa dos achados desse estudo preliminar, realizamos uma investigação em ampla escala para testar os resultados em um estudo com metodologia mais minuciosa. Os sonhos de 218 pacientes foram classificados de maneira independente por dois juízes para identificar a presença ou ausência de temas autoderrotistas. Houve uma concordância de 96% entre os juízes. Os pacientes foram distribuídos em três grupos segundo suas pontuações no Inventário de Depressão: não deprimidos, moderadamente deprimidos e gravemente deprimidos. Os grupos de pacientes moderada e gravemente deprimidos relataram um número bem maior de sonhos negativos do que o grupo de pacientes não deprimido. Uma análise de fatores contextuais como idade, sexo, raça, inteligência e posição socioeconômica indicaram que essas variáveis não eram responsáveis pelos resultados obtidos.

Luto na infância e depressão na idade adulta

A associação de privação parental precoce com o posterior desenvolvimento de psicopatologia foi descrita por muitos autores. Em meados da década de 1960, mais de 50 trabalhos na área tinham sido publicados. Os estudos sistemáticos publicados antes de 1958 foram todos resumidos em uma revisão crítica por Gregory,[47] que se concentrou especialmente nas origens dos erros desses trabalhos.

Em um estudo de orfandade na Inglaterra, Brown[48] relatou uma relação entre perda parental na infância e depressão na idade adulta. O autor constatou que 41% de 216 pacientes adultos deprimidos haviam perdido antes dos 15 anos um dos pais por morte. Brown verificou que a incidência era significativamente maior do que a de orfandade na população em geral (12%) e em um grupo comparativo de 267 pacientes clínicos não psiquiátricos (19,6%).

A maioria dos estudos de orfandade e psicopatologia apresenta falhas metodológicas que criam dificuldades na avaliação das relações obtidas. Primeiramente, quando o isolamento do grupo de critério depende do sistema convencional de diagnóstico, muitos problemas complexos relacionados à variabilidade dos diagnósticos psiquiátricos são introduzidos e restringem a possibilidade de generalizar os resultados. No estudo de Brown, a base para se diagnosticar a depressão era "a presença de um afeto desagradável, não transitório, e sem esquizofrenia ou doença cerebral". Uma definição ampla assim poderia fazer a identificação clínica dos pacientes deprimidos particularmente vulnerável à inconsistência e superabrangência. Um segundo problema encontrado nesse tipo de investigação é a comparação de um grupo nosológico específico com um grupo-controle normal. No estudo de Brown, por exemplo, o uso de pacientes com doenças não psiquiátricas como grupo-controle levanta a questão de se a alta incidência de orfandade era uma característica específica do seu grupo com depressão ou estava associada a transtornos psiquiátricos em geral. Uma terceira dificuldade consiste em existir considerável discrepância nas taxas basais de morte parental para as diversas categorias demográficas na população geral das quais as amostras de pacientes são extraídas. Essas variações precisam ser levadas em conta em qualquer estudo epidemiológico.

Estudo do luto na infância

Nosso estudo do luto apresentou resultados adicionais sobre a relação entre o desenvolvimento de depressão no final da adolescência e na idade adulta e a morte de um dos genitores na infância. Para superar as dificuldades criadas pela variabilidade das classificações psiquiátricas, o Inventário de Depressão foi utilizado como principal critério de medição. Em adição, obtivemos classificações clínicas da profundidade de depressão, independentemente da categoria diagnóstica específica. Pacientes psiquiátricos não deprimidos foram usados como grupo de comparação, e providências foram tomadas para averiguar a influência de variáveis contextuais como idade, raça e sexo.

Um total de 297 pacientes foram selecionados a partir das admissões de rotina em uma clínica de atendimento psiquiátrico ambulatorial da Universidade da Pensilvânia e da clínica psiquiátrica ambulatorial e das alas psiquiátricas do Hospital Geral da Filadélfia. Casos diagnosticados como portadores de lesão cerebral foram excluídos do estudo.

Cada paciente foi estudado pela equipe de pesquisa durante um período inicial de avaliação no atendimento ambulatorial ou no dia após a admissão à ala psiquiátrica. A pesquisa incluiu uma avaliação psiquiátrica completa por um de quatro psiquiatras que fizeram tanto o diagnóstico de acordo com a edição de 1952 da *Standard Nomenclature of the American Psychiatric Association* quanto uma classificação em uma escala de quatro pontos da profundidade da depressão independentemente da categoria nosológica. O Inventário de Depressão foi administrado a cada paciente por um entrevistador treinado. Cada paciente foi especificamente questionado sobre a morte ou não dos pais; no caso de morte de um deles, o entrevistador procurava determinar a idade do paciente no momento do ocorrido.

Dividimos a amostra de pacientes em três grupos de tamanho semelhante de acordo com as pontuações no Inventário de Depressão. Contudo, na formulação no delineamento da pesquisa, havíamos decidido que a comparação seria feita somente entre os grupos extremos, uma vez que a experiência prévia com o inventário indicava haver uma considerável sobreposição de pacientes clinicamente deprimidos e não deprimidos no grupo intermediário.

Constatamos que 27% dos pacientes do grupo com depressão acentuada (escore no ID ≥ 25) relataram a perda de um dos genitores antes dos 16 anos em comparação com 12% dos não deprimidos (escore no ID de 0 - 13). A diferença de incidência entre os dois grupos foi altamente significativa ($p < 0,01$).

Realizamos uma análise semelhante para determinar a incidência de perda parental quando julgamentos clínicos da profundidade da depressão foram usados como critério de medida. Quando os grupos extremos foram comparados, constatou-se mais uma vez que os grupos com depressão grave mostravam uma proporção significativamente mais alta de morte parental (36,4%) do que o grupo sem depressão (15,2%). Não houve diferença significativa na incidência entre os grupos clinicamente considerados com depressão moderada ou leve ou sem depressão.

Quando comparamos o sexo do paciente com o do genitor falecido, constatamos que para ambos os sexos a perda do pai ocorreu com frequência consideravelmente maior do que a perda da mãe. Tal frequência se manteve para ambos os sexos entre todos os níveis de depressão. Além disso, quando os grupos extremos são comparados, a perda do pai teve maior representatividade no grupo com depressão grave tanto para homens quanto para mulheres. Deve-se observar que a incidência global de orfandade foi significativamente mais alta no grupo de afro-americanos do que no de brancos e no grupo dos mais velhos (31 a 60 anos) do que no de mais jovens (16 a 30 anos).

Dentro de cada classe demográfica, a incidência de orfandade foi consistentemente mais alta entre os pacientes com depressão grave do que nos sem depressão. Uma análise χ^2 indicou que essas diferenças entre grupos extremos foram significativas nas seguintes categorias: pacientes hospitalizados ($p < 0,02$); afro-americanos ($p < 0,02$); mulheres ($p < 0,02$) e faixa etária mais baixa ($p < 0,05$). A diferença entre os grupos extremos nas restantes categorias foram na direção prevista, o valor de p sendo em cada caso $< 0,20$. A idade mostrou-se associada à depressão e à orfandade. Também houve indicativo de uma relação entre sexo e depressão, uma vez que as mulheres tinham maior representatividade no grupo com depressão grave.

A fim de avaliar estatisticamente o significado da relação entre orfandade, idade e depressão, os dados foram reorganizados com as pontuações no Inventário de Depressão como variável dependente. Um número adequado de casos foi aleatoriamente eliminado de cada categoria etária no grupo de não órfãos a fim de tornar as células proporcionais à análise de variância. Assim, o número total foi reduzido de 297 para 162 na análise. O valor F de 3,81 para a comparação da depressão com orfandade fica pouco abaixo do nível de significância de 0,05 (quando $F = 3,84$, $p < 0,05$), indicando que a maior porção da variância nas pontuações do Inventário de Depressão era atribuível à associação entre essas pontuações e orfandade. A interação entre idade e orfandade não foi significativa.

Para explorar a possibilidade de que as diferenças obtidas entre pacientes altamente deprimidos e não deprimidos poderia estar relacionada a classes nosológicas específicas, os pacientes foram agrupados de acordo como seus diagnósticos formais específicos, bem como segundo seus escores no Inventário de Depressão. Somente as categorias diagnósticas que continham ao menos 12 casos foram incluídas; os 53 casos restantes foram distribuídos entre as diversas categorias diagnósticas, predominantemente aquelas na classe genérica de "transtornos de personalidade", como dada na *Standard Nomenclature*.

Dentro de cada categoria nosológica, o grupo com maior pontuação no Inventário de Depressão demonstrou maior incidência de orfandade do que o grupo de menor escore. Essa diferença consistente entre todas as categorias foi avaliada pelo teste Sign e mostrou nível de significância de 0,03. Embora a incidência geral de orfandade no grupo psicótico-deprimido fosse mais alta do que em qualquer outra categoria, a diferença não foi significativa quando se comparou esse grupo com o esquizofrênico. A incidência geral de orfandade no grupo com depressão neurótica aproximou-se da incidência do grupo com esquizofrenia.

Para verificar se alguma das depressões do final da adolescência ocorreu durante o período de luto após a perda, revisamos os casos que perderam seus genitores pouco antes dos 16 anos. Dos quatro que perderam um genitor aos 14 ou 15 anos, três relataram intervalos livres de sintomas de 15, 29 e 30 anos entre a época da perda e início da depressão. O outro paciente, que tinha 15 anos quando o genitor morreu, tinha 19 anos quando da internação hospitalar. Naquela época relatou um intervalo de um ano livre de sintomas entre a perda do genitor e o início da depressão.

Comentário. A constatação de uma incidência significativamente maior de perda de um genitor durante a infância nos pacientes altamente deprimidos em relação aos não deprimidos é consistente com os resultados relatados por Brown. Lidamos com alguns dos problemas metodológicos presentes em seu estudo utilizando um grupo de comparação de pacientes psiquiátricos não deprimidos e empregando um instrumento padronizado para identificar o grupo deprimido em vez de nos basearmos em diagnósticos clínicos de confiabilidade duvidosa. Além disso, ao analisar os dados, tentamos controlar algumas variáveis contextuais pertinentes. Ainda que a incidência tanto de órfãos quanto de pacientes deprimidos fosse maior nos grupos com mais de 30 anos, constatamos que a idade não explicava a relação obtida entre orfandade e depressão.

O achado de diferenças significativas na incidência de orfandade entre diversos grupos demográficos (p. ex., brancos *versus* afro-americanos) sublinha a necessidade da introdução de métodos no delineamento desses estudos para controlar as características contextuais. Por exemplo, muitos dos primeiros estudos ignoraram o fato de que durante o século passado ocorreu um declínio gradual na incidência de orfandade na população em geral. O resumo de Gregory[47] dos dados censitários para a Província de Ontário (1961) demonstrou uma queda considerável na frequência de óbito de um genitor antes dos 16 anos quando indivíduos nascidos em 1921 foram comparados com os nascidos uma década depois. Essa diminuição se refletiu em nossas comparações da incidência relativa de orfandade nos grupos dos mais velhos e dos mais jovens.

O uso de um inventário como principal medida da depressão naturalmente apresenta problemas. Em virtude da comprovada vulnerabilidade de alguns inventários a variáveis desvinculadas do conteúdo, tais como estilos de resposta, o pesquisador deve ser cuidadoso na interpretação dos escores em instrumentos compostos por itens autodescritivos. Entretanto, as diferenças obtidas entre os grupos extremos foram confirmadas quando foi utilizada uma escala diferente de depressão, isto é, as classificações dos psiquiatras da profundidade da depressão. O Inventário de Depressão foi escolhido como o critério como instrumento preferencial porque possui a grande vantagem sobre as avaliações clínicas de ser facilmente aplicado por diferentes investigadores, característica que facilita a replicação do estudo.

Outra característica que pode justificar aprofundamento é a base conceitual para definir o grupo de critérios. O conceito de depressão como um estado psicopatológico que existiria em graus variados independentemente do diagnóstico formal é mais congruente com o "modelo polidimensional" descrito por Lorr[49] do que com o modelo no qual a *Standard Nomenclature* se baseia. Pareceu *a priori* que, para os propósitos desta investigação, o primeiro modelo era mais adequado do que o segundo. Na verdade, quando os pacientes foram agrupados segundo o sistema nosológico convencional, não foram encontradas relações significativas entre as categorias diagnósticas específicas e a incidência de orfandade; entretanto, dentro de cada categoria diagnóstica, os que obtinham alta pontuação no Inventário de Depressão tenderam a apresentar maior incidência de orfandade do que os que obtinham baixa pontuação.

Depois que o estudo foi concluído, duas pesquisas controladas ligadas ao assunto, também conduzidas na década de 1960, foram publicadas por outros investigadores. Essas pesquisas não demonstraram uma relação significativa entre perda parental e diagnóstico clínico de depressão. Nesse aspecto, os resultados se assemelham aos nossos porque nós não encontramos uma associação entre orfandade e a *categoria nosológica* da depressão. Embora nenhum desses estudos tenham empregado a mesma abordagem ou metodologia do nosso, os resultados levantaram dúvidas sobre o vínculo entre orfandade e depressão.

Pitts e colaboradores[50] não constataram uma associação significativa entre luto na infância e qualquer categoria diagnóstica em seus pacientes adultos. Entretanto, o grupo-controle era formado por pacientes clínicos hospitalizados. Vários estudos demonstram que a sintomatologia depressiva é amplamente distribuída entre pacientes clínicos hospitalizados.[51,52] Assim, é necessário controlar a presença de depressão mesmo quando pacientes não psiquiátricos são utilizados como grupo de comparação. Gregory[53] fez comparações sistemáticas da perda parental e diagnósticos psiquiátricos. Utilizando diagnósticos clínicos e altas pontuações no MMPI como critérios de medida, o autor não identificou uma associação significativa entre perda parental e nenhum dos grupos diagnósticos.

Um grupo de 297 pacientes hospitalizados e ambulatoriais foi estudado durante o período inicial de avaliação em uma ala psiquiátrica ou em uma clínica psiquiátrica para determinar a relação entre orfandade e depressão. O estado de depressão foi investigado como uma dimensão psicopatológica, independentemente de diagnósticos específicos, utilizando-se o Inventário de Depressão e avaliações clínicas por psiquiatras experientes.

Os 100 pacientes que obtiveram altos escores no Inventário de Depressão apresentaram incidência significativamente mais alta de orfandade antes dos 16 anos (27%) do que os 100 que obtiveram escores mais baixos (12%). Uma diferença semelhante entre os grupos extremos foi obtida quando utilizadas como critério de medida as classificações dos psiquiatras da intensidade da depressão.

A diferença obtida na incidência de orfandade entre os grupos de pacientes altamente deprimidos e os não deprimidos é uma prova de que a morte de um dos pais na infância pode consistir em um fator relevante no posterior desenvolvimento de depressão grave em uma significativa proporção de pacientes psiquiátricos.

Distorções cognitivas na depressão

Antes dos estudos de Beck que levaram à publicação da primeira edição deste livro, os trabalhos clínicos e teóricos que tratavam dos correlatos psicológicos da depressão geralmente utilizavam um modelo motivacional-afetivo para categorizar e interpretar o comportamento verbal dos pacientes. Os processos cognitivos como tais receberam pouca atenção, exceto na medida em que estavam relacionados a variáveis como hostilidade, oralidade ou culpa.[38]

A falta de ênfase nos processos de pensamento na depressão talvez tenha sido reflexo da – ou possivelmente contribuiu para a – opinião generalizada na época de que a depressão seria um transtorno afetivo e que qualquer prejuízo do pensamento resultaria da perturbação afetiva.[54] Essa opinião foi respaldada quando não se demonstrou nenhuma evidência consistente de anormalidades nos processos de pensamento formal nas respostas a uma bateria de testes psicológicos padrão.[55] Além disso, os poucos estudos experimentais do pensamento na depressão não revelaram desvios consistentes além de retardo nas respostas aos testes de velocidade[56] e uma responsividade diminuída ao completar um teste de Gestalt.[57]

Em seu livro sobre depressão, Kraines[58] descreveu, com base em observações clínicas, várias características de um transtorno do pensamento na depressão. O objetivo de nosso estudo foi determinar a natureza dos processos de pensamento dos pacientes deprimidos. Corolário importante desse objetivo era a especificação das diferenças e semelhanças com o pensamento de pacientes psiquiátricos não deprimidos. O restante deste capítulo se concentra nas seguintes áreas:

1. conteúdo de pensamento verbalizado que indica conceptualizações distorcidas ou irrealistas;
2. processos envolvidos nos desvios do pensamento lógico ou realista;
3. características formais da ideação que mostram tais desvios;
4. relação entre as distorções cognitivas e os afetos característicos da depressão.

Os dados para este estudo foram acumulados a partir de entrevistas com 50 pacientes psiquiátricos vistos em psicoterapia ou psicanálise formal. Quatro desses pacientes estiveram hospitalizados por períodos variáveis durante o tratamento. Os restantes eram ambulatoriais.

A frequência das entrevistas variou de uma a seis por semana, com número médio de três por semana. O tempo total em psicoterapia variou de 6 meses a 6 anos, e a mediana foi 2 anos. Em nenhum caso um único episódio de depressão durou mais do que 1 ano. Muitos pacientes continuaram em psicoterapia por um tempo significativo após remissão do episódio depressivo inicial. Treze ou tiveram depressões recorrentes enquanto estavam em psicoterapia ou retornaram à psicoterapia por causa de uma recorrência. No grupo com depressão recorrente, seis tiveram intervalos totalmente assintomáticos entre as recorrências, e sete apresentaram algum grau de elevação hipomaníaca. Assim, foi possível obter dados desses pacientes durante cada fase do ciclo.

Dos 50 pacientes na amostra, 16 eram homens, e 34, mulheres. A faixa etária foi de 18 a 48 anos, com mediana de 34. Uma estimativa de inteligência sugeriu que todos tinham ao menos inteligência mediana. A condição socioeconômica foi avaliada como sendo de classe média ou alta. Doze pacientes foram diagnosticados como portadores de reações psicótico-depressivas ou maníaco-depressivas, e 38 como portadores de reações neurótico-depressivas.

Para estabelecer o diagnóstico de depressão, empregamos os seguintes indicadores: sinais objetivos de depressão no rosto, fala, postura e atividade motora; uma queixa principal de sentir-se deprimido ou triste; ao menos 11 dos seguintes 14 sinais e sintomas – perda de apetite, perda de peso, perturbação do sono, perda de libido, fatigabilidade, choro, pessimismo, desejos suicidas, indecisão, perda do senso de humor, sentimento de enfado ou apatia, preocupação excessiva com a saúde, excesso de autocrítica e perda de iniciativa.

Pacientes com evidência de dano cerebral orgânico ou de um processo esquizofrênico e aqueles nos quais ansiedade ou algum outro estado psicopatológico era mais proeminente do que depressão foram excluídos do grupo.

Além do grupo de pacientes deprimidos, outro de 31 pacientes não deprimidos também foi visto em psicoterapia. Este grupo assemelhava-se ao de pacientes deprimidos com respeito a idade, sexo e posição social, e constituiu um grupo-controle para o estudo.

Beck realizou entrevistas face a face quando as depressões foram consideradas moderadas ou graves e esteve atuante e dando apoio durante tais períodos. Em períodos que não de depressão grave, análise formal foi empregada para pacientes de longo prazo; Beck utilizou divã, encorajou associação livre e seguiu a orientação de mínima atividade. Os dados registrados usados como base para o estudo foram apontamentos redigidos à mão durante as entrevistas psicoterapêuticas. Esses dados incluem relatos retrospectivos feitos pelos pacientes de seus sentimentos e pensamentos antes das sessões, assim como relatos espontâneos de sentimentos e pensamentos durante as sessões. Além disso, vários pacientes mantiveram registros regulares de seus sentimentos e pensamentos entre as sessões psicoterapêuticas e os relataram.

Enquanto esses dados eram coletados, registros escritos à mão das verbalizações dos pacientes não deprimidos também foram coletados e foram comparados com os do grupo de pacientes deprimido.

Constatamos que os pacientes deprimidos diferiam dos não deprimidos na preponderância de alguns temas, resumidos a seguir. Além disso, cada grupo nosológico apresentou um conteúdo ideacional idiossincrático que o distinguia de cada um dos outros. A depressão caracterizava-se por temas de baixa autoestima, autorrecriminação, responsabilidades opressivas e desejos de fuga; estado de ansiedade por temas de perigo pessoal; estado hipomaníaco por temas de autoengrandecimento; estado paranoide hostil por temas de acusações contra os outros.

Ainda que cada grupo nosológico apresentasse determinados tipos de conteúdo de pensamento específicos para aquele grupo, as características e processos formais de distorção envolvidos na ideação idiossincrática foram semelhantes para cada uma das categorias nosológicas. Os processos de distorção e as características formais serão descritos adiante.

Conteúdo temático das cognições

Os tipos de cognições resumidos a seguir ocorriam sob duas condições gerais segundo o relato dos pacientes deprimidos. Em primeiro lugar, as cognições depressivas típicas foram observadas em resposta a determinados tipos de situações de estímulo externas. Essas situações continham um ingrediente, ou uma combinação de ingredientes, cujo conteúdo possuía alguma ligação com o conteúdo da resposta idiossincrática. A resposta estereotipada com frequência era imprópria e inadequada à situação como um todo. Por exemplo, qualquer experiência que tocasse de alguma forma no tema dos atributos pessoais do paciente poderia imediatamente fazê-lo sentir-se inadequado.

Um jovem respondia com pensamentos autodepreciativos a qualquer situação em que outra pessoa parecia indiferente a ele. Se um transeunte na rua não sorria para ele, o jovem tendia a achar que era inferior. De modo semelhante, uma mulher tinha repetidamente o pensamento de que não era uma boa mãe sempre que via outra mulher com uma criança.

Em segundo lugar, pensamentos depressivos típicos foram observados nas ruminações ou associações livres dos pacientes, ou seja, quando eles não estavam reagindo a um estímulo externo imediato nem tentando dirigir seus pensamentos. Os pacientes com depressão grave muitas vezes vivenciavam sequências longas e ininterruptas de associações depressivas, completamente independentes da situação externa.

Baixa autoestima. A baixa autoavaliação constituiu uma parte proeminente da ideação dos pacientes deprimidos. Esta geralmente consistia de um rebaixamento irrealista de si mesmos em áreas que possuíam especial importância para eles. Um acadêmico brilhante questionava sua inteligência básica, uma atraente líder social insistia que tinha um aspecto repulsivo, e um alto executivo acreditava que não possuía real perspicácia comercial e estava fadado à falência.

A baixa autoavaliação aplicava-se a qualidades pessoais como capacidade, virtude, atratividade e saúde, a aquisições de valores tangíveis ou intangíveis (tais como amor ou amizade) ou a desempenho anterior na carreira ou no papel de cônjuge ou genitor. Ao fazer essas autoavaliações, o paciente deprimido estava inclinado a ampliar quaisquer fracassos ou defeitos e minimizar ou ignorar quaisquer características favoráveis.

Uma característica comum de muitas das autoavaliações eram as comparações desfavoráveis dos pacientes com outras pessoas, principalmente de seu próprio grupo social ou ocupacional. De maneira quase uniforme, ao fazerem comparações, os pacientes deprimidos consideravam-se inferiores: menos inteligentes, menos produtivos, menos atraentes, menos financeiramente seguros, ou menos bem-sucedidos como cônjuge ou genitor do que os de seus grupos de comparação. Essas autoavaliações englobam o sentimento de inferioridade, o qual tem sido observado na literatura sobre depressivos.

Ideias de privação. Aliadas às baixas autoavaliações encontram-se as ideias de penúria observadas em alguns pacientes deprimidos. Estas ideias foram observadas nos pensamentos verbalizados do paciente de que ele é sozinho, indesejado e impossível de ser amado, muitas vezes diante de demonstrações explícitas de amizade e afeição. O sentimento de privação também se aplicava a posses materiais, apesar de evidências óbvias em contrário.

Autocríticas e autorrecriminação. Outro tema proeminente nos pensamentos relatados de pacientes deprimidos referia-se à autocrítica e autocondenação. Os temas devem ser diferenciados da baixa autoavaliação já descrita. A baixa autoavaliação refere-se simplesmente à avaliação de si mesmos em relação a seu grupo de comparação ou a seus próprios padrões, mas a autocrítica representa as reprovações que dirigem a si mesmos por suas deficiências. Deve-se assinalar, entretanto, que nem todos os pacientes com baixa autoavaliação demonstraram autocrítica.

As autocríticas, assim como as baixas autoavaliações, geralmente eram aplicadas aos atributos ou comportamentos específicos mais valorizados pelo indivíduo. Uma mulher deprimida, por exemplo, condenou-se por não ter o desjejum pronto para o marido certa manhã quando era a vez dela de prepará-lo. Contudo, ela revelou um caso sexual com um de seus colegas, sem qualquer evidência de remorso, autocrítica ou culpa. Competência como cozinheira era uma de suas expectativas de si mesma, mas fidelidade conjugal não.

A tendência dos pacientes de se culparem por seus erros ou deficiências geralmente não tinha base lógica. Isso foi demonstrado por uma mulher que levou os filhos a um piquenique. Quando uma tempestade subitamente apareceu, ela se culpou por não ter escolhido um dia melhor.

Problemas e obrigações opressoras. Os pacientes ampliaram os problemas ou responsabilidades que consideravam pequenos ou insignificantes quando não estavam deprimidos. Uma mulher deprimida, confrontada com a necessidade de costurar etiquetas com o nome dos filhos em suas roupas em preparação para um acampamento, percebeu isso como uma tarefa gigantesca que levaria meses para ser concluída. Quando finalmente pôs-se a trabalhar, ela a concluiu em menos de um dia.

Autocomandos e injunções. Cognições autocoercivas, embora não mencionadas com destaque na literatura sobre depressão, pareciam formar uma proporção significativa dos pensamentos verbalizados pelos pacientes na amostra. Essas cognições consistiam em um constante atazanar-se ou torturar-se para fazer coisas. O torturar-se persistia mesmo quando era impraticável, indesejável ou impossível que a pessoa levasse a cabo as autoinstruções.

Os "tenho que" e "preciso" com frequência eram aplicados a uma imensa gama de atividades, muitas delas mutuamente excludentes. Uma mulher casada relatou que em questão de poucos minutos tivera pensamentos incontroláveis de limpar a casa, perder peso, visitar um amigo doente, ser madrinha de escoteiros, arranjar um emprego de horário integral, planejar os cardápios da semana, voltar à faculdade para se diplomar, passar mais tempo com os filhos, fazer um curso de memória, ser mais atuante em organizações femininas e começar a se desfazer de suas roupas de inverno.

Desejos escapistas e suicidas. Pensamentos sobre fugir dos problemas da vida eram frequentes entre todos os pacientes. Alguns tiveram devaneios de ser andarilhos ou de fugir para um paraíso tropical. Contudo, raramente a evasão das tarefas trazia algum alívio. Mesmo quando um descanso temporário era realizado a conselho do psiquiatra, os pacientes mostravam-se propensos a se recriminar por se esquivarem das responsabilidades.

O desejo de fugir pareceu ligado ao fato de os pacientes verem a si mesmos em um impasse. Eles viam a si mesmos como incapazes, incompetentes e impotentes, e suas tarefas, como pesadas e intimidantes. A resposta era um desejo de se afastar dos problemas "insolúveis". Vários pacientes passaram tempo considerável acamados, alguns se escondendo sob as cobertas.

As preocupações suicidas dos pacientes pareciam relacionadas à conceitualização de sua situação como insustentável ou incorrigível. Eles acreditavam que não conseguiriam tolerar a continuação do sofrimento e não viam solução para o problema. O psiquiatra não ajudaria, os sintomas não seriam aliviados e os problemas não seriam resolvidos. Os pacientes suicidas geralmente afirmavam que consideravam o suicídio a única solução possível para suas situações desesperadoras ou irremediáveis.

Tipologia das distorções cognitivas

Uma característica crucial dessas cognições é que elas representam graus variados de distorção da realidade. Ainda que algum grau de imprecisão e inconsistência seja esperado nas cognições de qualquer indivíduo, a característica distintiva das cognições dos pacientes deprimidos é que demonstram um *erro sistemático*, um viés contra si mesmos. Erros sistemáticos também são observados na ideação idiossincrática de outros grupos nosológicos.

As cognições depressivas típicas podem ser categorizadas conforme os modos como se desviam do pensamento lógico ou realista. Os processos podem ser classificados como paralógicos (inferência arbitrária, abstração seletiva e supergeneralização), estilísticos (exagero) ou semânticos (rotulação inexata). Essas distorções cognitivas foram observadas em todos os níveis de depressão, desde a neurótica leve até a psicótica grave. Embora o transtorno do pensamento fosse mais evidente nas depressões psicóticas, também era observável, de modos mais sutil, em todos os deprimidos neuróticos.

Define-se *inferência arbitrária* como o processo de concluir algo sobre uma situação, acontecimento ou experiência quando não existem evidências que apoiem a conclusão ou quando ela é contrária às evidências.

Um paciente andando de elevador pensou o seguinte: "Ele [o ascensorista] acha que eu sou um ninguém". O paciente então sentiu-se triste. Ao ser questionado pelo psiquiatra, percebeu que não havia base para tal pensamento.

Os erros de interpretação tendem a ocorrer quando os sinais são ambíguos. Um estagiário sentiu-se muito desanimado, por exemplo, quando recebeu o aviso de que todos os pacientes assistidos pelos estagiários deveriam ser posteriormente examinados pelos médicos residentes. Ao ler o aviso, ele pensou o seguinte: "O chefe não confia no meu trabalho". Neste caso, ele personalizou o evento, embora não houvesse motivo para suspeitar de que seu desempenho tinha algo a ver com a decisão sobre o sistema.

Inerente a esse tipo de pensamento é a falta de consideração de explicações alternativas mais plausíveis e prováveis. O estagiário, quando questionado sobre outras possíveis explicações para a decisão sobre o sistema, lembrou-se de uma declaração anterior do chefe de que ele queria que os residentes tivessem mais contato com os pacientes como parte do treinamento. A ideia de que esse objetivo explicitamente declarado era a base para o novo sistema não havia lhe ocorrido.

Abstração seletiva. Refere-se ao processo de concentrar-se em um detalhe retirado do contexto, ignorando outras características mais salientes da situação e conceitualizando toda a experiência com base naquele elemento.

Uma paciente foi elogiada por seu empregador sobre alguns aspectos do trabalho. Em determinado ponto, o empregador pediu-lhe que não fizesse mais cópias extras de algumas cartas, e ela imediatamente pensou: "Ele está insatisfeito com meu trabalho". Esta ideia tornou-se mais importante a despeito de todas as declarações positivas.

Supergeneralização. É o padrão dos pacientes de extrair uma conclusão geral sobre sua capacidade, seu desempenho ou seu valor com base em um único incidente.

Um paciente relatou a seguinte sequência de eventos que ocorreram em um período de meia-hora. Sua esposa estava chateada porque as crianças demoravam para se vestir. Ele pensou: "Sou um mau pai porque as crianças não são mais bem disciplinadas". O paciente então notou uma torneira vazando, o que julgava demonstrar que ele era um mau marido. Enquanto dirigia para o trabalho, pensou: "Eu devo ser um mau motorista, se não os outros carros não estariam me ultrapassando". Quando chegou ao trabalho, percebeu que alguns outros funcionários já tinham chegado. Ele pensou: "Eu não devo ser muito dedicado, se não eu teria chegado mais cedo". Quando viu pastas e papéis empilhados sobre a escrivaninha, concluiu: "Eu devo ser desorganizado, pois tenho muito trabalho a fazer".

Magnificação e minimização. Referem-se a erros de avaliação que de tão grosseiros constituem distorções. Como descrito na seção sobre conteúdo temático, estes processos se manifestaram por subestimação do desempenho, realização ou capacidade dos indivíduos e exagero da dimensão de seus problemas e tarefas. Outros exemplos foram aumento da intensidade ou do valor de um evento traumático. Observou-se com frequência que a reação inicial dos pacientes a um evento desagradável era considerá-lo uma catástrofe. Geralmente uma investigação adicional revelava que o desastre muitas vezes era um problema sem grande importância.

Um homem relatou que estava chateado por causa dos danos que uma tempestade havia causado em sua casa. Quando soube dos danos, teve a seguinte sequência de pensamentos: "O lado da casa está destruído... Vai custar uma fortuna consertar". Sua reação imediata foi pensar que a conta do conserto seria de milhares de dólares. Depois que o choque inicial passou, o homem se deu conta de que o dano era pequeno e que o conserto custaria em torno de cinquenta dólares.

Rotulação inexata. Com frequência a rotulação inexata parece contribuir para a distorção de pensamentos. A reação afetiva é proporcional à rotulação descritiva do evento, e não à real intensidade de uma situação traumática.

Um homem relatou durante a sessão de terapia que estava muito chateado porque havia sido "arrasado" por seu superior. Refletindo melhor, ele percebeu que havia ampliado o incidente e que uma descrição mais adequada seria que seu supervisor havia "corrigido um erro" cometido por ele. Depois de reavaliar o que havia acontecido, o homem se sentiu melhor. Compreendeu também que sempre que era corrigido ou criticado por uma pessoa hierarquicamente superior ele tendia a descrever isso como ser "arrasado".

Características formais das cognições depressivas

Uma das características marcantes das cognições depressivas típicas é que elas geralmente eram vivenciadas pelos pacientes como se tivessem surgido como respostas *automáticas*, ou seja, sem nenhuma reflexão ou raciocínio antecedente evidente. Por exemplo, um paciente observou que, quando estava em uma situação em que alguma outra pessoa recebia um elogio, ele automaticamente pensava: "Eu não sou ninguém... não sou bom o bastante". Posteriormente, quando refletiu sobre sua reação, ele a considerou inadequada. Não obstante, sua reação imediata a essas situações continuava sendo a autodesvalorização.

Os pensamentos depressivos pareciam automáticos não somente no sentido recém-descrito, mas também no de ter uma qualidade *involuntária*. Os pacientes com frequência relatavam que os pensamentos ocorriam mesmo quando tinham resolvido "não os ter" ou ativamente tentavam evitá-los. Tal característica involuntária foi claramente exemplificada por pensamentos repetitivos de suicídio, mas era encontrada de modo menos dramático em outros tipos de cognições depressivas. Alguns pacientes eram capazes de prever o tipo de pensamentos depressivos que ocorreriam em algumas situações específicas e se preparavam antecipadamente para fazer um juízo mais realista da situação. Contudo, apesar da intenção de afastar ou controlar os pensamentos, estes continuavam antecipando-se a uma resposta mais racional.

Outra característica dos pensamentos depressivos é sua *plausibilidade* para o paciente. No início da terapia, os pacientes tendiam a aceitar a validade das cognições sem crítica. Muitas vezes era preciso considerável experiência na observação dos pensamentos distorcidos e na tentativa de julgá-los racionalmente para que os pacientes os reconhecessem como distorções. Observou-se que quanto mais plausíveis pareciam as cognições (ou quanto mais acriticamente os pacientes as consideravam), mais forte a reação afetiva. Observou-se que, quando o paciente conseguia questionar a validade dos pensamentos, a reação afetiva geralmente era reduzida. O inverso disso também parecia verdadeiro: quando a reação afetiva a um pensamento era particularmente forte, sua plausibilidade parecia realçada, e o paciente tinha mais dificuldade de avaliar sua validade. Além disso, quando um afeto forte era provocado em resposta a uma cognição distorcida, quaisquer distorções subsequentes pareciam ter maior plausibilidade. Esta característica parecia estar presente independentemente de o afeto ser tristeza, raiva, ansiedade ou euforia. Contudo, uma vez dissipada a resposta afetiva, o paciente podia avaliar essas cognições criticamente e reconhecer as distorções.

Uma característica final das cognições depressivas era sua *perseveração*. Apesar da multiplicidade e complexidade das situações de vida, o paciente deprimido era propenso a interpretar uma ampla faixa de experiências em termos de algumas ideias estereotipadas. O mesmo tipo de cognição seria provocado por experiências altamente heterogêneas. Além disso, as cognições idiossincráticas tendiam a ocorrer repetitivamente nas ruminações e no fluxo de associações dos pacientes.

Relação entre pensamentos depressivos e afeto

Como parte da psicoterapia, o autor encorajou os pacientes a tentarem especificar da maneira mais precisa possível seus sentimentos e pensamentos em relação a seus sentimentos.

Uma série de problemas foram apresentados na tentativa de obter descrições e nomeações precisas desses sentimentos. Os pacientes não tiveram dificuldade para descrever seus sentimentos como agradáveis ou desagradáveis, e foram capazes de especificar prontamente se se sentiam deprimidos (ou tristes), ansiosos, raivosos e constrangidos. Quando foram solicitados a discriminar melhor entre os sentimentos deprimidos, houve considerável variabilidade. A maioria dos pacientes era capaz de diferenciar com razoável grau de certeza entre os seguintes: triste, desencorajado, ferido, humilhado, culpado, vazio e solitário.

Para determinar a relação de sentimentos específicos com um pensamento específico, os pacientes foram aconselhados a desenvolver o hábito de tentar concentrar sua atenção em seus pensamentos sempre que tivessem um sentimento desagradável ou sempre que o sentimento se tornasse intenso. Isso muitas vezes significava pensar em retrospecto depois de se conscientizarem do sentimento desagradável para recordar o conteúdo do pensamento precedente. Os pacientes com frequência observavam que o pensamento desagradável precedia o afeto desagradável.

O achado mais digno de nota foi que, quando identificados os pensamentos associados aos afetos depressivos, geralmente eles continham o tipo de distorções conceituais ou erros já descritos, assim como o típico conteúdo temático depressivo. De modo semelhante, quando o afeto era ansiedade, raiva ou euforia, as cognições associadas tinham um conteúdo congruente com tais sentimentos.

Foi realizado um esforço para classificar as cognições, a fim de reconhecer se haviam características específicas que pudessem distinguir os tipos de cognições associadas respectivamente à depressão, raiva ou euforia. Constatamos, como seria de esperar, que os típicos pensamentos associados ao afeto depressivo centravam-se na ideia de que o indivíduo era de alguma forma deficiente. Além disso, os tipos específicos de afeto depressivo geralmente eram compatíveis com o conteúdo de pensamento específico. Assim, pensamentos de ser abandonado, inferior ou desprezado estavam associados respectivamente a sentimentos de solidão, humilhação ou culpa.

No grupo de indivíduos não deprimidos, os pensamentos associados ao afeto de ansiedade tinham o tema da previsão de algum evento desagradável. Pensamentos associados à raiva apresentavam um elemento de culpa dirigidos contra outra pessoa ou instituição. Finalmente, pensamentos de euforia estavam associados a outros que eram de alguma forma autoengrandecedores.

Discussão

O material nesta seção é reproduzido na íntegra da primeira edição.

Observou-se que "o esquizofrênico se sobressai em sua tendência de mal interpretar o mundo que se apresenta"[57] Embora a validade desta afirmativa tenha sido confirmada por numerosos estudos clínicos e experimentais, geralmente não se reconheceu que erros de interpretação da realidade também possam ser um traço característico de outros transtornos psiquiátricos. O presente estudo indica que, mesmo nas fases leves da depressão, ocorrem desvios sistemáticos do pensamento lógico e realista. Como característica essencial dessas distorções cognitivas elas apareceram de modo consistente somente no material ideacional que apresentava um conteúdo depressivo típico, por exemplo, como ser deficiente em algum aspecto. O outro material ideacional relatado pelos pacientes deprimidos não apresentou erros sistemáticos.

A tipologia dos transtornos de pensamento aqui delineada é semelhante à descrita em estudos de esquizofrenia. Embora alguns dos sinais esquizofrênicos mais flagrantes (tais como salada de palavras, fala metafórica, neologismos e condensações) não tenham sido observados, os tipos de processos paralógicos nos pacientes deprimidos assemelham-se aos descritos em esquizofrênicos.[59] Além disso, o mesmo tipo de pensamento paralógico foi observado nos pacientes não deprimidos no grupo-controle.

Embora cada categoria nosológica apresentasse um *conteúdo* de pensamento distintivo, as diferenças em termos dos *processos* envolvidos no pensamento desviante pareciam ser mais quantitativas do que qualitativas. Esses resultados sugerem que o transtorno de pensamento pode ser comum a todos os tipos de psicopatologia. Aplicando-se tal conceito à classificação psiquiátrica, seria possível caracterizar as categorias nosológicas específicas em termos do grau de prejuízo cognitivo e o conteúdo particular das cognições idiossincráticas.

A incapacidade de vários testes psicológicos de refletirem um transtorno do pensamento na depressão merece consideração. Sugere-se que os testes empregados não são especificamente projetados para detectar os desvios de pensamento na depressão. Uma vez que a observação clínica indica que as distorções cognitivas típicas na depressão limitam-se a determinadas áreas de conteúdo (tais como autodesvalorizações), os diversos testes de classificação de objetos, interpretação de provérbios e projetivos podem não detectar a patologia essencial. Mesmo em estudos de esquizofrenia, a demonstração de um transtorno de pensamento depende do tipo de teste administrado e das características do grupo experimental. Cohen e colaboradores,[57] por exemplo, constataram que o único instrumento que provoca respostas anormais em esquizofrênicos agudos era o teste de Rorschach, ao passo que esquizofrênicos crônicos apresentavam anormalidades em um teste de Gestalt, bem como no Rorschach.

O achado clínico de um transtorno de pensamento em todos os níveis de depressão deve concentrar a atenção no problema da definição da precisa relação das distorções cognitivas com o estado afetivo característico na depressão. O manual diagnóstico [de 1952] da APA[54] define as reações afetivas psicóticas em termos de "transtorno de humor grave primário com resultante perturbação do pensamento e do comportamento, em consonância com o afeto". Embora este seja um conceito amplamente aceito, o inverso parece ser ao menos igualmente plausível, isto é, existe um transtorno primário de pensamento com resultante perturbação do afeto e do comportamento, em consonância com as distorções cognitivas. Esta última tese é compatível com a concepção de que o modo como os indivíduos estruturam uma experiência determina sua resposta afetiva a ela. Se, por exemplo, percebem uma situação como perigosa, pode-se esperar que respondam com um afeto consonante, tal como ansiedade.

Propõe-se, portanto, que os afetos depressivos típicos são provocados por conceitualizações errôneas. Se os pacientes incorretamente percebem a si mesmos como inadequados, abandonados ou pecaminosos, vão vivenciar afetos correspondentes, tais como tristeza, solidão ou culpa. Contudo, a possibilidade de que o afeto evocado possa, por sua vez, influenciar o pensamento também deve ser considerada. É concebível que, uma vez despertado certo afeto depressivo, ele facilitará o surgimento de adicionais cognições do tipo depressivo. Uma contínua interação entre cognição e afeto pode, consequentemente, se produzir e, assim, levar à espiral descendente típica observada na depressão. (As implicações teóricas deste estudo são discutidas mais minuciosamente no Capítulo 13.) Como parece provável que essa interação seja muito complexa, experimentos adequadamente delineados seriam justificados para esclarecer as relações.

Alguns problemas metodológicos devem ser mencionados. Por exemplo, uma questão poderia ser levantada sobre a generalização das observações. Uma vez que a amostra era composta sobretudo de pacientes em psicoterapia de uma faixa relativamente estreita de inteligência e nível social, pode haver alguma incerteza quanto à aplicação dos resultados à população geral de pacientes deprimidos. Em vista dos problemas óbvios associados ao uso de dados de anotações à mão das sessões de psicoterapia, é evidente que os resultados do presente estudo terão que ser submetidos à confirmação por outros mais refinados e sistemáticos. Uma abordagem promissora foi desenvolvida por Gottschalk, Gleser e Springer,[60] que utilizaram registros literais de períodos de cinco minutos de associação livre por pacientes deprimidos e submeteram este material a pontuação cega por juízes treinados. Tal procedimento dribla os perigos de viés e sugestão do terapeuta associados ao material verbal registrado em entrevistas psicoterapêuticas.

Em suma, um grupo de 50 pacientes deprimidos em psicoterapia e um grupo-controle de 31 pacientes não deprimidos foram estudados para determinar a prevalência e os tipos de anormalidades cognitivas. Evidências do desvio do pensamento lógico e realista foram encontradas em todos os níveis de depressão, desde neurótica leve à psicótica grave.

A ideação dos pacientes deprimidos diferia da ideação dos não deprimidos na proeminência de alguns temas típicos, isto é, baixa autoavaliação, ideias de privação, exagero de problemas e dificuldades, autocrítica e autocomandos, e desejos de fugir ou morrer. De modo similar, cada um dos grupos nosológicos de sujeitos não deprimidos poderia ser diferenciado com base em seu conteúdo de pensamento idiossincrático.

Anormalidades foram detectadas apenas nos pensamentos verbalizados que tinham o conteúdo temático típico dos grupos deprimidos. Os outros tipos de ideação não mostraram distorção consistente. Entre os desvios no pensamento, os seguintes processos foram identificados: inferência arbitrária, abstração seletiva, supergeneralização e magnificação e minimização.

EPÍLOGO

Os estudos abordados sintetizam os testes originais de Beck da teoria freudiana. Eles são mais ligados ao desenvolvimento inicial da teoria cognitiva da depressão. Como articulada nos capítulos a seguir, a "descoberta anômala" dos estudos dos sonhos (Beck, 2006) por fim gerou um novo sistema de tratamento, a terapia cognitiva. Desde a primeira edição do presente volume,[4] numerosos modelos cognitivos foram propostos,[61] e análises mais aprimoradas foram apresentadas em outros trabalhos (p. ex., Clark et al.,[62] Haaga et al.,[63] Scher et al.[64]). A Parte III, Aspectos Teóricos da Depressão, inclui muitos desenvolvimentos mais recentes, tais como os estudos psicológicos sobre reatividade, vulnerabilidade (diátese), genética, suporte empírico e teoria integrativa, que hoje sustenta o sistema cognitivo de terapia.

PARTE III

ASPECTOS TEÓRICOS
DA DEPRESSÃO

11
TEORIAS DA DEPRESSÃO

As teorias da depressão que foram mais testadas e aplicadas ao tratamento psicoterapêutico dos transtornos de humor incluem as formulações interpessoal e cognitivo-comportamental.[1] Outras teorias incluem a teoria psicanalítica de Freud, as teorias evolutivas, o existencialismo, as perspectivas neurológica e neuropsicológica, a teoria bioquímica e os modelos animais.

TEORIAS COMPORTAMENTAIS

Várias teorias comportamentais da depressão foram propostas. As primeiras na área incluem Ferster,[2] Seligman[3,4] e Lewinsohn.[5]

Seligman sugeriu que o fenômeno do "desamparo aprendido" em modelos animais poderia ser significativamente análogo à depressão clínica em humanos. Em resumo, Seligman descobriu que, quando um cão normal recebe treinamento de fuga-esquiva, ele rapidamente aprende a evitar um choque movendo-se para o lado seguro de uma caixa com dois compartimentos. Contudo, constatou-se que cães que receberam choques inevitáveis antes do treinamento de esquiva agiam de modo muito diferente. Em vez de tentar fugir, os cães desistiam e passivamente aceitavam o choque.

Seligman revisou estudos semelhantes com diversos animais e concluiu que o desamparo aprendido se encontra em "ratos, gatos, cães, peixes, camundongos e homens" (p. 86).[4] Baseado nessa generalização, o autor teorizou que um arranjo específico de contingência de reforço, ou seja, punição inevitável, seria um fator causal nas vidas dos que se tornam clinicamente deprimidos.

Ferster e Lewinsohn referiram-se também a princípios comportamentais para explicar a depressão clínica. Ferster teorizou que a depressão seria uma frequência reduzida do "comportamento adaptativo", ou comportamento que maximizaria resultados reforçadores. Em palavras simples, a pessoa deprimida aumentaria o comportamento de esquiva e fuga em situações nas quais seria possível obter reforço positivo, e inversamente desenvolveria um repertório comportamental passivo em circunstâncias nas quais a fuga seria reforçadora, assim deixando de fugir da punição (como no modelo de "desamparo aprendido").

Como Ferster, Lewinsohn[5] sugeriu que o conceito teórico comportamental operante de "reforço" era suficiente para explicar as origens da depressão clínica. O autor propôs que a depressão se deve (ou é constituída de) a "baixa taxa de reforço positivo contingente à resposta". Lewinsohn utilizou esse construto básico para explicar os outros aspectos da depressão clínica, tais como as baixas taxas de comportamento.

Uma limitação importante das teorias comportamentais é que não se comprovou que fatores comportamentais isolados induzam à depressão clínica. Além disso, intervenções comportamentais puras não se mostraram efetivas no tratamento da depressão clinicamente significativa.[6] Compatível com isso, livros abrangentes sobre depressão não incluem mais as teorias comportamentais puras entre as abordagens importantes da etiologia e tratamento (p. ex., Gotlib e Hammen[7]).

Quando intervenções exclusivamente comportamentais foram avaliadas (e elas não foram bastante testadas), obtiveram bons resultados em estudos controlados.[8] Na pesquisa de análise de componentes, um elemento da terapia cognitiva para depressão, "ativação comportamental", gerou certa renovação do interesse teórico. Entretanto, problemas persistem na tentativa de superar os processos cognitivos dos não cognitivos (para uma análise, ver Hollon et al.[8]).

TEORIAS COGNITIVAS E EVOLUTIVAS

As teorias cognitivas[9] e evolutivas[10, 11] contemporâneas da depressão têm aspectos conceituais em comum, incluindo a ênfase à continuidade de mecanismos normais e anormais. As teorias cognitivas são consideradas de maneira independente e mais minuciosa no Capítulo 12.

A perspectiva evolutiva está intimamente alinhada com as teorias comportamentais e cognitivas. As teorias comportamentais de Ferster,[2] Seligman[3] e Lewinsohn[5] derivam dos conceitos comportamentais instrumentais (operantes) de B. F. Skinner.[12] Skinner[13] traçou analogias explícitas entre a seleção de características da espécie e de comportamento individual por suas consequências, ou "contingências de reforço".

Semelhante à ênfase de Skinner tanto às consequências individuais quanto às etológicas, Beck[9] teorizou que a natureza da depressão clínica (e da mania) seria um mecanismo ou programa atávico que teria sido adaptativo em ambientes anteriores, mas hoje nem tanto. Os vieses cognitivos negativos distintos e prolongados implicados na depressão clínica (abstração seletiva, supergeneralização, autoatribuições negativas) teriam se desenvolvido em contextos nos quais tais configurações cognitivas seriam úteis à sobrevivência. Assim, a perspectiva evolutiva ajudaria a explicar as causas distais da natureza dos fenômenos depressivos.

Contudo, além dos aspectos evolutivos da depressão, as teorias cognitivas postulam vários construtos teóricos inter-relacionados – inclusive modelos transversais, em que a negatividade é um componente necessário (mas não suficiente) da depressão; um modelo estrutural, em que esquemas tendenciosos tornam-se hipervalentes na depressão; um modelo de vulnerabilidade a estressores, em que o estresse afeta vulnerabilidades cognitivas específicas; um modelo de interação recíproca, que se concentra na interação com figuras-chave; um modelo psicobiológico, que integra processos genéticos, neuroquímicos e cognitivos como lados diferentes da mesma moeda.[9] Por meio da articulação da inter-relação dos diversos sistemas ou níveis de análise, as teorias cognitivas integram diversos níveis, inclusive a incorporação de princípios evolutivos (p. 27--30).[14]

Nesse[11] considerou a natureza e as funções adaptativas do humor deprimido e da depressão clínica de uma perspectiva evolutiva. As possíveis funções de sobrevivência incluem

1. comunicar uma necessidade de ajuda,
2. sinalizar o próprio lugar em um conflito de hierarquia,
3. promover desvinculação de objetivos inatingíveis, e
4. regular padrões de investimento de energia.

A atual teorização sobre as vantagens evolutivas da depressão têm se concentrado na identificação de como o humor deprimido aumentaria a capacidade do organismo de lidar com os desafios adaptativos em ambientes desfavoráveis. Esses ambientes incluiriam aqueles em que o esforço para perseguir uma meta seria contraproducente, talvez resultando em perigo, perda ou desperdício de esforço. Desse modo, a depressão e seus fenômenos relacionados cumpririam funções adaptativas de sobrevivência em ambientes nos quais seria vantajoso ser "pessimista", assim inibindo algumas ações.[11] Os sintomas maníacos (ver Capítulo 6) são explicados pela presença de pressões seletivas naturais dentro de contextos ambientais contrastantes, como, por exemplo, aqueles que compensam correr riscos.

TEORIAS PSICANALÍTICAS

Em seus trabalhos de 1911 e 1916, Abraham discutiu o significado da hostilidade e oralidade na depressão. Objetivos sexuais não gratificados ocasionam sentimentos de ódio e hostilidade que reduzem a capacidade do paciente deprimido ao amor. O paciente projeta o ódio externamente, e a hostilidade reprimida se manifesta em sonhos e comportamentos anormais, em um desejo de vingança, em uma tendência a importunar outras pessoas, em ideias de culpa e em empobrecimento emocional.

Na obra "Breve Estudo do Desenvolvimento da Libido" de 1924, Abraham discutiu a relação entre psicose maníaco-depressiva e neurose obsessiva. O erotismo anal e os impulsos sádicos, segundo ele, exibem tendências opostas de expelir ou destruir e reter e controlar o que é percebido como propriedade pessoal – as fezes ou o objeto amado. Abraham concluiu que uma predisposição herdada ao erotismo oral fixava o desenvolvimento psicossexual do melancólico na fase oral. As decepções da infância no amor, especialmente quando ocorrem antes de os desejos edípicos terem sido resolvidos, e a repetição dessas decepções na vida posterior eram fatores adicionais nas origens da melancolia.

Em *Luto e Melancolia* (1917), Freud comparou a melancolia ao luto normal. Embora ambos possam ocorrer como reação à perda de um objeto amado, a melancolia ocorre em indivíduos especialmente predispostos em relação a alguma perda imaginária ou vagamente percebida que destitui o ego. As autoacusações do melancólico são vistas como manifestações de hostilidade para com o objeto amado perdido. Freud explicou esse fenômeno como a identificação narcisista do ego com o objeto através de introjeção, uma regressão à fase oral do desenvolvimento erótico. (Em sua consideração adicional da introjeção psíquica, Freud referiu-se à "faculdade de autocrítica" do ego, fundamento de seu conceito posterior de superego. Ele hesitou em generalizar em demasia a tal respeito, devido à incerteza quanto aos aspectos somáticos da melancolia.)

Rado,[15] considerando fatores de predisposição à depressão, afirmou que os depressivos são indivíduos com intensas necessidades narcisistas e precária autoestima que, quando perdem seu objeto de amor, reagem com raivosa rebeldia e tentam restaurar sua autoestima pela punição do próprio ego (que inclui a parte má do objeto introjetada) pelo superego.

Gero[16] delineou com grande minúcia seu trabalho terapêutico com dois casos de depressão neurótica. Ele discordava de autores anteriores sobre a universalidade da estrutura de caráter obsessiva na depressão; nenhum dos depressivos que acompanhou usava uma defesa de caráter obsessivo, mas ambos demonstravam desejos narcisistas subjacentes, intolerância à frustração e introjeção de objetos amorosos.

Melanie Klein[17] acreditava que a predisposição à depressão não dependia de uma série de incidentes traumáticos, e sim da relação mãe-bebê no primeiro ano de vida. Sua contribuição levou as especulações psicanalíticas de volta ao primeiro ano de vida para explicar os efeitos da introjeção e projeção no desenvolvimento psíquico. Klein sentia que a criança, como técnica defensiva, nega a complexidade de seu objeto de amor e o vê como todo bom ou todo mau. Esta tendência é uma característica do adulto maníaco-depressivo.

Bibring[18] divergia da teoria clássica e aliou-se aos que viam a depressão como um estado afetivo caracterizado por uma perda de autoestima. Como os primeiros autores, ele sentia que a predisposição à depressão tinha origem nas experiências traumáticas precoces da infância. Entretanto, Bibring acrescentou que a autoestima pode ser diminuída, não somente pela frustração da necessidade de amor e afeto, mas também pela frustração de outras aspirações. Ele indicou que todas as reações depressivas têm algo em comum, embora apresentem uma multiplicidade de formas.

Como Bibring, Jacobson[19] propôs que a perda de autoestima é o problema psicológico central na depressão. Ela postulou os objetivos do desenvolvimento da autoestima, do superego e do ego ideal como o firme estabelecimento de nossa própria identidade, a diferenciação de nosso próprio *self* dos outros, a manutenção da autoestima e a capacidade de formar relações objetais satisfatórias. Jacobson considera que a autoestima "representa o grau de discrepância ou harmonia entre as autorepresentações e o conceito do *self* desejado". Ela acredita que todos os determinantes da autoestima têm relevância para a depressão.

Jacobson distingue entre depressões neurótica e psicótica e tenta esclarecer a natureza da regressão do ego na depressão psicótica. Ela propõe que a excessiva e prematura decepção nos pais com a acompanhante desvalorização deles – e do *self* – ocorre nos primeiros anos de vida de pacientes depressivos. Os maníaco-depressivos pré-psicóticos apresentam um extraordinário grau de dependência e uma extrema intolerância a dor, frustração ou desapontamento.

Hammerman[20] diferenciou a depressão em que o papel do "superego sádico" é proeminente e a autoestima desaba devido à culpa por transgredir os padrões do superego, e a depressão oriunda de uma organização defeituosa do ego. O sadismo do superego pressupõe a existência de uma organização do ego e uma formação de estrutura psíquica comparativamente bem desenvolvidas. Desenvolvimento defeituoso do ego devido a trauma muito precoce, perda precoce ou relações defeituosas resultam em autoimagem distorcida e falta de autoestima por causa da impossibilidade de mostrar-se à altura de um ego ideal narcisista.

Segundo Zetzel,[21] a maturidade psicológica consiste em aceitar passivamente as limitações da realidade e trabalhar de modo ativo para alcançar metas realistas. Em virtude do princípio de realidade, o reconhecimento, a tolerância e o domínio da depressão, como o da ansiedade, devem ser considerados como um desafio do desenvolvimento em preparação para o estresse da vida adulta normal. O fracasso nesse aspecto pode levar à formação de sintomas, inibição e falhas adaptativas e ser causado por mecanismos como projeção e negação, que evitam a experiência subjetiva de ameaças, perdas e limitações pessoais. Este fracasso também pode predispor um indivíduo a depressões crônicas e psicóticas.

Agressividade na depressão

Psicanalistas desde Abraham[22] atribuíram um papel central à agressividade no desenvolvimento da depressão. Quatro autores questionaram a universalidade dessa associação. Balint[23] considerava os sentimentos de amargura e ressentimento do depressivo como reações à depressão, e não como elementos essenciais dela. Bibring[18] também considerava a agressividade um fenômeno secundário devido ao colapso da autoestima. Cohen e seu grupo[24] postulavam que a hostilidade demonstrada pelo paciente seria devida a seu "impacto irritante sobre os outros, e não à motivação primária de prejudicá-los". Gero[16] também questionou a visão de que a autodesvalorização pode ser considerada agressividade dirigida ao *self*.

Oralidade na depressão

Desde que Abraham[25] teorizou que o erotismo oral nos depressivos neuróticos teria a função de prevenir episódios de depressão, outros autores ampliaram o conceito de oralidade e concluíram que os depressivos, devido à sua excessiva dependência de reservas externas de amor, afeto e atenção para manter a autoestima, seriam indivíduos oralmente dependentes que careceriam dessas reservas vitais.

Bibring[18] foi o primeiro a questionar a universalidade da fixação oral na depressão. Ele chamou atenção para o fato clínico de que, enquanto uma pessoa pode depender do alcance de reservas narcisistas de uma fonte externa, o equilíbrio de outra talvez dependa de reservas de uma fonte internalizada, ou seja, pela realização de certas aspirações e ideais.

Jacobson[26] concebeu o mecanismo na depressão não como uma identificação obtida por meios orais, mas como um colapso regressivo das identificações do ego em que o teste da realidade é perdida e as autoimagens se confundem com representações objetais. As representações objetais não refletem mais os objetos reais adequadamente.

TEORIAS PSICODINÂMICAS E PSICOLÓGICAS

Cohen e colaboradores[24] estudaram os contextos familiares de 12 pacientes maníaco-depressivos (ver Capítulo 10 para uma revisão da pesquisa sistemática relacionada a esse estudo). Segundo os autores, a situação familiar típica é a da mãe como o genitor mais forte e estável que tende a depreciar o marido. Na típica relação genitor-criança, a aprovação dos filhos pelo genitor dependia das realizações dos filhos em termos de notas e outros símbolos de prestígio. A criança destinada a ser maníaco-depressiva com frequência era escolhida como o portador do padrão da família na batalha por *status* social.

Os autores delinearam uma estrutura de personalidade típica caracterizada pela negação da complexidade das pessoas e identificação delas como "ou totalmente brancas ou totalmente negras". Essa incapacidade de ver as pessoas como indivíduos complexos multifacetados era considerada uma característica distintiva das relações interpessoais do maníaco-depressivo adulto. Cohen e seu grupo consideravam essa negação da complexidade dos sujeitos uma defesa e a atribuíam à dificuldade que os pacientes tinham na infância de integrar diferentes aspectos das mães em um quadro unificado.

Cohen e colaboradores afirmaram que a hostilidade dos maníaco-depressivos foi excessivamente enfatizada como um fator dinâmico da doença. Os sentimentos hostis dos pacientes não se originam primariamente da frustração de suas necessidades, mas são o resultado do incômodo que despertaram nos outros por seu comportamento demandante. O maníaco-depressivo não sofre de culpa genuína ou de sentimentos de remorso, mas expressa sentimentos de culpa e autocensura como uma técnica exploratória "para aplacar a autoridade".

Segundo Lichtenberg,[27] a depressão resulta quando o indivíduo se sente responsável pela própria desesperança em relação à realização de objetivos. O autor distingue três formas de depressão, que variam com o tipo de objetivo – uma situação específica, um estilo de comportamento ou um objetivo generalizado – aos quais indivíduos vulneráveis dirigem sua expectativa. Essa conceitualização do transtorno é particularmente adequada à pesquisa clínica e experimental adicional.

Schwartz[28] tentou construir uma formulação unitária das reações maníaco-depressivas. Ele sugeriu que as reações maníaco-depressivas ocorrem quando um indivíduo com necessidades narcisistas excessivas não satisfeitas introjeta as atitudes dos responsáveis por sua "privação". Na vida adulta, o maior estresse cria uma sensação que é identificada com a privação anterior. Agressão retaliatória é então dirigida contra as figuras parentais introjetadas, mas o ego se defende contra isso. Na mania, a atividade incessante bloqueia a percepção da hostilidade e privação. Na depressão, a inibição e imobilização são uma negação da capacidade de levar a cabo os impulsos agressivos.

TEORIAS EXISTENCIALISTAS

Em 1959, Arieti[29] publicou uma síntese das teorias existencialistas da depressão. Ele assinalou que, de acordo com os existencialistas, a ambivalência do paciente maníaco-depressivo é diferente da do esquizofrênico. Enquanto o esquizofrênico odeia e ama ao mesmo tempo, o maníaco-depressivo se alterna entre amor e ódio. Segundo Arieti, Henry Ey considerava o estado depressivo uma paralisação ou insuficiência de todas as atividades vitais. Ey via a depressão como uma "imobilidade patética, uma suspensão da existência, uma síncope do tempo". Como resultado, o paciente vivencia um sentimento de incompletude, impotência e irrealidade.

A questão da atitude dos pacientes deprimidos em relação ao tempo tem ocupado a atenção de muitos autores existencialistas. Eles enfatizam que o tempo parece estar mais lento para os pacientes deprimidos. Em sua experiência subjetiva, somente o passado importa. Memórias dolorosas dominam seu pensamento e os fazem recordar de sua falta de valor e incapacidade de realização.

Hubert Tellenbach no livro *Melancholie*[30] (Dr. Egbert H. Mueller foi de grande ajuda na tradução deste livro do alemão) ofereceu uma análise minuciosa da depressão que em muitos aspectos é representativa do pensamento existencialista. Tellenbach apresentou uma análise dos casos de 140 melancólicos. Ele afirmou que todos têm uma estrutura de personalidade pré-mórbida relativamente uniforme. Sua vida e trabalho são dominados por uma ordem estrita: organização para lidar com as coisas, conscienciosidade no trabalho e necessidade prioritária de fazer o certo para os que estão próximos. Esses indivíduos têm grande sensibilidade para o sim e para o não, para o que deve e o que não deve ser feito. Ao mesmo tempo, possuem grande sensibilidade à culpa. Os melancólicos dedicam suas vidas ao cumprimento de seu senso de ordem e esquiva de situações de culpa. Preferem a segurança de um emprego seguro ao risco envolvido em um trabalho livre autogerenciado.

Tellenbach descreveu uma série de situações específicas em que o senso de ordem e culpa do melancólico é ameaçado. A interação dessas situações e da personalidade dos melancólicos os leva a um crescente enredamento. O paradoxo básico é este: por um lado, são tão sensíveis à culpa que fazem tudo para manter-se em dia com as obrigações; por outro, interpretam de forma tão meticulosa suas obrigações que estão próximos do ponto de não alcançarem as próprias aspirações. Nesse modo de vida com equilíbrio tão precário, qualquer situação acidental pode precipitá-los sobre o ponto de não conseguirem cumprir suas obrigações ou em seu senso de realização. Na psicose depressiva, a distância entre ser e aspirar torna-se um abismo.

Schulte[31] considerava a incapacidade de estar triste como o cerne da experiência melancólica. Segundo o autor, uma pessoa que ainda consegue ficar triste não é realmente melancólica, e a melhora no estado de melancolia se inicia quando o indivíduo é capaz de sentir tristeza. Schulte afirma que os melancólicos perderam a capacidade de condoer-se e comover-se. Eles experimentam uma necessidade de emoção que os atormenta. O autor adverte que o uso da palavra *triste* pelos pacientes deve ser considerado uma metáfora pela qual tentam dar algum sentido a algo que não pode realmente ser expresso e explicado e que não é comparável a outros sentimentos.

TEORIAS NEUROLÓGICAS

Kraines[32] escreveu extensamente sobre as possíveis explicações biológicas da depressão. Ele baseou suas teses no pressuposto de que existe com frequência uma história de "suscetibilidade hereditária", especialmente em gêmeos idênticos. O autor inferiu que a ocorrência de depressões pós-parto, depressões pré-menstruais e maior frequência de crises maníacas na juventude e de crises depressivas posteriormente na vida adulta se devem a mudanças hormonais (para uma análise crítica dos estudos hereditários e endocrinológicos, ver Capítulo 9).

TEORIAS NEUROPSICOLÓGICAS

Muito mais recentemente, Shenal e colaboradores[33] revisaram a literatura sobre as teorias neuropsicológicas da depressão. Especularam que disfunção em qualquer das três divisões neuroanatômicas (frontal esquerda, frontal direita e posterior direita) estaria associada à depressão.

Sua revisão abrangeu as teorias neuropsicológicas proeminentes, incluindo aquelas sobre assimetrias cerebrais no processamento emocional. Combinando teorias de excitação, lateralização e espaço cerebral funcional, propuseram um modelo de pesquisa indicativo de que

1. a disfunção frontal esquerda resulta em escassez de afeto positivo,
2. a disfunção frontal direita causa labilidade e desregulação emocional e
3. a disfunção posterior direita resulta em afeto apático ou indiferença.

Ao sugerir a promessa de avaliação e pesquisa neuropsicológica para melhor compreender a depressão clínica, os teóricos propuseram a possível utilidade de testar predições de diferentes qualidades de sintomas depressivos que correspondam às regiões específicas de disfunção cerebral mencionadas.[33]

TEORIAS BIOQUÍMICAS

A efetividade dos inibidores da MAO e dos compostos tricíclicos levou à pesquisa sobre seus efeitos bioquímicos. As evidências resultaram na interessante suposição chamada de "hipótese da catecolamina nos transtornos afetivos". A força dessa hipótese recebeu uma excelente discussão na revisão de Schildkraut em 1965.[34] Ele concluiu que a hipótese não podia ser definitivamente aceita nem eliminada com os dados disponíveis na época, mas que era útil como um guia para experimentação adicional.

A essência da hipótese da catecolamina é que na depressão o suprimento de noradrenalina ativa (em sítios receptores adrenérgicos centrais) se esgota. A principal evidência para tal afirmação provém de um estudo dos efeitos de drogas em animaisde laboratório. Nestes primeiros estudos, os pesquisadores trabalharam com a hipótese de que tanto os inibidores da MAO quanto a imipramina serviriam para aumentar a disponibilidade da noradrenalina ativa. De acordo com eles, os inibidores da MAO provavelmente atuariam pela inibição direta da desaminação oxidativa enzimática da noradrenalina. A imipramina, por outro lado, atuaria pela diminuição da permeabilidade da membrana que bloqueia a liberação intracelular (e consequentemente a desaminação) das reservas denoradrenalina, e pelo aumento da recaptação celular, assim diminuindo a inativação de noradrenalina extracelular livre. Além disso, a sedação induzida por reserpina em animais estaria associada à depleção de catecolaminas, embora alguns investigadores acreditassem que outras aminas, principalmente a serotonina, sejam imprescindíveis aqui. De qualquer maneira, o provável aumento da noradrenalina ativa após administração de antidepressivo e a diminuição na sedação por reserpina (ambos em animais) seria compatível com a hipótese das catecolaminas.

A hipótese, portanto, teve uma quantidade definida de evidências consistentes para respaldá-la. Entretanto, tais evidências em geral não se originam de estudos de pacientes deprimidos, mas de outras fontes. A hipótese, evidentemente, não conta com uma explicação para o grande número de pacientes nos quais as drogas não funcionam. Schildkraut afirmou: "Deve-se enfatizar, contudo, que esta hipótese é sem dúvida, no máximo, uma supersimplificação reducionista de um estado biológico muito complexo". Isso não nega a utilidade da suposição para orientar os investigadores na busca de uma base bioquímica mais sofisticada para os transtornos depressivos.

Trinta anos depois, citando a influente teorização de Schildkraut[34] na área, Dubovsky e Buzan[6] declararam que pesquisas subsequentes não confirmaram a hipótese da depleção de monoaminas.

Sem dúvida, o aumento da disponibilidade sináptica das monoaminas não explica os efeitos dos antidepressivos. Vários achados apoiam tal conclusão:

1. precursores da monoamina tomados sozinhos, tais como tirosina e triptofano, não melhoram o humor;
2. depleção de monoamina não causa depressão;
3. nos casos em que a depleção de monoamina de fato a causa, a depressão é transitória;
4. os inibidores da recaptação das monoaminas não têm propriedades antidepressivas confiáveis;
5. alguns antidepressivos são efetivos sem terem efeito na recaptação de monoamina;
6. quando os inibidores da recaptação da monoamina são antidepressivos efetivos, a inibição da recaptação é imediata, mas o efeito antidepressivo não ocorre até um mês ou mais depois.[6]

Contudo, Dubovsky e Buzan concluíram que a inibição da recaptação de neurotransmissores prediz efeitos colaterais.

MODELOS ANIMAIS

Em 1994, Willner[35] revisou estudos dos efeitos do estresse em modelos animais de depressão. Nestes modelos, a exposição ao estresse ao longo do tempo resulta em insensibilidade generalizada à recompensa, tal como a redução das propriedades de reforço da comida. Demonstra-se então que o efeito é reversível pelo uso de diversos medicamentos antidepressivos, inclusive antidepressivos tricíclicos e fluoxetina.

Os modelos animais da depressão concentraram-se largamente nos modelos de anedonia. Constatou-se que a criação de anedonia em animais de laboratório tem múltiplas influências causais e pode ser produzida de diversas maneiras. Por exemplo, as influências causais são genéticas, tais como diferenças entre espécies nos efeitos de choque inevitável sobre reações de estresse, ou epigenéticas, tais como tratamento antidepressivo neonatal. Anedonia pode ser produzida por meio de estresse grave agudo, estresse leve crônico e supressão de psicoestimulante.

Ao considerar o futuro dos modelos animais, Willner[35] identificou suas substanciais limitações. Esses modelos continuam desfrutando de pouca validade nominal ou conceitual. A iniciação experimental de "anedonia" é apenas sugestiva de depressão, e não comprovadamente paralela aos fenômenos clínicos reais vivenciados pelos seres humanos. Entretanto, Willner especula que a principal contribuição do uso continuado de modelos animais seria a melhor elucidação dos mecanismos de ação dos medicamentos antidepressivos.[35]

EMOÇÃO EXPRESSA

Ainda que não derivada dos modelos animais, uma teoria do estresse da recaída de depressão foi proposta.[36] Os efeitos do estresse interpessoal ao longo do tempo foram submetidos a um exame empírico minucioso em uma população clínica.

Hayhurst e colaboradores[36] observaram que, dos quatro estudos sobre os efeitos da "emoção expressa" (crítica de pessoas importantes na família), dois encontraram uma associação positiva entre emoção expressa (EE) e recaída durante doença depressiva aguda. Em seu estudo de mais longo prazo, 39 pacientes deprimidos e seus parceiros foram entrevistados individualmente a intervalos de três meses por cerca de um ano.

Os pacientes que se recuperaram plenamente tinham parceiros muito acríticos. Os que possuíam sintomas residuais durante a remissão tinham parceiros mais críticos. Entretanto, a sequência causal dos eventos foi questionada. Em vez de crítica que leva à depressão, Hayhurst e colaboradores[36] concluíram que "crítica constante era resultado de depressão constante" (p. 442). Como na discussão do desenvolvimento da depressão, a ideia de um "modelo de *feedback* circular" poderia servir aqui (ver Capítulo 13).[37]

A interação entre os efeitos negativos do humor deprimido sobre pessoas significativas, e por sua vez a maior crítica destas pessoas dirigida ao paciente, seria o melhor modelo das interações interpessoais identificadas neste estudo. Assim, a interação seria entre sintomas deprimidos ↔ maior EE (crítica) pelos familiares.

12
COGNIÇÃO E PSICOPATOLOGIA

No passado, a maioria dos autores que escreveram sobre os aspectos psicológicos da depressão utilizou um modelo motivacional ou adaptativo. Alguns autores viam a sintomatologia depressiva em termos da gratificação ou descarga de certas necessidades ou impulsos.[1,2] Outros enfatizavam o papel das defesas contra esses impulsos.[3] Outros, ainda, focavam os aspectos adaptativos da sintomatologia[2,4].

A maioria das primeiras tentativas de explicar os sintomas da depressão em termos psicológicos havia introduzido problemas conceituais ou empíricos preocupantes. Primeiro, muitos autores tinham a tendência de atribuir algum propósito aos sintomas. Em vez de torná-los simplesmente como uma manifestação do transtorno psicológico ou fisiológico, estes autores consideravam que os sintomas desempenhavam uma função intrapsíquica ou interpessoal importante. A tristeza da pessoa deprimida, por exemplo, era explicada por alguns autores (p. ex., Rado e Adler) como uma tentativa de manipular outras pessoas. Embora às vezes parecessem adequadas a um determinado caso, essas interpretações funcionais tinham fortes conotações teleológicas. Como a história da ciência demonstra, teorias que atribuem algum desígnio ou propósito aos fenômenos naturais geralmente foram substituídas à medida que o conhecimento aumentou.

Em segundo lugar, ao tentarem explicar os aspectos paradoxais da depressão, alguns autores apresentaram formulações tão complexas ou abstratas que não podem ser correlacionadas com material clínico. A conceitualização de Freud da depressão em termos do ataque da parte sádica do ego ao objeto-amado incorporado no ego é tão distante de quaisquer observações em dados clínicos que desafia validação sistemática. De modo semelhante, a formulação de Melanie Klein[5] sobre a depressão na idade adulta como uma reativação de uma depressão precoce na infância não oferece nenhuma ponte com o comportamento observável.

A maioria dos autores evitou o problema da especificidade de suas formulações. Muitas das formulações psicodinâmicas mais populares da depressão, como os conceitos de maior oralidade ou hostilidade reprimida, também foram atribuídos a uma multiplicidade de outros transtornos psiquiátricos e psicossomáticos. Em consequência, suas formulações, se válidas, poderiam ser características de transtornos psiquiátricos em geral, e não exclusivamente da depressão.

Por fim, as diversas teorias ofereceram, na melhor das hipóteses, explicações para aspectos apenas circunscritos do quadro clínico diversificado da depressão. Explicações que parecem servir para certos grupos específicos de fenômenos muitas vezes parecem irrelevantes ou incongruentes quando aplicadas a outros fenômenos.

Ao empreenderem uma conceitualização dos processos psicológicos na depressão, os autores devem explicar uma ampla variedade de fenômenos psicopatológicos.[6] Como descrito no Capítulo 2, encontramos 21 categorias de sintomas diferentes que ocorrem com frequência significativamente maior em pacientes deprimidos do que em não deprimidos. Os vários sintomas de depressão situam-se em certos aglomerados e estão agrupados do seguinte modo: o grupo *afetivo* inclui os vários adjetivos e frases empregadas pelos pacientes para descrever seus sentimentos: triste, solitário, vazio, entediado e sem esperança; o grupo *motivacional* inclui desejos intensificados de ajuda, anseio de fugir, desejo de cometer suicídio e o fenômeno da perda de motivação espontânea (paralisia da vontade); o grupo *cognitivo* inclui autoconceito negativo, pessimismo e interpretações negativas da vivência; os sintomas *físicos e vegetativos* incluem retardo psicomotor, fatigabilidade, perda de apetite, perda de libido e perturbação do sono.

Esses grupamentos de sintomas não parecem guardar muita relação entre si. Vários autores tentaram apresentar uma teoria unificadora que estabelecesse conexões compreensíveis entre tais grupamentos. A teoria de Freud da hostilidade retrofletida, por exemplo, pode ser usada para inter-relacionar autoconceito negativo, autocrítica e desejos suicidas, mas não consegue oferecer conexões plausíveis com os outros sintomas. Seu conceito complementar de depressão como uma reação de pesar provê uma conexão entre afetos (especialmente tristeza e solidão), perda de interesses externos e perda de apetite, mas não oferece uma explicação racional para outros sintomas importantes, como perda de autoestima e desejos suicidas. O conceito de depressão como uma tentativa de obter amor (Rado) não explica comportamentos como isolamento ou sintomas físicos e vegetativos. As teorias de disfunção autonômica ou hipotalâmica[7,8] fornecem uma possível explicação dos fenômenos físico e vegetativo, mas não oferece explicações plausíveis sobre outros sintomas.

Em uma tentativa de encontrar algumas explicações alternativas para as características comportamentais da depressão, Beck revisou o material clínico de 50 pacientes deprimidos em psicoterapia e selecionou os temas que diferenciavam estes pacientes de um grupo-controle em psicoterapia (Capítulo 10). Estes temas foram considerados derivativos de certos padrões cognitivos básicos que são ativados na depressão. Conteúdos temáticos semelhantes foram observados em sonhos, lembranças antigas e respostas a testes projetivos em vários estudos sistemáticos da depressão (Capítulo 10).

A TRÍADE PRIMÁRIA NA DEPRESSÃO

O paradigma da tríade primária mostra as conexões entre os aspectos cognitivos descritos anteriormente e os fenômenos afetivos, motivacionais e físicos da depressão. É aplicável a diversos tipos de depressão.

As perturbações na depressão podem ser vistas em termos de ativação de um conjunto de três padrões cognitivos principais que forçam o indivíduo a ver a si mesmo, o mundo e o futuro de forma idiossincrática. A dominância progressiva de tais padrões cognitivos leva a outros fenômenos associados ao estado depressivo.

O primeiro componente da tríade é o padrão de interpretar as experiências de maneira negativa. Os pacientes interpretam as interações com o ambiente como representativas de derrota, privação ou depreciação. Eles veem as próprias vidas como preenchidas por uma sucessão de fardos, obstáculos ou situações traumáticas, às quais os denigrem de maneira significativa.

O segundo componente é o padrão de ver a si mesmo de forma negativa. Os pacientes consideram-se deficientes, inadequados ou indignos e tendem a atribuir experiências desagradáveis a seus próprios defeitos físicos, mentais ou morais. Além disso, eles se consideram indesejáveis e indignos por causa do suposto defeito e tendem a rejeitar a si próprios por causa dele.

O terceiro componente consiste em ver o futuro de maneira negativa. Os pacientes anteveem que suas atuais dificuldades ou sofrimento vão continuar indefinidamente. Quando olham para a frente, os pacientes veem uma vida de penúria, frustração e privação.

A relação entre os padrões cognitivos e os sintomas afetivos e emocionais é ilustrada na Figura 12.1. Esta relação será descrita detalhadamente em seções posteriores.

Interpretação negativa de situações de vida

Pacientes deprimidos interpretam as vivências de modo seletivo ou inadequado, julgando que os denigrem de forma significativa. Enquanto o maníaco vê situações de vida neutras ou ambíguas como autoenaltecedoras, o depressivo as considera autodepreciativas. Por exemplo, o maníaco interpreta uma atitude neutra por parte de um amigo como indicativa de esmagadora aprovação; o depressivo considera a mesma atitude como rejeição. Isso é bem evidente em pacientes com ciclos maníaco-depressivos que demonstram reações totalmente opostas ao mesmo conjunto de condições externas quando se encontram em diferentes fases do ciclo.

Como assinalado no Capítulo 10, as conceitualizações distorcidas variam de pequenas imprecisões a erros globais de interpretação. As cognições típicas mostram uma diversidade de desvios do pensamento lógico, inclusive inferências arbitrárias, abstrações seletivas, supergeneralizações e magnificações. O paciente automaticamente faz uma interpretação negativa de uma situação, apesar da existência de explicações mais óbvias e plausíveis. Ele molda os fatos para que se encaixem em conclusões negativas pré-formadas, podendo também exagerar o significado de qualquer perda, contrariedade ou desaprovação real encontrada.

Frustração ou derrota

Os pacientes deprimidos são peculiarmente sensíveis a quaisquer impedimentos a suas atividades dirigidas a um objetivo. Qualquer obstáculo é considerado uma barreira intransponível; a dificuldade em lidar com um problema é interpretada como total fracasso. Sua resposta cognitiva para um problema ou dificuldade tende a ser algo do tipo "Estou ralado", "Jamais vou conseguir fazer isso" ou "Estou bloqueado não importa o que eu faça".

Uma mulher deprimida, por exemplo, tendo dificuldade para encontrar um lápis que ela sabia que havia posto na bolsa, pensou: "Eu nunca vou conseguir encontrá-lo". Ela sentiu-se fortemente frustrada, apesar de ter conseguido encontrar o lápis poucos segundos depois. Qualquer problema parecia insolúvel, e qualquer demora para atingir um objetivo parecia interminável. De modo semelhante, um homem deprimido descobriu que seu carro estava com um pneu vazio. Embora fosse bom em mecânica, ele sentiu-se oprimido pela ideia de que nada poderia fazer a respeito do pneu. Consoante com este senso de derrota, ele abandonou o carro.

Em situações orientadas à realização, pacientes deprimidos são especialmente propensos a reagir com um senso de fra-

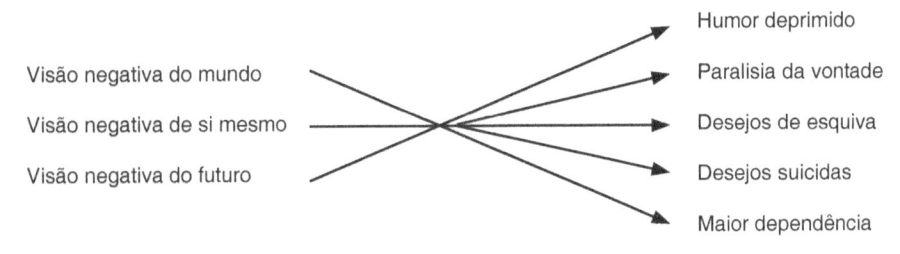

Visão negativa do mundo
Visão negativa de si mesmo
Visão negativa do futuro

Humor deprimido
Paralisia da vontade
Desejos de esquiva
Desejos suicidas
Maior dependência

FIGURA 12.1

O efeito dos padrões cognitivos sobre afetos e motivações na depressão.

casso. Como demonstraram alguns experimentos controlados (Capítulo 10), eles tendem a subestimar seu real desempenho. Além disso, quando seu real desempenho fica aquém dos altos padrões que estabelecem para si mesmos, tendem a considerar seu trabalho um fracasso total. Por exemplo, um estudante com depressão leve que por pouco não conseguiu se classificar entre os alunos de honra considerou isso uma derrota completa e pensou em abandonar os estudos.

Privação

Pacientes deprimidos são propensos a interpretar eventos relativamente banais como uma perda substancial. Um paciente a caminho da consulta psiquiátrica reagiu a um grande número de incidentes como se tivesse perdido algo de valor. Primeiro, ele teve que esperar 30 segundos pelo elevador e pensou: "Estou perdendo um tempo valioso". Enquanto subia de elevador, lamentou não ter ninguém que o acompanhasse e pensou: "Estou perdendo a companhia de outras pessoas". Quando soube que outro paciente tinha uma consulta mais cedo, lamentou não ser o primeiro paciente visto pelo psiquiatra naquele dia. Quando teve que esperar alguns minutos, pensou que o psiquiatra não se importava com ele. O paciente começou a ler uma revista e, quando teve que parar de lê-la para iniciar a consulta, sentiu-se privado da oportunidade de terminar a leitura.

O sentimento de perda com frequência gira em torno de dinheiro. Muitos pacientes deprimidos consideram qualquer despesa uma perda; por exemplo, um homem muito abastado sentiu-se privado quando teve que pagar quinze centavos para andar de metrô. A reação oposta às vezes é observada. Um homem se sentia privado sempre que era impedido de gastar dinheiro. Isso ocorria quando as lojas estavam fechadas ou quando ele não encontrava determinado produto que queria adquirir. O ato de comprar tendia a afastar o sentimento de privação. Quando não podia fazer compras, o homem se sentia triste e vazio.

Fazer comparações com outras pessoas tende especialmente a ativar sentimentos de privação. Muitos pacientes deprimidos disseram ter pensamentos como "Eu não tenho nada" quando um de seus amigos adquiria algo novo. Um homem abastado tendia a considerar-se pobre sempre que sabia que alguém ganhava mais dinheiro do que ele. Uma mulher rica considerava-se privada sempre que uma de suas amigas fazia uma nova aquisição, quer fosse um sistema de entretenimento, quer fosse um terceiro carro ou uma casa.

Depreciação

Pacientes deprimidos tendem a interpretar como insulto, zombaria ou depreciação o que as outras pessoas lhes dizem. Costumam entender observações neutras como de alguma forma dirigidas contra eles. Talvez até distorçam um comentário favorável de modo que ele pareça desfavorável. Por exemplo, um chefe elogiava uma funcionária por seu trabalho. Durante todo o tempo em que ele falava, ela pensava repetidamente: "Ele está me criticando".

Muitas vezes os pacientes acreditam que outras pessoas têm ideias depreciativas sobre eles (atribuições negativas). Atribuem tais juízos negativos aos outros apenas em certas situações limitadas ou, em casos graves, sucumbem a eles em todo contato pessoal. Uma mulher, por exemplo, considerava praticamente toda afirmativa, mudança na expressão facial ou movimento do psiquiatra como indicativo de crítica a ela. Mesmo quando ele lhe fazia perguntas, ela pensava que ele a estava criticando. Enquanto ela estava falando e ele estava ouvindo, ela também atribuía juízos negativos a ele, tais como "Ele pensa que sou uma chata" ou "Ele deve pensar que sou terrivelmente infantil".

Alguns pacientes tendem a fazer atribuições negativas sempre que estão em uma situação competitiva. Uma paciente tinha a posição mais alta na classe, mas sempre que o professor chamava outro aluno para responder a uma pergunta, a paciente pensava: "Ele não acha realmente que sou inteligente, senão ele teria me chamado". Se o professor cumprimentava outros alunos, ela achava que o professor tinha uma má opinião a seu respeito. Outro paciente fazia uma atribuição negativa característica enquanto dirigia. Se outro motorista o ultrapassava, pensava: "Ele pensa que sou o tipo de pessoa que pode ser tratada com desprezo". Ele tinha o mesmo pensamento quando um vendedor ou um garçom o deixava esperando.

Atribuições negativas semelhantes muitas vezes são despertadas em situações de grupo. Um participante de terapia em grupo pensava: "Eles devem pensar que sou um completo idiota porque não falo mais". Quando alguém contava uma piada, ele pensava: "Eles devem achar que não sou divertido porque não contei nenhuma piada". Quando de fato falava, ele tinha o pensamento: "Eles acham que falo demais". Quando um membro do grupo concordava com a opinião de outro paciente, ele pensava: "Eles acham que não vale a pena me ouvir porque ninguém concorda comigo".

Visão negativa de si próprio

Além de interpretarem que as experiências de alguma forma os diminuem, os pacientes deprimidos ao mesmo tempo se autodesvalorizam. Se uma mulher não se sai tão bem quanto esperava em uma prova ou em algum empreendimento comercial, ela se considera socialmente indesejável. Se seus filhos parecem turbulentos, um homem vê a si mesmo como um mau pai.

Para aguçar a distinção entre interpretação negativa da vivência e visão negativa de si mesmo, podemos comparar o paciente paranoico com o depressivo. Como os pacientes deprimidos, os pacientes paranoicos podem considerar que os outros os frustram ou rejeitam, mas, diferente dos pacientes deprimidos, os paranoicos mantêm um autoconceito positivo. Pacientes paranoicos tendem a culpar os outros por frustrações, reprovações ou privações imaginárias; pacientes deprimidos tendem a culpar a si mesmos.

Uma característica marcante dos pacientes deprimidos é a tendência a generalizar de um determinado comportamento para um traço de caráter. Qualquer desvio de um alto nível de desempenho é tomado como representativo de uma grande fraqueza. Caso não se saiam tão bem quanto outra pessoa em termos financeiros, sociais ou acadêmicos, tendem a julgar-se como de modo geral inferiores. Por exemplo, um estudante que teve dificuldade para marcar um encontro com uma garota em uma única ocasião pensou: "As garotas devem me achar repulsivo". Uma executiva bem-sucedida que fez um negócio em que perdeu dinheiro ficou obcecada com a ideia de que era burra. Uma mãe cujo filho estava desarrumado em uma ocasião pensou: "Eu sou uma mãe horrível".

A suposta deficiência torna-se tão magnificada que ocupa o autoconceito total do indivíduo. O paciente parece incapaz de ver a si mesmo de outra forma senão em termos de sua própria deficiência. Uma mulher que julgava estar perdendo a beleza só conseguia descrever a si mesma como não atraente e automaticamente excluía outros traços ou características. Ela tendia a equiparar-se com suas características físicas superficiais.

O autoconceito negativo está associado à autorrejeição. Além de verem-se como inferiores, os pacientes desgostam de si por isso. Criticam, reprovam e castigam a si mesmos por serem tão inferiores. Quando reconhecem que estão deprimidos, criticam a si próprios por estarem doentes. Consideram uma fraqueza indesculpável "deixarem-se" adoecer.

Expectativas negativas

Os pacientes deprimidos geralmente demonstram considerável preocupação com ideias sobre o futuro. Suas expectativas costumam apresentar um tipo negativo e ocorrer na forma de fantasias pictóricas ou como ruminações obsessivas. Suas antecipações do futuro em geral são uma extensão do que veem como seu atual estado. Caso se considerem atualmente privados, imobilizados ou rejeitados, visualizam um futuro em que se encontram em constante privação, imobilidade ou rejeição. Parecem incapazes de ver os limites de tempo de seu atual estado ou de considerar a possibilidade de qualquer melhora.

Não só as previsões de longo alcance dos pacientes são de natureza negativa; suas previsões a curto prazo são igualmente pessimistas. Quando despertam pela manhã, anteveem que todas as experiências do dia vão impor grandes dificuldades. Quando pensam em uma tarefa, preveem que vão se atrapalhar em tudo. Quando se sugere que pratiquem uma atividade da qual geralmente gostam quando não estão deprimidos, automaticamente presumem que não vão se divertir. Uma paciente com frequência manifesta uma complexa fantasia antes de iniciar qualquer atividade. Quando pensava em ir de carro até o consultório do psiquiatra para uma consulta marcada, ela se imaginava fazendo uma volta errada e se perdendo. Quando pensava em telefonar para uma amiga, ela tinha o devaneio de que não obteria resposta ou de que o telefone daria sinal de ocupado. Caso decidisse sair para fazer compras, ela imaginava que perderia a bolsa ou faria as compras erradas. Quando a campainha da porta tocava, ela logo fantasiava que receberia um telegrama ou uma correspondência especial com más notícias.

É útil distinguir entre as previsões negativas do paciente deprimido e os temores do paciente ansioso. Isso pode ser ilustrado pelo seguinte exemplo. Um aluno que se preparava para um exame teve pensamentos recorrentes de que poderia ser reprovado. Cada vez que pensava na reprovação, ele sentia ansiedade. Indagado sobre o que achava que aconteceria caso fosse reprovado, o aluno respondeu que todos pensariam que era burro. Sua apreensão continuou até ele concluir o exame. Até este ponto, seu pensamento assemelhava-se ao observado em um neurótico ansioso. O aluno estava reagindo a uma situação por ele identificada como uma fonte de dano. A situação ameaçadora era separada dele – ela ainda não havia infligido seu dano, e seu conceito de si mesmo ainda estava intacto.

Depois de fazer o exame, o aluno achou que havia tido um mau desempenho e concluiu que havia rodado. Em vez de ansioso passou a se sentir deprimido. A mudança de sentimento talvez seja consoante com uma mudança de conceitualizações. Antes de fazer o exame o dano a sua autoestima era apenas potencial; depois da prova, era real. Uma vez infligido o dano, o aluno sofreu a dor psíquica daí produzida. Antes do exame, o aluno era capaz de ver-se como uma pessoa com muitos atributos, alguns positivos, outros negativos. Agora ele era capaz de ver-se somente de uma maneira: como um fracasso. Depois, ele olhava em frente e antevia uma sucessão de futuros fracassos, e tal perspectiva não lhe produzia apreensão porque ele não esperava que as situações futuras o fizessem sentir-se pior do que já se sentia. Os fracassos antevistos simplesmente representavam para ele a impossibilidade de vir a se sentir melhor e a inutilidade de tentar.

A diferença entre os temores do paciente ansioso e a lúgubre perspectiva do paciente deprimido pode ser resumida da seguinte maneira: o paciente ansioso está preocupado com a possibilidade de se ferir (física ou emocionalmente), mas vê o trauma como algo no futuro; o paciente deprimido já se percebe danificado (derrotado, privado ou depreciado). Quando o paciente neste estado pensa no futuro, é em termos de continuação do sofrimento presente. Não há estímulo alarmante porque o evento temido já ocorreu. O paciente antevê futuros fracassos em termos de uma repetição do fracasso já vivenciado.

A RESPOSTA AFETIVA

O estado afetivo pode ser considerado como a consequência do modo como os indivíduos veem a si mesmos ou seu ambiente. Observamos que existe uma relação previsível entre um evento antecedente e a resposta afetiva (Capítulo 10). Pacientes deprimidos que foram rejeitados apresentaram um afeto negativo. Caso simplesmente *pensassem* que foram rejeitados, vivenciavam o mesmo afeto negativo. Concluímos que o modo como os indivíduos estruturam suas vivências determina seu humor. Uma vez que indivíduos deprimidos fazem conceitualizações negativas, eles são propensos a humores negativos.

Também observamos que havia uma consistência semelhante entre a ideação e o afeto nas associações livres dos pacientes. Caso o paciente pensasse que era um pária social, sentia-se solitário. Caso acreditasse que nunca ficaria bem, sentia-se triste e desesperançado.

A concepção de que o transtorno de humor na depressão é secundário ao transtorno cognitivo não é nova. Robert Burton, escrevendo no século XVII, citou uma série de escritores da antiguidade até aquele século que haviam afirmado que as "aflições da mente" produziam perturbação afetiva. Em 1602, Felix Platter descreveu a melancolia como "uma espécie de alienação mental, na qual imaginação e julgamento estão tão pervertidos que, sem nenhuma causa, as vítimas tornam-se muito tristes e temerosas".[9] Ele enfatizou que toda a doença "repousa sobre uma base de falsas concepções".[10]

PRIMAZIA COGNITIVA

Nas décadas de 1950 e 1960, vimos uma crescente ênfase ao papel dos processos cognitivos nos transtornos psiquiátricos.[11,12,13,14] Ellis, em 1963 e novamente em 1993, dentro de seu sistema de psicoterapia, enfatizou a primazia do pensamento irracional na depressão, nas reações de ansiedade e em outras neuroses.[13,15]

Nas depressões moderadas e graves, em que o sentimento depressivo está sempre presente, pode haver alguma discórdia quanto ao que vem primeiro: a cognição ou o afeto. Em certo sentido, os aspectos cognitivos da depressão são mais bem compreendidos como *parte do* episódio depressivo (ou síndrome clínica), e não como *causas* dele. Contudo, estudos da relação concorrente entre afeto e cognição indicaram correlações interessantes (p. ex., Rholes et al.[16]).

Em um estudo causal (primazia temporal) dos níveis não clínicos dos sintomas depressivos, análises hierárquicas de regressão múltipla indicaram que uma visão negativa do futuro (desesperança) estava relacionada com sintomas depressivos quatro semanas depois, mas não com ansiedade.[17] Contudo, deve-se observar que os 36 sujeitos (de 156) que tiveram aumentos nos sintomas do momento 1 para o momento 2 apresentaram pontuações no Inventário de Depressão de Beck que são mais bem descritas apenas como disfóricas, em vez de receberem o diagnóstico de depressão clínica do *DSM* (ver Kendall et al.[18]).

Beck revisou vários estudos adicionais que dão respaldo à primazia cognitiva.[19] Tais estudos indicam que

1. as mudanças cognitivas precedem as mudanças afetivas;[20]
2. a redução do conteúdo de pensamento negativo leva à maior redução do afeto negativo;[21]
3. a variável cognitiva desesperança em estudos prospectivos confirma seu papel crucial na predição de suicídio.[22,23,24]

Rush e colaboradores[25] estudaram a ordem temporal da melhora dos pacientes em resposta à terapia cognitiva. Utilizando dados de Rush e colaboradores,[26] verificaram que os pacientes primeiro apresentaram melhoras em medidas de desesperança, seguidas por melhora na visão de si mesmo, motivação, humor e sintomas vegetativos. Isso não foi verdadeiro no tratamento medicamentoso.

Roseman e Evdokas[27] obtiveram evidência experimental de que avaliações cognitivas causam emoções. Seu estudo tinha várias virtudes: múltiplas avaliações foram utilizadas; muitas emoções diferentes foram medidas; emoções presentes foram usadas, e as emoções foram medidas em resposta a situações de fato confrontadas. Os autores concluíram que avaliações realmente causam vivências emocionais.

Em estudos clínicos, Beck observou que mudanças na intensidade do sentimento depressivo seguiam mudanças na cognição do paciente. Este princípio foi confirmado em um experimento controlado. Constatamos que podíamos reduzir ou acentuar o afeto negativo dos pacientes expondo-os a situações em que eram induzidos a se considerarem bem-sucedidos ou fracassados, respectivamente, em uma tarefa.[28]

O exemplo a seguir é apresentado para ilustrar a interação de cognição e afeto. Um estudante foi informado por um colega de que havia sido reprovado no exame final de uma disciplina. O estudante acreditou que seria reprovado no curso em consequência disso e sentiu-se desanimado e desesperançado. Posteriormente, verificou sua nota no quadro de avisos e descobriu que na verdade havia sido aprovado. O estudante confirmou que a informação inicial estava incorreta, e seu humor mudou de tristeza para júbilo. Neste exemplo, a relação entre a conceitualização da experiência e o afeto consequente é nítida.

No caso de pacientes deprimidos, observa-se uma consistência semelhante entre conceitualização e afeto. Eles percebem que fracassaram ou perderam algo de valor e em consequência sentem-se tristes ou apáticos. Pacientes clinicamente deprimidos diferem do aluno que recebeu a falsa informação sobre sua nota – e esta diferença é crucial para distinguir reações normais de anormais – no sentido de que a fonte de erro é interna, e não externa. A reação depressiva se baseia mais em uma interpretação defeituosa dos dados disponíveis do que em dados incorretos. Às vezes o evento que precipita o estado de depressão pode sem dúvida ser nocivo, mas uma vez em operação o mecanismo depressivo, eventos neutros ou até favoráveis são processados de tal forma que produzem uma conclusão negativa. A apresentação de novas informações para corrigir a conclusão errônea é submetida ao mesmo procedimento que causa distorção, e consequentemente muitas vezes não é possível alterar a conceitualização do paciente. À medida que as conceitualizações errôneas tornam-se mais refratárias à modificação por informações externas, o humor negativo torna-se mais intratável.

Uma ampla gama de sentimentos incômodos foi descrita por pacientes diagnosticados como deprimidos. Um exame minucioso das descrições detalhadas dos estados emocionais indica que estes não são idênticos para todos os pacientes. Alguns se queixam de tristeza, que equiparam a um pesar; outros descrevem sentimentos de vergonha ou humilhação; alguns enfatizam a sensação de estarem aborrecidos. É possível estabelecer uma conexão plausível entre o afeto vivenciado e o padrão cognitivo predominante. Um paciente, por exemplo, que acredita que perdeu seus amigos, reclama de sentir-se solitário. O paciente que vê seu futuro como negro e irremediável enfatiza sentimentos de desânimo. O paciente que percebe-se constantemente contrariado reclama de sentir-se frustrado. O paciente que acredita que parece estúpido ou inepto sente-se humilhado. O paciente que considera sua vida como desprovida de qualquer possibilidade de gratificação se queixa de sentir-se apático ou aborrecido.

MUDANÇAS NA MOTIVAÇÃO

As alterações motivacionais nos pacientes deprimidos pode ser considerada sob quatro categorias: paralisia da vontade, desejos escapistas e de esquiva, desejos suicidas e desejos de dependência intensificados. A relação sequencial entre cognição e motivação pode ser observada sob duas condições: primeiro, conhecendo-se as cognições de um indivíduo, pode-se predizer suas motivação ou falta de motivação; segundo, mudando-se a cognição, pode-se mudar a motivação.

A perda de motivação espontânea, ou paralisia da vontade, tem sido considerada um sintoma por excelência de depressão na literatura clássica. A perda de motivação pode ser vista como resultado da desesperança e do pessimismo do paciente: na medida em que espera um resultado negativo de qualquer curso de ação, ele é desprovido de qualquer estimulação interna para fazer qualquer atividade. Inversamente, quando o paciente é persuadido de que um resultado positivo pode resultar de um determinado empreendimento, ele então vivencia um estímulo interno para buscar o êxito.

Tomemos um exemplo para ilustrar este ponto. Eu estava procurando algum meio de induzir uma paciente com retardo psicomotor e depressão a fazer terapia ocupacional. Na primeira vez que recomendei a atividade, ela continuou imóvel. Daí sugeri que ela poderia fazer algo bonito para a neta, e que isso agradaria a menina. Neste momento, ela ficou mais animada e expressou o desejo de iniciar o projeto. A paciente se levantou da cadeira com algum vigor. De repente, desmoronou de novo, com uma expressão de desespero no rosto. Questionada sobre sua reação, ela me contou que a seguinte sequência havia ocorrido: a princípio, quando pensou em agradar a neta, sentiu vontade de trabalhar no projeto; depois, ela imaginou que se atrapalharia toda com ele, daí teve uma imagem de si mesma humilhada e decepcionada com o fracasso. É interessante que a paciente vivenciou o sentimento de humilhação por meio de uma fantasia. Depois de ter fantasiado o resultado desfavorável, ela perdeu toda a vontade de iniciar o projeto e retornou à posição imóvel na cadeira. Mais perguntas revelaram seu profundo senso de inutilidade: a paciente acreditava que nada que fizesse daria certo nem lhe traria satisfação.

Desejos de esquiva e fuga têm uma relação semelhante com expectativas de resultado negativo. Um estudante moderadamente deprimido estava muito inclinado a evitar o estudo. Ele acreditava que acharia o material chato e desinteressante. Apontei-lhe que ele sempre havia gostado de estudar aquele material em particular depois de concentrar-se nele. Quando o estudante conseguiu ver alguma possibilidade de gratificação, sentiu vontade de estudar. Com a mudança de expectativa veio uma consequente mudança de motivação.

Outro paciente queria ficar em casa e não ir para o trabalho. Acreditava que as responsabilidades no trabalho eram grandes demais e que não seria capaz de dar conta delas. Quando pensava naquilo que devia fazer, imaginava o próprio fracasso em cada tarefa. Sugeri que examinássemos as responsabilidades específicas que deveria enfrentar naquele dia e alguns dos problemas que poderiam surgir. Enquanto analisávamos as responsabilidades, o paciente reconheceu que havia se encarregado delas muitas vezes no passado. Discutimos então os difíceis problemas que poderiam surgir, e eu induzi o paciente a verbalizar os passos que daria para resolvê-los. Depois da discussão, o paciente abandonou a expectativa de que seria esmagado e passou a considerar que provavelmente seria capaz de lidar com as atividades adequadamente. Neste ponto seu desejo de fugir do trabalho foi substituído pelo desejo de ir ao trabalho.

Desejos suicidas podem ser considerados uma expressão extrema do desejo de fugir. Pacientes suicidas veem um futuro repleto de sofrimento. Não conseguem visualizar nenhuma forma de melhorar as coisas e não acreditam que seja possível melhorar. Para tais pacientes, o suicídio nessas condições parece uma solução racional. Ele promete um fim para seu próprio sofrimento e um alívio da suposta carga sobre a família. Uma vez que o suicídio parece uma alternativa razoável para o viver, o paciente sente-se atraído por ele. Quanto mais irremediável e dolorosa parece a vida, mais forte o desejo de fugir dela.

O desejo de fugir da vida por meio do suicídio por causa de sofrimento e da desesperança é ilustrado na seguinte citação de uma paciente rejeitada pelo namorado: "Não há sentido em viver. Não há nada aqui para mim. Eu preciso de amor e eu não tenho mais amor. Eu não posso ser feliz sem amor – apenas infeliz. Será sempre a mesma desgraça, dia após dia. Não faz sentido continuar".

O desejo de fugir da aparente inutilidade de sua existência foi expresso por outro paciente: "A vida é só atravessar mais um dia. Não faz sentido. Não há nada aqui que possa me trazer satisfação. O futuro não está lá. Eu simplesmente não quero mais a vida. Eu quero sair daqui. É burrice continuar vivendo".

Outra falsa premissa que subjaz os desejos suicidas é a crença dos pacientes de que todos estariam em melhor situação se estivessem mortos. Como se consideram inúteis e um fardo, os argumentos de que a família sofreria caso morressem parecem vazios. Como poderiam sofrer ao perder um fardo? Uma paciente considerava o suicídio um favor que faria a seus pais. Além de terminar seu próprio sofrimento, ela os aliviaria das responsabilidades psicológicas e financeiras: "Eu só estou tirando dinheiro dos meus pais. Eles poderiam usá-lo com mais proveito. Eles não teriam que me sustentar. Meu pai não teria que trabalhar tanto, e eles poderiam viajar. Estou infeliz tirando o dinheiro deles, e eles poderiam estar feliz com ele".

Em muitos casos, os desejos suicidas foram amenizados examinando-se as premissas subjacentes e considerando soluções alternativas. Um paciente ficou deprimido porque tinha perdido o emprego. Ele declarou: "Eu quero me dar um tiro. Ninguém acha que eu seja capaz de fazer nada. Eu também não acho. Eu jamais vou conseguir outro emprego. Eu não tenho amigos ou namoradas. Estou isolado. Estou apenas emperrado para sempre. Se eu me matasse, isso resolveria todos os meus problemas".

Neste caso, conversei detalhadamente com o paciente sobre todas as oportunidades de emprego disponíveis. Sua área profissional estava em alta demanda, e no desenrolar das discussões ele pôde identificar muitas formas de obter outro emprego, como, por exemplo, por meio de uma agência de empregos. A atitude de que seria impossível empregar-se novamente mudou para a expectativa de que provavelmente conseguiria emprego. Simultaneamente, seus desejos suicidas desapareceram.

O aumento da dependência que é tão característica de muitas depressões pode ser atribuída a diversos fatores. Os pacientes se veem em termos negativos – como ineptos, inadequados e indesejáveis. Tendem a superestimar a complexidade e dificuldade dos detalhes normais do viver, além de achar que tudo vai dar errado. Sob essas condições, muitos pacientes deprimidos anseiam que alguém forte tome conta deles e os ajude a solucionar seus problemas. Muitas vezes tendem a magnificar a força da pessoa da qual dependem. Uma mulher que geralmente menosprezava seu marido quando não estava deprimida considerava-o uma espécie de super-homem quando estava deprimida.

Como com outras motivações, constatei que os desejos de dependência podem ser atenuados se os pacientes percebem seus problemas e a si mesmos de maneira mais objetiva. À medida que sua autoestima melhora e eles identificam maneiras de lidar com os próprios problemas, sentem-se menos inclinados a buscar ajuda de terceiros.

A relação entre cognição e motivação também foi demonstrada em uma situação experimental controlada. Verificamos que os pacientes que (em consequência do aumento do grau de dificuldade de uma tarefa prescrita pelo experimentador) viam o próprio desempenho em uma tarefa como inferior eram menos motivados para se apresentar como voluntários a um novo experimento do que os que acreditavam que seu desempenho era superior.

SINTOMAS FÍSICOS

A explicação dos sintomas físicos e vegetativos da depressão na estrutura de um modelo psicológico apresenta algumas dificuldades. A introdução de variáveis fisiológicas exige que se mesclem diferentes níveis conceituais e envolve o risco de confundir em vez de elucidar o problema. Além disso, embora o material verbal dos pacientes tenha sido uma rica fonte de informações para estabelecer conexões significativas entre as variáveis psicológicas, forneceu poucos dados para determinar relações psicofisiológicas.

Com essas reservas em mente, Beck tentou relacionar os padrões cognitivos a alguns dos correlatos físicos da depressão – retardo psicomotor, fatigabilidade e agitação. Os pacientes com retardo psicomotor observados por Beck geralmente expressaram atitudes de resignação passiva a seu destino supostamente terrível. A atitude é expressa em declarações como "Nada posso fazer para me salvar". Nos casos mais graves, tais como nos estupores benignos, alguns pacientes acreditam que já estão mortos. De qualquer modo, a profunda inibição motora parece ser congruente com a visão negativa que os pacientes têm de si mesmos, seu sentimento de inutilidade e a perda de motivação espontânea. Quando Beck pôde estimular o desejo do paciente de fazer algo (como descrito na seção sobre motivação), constatou que o retardo psicomotor tornou-se reduzido ou desapareceu temporariamente. Além disso, quando o paciente cogitou a ideia de obter alguma gratificação do que estava fazendo, houve uma redução na percepção subjetiva de fadiga.

A influência de fatores psicológicos sobre inércia, retardo psicomotor e fatigabilidade na depressão foi confirmada por vários estudos sistemáticos. Constatamos que, quando pacientes deprimidos recebem uma tarefa concreta, tal como o teste de substituição de dígitos por símbolos, mobilizam motivação suficiente para desempenhar tão bem quanto pacientes não deprimidos com semelhante gravidade de doença (Capítulo 10). Uma vez que este é em essência um teste de rapidez, ele deveria ser particularmente sensível ao retardo psicomotor. De modo semelhante, Friedman[29] constatou que pacientes deprimidos apresentavam apenas prejuízo mínimo ou nenhum prejuízo no desempenho de vários testes psicológicos.

O conteúdo de pensamento do depressivo agitado é congruente com o comportamento explícito. Diferente de pacientes com retardo psicomotor, pacientes agitados não aceitam seu destino passivamente e não acreditam que é inútil tentar se salvar. Buscam desesperadamente alguma forma de aliviar o sofrimento ou fugir dos problemas. Uma vez que não parece haver um método evidente para realizar isso, seus impulsos de busca frenéticos os levam a atividades motoras sem propósito, tais como andar de um lado para o outro, arranhar a pele ou rasgar as próprias roupas. Tais comportamentos refletem ideias como "Não aguento isso", "Preciso fazer alguma coisa" ou "Não posso mais continuar assim". Eles também manifestam essas atitudes em súplicas frenéticas por ajuda.

COGNIÇÃO NA MANIA E EM OUTROS TRANSTORNOS

Os transtornos psiquiátricos que não a depressão também apresentam conteúdo de pensamento idiossincrático que é específico àquele transtorno particular. Isso se aplica tanto às neuroses quanto às psicoses.[30] Os padrões cognitivos peculiares à fase maníaca da reação maníaco-depressiva têm um conteúdo diretamente contrário ao observado na depressão. Na verdade, é possível delinear uma *tríade maníaca* que corresponde à tríade depressiva. A tríade maníaca consiste em uma visão falsamente *positiva* do mundo, de si mesmo e do futuro. As características afetivas e emocionais da fase maníaca são vistas como uma consequência da operação desses padrões cognitivos.

A relação entre as fases depressiva e maníaca é ilustrada pelo seguinte caso. Um paciente de 40 anos foi admitido no hospital após uma grave tentativa de suicídio. No momento da admissão, ele pensou que seus amigos e familiares tinham desprezo por ele e que todos no hospital não gostavam dele. O paciente atribuiu a má opinião sobre ele a suas deficiências e falta de valor pessoal. Ele considerava que lhe faltavam caráter e capacidade. O paciente antevia que nada jamais melhoraria para ele e que fracassaria amargamente em qualquer coisa que tentasse fazer. Ele se sentia triste, desanimado e fatigado e não tinha nenhum desejo espontâneo de fazer nada. Observação contínua indicou que esse paciente parecia geralmente com retardo na fala e nos movimentos.

No décimo dia de hospitalização, houve uma mudança dramática em seu comportamento. O paciente começou a apresentar sintomas maníacostípicos – excessiva volubilidade, hiperatividade e excessiva alegria. O conteúdo de seu pensamento mostrava os seguintes temas: ele passou a acreditar que era popular entre os pacientes e que os funcionários da ala o admiravam por sua prestatividade, capacidade e sagacidade. Ele passou a achar que possuía uma extraordinária capacidade de compreender os problemas dos demais pacientes, o que o capacitava a curá-los. Ele expressava a opinião de que era um homem profundamente religioso que poderia inspirar os outros por seu exemplo. Ele pretendia dedicar sua vida ao auxílio de doentes mentais e antevia um futuro de felicidade servindo aos outros.

As diversas reações afetivas e motivacionais desse paciente podem ser atribuídas à mudança de padrão cognitivo. Sua euforia provinha de suas avaliações positivas de si mesmo e das expectativas de futura realização e felicidade. O grande aumento de impulso, energia e atividade pode igualmente ser atribuído à visão positiva de si mesmo e de suas expectativas de sucesso.

Quando o conteúdo cognitivo específico da depressão é comparado com o de outros transtornos, constata-se que, embora existam algumas semelhanças, há diferenças importantes. Por exemplo, pacientes paranoicos típicos podem acreditar que outras pessoas não gostam deles (visão negativa do mundo). Contudo, tendem a culpar os outros por essas reações negativas e manter uma visão favorável de si mesmos. Consideram as demais pessoas injustas, e não veem justificativa para os abusos que julgam sofrer. Seu afeto está de acordo com esta conceitualização – raiva.

Nas reações de ansiedade, existe uma antecipação de futuro desagrado semelhante ao que se vê nas depressões (expectativas negativas do futuro). Entretanto, como assinalado anteriormente, pacientes deprimidos já se consideram lesados, e sua visão do futuro é em essência uma reprodução de sua imagem do presente. Pacientes ansiosos, por outro lado, preveem algumas experiências potencialmente danosas, mas são capazes de manter uma autoestima positiva. Além disso, em contraste com pacientes deprimidos, são capazes de antever que algumas vivências no futuro serão agradáveis e que ao menos alguns esforços terão um resultado favorável.

Alguns pacientes apresentam dois componentes da tríade depressiva, mas não o terceiro. Em consequência vivenciam alguns dos típicos sintomas de depressão, mas não o suficiente para justificar o diagnóstico de depressão clínica. Uma paciente, geralmente cheia de energia e otimista, queixava-se de um sentimento esmagador de lassidão e fadiga de muitos meses de duração. Ela se sentia tão exausta que passava a maior parte do dia deitada, com o mínimo de atividade física. Em entrevista, constatou-se que ela se via sobrecarregada com problemas insolúveis: um marido egocêntrico, que tinha grandes demandas sobre ela, mas era insensível às necessidades da esposa, e diversas dificuldades domésticas (visão negativa do mundo). Ela não conseguia ver uma saída para a difícil situação (visão negativa do futuro). Contudo, era capaz de manter uma visão positiva de si mesma e na verdade atribuía suas dificuldades a falhas do marido. No curso da breve psicoterapia que fez, alguns dos seus problemas domésticos foram resolvidos, e ela se tornou capaz de estabelecer uma relação de trabalho doméstico mais efetiva com o marido. Neste ponto, a visão negativa que tinha do lar e do casamento se diluiu, e com isso sua profunda sensação de cansaço se acabou. Ela voltou a ser sociável, alegre e cheia de energia.

Outros pacientes manifestam um autoconceito negativo e tendem a interpretar suas atuais vivências negativamente, mas ainda manter um visão positiva do futuro.

Estes pacientes sentem-se tristes, mas ao mesmo tempo anseiam por uma melhora no destino e consequentemente são motivados a continuar tentando. Em outras palavras, mostram alguns dos sintomas afetivos, mas não apresentam os sintomas motivacionais ou físicos associados à depressão. Em consequência, não seriam diagnosticados como deprimidos.

As condições psiquiátricas descritas mostram conceitualizações distorcidas. Essas distorções constituem um aspecto de um transtorno do pensamento. O termo *transtorno do pensamento*, como comumente usado, engloba, além das distorções cognitivas, as amplas áreas de prejuízo que Bleuler descreveu sob a denominação "afrouxamento associativo". Estudos analíticos fatoriais do comportamento verbal dos pacientes indicam a presença de dois fatores independentes.[31] Um deles, ligado à ruptura dos processos formais de pensamento, inclui características como respostas irrelevantes, ideias desconexas, vagueidade e uso peculiar de vocabulário ou sintaxe. Este fator, que poderia ser rotulado de "desorganização conceitual", é característico da esquizofrenia. O outro fator parece estar relacionado a uma distorção do conteúdo do pensamento, e não a uma desorganização do pensamento. O segundo fator parece característico de neuroses, bem como de psicoses, e está relacionado à tríade cognitiva descrita neste capítulo.

UMA CLASSIFICAÇÃO COGNITIVA DOS TRANSTORNOS PSIQUIÁTRICOS

Um transtorno do pensamento não se limita de forma alguma à depressão, sendo uma característica geral da psicopatologia. O delineamento preciso do conteúdo específico do transtorno do pensamento ajudaria a fazer um diagnóstico diferencial entre os muitos transtornos psiquiátricos. Além disso, a avaliação minuciosa do grau de prejuízo cognitivo contribuiria para distinguir neurose de psicose.

Neuroses

De modo geral, as neuroses podem ser diferenciadas com base no conteúdo do pensamento. Em alguns casos, características adicionais são importantes: por exemplo, se uma situação específica é necessária para produzir um sintoma, como no caso da reação fóbica, ou se comportamento anormal

TABELA 12.1
Transtornos neuróticos e transtornos associados, diferenciados de acordo com o conteúdo cognitivo

Reação	Conteúdo ideacional idiossincrático
Depressiva	Conceito negativo de si mesmo, do mundo e do futuro
Hipomaníaca	Conceito positivo exagerado de si mesmo, do mundo e do futuro
Ansiosa	Conceito de perigo pessoal
Fóbica	Perigo ligado a situações evitáveis e específicas
Conversiva (histérica)	Conceito de anormalidade motora ou sensorial
Paranoide	Conceito de abuso, perseguição, injustiça
Obsessiva	Pensamento repetitivo, geralmente uma advertência ou dúvida
Compulsiva	Autocomando para realizar um determinado ato a fim de aliviar dúvidas obsessivas

é um critério básico, como nas compulsões (ver Tabela 12.1).

Reação depressiva

O conteúdo do pensamento envolve ideias de deficiência pessoal, demandas e obstáculos ambientais impossíveis e expectativas niilistas. Consequentemente, o paciente vivencia tristeza, perda de motivação, desejos suicidas e agitação ou retardo psicomotor.

Reação hipomaníaca

O conteúdo do pensamento é o oposto ao da depressão. Os padrões cognitivos dominantes são ideias exageradas de capacidades pessoais, minimização de obstáculos externos e expectativas excessivamente otimistas. Esses padrões levam à euforia, maior impulsividade e hiperatividade.

Reação ansiosa

O conteúdo ideacional é dominado por temas de perigo pessoal. Em contraste com o fóbico, que vivencia uma sensação de perigo apenas em situações evitáveis específicas, o neurótico ansioso percebe perigo contínuo e, em consequência, permanece continuamente ansioso.

O perigo pode ser percebido como interno: um paciente com cólon irritável sofria de ansiedade incessante em função da ideia de que talvez tivesse câncer. O estímulo pode ser externo: uma paciente interpretava todo som de alta intensidade como sinal de catástrofe. Se soava uma sirene, significava que sua casa estava em chamas; se ouvia o estouro de um automóvel, imaginava que alguém estava atirando contra ela; o ruído de um avião sugeria um ataque atômico. Outra paciente estava sempre com medo de ser rejeitada pelos familiares, pelos amigos e até por estranhos; em consequência, ela tinha ansiedade constante.

Reação fóbica

Pacientes fóbicos esperam algum dano físico ou psicológico em certas situações definidas. Se evitarem tais situações, o perigo também é evitado, e eles se sentem tranquilos. Quando expostos à situação de estímulo, reagem com todos os sinais e sintomas típicos do neurótico ansioso.

A reação cognitiva à situação fóbica pode ser expressa de forma exclusivamente verbal ou de imagens. Um paciente com fobia a pontes pensaria: "A ponte vai desabar". Outro paciente teria uma imagem visual do desabamento de uma ponte e o seu próprio afogamento.

Algumas das cognições típicas em situações fóbicas comuns são: elevadores – "Estou começando a sufocar"; lugares altos – "Eu posso pular", "Eu posso cair" ou "Isso pode desabar"; túneis – "As paredes podem desmoronar" ou "Não tenho ar suficiente"; barcos – "Ele está começando a afundar, e eu vou me afogar".

Reação conversiva (somatização)

Em reações conversivas (histéricas), os pacientes erroneamente acreditam que sofrem de um determinado transtorno físico. Em consequência dessa crença, apresentam anormalidades sensoriais e/ou motoras congruentes com a errônea concepção de patologia orgânica. Os sintomas são manifestações da ideia particular e com frequência diferem das produzidas por uma lesão real.

Charcot[32] citou o caso de um paciente envolvido em um acidente de rua que acreditava (erroneamente) que uma carruagem havia passado por cima de suas duas pernas. Depois disso ele desenvolveu paralisia histérica em ambas as pernas. Às vezes, o sintoma se baseia em um diagnóstico incorreto do paciente de uma lesão real. Um soldado foi baleado na perna e posteriormente desenvolveu anestesia "em bota": ele acreditava que a bala havia decepado um nervo da perna. Quando se mostrou a ele que o nervo estava intacto, a anestesia começou a desaparecer. Pacientes com paralisias motoras histéricas acreditam que uma parte do corpo está paralisada e portanto procuram não a mover: o paciente, na verdade, muitas vezes se opõe às tentativas do médico de mover a parte "paralisada".

É possível demonstrar que tanto as paralisias sensoriais e motoras histéricas como também as hiperalgias e reações hipercinéticas se fundamentam em uma ideia errônea de patologia física. Quando a noção errônea é solapada por sugestão, hipnose ou reeducação, o sintoma desaparece.

Reação paranoide

A característica cardinal da reação paranoide é a má interpretação da vivência em termos de maus-tratos, abuso ou perseguição: um paciente ouve pessoas cochichando e pensa que eles estão com ciúmes dele e falam coisas degradantes a seu respeito. Um aluno tira uma nota baixa em uma prova e imediatamente pensa que o professor foi tendencioso.

Paranoides ansiosos não se sentem capazes de lidar com o comportamento sinistro dos outros. Eles sentem a ameaça como demasiado opressiva e querem fugir. Os paranoicos hostis sentem raiva em vez de ansiedade porque não se sentem indefesos diante de aparente discriminação ou injustiça. Querem lutar contra seus perseguidores e proteger seus direitos.

Reação obsessiva e compulsiva

As obsessões podem ser definidas como pensamentos recorrentes com o mesmo conteúdo ou conteúdo semelhante. Este geralmente envolve algum risco ou perigo expresso na forma de uma dúvida ou aviso: "Eu desliguei o forno à gás?", "Será que vou conseguir falar?", "Talvez eu tenha pegado alguma doença da sujeira", "Meus óculos estão tortos", "Pode cair um cisco no meu olho".

As compulsões se baseiam em obsessões e representam tentativas de afastar as dúvidas ou preocupações obsessivas por meio de ações. Um paciente com compulsão por lavar as mãos pensa depois de cada ritual de lavar as mãos "Não tirei toda a sujeira". Outro paciente com a obsessão de que as demais pessoas o achavam estranho virava compulsivamente a cabeça quando alguém se aproximava. Outro paciente contava até nove cada vez que pensava que algo terrível aconteceria com sua família: o número representava um dispositivo mágico para evitar calamidades.

Salkovskis e colaboradores[33] testaram os efeitos do modo como cognições intrusivas são interpretadas. Os autores avaliaram as crenças de responsabilidade em pacientes que sofriam de transtorno obsessivo-compulsivo, de outros transtornos de ansiedade e em controles não clínicos. Salkovskis e colaboradores constataram que indivíduos que sofrem de obsessões têm um exagerado senso de responsabilidade pessoal por causar ou prevenir possíveis danos.[33]

Psicoses

O conteúdo do pensamento das psicoses assemelha-se ao das neuroses. Os temas nas distorções cognitivas da reação depressiva psicótica se comparam aos do transtorno depressivo neurótico; o transtorno maníaco se compara ao hipomaníaco; a paranoia ou o transtorno esquizofrênico paranoide se comparam ao estado paranoide. Ainda que os temas gerais nas neuroses e psicoses sejam semelhantes, o conteúdo específico com frequência é mais extremo ou mais inverossímil nas psicoses. O depressivo neurótico pode ver-se como pecador ou como socialmente indesejável; o depressivo psicótico pode acreditar que é o diabo ou que exala odores repugnantes.

A principal diferença na classificação entre neurose e psicose é a presença de prejuízo cognitivo mais acentuado nesta última. As ideias errôneas são mais intensas, mais convincentes e mais impermeáveis. Os erros conceituais (inferência arbitrária, abstração seletiva e supergeneralização) são mais frequentes e mais extremas. Por um lado, as distorções são mais fixas; por outro, a capacidade do paciente de vê-las objetivamente está enfraquecida. Em suma, o paciente tem um delírio.

O transtorno esquizofrênico pode ser distinguido de outras psicoses pelo rompimento dos processos de pensamento formais. Como mencionado, Overall e Gorham[31] afixaram a denominação "desorganização conceitual" ao fator caracterizado por respostas verbais irrelevantes, vagas, desconexas ou construídas de maneira peculiar. Baseado no conteúdo das distorções cognitivas, um paciente é diagnosticado como portador de transtorno depressivo psicótico, transtorno maníaco ou paranoia; se estiver presente uma desorganização conceitual, o diagnóstico é transtorno esquizoafetivo ou transtorno esquizofrênico paranoide. Se houver desorganização conceitual sem distorção consistente, o diagnóstico é transtorno esquizofrênico, tipo simples.

CONCLUSÕES

Procuramos elucidar as relações entre os diversificados fenômenos da depressão – cognitivos, afetivos, motivacionais e físicos. Um fator primário parece ser a ativação de padrões cognitivos idiossincráticos que desviam o pensamento para canais específicos que divergem da realidade. Como resultado, o paciente segue fazendo juízos negativos e cometendo erros de interpretação. Estas distorções podem ser categorizadas dentro da tríade das interpretações negativas da vivência, avaliações negativas de si mesmo e expectativas negativas do futuro.

As distorções cognitivas acarretam os sintomas afetivos e motivacionais característicos da depressão. A interpretação errônea da vivência em termos de privação leva à tristeza, exatamente como no caso de uma privação real. Expectativas negativas irrealistas levam à desesperança, assim como o fazem as expectativas baseadas na realidade. De modo semelhante, a visão negativa do mundo, de si mesmo e do futuro priva o paciente de desejos positivos e estimula a evitação do aparente desagrado, intensifica desejos de dependência e evoca a vontade de encontrar uma via de fuga por meio do suicídio.

Alguns dos sintomas físicos dos pacientes deprimidos são atribuídos ao modo como estruturam suas vivências. O retardo psicomotor pode ser considerado como o resultado de resignação passiva, senso de inutilidade e perda de motivação espontânea. A agitação, por outro lado, parece estar relacionada ao desejo frenético de lutar para encontrar a saída de uma situação que o paciente toma como terrível.

O diagnóstico diferencial dos transtornos psiquiátricos é aguçado utilizando-se o conteúdo cognitivo e o grau de prejuízo como critérios diagnósticos. Depressão, mania, reação de ansiedade, reação conversiva e reação paranoide podem ser diagnosticadas, respectivamente, de acordo com temas de autoempobrecimento, autoengrandecimento, perigo, anormalidade motora ou sensorial e perseguição. A psicose é distinguida da neurose com base em prejuízo cognitivo mais grave. A reação esquizofrênica é diferenciada de outras reações psicóticas com base na desorganização conceitual.

Apesar do evidente progresso teórico, ainda restam muitas questões para futuras pesquisas. Várias delas foram identificadas por Beck.[19]

1. É possível prevenir a depressão?
2. Que fatores produzem e mantêm a tendência para o pensamento negativo?
3. As interações entre estresse e personalidade predizem vulnerabilidade à depressão em indivíduos específicos?
4. Os vários tipos efetivos de tratamento (p. ex., terapia cognitiva, medicamentos, eletroconvulsoterapia) possuem uma "rota final comum" que explicaria como ocorre a melhora?
5. Um tipo de tratamento comparado com outro produz um efeito mais duradouro (Beck, p. 371)?[19]

Respostas preliminares a algumas dessas questões serão tratadas nos capítulos da Parte IV.

13

DESENVOLVIMENTO DA DEPRESSÃO

PREDISPOSIÇÃO À DEPRESSÃO

Formação de conceitos permanentes

Nos primeiros anos de vida, os indivíduos desenvolvem uma ampla variedade de conceitos e atitudes sobre si mesmos e seu mundo. Alguns destes conceitos se ancoram na realidade e formam a base de uma adaptação pessoal saudável. Outros se desviam da realidade e produzem vulnerabilidade a possíveis transtornos psicológicos.

Os conceitos individuais – tanto realistas quanto irrealistas – são extraídos das vivências, atitudes e opiniões comunicadas por outras pessoas e das identificações. Entre os conceitos centrais na patogênese da depressão estão as atitudes das pessoas em relação a si mesmas, ao ambiente e ao futuro. Uma vez que a formulação de todos os três tipos de conceitos é semelhante, a dos autoconceitos pode servir de padrão para as outras duas.

Os autoconceitos das pessoas são aglomerados de atitudes sobre si mesmas, algumas favoráveis e outras desaforáveis. Esses aglomerados consistem em generalizações baseadas nas interações com o ambiente. Os indivíduos derivam seus autoconceitos de suas vivências pessoais, dos juízos dos outros e das identificações com figuras significativas como genitores, irmãos e amigos.

Uma vez formada, determinada atitude ou conceito pode influenciar juízos posteriores e tornar-se mais firmemente estabelecida. Por exemplo, uma criança que mantém a ideia de que é inepta, como resultado de algum fracasso ou de ser chamada de inepta por outra pessoa, pode interpretar vivências subsequentes de acordo com aquela ideia. A partir de então, toda vez que encontra dificuldades em tarefas manuais talvez ela tenda a julgar-se inepta. Todo juízo negativo tende a reforçar o conceito ou autoimagem negativa. Assim, forma-se um ciclo: cada juízo negativo fortalece a autoimagem negativa, que por sua vez facilita a interpretação negativa das vivências posteriores, as quais consolidam o autoconceito negativo. A menos que a imagem negativa se extinga, ela se estrutura, ou seja, torna-se uma formação permanente na organização cognitiva. Uma vez estruturado, o conceito torna-se permanente no indivíduo ainda que permaneça inativo; torna-se uma estrutura cognitiva ou *esquema*.

Entre os autoconceitos positivos (ou autoengrandecedores) positivos estão atitudes como "sou capaz", "sou atraente", "posso conseguir o que quero", "sou capaz de entender problemas e resolvê-los". Exemplos de autoconceitos negativos (ou autodepreciativos) são "sou fraco", "sou inferior", "sou detestável" e "não sou capaz de fazer nada direito". Estes autoconceitos negativos emergem com grande força na depressão.

Os núcleos dos autoconceitos positivos e negativos determinam a direção da autoestima do indivíduo. Quando autoconceitos positivos são ativados, os indivíduos se julgam de modo mais favorável, ou seja, vivenciam um aumento de sua autoestima. A ativação dos autoconceitos negativos diminui a autoestima. O papel da autoestima do indivíduo é considerado por Jacobson[1] e Bibring[2] como de importância central na depressão.

Juízos de valor e afeto

Os juízos de valor ou conotações ligadas aos autoconceitos são pertinentes à predisposição para depressão. Quando as pessoas fazem generalizações negativas sobre si mesmas, tais como as de que são ineptas, impopulares ou burras, apresentam propensão a considerarem esses atributos como ruins, indignos ou indesejáveis. Elas podem estender seu desapreço por um traço específico a um desapreço por si mesmas e passar da rejeição específica do traço a uma rejeição global de si mesmas.

Conceitos como bom e ruim são "construtos superordenados".[3] Um atributo específico pode não ser considerado inicialmente como bom ou ruim, mas, como resultado de aprendizagem social pode ser organizado sob um construto superordenado. Depois, quando as pessoas se julgam "ineptas", a conotação "ruim" automaticamente acompanha o juízo.

Construtos como "ruim" ou "indesejável" podem tornar-se intimamente ligados a respostas afetivas. Quando os indivíduos percebem a si mesmos como ruins ou indesejáveis, tendem a vivenciar algum sentimento desagradável, tal como tristeza. Quando veem a si mesmos positivamente, como admiráveis ou desejáveis, vivenciam um afeto agradável. Estabelecidas as rotas entre um determinado conceito, tal como "sou inepto", e o afeto negativo, a pessoa vivência o afeto desagradável toda vez que faz um juízo negativo. Interconexões semelhantes se estabelecem entre cognições, tais como "as coisas nunca dão certo comigo" ou "eu nunca vou conseguir o que quero", e afetos, tais como desânimo e desesperança. Assim se dá a aprendizagem cognitiva.

Vulnerabilidade específica

A vulnerabilidade do indivíduo propenso à depressão é atribuível ao conjunto de atitudes negativas duradouras sobre si mesma, sobre o mundo e sobre o futuro. Ainda que essas atitudes (ou conceitos) não sejam proeminentes ou mesmo discerníveis em um dado momento, persistem em um estado latente como uma carga explosiva pronta para ser detonada por um conjunto adequado de condições. Uma vez ativados, esses conceitos dominam o pensamento e levam à sintomatologia depressiva típica.

O conjunto de características específicas da depressão é composto de uma rede de atitudes negativas inter-relacionadas. Um grupo de atitudes consiste em generalizações negativas sobre si mesmo, como "Sou burro", "As pessoas não gostam de mim", "Sou um fraco" e "Não tenho personalidade". Essas generalizações estão ligadas à atitudes negativas sobre os atributos, como "É terrível ser burro" ou "É nojento ser fraco". Consequentemente, o elo do autoconceito com o juízo de valor negativo produz atitudes como "Não valho nada porque sou fraco" ou "Não sou nada, pois sou feia".

Para que seja patogênico, um autoconceito negativo deve estar associado a um juízo de valor negativo. Nem todas os indivíduos que se consideram física, mental ou socialmente deficientes consideram tais traços ruins, nem sentem repulsa por eles. Entrevistei várias pessoas com deficiências intelectuais ou físicas que não atribuem um valor negativo a suas deficiências e que nunca apresentaram tendências depressivas. Além disso, certos indivíduos com algum traço desagradável para a maioria das pessoas podem admirar a si mesmos por tal traço; por exemplo, um delinquente juvenil que se orgulha de ser mau.

O conceito de autorrecriminação é outro componente do conjunto de características pré-depressivas. De acordo com uma noção primitiva de causalidade, os indivíduos se consideram responsáveis por seus defeitos e supostas deficiências. Essa atitude se expressa da seguinte forma: "A culpa é minha por sempre cometer erros. Sou o culpado por ser tão fraco".

Outro grupo de atitudes na constelação de características pré-depressivas gira em torno do tema das expectativas negativas. A visão pessimista do futuro é expressa em atitudes como "As coisas nunca vão melhorar para mim", Sempre serei fraca e receberei ordens", "Sou azarado e sempre serei assim". Quando mobilizadas, essas atitudes produzem o sentimento de desesperança característico da depressão. Muitos indivíduos confrontados com adversidades encaram o futuro com equanimidade e não são dominados por atitudes negativas sobre o futuro. Vários pacientes com doenças físicas crônicas ou fatais são otimistas em relação ao futuro, em contraste com pacientes maníaco-depressivos, que têm um bom prognóstico de recuperação, mas esperam permanecer doentes.[4]

Quando todos os componentes da constelação de características da depressão são ativados, ocorre o seguinte: os indivíduos interpretam uma vivência como representativa de derrota ou frustração pessoal; atribuem essa derrota a algum defeito em si mesmos; consideram-se sem valor por terem esse traço; culpam a si mesmos por terem adquirido essa característica e não gostam de si mesmos por isso; como eles consideram o traço uma parte intrínseca de si mesmos, não têm esperança de mudar e veem o futuro como desprovido de satisfação ou repleto de dor.

PRECIPITAÇÃO DA DEPRESSÃO

Um indivíduo que incorporou o conjunto de atitudes recém-descrito tem a necessária predisposição para o desenvolvimento de depressão clínica na adolescência ou idade adulta. Se ele vai desenvolver ou não depressão dependerá da presença das condições necessárias em um dado momento, de modo a ativar a constelação de características específicas.

Estresse específico

A primeira edição deste volume[5] incluía a seguinte declaração teórica:

> Na infância e adolescência, o indivíduo propenso à depressão torna-se sensibilizado a certos tipos de situações da vida. As situações traumáticas inicialmente responsáveis por embutir ou reforçar as atitudes negativas compreendidas no conjunto de características da depressão são os protótipos dos estresses específicos que posteriormente podem ativar essas constelações. Quando uma pessoa é submetida a situações rememorativas das vivências traumáticas, pode ficar deprimida. O processo equipara-se a um condicionamento em que uma determinada resposta é ligada a um estímulo específico; uma vez formada a cadeia, estímulos semelhantes ao estímulo original evocam a resposta condicionada. (p. 278)

Essa teoria mostrou-se testável e agora foi amplamente comprovada por meio de estudos empíricos com metodologia adequada. Em 2005, Scher e colaboradores,[6] citando a declaração transcrita (p. 505) – apresentaram uma revisão narrativa abrangente de todos os estudos até agora produzidos fundamentados nessa teoria. Os autores encontraram 18 estudos que utilizaram delineamentos de *priming* (preativação), ou seja, estudos de indivíduos vulneráveis sob condições de ativação de esquemas: Teasdale e Dent,[7] Miranda e Persons,[8] Miranda e colaboradores,[9] Ingram e colaboradores,[10] Hedlund e Rude,[11] Roberts e Kassel,[12] Dykman,[13] Gilboa e Gotlib,[14] Miranda e colaboradores,[15] Solomon e colaboradores,[16] Brosse e colaboradores,[17] Segal e colaboradores,[18] Taylor e Ingram,[19] Ingram e Ritter,[20] McCabe e colaboradores,[21]

Gemar e colaboradores,[22] Murray e colaboradores,[23] e Timbremont e Braet.[24]

Além dos 18 estudos com delineamento de *priming*, 11 estudos adicionais utilizaram delineamentos longitudinais. Esses delineamentos acompanham os indivíduos ao longo do tempo para determinar se a vulnerabilidade cognitiva interage com eventos de vida de modo a predizer depressão. Scher e colaboradores[6] avaliaram os seguintes estudos longitudinais que forneceram testes para a teoria de Beck[5]: Barnett e Gotlib,[25] Barnett e Gotlib,[26] Kwon e Oei,[27] Brown e colaboradores,[28] Dykman e Johll,[29] Shirk e colaboradores,[30] Joiner e colaboradores,[31] Lewinsohn e colaboradores,[32] Abela e D'Alessandro,[33] Beevers e Carver[34] e Hankin e colaboradores[35]. Scher e colaboradores[6] concluíram que os estudos de *priming* cognitivo e os de delineamento longitudinal hoje respaldam a teoria da vulnerabilidade cognitiva em adultos e também estão surgindo evidências para as crianças.

Vejamos a associação da situação de estímulo e resposta ilustrada pelo seguinte exemplo: uma bem-sucedida executiva declarou que sempre se sentira inferior aos colegas oriundos de famílias prósperas porque ela provinha de uma família pobre. Essa executiva sempre se sentiu diferente e inaceitável. Na idade adulta, quando estava com pessoas mais ricas do que ela, isso a fazia pensar que não era parte de certo grupo, que não era tão boa quanto os outros e que era uma pária social. Essas ideias estavam associadas a sentimentos transitórios de tristeza. Em determinado ponto de sua carreira, foi eleita para a diretoria de uma corporação. Ela via os outros diretores como provenientes do "lado certo dos trilhos" e a si mesma como do "lado errado". Ela sentia que não estava à altura dos outros diretores e entrou em depressão por vários dias.

Situações que previsivelmente diminuiriam a autoestima de um indivíduo são precipitadores frequentes de depressão. Algumas observadas na prática clínica incluem reprovação em uma prova, rejeição pelo namorado ou pela namorada, rejeição por uma associação estudantil e demissão.

Outro tipo de situação que pode precipitar a depressão é aquela que envolve a frustração em objetivos importantes ou que impõe um dilema insolúvel. Uma mulher ficou deprimida quando, convocada para o serviço militar, foi forçada a abandonar seus planos de ingressar na faculdade de medicina. Um soldado convocado para servir em uma região longínqua do Canadá, confrontado com a perspectiva de um período ilimitado de tempo desprovido de satisfações, mergulhou em depressão. Um homem viu-se dividido entre a noiva, a qual insistia que se casassem porque do contrário ela romperia o noivado, e os pais, que se recusavam terminantemente a permitir o casamento do filho; ele reagiu com sentimentos de desesperança e desejos suicidas.

Às vezes o fato desencadeador é uma doença física ou uma anormalidade que ativa ideações de deterioração física e morte. Uma paciente observou uma coloração vermelha na própria urina e desenvolveu a ideia de que tinha câncer. Apesar de os médicos a terem tranquilizado após uma série exaustiva de exames, ela se convenceu de que tinha câncer e tornou-se cada vez mais deprimida. Ela antevia deterioração constante e achava que era inútil e um fardo para todos.

Um paciente desenvolveu artrite leve. Ele considerava a doença debilitante e visualizava-se como totalmente acamado. O paciente previa uma existência restrita, sem nenhum prazer, e tornou-se cada vez mais desesperançoso e agitado.

Essas circunstâncias produziriam sentimentos de dor ou frustração na maioria das pessoas, mas não causariam depressão. O indivíduo deve ser peculiarmente sensível à situação e deve ter a constelação pré-depressiva necessárias para desenvolver depressão clínica. Um sujeito não deprimido que sofreu um trauma, como revés financeiro ou doença crônica, pode ainda ser capaz de manter o interesse em todos os aspectos da vida. O indivíduo propenso à depressão, por outro lado, vivencia uma *constrição de seu campo cognitivo* e é bombardeado por julgamentos negativos de si mesmo e ideias negativas sobre o futuro.

Com frequência a depressão parece surgir de uma *série* de situações estressantes que emergem de uma vulnerabilidade específica mais do que de uma situação isolada. Uma série de golpes em sucessão rápida que atingem áreas sensíveis pode ser suficiente para sobrepujar a tolerância do paciente, ainda que o indivíduo possa ser capaz de absorver um traumaúnico.

Um dos problemas ao avaliar a contribuição de fatores externos para a precipitação de depressão é que esses fatores muitas vezes são insidiosos. O paciente talvez não esteja ciente de sua operação e passe por vários episódios depressivos sem identificar a correspondência da depressão com um conjunto recorrente de condições traumáticas. Uma paciente vivenciou depressões durante três verões consecutivos. Elas começavam em julho e agosto e só começavam a amainar depois do fim de setembro. Foi somente no terceiro episódio que Beck reconheceu que cada depressão começava cerca de cinco semanas depois que o filho da paciente voltava da faculdade para casa nas férias de verão. Constatou-se então que o filho tinha uma atitude de desprezo em relação à mãe e que, sem que ela percebesse, ele constantemente minava a autoestima dela. A incessante e sutil opressão do filho sobre a mãe levava a uma depressão que persistia até o retorno dele para a faculdade.

Moderação genética do vínculo estresse-depressão

Além da presença de um estresse específico pertinente à constelação cognitiva, os pesquisadores estudaram as influências genéticas para explicar por que apenas alguns indivíduos se deprimem em resposta a vivências estressantes. A ideia de que a constituição genética interage com eventos estressantes é um exemplo da "teoria de diátese ao estresse" da depressão.[36,37,38] Consideremos um estudo epidemiológico que analisou a presença da interação gene-ambiente – no caso a determinação da resposta de um indivíduo a eventos estressantes por sua constituição genética.[39]

O estudo foi delineado como um estudo longitudinal prospectivo com 1.037 crianças (52% do sexo masculino) avaliadas nas idades de 3, 5, 7, 9, 11, 13, 15, 18 e 21 anos. Aos 26 anos, 96% da coorte estava intacta. Os participantes foram divididos em três grupos baseados no genótipo 5-HTTLPR. Um calendário de história de vida foi utilizado para avaliar eventos estressores ao longo da vida, tais como estressores profissionais, financeiros, de saúde e de relacionamento. Não foram encontradas evidências indicativas de que o genótipo influenciava o número de eventos estressantes, visto que os três grupos genotípicos não diferiram quanto ao número destes eventos. Aos 26 anos, a Escala de Entrevista Diagnóstica foi utilizada para determinar a presença de depressão durante o último ano.[39]

A influência de eventos estressantes na predição de depressão foi moderada (afetada) por um polimorfismo funcional na região promotora do gene transportador da serotonina (5-HTT). Aqueles com uma ou duas cópias do alelo curto do polimorfismo diferiam dos indivíduos homozigóticos para o alelo longo. Especificamente, o alelo curto estava associado a mais depressão e tentativas ou pensamentos suicidas em resposta a estresse comparados com indivíduos homozigóticos para o alelo longo. Entretanto, os autores reconheceram que o estudo não fornece evidências inequívocas de um gene por interação com estresse, pois é possível que a frequente exposição a eventos estressantes seja ela mesma mediada pela variação genética.

Na mesma linha de especulação, Penza e colaboradores[38] sugeriram que mecanismos neurobiológicos desenvolvimentistas ajudariam a explicar a observação de maior vulnerabilidade à depressão após abuso na infância (p. ex., abuso físico, sexual ou psicológico) ou estresse na idade adulta (p. ex., morte do cônjuge). Estresse nos primeiros anos de vida, durante a fase de plasticidade neuronal, pode causar hipersensibilidade relativamente duradoura em sistemas neuroendócrinos de resposta ao estresse, a qual levaria à supersensibilidade à subsequente exposição a estresse adicional.[38]

Nemeroff e Vale[37] assinalaram que a maioria dos transtornos psiquiátricos, incluindo transtornos de humor e de ansiedade, são de natureza poligênica, e não determinados pela tradicional genética mendeliana autossômica-dominante. Circuitos neurais contendo fator de liberação de corticotropina (CRF) foram identificados como um importante mediador da resposta ao estresse. Adversidade em idade precoce, tal como abuso físico ou sexual durante a infância, resulta em mudanças duradouras na resposta de estresse mediada pelo CRF e um risco muito maior de depressão em indivíduos com predisposição genética.[37]

Heim e colaboradores[36] revisaram estudos preliminares com animais e humanos sobre como trauma emocional durante o desenvolvimento molda permanentemente os circuitos cerebrais envolvidos na regulação do estresse e da emoção, deixando "cicatrizes biológicas" que podem aumentar a probabilidade de psicopatologia na idade adulta (ver também Capítulo 9).

Estresse não específico

Um indivíduo pode desenvolver alguma forma de perturbação psicológica quando exposto a um estresse intenso, mesmo que não incida sobre a sensibilidade específica. Uma paciente ficou deprimida quando seu marido e todos os seus filhos morreram em um acidente de automóvel. Um paciente entrou em depressão quando foi injustamente acusado de um crime e demitido em consequência da má fama.

Às vezes a depressão é precipitada, não por um único incidente esmagador, mas por uma série de eventos traumáticos. Uma professora de direito conseguiu manter o equilíbrio mesmo depois de ser preterida em uma promoção que julgava que merecia e depois de perder a causa judicial mais importante que já havia tido, mas, quando descobriu que seu marido mantinha um caso extraconjugal, ela não conseguiu evitar os sentimentos de desespero e mergulhou em depressão.

Essas situações de estresse não específicas não produzem necessariamente depressão. Outros tipos de reação patológica podem ser produzidas, dependendo das predisposições específicas de uma determinada pessoa. Outros indivíduos submetidos às mesmas situações traumáticas poderiam ter perturbações totalmente diferentes, tais como reações paranoides, reações de ansiedade ou transtornos psicossomáticos – ou absolutamente nenhum transtorno psiquiátrico.

Outros fatores contribuintes

Os fatores de predisposição e precipitação provavelmente não incluem todas as condições necessárias para o desenvolvimento de depressão. É provável que existam outros fatores contribuintes não facilmente identificáveis.

Um desses fatores seria a *tensão psicológica*. Observamos que alguns pacientes que foram sobrecarregados ou superestimulados por longos períodos são especialmente suscetíveis a estresse específico. Contudo, os mesmos pacientes podem suportar o mesmo estresse caso ocorra em um momento no qual não estejam sobrecarregados.

Estudos desenvolvimentistas dos efeitos de estresse crônico

Um estudo de Hayden e Klein[40] apoia a tese de tensão psicológica. Em uma tentativa de predizer o curso e resultado da depressão, 86 pacientes ambulatoriais foram incluídos em um estudo prospectivo de 5 anos de seguimento. Todos os pacientes foram diagnosticados com transtorno distímico com início precoce (antes dos 21 anos). As variáveis avaliadas na entrada do estudo foram história de psicopatologia na família, ambiente doméstico no início da vida, comorbidade do eixo I e II, apoio social e estresse crônico. O estresse crônico mostrou-se associado a níveis mais elevados de depressão no seguimento, assim como outras variáveis, incluindo história familiar de psicopatologia, adversidade precoce e comorbidade do eixo I e II.

Estendendo a análise desses mesmos dados a um seguimento de 7,5 anos, Dougherty e colaboradores[41] examinaram os efeitos de estresse crônico, relações pais-filhos adversas e história familiar. A intensidade da depressão foi predita por níveis mais altos de estresse crônico nos 6 meses que antecederam cada avaliação. Essa associação foi influenciada por relações pais-filhos adversas e história familiar de transtorno distímico. Naqueles com história de pior relação com os pais, o estresse crônico estava relacionado com maior intensidade da depressão no seguimento. Em pacientes com maior carga familial para transtorno distímico, o estresse crônico ao longo do tempo foi menos preditivo de níveis mais elevados de sintomas depressivos.

Risco genético, episódios anteriores e estresse crônico

Como é muitas vezes o caso na depressão clínica, as complexidades não terminam aí. Um estudo interessante de Kendler e colaboradores[42] avaliou duas outras variáveis que devem ser consideradas como preditoras da relação entre estresse e início da depressão: risco genético e número de episódios depressivos anteriores. Múltiplos estudos documentaram que, à medida que o número de episódios depressivos aumenta, a associação entre evento de vida estressantes e o início de depressão diminui. Em outras palavras, a capacidade de predizer o início de episódio depressivo a partir de estressores diminui à medida que o número de episódios anteriores vivenciado pelo indivíduo aumenta.

Kendler e colaboradores[42] investigaram a interação entre risco genético, frequência de episódios depressivos anteriores e eventos estressantes relatados. Em indivíduos com alto risco genético de depressão, esta era com frequência vivenciada na ausência de episódios depressivos anteriores e sem estressores ambientais relatados. Para indivíduos com baixo risco genético, à medida que o número de episódios depressivos anteriores aumentava, houve um declínio na associação entre estresse e início da depressão. Assim, episódios depressivos que ocorrem na ausência de estresse seriam explicados por duas rotas: risco genético e episódios depressivos anteriores.

ORGANIZAÇÃO DA PERSONALIDADE NA DEPRESSÃO

Na seção anterior, as características da depressão foram descritas sobretudo em termos dos fenômenos introspectivamente identificados pelo paciente e relatados para o investigador. Construtos como autoconceito e sensibilidades específicas encontram-se *próximos aos dados*, ou seja, são facilmente inferidos do material clínico e não representam um alto nível de abstração.

Algumas questões ainda não foram respondidas. Como o pensamento depressivo peculiar torna-se dominante? Por que o paciente deprimido agarra-se com tanta tenacidade a ideias dolorosas, mesmo quando confrontado com evidências em contrário? Qual é a relação entre pensamento e afeto?

Para responder a essas questões, é necessário fazer formulações mais abstratas e mais especulativas. A teoria nesta seção trata de entidades (construtos hipotéticos) não vivenciados pelo paciente como tais, mas cuja existência, postula-se, explica as regularidades e previsibilidades em seu comportamento. Estes construtos hipotéticos incluem estruturas e energia cognitiva. As formulações não pretendem apresentar uma explicação abrangente da depressão, mas limitarem-se a algumas áreas amplas em que o material clínico relevante foi adequado para garantir uma exposição teórica formal.

Literatura sobre organizações cognitivas

O estudo dos sistemas cognitivos começou a receber crescente atenção na década de 1950. A literatura psicanalítica relacionada ao assunto, sobretudo na área da psicologia do ego, foi sistematicamente revisada e integrada por Rapaport.[43] A literatura psicológica inicial sobre cognição era mais diversa, como indicado pelas díspares abordagens de autores como Allport,[44] Bruner e colaboradores,[45] Festinger,[46] Osgood,[47] Sarbin e colaboradores,[48], Harvey e colaboradores,[49] e Ellis.[50]

Havia uma notável defasagem na aplicação dos conceitos estruturais gerados pelos estudos do pensamento normal ao transtorno do pensamento associados às diversas síndromes psiquiátricas. Houve poucas tentativas de formular as organizações cognitivas particulares nessas síndromes. Contudo, alguns clínicos forneceram construtos que, ainda que não explicitamente definidos como tais, possuíam as características de estruturas cognitivas. Entre eles encontram-se as conceitualizações de Freud dos processos primários e secundários,[51] o conceito de autoimagem de Horney,[52] a formulação do autoconceito de Rogers,[53] a teoria dos construtos pessoais de Kelly[3] e o conceito de autoverbalizações de Ellis.[50] Harvey e colaboradores[49] apresentaram o modelo mais completo de sistemas conceituais em psicopatologias específicas, incluindo a depressão.

Definição de esquemas

Ao conceitualizarem qualquer situação de vida composta de um arranjo caleidoscópico de estímulos, os indivíduos dispõem de uma série de alternativas quanto a quais aspectos da situação extraem e como os combinam em um padrão coerente. As pessoas reagem de modos diferentes a situações complexas específicas e podem chegar a conclusões muito diferentes.

Além disso, um determinado indivíduo tende a mostrar consistências no modo como responde a tipos semelhantes de eventos. Em muitos casos, essas respostas habituais são uma característica geral dos indivíduos na cultura; em outros, representam um tipo relativamente idiossincrático de resposta derivado de vivências pessoais do indivíduo. De qualquer forma, padrões estereotipados ou repetitivos de conceitualização são considerados manifestações de organizações ou estruturas cognitivas.

Uma *estrutura* cognitiva é um componente relativamente duradouro da organização cognitiva, em contraste com um *processo* cognitivo, que é transitório. Alguns dos primeiros autores postularam que as estruturas cognitivas explicam as regularidades observadas no comportamento cognitivo. Os "esquemas" de Piaget,[54] as "ferramentas conceituais" de Rapaport,[43] as "categorias" de Postman[55], os "construtos pessoais" de Kelly[3], os "sistemas de codificação" de Bruner[45], os "módulos" de Sarbin[48] e os "conceitos" de Harvey[49] são exemplos dessas estruturas postuladas.

Neste texto, utilizamos o termo *esquema* para designar uma estrutura cognitiva devido a seu emprego e familiaridade relativamente maiores do que os de outros termos. English e English[56] definiram um esquema cognitivo como "o padrão complexo, inferido como tendo sido gravado na estrutura organísmica pela vivência, que se combina com as propriedades do objeto de estímulo apresentado ou da ideia apresentada para determinar como o objeto ou ideia será percebido e conceitualizado". O termo é amplo e tem sido aplicado tanto a pequenos padrões envolvidos em conceitualizações relativamente distintas e concretas, como identificar um sapato, quanto a padrões amplos, globais, como preconceito etnocêntrico (o qual faz com que alguém considere o comportamento de pessoas de outro grupo social de modo desfavorável). Nesta discussão, concentramo-nos nos esquemas mais amplos e mais complexos, como os autoconceitos e constelações descritas anteriormente neste capítulo.

Esquema é uma estrutura para classificar, codificar e avaliar os estímulos que afetam o organismo. Trata-se do modo pelo qual o ambiente é subdividido e organizado em suas muitas facetas psicologicamente relevantes. Com base na matriz dos esquemas, o indivíduo é capaz de se orientar em relação ao tempo e espaço e categorizar e interpretar as experiências de modo significativo.[49] Os esquemas canalizam os processos de pensamento independentemente de serem estimulados pela situação ambiental imediata. Quando um determinado conjunto de estímulos afetam o indivíduo, um esquema pertinente a esses estímulos é ativado. O esquema condensa e molda os dados brutos em cognições. Uma cognição, para nós, refere-se a qualquer atividade mental que possui um conteúdo verbal; assim, ela inclui não somente ideias ou juízos, mas também autoinstruções, autocríticas e desejos verbalmente articulados. Na formação de uma cognição, o esquema fornece a estrutura conceitual, e os detalhes particulares são preenchidos pelos estímulos externos.

A atividade cognitiva pode prosseguir de maneira independente dos eventos externos imediatos. Os esquemas padronizam o fluxo de associações e ruminações assim como o das respostas cognitivas aos estímulos externos. Por isso, a noção de esquemas é utilizada para explicar os temas repetitivos em associações livres, devaneios, ruminações e sonhos, assim como em reações imediatas a eventos ambientais.

Quando uma resposta verbal consiste em nomear uma configuração discreta, tal como um sapato, o esquema particular utilizado pode ser uma simples categoria linguística. Uma conceitualização mais abstrata, tal como o juízo que um indivíduo faz das atitudes das outras pessoas em relação a ele, envolve um esquema mais complexo. Os esquemas incluem não apenas sistemas taxonômicos complexos para classificar os estímulos, mas também elementos lógicos estruturados compostos de premissas, suposições e até silogismos plenamente desenvolvidos. Um indivíduo que, por exemplo, acredita que todos o detestam tende a interpretar as reações de outras pessoas com base em tal premissa. Esquemas como estes estão envolvidos em imprecisões, erros de interpretação e distorções associados a todos os tipos de psicopatologia.

O conteúdo dos esquemas corresponde às constelações anteriormente descritas. Como são estruturas, os esquemas também se caracterizam por outras qualidades, tais como flexibilidade-inflexibilidade, abertura-fechamento, permeabilidade-impermeabilidade e concretude-abstração. Podem estar inativos em um dado momento e não ter efeito no processo de pensamento, mas se tornarem ativos e assim permanecerem enquanto possuírem uma quantidade específica de energia. Um esquema específico pode ser energizado ou desenergizado rapidamente em consequência de alterações no tipo de informação do ambiente.

Identificação dos esquemas

A característica mais marcante dos esquemas é seu conteúdo. O conteúdo geralmente tem a forma de uma generalização que corresponde às atitudes, aos objetivos, aos valores e às concepções do indivíduo. O conteúdo típico dos esquemas idiossincráticos que se encontra na psicopatologia se reflete em erros conceituais crônicos, atitudes distorcidas, premissas inválidas e metas e expectativas irrealistas.

O conteúdo de um esquema pode ser inferido a partir de uma análise do modo característico com que o indivíduo estrutura os diferentes tipos de vivências, temas recorrentes em associações livres, ruminações e devaneios, conteúdo temático característico dos sonhos, questionamento direto sobre atitudes, preconceitos, superstições e expectativas, e das respostas a testes psicológicos projetados para identificar concepções estereotipadas de si mesmo e do mundo.

O seguinte exemplo ilustra como é possível conhecer o conteúdo de um esquema. Uma paciente muito inteligente contou que sempre que tinha um problema para resolver pensava de imediato: "Eu não sou inteligente o suficiente para isso". Durante a psicoterapia, ela com frequência vivenciava o mesmo tipo de reação, como, por exemplo, quando era solicitada a fazer associações com um sonho. As associações livres mostravam o mesmo tema, ou seja, a crença de que não era inteligente. Um exame minucioso de sua história revelou que a autodesvalorização consistia em um padrão repetido durante toda a sua vida. A incongruência dessa paciente era atestada pelo fato de que ela era extraordinariamente bem-sucedida na resolução de problemas. Quando indagada diretamente sobre o que pensava de sua própria inteligência, ela respondeu que, apesar de todos as evidências indicativas de que era muito inteligente, ela "realmente acreditava" que era burra. No conteúdo manifesto de seus sonhos, essa paciente com frequência aparecia como burra, incompetente e malsucedida.

Analisando o material clínico, é possível concluir que um dos modos característicos da paciente de organizar suas experiências girava em torno da crença "eu sou burra". Essa crença corresponde ao esquema específico, que foi evocado repetida e inadequadamente em resposta a situações relacionadas à sua capacidade intelectual.

Esquemas na depressão

A ideação dos indivíduos deprimidos é matizada por certos temas depressivos típicos. A interpretação das vivências, a explicação para sua ocorrência e as perspectivas para o futuro demonstram, respectivamente, temas de deficiência pessoal, autorrecriminação e expectativas negativas. Esses temas idiossincráticos impregnam não somente suas interpretações das situações ambientais imediatas como também suas associações livres, ruminações e reflexões.

À medida que a depressão se aprofunda, o conteúdo de pensamentos torna-se cada vez mais saturado de ideias depressivas. Praticamente qualquer estímulo externo é capaz de provocar um pensamento depressivo. Talvez não haja conexão lógica entre a interpretação e a situação real. Os pacientes chegam a conclusões negativas sobre si mesmos baseados nos dados mais escassos e moldam seus juízos e interpretações de acordo com seus preconceitos idiossincráticos. À medida que a distorção e má interpretação da realidade aumentam, diminui a objetividade em relação a si mesmo.

O prejuízo cognitivo pode ser analisado em termos da proposição de que na depressão esquemas idiossincráticos específicos assumem um papel dominante na formação dos processos de pensamento. Esses esquemas, relativamente inativos durante o período de ausência de depressão, tornam-se progressivamente mais potentes à medida que a depressão se desenvolve. Sua influência se reflete nas perturbações características no pensamento do paciente.

MODOS E PSICOPATOLOGIA

Os transtornos psicológicos como a depressão apresentam indícios de amplos vieses cognitivos sistemáticos que influenciam vários domínios psicológicos.[57,58,59] Vários teóricos concluíram que uma perspectiva global ou mais ampla é necessária para explicar a base cognitiva dos transtornos emocionais[60,61,62,63,64] Nesta seção, propomos e elucidamos o conceito de "modos" e como ele é útil para compreender a psicopatologia.

Na teoria cognitiva, o aspecto estrutural de uma síndrome clínica é composto de esquemas, como já discutido. Os esquemas fornecem a "estrutura" tanto para a vivência fenomenológica quanto para a cognição, afeto e comportamento inter-relacionados. No enunciado geral da teoria cognitiva, os vários tipos de esquemas constituem os termos explicativos para a organização da atividade psicológica e das vivências fenomenológicas. Uma implicação metateórica disto consiste em considerar que um esquema é corretamente compreendido como sendo mais uma força do que um objeto. Essas estruturas cognitivas influenciam os aspectos emocionais, comportamentais e fisiológicos dos diversos transtornos psicológicos. A maneira como os esquemas se inter-relacionam na coordenação dos diversos sistemas psicológicos é referida como o *modo*.[58]

Os modos e esquemas são diferenciados em termos da estrutura temporal de sua operação e do grau de "complexidade" ou diversidade dos níveis de análise subordinados pelos respectivos termos. Temporalmente, os esquemas são os determinantes estruturais das reações aos eventos, tais como perda. Constituem as formas relativamente permanentes ou habituais como o indivíduo interpreta ou reage ao ambiente. Em contrapartida, o modo é a ativação dos conglomerados de esquemas e varia segundo o contexto e a percepção que o indivíduo tem dos eventos.

Como observado anteriormente neste capítulo, uma estrutura cognitiva (esquema) é um componente relativamente duradouro da organização cognitiva, em contraste com um processo cognitivo, que é transitório. Análoga a essa formulação, no *DSM-IV* existe uma distinção entre episódios e síndromes. A distinção básica está na exibição concomitante dos diversos sintomas (episódio) e na natureza duradoura deles (síndrome clínica). Em termos de complexidade, o modo inclui os diversos sistemas (comportamental, afetivo, fisiológico) em um estado ativado. No modelo cognitivo de depressão, o conceito de modo incorpora os diversos componentes que são ativados em resposta às demandas do ambiente. Ele é a operação integrada dos respectivos sistemas psicológicos. Para uma discussão mais detalhada dos diversos modos (p. ex., primal, construtivo, menor) e suas características, ver Beck.[58]

Distorção e erros de interpretação

O paciente deprimido apresenta alguns padrões de pensamento ilógico. Os erros sistemáticos, que acarretam distorções da realidade, incluem interpretação arbitrária, abstração seletiva, supergeneralização, exagero e rotulação incorreta (ver Capítulo 10). O pensamento divergente pode ser compreendido em termos de hiperatividade dos esquemas idiossincráticos.

Quando procuramos prever a resposta a uma situação de estímulo, é evidente que existem diversos modos possíveis de interpretar uma situação. Que construção será feita irá depender do esquema escolhido para fornecer a estrutura para a conceitualização. Os passos específicos de abstração, síntese e interpretação dos estímulos dependem dos esquemas específicos ativados. Normalmente, um processo de correspondência ocorre, de modo que um esquema provocado por uma determinada configuração externa é congruente com ela. Neste acaso, embora uma certa variação ocorra de um indivíduo para outro, pode-se esperar que a cognição resultante da interação do esquema com os estímulos seja uma representação razoavelmente precisa (verídica) da realidade. Contudo, na depressão e em outros tipos de psicopatologia, a organizada correspondência de estímulo e esquema é perturbada pela intromissão dos esquemas idiossincráticos hiperativos. Devido à sua maior força, esses esquemas substituem os esquemas mais apropriados, e as interpretações resultantes divergem da realidade em um grau que corresponde à incongruência do esquema com a situação de estímulo.

À medida que estes esquemas tornam-se mais ativos, são capazes de ser evocados por estímulos menos congruentes com eles ("generalização do estímulo"). Somente os detalhes da situação de estímulo compatíveis com o esquema são selecionados, e estes são reorganizados de forma a torná-los congruentes com o esquema. Em outras palavras, em vez de um esquema ser selecionado para ajustar-se a detalhes externos, os detalhes são seletivamente extraídos e moldados para que se ajustem ao esquema.

Perseveração (ruminação)

O paciente com depressão moderada ou grave tende a remoer ou ruminar sobre algumas ideias características, tais como "Eu sou um fracasso" ou "Meu intestino está trancado". Essas ideias repetitivas são geralmente as mesmas que as respostas cognitivas a situações externas descritas na seção anterior. Os esquemas idiossincráticos produzem as cognições depressivas que expulsam as cognições não depressivas.[5]

À medida que a depressão avança, os pacientes perdem o controle sobre seus processos de pensamento; ou seja, mesmo quando tentam focar em outros assuntos, as cognições depressivas continuam a se intrometer e ocupar uma posição central. Além disso, esses pacientes são incapazes de suprimir tais pensamentos ou de se distrair mais do que momentaneamente. O esquema depressivo é tão potente que os pacientes são incapazes de ativar outros esquemas o suficiente para compensar seu domínio.

Vem aumentando a atenção para a testagem dessa teoria da perseveração (ou ruminação) como um fator importante na depressão.[65,66] Nolen-Hoeksema e colaboradores[67] investigaram a hipótese de que as mulheres são mais vulneráveis aos sintomas depressivos do que os homens em parte por causa da maior ruminação. Os pesquisadores estudaram aproximadamente 1.100 adultos da comunidade e verificaram que a ruminação (juntamente com maiores circunstâncias negativas e fraco domínio) eram mais comuns em mulheres e mediavam a diferença de gênero em sintomas depressivos. Além disso,

1. tensão crônica e ruminação tinham efeitos recíprocos;
2. fraco domínio contribuía para ruminação;
3. sintomas depressivos contribuíam para ruminação e menos domínio ao longo do tempo.[67]

Também constatou-se que a ruminação sobre sintomas depressivos indica a ocorrência de novos episódios depressivos e pode ser particularmente característica de indivíduos com sintomas mistos de ansiedade e depressão.[68]

Perda de objetividade

Nos estágios mais leves da depressão, os pacientes são capazes de considerar seus pensamentos negativos com objetividade e, se incapazes de rejeitá-los por completo, são capazes de modificá-los. Esses sujeitos podem, por exemplo, deixar de pensar "Eu sou um fracasso total" e passar a acreditar que "Posso ter fracassado em muitas coisas, mas também fui bem-sucedido em muitas outras".

Nos estágios mais graves, os pacientes têm dificuldade até para considerar a possibilidade de que suas ideias ou interpretações talvez sejam errôneas. Eles acham difícil ou impossível considerar evidências contrárias ou explicações alternativas. O esquema idiossincrático é tão forte que interfere na recordação de eventos que poderiam ser incompatíveis com ele.

Uma pesquisadora bem-sucedida tinha a atitude crônica de "Eu sou um fracasso total". Suas associações livres ocupavam-se em grande parte com pensamentos do quanto era inferior, inadequada e malsucedida. Quando questionada sobre seu desempenho no passado, essa paciente era incapaz de se recordar de uma *única experiência* que não fosse um fracasso.

Neste caso, um esquema de conteúdo semelhante a "Eu sou um fracasso" influenciou o material bruto de suas vivências e distorceu os dados para torná-los compatíveis com esse conteúdo. Tenha sido o processo cognitivo particular uma recordação ou avaliação de sua atual condição ou uma previsão do futuro, seus pensamentos levavam a marca desse esquema.

A perda de objetividade e do teste de realidade talvez possa ser compreendida em termos da hiperatividade dos esquemas depressivos. A energia atrelada aos esquemas é substancialmente maior do que a possuída por outras estruturas na organização cognitiva. Consequentemente, os esquemas idiossincráticos tendem a interferir na operação das estruturas cognitivas envolvidas no raciocínio e na testagem da realidade.

As cognições produzidas pelo esquema idiossincrático hiperativo são excepcionalmente convincentes, vívidas e plausíveis. As cognições não depressivas tendem a ser relativamente fracas em comparação com as cognições depressivas. Ao examinar as diversas interpretações possíveis de uma situação, o indivíduo é afetado pela ideia mais intensa, e não pela mais realista.

Em casos graves, os processos cognitivos equiparam-se à situação durante um sonho. Quando os indivíduos estão sonhando, as imagens do sonho ocupam totalmente o campo fenomenológico e são aceitas como realidade. Caso tentem avaliar a realidade do sonho enquanto dormem, geralmente são forçados a aceitar que ele é real.

AFETOS E COGNIÇÃO

No Capítulo 12, resumimos os pensamentos e afetos característicos de pacientes deprimidos e indicamos a existência de uma contiguidade temporal definida de pensamento e afeto. Observamos, além disso, que há uma consistência lógica entre ambos, ou seja, o afeto específico é congruente com o conteúdo de pensamento específico.

Deriva dessas observações clínicas a seguinte tese: *a resposta afetiva é determinada pelo modo como um indivíduo estrutura sua vivência*. Assim, se a conceitualização que um indivíduo tem de uma situação possui um conteúdo desagradável, ele vai apresentar uma resposta afetiva desagradável correspondente.

A estruturação cognitiva ou conceitualização de uma situação depende do esquema produzido. O esquema específico, por conseguinte, exerce uma influência direta sobre a resposta afetiva a uma situação. Postula-se, portanto, que o esquema determina o tipo específico da resposta afetiva. Se o esquema envolve autodepreciação, um sentimento de tristeza será associado a ele; se o esquema envolve a antecipação de dano ao indivíduo, ansiedade será produzida. Uma relação análoga entre o conteúdo do esquema e o sentimento correspondente se aplica aos outros afetos, tais como raiva e euforia. Roseman e Evdokas[69] forneceram evidências experimentais dessa relação entre avaliações e emoções vivenciadas.

Nas síndromes clínicas como a depressão, tal relação entre processo cognitivo e resposta afetiva é facilmente identificada. Quando a resposta afetiva parece inadequada a uma determinada situação de estímulo, a incongruência pode ser atribuída ao esquema particular evocado. Assim, a tristeza paradoxal na depressão resulta dos esquemas idiossincráticos que são operantes. Isso pode ser ilustrado pelo exemplo de uma paciente deprimida que chorava amargamente toda vez que era elogiada. Sua atitude predominante (esquema) consistia em se ver como uma fraude. Qualquer elogio ou outro comentário favorável ativava essa ideia sobre si mesma. Receber elogios era interpretado por ela como evidência confirmatória do quanto ela enganava as pessoas.

Os tipos específicos de afetos depressivos estão relacionados aos tipos específicos de padrões de pensamento. Assim, esquemas que têm conteúdos ligados aos sentimentos de abandono, contrariedade, exclusão ou negligência quanto aos próprios deveres produzirão, respectivamente, sentimentos de solidão, frustração, humilhação ou culpa. A relativa ausência de raiva entre os pacientes mais deprimidos, sobretudo em situações que despertam uniformemente raiva em outras pessoas, pode ser atribuída à sua tendência de conceitualizar situações em termos de suas supostas inadequações. Uma explicação atualmente popular para a relativa ausência de raiva explícita na depressão é que este afeto está presente e, na verdade, intensificado na depressão, mas encontra-se reprimido ou invertido. A presente explicação parece estar mais próxima dos dados. Pelo tema dos esquemas dominantes, o paciente deprimido é deficiente ou digno de culpa. Partindo dessa suposição, o paciente é forçado à concluir que insultos, abuso e privação seriam justificáveis por causa de seus supostos defeitos ou erros. Essas conceitualizações geram mais remorso do que raiva.

Em outras síndromes clínicas caracterizadas por uma intensidade anormal de um determinado afeto, existe um domínio dos padrões cognitivos correspondentes àquele afeto. O neurótico ansioso demonstra o domínio e uso inadequado de esquemas relacionados a perigo pessoal. O paranoide hostil é dominado por esquemas envolvendo culpar ou acusar outros indivíduos (ou instituições externas) pelo abuso que percebem. O paciente maníaco é influenciado pelos esquemas de autoavaliação positiva.

Seria possível especular que, depois de mobilizados certos esquemas idiossincráticos e produzida uma reação afetiva, os esquemas são por sua vez influenciados pelos afetos. É possível que um mecanismo circular seja ativado, no qual os esquemas estimulam os afetos e os afetos reforçam a atividade dos esquemas.[5] Por exemplo, algumas evidências sugerem que a confirmação de crenças negativas é influenciada pelo estado de humor.[8,9]

UM MODELO DE *FEEDBACK*

Até aqui, a discussão considerou a conexão entre estrutura cognitiva e afeto como uma espécie de rua de mão única, ou seja, a direção foi da cognição à emoção. Contudo, é concebível que exista uma interação e que os sentimentos também influenciem o conteúdo dos pensamentos. A formulação de um sistema de reforço mútuo[70] pode oferecer uma explicação mais completa para os fenômenos observados na depressão. Esse sistema operaria da seguinte maneira: suponhamos que uma situação de vida desagradável dispare esquemas ligados à perda, autorrecriminação e expectativas negativas. Ao serem ativados, estes esquemas estimulam as estruturas afetivas a eles vinculadas. A ativação das estruturas afetivas é responsável pelo sentimento subjetivo de depressão. Essas estruturas afetivas, por sua vez, enervam adicionalmente os esquemas aos quais estão ligadas e em consequência reforçam a atividade de tais esquemas. Assim, a interação consiste em esquemas ↔ estruturas afetivas. Esse modelo explicaria a espiral descendente na depressão: quanto mais negativamente os pacientes pensam, pior se sentem; quanto pior se sentem, mais negativamente pensam.

É possível excursionar por áreas ainda mais especulativas incorporando-se o conceito de energia em tal formação. Ao discutir estrutura e processo é difícil evitar a introdução do conceito de energia. Os conceitos a respeito muitas vezes são vagos e de difícil apreensão, e sua utilidade e validade na teoria da personalidade foram seriamente questionados. Em um simpósio em 1962 patrocinado pela Associação Psiquiátrica Americana (APA), houve uma clara discordância sobre a conveniência de reter o conceito de energia na teoria psicanalítica. Contudo, o conceito ainda é empregado por muitas vertentes teóricas diferentes. Floyd Allport,[44] por exemplo, utiliza amplamente o conceito de energia em sua formulação dos processos de percepção e cognição. Suponhamos que inicialmente o esquema seja energizado como resultado de algum trauma psicológico. A ativação dessa estrutura cognitiva leva à estimulação da estrutura afetiva. A ativação da estrutura afetiva produz uma explosão de energia, que é subjetivamente sentida como uma emoção dolorosa. A energia então flui de volta para a estrutura cognitiva e aumenta a quantidade de energia ligada a ela. Isso então produz enervação adicional da estrutura afetiva.

Certamente é preciso mais dados para tirar essa discussão do âmbito especulativo e determinar se a formulação é de alguma forma útil.

Durante o período de desenvolvimento, indivíduos propensos à depressão adquirem algumas atitudes negativas sobre si mesmos, sobre o mundo externo e sobre o futuro. Como consequência dessas atitudes, tornam-se especialmente sensíveis a alguns estresses específicos, tais como sentir-se privado, frustrado ou rejeitado. Quando expostos a esses estresses, esses indivíduos respondem desproporcionalmente com ideações de deficiência pessoal, autorrecriminação e pessimismo.

As atitudes idiossincráticas representam padrões cognitivos persistentes, designados como esquemas. Os esquemas influenciam o modo como o indivíduo se orienta frente a uma situação, reconhece e nomeia suas características evidentes e conceitualiza a vivência.

Os esquemas idiossincráticos na depressão consistem em concepções negativas do valor, das características pessoais e do desempenho ou saúde do indivíduo, e incluem expectativas niilistas. Quando evocados, esses esquemas moldam o conteúdo do pensamento e levam aos típicos sentimentos depressivos de tristeza, culpa, solidão e pessimismo.

Os esquemas permanecem basicamente inativos durante os períodos assintomáticos, mas são ativados com o início da depressão. À medida que a depressão se aprofunda, tais esquemas dominam cada vez mais os processos cognitivos e substituem os esquemas mais apropriados, além de interromperem os processos cognitivos envolvidos na realização de auto-objetividade e testagem da realidade.

Sugerimos que as reações afetivas podem facilitar a atividade desses esquemas idiossincráticos e, consequentemente, reforçar a espiral descendente na depressão. A relativa ausência de raiva na depressão talvez se deva à substituição dos esquemas relativos à culpa dos outros por esquemas de autorrecriminação.

PARTE IV

Tratamento da depressão

14

TERAPIAS SOMÁTICAS

Este capítulo faz um apanhado geral do desenvolvimento e da situação dos tratamentos somáticos dos transtornos de humor. Delineamos conclusões e questões-chave, em vez de oferecer um guia abrangente para o tratamento. Este apanhado geral pode complementar outras fontes destinadas ao fornecimento de orientação clínica mais direta ao psiquiatra em sua prática.[1,2,3]

Os principais tópicos aqui abordados incluem

1. história e desenvolvimento da farmacoterapia;
2. problemas metodológicos e controvérsias científicas;
3. estratégias de troca e de intensificação do tratamento nos casos de depressão resistente;
4. desenvolvimento inicial e situação atual da eletroconvulsoterapia (ECT).

Examinamos vários dos agentes farmacológicos comuns, do passado e do presente, como os tricíclicos e inibidores da monoaminoxidase (IMAO). Medicamentos mais recentes, os inibidores seletivos da recaptação da serotonina (ISRS) também são contemplados, bem como questões e controvérsias farmacológicas.

Delineamos problemas metodológicos na avaliação dos medicamentos antidepressivos, como as controvérsias sobre os controles com placebo. São revisados os efeitos adversos (efeitos colaterais). Destacamos a maior segurança clínica das novas classes de medicamentos, como os ISRS, bem como questões sobre a relativa eficácia dessas substâncias no tratamento de depressões graves. Finalmente, consideramos as inovações mais promissoras e rumos futuros, tais como estimulação magnética transcraniana (EMTC) e farmacogenômica.

FARMACOTERAPIA

A farmacoterapia para depressão é ao menos tão antiga quanto Homero, tendo sido mencionada na *Odisseia* quando Penélope toma uma droga para aplacar seu pesar pela longa ausência do marido. No passado, duas classes de substâncias foram originalmente testadas em pacientes esquizofrênicos, mas, como no caso da ECT, elas se mostraram mais efetivas no tratamento de apatia e depressão do que de outros sintomas clínicos.[4,5] A iproniazida, na classe principal, foi indicada para evitar a sedação de camundongos que receberam reserpina. A iproniazida também havia sido usada no tratamento da tuberculose em 1955, quando se observou que produzia um efeito euforizante. O interesse pela imipramina e alguns de seus derivados foi estimulada por sua semelhança estrutural com as fenotiazinas, que haviam sido usadas com êxito na esquizofrenia. Nos primeiros testes, a iproniazida mostrou-se eficaz como antidepressivo, e a imipramina administrada a um grande grupo de pacientes pareceu, para surpresa dos investigadores, funcionar muito melhor com pacientes predominantemente depressivos do que com pacientes predominantemente esquizofrênicos.

Os antidepressivos tricíclicos e os inibidores da MAO foram introduzidos em 1957. Estas drogas são listadas na Tabela 14.1, com diversos outros compostos cuja efetividade no tratamento da depressão foi estudada.

Medicamentos tricíclicos

Primeiros estudos

As questões metodológicas envolvidas nos primeiros estudos permanecem atuais e serão tratadas em detalhe a seguir. Os estudos iniciais aqui apresentados oferecem uma história do desenvolvimento da abordagem farmacológica no tratamento dos transtornos de humor. Questionava-se se seria possível encontrar substâncias farmacológicas superiores a efeitos placebo no impacto sobre os sintomas, curso e recorrência de depressão clínica. Nos casos em que os achados subsequentes divergiram ou convergiram em relação aos estudos iniciais citados aqui, e nos quais os estudos iniciais foram especificamente referidos, isso será observado de passagem.

A *imipramina* foi o primeiro medicamento antidepressivo rigorosamente estudado. Sua eficácia em comparação com placebo em estudos duplo-cego foi inicialmente revisada por Brady,[6] Cole,[7] Klerman e Cole[8], Friedman e colaboradores.[9] A revisão de Brady dos estudos com pacientes hospitalizados e ambulatoriais e a revisão de Friedman e colaboradores de estudos com pacientes hospitalizados obtiveram uma distribuição essencialmente regular de resultados positivos e negativos.[6,9] As revisões de Cole e de Klerman e Cole, em contrapartida, obtiveram uma inclinação definida em favor de resultados positivos.[7,8]

As diferenças nos achados relatados por Klerman e Cole comparados com os de Brady explicam-se em parte com base em dois fatores. Em primeiro lugar, Klerman e Cole não consideraram três estudos com resultados negativos incluídos por Brady; além disso, Klerman e Cole incluíram sete

TABELA 14.1
Medicamentos usados no tratamento da depressão

Nome genérico	Nome comercial
Compostos tricíclicos	
imipramina	Tofranil
desipramina	Pertofran
amitriptilina	Tryptanol
nortriptilina	Pamelor
Inibidores da monoaminoxidase	
fenelzina	Nardil (não comercializado no Brasil)
isocarboxazida	Marplan (não comercializado no Brasil)
nialamida	Niamid (não comercializado no Brasil)
tranilcipromina	Parnate (suspenso no Brasil)
iproniazida*	Marsilid (não comercializado no Brasil)
Estimulantes psicomotores	
anfetaminas	
anfetamina	Benzedrine (não comercializado no Brasil)
dextroanfetamina	Dexedrine (não comercializado no Brasil)
metanfetamina	Methedrine, etc. (não comercializado no Brasil)
metilfenidato	Ritalina

* Retirado do mercado.

estudos publicados em 1964, depois de Brady haver concluído sua revisão. Em segundo lugar, Klerman e Cole consideraram como resultados positivos muitos estudos em que a superioridade da imipramina foi apenas pequena e tinha pouca significância estatística, ao passo que Brady usou o nível de significância de 5% para considerar um estudo como positivo.[6,8]

(Nota: Trinta e cinco anos após a publicação da revisão de Klerman e Cole, Quitkin e colaboradores[10] documentaram amplos resultados convergentes em respaldo à conclusão de que os antidepressivos são superiores ao efeito placebo: "Estes panoramas se aproximam da vantagem global da imipramina *versus* placebo relatada por Klerman e Cole[8] trinta anos atrás" [p. 328].)

Cole considerou 15 estudos com pacientes hospitalizados. Friedman e colaboradores verificaram 21 estudos com depressivos psicóticos hospitalizados. Esta foi uma diferença importante, pois Friedman e colaboradores analisaram ainda mais quatro estudos com resultados negativos. Isso foi adicionado a seu próprio estudo, que indicava que a imipramina não era mais efetiva do que placebo em depressivos psicóticos hospitalizados.[7,9]

Todos os pesquisadores tentaram avaliar a adequação metodológica dos estudos que revisaram. Cole e Brady criticaram os estudos com resultados negativos, e Friedman e colaboradores assim como Wechsler e colaboradores, cujas conclusões sobre imipramina são negativas, criticaram os estudos com resultados positivos.[6,7,9,11] Cole e Brady afirmaram que as amostras nos estudos com resultados negativos eram pequenas demais, e Friedman e colaboradores fizeram a mesma crítica aos estudos com resultados positivos. Em uma análise de estudos controlados e não controlados, Wechsler e colaboradores não constataram correlação significativa entre resultado e tamanho da amostra.[11] Além disso, Davis apontou que os estudos que apresentaram resultados negativos com frequência usaram dosagens muito pequenas; Klerman e Cole afirmaram que o efeito da dosagem era desconhecido; e Wechsler e colaboradores alegaram não haver correlação entre resultado e tamanho da dose. Davis afirmou que as populações nos estudos com resultados negativos eram demasiado crônicas, ao passo que Brady declarou que eram muito heterogêneas.[6, 8,11,12]

Wechsler e colaboradores, examinando tanto estudos controlados quanto não controlados, encontraram uma resposta nitidamente superior nos casos de depressão de início recente.[11] Klerman e Cole, que examinaram apenas estudos controlados e duplo-cego, de fato encontraram uma diferença significativa entre depressão recente e crônica.[8] Friedman e colaboradores sugeriram que talvez a melhora observada em tantos estudos seja realmente apenas uma aceleração de remissões espontâneas durante as primeiras duas ou três semanas.[9]

Inibidores de monoaminoxidase

As primeiras revisões compararam a efetividade dos inibidores da MAO com placebo. Houve mais concordância aqui tanto de fato quanto de opinião do que com a imipramina. Os autores em geral constataram que ao menos um dos inibidores da MAO era efetivo, mas diferiram quanto à qual deles. Hordern concluiu que a iproniazida, retirada do mercado nos Estados Unidos, era o melhor inibidor da MAO e que a fenelzina era então o melhor disponível. Davis concordou que fenelzina era melhor, mas Cole declarou que a tranilcipromina era melhor. Wechsler demonstrou uma idêntica faixa de melhora com todos os inibidores da MAO em sua revisão, com exceção da nialamida, para a qual a faixa de melhora era um pouco mais estreita.[5,7,11, 12]

Como no caso dos antidepressivos tricíclicos, Fiedorowicz e Swartz sugeriram em 2004 que o uso dos inibidores da MAO por psiquiatras havia diminuído durante as últimas décadas.[13] Os autores atribuíram o declínio a vários fatores:

1. o desenvolvimento de novas medicações, tais como os ISRS (a seguir);

2. efeitos colaterais;
3. interações com alimentos e outras drogas;
4. menor experiência dos médicos com inibidores da MAO.

Contudo, Fiedorowicz e Swartz sugeriram que continua havendo um lugar para essa classe de antidepressivos, pois a pesquisa ampliou a dieta com inibidores da MAO, e os sintomas específicos indicativos de resposta hoje são mais bem conhecidos.[13]

Inibidores seletivos da recaptação da serotonina

Em uma revisão de 1991 do tratamento farmacológico da depressão, Potter e colaboradores[14] afirmaram que os antidepressivos tricíclicos originais eram melhores para pacientes com transtorno depressivo maior. Ao menos até 1996, dados do Ministério da Saúde da Inglaterra não indicaram diminuição no uso de antidepressivos tricíclicos após a introdução dos ISRS, mas as taxas globais de prescrição de antidepressivos havia aumentado.[15] (Nota: Como revisado a seguir, Stafford e colaboradores[16] encontraram taxas mais altas de prescrição de ISRS e emprego muito menor de antidepressivos tricíclicos nos Estados Unidos, com base em um levantamento de representação nacional entre médicos que atendiam em consultório até 2001.)

Resumindo as duas revisões disponíveis na época, Potter e colaboradores consideraram os novos agentes antidepressivos ISRS, como a fluoxetina, menos úteis no tratamento da depressão melancólica grave. Os pesquisadores concluíram também que, com base nos dados disponíveis na época, os ISRS eram indicados para tratamento inicial somente em alguns casos especiais, como conhecida intolerância a um agente tricíclico ou preocupação com os efeitos colaterais que previsivelmente teriam impacto negativo sobre alguma doença física diagnosticada. Além disso, Potter e colaboradores sugeriram que os novos antidepressivos poderiam ser prescritos naqueles casos em que a inibição da recaptação da serotonina geraria uma resposta terapêutica sinérgica com outro transtorno psiquiátrico, tal como o transtorno obsessivo-compulsivo.[14]

Masand e Gupta[17] revisaram os estudos duplo-cego controlados por placebo de cinco ISRS – fluoxetina, sertralina, paroxetina, fluvoxamina e citalopram – publicados de 1990 a 1998. Os estudos incluídos foram os que pretendiam avaliar a eficácia e os efeitos colaterais desses medicamentos.

Em oposição a Potter e colaboradores, Masand e Gupta acreditavam que os ISRS eram o tratamento de escolha para depressão e transtornos afins. Levando em conta que esses inibidores são quimicamente diferentes dos antidepressivos tricíclicos, heterocíclicos e outros da primeira geração de antidepressivos, os autores assinalaram várias vantagens dos ISRS sobre aqueles, incluindo

1. melhor perfil de efeitos colaterais,
2. segurança na superdosagem,
3. boa tolerância e
4. adesão do paciente.[17]

Em sua revisão, Masand e Gupta citaram diversos estudos indicativos de que os ISRS tinham melhor relação custo-benefício do que antidepressivos tricíclicos. Esse achado foi atribuído a uma menor chance de interrupção do tratamento e maior probabilidade de o paciente receber uma dose adequada. Os pesquisadores declararam que os ISRS tinham eficácia comparável a dos antidepressivos tricíclicos que poderia ser aumentada com lítio, psicoestimulantes e diversos outros agentes usados no tratamento da depressão resistente.

Padrões de prescrição de antidepressivos

Estudos nos Estados Unidos de Stafford e colaboradores, Pirraglia e colaboradores e Ma e colaboradores identificaram tendências no número de consultas médicas para depressão e nos padrões de prescrição das diversas classes de antidepressivos.[16,18,19]

Stafford e colaboradores analisaram dados do *National Disease and Therapeutic Index*, um levantamento com os médicos norte-americanos em consultório privado, durante o período de 1987 a 2001. Os pesquisadores constataram que as consultas por ano de pacientes com depressão aumentaram de 14,4 milhões em 1987 para 24,5 milhões em 2001. Medicação antidepressiva para pacientes deprimidos foi utilizada em 70% dos casos em 1987, tendo aumentado para 89% em 2001.[16]

Entre os pacientes que receberam tratamento farmacológico, antidepressivos tricíclicos foram usados nos casos de 47% dos pacientes em 1987, sendo os mais comuns amitriptilina (14%), trazodona (12%), doxepina (8%) e desipramina (6%). Um ano depois de ter sido disponibilizado, a fluoxetina foi prescrita para 21% dos pacientes. O uso total dos ISRS aumentou para 38% em 1992, 60% em 1996 e 69% em 2000. Os antidepressivos mais utilizados foram sertralina (18%), paroxetina (16%), fluoxetina (14%), citalopram (13%) e bupropiona (9%). Entre os médicos pesquisados, no ano de 2001 os tricíclicos foram utilizados em apenas 2% dos pacientes em âmbito privado, e os benzodiazepínicos em apenas 8% dos casos.[16]

Pirraglia e colaboradores[18] estudaram as taxas de prescrição de ISRS e outros medicamentos não ISRS mais novos em ambientes de atenção primária de adultos. Fundamentaram-se nas consultas de atenção primária de adultos nos Estados Unidos, conforme registro no *National Ambulatory Medical Care Survey* entre 1989 e 2000. Entre os ISRS constavam citalopram, fluoxetina, fluvoxamina, paroxetina e sertralina. Entre os antidepressivos não ISRS estavam bupropiona, mirtazapina, nefazodona e venlafaxina. Os dados incluíram 89.424 consultas de atenção primária para adultos. Os pesquisadores constataram que o uso de medicamentos antidepressivos aumentou neste ambiente de 2,6% das consultas em 1989 para 7,1% das consultas em 2000. O aumento no uso de antidepressivos foi atribuído à disponibilidade de novos agentes, os quais constituíam 13,5% de todos os antidepressivos utilizados em 1989 e aumentaram para 82,3% das prescrições de antidepressivos em 2000.

No tratamento da depressão em crianças e adolescentes, observam-se tendências semelhantes. Ma e colaboradores[19] estudaram os tratamentos com antidepressivos na faixa etária dos 7 aos 17 anos entre 1995 e 2002. O número de consultas ambulatoriais por problemas com depressão dobrou de 1,44 milhões em 1995-1996 para 3,22 milhões de consultas em 2001-2002. Os ISRS representaram 76% de todos os antidepressivos prescritos em 1995-1996, e aumentaram para 81% em 2001-2002. Os autores concluíram que a tendência observada aumenta a preocupação sobre o uso não aprovado (*off-label*) de antidepressivos que não foram suficientemente testados quanto à segurança e eficácia nesta faixa etária.

Efeitos colaterais

Os efeitos colaterais incluem as possíveis interações medicamentosas potencialmente fatais entre ISRS e inibidores da MAO. Os perfis de efeitos colaterais dos ISRS são mostrados na Tabela 14.2. Os efeitos não premeditados mais comuns são perturbações gastrointestinais, náusea e sonolência, mas estes geralmente desaparecem em duas a quatro semanas. Masand e Gupta citam algumas intervenções clínicas práticas que podem ser utilizadas para lidar com tais efeitos, como redução da disfunção sexual, que afeta 60% dos pacientes.[15]

Estimulantes

Satel e Nelson revisaram 10 estudos controlados por placebo de medicamentos estimulantes no tratamento da depressão primária. Ainda que os estudos revisados tenham sido descritos como pouco sofisticados quanto à metodologia em vários casos, foram

TABELA 14.2
Comparação dos perfis de efeitos colaterais dos ISRS

ISRS	Hipotensão ortostática	Efeitos anticolinérgicos	Sedação	Efeitos gastrointestinais*	Efeitos sexuais
Citalopram	0	0	+	++	+++
Fluoxetina	0	0	0	++	+++
Fluvoxamina	0	0	+	++	+++
Paroxetina	0	+	+	++	+++
Sertralina	0	0	0	++	+++

Adaptado de Masand e Gupta (1999).
0 = mínimo ou nulo; + = baixo; ++ = moderado; +++ = alto.
* Exceto constipações devidas aos efeitos colaterais anticolinérgicos.

considerados tão bons quanto os estudos conduzidos durante o mesmo período que estabeleceram a utilidade da imipramina.[20]

Os medicamentos estimulantes mostraram resultados inferiores aos dos antidepressivos. Entretanto, os estudos de pacientes geriátricos letárgicos ou deprimidos foram mais positivos, apresentando alguma diminuição parcial dos sintomas. Os pesquisadores não obtiveram evidências que justificassem as preocupações sobre os possíveis perigos do uso de estimulantes. Os efeitos colaterais mostraram-se mínimos, e essas drogas podem oferecer menos risco do que os tricíclicos em pacientes idosos ou com doenças orgânicas. Além disso, os estimulantes parecem "razoavelmente seguros" mesmo nos casos de pacientes cardiopatas (p. 248). Apesar da suspeita de habituação, não havia estudos controlados por placebo que confirmassem isso.[20]

Numerosos estudos isolados respaldam a efetividade de diversas drogas diferentes ou combinações de drogas conhecidas na depressão. Segundo Cole, as evidências em apoio ao uso de deanol (Deaner) são poucas, e às referentes à eficácia da associação meprobamato-benactizina (Deprol), duvidosas.

Lítio

Johnson[21] revisou 19 estudos controlados dos efeitos terapêuticos do lítio. Os estudos de 1968-1984 avaliaram o uso de lítio no tratamento de episódios depressivos agudos e depressão refratária, bem como no tratamento profilático da depressão recorrente. O efeito antidepressivo agudo do lítio isolado foi descrito como "menos impressionante e menos previsível do que sua ação antimaníaca" (p. 356). O lítio mostrou resultado inferior ao de antidepressivos tricíclicos.

Contudo, Johnson concluiu que a adição de lítio ao tratamento resulta em melhor resposta antidepressiva nos casos de pacientes com depressão que não melhoraram com tricíclicos ou inibidores da MAO, ou nos casos de depressão "refratária" (a Tabela 14.3 mostra os resultados de seis estudos de uso de lítio no tratamento da depressão refratária.) Além disso, a revisão demonstrou que o lítio é uma droga profilática efetiva no tratamento de transtorno depressivo tanto unipolar quanto bipolar, sendo a droga de escolha para este último.[21]

A observação de Johnson[21] de que a adição de lítio melhora a resposta ao tratamento nos casos de depressão resistente é consistente com os resultados de Sharma e colaboradores[22] que constataram uma diátese bipolar em tais casos. Em um estudo de reavaliação diagnóstica de 61 pacientes "unipolares" refratários, foi utilizada a Entrevista Clínica Estruturada do *DSM-IV*, bem como informações complementares de familiares. Os autores constataram que

TABELA 14.3
Tratamento com Lítio da Depressão "Refratária"

Estudo	Diagnóstico	Paciente (n)	Medicamento	Resultado	Comentário
Worral et al. (1979)	PMD	29	Lítio + triptofano (15), triptofano (14)	Lítio + triptofano > triptofano	Efeito duvidoso da associação
De Montigny et al. (1981)	DU	8	Lítio + ADT	Melhora acentuada em 48h em 100%	Recaída: 1/6 após descontinuar lítio
De Montigny et al. (1983)	DU	34	Lítio + ADT	Resposta em 48h em 74% (diminuição na escala de Hamilton de 50%)	Recaída: 5/9
Heninger et al. (1983)	Depressão maior	15	Lítio + ADT Placebo + ADT	Lítio > placebo	Melhora gradual em 2 a 3 semanas
De Montigny et al. (1985)	DU	7	Lítio + iprindole	Melhora em 48h em 68%	Proposto efeito 5HT seletivo
Price et al. (1985)	DU (10) THB(2)	12	Lítio + tranilcipromina	8 responderam	Refratário ao lítio; aumento dos ADTs

Adaptado de Johnson (1987).
DU= depressão unipolar; THB = transtorno do humor bipolar; PMD = psicose maníaco-depressiva; ADT= antidepressivo tricíclico.

80% desses pacientes na realidade sofriam de transtorno bipolar. O diagnóstico mais comum era transtorno bipolar II, seguido de transtorno do espectro bipolar. Tal descoberta foi atribuída ao uso de seguimento prolongado e sistemático, questionamento especializado para revelar sintomas de hipomania, e entrevistas rotineiras com a família. Ao se trocar a medicação, passando a ser usados estabilizadores de humor, foi observada uma melhora significativa no funcionamento desde a época da consulta inicial. Entretanto, foram reconhecidas limitações do estudo, inclusive o fato de que se tratava de um estudo naturalista e os pesquisadores conheciam os dados durante a coleta.[22]

Kessing e colaboradores[23] apresentaram dados comparando 13.186 pacientes que usaram ao menos uma receita de lítio com 1,2 milhões de indivíduos da população geral na Dinamarca. Os autores constataram que os que usaram lítio tinham uma taxa de suicídio mais elevado em relação aos que não usaram o medicamento, e que os que usaram ao menos duas receitas de lítio tiveram uma redução de 44% na taxa de suicídio se comparados aos que usaram só uma receita. Além disso, a taxa de suicídio diminuiu à medida que aumentou o número de prescrições de lítio. Os autores discutiram (mas descartaram) a possibilidade de o viés na seleção ser responsável pelas diferenças observadas. Em outras palavras, talvez as pessoas inclinadas a continuar o tratamento com lítio cometam suicídio com menos frequência devido a características positivas independentes do efeito do lítio, como virtudes pessoais que levariam tanto à adesão ao tratamento quanto ao risco reduzido de suicídio.[23]

Em uma revisão abrangente, Baldessarini e colaboradores[24] relataram que ao menos cinco estudos controlados por placebo demonstraram que o lítio produz taxas de recuperação em curto prazo duas vezes mais altas do que as de 25 a 35% obtidas com placebo e manejo não específico. No transtorno bipolar, uma revisão de 28 estudos com um total de 2.985 participantes obteve um risco de recorrência 3,2 vezes menor durante o tratamento com lítio. Nenhum dos fatores clínicos que alegadamente contradizem a utilidade do lítio foram confirmados, inclusive

1. estados maníaco-depressivos mistos,
2. episódios múltiplos,
3. longa história de transtorno não tratado e
4. ciclagem rápida.

O Quadro 14.1 sintetiza as situações em que o lítio pode ser eficaz, segundo os estudos revisados por Baldessarini e colaboradores.[24]

Uso atual de tricíclicos e inibidores da monoaminoxidase

Para os subtipos de depressão clínica, a questão da eficácia comparativa dos ISRS *versus* antidepressivos tricíclicos continua sem resolução. As normas práticas da Associação Psiquiátrica Americana (2000) sugerem que os ISRS seriam relativamente ineficazes em casos de depressão maior com traços melancólicos.[2] Por isso, Parker[25] defende a necessidade de "reavaliar a utilidade dos antidepressivos mais antigos" em relação aos ISRS no tratamento dos subtipos depressivos. O autor ao mesmo tempo assinala que de modo geral, em uma análise de custo-benefício, a maior adesão e o perfil de

---

QUADRO 14.1
Situações nas quais o lítio pode ser eficaz

Eficaz
- Prevenção de recorrência de mania* e depressão no transtorno bipolar I
- Redução no risco de suicídio em transtornos afetivos maiores recorrentes

Provavelmente eficaz
- Tratamento da mania ou variantes de transtorno bipolar em crianças e idosos
- Tratamento de longo prazo (isolado ou associado ao valproato) de transtorno bipolar de ciclagem rápida
- Tratamento de longo prazo após demora ou depois de múltiplos episódios bipolares
- Retomada de tratamento de longo prazo após descontinuação
- Prevenção de recorrências de depressão (e hipomania) no transtorno bipolar II
- Prevenção de recorrências de depressão maior unipolar ou pseudounipolar
- Acréscimo de antidepressivos na depressão maior

Possivelmente eficaz ou hipótese insuficientemente investigada
- Tratamento de depressão maior aguda (principalmente bipolar I ou II ou pseudounipolar)
- Tratamento de longo prazo de psicose esquizoafetiva
- Tratamento de transtornos da personalidade envolvendo ciclotimia ou instabilidade emocional
- Tratamento de comportamento impulsivo-agressivo episódico em adultos ou crianças (incluindo aquelas com atrasos de desenvolvimento ou lesão cerebral)
- Tratamento de euforia induzida por estimulante

Adaptado de Baldessarini et al. (2002).
*Condições para as quais o lítio é aprovado pela *Food and Drug Administration* e recomendado pelos fabricantes. O uso clínico empírico para outras condições não é incomum, especialmente quando as alternativas mostram-se mal sucedidas.

efeitos colaterais claramente favorecem os medicamentos mais novos.

Devido ao perfil de efeitos colaterais dos inibidores da MAO comparados com os tricíclicos e especialmente com os ISRS, o uso desta classe de drogas para o tratamento de depressão clínica é desaprovado pelos profissionais. Boa parte da redução nas prescrições sem dúvida se deve ao conhecido risco de reações graves, como crises hipertensivas quando as restrições dietéticas são violadas. Contudo, algum interesse investigativo e clínico ainda persiste, dados os efeitos antidepressivos relativamente bons destas drogas. Isso têm relevância sobretudo nos casos em que os pacientes não respondem às outras drogas mais seguras. Por exemplo, Fava constatou uma taxa de resposta de 67% na conversão de tricíclicos para inibidores da MAO. Uma taxa de 41% de melhora foi obtida na conversão de inibidores da MAO para tricíclicos.[26]

Resistência ao tratamento

Aumentar a dose ou trocar o antidepressivo

Rush e colaboradores[27] sugeriram que estratégias de aumento e conversão são essenciais, pois "apenas de 30 a 40% dos pacientes ambulatoriais deprimidos que iniciam tratamento com medicação ou psicoterapia terão remissão" (p. 47). De modo análogo, Marangell[28] observa que uma proporção considerável de pacientes que sofrem de depressão maior não respondem à monoterapia apropriada. Na revisão de Thase e colaboradores[29] de 10 estudos, a taxa de resposta geral à conversão ficou em torno de 50%. A revisão incluiu o maior estudo duplo-cego de conversão de antidepressivos já realizado. Em consonância com outros 9 estudos revisados, Thase e colaboradores constataram que mais de 50% dos pacientes com depressão crônica que inicialmente não responderam ao tratamento melhoraram após a troca da medicação.

Caso os efeitos colaterais sejam intoleráveis, ou se a dose e duração adequada de uma medicação antidepressiva não gerou resposta, trocá-lo por outra monoterapia é uma opção. Trocar as medicações em vez de acrescentar uma segunda tem as seguintes vantagens:

1. custos reduzidos,
2. menos interações e
3. adesão superior ao tratamento.[28]

Entretanto, existe alguma discordância entre os revisores em relação à questão das taxas de resposta obtidas pelo aumento (associação) em comparação com a troca de antidepressivos em casos de refratariedade ao tratamento. A análise de Marangell[28] sugeriu taxas de resposta de 50% pela troca em vez de pela associação de drogas. Contudo, uma revisão de Lam e colaboradores[30] sugere vantagem em associar antidepressivos em casos de depressão refratária ao tratamento. A associação de drogas obteria proveito da ação de múltiplos mecanismos terapêuticos.

A revisão de Lam e colaboradores[30] incluiu estudos encontrados por meio de busca na base de dados MEDLINE durante 15 anos (até junho de 2001). Os pesquisadores identificaram estudos que associaram dois antidepressivos. De 27 estudos (total $n = 667$), 5 eram randomizados controlados, e 22 eram ensaios clínicos abertos. Em 24 estudos (total $n = 601$) que relataram as taxas de resposta, a taxa geral de 62,2% é superior à taxa de 50% relatada na troca.[28] Entretanto, os autores listaram várias limitações metodológicas, inclusive variabilidade nas definições de refratariedade e resposta ao tratamento, e inconsistência na dosagem das drogas. Lam e colaboradores sugeriram estudos randomizados controlados com amostras maiores para demonstrar o valor de uma estratégia de associação de antidepressivos.

Estudos de associação de drogas controlados por placebo

Coryell[31] assinalou que os estudos abertos revisados são propensos a resultados falso-positivos pelos seguintes motivos: a depressão tende a remitir espontaneamente, e os pacientes que ainda precisam responder a um estudo com antidepressivos talvez apresentem uma resposta-placebo à adição ou substituição por outra droga. Em uma análise de sete estudos controlados por placebo, foi encontrada uma vantagem significativa ao acréscimo de lítio aos antidepressivos tricíclicos ou ISRS.[31] Quatro estudos positivos adicionaram lítio aos antidepressivos tricíclicos e dois a um ISRS. Doses de lítio de ao menos 750 mg diárias e doses ajustadas na faixa antimaníaca tradicional foram usadas nos estudos que favoreceram a adição de lítio.[31] O acréscimo de triiodotironina, pindolol e deidroepiandrosterona (DHEA) também se mostrou promissor.

Medicação, psicoterapia e índices prescritivos

Hollon e colaboradores[32] revisaram os estudos citados na MEDLINE e na PsychINFO, de janeiro de 1980 a outubro de 2004, que utilizaram distribuição randômica de pacientes a tratamentos associados ou tratamento único. Os autores concluíram que a medicação geralmente produz um efeito rápido e substancial, mas, para prevenção de recaída ou recorrência, a adição de uma abordagem psicoterapêutica seria útil (ver Capítulo 16 para descrição detalhada e revisão dos estudos randomizados controlados comparando tratamentos farmacológicos e psicológicos).

Hollon e colaboradores[32] sugeriram que seria aconselhável complementar a medicação com terapia interpessoal ou cognitivo-comportamental, especialmente nas depressões crônicas. Os autores encontraram poucas informações prescritivas para apontar qual tratamento específico funcionaria melhor, mas com respeito à farmacoterapia citaram pesquisas indicativas de que alguns tipos de depressão responderiam melhor a certas medicações do que outros. Por exemplo, pacientes com depressão atípica respondem melhor a inibidores da MAO do que a antidepressivos tricíclicos ou ISRS. Em casos de depressão crônica, mulheres antes da menopausa podem responder um pouco melhor aos ISRS, e os homens a antidepressivos tricíclicos (p. 457). Devido à variação de resposta em cada caso, as estratégias de aumento e conversão (já descritas) são tipicamente recomendadas depois de 6 a 8 semanas sem resposta durante a administração de uma dose adequada de determinada medicação.[32]

Considerações clínicas

Mendlewicz[33] oferece várias sugestões práticas sobre a seleção de agentes farmacológicos no tratamento da depressão clínica. Além de eficácia, segurança e tolerância, "eficácia na vida real" e valor econômico também deveriam ser levados em conta.

O subtratamento é um problema importante. As atitudes do paciente, a prescrição inadequada de antidepressivos e a cobertura limitada dos planos de saúde se somam ao subtratamento. Apenas em torno de um terço dos indivíduos com depressão procuram tratamento. Na atenção primária ou em ambientes de atendimento ambulatorial, os fármacos são o tratamento de escolha em torno de 75% do tempo. Contudo, apenas cerca de 25% dos pacientes na prática clínica são adequadamente tratados quando recebem prescrição de antidepressivos, mesmo com os ISRS mais bem tolerados.[33]

Para melhor compreender a promessa de tratamento eficaz implicada pelas taxas de eficácia dos estudos clínicos, Mendlewicz sugeriu que os clínicos levem em conta as variáveis específicas que determinam como os antidepressivos são de fato empregados no mundo real. Estas incluem "a necessidade de verificação de níveis séricos, facilidade de uso, frequência das doses, adesão, disponibilidade do medicamento, cobertura dos planos, duração do tratamento, experiência anterior com medicamentos ou classes de medicamentos específicos, e efeitos colaterais" (p. s2).[33]

Tratamento depois dos 60 anos

É preciso dar mais atenção à depressão em idosos, segundo Freudenstein e colaboradores.[34] Os autores revisaram os estudos de tratamentos nos casos de depressão para indivíduos com mais de 60 anos, inclusive pesquisa na MEDLINE, Embase, Cinahl, Cochrane Library, Psyclit, BIDS-Social Science e BIDS-Science Citation Index, em busca de artigos em inglês, francês ou alemão publicados entre 1980 e junho de 1999.

Freudenstein e colaboradores incluíram estudos de tratamento medicamentoso, psicoterapia interpessoal, psicoterapia cognitiva-comportamental, aconselhamento e intervenções sociais. Limitando sua análise à atenção primária e a amostras populacionais (estudos de eficácia), constataram que apenas dois estudos focaram pacientes com mais de 60 anos e satisfaziam todos os critérios quanto a conteúdo e qualidade. Esses dois estudos obtiveram melhores resultados utilizando uma equipe psiquiátrica comunitária (40 a 50% dos pacientes melhoraram) em vez de um tratamento de rotina em atenção primária (25 a 30% dos pacientes melhoraram). Em estudos restritos a pacientes com mais de 60 anos, os autores constataram que as análises de tratamento medicamentoso eram curtas e excluíam pacientes com outras doenças, pondo em questão se os estudos de eficácia poderiam ser generalizados em conclusões sobre eficácia, ou como o tratamento medicamentoso funcionaria nas condições cotidianas dos serviços de saúde.[34]

São necessários estudos de intervenções não farmacológicas (como as psicoterapias) para pacientes mais velhos em ambientes de atenção primária. Além disso, os estudos que comparam os ISRS e os antidepressivos mais antigos foram todos eficazes. Estudos farmacológicos de pacientes mais velhos com exclusões mínimas são claramente necessários.[34]

Outra questão importante em relação a pacientes mais velhos é como abordar a falha na resposta ao tratamento. Segundo Baldwin,[35] estudos de pacientes de idades variadas e idosos em ambientes psiquiátricos mostram má resposta ao tratamento farmacológico em um terço dos pacientes. Depois de revisar as possíveis estratégias utilizadas pelos clínicos em casos de ausência de resposta, Baldwin sugeriu avaliação prospectiva específica das seguintes abordagens em pacientes idosos deprimidos:

1. manter o mesmo medicamento por ao menos 12 semanas nos casos de pacientes que não respondem ao tratamento;
2. mudar para outra classe de medicamento depois de 6 semanas e ausência de resposta;
3. adicionar lítio após 6 semanas de tratamento sem recuperação completa.[35]

Finalmente, Satel e Nelson[36] sugeriram a necessidade de estudos com placebo para estimulantes no tratamento da depressão. Sua revisão demonstrou que estudos controlados tinham mais probabilidade de apresentar resultados positivos nos casos de pacientes geriátricos, e que os estimulantes tinham menor propensão a oferecer riscos aos idosos, os quais com frequência sofrem de doenças físicas concomitantes.

Problemas de pesquisa e controvérsias

Nesta seção, oferecemos um apanhado geral de controvérsias e problemas selecionados na realização de pesquisas de resultado no tratamento dos transtornos de humor. Não se pretende aqui oferecer uma revisão abrangente de todas as abordagens e questões metodológicas, mas sim dar uma noção das complexidades de reconhecer os efeitos relativos de um determinado tratamento tanto na pesquisa quanto em ambientes clínicos. No Capítulo 16, os estudos discutidos foram selecionados mediante critérios como base convincente para o diagnóstico de depressão maior, comparação com farmacoterapia clínica, procedência dos pacientes tratados, a duração do tratamento, taxas de finalização, e inclusão da proporção de pacientes que se recuperaram e não apresentaram recaída ou recorrência após o tratamento.

Viés do avaliador

Antes de qualquer droga ser submetida a experimentação controlada, seu valor clínico deve ser calculado em uma série de testes não controlados. Estes geralmente dão um quadro muito mais favorável da eficácia da substância do que os posteriores estudos controlados. Assim, antes de investigações controladas serem realizadas, já existe um consenso clínico sobre a eficácia do antidepressivo. É possível que esta atitude favorável cause um viés nos futuros estudos controlados. Por exemplo, se os pesquisadores usarem um placebo inativo, podem distinguir alguns sujeitos que receberam a substância pelos efeitos colaterais, e as avaliações seriam então influenciadas para um resultado positivo. Se os investigadores obtêm um resultado negativo, podem questionar sua validade e, em consequência, procurar escolher minuciosamente defeitos no delineamento da pesquisa. Caso os encontrem, eles podem nem publicar os resultados.

Para controlar efeitos colaterais, a atropina, que possui efeitos autonômicos semelhantes aos da imipramina, foi utilizada nos primeiros estudos como placebo ativo. Contudo, quando doses leves ou moderadas de atropina foram usadas, poucas diferenças entre imipramina e placebo foram observadas.[8] Isso sugeriu a possibilidade de que os avaliadores tenham sido incapazes de distinguir os pacientes que receberam imipramina e atropina, e consequentemente de não ter havido viés na avaliação. Tal hipótese sugeriu que a imipramina não era mais eficaz do que a atropina. Alternativamente, é possível que os efeitos colaterais da atropina atuem sobre a sugestionabilidade dos pacientes para dar uma taxa muito alta de resposta-placebo.

Resposta-placebo

A taxa de resposta-placebo é radicalmente diferente nos diversos estudos, tendo variado de 0 a 77%.[9,11] Nos primeiros estudos de imipramina citados por Klerman e Cole,[6] a taxa de resposta-placebo era de 21% em pacientes ambulatoriais, 46% nos recém-internados e de apenas 16% nos pacientes hospitalizados crônicos. Nos estudos iniciais que demonstraram a eficácia da imipramina, a taxa de resposta-placebo foi de 27%. Nos estudos que indicaram sua ineficácia, ela foi de 41%. A taxa de resposta à imipramina foi respectivamente 70% e 58% nos estudos com resultados positivos e negativos. A diferença entre ambos não depende somente da taxa de resposta-placebo.

A questão da resposta-placebo ainda está ligada a outro fator. Os diversos experimentos podem não ser diretamente comparáveis por causa dos diferentes intervalos de tempo entre início do tratamento e avaliação. Tome-se um exemplo no qual a faixa entre os estudos é, digamos, de duas semanas a dois meses e meio. Nos períodos de tempo mais longos, sob condições de alta remissão espontânea, as diferenças droga-placebo podem ser obscurecidas.

Vários outros fatores devem ser considerados ao avaliar a resposta-placebo.

1. A melhora no grupo-placebo pode refletir a história natural da doença, ou seja, remissão espontânea.
2. Fatores sem relação com as drogas, tais como ambiente hospitalar e psicoterapia, podem produzir melhora no grupo-placebo.

3. O efeito-placebo em si pode ser terapêutico.

É possível que o simples fato de receber medicação ajude a aliviar a sensação de desesperança que afeta os pacientes deprimidos. Também é possível que os pacientes relatem melhora subjetiva a fim de agradar o avaliador mesmo que o transtorno básico não tenha melhorado. Estudos que não utilizem placebo no grupo-controle devem, portanto, ser realizados.

Distribuição não randômica de variáveis

A taxa de resposta-placebo pode estar ligada a outro problema que afeta não apenas cada estudo individual, mas também quaisquer comparações entre eles. Cada estudo deve decidir como limitar sua amostra de pacientes. Estudos de depressão podem ter grupos amostrais muito amplos ou muito estreitos. Como se desconhece quais variáveis do paciente têm relação com a eficácia dos antidepressivos, talvez ocorra de fato uma distribuição não randômica das características dos pacientes nos grupos experimental e controle.[37] Algumas variáveis raramente consideradas essenciais, por exemplo, nível socioeconômico, podem ser importantes.[38,39] Além disso, uma variável como idade, que seria facilmente controlada, talvez tenha importância. Grosse e Freeman,[40] por exemplo, produziram dados que indicam que pacientes abaixo dos 40 anos apresentam alta taxa de resposta ao placebo. Em um contexto diferente, Friedman e colaboradores[9] demonstraram que pacientes com idade média de 60 anos hospitalizados com depressão psicótica respondem a uma taxa extraordinariamente alta ao placebo.

Variabilidade das escalas

Diversas escalas têm sido utilizadas para avaliar os resultados do tratamento, que parecem depender em parte da escala utilizada. Klerman e Cole[8] fizeram as seguintes observações sobre as escalas utilizadas nos estudos da imipramina. Onze dos doze estudos que usaram avaliações globais demonstraram uma diferença entre imipramina e placebo, mas apenas a metade dos estudos que usaram os escores totais de morbidade demonstraram tal diferença. Sete estudos indicaram diferenças em alguns escores fatoriais que representam aspectos da psicopatologia ou em algumas escalas isoladas de psicopatologia. Dois estudos não demonstraram nenhuma dessas diferenças. Há muito se sabe que em estudos nos quais duas escalas diferentes são utilizadas os resultados podem parecer contraditórios.[37]

Outros problemas

Vários autores alegam que uma alta ou baixa dosagem é responsável por determinado resultado positivo ou negativo.[5,12] Outros negam isso, e os problemas para identificar a dosagem máxima segura e as prescrições de doses individuais continuam.[8,11] Diversos outros fatores que desempenham papel relevante nos estudos farmacológicos são há muito reconhecidos. Estes fatores incluem aspectos do pesquisador e da equipe de pesquisa além de viés, relações sujeito-pesquisador, ambiente físico e contexto social.[41]

Questões de risco versus benefício

Mesmo depois de comprovado que certo agente farmacológico é relativamente "seguro e eficaz" e funciona em populações de pacientes em contexto real com transtornos concomitantes e variáveis diversas, o cálculo do risco-benefício continua sendo um fator preponderante na prescrição a cada paciente individualmente. Como exemplo, consideremos os medicamentos mais antigos e os mais novos. Apesar dos avanços no desenvolvimento de novas drogas antidepressivas, tais como ISRS, elas podem não funcionar para um determinado caso. A relativa utilidade dos tipos mais antigos de antidepressivos, a despeito dos riscos em geral maiores, permanece em discussão.

Bolwig[42] cita estudos indicativos de que os antidepressivos mais recentes são inferiores ao antidepressivos tricíclicos. O autor observa que o risco mais sério associado à depressão é o suicídio, e que a depressão melancólica está especialmente associada a esse risco. Bolwig acredita que os antidepressivos tricíclicos são superiores aos ISRS no tratamento de depressão melancólica e conclui que "não iniciar tratamento com antidepressivos tricíclicos em um estágio precoce priva os pacientes melancólicos da possibilidade de tratamento bem-sucedido" (p. 1236).

Um comentário de Summerfield[43] no *The Lancet* questiona inclusive a crença comum de que o melhor tratamento que se pode dar aos pacientes é mediante a prescrição de antidepressivos. O autor sugere ao contrário que houve uma "medicalização da tristeza", que o resultado em ambientes de atenção primária não é significativamente favorecido e que o problema clínico das reações à descontinuação de antidepressivos deve receber maior consideração.

Controvérsia sobre o efeito-placebo

Não somente a avaliação do risco é problemática – e complicada pelos possíveis efeitos colaterais de longo prazo não detectáveis durante o curso dos estudos iniciais –, também a avaliação do benefício não é direta. Uma complexidade na pesquisa sobre resultado na depressão é o fato de que esse transtorno parece sobretudo propenso à influência de fatores "não específicos" ou placebo, ao menos em curto prazo. Além disso, a magnitude desse efeito parece variável. Estudos duplo-cego iniciais comparando a imipramina com um placebo produziram diferenças no tamanho de efeito no placebo. Estes debates persistem.[10,44,45,46]

Greenberg e colaboradores[44] realizaram uma metanálise de 22 estudos de resultado com antidepressivo. Os autores incluíram somente estudos que compararam um antidepressivo mais recente (amoxapina, maprotilina ou trazodona) com antidepressivos mais antigos ou tradicionais (imipramina ou amitriptilina) e grupos-controle placebo. O tamanho de efeito baseado nas avaliações clínicas mostraram menor efeito antidepressivo do que o tamanho de efeito dos resultados baseados nas avaliações dos pacientes. Greenberg e colaboradores concluíram que o efeito antidepressivo das drogas era "muito modesto", e para as escalas avaliadas pelos pacientes, não muito maior do que o efeito-placebo.

Dez anos depois, Moncrieff e colaboradores[45] revisaram os ensaios metanalíticos que compararam antidepressivos com placebos "ativos", que visam imitar os efeitos colaterais das drogas reais. Tem-se considerado que o uso de placebos inertes causam um viés favorável às drogas antidepressivas, pois efeitos colaterais de medicações reais resultariam em um efeito-placebo mais forte. Moncrieff e colaboradores encontraram nove estudos com placebos ativos, e somente em dois deles os efeitos de melhora foram em favor da droga antidepressiva ativa. Diz-se que tal metanálise oferece um teste mais rigoroso da eficácia dos antidepressivos. Reunidos, estudos como esses levantaram dúvidas sobre se (ou em que medida) os antidepressivos-padrão são mais efetivos do que placebo e sugeriram que placebo ativo é um controle metodológico melhor do que um placebo inerte ou inativo.

Contrário aos estudos mencionados (Greenberg et al.; Moncrieff et al.), em 2000, Quitkin e colaboradores[10] ofereceram argumentos em apoio à adequação do delineamento dos estudos sobre antidepressivos e sugeriram que esses medicamentos gozam de indubitável prova de sua superioridade em relação ao placebo. Os pesquisadores revisaram várias metanálises e constataram que a eficácia dos antidepressivos sobre as taxas de melhora com placebo era consistente entre os estudos bem controlados. Concluíram que os antidepressivos-padrão são ao menos duas vezes mais eficazes no alívio da depressão clínica do que placebo.

Efeitos adversos dos medicamentos antidepressivos

Há consenso relativamente generalizado sobre os efeitos adversos dos compostos tricíclicos e inibidores da MAO.[5,7,8,47]

Klerman e Cole[8] destacaram um problema geral na avaliação dos efeitos colaterais: é necessário ter um grupo-controle e minucioso relato de queixas somáticas *antes* do início da terapia medicamentosa. De outra forma, vários dos sintomas apontados como efeitos colaterais talvez representem queixas que já existiam ou que apareceriam sem o uso do medicamento.

ISRS

Hu e colaboradores[48] estudaram a incidência e duração dos efeitos colaterais dos ISRS. Seu estudo baseou-se nos relatos de pacientes e médicos em contexto real, e não em estudos clínicos controlados.

Os participantes eram pacientes que tinham tomado um ISRS devido a um episódio novo ou recorrente de depressão (CID-9 código 296.2 ou 311) entre 15 de dezembro de 1999 e 31 de maio de 2000. Entre 75 e 105 dias após início do tratamento com ISRS, os pacientes participaram de uma entrevista telefônica com perguntas fechadas. Os entrevistadores fizeram perguntas diretas aos pacientes sobre a presença de 17 efeitos colaterais específicos comumente associados aos ISRS. As perguntas também se concentraram na duração e no grau de incômodo dos efeitos colaterais.

As respostas dos pacientes foram então comparadas a um levantamento escrito junto aos médicos que prescreveram as drogas, no qual os médicos indicavam a frequência e o grau de intensidade dos efeitos colaterais dos ISRS. Os resultados indicam que 344 dos 401 pacientes que completaram a entrevista (86%) relataram ao menos um efeito colateral, e 219 (55%) tiveram um ou vários efeitos colaterais problemáticos. Os mais incômodos foram sonolência e disfunção sexual. O levantamento junto aos médicos ($n = 137$) subestimou a ocorrência e o grau de 17 efeitos colaterais em comparação com os relatos dos pacientes. Os efeitos colaterais tipicamente começaram nas duas primeiras semanas de tratamento e continuaram durante os primeiros três meses, sobretudo visão borrada (85%) e disfunção sexual (83%).

Culpepper e colaboradores[49] forneceram uma discussão das questões em torno do informe de saúde pública da Food and Drug Administration (FDA) de que os antidepressivos estariam associados ao aumento de pensamentos e comportamento suicidas. O informe continha advertências em relação a 10 agentes antidepressivos populares, mas um vínculo causal definitivo entre as drogas e o suicídio ainda precisa ser estabelecido.

Medicamentos tricíclicos

Uma das possíveis complicações graves devido ao uso de imipramina é icterícia. A hepatite que resulta dos tricíclicos é do tipo obstrutiva e não envolve primariamente o parênquima hepático. Em geral, resolve-se com relativa rapidez quando a administração da droga é suspensa.

A imipramina também pode causar agranulocitose, embora esse tipo de hipersensibilidade tenha raramente aparecido. Também foram observadas leucopenia, leucocitose e ocasionalmente eosinofilia leve. Ayd afirma que a amitriptilina mostrou-se mais segura do que a imipramina na produção de hepatite e agranulocitose menos frequentes.

A imipramina e a amitriptilina também produzem vários efeitos autonômicos e complicações cardiovasculares. Os efeitos autonômicos mais comuns são boca seca, sudorese aumentada, dificuldade de acomodação visual e constipação (Klerman e Cole[8]). Estas são "mais incômodas do que graves", segundo Cole.

Problemas cardiovasculares representam um perigo maior. Hipotensão postural e taquicardia são relativamente frequentes. Klerman e Cole[8] incluem trombose coronariana, insuficiência cardíaca congestiva e embolia pulmonar. Alega-se que outros tricíclicos – desipramina, protriptilina e nortriptilina – produzem menos efeitos autonômicos e cardiovasculares (Holdern[3]), mas provocam outros efeitos colaterais. Por fim, os compostos tricíclicos podem ser tóxicos.

Inibidores da monoaminoxidase

Os possíveis efeitos colaterais indesejáveis dos inibidores da MAO foram discutidos minuciosamente por Ayd.[47] Esses efeitos assemelham-se aos provocados por medicamentos tricíclicos, mas são mais numerosos e graves. A iproniazida não está mais disponível nos Estados Unidos por conta da intensidade de algumas reações colaterais.

O primeiro grande problema é a cefaleia. Dores de cabeça podem ser causadas por todos os antidepressivos, mas em alguns casos os inibidores da MAO causam cefaleia grave com hipertensão. Sintomas concomitantes incluem apreensão, inquietação, espasmos musculares, tontura, palidez, sudorese, náusea, taquicardia ou bradicardia, dor precordial, pressão arterial elevada e fotofobia. É possível que a temperatura corporal mude. A crise pode ser aguda por apenas algumas horas, mas a recuperação completa talvez leve vários dias. A consequência mais grave de um desses episódios é hemorragia cerebral, às vezes mortal.

Não há como identificar os pacientes que sofrerão uma dessas crises hipertensivas. Como com outros efeitos adversos dos inibidores da MAO, existe uma ampla variação individual na sensibilidade à droga. Existem alguns indícios de que mulheres e idosos são mais propensos a reações colaterais. Estas crises podem ocorrer a qualquer momento durante a administração da droga, embora com frequência pareçam ocorrer em concomitância com a ingestão de outros agentes farmacológicos. Em especial, o consumo simultâneo de simpatomiméticos hipertensivos ou alguns tipos de queijos envelhecidos (contendo concentrações significativas de aminas pressóricas) podem provocar hipertensão com cefaleia grave ou acidente vascular cerebral.

Os derivados da hidrazina (isocarboxazida, nialamida, e fenelzina) também causam hepatite. Dois outros perigos são consensuais. Não é possível usar tricíclicos e inibidores da MAO simultaneamente ou mudar de um para outro sem esperar pelo menos uma semana. Relatos de casos em que essa precaução não foi tomada descrevem "tontura intensa, tremor, inquietação, alucinações, sudorese profusa, colapso vascular e hiperpirexia extrema" (Klerman e Cole[8]). Essas consequências são menos prováveis se a troca for de um tricíclico para um inibidor da MAO do que se for o inverso.

O último perigo é que um paciente gravemente deprimido tente cometer suicídio usando os remédios que estiver tomando. Em pacientes que tomaram altas doses de imipramina, vários tipos de sintomas estiveram presentes por dois ou três dias, seguidos por recuperação completa.

Apesar dos avanços no desenvolvimento de novos antidepressivos, tais como os ISRS, nem sempre eles funcionam. Rush e colaboradores[27] sugeriram que os aumentos e as mudanças de estratégias são essenciais, pois "somente de 30 a 40% dos pacientes ambulatoriais deprimidos que iniciam uma medicação ou psicoterapia terão remissão" (p. 47).

O tratamento da depressão clínica continua controverso em diversas outras questões. A relativa utilidade das outras classes de antidepressivos continua em debate. Bolwig[42] sugeriu que os antidepressivos mais recentes são inferiores aos antidepressivos tricíclicos, observando que o risco mais grave associado à depressão é o suicídio, e que a depressão melancólica está sobretudo associada a este risco. O autor escreve que os antidepressivos tricíclicos são superiores aos ISRS usados para tratar depressão melancólica, e conclui que "não iniciar o tratamento com antidepressivos tricíclicos em um estágio precoce priva os pacientes melancólicos da possibilidade de tratamento bem-sucedido" (p. 1236).

Tantos os tricíclicos quanto os inibidores da MAO continuam sendo investigados. Alguns estudos sugerem que a troca entre essas medicações mais antigas consiste em uma estratégia efetiva. Por exemplo, Fava[26] obteve uma taxa de resposta de 67% na troca de tricíclicos por inibidores da MAO e de 41% no sentido inverso.

Finalmente, vozes divergentes permanecem em relação à sabedoria de usar a abordagem farmacológica para tentar resolver os transtornos de humor. Summerfield no *Lancet*[43] questiona se os pacientes precisam de antidepressivos. Ele sugere que tem havido uma "medicalização da tristeza", que o resultado em ambientes de atenção primária não apresenta melhora significativa e que o problema clínico das reações à descontinuação dos antidepressivos deve receber maior consideração. Contudo, esta opinião é mantida por uma minoria muito pequena de especialistas nos transtornos de humor.

ELETROCONVULSOTERAPIA

Convulsões induzidas por doses substanciais de cânfora eram usadas no tratamento dos transtornos mentais já em 1785. O tratamento foi reativado em 1933 por Meduna, que utilizou cânfora no tratamento de pacientes esquizofrênicos. A cânfora foi paulatinamente substituída por drogas mais eficazes, como o Metrazol. Em 1938, Cerletti e Bini aprimoraram a técnica de produzir convulsões quando introduziram a técnica de passar uma corrente elétrica através de dois eletrodos fixados na testa. Em consequência, um método relativamente seguro, conveniente e indolor de ECT seria usado no tratamento de transtornos mentais. A ECT foi introduzida nos Estados Unidos por Kalinowski em 1939.

Efeitos fisiológicos

Os efeitos fisiológicos da ECT foram resumidos pela primeira vez por Holmberg em 1963.[50] Essa terapia, quando não modificada por relaxantes musculares, produz uma crise epiléptica tipo grande mal. Inicialmente ocorre tensão ou espasmo produzido pela estimulação cortical direta. Depois há um período de latência seguido por convulsões tônico-clônicas. O eletroencefalograma (EEG) durante a fase tônica é caracterizado por uma atividade de pico generalizadae intensa. Durante a fase clônica, o EEG mostra atividade de onda de pico não sincrônica com os movimentos clônicos. Imediatamente após a convulsão, o EEG mostra um breve período de silêncio elétrico seguido por um retorno gradual de atividade até que o padrão pré-convulsivo seja retomado.

Holmberg[50] relacionou diversas mudanças fisiológicas ocorridas durante a convulsão. A respiração é suspensa como resultado do espasmo dos músculos respiratórios e da glote. Ocorre uma no dióxido de carbono sanguíneo e uma substancial redução dos níveis de oxigênio. Embora a circulação cerebral esteja acentuadamente aumentada durante a convulsão, o aumento do suprimento sanguíneo não atende a demanda do metabolismo cerebral bastante aumentado. A discrepância entre a circulação cerebral disponível e o metabolismo cerebral aumentado é a principal razão para o término espontâneo da convulsão.

A anoxia é prontamente neutralizada pela administração de oxigênio antes do ECT. A frequência cardíaca é amiúde rápida e irregular, e há oscilações extremas na pressão arterial. A irregularidade dos batimentos cardíacos é neutralizada por pré-medicação. Relaxantes musculares são usados para reduzir o aumento na pressão arterial.

Os efeitos imediatos no EEG após ECT são breves e reversíveis. Entretanto, eles tendem a ser cumulativos durante uma sequência de sessões. Esses efeitos em geral não persistem por mais do que um mês após o tratamento. Alguns investigadores descreveram uma associação entre a intensidade dos falhas na memória e o grau de alteração no EEG. Em outros estudos, contudo, essa correlação não foi encontrada. De modo geral, as alterações no EEG estão mais correlacionadas com déficits na memória do que com efeitos antidepressivos.

A ECT produz diversas mudanças autonômicas atribuíveis à excitação dos centros de regulação autonômica. Um dos efeitos mais proeminentes é a inquietação psicomotora. Diversos efeitos colinérgicos, tais como arritmias transitórias, podem ocorrer, mas são facilmente controlados por meio de drogas anticolinérgicas. O aumento nas secreções salivar e brônquica pode igualmente ser neutralizado por atropinização preliminar.

Efeitos bioquímicos

Uma série de alterações bioquímicas e hormonais foram relatadas em conjunção com o ECT. Hiperglicemia de duração de uma a várias horas é um fenômeno constante. Também existe aumento nos compostos nitrogenados, potássio, cálcio, fósforo e esteroides no sangue. Muitos investigadores demonstraram aumento nas catecolaminas e serotonina circulantes, mas não há evidência de que tal efeito tenha alguma coisa a ver com a ação terapêutica do ECT.[50]

Efeitos psicológicos

A ECT quase sempre provoca prejuízo à memória. Esse prejuízo varia de uma leve tendência a esquecer nomes ou datas até uma confusão grave. A amnésia pode ser tanto anterógrada quanto retrógrada. Com frequência ela perturba o paciente e pode continuar por várias semanas após a conclusão do tratamento. O prejuízo à memória geralmente desaparece dentro de um mês (Cronholm e Molander[51]). Não há prejuízo duradouro à memória mesmo após 250 sessões de tratamento. A maioria dos autores acredita que a eficácia da ECT na depressão não se relaciona com as falhas na memória.

Complicações

Acidentes cardiovasculares são mais propensos a ocorrer se houver patologia preexistente. Arritmias cardíacas transitórias ocorrem mas sua incidência é reduzida por pré-medicação com agentes bloqueadores da acetilcolina. Em estudos anteriores, o risco de mortalidade para um paciente específico era de aproximadamente 3 em 1.000. Com as modificações mais modernas da ECT, a taxa de mortalidade foi ainda mais reduzida. Holmberg relatou que milhares de sessões da ECT com relaxamento mediante pentabarbital e succinilcolina durante um período de 10 anos não resultou em complicações.

Mecanismos de ação

Kalinowsky e Hoch[52] descreveram uma ampla variedade de teorias sobre o modo de ação do ECT. Embora o mecanismo de ação ainda não tenha sido estabelecido, foi possível eliminar muitos fatores que anteriormente eram considerados de grande importância na produção dos efeitos terapêuticos. Entre os fatores que podem ser descartados como terapeuticamente importantes estão a anoxia, hipercapnia, esforço muscular, reações adrenais, excreção periférica de catecolaminas e outras alterações bioquímicas no sangue (Holmberg[50]).

A efetividade da ECT depende da produção de atividade convulsiva no cérebro. Tratamento subconvulsivo e eletroestimulação não convulsiva do diencéfalo mostraram não ter valor terapêutico. Além disso, relatou-se que a redução da atividade convulsiva por pré-medicação com drogas anticonvulsivas reduz o efeito terapêutico da ECT. A intensificação da atividade convulsiva pelo uso de relaxantes musculares e oxigenação aumenta os efeitos terapêuticos (Holmberg[50]).

Compatível com as perspectivas iniciais descritas, uma revisão mais contemporânea de Holden[53] observa que os efeitos da ECT são amplos, e os ingredientes ativos ainda não estão claros. Além de induzir convulsões, a ECT aumenta os níveis de serotonina, mitiga os efeitos dos hormônios do estresse e estimula a neurogênese no hipocampo.

Eficácia

Embora ainda seja objeto de algumas críticas (Sterling), a ECT moderna resolve a depressão de maneira rápida e mais consistente se comparada com outros tratamentos antidepressivos (Fink).[54,55] Uma revisão e metanálise sistemática ampla da eficácia e segurança da ECT nos transtornos depressivos foi realizada pelo ECT *Review Group* do Reino Unido.[56] No curso da revisão, foi obtido um total de 624 relatos e identificaram 73 estudos randomizados e estudos observacionais publicados desde 1962 que satisfaziam os critérios de inclusão. As fontes incluíram os registros dos estudos controlados do *Cochrane Collaboration Depressive Anxiety* e *Neurosis and Schizophrenia Group*, MEDLINE, PsychINFO e SIGLE, além de listas de referências e livros-texto especializados. As principais medidas de resultado foram sintomas depressivos, função cognitiva e mortalidade. A metanálise dos dados de eficácia em curto prazo comparou ECT com ECT simulada, ECT *versus* farmacoterapia e diversas formas de ECT no tratamento de pacientes com doença depressiva. A ECT real foi mais efetiva do que a simulada (6 estudos, 256 pacientes); a ECT foi significativamente mais efetiva do que a farmacoterapia (18 estudos, 1.144 pacientes); e a ECT bilateral foi mais efetiva do que ECT unipolar (22 estudos, 1.208 participantes).

O ECT *Review Group* do Reino Unido observou que na década de 1970 a preocupação em relação à ECT era com sua eficácia, mas agora as questões são a dose e o local de aplicação. Concluiu-se que a ECT continua sendo um tratamento importante para depressão grave. Constatou-se que ela é "provavelmente mais eficaz" do que a terapia medicamentosa, que a ECT bilateral é "moderadamente mais eficaz" do que a unilateral, e que a ECT em dose alta é mais eficaz do que em dose baixa.[56]

Kho e colaboradores[57] ofereceram uma metanálise da eficácia de ECT na depressão limitada aos 15 estudos controlados publicados desde 1978. Os autores calcularam 20 tamanho de efeito da ECT e constataram ausência de viés nas publicações. Não ocorreu amplificação no tamanho de efeito nos estudos de menor qualidade. Compatíveis com os resultados de Carney e colaboradores[56] a ECT mostrou-se superior à medicação e ECT simulada. Além disso, foram obtidas algumas evidências de que melhor resposta à ECT era fator preditor da presença de psicose.

Este resultado é consistente com sugestões de Potter, Rudorfer e Manji, que concluíram que a ECT é altamente eficaz no tratamento de depressão delirante. Potter e colaboradores[14] também a recomendaram para os que sofrem de depressão melancólica grave e não respondem aos agentes tricíclicos. Os autores observaram que a ECT deveria ser considerada com mais antecedência quanto mais grave fosse a depressão.

DIREÇÕES FUTURAS

Estimulação magnética transcraniana

Vários estudos testaram a EMTC como um tratamento inovador (Pridmore;[58] Pridmore et al.;[59] Grunhaus et al.[60,61]).

Pridmore[58] utilizou um estudo controlado, randomizado cego de 22 pacientes e verificou que era possível substituir a ECT por EMTC durante um tratamento com ECT sem perda do efeito antidepressivo. Pridmore e colaboradores[59] compararam a EMTC com a ECT no tratamento de 32 pacientes com episódio depressivo maior. Os participantes não responderam a pelo menos uma série de tratamento farmacológico. Os pesquisadores descobriram que pacientes tratados com ECT melhoraram um pouco mais nas escalas de depressão em geral, mas que a EMTC produziu resultados comparáveis em uma série de escalas. Concluíram que estudos adicionais são indicados. Grunhaus e colaboradores[60] alocaram randomicamente 40 pacientes com transtorno depressivo maior para ECT ou EMTC repetitiva. Embora de modo geral os pacientes respondessem melhor a ECT, os com transtorno depressivo maior sem psicose responderam de modo análogo a ambos os tratamentos. Por fim, Grunhaus e colaboradores[61] descreveram uma comparação randomizada controlada de ECT e EMTC em depressão maior não psicótica grave e resistente. A taxa de resposta era de 58% (23 de 40 pacientes responderam ao tratamento). Para a ECT, 12 responderam, e 8, não. No grupo de EMTC, 11 responderam, e 9, não. Os pesquisadores concluíram que, neste estudo, os pacientes responderam da mesma forma à ECT ou à EMTC.

Farmacogenômica

Vários estudos testaram se marcadores genéticos indicariam a resposta medicamentosa diferencial, assim levando à possibilidade de tratamento farmacológico individualizado da depressão. Smeraldi e colaboradores[62] propuseram a seguinte linha de raciocínio:

1. depressão com traços psicóticos mostrou-se responsiva a ISRS;
2. o gene 5-HTT é um alvo primário do ISRS;
3. comprovou-se que um polimorfismo dentro do 5-HTT leva a variações na eficiência transcricional; portanto,
4. talvez a variação alélica do promotor de 5-HTT tenha relação com a resposta antidepressiva.

Seu estudo incluiu 102 pacientes hospitalizados com depressão maior com traços psicóticos. Os pacientes foram randomicamente alocados para tratamento com fluvoxamina e placebo ou pindolol por 6 semanas. Homozigóticos para a variante longa (l/l) do promotor de 5-HTT e heterozigóticos (l/s) mostraram melhor resposta a fluvoxamina do que homozigóticos para a variante curta (s/s). Os pesquisadores concluíram que a eficácia da fluvoxamina na depressão delirante está relacionada à variação dentro do promotor do gene 5-HTT.

Pollock e colaboradores[63] estudaram a resposta à paroxetina em relação ao polimorfismo do gene transportador de serotonina (5-HTTLPR). Reduções na HRSD foram mais rápidas para os portadores do genótipo ll do que para os portadores de um alelo s, apesar de concentrações equivalentes de paroxetina. A resposta à nortriptilina não foi afetada, sugerindo que a variação alélica do 5-HTTLPR pode contribuir para a resposta inicial dos pacientes tratados com ISRS.

Rausch e colaboradores[64] realizaram o primeiro estudo sobre a relação antidepressiva dose-resposta com a cinética e genética do 5-HTT. Cinquenta e um pacientes com depressão maior foram classificados quanto ao polimorfismo de região promotora de 5-HTT e plaqueta 5-HTT. Os pesquisadores verificaram que o grupo com alelos longos respondia mais tanto a placebo quanto a dose do medicamento do que o grupo com alelo curto. Os autores observaram estudos anteriores que sugerem que o alelo longo está associado a menos neuroticismo ou ansiedade, mas ainda não está claro por que o alelo longo estaria ligado à melhora mais rápida. Futuros estudos de farmacogenômica continuarão identificando os marcadores genéticos na esperança de melhor prever a resposta medicamentosa individual e as razões para isso.

15
PSICOTERAPIA

Neste capítulo, consideramos as principais abordagens psicoterapêuticas dos transtornos de humor, inclusive psicoterapia de apoio e psicanalítica, terapia interpessoal, tratamentos comportamentais e terapia cognitiva. Também consideramos o tratamento psicoterapêutico do transtorno bipolar, a prevenção de suicídio, a prevenção de recaída e os processos de mudança em psicoterapia. O maior foco está nos tratamentos que têm sido utilizados em estudos do transtorno depressivo maior e naqueles com suporte empírico relativamente convincente.[1,2] No Capítulo 16, oferecemos um cotejo específico da farmacoterapia com a psicoterapia e revisamos os estudos de prevenção de recaída que compararam os efeitos relativos de medicamentos e psicoterapia.

PRIMEIRAS ABORDAGENS

Antes do uso dos manuais de tratamento (p. ex., Beck et al.[3]) para orientar a prática clínica, a psicoterapia como tratamento de depressão geralmente era descrita de maneira relativamente vaga e mal focalizada. Entretanto, havia exceções. Entre as abordagens mais estruturadas, *Manic-Depressive Disease*, de Campbell (1953),[4] sugeria alguns passos no tratamento psicológico dos maníaco-depressivos, incluindo diagnóstico correto, explicação dos sintomas somáticos ao paciente, remoção de fatores ambientais precipitantes ou agravantes, combate à conscienciosidade, psicoterapia, orientação aos familiares e amigos sobre as necessidades do paciente, repouso e relaxamento, terapia ocupacional e biblioterapia.

Entre outros escritos iniciais sobre a dinâmica e psicoterapia da depressão estão os de Wilson,[5] Kraines,[6] Ayd,[7] Arieti,[8] Gibson,[9] Regan[10] e Bonime.[13]

Wilson[5] assinalou que, quando se rompe o necessário estado de equilíbrio da personalidade, uma "sequência de necessidade-satisfação" é ativada. Kraines, em *Mental Depressions and Their Treatment*,[6] enfatizou, como Campbell, a base física da doença maníaco-depressiva, mas considerou a psicoterapia essencial para encurtar a doença, aliviar o sofrimento do paciente e prevenir complicações. Ayd, em *Recognizing the Depressed Patient*,[7] também enfatizou (como Campbell e Kraines) que o médico deve começar informando o paciente de que a doença tem uma base física e a melhora é possível. Ayd achava que o incentivo é importante e que o médico deve dissuadir o paciente de tentar o que lhe parece difícil, pois o fracasso apenas reforça o senso de inadequação e culpa.

Arieti[8] afirmou que "A depressão é [...] uma reação à perda de um ingrediente normal da vida psicológica". O paciente precisa reorganizar seu pensamento "em diferentes constelações que não acarretem tristeza". A depressão muda os processos de pensamento, aparentemente para diminuir a quantidade de pensamentos "a fim de diminuir a quantidade de sofrimento". Em casos de intensidade moderada, Arieti sugeriu que o terapeuta altere o ambiente, especialmente a relação com o outro dominante; alivie o sentimento de culpa, de responsabilidade, de falta de realização e de perda do paciente; e não permita que os pensamentos depressivos se expandam para um humor geral de depressão.

Em um artigo sobre psicoterapia dos estados maníaco-depressivos, Gibson[9] distinguiu a dificuldade do paciente de estabelecer uma relação com o terapeuta na qual ocorra comunicação significativa. O paciente tende a reformular as observações e interpretações do terapeuta de acordo com seu modo predeterminado de perceber as relações. É útil que o terapeuta questione a visão do paciente a fim de introduzir um novo ponto de vista.

Em um artigo intitulado "Brief Psychotherapy of Depression", Regan[10] preocupou-se com "táticas", um "conjunto circunscrito de procedimentos dirigidos a uma meta tática específica". Ele defendia uma série de abordagens táticas na psicoterapia da depressão:

1. proteger o paciente,
2. realizar uma exploração preparatória,
3. interromper o ciclo ruminativo,
4. utilizar terapia física e
5. iniciar mudanças de atitude.

Bonime[11] alegava que a depressão é um modo doentio de se relacionar com os outros seres humanos. Caracteristicamente, o depressivo estabelece demandas desmedidas para com os outros. O viver depressivo tem uma consistência básica que impregna todas as suas variações, do mau-humor neurótico à mania psicótica, cujos elementos são manipulação, aversão à influência, relutância em proporcionar gratificação, hostilidade e ansiedade. Bonime sugeriu que o terapeuta promova tanto o reconhecimento dos pacientes de seu papel em causar seu próprio sofrimento quanto dos recursos pessoais de que dispõem para alterar essas práticas.

PSICOTERAPIA DE APOIO

Reasseguramento da confiança

Kraines[6] dá a seus pacientes longas explicações, tanto dos fatores envolvidos na depressão quanto do curso da doença, e conclui: "Você precisa lembrar é que esta exaustão pode e será superada. Você precisa ter paciência e cooperar. Não será fácil; vai levar tempo, mas você vai se recuperar" (p. 409).

Declarações otimistas sobre o resultado podem incentivar o paciente a tornar-se mais ativo e ajudar a neutralizar o pessimismo que tudo permeia. Em depressões leves ou moderadas, os incentivos apresentam um efeito de melhora perceptível, mas pacientes com depressão grave às vezes encaram essas declarações positivas com ceticismo e não são influenciados por elas.

Outra técnica que costuma ser útil para contrabalançar a baixa autoestima e sentimento de desesperança do paciente é uma discussão de suas realizações positivas. Se permitirmos que sigam sua inclinação, os pacientes tendem a deter-se em fracassos passados e experiências traumáticas. O terapeuta pode promover uma avaliação mais realista do passado e melhorar a autoavaliação dos pacientes se habilmente os orientar a descreverem seus êxitos em detalhe.

Exposição e catarse

Alguns pacientes deprimidos vivenciam considerável alívio depois de falar livremente sobre seus sentimentos e preocupações com o terapeuta. O conforto emocional produzido pelo choro às vezes produz um notável alívio dos sintomas. Contudo, pacientes com depressão grave às vezes reagem mal à exposição. Depois de uma discussão sobre seus problemas, talvez se sintam mais oprimidos e indefesos, além de humilhados por terem se exposto.

Orientação e mudança ambiental

A necessidade de alguma alteração nas atividades dos pacientes é muitas vezes óbvia, e o terapeuta pode utilizar a relação terapêutica para induzir o paciente a modificar a própria rotina. Por exemplo, o terapeuta pode agir como um catalisador para redirecionar o paciente da preocupação consigo mesmo para o interesse pelo mundo externo, além de sugerir formas adequadas de atividades recreativas, manuais, intelectuais ou estéticas.

Ao recomendar atividades a um paciente deprimido, o terapeuta deve tentar avaliar a tolerância do paciente ao estresse envolvido e também as chances de sucesso. A tarefa particular não deve ser muito difícil nem consumir demasiado tempo. Constatamos que a conclusão bem-sucedida de uma tarefa por pacientes deprimidos aumenta significativamente o otimismo, o nível de aspiração e o desempenho em tarefas posteriores.[12]

PSICANÁLISE E PSICOTERAPIA PSICANALÍTICA

Muitas das primeiras estratégias observadas foram incorporadas aos tratamentos contemporâneos dos transtornos de humor, as psicoterapias empiricamente validadas para depressão, descritas a seguir. Outras abordagens, inclusive psicanálise e psicoterapia psicanalítica, são tratamentos bem-conhecidos, embora mais dirigidos a uma reconstrução global da personalidade e concentrados na resolução da neuroses infantil.[13]

O tempo teórico necessário para melhora em psicanálise é de 4 a 5 sessões por semana por 3 a 6 anos de duração em média. Existem evidentes problemas na condução de estudos de resultados clínicos sobre essa abordagem terapêutica prolongada. Na maioria dos casos de transtornos de humor, existe uma completa remissão dos sintomas, e o funcionamento retorna ao nível pré-mórbido. O tempo previsto de melhora na psicanálise (3 a 6 anos) pode ser comparado ao da evolução típica de um episódio depressivo maior (90 a 95% dos indivíduos têm ao menos remissão parcial dentro de 2 anos após o início).[14] Assim, a extensão do tratamento impede a determinação da eficácia ou efetividade, pois é impossível distinguir o curso natural de melhora dos efeitos terapêuticos. Evidentemente, estudos de prevenção de recaída seriam possíveis.

De qualquer forma, pesquisas ainda estão por ser realizadas. Em uma revisão de psicanálise, psicoterapia psicanalítica e psicoterapia de apoio, Ursano e Silberman[13] observaram que não existem estudos que comparem psicoterapias psicodinâmicas bem definidas com medicação no tratamento da depressão. De modo análogo, sugeriram que é necessário um melhor delineamento das técnicas específicas que definem a psicoterapia de apoio antes que estudos controlados sobre essa abordagem sejam conduzidos.

Dewald[15] sugeriu o seguinte ponto teórico sobre as derivações de curto prazo da prática psicanalítica: "Em minha opinião, ela (psicoterapia psicanalítica) é uma forma de tratamento baseada na teoria psicanalítica do funcionamento mental" (p. 542). Como tal, o processo de mudança seria teoricamente equivalente ao proposto por Freud. Espera-se que isso leve algum tempo.[16]

Em uma visão contemporânea das psicoterapias,[17] a psicoterapia psicanalítica ou psicodinâmica não está incluída entre os doze atuais sistemas psicoterapêuticos. A psicanálise é incluída,[18] mas o autor conclui que "não existe estudo adequado que avalie os resultados da terapia psicanalítica" (p. 40).

PSICOTERAPIAS FOCADAS NA DEPRESSÃO

Thase e colaboradores[19] revisaram os fatores psicossociais que causam impacto adverso sobre o tratamento da depressão, bem como os princípios psicoterapêuticos comprovadamente úteis em tratamentos de curto e longo prazo. Os autores enfocaram os tratamentos interpessoal, cognitivo e comportamental utilizados em estudos do transtorno depressivo maior.[2]

Muitos dos fatores psicossociais relevantes indicativos de má resposta às intervenções farmacológicas são ao menos em parte suscetíveis a soluções psicoterapêuticas. Trata-se de fatores cognitivos ou individuais, como neuroticismo ou pessimismo. Outros aspectos também são melhorados por meio de terapias psicológicas, porém em grau bem menor, como apoio social insuficiente, estresse e adversidade crônica.

O cumprimento integral do tratamento é necessário para uma bem-sucedida recuperação dos transtornos de humor crônicos. Thase e colaboradores[19] sugeriram que a incapacidade de adesão ao tratamento é responsável por até um terço dos casos de ausência de resposta aos antidepressivos. Portanto, promover a adesão à medicação (p. ex., mudança de comportamento mediada por terapia cognitiva) é uma contribuição importante das terapias psicológicas.

Melhor adesão à medicação foi observada em pacientes que recebem terapia cognitiva.[20] Evidentemente, essa observação não impede a necessidade de mais estudos para determinar a relativa contribuição da modificação do processo cognitivo causador da depressão como tal *versus* melhoras obtidas pela modificação comportamental.

Thase e colaboradores[19] sugeriram várias diretrizes para intervenção psicoterapêutica, baseadas em revisão das terapias focalizadas na depressão. Entre essas psicoterapias estão terapia cognitiva, interpessoal e comportamental. Entre as diretrizes sugeridas encontram-se as seguintes:

1. uso de uma relação terapêutica centrada na meta de desenvolver novas habilidades de enfrentamento;
2. incorporação de exemplos de tratamento de transtornos crônicos de outros modelos médicos;
3. obtenção de *feedback* sobre o que não funcionou no passado e ao mesmo tempo um otimismo cauteloso sobre a possibilidade de melhora;
4. estabelecimento de metas graduais de curto prazo com atribuição gradativa de tarefas;
5. organização de encontros frequentes com sessões curtas, se necessário;
6. uso de tarefas de casa e dramatização para desenvolver habilidades;
7. encontro com as pessoas significativas do paciente e envolvê-las no tratamento a fim de estabelecer aliança e oferecer psicoeducação;
8. à medida que as metas são alcançadas, estabelecimento de outras, de médio e longo prazo;
9. manutenção do paciente em terapia por 4 a 6 meses após a resposta terapêutica.

Essa revisão concluiu que as psicoterapias orientadas à depressão são mais efetivas do que controles em lista de espera, que as taxas de resposta se comparam às obtidas com o uso de medicamentos antidepressivos em estudos clínicos randomizados, que a terapia cognitiva pode ter efeitos mais duradouros em longo prazo e que a depressão resistente ao tratamento responde melhor à associação de psicoterapia e farmacoterapia.[19]

TERAPIA INTERPESSOAL

Os dois sistemas de psicoterapia em "forma pura" que foram comparados à farmacoterapia no tratamento da depressão incluem psicoterapia interpessoal e terapia cognitiva.

Ao discutirmos o desenvolvimento da depressão no Capítulo 13, propusemos a noção de um "modelo de retroalimentação circular" entre pensamentos e emoções.[21] Neste modelo, uma situação desagradável desencadeia esquemas relacionados à perda e expectativas negativas. Tais expectativas, por sua vez, tornam-se ativadas e estimulam estruturas afetivas responsáveis pelo sentimento subjetivo de depressão. As estruturas afetivas enervam adicionalmente os esquemas aos quais estão ligadas, reforçando a atividade destes. Assim, a interação esquemas ↔ estruturas afetivas constitui um determinismo recíproco na geração da síndrome depressiva (Beck, 1967).[21]

Semelhante a essa formulação, a psicoterapia interpessoal fundamenta-se na concepção de que eventos negativos levariam a um humor perturbado, e vice-versa.[22] Uma história interpessoal é tomada (utilizando o inventário interpessoal), e o terapeuta explica os episódios depressivos de uma de duas formas:

1. associa um acontecimento recente ao episódio depressivo agudo, ou
2. relaciona um episódio de humor a um impacto negativo na competência interpessoal do sujeito, assim gerando problemas e eventos de vida penosos.[22,23,24]

O tratamento manualizado consiste em 12 a 16 sessões semanais centradas na resolução de uma crise interpessoal, tais como luto complicado, disputa de papéis, transição de papéis ou déficits em habilidades de relacionamento. As sessões discutem associações entre o estado de humor depressivo do paciente e eventos relacionados. O terapeuta oferece aprovação social para incidentes nos quais o paciente é bem-sucedido em encontros interpessoais. Se esses encontros vão mal, o terapeuta explora com o paciente modos alternativos de lidar com situações interpessoais futuras.[22]

Terapia interpessoal aplicada à depressão crônica

Markowitz[23] sugere a adaptação da terapia interpessoal como tratamento de formas crônicas de depressão unipolar. Para isso, a identificação de eventos interpessoais recentes é substituída pelo reconhecimento e pela resolução de déficits crônicos em habilidades sociais. A ênfase é na construção da função interpessoal.

Entretanto, de acordo com os poucos estudos realizados até agora, as vantagens dessa adaptação da terapia interpessoal parece modesta.[23] Isso condiz com a opinião de outros especialistas. Por exemplo, Eugene S. Paykel, um dos principais participantes no estudo cooperativo Yale-Boston original, relatou que a precursora da terapia interpessoal não prevenia a recaída, ao passo que a continuação de antidepressivos sim.[25]

Um estudo sobre a profilaxia de futuros episódios depressivos por meio da terapia interpessoal foi realizado por Frank e colaboradores.[26] Eles estudaram 128 pacientes com depressão recorrente em um estudo randomizado de manutenção de 3 anos. O local do estudo foi uma clínica especializada com mais de 10 anos de experiência no tratamento de transtornos afetivos recorrentes.

Todos os participantes haviam anteriormente respondido a um tratamento com imipramina e terapia interpessoal combinadas. A imipramina em um dose média de 200mg reduziu a recorrência a apenas cerca de 22% durante o período subsequente de 3 anos. Uma modalidade de manutenção somente de terapia interpessoal resultou em uma taxa de recorrência de cerca de 61% durante o período subsequente de 3 anos. A combinação de imipramina e terapia interpessoal de manutenção resultou em uma taxa de recorrência de cerca de 24% durante 3 anos. Para pacientes que não receberam medicação ativa, sessões mensais continuadas de manutenção de terapia interpessoal ampliaram o "tempo de sobrevida", ou tempo sem recorrência, para além de um ano. Frank e colaboradores concluíram que há um efeito profilático significativo no tratamento com imipramina e um efeito preventivo modesto na psicoterapia interpessoal com sessões mensais.[26]

Terapia interpessoal aplicada a populações idosas

Hinrichsen[27] descreveu como a doença mental causa tensão nas relações familiares e observou que fatores interpessoais influenciam as taxas de remissão e recaída. Ele sugeriu que a terapia interpessoal é promissora como tratamento para depressão na terceira idade.

Desenvolvendo uma fundamentação para o uso de terapia interpessoal em populações de pacientes idosos, Hinrichsen[27] citou resultados de uma forte associação entre emoção expressa (EE) (p. ex., expressões de crítica) e resultado psiquiátrico. Especificamente, o autor observou que os sociólogos se concentram na ausência de papéis e de normas muitas vezes associadas à terceira idade. Diz-se que esta acompanha a atenção da terapia interpessoal às transições de papel. Em sua clínica psiquiátrica geriátrica, essa modalidade terapêutica é utilizada para focalizar as transições de papéis e dificuldades interpessoais. Hinrichsen relatou reduções nos sintomas de depressão em vários pacientes tratados com a adaptação da terapia interpessoal para esse grupo etário.

TERAPIA COGNITIVA

Formulação e conceitualização

Como descrito no Capítulo 10, a teoria da depressão predominante antes de Beck[21] testá-la era a noção psicanalítica de "hostilidade retrofletida",[28] a qual podia ser concebida como "infelicidade motivada". Os sintomas cognitivos eram interpretados como expressões de desejos proibidos, mas inconscientes. Não se reconhecia o pensamento distorcido em si como a formulação essencial.

Encontrava-se o significado psicanalítico por meio da interpretação de um analista treinado, e as interpretações pertinentes eram compatíveis com a noção de raiva dirigida para dentro. O conteúdo do viés negativo do paciente sobre si mesmo, suas vivências e seu futuro era desconsiderado.

Guiada pelos achados anômalos descritos no Capítulo 10, a nova formulação de Beck propunha uma solução mais simples. Não haveria significado simbólico universal. Em vez disso, a própria cognição – o modo negativo com o qual os pacientes deprimidos veem a si mesmos – seria o processo básico.[29] Constatou-se que esse processo cognitivo era altamente peculiar a cada indivíduo. "Pensamentos automáticos" eram idiossincráticos na forma e nas situações em que o viés cognitivo negativo se expressava.

Ao remover os pensamentos idiossincráticos como tal e pondo em seu lugar uma interpretação simbólica universal, a formulação de Freud havia resultado na perda dos significados pessoais que se mostraram específicas a cada transtorno. A diferença entre a formulação de depressão de Freud e de Beck sugeriu uma nova abordagem sobre como tratar o problema.

Estrutura e estratégia

A psicoterapia cognitiva se baseia na teoria detalhada nos Capítulos 12 e 13. Resumidamente, a teoria postula que o indivíduo deprimido ou propenso à depressão tem certos padrões cognitivos (esquemas) idiossincráticos, que podem ser ativados seja por estresses específicos que atingem vulnerabilidades específicas, seja por estresses opressivos não específicos. Quando ativados, os padrões cognitivos tendem a dominar o pensamento do indivíduo e a produzir os fenômenos afetivos e motivacionais associados à depressão. É possível utilizar a psicoterapia cognitiva sintomaticamente durante episódio de depressão para ajudar o paciente a adquirir objetividade frente a suas reações automáticas e neutralizá-las. Durante períodos de ausência de depressão, a terapia visa modificar os padrões cognitivos idiossincráticos a fim de reduzir a vulnerabilidade do paciente a futuros episódios.

O propósito da terapia cognitiva é facilitar a transferência (a partir do terapeuta) e internalização (pelo paciente) da perspectiva cognitiva. Esse processo é caracterizado por um diálogo socrático – e não de disputa. O paciente é sensivelmente orientado a refletir de modo crítico sobre as evidências (ou falta de evidências) que confirmem ou refutem pensamentos e crenças psicopatogênicas. Uma característica definidora da terapia cognitiva é o processo empírico cooperativo de examinar pensamentos e crenças de maneira apoiadora e diretiva. Em consequência, o terapeuta utiliza uma postura didática ativa para se comunicar com o paciente. Termos não técnicos são usados para educar os pacientes sobre a formulação cognitiva dos transtornos psicológicos.

O processo cognitivo na depressão clínica é relativamente indiferenciado. Beck e colaboradores[3] observaram que, na depressão, o modo cognitivo de organizar a realidade é "primitivo". Os julgamentos dos fatos da vida são amplos e globais. Os significados são extremos, negativos, categóricos, absolutos e críticos, ocasionando uma resposta emocional negativa e extrema.

Em contraste, o pensamento mais maduro harmoniza as situações de vida em muitas dimensões ou qualidades mais do que em uma única categoria. O processamento maduro geralmente é quantitativo, em vez de apenas qualitativo, e os parâmetros são relativos, e não absolutos. O pensamento adaptativo caracteriza-se por sua maior complexidade e variabilidade, ao passo que o pensamento primitivo reduz a diversidade das experiências humanas em algumas categorias brutas (p. 15).[3]

As ideias são vistas mais como "fatos" na depressão clínica do que no estado não deprimido. O viés negativo torna-se exacerbado quando o paciente se comporta em conformidade com o pensamento tendencioso. Ao modificar o processamento cognitivo negativo, o paciente adquire habilidades de atenção e registro relevantes, passando a reconhecer os elos entre algumas cognições e afetos dolorosos.

Elementos básicos

A terapia cognitiva é a aplicação da teoria cognitiva ao caso individual. Em geral, o terapeuta cognitivo modifica o pensamento atual a fim de reduzir sintomas e corrige crenças a fim de prevenir recaídas.

Existem muitos ingredientes conceituais relacionados na terapia cognitiva, inclusive a decomposição dos problemas em unidades de análise solucionáveis. O método socrático e a definição do problema facilita a realização de metas terapêuticas, como

1. a identificação de atitudes negativas;
2. a precisão do problema mais urgente e acessível;
3. o desenvolvimento de estratégias que usam tarefas de casa;
4. o monitoramento (registro) de tarefas de casa entre as sessões;
5. a revisão de problemas e realizações desde a sessão anterior (p. 409-411).[3]

Estrutura das sessões

Após a realização de avaliações cognitivas e padronizadas para a obtenção de informações antes do início do tratamento propriamente dito sobre o transtorno, estabelece-se empatia e forma-se uma "relação terapêutica de apoio", a partir da qual se coopera com o paciente para resolver problemas.[3] A estrutura das sessões de terapia cognitiva consiste então dos seguintes elementos.

1. São feitas verificações do humor para obter informações sobre o atual estado emocional do paciente.
2. Estabelece-se uma agenda, baseada na formulação de caso, incluindo a compreensão dos antecedentes históricos relacionados à atual disfunção.
3. São estabelecidos problemas e metas de tratamento e priorizados em cooperação com o paciente.
4. Dá-se atenção ao duplo objetivo de construir confiança realista mediante atribuição de tarefas graduais e enfrentar as preocupações mais urgentes primeiro.
5. A familiarização do paciente com a teoria e a terapia cognitiva é um foco de cada

sessão. Educar o paciente é um componente essencial do tratamento.
6. São identificados e testados pensamentos e crenças automáticas negativas.
7. Revisa-se as tarefas de casa da semana anterior e novas tarefas são desenvolvidas, em geral com o uso de Registro Diário dos Pensamentos Disfuncionais (RPD). Os experimentos visam testar/examinar os pensamentos automáticos negativos específicos identificados através do RPD.
8. Sessões são resumidas para facilitar a consolidação dos pontos significativos aprendidos a partir
    a) da revisão da tarefa de casa e
    b) da avaliação dos resultados dos "experimentos cognitivos".
9. Obtém-se um *feedback* do paciente sobre as reações à sessão terapêutica e à abordagem de tratamento em geral.

Avalia-se o quanto o paciente está aprendendo a aplicar de forma independente os procedimentos da terapia cognitiva. A avaliação do tratamento ocorre durante e após a terapia cognitiva utilizando-se testes padronizados, como os Inventários de Depressão/Desesperança de Beck e diversos outros dispositivos psicométricos.

Aspectos comportamentais

Desde seus primórdios, a terapia cognitiva incorporou os princípios comportamentais estabelecidos do condicionamento clássico e operante (p. ex., Beck[30]). Isso provavelmente é mais evidente no uso de técnicas clínicas para facilitar o envolvimento com o ambiente, tais como programação de atividades e atribuição de tarefas graduais.

Um dos processos essenciais da depressão clínica é a perspectiva negativa de si mesmo. O indivíduo deprimido muitas vezes aceita com rapidez a culpa ou responsabilidade por acontecimentos adversos e atribui a culpa por fatos negativos à uma imaginária falta de esforço, talento ou habilidade. A técnica de reatribuição concentra a atenção do sujeito deprimido em explicações alternativas para experiências de fracasso e testa as formulações negativas tanto mediante prescrição de tarefas de casa (testes "comportamentais") quanto de análise lógica prévia e posterior.

Programação de atividades. Existem muitas técnicas disponíveis para aumentar a ativação comportamental e modificar o autoconceito negativo. No início da terapia, o conteúdo cognitivo negativo pode ser modificado encorajando-se o paciente a envolver-se em atividades construtivas. A programação de atividades opõe-se à falta de motivação do paciente, sua fixação em ideias depressivas e seus conceitos negativos sobre a capacidade pessoal.

A técnica específica de programação do tempo do paciente facilita o ímpeto e previne o retorno à inatividade. A programação de atividades concentra-se em tarefas dirigidas a metas específicas e fornece ao paciente e terapeuta dados específicos para avaliar de maneira realista as capacidades funcionais do paciente.[3]

Antes de utilizar a programação de atividades, vários princípios devem estar claros para o paciente:

1. ninguém pode realizar todos os planos propostos;
2. as metas devem ser em termos do tipo de ações a fazer, e não do quanto se tem a fazer;
3. é preciso aceitar que fatores externos incontroláveis (interrupções, falhas computacionais/mecânicas) e fatores subjetivos (fadiga, motivação) interferem no progresso;
4. é necessário reservar um tempo para planejar o dia seguinte.

Essas ideias visam neutralizar pensamentos negativos em relação à tarefa programada. Ao programar atividades, "o terapeuta declara claramente que o propósito inicial do programa é observar, e não avaliar, o quão bem ou o quanto o paciente faz a cada dia" (p. 123-124).[3]

Atribuição de tarefas graduais. As atividades são categorizadas como de "domínio" (realização) ou de "prazer" (sentimentos agradáveis). Essas dimensões são avaliadas em uma escala de 5 pontos, na qual 0 corresponde a nenhum domínio (prazer) e 5 ao máximo domínio (prazer). A Atribuição de Tarefas Graduais modifica o conteúdo esquemático, induzindo o paciente a reconhecer sucessos parciais e pequenos graus de prazer e neutraliza o pensamento dicotômico (tudo ou nada) (p. 128).[3]

Como na programação de atividades, há vários princípios para a atribuição de tarefas graduais:

1. definição do problema;
2. formulação de uma tarefa;
3. graduação de atividades, das mais simples às mais complexas;
4. observação imediata e direta das experiências bem-sucedidas;
5. verbalização das dúvidas, reações negativas e minimização das realizações pelo paciente;
6. incentivo a uma avaliação realista do desempenho;
7. ênfase na realização de metas como resultado dos esforços do próprio paciente;
8. desenvolvimento cooperativo de novas metas mais complexas (p. 132).[3]

Todos esses procedimentos enfraquecem as crenças do paciente sobre inadequações pessoais e oferecem experiências corretivas que, com o auxílio do terapeuta, formam a base para interpretações mais realistas por parte do paciente.

Aspectos interpessoais da mudança

As interações terapêuticas (trocas cognitivas, comportamentais, emocionais) entre terapeuta e paciente consistem a "relação terapêutica".[31] A natureza idiossincrática relativamente autônoma das cognições tendenciosas da pessoa deprimida pode dificultar o estabelecimento de uma boa relação terapêutica. Beck e colaboradores[3] explicaram este desinteresse comparando o sujeito deprimido a um ser puramente "cerebral", que entende o sentido de uma piada, mas não acha graça; que descreve os aspectos positivos de pessoas significativas sem sentir satisfação; que detecta o encanto de um prato ou música predileta, mas não sente prazer (p. 34).

A fim de melhor penetrar nos vieses, Beck e colaboradores (p. 61)[3] sugeriram que o terapeuta mantenha certos princípios em mente durante o tratamento. Ele deve ter presente que a visão pessoal de mundo do paciente deprimido (ideias e crenças negativas) parece sensata ao próprio paciente, ainda que pareça totalmente inacreditável ao terapeuta.

As construções radicalmente diferentes do significado pessoal do terapeuta e do paciente podem trazer considerável tensão às interações interpessoais, tornando difícil estabelecer um contexto terapêutico cooperativo, confiável e empático. Assim, antes que uma intervenção psicológica efetiva seja introduzida, o terapeuta deve nutrir uma relação terapêutica saudável, apesar de manter uma perspectiva contrária a do paciente.

Mantendo uma relação terapêutica

Safran e Segal[32] usaram o termo "rupturas" na relação terapêutica, referindo-se a problemas no trabalho cooperativo em terapia. Existem diversas possibilidades de a aliança de trabalho dar errado.[33]

Rupturas na relação terapêutica são momentos na terapia em que terapeuta e paciente não estão trabalhando juntos por metas comuns. Este fracasso pode ser causado por vários fatores, como

1. lapsos na comunicação efetiva,
2. diferenças de interpretações ou valores entre terapeuta e paciente sobre a natureza dos problemas que se apresentam e sobre as ações que poderiam corrigir tais problemas, e/ou

3. estratégias de personalidade disfuncionais (ou transtornos) que muitas vezes acompanham o humor deprimido.

Uma causa é o paciente não compreender a fundamentação lógica da terapia e/ou pensar que o terapeuta não compreende sua perspectiva. Nestes casos, o terapeuta precisa demonstrar que compreende a perspectiva do paciente. Utilizar as palavras do próprio paciente às vezes auxilia neste aspecto. O terapeuta pode retroceder e analisar aspectos que tenham sido mal compreendidos, a fim de corrigir a relação.

Outro problema potencial advém da perturbação emocional do paciente associada ao estado deprimido. Se o paciente está sobrecarregado de afeto e só consegue focar o quanto se sente mal, o terapeuta terá dificuldade para educá-lo e prover os outros componentes da terapia cognitiva efetiva. Se o terapeuta suspeita que as emoções são tão esmagadoras a ponto de a relação terapêutica ser danificada, ou que estabelecer esse vínculo é problemático, a questão deve ser diretamente discutida com o paciente a fim de que a(s) causa(s) da ruptura seja(m) compreendida(s) de modo adequado.

Alguns pacientes não realizam as tarefas de casa necessárias para obter informações sobre suas interpretações negativas. Outros pacientes são muito sensíveis à crítica e tendem a interpretar que o foco do terapeuta é culpá-los por seus problemas. Outros não conseguem se abrir, mantêm-se distantes e consideram a terapia como um exercício intelectual. Outros, ainda, possuem uma agenda oculta (p. ex., o paciente faz terapia para agradar outra pessoa, talvez seu cônjuge ou empregador), e não acredita de fato que a terapia seja necessária. Em todos esses casos, o terapeuta precisa utilizar habilidades de escuta e resposta empática para reparar as dificuldades interpessoais.

Contexto cooperativo

Paciente e terapeuta devem assumir responsabilidades no desenvolvimento de uma relação terapêutica.[31] Para facilitar essa relação, as respectivas responsabilidades devem ser esclarecidas. As expectativas do paciente devem ser articuladas e corrigidas se necessário.

As áreas essenciais de concordância incluem as reações francas do paciente (positivas ou negativas) ao tratamento. As responsabilidades do terapeuta são:

1. oferecer o melhor tratamento possível e ajudar o paciente a aplicar os princípios da terapia;
2. fazer uma tentativa autêntica de compreender o paciente do ponto de vista dele;
3. ajudá-lo a estabelecer tarefas de casa em concordância com o paciente (i.e., o paciente está de acordo em realizar);
4. tomar a iniciativa de dirigir e guiar o desenvolvimento das intervenções.

Paralelamente às responsabilidades do terapeuta, o paciente deve concordar em:

1. esforçar-se muito para dominar as estratégias do tratamento clínico;
2. ser franco na exposição de sintomas, pensamentos e motivos na busca de tratamento cognitivo;
3. completar as tarefas de casa que são necessárias para a compreensão dos problemas específicos e essenciais para dar um bom seguimento ao tratamento;
4. seguir a orientação do terapeuta na resolução de problemas, cooperando e auxiliando no desenvolvimento das tarefas de casa.

Além disso, o paciente deve aceitar que esforço e risco pessoal são muitas vezes necessários para corrigir problemas há muito existentes.

Ensinando a resolução de problemas independente

Todas as três terapias para depressão testadas empiricamente são abordagens diretivas, focalizadas e estruturadas.[19] Grande parte da orientação pelo terapeuta envolve educar o paciente sobre a natureza e tratamento da depressão. Assim, parte da relação interpessoal entre terapeuta e paciente consiste em o terapeuta desempenhar o papel de educador em relação à aplicação do tratamento.

A relação terapêutica no tratamento da depressão é altamente estruturada, e são assumidas responsabilidades específicas pelo terapeuta e paciente.[31] Trata-se de uma responsabilidade básica do terapeuta desenvolver uma compreensão precisa do paciente e dos aspectos únicos daquela relação terapêutica particular. O terapeuta deve compreender a visão que o paciente tem do terapeuta e da terapia e de como ela muda com o tempo. Além disso, o terapeuta deve perceber os eventuais erros naquilo que o paciente pensa do processo terapêutico cooperativo. Para dar um exemplo de um erro comum, a tarefa de casa não deve ser aceita como "instruções de um especialista", mas como uma oportunidade estruturada de testar os próprios pensamentos e crenças.

A tarefa de casa capacita o paciente, pois somente ele pode determinar (e relatar) o impacto das diversas técnicas terapêuticas utilizadas fora das sessões. Ao desenvolver cooperativamente a prescrição das tarefas de casa e discutir os resultados destas, o paciente adquire habilidades que podem ser generalizadas a novas situações de problemas que inevitavelmente surgirão no futuro. Isso equipa o paciente a resolver problemas de maneira independente pela aplicação dos princípios aprendidos por meio das repetidas aplicações nas tarefas de casa.

A dependência em psicoterapia é categorizada como terapêutica ou não terapêutica. A dependência terapêutica foi descrita como uma posição interpessoal do paciente frente ao terapeuta na qual o paciente procura aprender a teoria (e técnicas) cognitiva explicada pelo terapeuta. Dependência não terapêutica designa uma posição interpessoal em que o paciente resiste à abordagem empírica cooperativa e continua a depender totalmente do terapeuta (e não de sua própria experiência) como árbitro ou fonte de informações.[31]

Modificação das disfunções interpessoais

Thase e colaboradores[19] revisaram fatores psicossociais que podem prejudicar o tratamento da depressão. Os autores observaram que muitos dos fatores psicossociais relevantes indicativos de má resposta às intervenções farmacológicas são suscetíveis a soluções psicoterapêuticas. São fatores cognitivos ou individuais, como neuroticismo ou pessimismo. Outros aspectos também podem ser melhorados por meio de tratamentos psicológicos, mas em menor grau, como baixo apoio social, estresse e adversidade crônica.[19]

Comportamentos interpessoais associados a humor distímico passageiro têm o potencial de aumentar em um ciclo vicioso. Beck (p. 269)[34] citou o trabalho de Bandura e o conceito de determinismo recíproco para explicar tal fenômeno.

O comportamento de um indivíduo influencia o comportamento dos outros frente a ele. Ações negativas associadas ao início da depressão podem resultar em interações interpessoais negativas que então exacerbam o humor deprimido.

O primeiro elo na cadeia que leva à depressão são as reações negativas de terceiros, como rejeição, ou ações negativas por parte do indivíduo deprimido frente a outras pessoas, como afastamento da interação social com aquelas que são pessoas significativas para ele.

Tomemos o último exemplo: é uma consequência natural que o afastamento do indivíduo deprimido de amigos e familiares provoque crítica ou rejeição por essas pessoas significativas. Isso exacerba a autocrítica do paciente deprimido e seus conceitos negativos sobre os outros, assim levando a um prejuízo ainda maior do funcionamento interpessoal e com isso a adicional processamento negativo. Esse ciclo cognitivo-

-interpessoal vicioso aprofunda a depressão a tal ponto que às vezes a intervenção de pessoas significativas torna-se infrutífera, desse modo exigindo tratamento profissional.

Evidentemente, o ciclo negativo provavelmente explica apenas alguns casos de depressão clínica, pois existe considerável variação individual no impacto de fatores interpessoais no funcionamento. Além disso, para muitos indivíduos, acontecimentos socioambientais precipitantes parecem desempenhar um papel mínimo no desenvolvimento e na manutenção da depressão.[34]

Quando a formulação de caso individual sugere um papel significativo de disfunções comportamentais/interpessoais, o terapeuta cognitivo trabalha com o paciente a fim de

1. aumentar o reconhecimento desse fenômeno por parte do paciente;
2. incorporar testes dessa conceitualização nas tarefas de casa prescritas;
3. oferecer orientação no desenvolvimento de conceitualizações mais funcionais quanto aos significados atribuídos às dificuldades interpessoais vivenciadas pelo paciente deprimido.

A tarefa de casa pode consistir, por exemplo, em experimentos "comportamentais" relativamente simples, como se aproximar dos outros e entabular pequenas conversas.

Como na prática padrão de terapia cognitiva, os exercícios são propostos como tarefas graduais para maximizar a probabilidade de êxito. Se o terapeuta tem o cuidado de explicar e transmitir a conceitualização, como detalhado, o indivíduo deprimido será mais capaz de compreender a fundamentação do tratamento e assim ter motivo para continuar a corrigir o "ciclo interpessoal vicioso" que pode exacerbar a depressão. Assim, o terapeuta cognitivo utiliza técnicas comportamentais e interpessoais em casos nos quais fatores sociais parecem estar implicados no transtorno.

Ativação comportamental

Jacobson e colaboradores[35] constataram que o uso de apenas um componente da terapia cognitiva, "ativação comportamental", era tão efetivo quanto a aplicação de todas as outras técnicas da terapia cognitiva em termos de alteração do pensamento negativo, assim como de modificação de estilos atributivos disfuncionais. Em estudo de seguimento de Dimidjian e colaboradores[36] houve concordância com esse estudo preliminar.

Trata-se de um resultado importante, que merece um comentário teórico. Consideremos dois breves pontos em resposta a esses achados. Em primeiro lugar, desde a época da "revolução cognitiva", compreende-se que os processos comportamentais são mediados cognitivamente. Milhares de estudos básicos e aplicados foram conduzidos para comprovar isso. Assim, é um pouco intrigante agora sugerir uma dicotomia entre processos que anteriormente mostraram-se idênticos. Em segundo lugar, o conceito de *esquema* – discutido detalhadamente nos Capítulos 12 e 13 – é compatível com o desenvolvimento do termo utilizado por Piaget e outros teóricos cognitivos. Nesses sistemas, a alteração de esquemas exige ação comportamental para modificar a estrutura cognitiva, portanto os estudos de "ativação comportamental" são compatíveis com tais formulações teóricas cognitivas. Afora esses dois esclarecimentos, limitamos a discussão ao que é pertinente à intervenção terapêutica.

Um processo intimamente relacionado à facilitação do enfrentamento, sucesso e domínio é reativar o interesse do indivíduo por metas de vida intrínsecas anteriores (ou desenvolver essas metas, caso ausentes). Um aspecto central da depressão clínica é seu efeito negativo nas ações ligadas a metas. O estado depressivo atenua a motivação para alcançar metas e ambições anteriormente valorizadas.

A fim de reativar o interesse do indivíduo deprimido por perseverar em suas metas, terapeuta e paciente listam e discutem as ações que anteriormente eram reforçadoras (ou valorizadas), mas que agora se encontram latentes devido ao estado depressivo. As numerosas metas que não são mais proeminentes são então organizadas por ordem de prioridade. Essa interação entre terapeuta e paciente ajuda a retomar o foco em atividades positivas dirigidas a metas que o paciente deprimido (incorretamente) acredita não serem mais possíveis. Métodos concretos do teste de hipóteses das previsões negativas – juntamente com a prática dessas habilidades entre sessões – auxiliam a desenvolver um senso de esperança e de riqueza de recursos para superar o próprio estado depressivo.

Nos casos de alguns pacientes é possível, por meio da influência da relação terapêutica, fazer sugestões específicas para a programação de atividades a serem realizadas pelos pacientes, mesmo que eles possam ainda nem estar convencidos de que tais ações aliviarão a depressão. Nesses casos, o processo de mudança terapêutica pode ser corretamente conceitualizado como de influência interpessoal, no qual o paciente concorda em testar o modelo cognitivo sugerido pelo terapeuta.

Em outras palavras, para facilitar (ou ativar) os comportamentos dirigidos a metas do indivíduo deprimido, o terapeuta em alguns casos deve envolver-se em um processo cooperativo de influência interpessoal com o paciente. Se o paciente concorda em realizar ações que no passado trouxeram satisfação e orgulho, então as consequências talvez refutem (ou desativem) o processamento esquemático negativo e assim facilitem a remissão do modo deprimido.

Uma analogia com o método científico enquanto tal oferece um modelo efetivo de ativação comportamental como um método de facilitar testes empíricos dos pensamentos/crenças na terapia cognitiva. Nas sessões iniciais de terapia cognitiva, efetua-se a conceitualização do(s) problema(s) presente(s) do paciente. Devem ser identificadasas questões mais proeminentes. Neste ponto na terapia – como nas seções introdutórias dos relatos científicos –, desenvolvem-se questões claras e operacionais.

A operacionalização de hipóteses relevantes pode ser breve, de apenas alguns minutos, ou levar muito mais tempo. Seja como for, o palco está sendo preparado a fim de se inventarem métodos apropriados para o teste de hipóteses específicas. O teste real requer algo semelhante ao que Jacobson e colaboradores[35] chamaram de ativação comportamental.

No caso do investigador científico, assim como na relação cooperativa entre terapeuta cognitivo e paciente, o teste crucial do processo bem-sucedido consiste em verificar se hipóteses razoáveis foram desenvolvidas de modo a serem testadas durante o próximo processo lógico a se realizar, isto é, se foram desenvolvidos métodos apropriados para avaliação das questões.

Em resumo, para testar crenças ou hipóteses, ações comportamentais ("experimentos") são necessárias.[30] O paciente deve compreender que as hipóteses não são aceitas como "verdadeiras" ou "falsas", e que, na ausência de prova, é vantajoso duvidar das próprias ideias preconcebidas. Assim, o valor da abertura à observação é comunicado ao paciente. É discutido o valor adaptativo da abertura de si próprio à acomodação de novas informações (em vez do simples encaixe em observações exclusivamente nos moldes preexistentes). O paciente aprende que experimentos comportamentais são necessários para testar ideias.

Técnicas cognitivas

Técnicas cognitivas consistem em abordagens macroscópicas ou longitudinais, que visam ao mapeamento das sensibilidades do paciente, suas reações exageradas ou inadequadas e as relações de causa e efeito entre eventos externos e desconforto interno; abordagens microscópicas ou transversais, focadas no reconhecimento e na avaliação de cognições específicas; a identificação e modificação de concepções errôneas, superstições e silogismos que levam a reações mal adaptativas.

Existe uma aplicação especial para a terapia cognitiva durante o período pós-deprimido. Durante tal período, os pacientes podem apresentar períodos passageiros de tristeza, mas na maior parte do tempo funcionam bem o bastante para serem capazes de analisar objetivamente seus padrões de vida, pensamentos automáticos e erros conceituais básicos. A abordagem visa a produzir mudanças na organização cognitiva a fim de reduzir a vulnerabilidade do paciente a futuras depressões.

Duas técnicas da terapia cognitiva padrão foram criadas para aumentar a objetividade do paciente. Envolvem *reatribuição* e *conceitualização alternativa*. Essas técnicas ensinam habilidades do teste empírico da hipótese de modo que o paciente aprenda a se distanciar dos pensamentos ou a vê-los como fatos psicológicos.[3] O foco inicial é corrigir o pensamento atual a fim de prover alívio imediato dos sintomas. Depois o terapeuta trabalha com o paciente para reavaliar crenças disfuncionais a fim de prevenir recaídas.

Delineando os principais padrões mal adaptativos

Um dos primeiros passos na psicoterapia cognitiva de pacientes deprimidos é um levantamento de dados da história de vida. Ao revisar a história das dificuldades do paciente, o terapeuta tenta identificar os principais padrões e sequências na vida do paciente. Em geral é possível demonstrar aos pacientes que eles respondem seletivamente a certos tipos de vivências – ou seja, eles não reagem com exagero a todo tipo de dificuldade ou situação desagradável, mas têm uma tendência a reagir com excessos a certos acontecimentos.

O terapeuta deve tentar reconstruir com os pacientes os estágios no desenvolvimento da depressão (Capítulo 13). Esses estágios compreendem a formação de atitudes maladaptativas como resultado de vivências precoces, a sensibilização a determinados tipos de estresses e a precipitação da depressão em virtude de um evento traumático flagrante ou de influências mais insidiosas. Revisando a própria história, os pacientes são capazes de perceber sua perturbação psicológica em termos dos problemas específicos, e não de sintomas. O aumento da objetividade e compreensão remove o mistério e pode, então, oferecer uma medida de domínio sobre os problemas.

Um paciente que sofria de depressão intermitente relatou que havia se sentido triste o dia inteiro. A princípio ele não fazia ideia do que havia iniciado seu sentimento. Lembrava-se de que se sentia muito bem ao despertar. Enquanto relatava isso, lembrou que começou a se sentir um pouco abaixo da média quando sua esposa não respondeu de imediato à conversa alegre que ele iniciou no café da manhã. Ao recontar o episódio, o paciente ficou visivelmente chateado. Ele então compreendeu que havia se sentido rejeitado pelo silêncio da esposa – apesar de saber que ela estava muito cansada porque havia sido a vez dela de levantar-se à noite por causa das cólicas do bebê, razão pela qual a esposa ficara acordada a maior parte da noite.

Reconstituindo seus padrões de reação, o paciente reconheceu que ele geralmente respondia de maneira adversa quando não recebia muita atenção. No ensino fundamental, por exemplo, ele era o favorito do professor, mas se sentia ferido sempre que o professor não o elogiava ou elogiava outro aluno. O fato de receber mais elogios do que qualquer outro aluno em aula não aliviava seus sentimentos nas poucas ocasiões em que não os recebia. Ele recordou que depois se sentia igualmente rejeitado quando algum de seus amigos próximos não demonstrava o grau costumeiro de calor ou amizade. Seus pais eram pessoas carinhosas e indulgentes, e ele estava ciente de sempre querer sua aprovação (a qual geralmente recebia), assim como a de quase todas as pessoas que conhecia.

Ao analisar as sequências de causa e efeito, o paciente reconheceu que como padrão considerava rejeição qualquer situação em que não recebesse tratamento preferencial. O paciente foi capaz de ver a inadequação dessa reação. Além disso, ele compreendia que dependia de receber constante aprovação para manter seu senso de dignidade. Quando não havia disponibilidade de aprovação ele tendia a reagir com sentimentos feridos. Ao aplicar essa formulação à reação que teve com a esposa naquela manhã, o paciente compreendeu que havia interpretado erroneamente o comportamento dela. Disse ele: "Acho que entendi tudo errado. Ela não estava me rejeitando. Ela simplesmente estava cansada demais para conversar comigo. Eu tomei isso como um sinal de que ela não gosta de mim e me senti mal por isso".

As situações mais comuns que produzem reações desproporcionais ou inadequadas no paciente propenso à depressão incluem as de não conseguir atingir uma determinada meta, ser excluído de um grupo, ser rejeitado por outra pessoa, receber crítica e não receber a aprovação, incentivo ou orientação esperada. Embora possa se esperar que situações desse tipo produzam reações desagradáveis temporárias em uma pessoa normal, as mesmas situações geram prolongados sentimentos de decepção ou desesperança no indivíduo propenso à depressão.

Ao ser preparado antecipadamente para reconhecer sua típica reação exagerada, o paciente é fortalecido quando ocorre o estresse específico e é menos propenso a ser dominado por ele. Geralmente é possível que o terapeuta aponte as características específicas da reação exagerada, isto é, o paciente está reagindo de acordo com um padrão repetitivo, e não às características específicas da situação real. O paciente sente-se oprimido ou impotente, por exemplo, não porque uma situação é opressora ou insolúvel, mas porque ele a interpreta dessa forma. Referindo-se à história passada, o terapeuta é capaz de demonstrar como o padrão maladaptativo se iniciou e se repetiu em diversas ocasiões.

Uma paciente, por exemplo, sentia-se triste e rejeitada toda vez que um amigo ou conhecido fazia uma festa e não a convidava. Sentimentos intensos e prolongados de rejeição eram despertados, embora ela fosse muito popular e recebesse, na verdade, mais convites para festas do que tinha tempo para frequentar. Identificamos que esse padrão de rejeição se estabeleceu no início da adolescência, quando ela passou para os anos finais do ensino fundamental. Naquela época ela foi excluída de diversas "panelinhas" formadas por outras meninas. Recordava-se vividamente de ficar sentada sozinha na cantina pensando que não gostavam dela e que era inferior às outras meninas. Na terapia, ela foi capaz de reconhecer que o padrão de rejeição era mobilizado inadequadamente em sua vida adulta. O conceito "eu não tenho amigos, e ninguém me quer" não era mais válido. Até o terapeuta apontar-lhe que, em certo sentido, ela estava simplesmente revivendo uma vivência passada, a paciente tendia a acreditar que não ser convidada para uma festa indicava que ela realmente não tinha amigos.

Neutralizando pensamentos automáticos

A segunda abordagem na terapia cognitiva consiste em o paciente atentar para suas cognições específicas geradoras de tristeza. No paciente com depressão leve ou moderada, tais pensamentos com frequência encontram-se na periferia da consciência e requerem atenção especial para que possa reconhecê-los. Na terminologia psicanalítica, provavelmente seriam considerados como pré-conscientes. Contudo, no paciente com depressão grave, estes pensamentos estão no centro do campo fenomenológico do paciente e tendem a dominá-los em termos de conteúdo.

As cognições geradoras de depressão parecem ser representações altamente condensadas de ideias mais complexas. As ideias são aparentemente compactadas em uma espécie de taquigrafia, e um pensamento bastante complicado ocorre em uma fração de segundo. Albert Ellis[37] referiu-se a esses pensamentos como "autodeclarações" ou "verbalizações internalizadas". Ellis os explicava como "coisas que o paciente diz a si mesmo".

Embora os psicanalistas e Ellis estivessem ambos corretos em suas respectivas observações, um novo termo era necessário para expressar o caráter dual (pré-consciente a consciente) dessa ideação. Tais cognições foram rotuladas de pensamentos automáticos na primeira edição deste livro.[21]

Como assinalado no Capítulo 10, autodeclarações ou cognições refletem as distorções que ocorrem no estado deprimido. Como resultado dessas distorções, os pacientes apresentam disforia. Contudo, quando são capazes de identificar as cognições distorcidas, adquirir objetividade frente a elas e corrigi-las, conseguem neutralizar parte de sua qualidade patogênica.

Localizando cognições depressivas

No início da terapia, o paciente geralmente só tem consciência da seguinte sequência: evento ou estímulo → afeto. Ele precisa ser treinado para preencher o elo entre o estímulo e o afeto: estímulo → cognição → afeto.

Um paciente, por exemplo, relatou que se sentia triste toda vez que cometia um erro e que não entendia porque se sentia assim. Ele aceitava a ideia de que não havia nada de errado em cometer erros e que isso era parte inevitável da vida. O paciente foi instruído a observar seus pensamentos da próxima vez em que sentisse alguma emoção desagradável ligada ao fato de haver cometido um erro. Na consulta seguinte, ele relatou que sempre que cometia um erro pensava "sou um idiota" ou "nunca faço nada direito" ou "como alguém pode ser tão burro?". Depois de ter um desses pensamentos, ele se deprimia. Contudo, ao se conscientizar dessas autocríticas, o paciente pôde reconhecer o quanto elas eram insensatas. O reconhecimento disso pareceu neutralizar a dor de suas reações de tristeza.

Os pensamentos automáticos guardam relação não apenas com afeto desagradável, mas também com muitos dos outros fenômenos da depressão. A perda de motivação, por exemplo, se baseia em ideias como "eu não vou conseguir" ou "se eu fizer isso, só vou me sentir pior". Exemplos da influência de pensamento depressivo na motivação encontram-se no Capítulo 12.

À medida que se tornam peritos em reconhecer as palavras exatas de seus pensamentos automáticos, os pacientes são menos influenciados por eles. Conseguem considerá-los à distância e avaliar sua validade. Os processos de reconhecimento e distanciamento – processos metacognitivos ou de *"mindfulness"* (meditação com atenção plena)– são os primeiros passos na neutralização dos pensamentos automáticos.

Identificando conteúdo idiossincrático

À medida que ganham experiência no reconhecimento das próprias cognições, os pacientes tornam-se aptos a identificar os temas comuns às cognições que produzem sentimentos desagradáveis. A fim de ajudá-los a categorizar as cognições, o terapeuta geralmente aponta os principais temas depressivos, tais como privação, autorreprovação ou sentimento de inferioridade. É importante enfatizar que, dos inúmeros modos pelos quais podem interpretar suas vivências, os pacientes tendem a perseverar em algumas interpretações ou explicações estereotipadas – por exemplo, interpretam repetidamente que qualquer dificuldade interpessoal ou divergência indica sua própria deficiência. Também é importante apontar-lhes como essas cognições depressivas na verdade representam distorções da realidade.

Muitas vezes os pacientes têm dificuldade para aceitar a ideia de que suas interpretações são incorretas ou ao menos imprecisas. Na verdade, quanto mais deprimido está o paciente, mais lhe é difícil considerar as cognições depressivas com algum grau de objetividade.

Reconhecendo as características formais das cognições

Para aumentar a objetividade dos pacientes frente às cognições distorcidas e ajudá-los a avaliá-las, costuma ser útil apontar algumas das características dessas cognições. Além de ajudar os pacientes a identificá-las, isso também lhes dá uma chance de questionar sua autenticidade.

Muitas vezes é útil fazer uma distinção para o paciente entre "dois tipos de pensamento". O primeiro é o tipo de pensamento de nível superior que envolve julgar, pesar as evidências e considerar explicações alternativas (processo secundário). O nível inferior de cognição, em contraste, tende a ser relativamente rápido e não parece envolver processos lógicos complicados (processo primário).

Uma das características das cognições de nível inferior é que elas tendem a ser automáticas. Elas surgem como que por reflexo e geralmente não resultam de deliberação ou raciocínio minucioso. Uma paciente observou que, quando iniciava uma tarefa (preparar uma refeição, escrever uma carta, telefonar para um cliente), imediatamente pensava: "Não sou capaz de fazer isso". Quando concentrou sua atenção nesse pensamento, ela reconheceu sua arbitrariedade e pôde assumir certo distanciamento dele. O paciente que conseguiu identificar as cognições idiossincráticas geradas por algumas situações específicas está em melhor posição para lidar com estas cognições quando aparecem.

Outra característica importante das cognições depressivas é sua qualidade *involuntária*. Nos casos mais graves, sobretudo, é evidente que essas cognições invadem continuamente o campo fenomenológico e que o paciente tem pouco poder de repeli-las ou de fixar a atenção em outra coisa. Mesmo quando pacientes muito deprimidos estão determinados a pensar racionalmente sobre uma situação e fazer um julgamento objetivo, tendem a ser desviados pela intromissão implacável de cognições depressivas. A qualidade perseverante e inevitável das cognições depressivas pode ser tão forte que torna qualquer tipo de terapia cognitiva improdutiva nessa fase.

Em pacientes com doença menos grave, o reconhecimento do aspecto involuntário das cognições ajuda-os a compreender que elas não são fruto de deliberação ou raciocínio. Os pacientes são capazes de considerá-las como uma espécie de obsessão que se intromete em seu pensamento mais racional, mas não merece de forma alguma ser considerada verdadeira.

Uma das características cruciais das cognições distorcidas em termos de psicoterapia é que parecem plausíveis ao paciente. Mesmo indivíduos normais tendem a aceitar a validade de seus pensamentos sem submetê-los a qualquer espécie de exame minucioso. O problema é maior para o paciente deprimido porque as cognições idiossincráticas parecem especialmente plausíveis ou reais. Às vezes, quanto mais incongruentes tais cognições parecem ao terapeuta, mais plausíveis parecem ao paciente. Quanto mais sensato é o pensamento, maior é a reação afetiva. O inverso também é verdadeiro: quanto mais intenso o estado afetivo, mais convincentes as cognições para o paciente. Quando a intensidade do afeto é reduzida por meio de medicamentos antidepressivos, ocorre uma diminuição da qualidade convincente das cognições. Isso parece indicar uma interação entre cognição e afeto.

Distinguindo "ideias" de "fatos"

Depois que os pacientes adquirem experiência no reconhecimento de conteúdo idiossincrático e outras características das cognições, o trabalho terapêutico consiste em treiná-los para avaliar sua validade ou precisão. Trata-se essencialmente da aplicação das regras de evidência e lógica às cognições e da consideração de explicações ou interpretações alternativas pelo paciente.

Ao examinar a validade de uma cognição, os pacientes primeiro devem aprender a distinguir entre pensar e acreditar; ou seja, simplesmente porque eles pensam que algo é de uma determinada maneira não significa, *ipso facto*, que devem acreditar nisso. Apesar da aparente sofisticação de um paciente, é necessário assinalar que os pensamentos não são equivalentes à realidade externa, e, por mais convincentes que possam parecer, não devem ser aceitos a menos que validados por algum procedimento objetivo.

Um paciente, por exemplo, pensou que sua namorada não gostava mais dele. Em vez de tratar a ideia como uma hipótese, ele a aceitava como uma realidade. Ele então utilizava isso para explicar diferenças recentes no comportamento da namorada e assim reforçava sua aceitação da ideia. O objetivo da terapia é ajudar os pacientes a passar desse tipo de análise dedutiva da experiência para procedimentos mais indutivos. Verificando suas observações, levando em conta todos os dados e considerando outras hipóteses para explicar os fatos, os pacientes estão menos propensos a equiparar pensamentos automáticos à realidade.

Verificando observações

A validação das interpretações e julgamentos dos pacientes depende da verificação da precisão e completude das observações iniciais. Ao refletirem, os pacientes com frequência descobrem que sua impressão original de uma situação era distorcida ou que eles se precipitaram em uma conclusão e assim ignoraram ou rejeitaram detalhes importantes que não eram compatíveis com aquela conclusão. Por exemplo, um professor andava abatido e queixava-se de que estava "decaindo", pois "ninguém apareceu" para uma de suas palestras. Ao reavaliar as evidências, o professor percebeu que se tratava de uma impressão inicial, mas que na realidade os assentos no salão de palestras estavam, em sua maioria, ocupados. Tendo feito um julgamento preliminar incorreto, ele não o havia corrigido até ser ajudado a reavaliar as evidências.

Uma paciente contou que "agiu como uma tola" em uma entrevista de emprego no dia anterior. Ela se sentiu humilhada e abatida até a hora de nossa consulta. Então perguntei: "O que realmente aconteceu na entrevista?". Ao recordar-se dos detalhes da entrevista, ela percebeu que havia se saído razoavelmente bem e que seu juízo negativo tinha se baseado em apenas uma pequena parte da entrevista.

Respondendo a cognições depressivas

Quando o paciente reconhece a invalidade de uma determinada cognição, é importante que ele (ou o terapeuta) neutralize seus efeitos declarando precisamente porque tal conexão é inexata, inadequada ou inválida. Ao verbalizar as razões pelas quais a ideia era errônea, o paciente torna-se capaz de reduzir a intensidade e frequência da ideia, bem como do afeto que a acompanha.

Uma paciente deprimida, por exemplo, constatou que, por mais rigorosamente que ela limpasse uma gaveta ou um armário, ainda o considerava sujo. Isso a fazia sentir-se desencorajada, até ela começar a responder ao pensamento com a seguinte refutação: "Eu sou uma boa dona de casa – sei disso e outras pessoas me disseram o mesmo. Não há absolutamente nenhum sinal de sujeira. Está tão limpo como sempre está quando não estou deprimida. Pode haver algum pontinho de pó, mas isso não é sujeira". Em outra ocasião, quando começou a preparar um assado, ela pensou: "Não vou conseguir fazer". Ela raciocinou sobre o problema e verbalizou para si mesma: "Eu já fiz isso muitas vezes antes. Posso estar um pouco mais lenta do que de costume porque estou deprimida, mas sei o que fazer e, se eu pensar sobre cada passo, não tem razão para que eu não possa fazê-lo". Ela sentiu-se animada depois disso e terminou de preparar a refeição.

Muitas vezes é útil que os pacientes rotulem os mecanismos paralógicos particulares envolvidos na cognição depressiva, por exemplo, supergeneralização, inferência arbitrária, abstração seletiva ou magnificação (Capítulo 12). Se puderem dizer a si mesmos "Estou tirando isso do contexto" ou "Estou tirando conclusões precipitadas" ou "Estou exagerando", serão capazes de reduzir a força da cognição depressiva.

Pesando explicações alternativas

Outra forma de neutralizar as interpretações negativas imprecisas é considerar explicações alternativas. Por exemplo, uma paciente que era excepcionalmente bem apessoada e popular interpretava qualquer redução de entusiasmo em relação a ela como um sinal de rejeição e também como evidência de que não era digna de estima. Depois de um pouco de treinamento quanto às próprias cognições idiossincráticas, ela relatou o seguinte incidente. A paciente estava conversando ao telefone com uma velha amiga quando esta lhe disse que teria que desligar porque tinha uma hora marcada no cabeleireiro. A paciente de imediato pensou: "Ela não gosta de mim" e sentiu-se triste e desanimada. Aplicando a técnica das explicações alternativas, ela respondeu com o seguinte: "Marjorie é minha amiga há muitos anos. Ela sempre demonstrou que gosta de mim. Sei que ela tem um compromisso hoje, e este é provavelmente o motivo pelo qual ela teve que desligar". Sua interpretação inicial fazia parte de um padrão estereotipado e excluía a explicação oferecida. Quando analisou o episódio e considerou as possíveis explicações, a paciente pôde aceitar a explicação da amiga como mais provável do que suas interpretações automáticas.

Validando premissas básicas

Embora a técnica recém-descrita lide diretamente com as cognições específicas, a operação relatada nesta seção é dirigida às concepções errôneas, aos preconceitos e às superstições crônicas subjacentes dos pacientes sobre si mesmos e sua vida. Associados a estas se encontram suposições básicas ao modo como os indivíduos fixam metas, avaliam e modificam o comportamento e explicam acontecimentos adversos; tais suposições subjazem as injunções, degradações, críticas e punições, e culpam os pacientes diretamente. A intenção de modificar atitudes e padrões crônicos (esquemas) fundamenta-se na tese de que estes em parte determinam o conteúdo das cognições do indivíduo. Decorre disso que uma modificação básica ou atenuação de tais esquemas modificaria o modo como um indivíduo organiza e interpreta vivências específicas, fixa metas e procura alcançá-las.

O conteúdo das atitudes crônicas pode ser prontamente inferido examinando-se os temas recorrentes nas respostas cognitivas dos pacientes a determinadas situações e em suas associações livres (temas de deficiência pessoal, debilidade e desesperança). Mais informações sobre suas premissas e suposições básicas são obtidas indagando-se no que eles baseiam uma determinada conclusão ou suas razões para chegar a um juízo específico. Uma investigação sobre seus valores, opiniões e crenças fornecerá dados adicionais. Alguma ideia dos esquemas usados no modo de encarar seus problemas ou na realização de metas pode ser obtida examinando-se suas autoinstruções e autorrepreensões. Uma das características úteis dessa abordagem é que ela tenta corrigir as principais premissas ou suposições que formam a base para o pensamento dedutivo. Uma vez que a predominância do pensamento dedutivo (em oposição ao indutivo) constitui um determinante importante das distorções cognitivas na depressão, qualquer correção das principais premissas inválidas tenderá a reduzir as conclusões errôneas.

Ideações como as seguintes ilustram as suposições e premissas típicas que subjazem as distorções cognitivas na depressão: "É muito ruim cometer um erro", "Se algo dá errado, a culpa é minha", "Sou basicamente azarado e causo má sorte a mim mesmo e a todo mundo", "Se eu não continuar ganhando muito dinheiro, eu vou falir", "Eu realmente sou muito burro, e meu êxito acadêmico é consequência de uma fraude", "Problema de constipação é sinal de desintegração".

Suponhamos que um paciente relate "Tudo o que fiz hoje estava errado" ou "Todo mundo tem me dado ordens" ou "Estou ficando cada dia mais feia". O terapeuta pode analisar com o paciente as evidências para tais conclusões e tentar demonstrar que as ideias são exageros ou evidentes erros de interpretação. Contudo, muitas vezes essas ideias são tão fortes que o paciente sequer é capaz de contemplar a possibilidade de que seriam imprecisas. Em casos assim, a força das ideias pode ser mitigada dissecando-se a rede de suposições subjacentes.

Uma paciente deprimida de 40 anos tinha fortes desejos suicidas. Ela os justificava da seguinte forma: "De que adianta viver? Eu vou ter mesmo que morrer alguma hora. Só estou prolongando uma coisa que está se deteriorando. É uma batalha perdida, então eu posso me retirar agora antes de estar totalmente deteriorada". Refutações no sentido de que ela ainda era relativamente jovem, atraente e saudável e que teria vários anos de felicidade não influenciavam seu pensamento. Ela agarrava-se à ideia de que estava em decadência e que, se vivesse, ela logo vivenciaria o horror da desintegração física.

Um dia, ao olhar-se no espelho, ela observou que a imagem parecia ser a de sua mãe na fase terminal da doença que a matou. A paciente virou a cabeça com repugnância e sentiu-se mais deprimida. Embora compreendesse que o reflexo era dela, e não o da mãe, ela não conseguiu livrar-se da crença de que já havia se deteriorado tanto que estava parecida com a mãe moribunda.

Utilizando essa informação, o terapeuta disse à paciente: "Toda a sua ideia de parar de viver se baseia em uma premissa: você acredita que está seguindo os passos de sua mãe. Quando ela estava morrendo, você desenvolveu a ideia de que, quando chegasse à idade dela [40 anos], você começaria a ter derrames e ficaria em pedaços. A verdade é que todos os exames demonstram que sua saúde física está perfeita. Sua mãe sofria de diabete grave desde pequena, e ela ficou cega e teve derrames em virtude de uma complicação do diabete. Entretanto, você não tem diabete. Na verdade, você não tem doença alguma".

O terapeuta então explicou à paciente como ela havia se identificado com a mãe e como isso havia formado a base para a premissa de que estaria começando a se deteriorar. A paciente tinha, sem plena consciência disso, adotado a fórmula: envelhecer (ter mais do que 40 anos) equivale a se deteriorar e ficar feia. Identificando essa fórmula, pudemos discutir sua validade. À medida que ela pôde ver a arbitrariedade dessa equação, suas ideias de que estava ficando feia e se deteriorando começaram a desaparecer, assim como os desejos suicidas.

Às vezes o paciente é capaz de ver a falácia de suas suposições básicas sem qualquer dificuldade. Contudo, o simples reconhecimento de sua irracionalidade não é garantia de mudança. Os pacientes podem continuar tendo pensamentos automáticos repetitivos. Muitas vezes é necessário examinar as suposições inválidas repetidamente e encorajar o paciente a declarar as razões pelas quais são inválidas. Às vezes o paciente pode ser dirigido a especificar o argumento em favor da suposição inválida e depois o argumento contra ela. Noutras vezes o argumento que sustenta uma suposição inválida pode ser sugerido, e o paciente induzido a fornecer a refutação.

Uma cientista sentia-se triste e vazia sempre que não recebia reconhecimento por seu desempenho. Pudemos estabelecer que ela tinha um conjunto de premissas interligadas: "É extremamente importante que eu me torne famosa. A única satisfação que posso obter da vida é ser aclamada por todos. Se eu não adquirir fama, minha vida será inútil e sem significado". Se essas premissas estivessem corretas, seria inevitável que ela se sentisse descontente e vazia quando não obtinha reconhecimento. Se fossem inválidas, tais premissas poderiam ser modificadas, e a paciente estaria menos sujeita a sentimentos de desolação quando não obtivesse reconhecimento.

Para testar a validade dessas suposições, o terapeuta apresentou o seguinte argumento. "Se essas premissas são verdadeiras, esperaríamos que acontecesse o seguinte: primeiro, que você jamais obtivesse satisfação de nada exceto do reconhecimento; segundo, que o reconhecimento lhe trouxe gratificação; terceiro, que nada na vida significa ou vale alguma coisa para você exceto a fama".

Ao ouvir esse argumento, a paciente não demorou em prover uma refutação: "Eu sinto prazer com muitas coisas que não envolvem reconhecimento. Gosto de minha família e de meus amigos. Tenho grande satisfação ao ler, ouvir música clássica e assistir a concertos. Também gosto de meu trabalho e gostaria do que faço mesmo que não recebesse qualquer reconhecimento. Além do mais, quando realmente obtenho reconhecimento, não sinto muita satisfação com isso. Na verdade, acho que as relações pessoais são mais gratificantes do que ter um artigo publicado".

Modificando o humor por fantasias induzidas

Alguns pacientes deprimidos relatam fantasias espontâneas (devaneios) que têm um conteúdo sombrio, tais como privação, inadequação pessoal e frustração. Quando contemplam um evento no futuro próximo ou distante, formam uma imagem pictórica de um resultado negativo.

Um paciente deprimido sentou-se para escrever uma lista dos itens a serem adquiridos em supermercado. Ele então teve a seguinte fantasia, que posteriormente descreveu para mim: "Fui ao supermercado com minha lista de compras. Fui de balcão em balcão e não consegui encontrar o que queria. Então percebi que as pessoas estavam olhando para mim de uma maneira peculiar, como se achassem que eu era louco. Eu me senti tão humilhado que tive que sair sem comprar nada". Como resultado, ele não foi ao supermercado naquele dia.

É digno de nota que, enquanto estava tendo sua fantasia, o paciente vivenciou intensa humilhação como se o evento imaginado estivesse ocorrendo na realidade. Em uma tentativa de ajudá-lo a lidar com a expectativa de frustração e humilhação, ele foi solicitado a imaginar a cena no supermercado novamente. Dessa vez ele sentiu menos humilhação. Depois de ter imaginado a mesma cena mais três vezes, o paciente não sentia qualquer afeto desagradável em associação com a fantasia. Ele observou: "Vejo que realmente estava exagerando o problema em meu devaneio". Após essa consulta, o paciente foi capaz de fazer suas compras sem dificuldade.

O exemplo ilustra que os pacientes podem reagir a suas fantasias de forma muito semelhante ao modo como reagem a seus pensamentos automáticos. Os pacientes podem ser treinados a lidar terapeuticamente com suas fantasias da mesma forma como lidam com suas ideias mal adaptativas de natureza verbal.

Fazendo os pacientes repetirem a fantasia depressiva durante a sessão, o terapeuta pode ajudá-los a obter maior objetividade frente à verdadeira situação da vida real. Esse tipo de dramatização pode capacitá-los a realizar uma tarefa que anteriormente haviam evitado.

Às vezes é possível modificar de modo espontâneo o conteúdo da fantasia simplesmente por repeti-la. Um paciente estava se sentindo pessimista em relação a seu emprego e teve uma fantasia no caminho para o escritório: "Eu fui ao escritório do meu superior com uma sugestão. Ele ficou muito bravo comigo. Senti que havia ultrapassado os limites". O sentimento que acompanhava essa fantasia era de desânimo e humilhação. Quando solicitado a imaginar a cena novamente, o paciente vivenciou uma repetição das mesmas emoções desagradáveis.

Pediu-se então ao paciente que imaginasse a cena novamente. Desta vez a fantasia foi modificada: "Meu chefe estava interessado no que eu tinha a dizer. Ele queria mais informações. Eu senti que havia um intercâmbio entre dois profissionais". A emoção que acompanhou essa fantasia foi agradável. Concomitantemente, o humor em geral pessimista do paciente sobre os eventos antecipados do dia se dissipou, e ele foi trabalhar sentindo-se mais otimista e autoconfiante. O real resultado de sua interação com seu superior foi semelhante ao da fantasia agradável.

Em outros casos, é possível aliviar o pessimismo induzindo o paciente a ter fantasias mais realistas sobre eventos antecipados. Outra técnica de combate ao senso de inadequação ou privação é sugerir que o paciente recorde de forma pictórica alguns sucessos ou satisfações do passado. Ao reviver lembranças passadas, os pacientes muitas vezes vivenciam um senso de satisfação que persiste pelo resto do dia.

A técnica de indução da fantasia serve ao mesmo propósito que o exame de autodeclarações mal adaptativas. Examinando suas fantasias sombrias, os pacientes são capazes de afrouxar seu controle, fazer o teste de realidade e cogitar resultados mais favoráveis. Além disso, a indução de fantasias prazerosas ajuda a neutralizar a tristeza e o pessimismo.

Ilustração clínica

Eis um caso que exemplifica a típica estrutura e fluxo da terapia cognitiva. K.M. era uma jovem atraente e agradável que havia feito tratamento sem sucesso, para transtorno distímico com um terapeuta "eclético" não diretivo. Uma das preocupações dessa jovem tinha a ver com o novo cargo de gerente de vendas que ela aceitara recentemente. Para ela, tratava-se de uma "situação impossível", pois "ninguém seria capaz de administrar todas aquelas pessoas".

Verificou-se que dois pensamentos proeminentes se repetiam, tanto fora quando durante a sessão: primeiro, ela achava que as pessoas sob sua supervisão eram incapazes de lidar com as responsabilidades do trabalho; segundo, ela via a si mesma como incapaz de mudar a situação, a qual considerava "totalmente impossível e incorrigível".

Para educar K.M. no tratamento cognitivo, levamos em conta exemplos de seu atual modo de pensar a fim de identificar crenças e pensamentos automáticos. Os pensamentos duplos e repetitivos "eles são incompetentes" e "a situação é impossível" mostraram-se inter-relacionados. Por considerar as pessoas que supervisionava intratáveis, ela pressupunha que a mudança seria improvável. K.M. foi capaz de ligar essas percepções a seu humor deprimido e ruminações negativas recentemente exacerbados, assim como ao fato de que ela evitava certas responsabilidades administrativas, como prover avaliações de desempenho profissional em tempo hábil.

Depois de revisar as responsabilidades do terapeuta e do paciente na terapia, o terapeuta dedicou as sessões de terapia cognitiva ao ensino de métodos concretos que K.M. poderia utilizar para testar as hipóteses das previsões negativas e desenvolveu tarefas de casa específicas para os intervalos entre as sessões. O terapeuta discutiu com K.M. as cognições disfuncionais recorrentes e prejudiciais assinaladas e sugeriu tarefas de monitoramento dos pensamentos, especialmente para identificar mudanças de humor que se correlacionariam com aumentos/decréscimos de cognições específicas. A paciente também aprendeu a identificar a relação entre pensamentos negativos ("é impossível") e crenças centrais ("eles são todos incompetentes").

A fim de obter um quadro mais completo dos problemas que se apresentavam, o terapeuta empregou diversos instrumentos, inclusive listas de verificação de cognições e inventários de depressão e desesperança autorrelatados. As respostas individuais nos inventários de autorrelato-padrão foram discutidas em terapia e individualizadas para o caso de K.M., e foram examinados seus próprios pensamentos automáticos idiossincráticos (p. ex., "eles são incompetentes" e "a situação é impossível").

Utilizamos o teste empírico da hipótese ou "experimentos cognitivos". A paciente foi incentivada a subdividir as tarefas dos empregados em unidades gerenciáveis e assim facilitar seu sucesso. As vivências de K.M. com esse método ajudaram a refutar suas crenças negativas básicas sobre as capacidades dos empregados, e suas avaliações e ruminações negativas foram mitigadas. Ela mudou seu ponto de vista sobre os empregados ao revisar as reais realizações deles, como relatórios de vendas de cada empregado e lucros.

Ilustração clínica: prevenção de recaída

Após a estabilização do humor de K.M., o terapeuta sugeriu (e K.M. concordou) uma atenção às "crenças crônicas". Foi recomendado um período de tempo de três meses para este trabalho. As sessões durante esse período foram dedicadas à história de K.M. em uma família com vários irmãos talentosos. Um dos irmãos foi descrito como "extremamente cínico" em relação às habilidades e inteligência das outras pessoas, inclusive as de K.M. Havia uma considerável diferença de idade entre K.M. e este irmão, e perguntas revelaram a tendência de tomar a palavra dele como absoluta. Assim, a dupla crença sobre a incompetência dos empregados na empresa em que trabalhava e sobre as próprias insuficiências pareciam paralelas a – e talvez fossem daí incorporadas – uma pessoa significativa na vida da paciente. K.M. reconheceu imediatamente essas possíveis origens da crença mal adaptativa central. Tal entendimento serviu de base para a prevenção de recaídas.

O terapeuta e paciente então examinaram juntos as ligações entre crenças centrais e pensamento disfuncional, e organizaram modos criativos de testar o conteúdo de conceitualizações disfuncionais. De modo geral, K.M. foi ensinada a questionar e testar suas crenças disfuncionais sobre si mesma e sobre as outras pessoas, e suas principais estratégias de se relacionar com os outros.

Tratando transtorno bipolar: medicamentos e psicoterapia

Desde a época do *Manic-Depressive Disease*, de Campbell,[4] o tratamento do transtorno bipolar sofreu grandes inovações (p. ex., Newman et al.[38]). Isso se aplica sobretudo às duas últimas décadas.[39]

A questão da possível utilidade das psicoterapias para prevenção de recaída é especialmente pertinente, dado o curso natural do transtorno afetivo bipolar. Apesar do valor do lítio na prevenção de recaída em longo prazo, proteção plena (nenhuma recorrência) durante um ano é obtida somente em um terço dos casos.[39] Em um estudo randomizado com pacientes bipolares, Colom e colaboradores[40] testaram se a intervenção psicológico-educacional reduziria as recaídas quando adicionadas à farmacoterapia-padrão. Os participantes do estudo incluíram 120 pacientes ambulatoriais bipolares pareados por idade e sexo (escore na Escala de Classificação de Mania em Jovens< 6, escore na Escala de Hamilton para Depressão-17 itens< 8). Todos estavam em remissão por ao menos 6 meses antes do estudo e recebiam tratamento farmacológico padrão. Os sujeitos receberam cuidados psiquiátricos padrão, acrescidos ou de 21 sessões de psicoeducação em grupo ou de 21 encontros não estruturados em grupo. A avaliação foi conduzida mensalmente durante o período de tratamento e nos dois anos de seguimento.

Utilizando procedimentos psicoeducacionais em grupo, os pesquisadores verificaram que apenas 38% dos participantes do grupo em terapia psicoeducacional tiveram recaída, comparado com 60% dos do grupo-

-controle, durante o período de tratamento de 21 semanas. No fim do período de seguimento de dois anos, 92% dos que receberam apenas cuidados psiquiátricos padrão (tratamento farmacológico) haviam sofrido recaídas, em comparação com 67% daqueles para os quais um componente psicoeducacional havia sido adicionado. Excluindo episódios leves (hipomania) da análise de dados, Colom e colaboradores obtiveram taxas de recorrência de 87% na terapia medicamentosa padrão contra 63% na abordagem psicoeducacional em grupo.[40]

Citando dois estudos-piloto promissores, Lam e colaboradores[20] usaram um delineamento controlado randomizado para estudar os efeitos da terapia cognitiva na prevenção de recaída em casos de transtorno afetivo bipolar. Os autores supunham que a terapia cognitiva, em conjunto com estabilizadores de humor, seria adequada para ensinar os genitores a lidar com doença bipolar.

Foi criada uma terapia cognitiva manualizada e adicionada à abordagem tradicional usada no tratamento da depressão. Os novos elementos incluíam:

1. ensinar o modelo de diátese-estresse e a necessidade de combinar abordagens psicológicas e médicas;
2. monitorar o humor, especialmente sintomas prodrômicos, e desenvolver habilidades para prevenir a expansão da síndrome franca;
3. abordar o valor do sono e da rotina para evitar que a privação de sono atue como um gatilho para um episódio bipolar;
4. tratar comportamentos compensatórios, ou esforço extremo, que os pacientes às vezes usam para compensar o tempo que pensam ter perdido durante os períodos anteriores da doença.

A pesquisa incluiu 103 pacientes com transtorno bipolar I. Todos haviam tido recaídas frequentes, apesar de serem tratados com estabilizadores de humor. Os sujeitos foram randomizados para um grupo de terapia cognitiva ou para um grupo-controle, sendo que ambos os grupos receberam estabilizadores de humor e acompanhamento psiquiátrico usual. O grupo em terapia cognitiva teve uma média de 14 sessões durante o primeiro semestre e duas sessões de reforço no segundo semestre.

Os resultados indicaram uma taxa global de recaída de 53% durante o período de tratamento de 12 meses. A taxa de recaída do grupo em terapia cognitiva foi de 28% aos 6 meses e de 44% aos 12 meses. A taxa de recaída do grupo-controle foi de 50% aos 6 meses e de 75% aos 12 meses. Além disso, o grupo em terapia cognitiva teve um número significativamente menor de dias em um episódio bipolar e menos internações por episódio bipolar. Além disso, eles demonstraram funcionamento social significativamente melhor, menos sintomas de humor nos questionários mensais e menos oscilação nos sintomas maníacos.

Considerando o uso de procedimentos psicoeducacionais, já revisados,[40] seria possível assinalar que a terapia cognitiva produziu uma taxa de recaída menor (28%) do que a terapia educacional (38%) em um período comparável de tratamento (6 meses). Além disso, a taxa de recaída do grupo em terapia cognitiva de apenas 44% aos 12 meses (versus 75% para o grupo-controle) parece substancialmente menor do que a taxa de 67% obtida utilizando-se apenas lítio na prevenção de recaída em longo prazo.[39] As limitações desse estudo incluem a ausência de controles para a rotina de sono e melhor adesão à medicação nos pacientes que receberam terapia cognitiva.[20]

Prevenção de suicídio

Ao enfocar as crenças essenciais, a terapia cognitiva objetiva engendrar uma mudança mais duradoura. Brown e colaboradores[41] testaram os efeitos da terapia cognitiva na prevenção de novas tentativas de suicídio. Em um estudo randomizado controlado, uma intervenção de 10 sessões de terapia cognitiva foi aplicada em adultos que recentemente haviam tentado suicídio.

Eles foram acompanhados por 18 meses. Os que receberam terapia cognitiva tiveram uma taxa de novas tentativas relativamente menor e apresentavam 50% menos propensão a tentar o suicídio novamente do que os participantes no grupo de tratamento usual, o qual incluía acompanhar os pacientes e serviços de encaminhamento. O grupo em terapia cognitiva relatou menor intensidade de depressão aos 6 meses, 12 meses e 18 meses, e menos desesperança do que o outro grupo de cuidados usuais aos 6 meses.

Prevenção de recaída

Um estudo de Klein e colaboradores[42] testou a eficácia do sistema de análise cognitivo-comportamental de psicoterapia (SACCP) como tratamento de manutenção para formas crônicas de transtorno depressivo maior. Diz-se que esta abordagem combina "elementos de psicoterapia comportamental, cognitiva, interpessoal e psicodinâmica" (p. 682).

As virtudes desse estudo compreendem diagnóstico rigoroso da amostra, inclusão de um grupo-controle sem tratamento, avaliadores cegos para averiguar os sintomas de transtorno depressivo maior, avaliação da depressão, tanto por autorrelato como por entrevista, e alocação randômica para SACCP mensal ou avaliação apenas por um ano. O estudo incluiu 82 pacientes que haviam respondido à SACCP aguda e na fase de continuação. Os resultados indicaram que menos pacientes na condição SACCP tiveram recorrência.[42]

As limitações no estudo de Klein e colaboradores[42] abrangem o fato de que o grupo que foi comparado ao SACCP não recebeu nenhum tratamento, somente avaliação. Essa ausência de um grupo-controle com tratamento significa que fatores como efeitos-placebo poderiam explicar as diferenças observadas na recaída. Além disso, mesmo que os controles houvessem sido utilizados, a mistura dos diversos elementos de tratamento que constituem o SACCP não permitiriam conclusões teóricas sobre as razões para a sua eficácia na prevenção de recaída, caso os resultados tivessem sido inequivocamente comprovados. Portanto, a eficácia da terapia comportamental clássica continua indeterminada.

Bockting e colaboradores[43] realizaram um estudo randomizado controlado da prevenção de recaída/recorrência utilizando terapia cognitiva em grupo. O estudo comparou o tratamento usual, incluindo continuação de farmacoterapia, com o tratamento usual acrescido de terapia cognitiva breve. Os pacientes ($n = 187$) tinham alto risco de depressão recorrente.

Demonstrou-se que a terapia cognitiva ofereceu um efeito protetor significativo de recaída/recorrência na depressão maior durante o período de seguimento de dois anos. O efeito protetor foi especialmente acentuado nos pacientes com cinco ou mais episódios prévios (41% da amostra). Neste grupo, a terapia cognitiva reduziu a recaída/recorrência em 26% (de 72% para 46%).

Processos psicoterapêuticos de mudança

Teoricamente, a correção de síndromes e estados emocionais dolorosos ou disfuncionais ocorre por meio do processo de distanciamento (metacognitivo), o qual pode ser ativado por diversas rotas (p. ex., cognitiva, comportamental, farmacológica). Uma característica distintiva do exame de nossas crenças é o monitoramento ativo *versus* passivo da vivência consciente. A função de controle "intencional", deliberativo, da vivência consciente é acentuada (Beck,[44] p. 242-245; Moore;[45] Reisberg,[46] p. 363).

Esse modo de processamento de informação se caracteriza pelo aumentado reconhecimento de nossas vivências e da forma como se organizam, ou se estruturam conceitualmente, e ele se coloca em contraste com o nível automático, no qual o indivíduo age com menos mediação consciente. Assim, o processamento automático e controlado das informações (significado) é corrigido por meio da terapia cognitiva.

Independentemente da abordagem utilizada, a teoria cognitiva prevê que o grau de melhora sintomática depende da magnitude de mudança no sistema do processamento de informações. A recuperação sustentada ocorrerá quando as crenças subjacentes forem corrigidas, e não somente o pensamento negativo. Em tese, portanto, a modificação do processamento de informações disfuncionais é a rota final para corrigir os transtornos emocionais. As mudanças na cognição podem ser essenciais para (uma parte central da) a melhora sintomática observada durante a recuperação da depressão.

Muitos estudos abordaram o processo da terapia cognitiva. (Para uma revisão dos testes da psicoterapia, comparados especificamente com farmacoterapia em estudos clínicos randomizados, ver Capítulo 16.) Simons e colaboradores[47] testaram o benefício duradouro da terapia cognitiva comparada com um tratamento de 3 meses com medicação antidepressiva (sem continuação da medicação). Com base em seus resultados, os autores concluíram que a terapia cognitiva e a farmacoterapia diferem na forma de levar os pacientes a considerar seus sintomas depressivos. Na terapia cognitiva, os pacientes passam a ver os sintomas como "sinais de esperança" ou como lembretes para se esforçarem por utilizar as diversas estratégias cognitivas e comportamentais que aprenderam com o terapeuta. Essas habilidades de enfrentamento adquiridas explicariam os efeitos diferenciais entre terapia cognitiva e farmacoterapia observados no estudo.[47]

Robin e Hayes[48] concluíram que vários estudos confirmam que componentes específicos da terapia cognitiva estão associados à mudança: "intervenções delineadas para identificar, fazer o teste de realidade e corrigir as conceitualizações distorcidas e os esquemas disfuncionais subjacentes" (p. 207). O ensino do teste de hipóteses por meio de métodos concretos e a prática dessas habilidades entre as sessões parecem ser ingredientes ativos da terapia cognitiva, mas "novas pesquisas são claramente necessárias" (p. 207).

Rush e colaboradores[49] fizeram uma análise dos dados coletados por Rush e colegas[50] comparando 35 pacientes tratados com terapia cognitiva ($n = 18$) ou farmacoterapia (cloridrato de imipramina; $n = 17$). Os pacientes eram ambulatoriais e tinham depressão unipolar. Rush e colaboradores[49] utilizaram análises correlacionais para avaliar a ordem temporal das mudanças na visão de si mesmo, na desesperança, no humor, na motivação e nos sintomas vegetativos. Verificaram que, durante a primeira e segunda semana de tratamento, os pacientes tiveram melhora primeiro nas medidas de desesperança, depois na visão de si próprios, na motivação, no humor e nos sintomas vegetativos. Durante a segunda e terceira semanas, a desesperança precedeu a melhora no humor. Por fim, a partir da terceira e quarta semanas, a visão de si próprios e o humor melhoraram antes da motivação, e o humor mudou antes dos sintomas vegetativos. As conclusões gerais indicam que a terapia cognitiva pode levar a mudanças terapêuticas nos fatores cognitivos (visão de si mesmo e do futuro) e, a partir daí, a melhoras nos outros sintomas. Isso não foi comprovado em relação ao tratamento medicamentoso. Os resultados são compatíveis com a hipótese de que alterações no pensamento e humor negativo acarretam melhoras nos outros sintomas depressivos.

Quanto à prevenção de recaída, a mudança pode ser necessária ao nível "estrutural" ou esquemático. Se um esquema é suficientemente permeável, deve ser possível modificar seu conteúdo, ou "crenças". Por exemplo, um esquema – ou seja, seu conteúdo – pode passar de disfuncional a funcional. Alguém tem um esquema de baixo nível, como "Sou um fracasso", ou mais disfuncional, como "Já que sou um fracasso, sou inútil". Essas crenças podem ser modificadas para os seguintes termos: "Fracassei em algumas coisas e fui bem-sucedido em outras; portanto, é um meio-termo", "Mesmo que eu seja um fracasso, isso não significa que sou inútil".

Os esquemas disfuncionais tornam-se dominantes quando ativados, geralmente por meio de um estímulo externo congruente, mas também por intermédio de alguma desordem interna, endócrina ou biológica de outro tipo. Compatível com isso, Segal e Ingram[51] revisaram a questão da ativação dos esquemas e concluíram que estudos que garantiram a ativação dos construtos cognitivos testados comprovaram a teoria cognitiva. Os pesquisadores sugeriram que futuros estudos devem aperfeiçoar o desencadeamento dos processos de diátese-estresse a fim de testar o papel causal dos construtos teorizados. Evidências preliminares mais recentes de estudos prospectivos identificaram o estilo cognitivo não somente no transtorno depressivo unipolar, mas também no bipolar como uma variável importante que necessita de novas investigações.[52,53]

Oei e Free[54] revisaram 44 estudos de resultados ou de processos terapêuticos no tratamento da depressão. As categorias incluíram pacientes em terapia cognitiva, tratamento medicamentoso ou outra terapia psicológica e controles em lista de espera. Os autores concluíram que a mudança cognitiva ocorre em todos os tratamentos, e que a relação entre mudança cognitiva e depressão não é exclusiva à terapia cognitiva. A mudança cognitiva pode ser a rota final para a mudança em diversos sistemas terapêuticos.

16

AVALIANDO OS TRATAMENTOS PARA DEPRESSÃO: ENSAIOS RANDOMIZADOS CONTROLADOS

RESULTADOS E DADOS DE SEGUIMENTO

Neste capítulo enfocamos os estudos de resultados que comparam tratamentos psicológicos e farmacológicos. A compreensão dos méritos relativos das respectivas abordagens tem implicações clínicas óbvias. Consideramos estudos recentes e antigos, reconhecendo que (em geral) os mais recentes oferecem um delineamento experimental e controles mais rigorosos.

Apesar de haverem céticos,[1] metanálises[2,3] e revisões[4,5] anteriores comprovaram a eficácia dos tratamentos psicológicos da depressão. Bailar[6] sugeriu que as revisões da literatura de narrativas convencionais têm vantagens especiais e assinala que em nenhum caso na medicina metanálises isoladas levaram a uma mudança importante no sistema de tratamento. Limitamos essa revisão *narrativa* a estudos que oferecem

1. uma base convincente para o diagnóstico de depressão maior,
2. uma comparação com a farmacoterapia clínica,
3. a procedência dos pacientes,
4. a duração da terapia,
5. as taxas de finalização do tratamento e
6. a porcentagem de pacientes que se recuperaram após o tratamento.

Ensaios clínicos randomizados

A Tabela 16.1 resume os ensaios randomizados controlados. Em um estudo controlado com placebo, DeRubeis e colaboradores[7] compararam terapia cognitiva e medicação no tratamento de depressão moderada e grave. O estudo foi conduzido na Universidade da Pensilvânia e nas clínicas da Universidade Vanderbilt, como 240 pacientes (120 em cada local) alocados randomicamente para os tratamentos. A amostra de pacientes no estudo foi descrita como "altamente crônica ou recorrente, com inícios precoces e uma taxa substancial de hospitalizações prévias" (p. 412)[7]. As taxas de comorbidade situaram-se em 72% nos casos de transtorno comórbido do Eixo I e 48% de pelo menos um transtorno do Eixo II.

Dos 240 pacientes, 120 usaram paroxetina, em doses de até 50 mg diárias, por 16 semanas; 60 pacientes receberam placebo; 60 tiveram 16 semanas de terapia cognitiva. Para os 120 pacientes do grupo tratado com medicação (paroxetina), o acréscimo de lítio ou desipramina foi iniciado caso não houvesse resposta clínica após 8 semanas.

As taxas de finalização do tratamento foram comparáveis entre os grupos de terapia cognitiva e de medicação (ver Tabela 16.1). Depois de 16 semanas de terapia, 85% do grupo de terapia cognitiva e 84% do grupo de medicação permaneceu em tra-

TABELA 16.1
Ensaios comparativos de psicoterapia e farmacoterapia no tratamento da depressão

Estudo	Conclusões gerais	Pacientes admitidos no tratamento	Procedência dos pacientes	Base para diagnóstico de depressão	Duração da terapia	Comparação dos tratamentos	Taxas de finalização do tratamento	Percentual de recuperados	Percentual dos que se mantiveram bem após recuperação
DeRubeis et al. (2005)	TC é tão eficaz quanto terapia medicamentosa	240 F = 59% M = 41%	(1) encaminhamentos (2) anúncio	Entrevista clínica estruturada e HRSD modificado	16 semanas	(1) TC (n = 51) (2) FT (n=101) (3) P-P (n =52)	(1) TC – 85% (2) FT – 84% (3) P-P – 87%	(1) TC – 40,0% (2) FT – 45,8% (3) P-P – 25%	Não informado
Jarrett et al. (1999)	TC é uma alternativa eficaz à terapia medicamentosa	142 F = 68% M = 32%	(1) mídia (2) anúncios impressos (3) encaminhamentos	DSM-II-R, HSRD	10 semanas	(1) TC (n = 36) (2) FT (n = 36) (3) P-P (n = 36)	(1) TC – 86% (2) FT – 75% (3) P-P – 36%	(1) TC – 58% (2) FT – 58% (3) P-P – 28%	Não informado
Hollon et al. (1992)	TC é tão eficaz quanto medicação ou tratamento cognitivo combinado com medicação	107 M = 20% F = 80%	(1) instituição de tratamento psiquiátrico (2) centro de saúde mental	Research Diagnostic Criteria, BDI, EAG, HRSD, MMPI, MMPI-D, RDS	12 semanas	(1) TC (n = 16) (2) FT (n = 32) (3) TC + FT (n =16)	(1) TC = 64% (2) FT =56% (3) TC + FT =64%	(1) TC =50% (2) FT =53% (3) TC + FT =75%	Não informado
Bowers (1990)	TC e medicação são mais eficazes do que apenas medicação ou medicação e relaxamento	33 M = 20% F = 80%	Pacientes psiquiátricos hospitalizados	QTA, BDI, EAD, HSRD, HS	(1) TC + FT = 29 dias (2) FT = 32 dias (3) FT + relaxamento = 27 dias	(1) TC + FT (n=10) (2) FT (n = 10) (3) FT + relaxamento (n=10)	(1) TC + FT = 91% (2) FT = 91% (3) FT + relaxamento = 91%	(1) TC + FT = 80% (2) FT = 20% (3) FT + relaxamento = 10%	Não informado

(Continua)

TABELA 16.1
Ensaios comparativos de psicoterapia e farmacoterapia no tratamento da depressão *(continuação)*

Estudo	Conclusões gerais	Pacientes admitidos no tratamento	Procedência dos pacientes	Base para diagnóstico de depressão	Duração da terapia	Comparação dos tratamentos	Taxas de finalização do tratamento	Percentual de recuperados	Percentual dos que se mantiveram bem após recuperação
Elkin et al. (1989)	TC é tão eficaz quanto terapia medicamentosa	239 M = 30% F = 70%	(1) pacientes psiquiátricos ambulatoriais (2) autoencaminhamento (3) instituições de saúde mental	Research Diagnostic Criteria, BDI, EAG, HRSD, HSCL	16 semanas	(1) TC (n = 37) (2) TIP (n = 47) (3) IMI-MC (n = 37) (4) PLA-MC (n = 34)	(1) TC = 68% (2) TIP = 77% (3) IMI-MC = 67% (4) PLA-MC = 60%	(1) TC = 51% (2) TIP = 55% (3) IMI-MC = 57% (4) PLA-MC = 29%	Não informado
Miller et al. (1989)	TC se soma à eficácia da farmacoterapia em pacientes com depressão grave	46 M = 26% F = 74%	Pacientes psiquiátricos hospitalizados	Diagnostic Interview Schedule, BDI, HRSD	Durante hospitalização + 20 semanas	(1) TC (n = 15) (2) FT (n = 17) (3) Treinamento de habilidades sociais (n = 14)	(1) TC = 67% (2) FT = 59% (3) Treinamento de habilidades sociais = 86%	(1) TC = 80% (2) FT = 41% (3) Treinamento de habilidades sociais = 50%	Não informado
Covi e Lipman (1987)	TC e TC +FT são mais eficazes do que terapia tradicional	70 M = 40% F = 60%	Anúncios em jornais	Research Diagnostic Criteria, BDI, HRSD	14 semanas de terapia individual e em grupo	(1) TC (n = 27) (2) TC + FT (n = 23) (3) Psicoterapia de grupo tradicional (n = 20)	(1) TC = 84% (2) TC + IMI = 68% (3) TRAD = 83%	(1) TC = 52% (2) TC + IMI = 61% (3) Terapia tradicional = 5%	Não informado

(Continua)

TABELA 16.1
Ensaios comparativos de psicoterapia e farmacoterapia no tratamento da depressão (*continuação*)

Estudo	Conclusões gerais	Pacientes admitidos no tratamento	Procedência dos pacientes	Base para diagnóstico de depressão	Duração da terapia	Comparação dos tratamentos	Taxas de finalização do tratamento	Percentual de recuperados	Percentual dos que se mantiveram bem após recuperação
Beck et al. (1985)	TC isolada é tão eficaz quanto o tratamento cognitivo-medicamentoso combinado	33 M = 27% F = 73%	(1) autoencaminhamento (2) encaminhamento por profissional	Critérios Diagnósticos de Feighner, BDI, HRSD	12 semanas, 20 sessões	(1) TC (n = 18) (2) TC+FT (n = 15)	(1) TC = 78% (2) TC+FT = 73%	(1) TC = 71% (2) TC+FT = 36%	(1) TC = 58% (2) TC+FT = 82%
Murphy et al. (1984)	TC isolada é tão eficaz quanto tratamento cognitivo-medicamentoso combinado	87 M = 26% F = 74%	Ambulatório de hospital psiquiátrico	Research Diagnostic Criteria, BDI, HRSD	12 semanas	(1) TC (n = 24) (2) FT (n = 24) (3) TC+FT (n = 22) (4) TC+placebo ativo (n = 17)	(1) TC = 79% (2) FT = 67% (3) TC+FT = 82% (4) TC+placebo ativo = 100%	(1) TC = 53% (2) FT = 56% (3) TC+FT = 78% (4) TC+placebo ativo = 65%	Não informado
Blackburn et al. (1981)	Embora TC+medicação tenham sido mais eficazes, TC isolada é mais eficaz do que medicação isolada	88 M = 28% F = 72%	(1) ambulatórios de hospitais (2) clínica de atendimento geral	Research Diagnostic Criteria, BDI	12 a 15 semanas	(1) TC (n = 22) (2) FT (n = 20) (3) TC+FT (n=22)	(1) TC = 73% (2) FT = 71% (3) TC+FT = 73%	(1) TC = 77% (2) FT = 60% (3) TC+FT = 86%	Não informado

(*Continua*)

TABELA 16.1
Ensaios comparativos de psicoterapia e farmacoterapia no tratamento da depressão (*continuação*)

Estudo	Conclusões gerais	Pacientes admitidos no tratamento	Procedência dos pacientes	Base para diagnóstico de depressão	Duração da terapia	Comparação dos tratamentos	Taxas de finalização do tratamento	Percentual de recuperados	Percentual dos que se mantiveram bem após recuperação
Rush et al. (1977)	TC é mais eficaz do que medicação	41 M = 37% F = 63%	Pacientes ambulatoriais com depressão moderada e grave	Critérios Diagnósticos de Feighner, BDI, HRSD	12 semanas, 20 sessões	(1) TC (n = 19) (2) FT (n = 22)	(1) TC = 95% (2) FT = 64%	(1) TC = 79% (2) FT = 22%	(1) TC = 67% (2) FT = 38%

Abreviaturas: 1. Instrumentos utilizados: QTA = Questionário de Pensamentos Automáticos; BDI = Inventário de Depressão de Beck; TRC = Teste de Resposta Cognitiva; EAD = Escala de Atitudes Disfuncionais; EAG = Escala de Avaliação Global; HRSD = Escala de Classificação da Depressão de Hamilton; IDA = Irritabilidade, Depressão e Ansiedade (Escala de Classificação do Humor); LIFE-II-II = Avaliação de Seguimento de Intervalo Longitudinal II; MADS = Escala de Depressão de Montgomery e Asberg; CCP = Classificações de Cognição Psiquiátrica; RDS = Escala de Depressão de Raskin; SCL-90 = Lista de Verificação de Sintomas de Hopkins; EAV = Escala de Analogia Visual. 2. Comparações de tratamentos: TC = terapia cognitiva; FT = farmacoterapia; TIP = terapia interpessoal; PLA-MC = placebo + manejo clínico; IMI-CM = imipramina + manejo clínico; TAU = tratamento usual.

tamento. Não foram encontradas diferenças significativas nas taxas de abandono entre os locais de pesquisa ou entre as condições depois de 8 ou 16 semanas. Os resultados em 8 semanas mostram que a porcentagem de pacientes recuperados (escore na Escala de Classificação da Depressão de Hamilton igual ou inferior a 12) foi de 50% entre os que usaram medicações, 43% entre os que fizeram terapia cognitiva e 25% entre os que receberam placebo. Após 16 semanas, as taxas de resposta foram de 58% em cada uma das condições ativas: medicação e terapia cognitiva. "Remissão" foi definida do mesmo modo que "resposta", mas com o critério adicional de um escore na escala de Hamilton igual ou inferior a 7. As taxas de remissão foram de 46% entre os que usaram medicação e de 40% entre os que fizeram terapia cognitiva. Foi constatada uma interação entre local e tratamento somente em Vanderbilt, onde a eficácia do tratamento medicamentoso foi superior à da terapia cognitiva. As diferentes características dos pacientes e níveis de experiência dos terapeutas cognitivos contribuíram para tal interação. Os autores concluíram que, com um alto nível de experiência ou conhecimento terapêutico, a terapia cognitiva é tão eficaz quanto as medicações no tratamento inicial de depressão maior moderada ou grave.[7]

Hollon e colaboradores[8] compararam terapia cognitiva e farmacoterapia com o tricíclico cloridrato de imipramina, isoladamente ou em associação. Os participantes eram 107 pacientes ambulatoriais deprimidos não psicóticos e não bipolares que foram randomicamente alocados. Sessenta e quatro por cento dos pacientes satisfizeram os critérios para depressão recorrente. Destes, 27% não tinham episódios depressivos maiores prévios, ao passo que 37% sim. Dos 107 pacientes alocados para as condições de tratamento, 43 (40%) abandonaram o estudo antes de completarem as 12 semanas do protocolo; 38 (35%) iniciaram, mas não concluíram o tratamento, e 5 (5%) não iniciaram o tratamento. Essas taxas de abandono não diferiram significativamente entre os tratamentos, mas houve maior probabilidade de existência de reações problemáticas que impediam a continuação entre aqueles que usaram medicamentos. Dois participantes morreram por suicídio, usando somente a medicação do estudo (p. 300; p. 776--778).[4,8]

O estudo de Hollon e colaboradores[8] não encontrou diferenças nas escalas de sintomas entre os grupos de tratamento (terapia cognitiva *versus* medicação). Além disso, a amostra como um todo foi considerada ao menos tão gravemente deprimida quanto os grupos de amostra nos estudos do Programa de Pesquisa Cooperativa para Tratamento da Depressão do Instituto Nacional de Saúde Mental (NIMH-TDCRP)[9] e outros comparáveis. Os resultados indicaram que todos os três grupos (medicamento, terapia cognitiva, terapias cognitiva e medicamentosa combinadas) melhoraram significativamente do pré-tratamento ao meio do tratamento (primeiras 6 semanas). Uma melhora clínica superior a 90% ocorreu nas primeiras 6 semanas de tratamento comparadas com as 6 semanas seguintes, e somente o grupo de terapia cognitiva e medicamentosa combinada continuou melhorando entre 6 semanas (meio do tratamento) e 12 semanas (pós--tratamento).

Bowers[10] avaliou o tratamento de 33 pacientes hospitalizados que foram divididos em três grupos:

1. terapia cognitiva mais medicação,
2. medicação (nortriptilina) isolada e
3. terapia de relaxamento mais medicação.

Todos os pacientes receberam ambientoterapia. Nas sessões 1, 6, 12 e na alta, os sintomas de depressão e variáveis cognitivas relacionadas (pensamentos automáticos e atitudes disfuncionais) foram avaliados. Constatou-se que, em todos os grupos, os sintomas de depressão e as variáveis cognitivas melhoraram em consequência do tratamento. Entretanto, o grupo que recebeu terapia cognitiva e ambientoterapia foi o que mais apresentou melhoras na época da alta.

O estudo cooperativo do NIMH[9] é um dos muitos que abordaram a questão da eficácia. Elkin e colaboradores[9] compararam a eficácia da terapia cognitiva com a da terapia interpessoal, do cloridrato de imipramina associado a "manejo clínico", e de placebo associado a "manejo clínico" (ver Tabela 16.1). Os investigadores alocaram randomicamente 250 pacientes para os respectivos tratamentos. Deste total, 239 pacientes (M = 30%; F = 70%) realmente iniciaram o tratamento. O diagnóstico de depressão maior foi obtido por meio de Critérios Diagnósticos de Pesquisa. As conclusões gerais de Elkin e colaboradores[9] foram colocadas da seguinte maneira: "Em análises realizadas nas amostras totais sem considerar a intensidade inicial da doença (as análises primárias), não houve evidência de maior eficácia de uma das psicoterapias em relação às outras e nenhuma evidência de que alguma das psicoterapias foi significativamente menos eficaz do que o tratamento de referência-padrão, imipramina associada com manejo clínico" (p. 971). Os pacientes apresentaram significativa redução nas escalas de depressão entre os tratamentos. A Tabela 16.1 mostra as taxas de finalização e a porcentagem de pacientes que se recuperaram em cada uma das quatro condições de tratamento.

No grupo de pacientes do estudo de Elkin e colaboradores[9] cujos escores de ingresso na Escala Hamilton foram iguais ou superiores a 20, diferenças em favor do tratamento medicamentoso (em relação ao placebo e à terapia cognitiva) foram verificadas em uma minoria de comparações relevantes (p. 980). Contudo, diferenças entre os locais de pesquisa foram verificadas nos pacientes com depressão grave.[11] Mais especificamente, efeitos diferenciais dos tratamentos específicos foram observados entre os locais. Os autores concluíram: "Até decifrarmos estes resultados, não é possível emitir um julgamento final sobre a eficácia específica das duas psicoterapias nos casos de pacientes mais gravemente deprimidos e prejudicados" (p. 980).[9] (Várias outras questões importantes sobre tal estudo foram revisadas por Jacobson e Hollon,[11] e os leitores interessados podem referir-se diretamente a suas análises críticas.)

Miller e colaboradores[12] estavam interessados em saber se a terapia cognitiva produziria melhora adicional em pacientes que receberam um regime-padrão de "ambiente hospitalar", farmacoterapia e psicoterapia breve de apoio (Tabela 16.1). Os pacientes foram recrutados das unidades de internação do Hospital Butler, um centro psiquiátrico particular em Rhode Island. Para estudar a possível eficácia adicional da terapia cognitiva, 47 pacientes deprimidos internados foram randomicamente alocados a uma de três condições. (Destes 47 pacientes, 46 realmente iniciaram o tratamento.) Os pacientes geralmente haviam tido um início precoce e uma evolução crônica (média de 6,7 episódios depressivos anteriores), e 44% haviam apresentado um diagnóstico concomitante de distimia. Os tratamentos compreendiam

1. "tratamento-padrão" em ambiente hospitalar, farmacoterapia, medicação e sessões de manejo;
2. terapia cognitiva associada com tratamento-padrão;
3. treinamento de habilidades sociais associado com tratamento-padrão.

O componente de tratamento do "ambiente hospitalar" consistia em várias atividades no hospital que constituíam o tratamento-padrão dado aos pacientes internados, tais como reuniões com os enfermeiros, terapia ocupacional e avaliações de assistência social. A fim de oferecer a melhor farmacoterapia possível, o procedimento usual de aumentar as doses de uma única medicação foi substituído pelo uso de ao menos 150 mg/dia de duas medicações diferentes que atuariam por meio da modificação de diferentes neurotransmissores. O protocolo de medicação permitia muita flexibilidade por parte dos psiquiatras, inclusive o uso de outros tipos de agentes farmacológicos, como antipsicóticos e ansiolíticos.

Tanto a terapia cognitiva quanto o treinamento de habilidades sociais foram iniciados depois da segunda semana de hospitalização e continuaram por um período de atendimento ambulatorial de 20 semanas. Em ambas as terapias, a frequência das sessões oferecidas foi abordada com flexibilidade. Os três tratamentos iniciaram durante a hospitalização e continuaram após a alta por 20 semanas. As análises categóricas dos resultados definiram os "respondedores" de três maneiras:

1. um escore no BDI igual ou inferior a 9;
2. um escore na HRSD modificado inferior a 7;
3. um Índice de Sintomas Gerais SCI-90 de ao menos 50% de melhora em relação aos níveis de sintomas anteriores ao tratamento.

Os resultados entre as três definições concordaram razoavelmente. A Tabela 16.1 mostra que a porcentagem dos respondedores definidos conforme pontuação na HRSD ao fim do tratamento ambulatorial foi de 80% de taxa de resposta para terapia cognitiva, 41% de taxa de resposta para tratamento-padrão e 50% de taxa de resposta para treinamento de habilidades sociais. Os escores dos grupos em terapia cognitiva e treinamento de habilidades sociais são significativamente mais baixos do que o do grupo em tratamento-padrão ao fim do tratamento ambulatorial, mas não no momento da alta hospitalar. Comparados com os níveis de sintomas pré-tratamento, todos os grupos apresentaram melhora significativa tanto no momento de alta do hospital quanto ao fim do tratamento ambulatorial.

Covi e Lipman[13] avaliaram se o acréscimo de tratamento medicamentoso à terapia cognitiva resultaria em maior melhora clínica do que a terapia cognitiva isolada (Tabela 16.1). Foram 70 indivíduos participantes ($M = 40\%$, $F = 60\%$) recrutados por meio de anúncios em periódicos diários. Os participantes satisfaziam os critérios para depressão maior primária com base nos *Research Diagnostic Criteria*. Os selecionados tinham depressão de pelo menos um mês de duração e ponto de corte de 20 no BDI e de 14 na HRSD. Tais critérios foram revisados por um avaliador independente, um psiquiatra muito experiente, que não teve acesso às classificações iniciais. O avaliador independente estava cego para as condições de tratamento durante todo o processo e realizou as avaliações de seguimento.

O tratamento foi realizado tanto em sessões individuais quanto em sessões em grupo de 15 pacientes. Os terapeutas eram um psiquiatra e um psicólogo com dois anos de treinamento em terapia cognitiva. Os tratamentos comparados foram terapia cognitiva ($n = 27$), terapia cognitiva + tratamento com imipramina ($n = 23$) e psicoterapia tradicional ($n = 20$), a qual se baseava nas teorias "interpessoal-psicanalítica" e oferecia um tratamento-controle (placebo) confiável. As taxas de remissão finais foram 52% para terapia cognitiva isolada, 61% para terapia cognitiva combinada com imipramina e 5% para psicoterapia interpessoal-psicanalítica (tradicional). Essas diferenças foram estatisticamente significativas ao fim da terapia e no seguimento aos 3 e 9 meses, tanto pela Escala de Melhora Global avaliada por médico independente quanto pelo BDI. Não foram publicados dados sobre a porcentagem de cada grupo que permaneceu bem após a recuperação.

Beck e colaboradores[14] testaram se a combinação de medicamentos e terapia cognitiva aumentaria a eficácia dos tratamentos utilizados isoladamente em pacientes ambulatoriais com depressão unipolar (ver Tabela 16.1). Conhecimento prévio da terapia cognitiva e potenciais vieses de expectativa foram semelhantes nos dois grupos. O protocolo de pesquisa foi de 20 sessões durante um período de 12 semanas. Os terapeutas foram três psiquiatras e seis psicólogos que tinham ao menos seis meses de experiência antes de ver seu primeiro paciente do estudo. Os resultados mostraram taxas de finalização de tratamento comparáveis nos dois grupos, ambos os grupos melhoraram significativamente durante o tratamento, e não houve diferenças entre os dois na magnitude da melhora de sintomas depressivos. Durante a fase de tratamento em curto prazo, o uso de antidepressivo tricíclico associado com terapia cognitiva não aumentou a taxa de resposta obtida com terapia cognitiva isolada. Dos pacientes tratados com terapia cognitiva, 71% se recuperaram completamente em comparação com 36% dos tratados com terapia cognitiva mais farmacoterapia.

Aos 12 meses após o tratamento, 58% dos sujeitos que receberam terapia cognitiva isolada e 82% dos que fizeram o tratamento combinado mantiveram bons resultados. Isto poderia sugerir uma tendência não significativa de maior estabilidade de ganhos no tratamento combinado. Entretanto, a diferença aos 12 meses é provavelmente consequência de os pacientes do grupo que fez tratamento combinado terem recebido mais terapia durante o período de seguimento em comparação com o grupo que recebeu terapia cognitiva isolada: 91% dos participantes do grupo de terapia combinada receberam terapia adicional durante o período de seguimento de 12 meses, ao passo que apenas 71% dos participantes que receberam terapia cognitiva isolada procuraram tratamento adicional. Os que fizeram tratamento combinado tiveram mais sessões de terapia cognitiva (14,81 sessões adicionais) durante o período de seguimento do que os que receberam terapia cognitiva isolada (5,93 sessões).[14]

Murphy[15] alocaram 87 pacientes psiquiátricos ambulatoriais com depressão de moderada a grave para 12 semanas de terapia cognitiva ($n = 24$), farmacoterapia ($n = 24$), terapia cognitiva mais farmacoterapia ($n = 22$) ou terapia cognitiva mais placebo ativo ($n = 17$) (Tabela 16.1). O *Diagnostic Interview Schedule*, o BDI e a HRSD foram alguns dos instrumentos utilizados como base para o diagnóstico de depressão. Setenta pacientes (18 homens, 52 mulheres) completaram o protocolo de tratamento de 12 semanas. A terapia cognitiva consistia em sessões de 50 minutos duas vezes por semana durante 8 semanas, depois uma vez por semana durante 4 semanas. Os que receberam a combinação de terapia cognitiva e farmacoterapia utilizaram o mesmo esquema, porém com sessões de 60 minutos. O grupo tratado apenas com farmacoterapia foi visto 20 minutos por semana. Na associação de terapia cognitiva e placebo ativo, o grupo recebeu comprimidos de placebo que tinham efeito levemente sedativo e colinérgico semelhante aos da medicação real. As taxas de finalização do tratamento forma de 79% para terapia cognitiva, 67% para farmacoterapia, 82% para tratamento combinado e 100% para terapia cognitiva mais placebo ativo. Portanto, 70 pacientes do grupo original de 87 pacientes continuaram em terapia até o fim do tratamento, e as taxas de abandono não diferiram estatisticamente entre os quatro grupos.

Os participantes que completaram o tratamento mostraram significativa melhora desde a avaliação inicial até o término no BDI e na Escala de Hamilton. Os diferentes tratamentos não produziram taxas de melhora significativamente diferentes. A porcentagem de pacientes que se recuperaram em cada modalidade de tratamento foi calculada usando diversos ponto de corte no BDI e na HRSD. Utilizando escores de ≤ 9 no BDI, as porcentagens de cada grupo que se recuperaram foram de 53% para terapia cognitiva, 56% para medicamentos, 78% para terapia cognitiva combinada com medicamentos e 65% para terapia cognitiva associada com placebo ativo. As conclusões gerais indicam que a terapia cognitiva isolada é tão eficaz quanto o tratamento cognitivo-medicamentoso (combinado). Tanto a terapia cognitiva quanto o tratamento medicamentoso foram eficazes na remissão da depressão moderada ou grave não bipolar. Os ganhos em todos os grupos continuaram um mês após o término do tratamento.

Blackburn e colaboradores[16] verificaram que a terapia cognitiva isolada era mais eficaz do que o tratamento medicamentoso isolado, ao passo que o tratamento combinado de terapia cognitiva e medicação foi mais eficaz (Tabela 16.1). Foram utilizados dois critérios para selecionar os participantes do estudo: *Research Diagnostic Criteria* e ao menos sintomas depressivos leves conforme as pontuações no BDI (14, segundo as normas britânicas). Dos 140 pacientes da triagem, 88 foram selecionados de clínicas ambulatoriais de hospitais-escola e um de uma clínica de atendimento geral. Os pacientes foram randomicamente alocados para terapia cognitiva, medicação antidepressiva e a combinação de ambos. Dos 88 pacientes, 64 completaram o estudo. As taxas de abandono foram iguais entre os três grupos, com taxas de finalização de 73% para terapia cognitiva, 71% para medicamento antidepressivo e 73% para a combinação dos dois tratamentos.

As taxas de recuperação gerais foram de 73% para pacientes tratados com terapia cognitiva, 55% para os tratados com farmacoterapia e 82% para os tratados com terapia cognitiva e medicamentos. O grupo que usou medicação antidepressiva (geralmente 150 mg diárias de amitriptilina ou clomipramina) tiveram resposta mais pobre tanto no hospital quanto na clínica geral. Em ambos os ambientes, o tratamento misto foi superior em sete escalas de humor em relação ao tratamento medicamentoso isolado. Na clínica geral, a terapia cognitiva isolada foi superior ao tratamento medicamentoso isolado. A resposta de subgrupos endógenos e não endógenos foi equivalente entre os tratamentos.

Rush e colaboradores[17] alocaram randomicamente uma amostra de 15 homens e 26 mulheres para terapia cognitiva ou medicação antidepressiva (cloridrato de imipramina) (ver Tabela 16.1). Eram pacientes ambulatoriais com depressão moderada ou grave, a maioria dos quais havia anteriormente sido tratada com psicoterapia e/ou medicações antidepressivas: 22% tinham sido hospitalizados anteriormente; 12% haviam cometido uma tentativa de suicídio, e 75% relataram ideação suicida. A amostra possuía uma mediana de 2 terapeutas anteriores e 2,9 episódios prévios de depressão. Do total de pacientes, 39% estavam deprimidos há mais de um ano na época do estudo.

Tanto a terapia cognitiva quanto os medicamentos foram oferecidos durante um período de 12 semanas, com um máximo de 20 sessões de terapia cognitiva ou 12 de farmacoterapia. As taxas de finalização foram significativamente mais baixas na farmacoterapia (64%) do que na terapia cognitiva (95%). Tanto nas avaliações clínicas quanto nas escalas de autorrelato, a terapia cognitiva mostrou-se mais eficaz do que a farmacoterapia. Esse resultado se aplicava tanto aos pacientes que completaram o tratamento quanto à amostra inteira submetida ao tratamento. As taxas de recuperação (BDI< 10) foram de 79% na terapia cognitiva e 22% no tratamento medicamentoso. Entretanto, DeRubeis e colaboradores[7] apontaram duas limitações do estudo: foram utilizadas doses relativamente baixas de antidepressivos, e essas medicações foram gradualmente retiradas duas semanas antes da avaliação final do resultado.

Validade ecológica e ensaios randomizados clínicos

O uso de ensaios randomizados controlados (ERC) para determinar as terapias empiricamente validadas (confirmadas) tem despertado muita atenção.[18] Chambless e Hollon[19] observaram que o termo *empiricamente validado* sugere que os resultados de pesquisa são definitivos em casos nos quais isso pode não ser verdade, e que utilizar o termo *empiricamente apoiado* provavelmente é melhor. Além disso, ensaios clínicos randomizados diferem da prática clínica em vários aspectos.[20] Jonas[21] identificou e respondeu a várias questões no uso de ensaios clínicos:

1. números limitados e grupos homogêneos,
2. curta duração,
3. ausência de individualização da terapia,
4. uso de parâmetros de substituição,
5. importância e utilidade,
6. relevância,
7. interpretação de dados e
8. efeitos adversos.

Chambless e Hollon[19] usaram o termo *eficácia* para referirem-se ao desempenho de um tratamento psicológico em um ensaio randomizado e *efetividade* para designar a utilidade do tratamento na prática clínica real. Por exemplo, um estudo de Persons e colaboradores[22] ofereceu suporte empírico para a *efetividade* clínica da terapia cognitiva aplicada à depressão. Os autores compararam o resultado de 45 pacientes deprimidos tratados em clínica privada com o de pacientes em dois ensaios randomizados controlados. Chambless e Hollon constataram que os pacientes da clínica privada tinham mais comorbidade psiquiátrica e médica e um espectro mais amplo de intensidade da depressão inicial, mas que as pontuações no BDI após o tratamento não diferiam nos ambientes de clínica privada e de pesquisa.[22]

Como concluído pela Força-Tarefa da Promoção e Disseminação de Procedimentos Psicológicos,[23] a terapia cognitiva aplicada à depressão provou ser um tratamento efetivo. Chambless e Hollon[19] sugeriram que um termo mais adequado é "empiricamente apoiada" para deixar claro que as pesquisas continuam e não são inteiramente conclusivas. Por exemplo, uma questão importante sem resolução que necessita de novas pesquisas é se a combinação de terapia cognitiva com farmacoterapia é melhor do que ambas isoladamente. Três dos ensaios randomizados controlados revisados aqui[10,12,16] sugeriram que pode haver uma vantagem no tratamento combinado (ver Tabela 16.1). Ademais, uma metanálise de Thase e colaboradores[24] indica que a terapia combinada pode ter resultados superiores ao da terapia cognitiva isolada ou da terapia interpessoal isolada no tratamento de depressões recorrentes mais graves. Sua análise de dados incluía 595 pacientes com transtorno depressivo maior tratados em 6 protocolos padronizados.[24]

A terapia cognitiva geralmente provou ser um tratamento superior para depressão quando comparada a controles mínimos de tratamento e intervenções alternativas.[25] Estudos demonstraram sua eficácia em comparações com nenhum tratamento ou lista de espera com estudantes universitários, pacientes ambulatoriais adultos, voluntários da comunidade e populações geriátricas.[25] Além disso, a terapia cognitiva mostrou-se efetiva se comparada com intervenções comportamentais e terapias dinâmica, interpessoal e não diretiva.[3,25]

Utilizando o BDI para computar o tamanho de efeito, uma metanálise de 56 estudos (todos os estudos publicados antes de janeiro de 1991) constatou que a terapia cognitiva é ao menos tão efetiva quanto a terapia medicamentosa, terapias combinadas ou outras psicoterapias diferentes no tratamento da depressão.[3,26] Maior eficácia da terapia cognitiva é verificada no BDI, mas não na Escala de Hamilton (talvez porque o BDI seja mais sensível na detecção dos níveis de depressão ou detecte mudanças cognitivas específicas). Ao mesmo tempo, as pontuações de seguimento no BDI em Dobson e colaboradores[26] mostraram que a terapia cognitiva não era melhor do que farmacoterapia, terapia combinada ou "outras" terapias. Contudo, afirmou-se que isso era duvidoso porque

1. os sujeitos que têm recaída geralmente não foram incluídos nos dados de seguimento, o que possibilita chegar a resultados mais favoráveis do que seria ser o caso;
2. variáveis entre término do tratamento e seguimento podem explicar as diferenças entre os grupos; e
3. o seguimento variou entre os estudos.[26]

Aspectos do estudo do NIMH-TDCRP continuam intrigantes. A condição de "manejo clínico" mais placebo demonstrou tanta melhora quanto tratamentos ativos em estudos anteriores. O manejo clínico incluía provimento de apoio, encorajamento e aconselhamento direto que talvez tenham resultado em maior engajamento nas atividades e uma sensação de domínio e prazer.[27] Em relação ao tratamento de depressão mais grave, foram encontradas diferenças entre os locais de pesquisa.[11] McLean e Taylor[28] examinaram as interações de tratamento por gravidade com pacientes ambulatoriais deprimidos e concluíram que os resultados do ensaio do NIMH não podiam ser replicados. Esta impossibilidade de replicação não se devia a diferenças de tratamento, populações ou poder estatístico.[28] Ahmed e colaboradores[29] criticaram o *status* dos ensaios randomizados controlados na literatura psiquiátrica e sugeriram que um único desses ensaios não seria suficiente para orientar a prática clínica.

O TDCRP também não é compatível com os achados de Jarrett e colaboradores[30] Eles conduziram um ensaio randomizado controlado duplo-cego de 10 semanas comparando terapia cognitiva ou manejo clínico acrescido de fenelzina ou placebo. As taxas de resposta na escala de Hamilton de 21 itens foram de 58% para terapia cognitiva, 58% para fenelzina e 28% para placebo. O estudo indica que a terapia cognitiva oferece uma alternativa efetiva para o tratamento de fase aguda padrão com um inibidor da monoaminoxidase (IMAO) no tratamento de transtorno depressivo maior e características atípicas.

Diante de todas essas questões e anomalias, concordamos com a seguinte conclusão sobre o TDCRP: "Até decifrarmos estes resultados, não é possível emitir um julgamento final sobre a efetividade específica das duas psicoterapias com pacientes mais gravemente deprimidos e prejudicados" (p. 980).[9]

Prevenção de recaída

Os transtornos depressivos maiores são hoje compreendidos como crônicos, e não como agudos.[31] Isso contribui para se acreditar que intervenção psicológica específica – e terapia cognitiva em especial – previne recaídas.[32] A Tabela 16.2 resume os ensaios clínicos randomizados que oferecem dados sobre prevenção de recaída e recorrência.

Para revisar estudos individuais, primeiro consideramos Hollon e colaboradores[33] Eles examinaram as taxas de recaída diferenciais de 104 pacientes que satisfaziam os critérios de resposta (i.e., concluíram e responderam favoravelmente ao tratamento) em um estudo que comparou a eficácia terapêutica de medicação antidepressiva com a terapia cognitiva. Os pacientes compunham um subgrupo dos que participaram do ensaio clínico randomizado controlado por placebo de DeRubeis e colaboradores[7] (ver seção anterior).

Fase de continuação de 12 meses. Da fase de continuação de 12 meses participaram 35 de 60 pacientes (58,3%) que atenderam os critérios de resposta após tratamento intensivo com terapia cognitiva, e 69 de 120 pacientes (57,5%) que responderam favoravelmente ao tratamento intensivo com medicação antidepressiva. Dos pacientes que responderam favoravelmente à(s) medicação(ões) antidepressiva(s), 34 foram randomicamente alocados para manter as medicações em dose plena durante o seguimento de um ano, e 35 deixaram gradualmente de tomar o placebo durante um período de 4 a 6 semanas. Os pacientes, psiquiatras e avaliadores foram mantidos cegos sobre quais pacientes ainda estavam tomando medicações e quais estavam tomando placebo.

Todos os 69 pacientes que responderam às medicações antidepressivas receberam sessões de seguimento a cada duas semanas durante um mês com o mesmo psiquiatra que as havia tratado. As sessões foram então reduzidas para uma vez por mês, com duração de 15 a 30 minutos. Essas sessões de seguimento focaram sintomas, efeitos colaterais, aconselhamento limitado e apoio terapêutico.

Os pacientes que responderam ao tratamento intensivo de terapia cognitiva e por isso deixaram a terapia receberam três sessões de reforço de terapia cognitiva durante o período de seguimento de um ano. As sessões podiam ser marcadas a qualquer momento, inclusive a intervalos regulares ou "conforme o necessário". O conteúdo da sessão variava e incluía "intervenção de crise", prevenção de recaída ou qualquer outra prática-padrão no domínio da terapia cognitiva.

Os resultados da fase de continuação incluíram informações completas sobre 88

TABELA 16.2
Porcentagem de pacientes que permaneceram bem

Estudo	Procedência dos pacientes	Comparação dos tratamentos	Percentual de recuperados	Percentual dos que se mantiveram bem após recuperação	Definição de permanecer "bem"	Período de seguimento	Conclusões de seguimento
Hollon et al. (2005) [seguimento de DeRubeis et al. (2005)]	(1) encaminhamentos (2) anúncio	(1) TC (n = 60) (2) FT (n = 120)	(1) TC = 58,3 (2) FT = 57,5	(1) TC = 69% (2) Continuação com placebo = 24% (3) Continuação com FT = 53%	HDRS < 14 por ao menos duas semanas	12 meses	TC é tão eficaz quanto medicação continuada
Evans et al. (1992) [seguimento de Hollon et al. (1992)]	(1) instituição de tratamento psiquiátrico (2) centro de saúde mental	(1) TC (n = 10) (2) FT (n = 10) (3) TC + FT (n = 13) (4) Continuação com FT (n = 11)	(1) TC = 70% (2) FT = 20% (3) TC + FT = 55% (4) Continuação com FT = 77%	(1) TC = 79% (2) FT = 50% (3) TC + FT = 85% (4) Continuação com FT = 68%	Ausência de dois escores consecutivos ≥ 16 no BDI	4, 8, 12, 16, 20 e 24 meses	TC isolada ou associada com medicação reduz as taxas de recaída em > 50%
Shea et al. (1992) [seguimento de Elkin et al. (1989)]	(1) pacientes psiquiátricos ambulatoriais (2) autoencaminhamento (3) instituições de saúde mental	(1) TC (n = 59) (2) TIP (n = 61) (3) IMI-MC (n = 57) (4) PLA-MC (n = 62)	(1) TC = 49% (2) TIP = 40% (3) IMI-MC = 38% (4) PLA-MC = 31%	(1) TC = 28% (2) TIP = 17% (3) IMI-MC = 15% (4) PLA-MC = 18%	Ausência de critérios MDDD e sem receber qualquer tratamento	6, 12 e 18 meses	Embora sem significância estatística, os resultados favoreceram a TC
Blackburn et al. (1986) [seguimento de Blackburn et al. (1981)]	(1) clínicas de atendimento ambulatorial (2) clínica de atendimento geral	(1) TC (n = 22) (2) FT (n = 20) (3) TC + FT (n = 22)	(1) TC = 77% (2) FT = 60% (3) TC + FT = 86%	(1) TC = 77% (2) FT = 22% (3) TC + FT = 79%	BDI igual ou inferior a 8 e HRSD igual ou inferior a 7	2 anos	TC isolada ou associada com FT foi mais efetiva do que apenas medicações
Simons et al. (1986) [seguimento de Murphy et al. (1984)]	Hospital psiquiátrico de atendimento ambulatorial	(1) TC (n = 24) (2) FT (n = 24) (3) TC + FT (n = 22) (4) TC + Placebo ativo (n = 17)	(1) TC = 53% (2) FT = 56% (3) TC + FT = 78% (4) TC + Placebo ativo = 65%	(1) TC = 100% (2) FT = 33% (3) TC + FT = 83% (4) TC + Placebo ativo = 100%	BDI igual ou inferior a 15 e não reiniciaram tratamento	1 ano	TC é mais efetiva para prevenir a recaída do que medicamentos

(Continua)

TABELA 16.2
Porcentagem de pacientes que permaneceram bem (*continuação*)

Estudo	Procedência dos pacientes	Comparação dos tratamentos	Percentual de recuperados	Percentual dos que se mantiveram bem após recuperação	Definição de permanecer "bem"	Período de seguimento	Conclusões de seguimento
Kovacs et al. (1981) [seguimento de Rush et al (1977)]	Pacientes ambulatoriais com depressão moderada e grave	(1) TC (n = 19) (2) FT (n = 25)	(1) TC = 83% (2) FT = 29%	(1) TC = 67% (2) FT = 35%	BDI igual ou inferior a 9	1 ano	TC é mais efetiva do que medicamentos

Abreviaturas: 1. Instrumentos utilizados: QTA = Questionário de Pensamentos Automáticos; BDI = Inventário de Depressão de Beck; TRC = Teste de Resposta Cognitiva; EAD = Escala de Atitudes Disfuncionais; EAG = Escala de Avaliação Global; HRSD = Escala de Classificação da Depressão de Hamilton; IDA = Irritabilidade, Depressão e Ansiedade (Escala de Classificação do Humor); LIFE-II-II = Avaliação de Seguimento de Intervalo Longitudinal II; MADS = Escala de Depressão de Montgomery e Asberg; CCP = Classificações de Cognição Psiquiátrica; RDS = Escala de Depressão de Raskin; SCL-90 = Lista de Verificação de Sintomas de Hopkins; EAV = Escala de Analogia Visual. 2. Comparações de tratamentos: TC = Terapia Cognitiva; FT = Farmacoterapia; TIP = Terapia Interpessoal; PLA-MC = Placebo + Manejo Clínico; IMI-CM = Imipramina + Manejo Clínico; TAU = Tratamento Usual.

dos 104 pacientes que responderam ao tratamento (85%). Esses pacientes apresentaram altos níveis de comorbidade e depressão crônica, e mais de 80% deles satisfaziam os critérios para ao menos um transtorno suplementar, incluindo 69% que satisfaziam os critérios para outro transtorno do eixo I e 49% para outro transtorno do eixo II (da personalidade). As taxas de recaída entre os pacientes foram de 31% para os tratados com terapia cognitiva, 47% para os que usaram medicação antidepressiva e 76% para os que usaram placebo. A taxa de recaída de 31% para terapia cognitiva neste estudo é consistente com um estudo anterior que constatou taxas de recaída ou de recorrência em casos tratados com terapia cognitiva na fase de continuação de apenas 27% aos 12 meses, em comparação com 50% de recaída ou recorrência aos 12 meses sem terapia cognitiva na fase de continuação.[34]

Recorrência no seguimento de 12 meses. Utilizando os 40 pacientes que concluíram a fase de continuação de 12 meses sem recaída, foi realizado um seguimento naturalista de 12 meses para comparar as taxas de recorrência. Em tese, seriam taxas de início de episódios depressivos totalmente novos. Os pacientes tratados com terapia cognitiva não receberam sessões adicionais de reforço, e pacientes tratados com medicação antidepressiva deixaram de tomar todas as medicações (ativa e placebo).

Os resultados da fase de avaliação de recorrência de 12 meses mostraram que 5 dos 20 pacientes (25%) tratados com terapia cognitiva tiveram recorrência, em comparação com 7 dos 14 (50%) pacientes que deixaram de tomar medicação antidepressiva. Assim, o efeito da terapia cognitiva neste estudo inclui a prevenção de recorrência. O efeito foi tão forte quanto manter o uso de medicação.[7]

Evans e colaboradores,[35] em seguimento de Hollon e colaboradores[8], monitoraram pacientes tratados com êxito durante um período de três meses com cloridrato de imipramina, terapia cognitiva ou terapia cognitivo-farmacológica combinada. A amostra inicial incluía 107 pacientes ambulatoriais não bipolares e não psicóticos de uma instituição de tratamento psiquiátrico e de um centro de saúde mental. Para serem incluídos no seguimento, os pacientes precisavam concluir e também responder ao tratamento. Dos 64 pacientes que concluíram o tratamento, 50 apresentaram resposta ao menos parcial e tiveram um grau de remissão suficiente para serem considerados integrantes do seguimento pós-tratamento. Destes, 44 participaram do seguimento. Os participantes foram observados durante um período de seguimento pós-tratamento de dois anos, durante o qual a metade dos pacientes tratados apenas com farmacoterapia continuaram a usar as medicações durante o primeiro ano. A condição de continuidade da medicação contou com 11 participantes. Ficaram 10 no grupo tratado com medicação sem continuidade, 10 no grupo que fez terapia cognitiva e 13 no grupo que combinou terapia cognitiva e farmacoterapia. Exceto os participantes em continuidade da medicação, os pacientes mantiveram o tratamento somente após o término da fase intensiva. Os resultados indicaram que os tratados com terapia cognitiva (isolada ou combinada com medicamentos) tinham apenas a metade das chances de recaída dos pacientes colocados na condição de "medicação sem continuação". Além disso, a taxa de recaída entre os tratados com terapia cognitiva não era maior do que aquela entre os que mantiveram o uso de medicação. Concluiu-se que a recaída pode ser prevenida utilizando-se terapia cognitiva durante o tratamento intensivo.

Resultados semelhantes foram obtidos por Shea e colaboradores,[36] que conduziram um seguimento naturalista de 18 meses com pacientes ambulatoriais com transtorno depressivo maior tratados no NIMH-TDCRP (ver Tabela 16.2). Os tratamentos testados no NIMH-TDCRP incluíram 16 semanas de terapia cognitiva, terapia interpessoal, cloridrato de imipramina mais manejo clínico ou placebo mais manejo clínico. As avaliações de seguimento foram realizadas aos 6, 12 e 18 meses. Definindo recaída como transtorno depressivo maior ou tratamento adicional, as seguintes taxas de recuperação e manutenção do bom resultado foram obtidas em cada um dos quatro tratamentos: 28% (13 pacientes de 46) no grupo de terapia cognitiva, 17% (9 de 53) no de terapia interpessoal, 15% (7 de 48) no de imipramina combinado com manejo clínico e 18% (9 de 51) no de placebo combinado com manejo clínico. Embora sem atingir significado estatístico, como em Evans e colaboradores,[35] os resultados favoreceram a terapia cognitiva.

Blackburn, Eunson e Bishop[37] abordaram a questão do efeito profilático da terapia cognitiva usando um período de seguimento naturalista de dois anos (ver Tabela 16.2). Participaram os pacientes que tinham respondido à terapia cognitiva, farmacoterapia ou terapia cognitiva combinada com terapia medicamentosa.[16] Os pesquisadores adotaram a definição de Klerman para recaída, que é o retorno de sintomas dentro de 6 a 9 meses após o tratamento. Uma metodologia naturalista foi adotada, ou seja, no período de seguimento (como no período de tratamento, Blackburn et al.[16]) os médicos seguiram sua prática usual com relação aos medicamentos prescritos. Estipulou-se que os medicamentos de manutenção continuassem por no mínimo 6 meses. Sessenta e quatro pacientes que tinham concluído e respondido ao tratamento foram incluídos no estudo. Taxas de resposta positiva foram de 77% para terapia cognitiva (em ambas as fontes de encaminhamento), 60% para farmacoterapia e 86% para terapia cognitiva combinada com medicamentos. Os pacientes no grupo de tratamento farmacológico apresentaram maiores taxas de recaída aos 6 meses e mais recorrência durante os seguimento de 2 anos, comparados com os grupos de terapia combinada ou cognitiva. As taxas de recorrência foram de 17% para terapia cognitiva, 75% para farmacoterapia e 33% para terapia cognitiva combinada com medicação. Assim, a porcentagem de pacientes que se mantiveram bem durante o seguimento diferiu significativamente entre os grupos de terapia cognitiva e os que receberam apenas farmacoterapia (ver Tabela 16.1).

Simons e colaboradores[38] compararam as taxas de recaída de 70 pacientes com transtorno afetivo não bipolar que anteriormente haviam concluído um programa de 12 semanas de terapia cognitiva, farmacoterapia, terapia cognitiva mais placebo ativo ou terapia cognitiva mais farmacoterapia.[15] A avaliação foi realizada 1 mês, 6 meses e 12 meses após o encerramento do tratamento ativo. No estudo original,[15] 70 pacientes concluíram o tratamento, e 44 responderam como definido por escores no BDI ≤ 10 no término da terapia. Destes 44 pacientes, 28 permaneceram bem e 16 recaíram. Quando os pesquisadores definiram como respondedores os pacientes que apresentaram BDI < 4 no término da terapia, 26 se mantiveram bem.[38] Usando esses 26 pacientes, testes estatísticos das taxas de remissão entre os grupos constataram que os pacientes tratados com terapia cognitiva ou terapia combinada com placebo ativo eram significativamente mais propensos a manterem-se bem durante o período de seguimento de um ano (TC x FT: Wilcoxon generalizado = 4,12, p = 0,04; TC + placebo ativo x FT: Wilcoxon generalizado = 5,42, p = 0,02).[38] A porcentagem de pacientes que se mantiveram bem foi de 100% entre os tratados com terapia cognitiva, 100% para terapia cognitiva combinada com placebo ativo, 33% entre os que usaram farmacoterapia e 83% para terapia cognitiva combinada com farmacoterapia. Os pacientes que tiveram níveis relativamente altos de sintomas depressivos remanescentes após o tratamento apresentaram recaídas mais frequentes do que os que não tiveram depressão residual (escores no BDI < 10 após o tratamento). A recaída também se mostrou relacionada a escores mais elevados em uma escala de atitudes disfuncionais.

Kovacs e colaboradores[39] realizaram um seguimento de Rush e colaboradores[17] (ver Tabela 16.2). O estudo usou os critérios diagnósticos de Feighner, a Escala de Hamilton e o Inventário de Depressão de Beck para selecionar 44 pacientes ambulatoriais de uma clínica hospitalar que sofriam de depressão clínica em grau ao menos moderado. Desses, 17 homens e 27 mulheres foram alocados randomicamente para terapia cognitiva ou cloridrato de imipramina. A duração média do tratamento era de 11 semanas e de 20 sessões. As taxas de conclusão foram de 95% para pacientes em terapia cognitiva e 64% para o grupo em farmacoterapia. O *status* clínico foi comparado entre grupos um ano após o tratamento. Os resultados não indicaram diferenças significativas entre os grupos, embora as tendências favorecessem a terapia cognitiva. As autoavaliações dos sintomas depressivos conforme o BDI mostraram que 67% dos tratados com terapia cognitiva mantiveram-se sem sintomas no seguimento de um ano, em comparação com 35% dos tratados com imipramina.

Fazendo uma média entre os estudos, os pacientes tratados com terapia cognitiva tiveram uma taxa de recaída de apenas 30% comparada com 69% dos tratados apenas com farmacoterapia. A definição de "recaída" diferiu entre os cinco estudos (ver Tabela 16.2). Além disso, as porcentagens relatadas aqui diferem ligeiramente das citadas em Hollon e colaboradores[8] Isso ocorre porque aqui estamos incluindo Shea e colaboradores, [36] estudo não disponível anteriormente. Hollon e colaboradores (p. 90)[8] relataram uma taxa de recaída de 26% para pacientes tratados até a remissão com terapia cognitiva, *versus* 64% para farmacoterapia. Assim, os dados até o momento indicam que, em comparação com o tratamento medicamentoso, pode haver um efeito preventivo de recaída resultante da aplicação de terapia cognitiva à depressão clínica.

Consistente com a hipótese da primazia cognitiva, existem algumas evidências que confirmam a possibilidade de que a modificação da cognição é seguida por controle sobre outros sintomas. Rush e colaboradores[40] realizaram uma análise de dados anteriormente coletados por Rush e colegas[17] para avaliar a ordem temporal de mudanças nas visões de si próprio, desesperança, humor, motivação e sintomas vegetativos. Os pesquisadores verificaram que os pacientes primeiro melhoram em escalas de desesperança, depois em autoestima, motivação, humor e sintomas vegetativos. Isso não ocorreu no tratamento medicamentoso.

Restam algumas outras questões metodológicas. Os resultados de terapia são melhores quando realizados por terapeutas comprometidos com uma determinada abordagem de tratamento, mas os mecanismos de tal efeito não são conhecidos.[11] A integridade do tratamento também é uma questão para futuras pesquisas. A aplicação efetiva da terapia cognitiva depende da consideração de características singulares dos pacientes, do contexto do episódio depressivo e da formulação de casos. Instrumentos de resultado devem ser delineados para detectar efeitos terapêuticos, tais como modificação de estruturas cognitivas que teriam relação com o efeito de prevenção de recaída da terapia cognitiva. São necessários delineamentos experimentais considerando os sujeitos individualmente a fim de melhor identificar as diferenças individuais na velocidade da resposta, curso da resposta, direção da resposta (melhora ou deterioração) e grau da melhora na finalização. As taxas de abandono devem ser compreendidas em termos dos processos interpessoais que estariam implicados nesses resultados, assim como das características dos pacientes que poderiam ser fatores preditores de abandono.

CONCLUSÕES GERAIS

Com base na revisão feita, agora abordaremos a questão de como a depressão maior deveria ser tratada. Os indivíduos que buscam tratamento para depressão querem saber qual abordagem tem mais chances de funcionar. Entre os tipos de medicamentos, os inibidores seletivos da recaptação de serotonina (ISRS) têm menos efeitos colaterais do que os antidepressivos tricíclicos, e nos casos de depressão leve ou moderada, os dois tipos de droga são equivalentes em resultado. Assim, pareceria mais sensato experimentar os ISRS primeiro (ver Capítulo 14). Entre psicoterapia e medicamentos, a terapia cognitivo-comportamental tem menos efeitos colaterais comparada com os ISRS, e em muitos estudos ela previne melhor as recaídas do que a farmacoterapia. Portanto, pode-se tentar a terapia cognitiva primeiro, se houver um terapeuta treinado à disposição.

Além dessas considerações gerais, um estudo sobre a otimização de estratégias de tratamento foi realizado por Vos e colaboradores.[41] Eles apresentaram uma análise que sustenta o uso rotineiro de tratamento de manutenção para depressão. Mesmo pressupondo taxas de adesão ao tratamento de apenas 60%, os pesquisadores sugerem que a metade de toda a depressão durante os cinco anos após um episódio depressivo maior pode ser prevenida utilizando-se tratamento de manutenção em todos os casos de depressão, quer terapia cognitivo-comportamental, quer antidepressivos. A partir da revisão dos estudos apresentada, seria mais adequado sugerir que os terapeutas usem a terapia cognitivo-comportamental de manutenção se disponível ou, como alternativa, antidepressivos. A combinação de medicamentos e psicoterapia interpessoal ou terapia cognitivo-comportamental também deve ser cogitada em casos de depressão crônica.

QUESTÕES PARA ESTUDOS ADICIONAIS

Uma das questões mais importantes para a continuidade da pesquisa é o efeito preventivo da terapia cognitiva e outras psicoterapias. Por exemplo, teoriza-se que a terapia cognitiva tenha ação profilática através da modificação dos esquemas depressiogênicos.[42] Como um ganho adicional, a terapia cognitiva aumenta o autoconhecimento e a responsabilidade pessoal. O indivíduo deprimido vê a si mesmo, o mundo e o futuro como desolador, sem esperança e sem significado ou controle pessoal. Por meio da terapia cognitiva, restitui-se o controle pessoal, e a negatividade é enfraquecida. O paciente aprende a ter o "otimismo realista" de que, independentemente das dificuldades percebidas e/ou objetivas, algum grau de controle pessoal sobre os sintomas pode ser conquistado.

Outra questão importante é a da combinação de medicamentos com terapia cognitivo-comportamental. Hollon e colaboradores[43] citam metanálises indicativas de que combinar medicamento com terapia cognitivo-comportamental "está associado a um incremento modesto na resposta geral" (p. 463). Os autores concluem que a medicação geralmente produz um efeito rápido e substancial, mas, para a prevenção de recaída ou recorrência, a adição de uma abordagem psicoterapêutica seria útil, sobretudo em casos de depressões crônicas.[33]

Hollon e colaboradores[43] também observaram que um suporte preliminar para a combinação de tratamentos surgiu de um estudo no qual uma intervenção de "análise cognitivo-comportamental" foi combinada com nefazodona. A combinação apresentou melhores resultados do que qualquer um dos dois tratamentos isoladamente, assim renovando o interesse pela combinação de terapias. Outros trabalhos em ambientes diferentes serão necessários para determinar se a descoberta é robusta e replicável. Em caso afirmativo, o estudo também respalda (e talvez amplie) as recomendações anteriores na obra *Terapia Cognitiva da Depressão* (Beck et al., 1979) que enfatizam a ação direta no tratamento da depressão grave.

DeRubeis e colaboradores[44] estudaram se a farmacoterapia ou terapia cognitiva funcionaria melhor em casos de depressão grave. Eles compararam os resultados de tratamento medicamentoso e terapia cognitivo-comportamental nos subgrupos de pacientes ambulatoriais com depressão grave de quatro importantes ensaios randomizados. Esses autores também avaliaram os resultados obtidos no NIMH-TDCRP com os outros três estudos. Sua análise dos tamanhos de efeito indicou não haver vantagem dos medicamentos antidepressivos sobre a terapia cognitiva nos casos de pacientes ambulatoriais gravemente deprimidos.[44] Isso é compatível com os resultados relatados por DeRubeis e colaboradores, que compararam os efeitos de terapia cognitiva e medicamentos em pacientes com depressão moderada ou grave.[7]

Um relato de John Rush[45] resume os resultados e as questões do estudo STAR*D (*"Sequenced Treatment Alternatives to Relieve Depression"*), realizado por 7 anos e financiado pelo NIMH, que envolveu centenas de pesquisadores e milhares de pacientes. Alguns resultados específicos conceitualmente relacionados àquele projeto foram descritos no Capítulo 14 (ver a seção "Resistência ao Tratamento"). Entretanto, muitas questões fundamentais precisam de mais investigação. Pesquisas são necessárias para determinar as melhores estratégias para associação (dois antidepressivos) e acréscimo (um antidepressivo mais uma segunda droga para aumentar seu efeito). Continua aberta a questão da maior eficácia de abordagens combinadas ou associadas do que de terapias sequenciais e medicamentos isoladamente.

Rush[45] sugeriu que estudos são necessários para testar se terapia cognitiva previne melhor a recaída do que medicamento quando usada como estratégia de troca ou de acréscimo. O autor também observou a necessidade de "aumentar a oferta e conveniência da obtenção de terapia cognitiva" (p. 202).

De modo geral, as teorias e os tratamentos psicológicos e farmacológicos continuam sua evolução e aprimoramento. Existem inúmeras questões importantes a serem investigadas. Destacamos algumas aqui e antevemos que outras surgirão à medida que estas abram caminho para novos avanços nas perspectivas cognitivas e biológicas.

EPÍLOGO

Embora o modelo cognitivo da depressão e sua aplicação na terapia cognitiva tenha se fundamentado sobretudo na observação clínica, na teoria psicológica e nos experimentos no passado, muitos desenvolvimentos recentes e estimulantes sugerem que agora é possível uma integração dos resultados da neurociência. Tal desenvolvimento promete alargar o escopo tanto da teoria quanto da terapia cognitiva. Talvez de maior significância, o mapeamento genético e as técnicas de imagem oferecem novas possibilidades para elucidar a neurobiologia cognitiva da depressão. Estudos em andamento vêm testando a teoria cognitiva pelo exame da estrutura e função fisiológica.[1,2,3] Essa abordagem elucida as causas e os tratamentos da depressão da perspectiva da ciência cerebral e é uma progressão natural (e expansão) das bases científicas da terapia cognitiva.[4]

Na primeira edição deste livro, o modelo cognitivo da depressão foi descrito juntamente com a pesquisa original que levou a uma série de hipóteses testáveis. O modelo básico incluía o viés cognitivo e a relação de cognições específicas com sintomas comportamentais, emocionais e fisiológicos. O perfil cognitivo da depressão foi identificado por meio de observação e pesquisa clínica e de uma análise da pesquisa psicológica básica. A abordagem, baseada no conceito de "níveis de análise", é hoje conhecida como modelo biopsicossocial. Hoje, vemos esta formulação confirmada no nível neurobiológico, algo impossível de detectar na época de sua construção original.

Nas páginas a seguir, consideramos a pesquisa básica que liga os níveis cognitivo e neurobiológico: vulnerabilidade genética, vulnerabilidade cognitiva e hiper-reatividade fisiológica. Além disso, articulamos e expandimos o modelo cognitivo da depressão.

O NOVO MODELO COGNITIVO DO DESENVOLVIMENTO

Para explicar integralmente o desenvolvimento da depressão, uma nova formulação é necessária. Uma descrição completa incorpora as vulnerabilidades genéticas e neurobiológicas que predispõem os indivíduos à depressão. A teoria cognitiva em sua formulação original incluía os seguintes componentes específicos e sequência de eventos.

1. Indivíduos propensos à depressão reagem seletivamente a vivências negativas e constroem de modo gradual uma atitude negativa (esquema) sobre si mesmos, seu futuro e sua vida pessoal (vulnerabilidade cognitiva).
2. Uma vivência negativa maior ou uma série de traumas menores ativam tais esquemas até o ponto em que eles se tornam predominantes no processamento de informações.
3. Isso resulta em constantes cognições com viés negativo que ocasionam os sintomas típicos da depressão.

O conjunto de atitudes negativas duradouras pode não ser proeminente ou mesmo discernível em um determinado momento, mas persistir em estado latente pronta para ser ativada por um conjunto apropriado de condições. Uma vez ativados, estes conceitos dominam o pensamento do indivíduo (distorção cognitiva) e levam a *um estado mental negativo*. O estado mental negativo é caracterizado por um viés cognitivo mais profundo, ou conversão no processamento de informação, que simultaneamente induz desesperança e *suprime as habilidades de enfrentamento*. Este estado mental estruturado (sistema de esquemas) é caracterizado por um viés cognitivo negativo frente aos eventos, um foco seletivo, um exagero de eventos negativos e um relativo bloqueio dos eventos positivos e significados positivos. Esta dupla ação do sistema de processamento negativo então se manifesta como *depressão clínica*.

A formulação original carece de uma explicação sobre por que alguns indivíduos se tornam predispostos à depressão após eventos traumáticos e outros expostos aos mesmos estressores não se tornam deprimidos. Aqui consideramos a pesquisa básica sobre a neurobiologia cognitiva da depressão, compatível com a referida formulação.

Vulnerabilidade cognitiva

Ao nível psicológico, centenas de estudos de pesquisa fundamental e aplicada testaram a teoria cognitiva e a terapia da depressão.[5,6,7] Investigações experimentais e estudos longitudinais confirmaram a teoria da vulnerabilidade cognitiva em adultos e crianças.[5] Os pesquisadores constataram que testes das variáveis cognitivas (tais como atitudes disfuncionais) comprovam sensibilidade, especificidade e estabilidade. Estas variáveis estão presentes em indivíduos deprimidos (sensibilidade), são encontradas com maior frequência na depressão do que em outras amostras psiquiátricas (especificidade) e estão presentes e acessíveis quando ativadas experimentalmente (estabilidade).[6] Além disso, existem evidências que corroboram a hipótese de que elas mediam a melhora nas intervenções terapêuticas.[7]

Ligações genéticas com vulnerabilidade cognitiva

Recentes pesquisas genéticas oferecem pistas sobre por que alguns indivíduos têm uma vulnerabilidade cognitiva e outros não. Tais estudos avaliaram a relação entre variações genéticas e reações ao estresse. Caspi e colaboradores[8] verificaram que um polimorfismo funcional (variante) na região promotora do gene transportador de serotonina (o alelo curto) estava associado à depressão e ao suicídio em resposta ao estresse. A proteína transportadora de serotonina é uma substância reguladora envolvida na remoção da serotonina da fenda sináptica. Baseado no estudo de Caspi[8] (apoiado por dois estudos que replicaram os resultados desse autor), Canli[9] observou que portadores da variante curta do gene são até duas vezes mais propensos a vivenciar depressão após eventos estressantes do que os que não possuem tal elo genético. De relevância para o modelo cognitivo, esta variante genética está associada à ativação mais forte em regiões corticais imprescindíveis para o processamento de estímulos emocionais, incluindo diferenças no viés atencional para estímulos emocionais ("palavras ansiosas").[10] Estudos preliminares também constataram que crianças que possuem o gene curto demonstram um viés de supergeneralização em resposta a estímulos experimentais.[11]

A amígdala parece ser especialmente interativa com as influências genéticas. Uma revisão[9] e uma metanálise[12] dos estudos de ativação da amígdala dos portadores da variante curta complementam os resultados de Caspi[8] por esclarecerem os eventos neurobiológicos ao nível genético. A hiper-reatividade fisiológica está envolvida nas interações entre vulnerabilidade genética, estresse ou "incomodações" e depressão.

Hiper-reatividade fisiológica

Baseado em uma revisão de estudos, Canli[9] concluiu que um nível crônico de hiper-reatividade da amígdala (e de outras regiões cerebrais) em portadores da variante curta predisporiam estes indivíduos a uma aquisição mais rápida de recordações emocionais negativas, maior manutenção dessas lembranças, maior vigilância e outras características que aumentariam sua vulnerabilidade fisiológica à depressão.[9] Canli[9] revisou sete estudos de imagem[13-19] para avaliar a relação entre portadores da variante curta e comportamento relacionado à amígdala. Esta avaliação detectou maior sensibilidade neste nível do que os estudos de associação baseados em autoavaliações. A revisão de Canli indicou que portadores da variante curta apresentam maior ativação durante

a) visão passiva de imagens negativas,
b) processamento implícito de palavras negativas e
c) pareamento visuoespacial de expressões faciais emocionais.

Considerados em conjunto, estes estudos oferecem evidências convergentes de que a maior ativação da amígdala em resposta a estímulos emocionais é um efeito robusto.[9] Também existe alguma evidência para uma relação entre hiper-reatividade da amígdala e inclinação negativa no processamento de emoções.[20]

Neurobiologia cognitiva

Uma nova área de pesquisa está emergindo, a *neurobiologia cognitiva* (NC) da depressão. Esta disciplina inclui o estudo de substratos fisiológicos ativados por estresse[21-24] que são disfuncionais na depressão clínica, e que são corrigidos mediante a efetiva aplicação da terapia cognitiva.[25,26] Esta abordagem mais ampla oferecerá uma estrutura mais unificada para a teoria e pesquisa. O modelo cognitivo será compreendido de maneira mais completa através de estudos que relacionem fenômenos psicológicos (p. ex., vulnerabilidades cognitivas e capacidades de enfrentamento) a seus correlatos neurobiológicos.

Por teorizar em múltiplos níveis, a teoria cognitiva pode subordinar estrutura e função ao nível "biológico". Estrutura e função biológica na depressão devem manifestar compatibilidade (concordância teórica) com a teoria e terapia cognitiva. Deste modo, os axiomas teóricos da terapia cognitiva são desenvolvidos por meio da neurociência. Estudos de ressonância magnética funcional já estão explorando a neuroanatomia do raciocínio tendencioso em tarefas realizadas sob diversas demandas cognitivas, assim como maior controle e raciocínio relacionado a centros cerebrais específicos.[27] Não é difícil antever uma época em que o pensamento e as crenças depressivas serão rotineiramente correlacionadas com disfunções fisiológicas correspondentes. De posse destas informações mais completas, o risco específico de recaída ou recorrência na depressão será conhecido e melhor tratado.[28]

APÊNDICE: INSTRUÇÕES DE PONTUAÇÃO PARA SONHOS NEGATIVOS

DEFINIÇÃO

O termo "sonho negativo" designa uma classe de sonhos desagradáveis caracterizados por um conteúdo temático específico. A imagem do sonhador tem características negativas, e/ou o resultado da sequência do sonho é essencialmente negativo. O sonhador é representado como menos afortunado ou menos atraente do que é na realidade (tal como defeituoso, feio ou doente) ou é submetido a uma vivência desagradável (tal como frustração, rejeição ou privação). A descrição do sonhador, a ação, o ambiente ou o resultado sugerem que o sonho é desagradável.

PONTUAÇÃO

O sonho é designado como negativo se contém algum dos elementos citados. A pontuação é dicotômica: cada sonho é pontuado como positivo (+) se contiver um ou mais desses elementos e como nulo (0) se não contiver.

Representação negativa de si próprio

O sonhador é representado de modo negativo. Ele tem atributos desagradáveis que não estão presentes na realidade ou são exagerados no sonho. Ele é deficiente ou defeituoso em algum aspecto. Sua aparência mudou, deixando-o menos atraente.

Exemplos: "Eu era um vagabundo."
"Eu era um deficiente mental."
"Saía pus de todos os meus poros."
"Eu era aleijado."
"Eu era cego."
"Eu estava fraco demais para me mexer."
"Eu tinha ficado velho e feio."
"Eu tinha um odor repugnante."
"Eu tinha tuberculose."
"Meu cabelo caiu."
"Eu estava muito sujo."

A representação negativa pode ser em termos de deficiências no funcionamento mental ou na personalidade.

Exemplos: "Alguém me dava instruções. Minha mente estava confusa, e eu não sabia do que ele estava falando."
"Eu tinha uma personalidade repulsiva, e as pessoas me evitavam."

Quando o sonho é pontuado por um avaliador cego, pode não haver base para decidir se as características negativas configuram um retrato correto ou uma distorção da realidade. Neste caso, a regra é pontuar o sonho como negativo, pois nossa experiência demonstra que as autorrepresentações negativas são quase sempre distorções ou exageros da realidade.

Desconforto físico e danos

Desconforto, sofrimento ou mudanças patológicas são explicitamente declaradas ou inferências sensatas do conteúdo onírico. Às vezes, esta categoria se sobrepõe à categoria anterior.

Exemplos: "Sanguessugas andavam sobre todo o meu corpo."
"Estava saindo sangue do meu nariz."
"Eu estava amarrado sobre uma mesa."
"Fui enterrado vivo."
"Eu me feri."
"Nosso carro bateu. Fomos levados para o hospital."
"Um cavalo me deu uma patada na cabeça."
"Fui queimado em um incêndio."

Frustração

O sonhador faz ou tenta fazer alguma coisa, mas o resultado é insatisfatório. As ações têm um objetivo óbvio, e o sonhador é impedido de realizá-lo por um fator externo. A frustração deve ser algo que o sonhador não causa deliberadamente a si mesmo. Deve ser provável a partir do contexto ou das palavras que este tipo de frustração produziria sofrimento caso acontecesse na realidade (na vigília).

Exemplos: "Corri para minha sessão de análise. Quando cheguei lá, a porta estava fechada."
"Eu estava fazendo uma torrada. O pão não saltou, e a torrada queimou."
"Fui visitar velhos amigos de carro, mas acabei na casa errada."
"Mirei cuidadosamente e atirei contra o cervo, mas a arma não disparou."
"Tentei salvar minha filha, mas meus pés ficaram atolados na lama."
"Procurei, procurei, procurei, mas não consegui encontrar minhas anotações."
"Eu me envolvi numa briga, mas meus golpes não atingiam meu adversário."

Os seguintes não marcam ponto porque não há indicação de que o objetivo é importante para o sonhador ou de que ocorre frustração.

Exemplos: "Sugeri que almoçássemos, mas os homens não estavam com fome. Então apenas nos sentamos."
"Fui à cidade assistir a um filme. Vi um desfile e o segui. Nunca cheguei mesmo ao filme."
"Eu estava a caminho da escola, daí a cena mudou, e eu apareci esquiando."

Privação

Decepção: O paciente quer ou pede alguma coisa, mas recebe menos do que queria ou esperava, ou então o paciente recebe alguma coisa não explicitamente procurada, mas que é obviamente insatisfatória. (Às vezes esta categoria se sobrepõe à categoria anterior.)

Exemplos: "Pedi uísque e *ginger ale*. O barman me serviu cerveja quente misturada com um destilado."

"Comprei um par de sapatos, mas eram ambos para o pé esquerdo."
"Eu estava em um restaurante, mas a garçonete não me atendeu."
"Coloquei uma moeda na máquina de Coca-Cola, mas só o que saiu foi um chiado."
"Meu marido comprou móveis para mim, mas eles estavam em más condições e as cores eram horríveis."
"Meu pai me deu a mesada da semana. Era apenas um centavo."

Perda: O sonhador sofre a perda de algo ou de alguém.

Exemplos: "Todos os meus amigos morreram."
"Um ladrão roubou meu relógio."
"Perdi todo o meu dinheiro."

Falta: O fator fundamental é a falta de alguma coisa importante para o sonhador, tal como amizade, afeição, comida ou bens materiais.

Exemplos: "Eu estava solteiro novamente. Eu não tinha amigos, ninguém que eu pudesse visitar."
"Eu estava totalmente sozinho. Eu me sentia muito só."
"Eu não tinha o que comer."
"Eu estava em um país estrangeiro. Eu não tinha a quem pedir ajuda."
"Eu não tinha um mísero tostão."

Ataque físico

Outra pessoa deliberadamente ataca (e presumivelmente fere) o sonhador. O ataque é consumado, e não se trata apenas de ameaça. Se o dano não é infligido deliberadamente, o elemento do sonho é classificado na categoria 2.

Exemplos: "Um homem atirou em mim e me acertou no braço."
"Uma gangue de valentões me espancou."
"Ele me bateu na cabeça."

Os seguintes não pontuam porque o elemento de dano está ausente.

Exemplos: "Ele continuou me batendo, mas eu não sentia os golpes."
"Alguém atirou contra mim, mas não acertou."
"Um homem me perseguiu."

Ataque não físico

O paciente é ridicularizado, criticado, repreendido, culpado ou maltratado.

Exemplos: "Ele me chamou de chorão."
"Minha esposa disse que estava com nojo de mim."
"Fui um tolo. Todos riram de mim."
"Fui acusado de um crime."
"Ele me ludibriou."

Exceções: Autorrecriminação e autocrítica não pontuam positivamente.
"Foi culpa minha."
"Eu me senti um chorão."

A simples participação em uma discussão não marca ponto. É necessário que o sonhador leve a pior. "Ele me mandou calar a boca. Mandei que ele se calasse" não marca ponto, mas "Ele demoliu tudo que eu disse" sim.

Exclusão, substituição ou abandono

O sonhador é deixado de lado, rejeitado ou substituído por outra pessoa.

Exemplos: "Fui o único não convidado para a festa."
"Meu analista me disse que não queria me ver mais."
"Minha esposa casou-se com outro homem."
"Minha mãe deu um ingresso para o meu irmão, mas não para mim."

Perda

O sonhador está perdido.

Exemplos: "Eu estava em uma casa estranha e não conseguia achar a saída."
"Fiquei andando em túneis e não achava a saída."
"Eu estava em uma cidade. Eu não sabia o caminho de volta para casa."

Punição

O sonhador recebe punição de um órgão legal ou de uma figura de autoridade.

Exemplos: "Eu estava na cadeia."
"Minha mãe me deu uma palmada."
"Fui expulso da escola."
"Recebi uma multa de trânsito."

Fracasso

O sonhador fracassa em uma atividade específica. Não há evidência no sonho de que a falta de sucesso se deve a um agente externo (como na categoria 3).

Exemplos: "Fui reprovado na prova."
"Cheguei por último na corrida."
"Mirei no alvo e errei."
"Tentei resolver um problema, mas não consegui."
"Eu me levantei para fazer um discurso e não consegui pensar em nada que pudesse dizer."

EXCEÇÕES

As seguintes ações em sonhos não recebem pontuação.

1. Quando outra pessoa é quem sofre uma experiência desagradável (mesmo que o sonhador seja identificado de alguma forma com a outra pessoa).

Exemplos: "Meu pai foi atropelado por um carro."
"Uma menininha, que era parecida comigo, estava perdida."

2. Quando há dúvida sobre se a experiência é desagradável."
3. Quando o afeto concomitante ou outra declaração nega o desprazer ou quando o dano é desfeito."

Exemplos: "Levei um tiro na barriga, mas não senti nada."
"Caí em um bueiro, mas isso não me incomodou."
"Meu cabelo estava desgrenhado, mas eu não ligava."
"Alguém roubou meus livros, mas os devolveu."
"Havia uma trama contra mim, mas eu os despistei."
"Perdi meu chapéu, mas o encontrei novamente."

Sonhos de ameaça

Estes *não pontuam* como sonhos negativos a menos que um dos elementos ou temas específicos listados na Seção II esteja presente. É possível que um sonho receba ponto tanto como ameaça quanto como negativo se ambos os tipos de temas estiverem presentes. Sonhos de ameaça com frequência associam-se a estados de ansiedade e têm as seguintes características:

1. O *afeto* é descrito como pavor, medo, apreensão ou um sinônimo destes. Em sonhos negativos, por outro lado, o afeto é descrito como tristeza, solidão ou frustração.
2. Existe um perigo ou ameaça, mas não ocorre dano, lesão ou perda na sequência do sonho. Em contrapartida, no sonho negativo a experiência negativa ocorre antes de o sonho terminar.

Exemplos: "Um homem estava me perseguindo."
"Eu estava caindo em uma cova."
"Havia alguma força poderosa no edifício."

Os sonhos negativos que correspondem a estes temas seriam:

"Um homem me pegou e bateu em mim."
"Caí em uma cova e bati no fundo."
"Uma força poderosa estava me esmagando."

REFERÊNCIAS

PREFÁCIO

1. Beck AT. How an anomalous finding led to a new system of psychotherapy. *Nature Med.* 2006;12(IO):xii-xv.

CAPÍTULO 1. A DEFINIÇÃO DE DEPRESSÃO

1. Kline N. Practical management of depression. *J. Amer. Med. Ass.* 1964; 190:732-740.
2. Dunlop B. Use of antidepressants and stimulants. *Mod. Treat.* 1965; 2:543-568.
3. Murray CJL, Lopez AD (Eds.). *The Global Burden of Disease: A Comprehensive Assessment of Mortality and Disability from Diseases, Injuries, and Risk Factors in 1990 and Projected to 2020*. Cambridge, MA, Harvard School of Public Health; 1996.
4. Sørenson A, Stromgren B. Frequency of depressive states within geographically delimited population groups. *Acta Psychiat. Scand. Suppl.* 1961;162:62-68.
5. American Psychiatric Association. *Diagnostic and Statistical Manual of Mental Disorders (DSM-IV-TR)* (4th ed., textual revisions). Washington, DC, APA; 2000.
6. Piccinelli M. Gender differences in depression: a critical review. *Brit. J. Psychiat.* 2000; 177:486-492.
7. National Institute of Mental Health. The numbers count (NIH Publication No. NIH 99-4584). http://www.nimh.nih.gov/health/publications/the-numbers-count-mental-disorders-in-america.shtrnl. CFM; 1999.
8. Kessler RC, Chiu WT, Demler 0, Walters BB. Prevalence, severity, and comorbidity of 12-month DSM-IV disorders in the National Comorbidity Survey Replication. *Arch. Gen. Psychiat.* 2005; 62:616-627.
9. Kessler RC, Berglund P, Demler O, Jin R, Walters BB. Lifetime prevalence and age-of-onset distributions of DSM-IV disorders in the National Comorbidity Survey Replication. *Arch. Gen. Psychiat.* 2005; 62:593-602.
10. Jelliffe SB. Some historical phases of the manic-depressive synthesis. *Ass. Res. Nerv. Ment. Proc.* 1931; 11:3-47.
11. Zilboorg G. *A History of Medical Psychology.* New York, Norton, 1941. 67.
12. Beers CW. *A Mind that Found Itself; an Autobiography.* Garden City, NY, Doubleday; 1928.
13. Burton R. *The Anatomy of Melancholy* (1621), ed. Dell F, Jordan-Smith P. New York, Tudor; 1927.
14. Hinsie L, Campbell R. *Psychiatric Dictionary* (3rd ed.). London, Oxford Univ. Press; 1960.
15. Wessman, AB, Ricks EF. *Mood and Personality.* New York. Holt:1966.
16. Hankin BL, Fraley RC, Lahey BB, Waldman ID. Is depression best viewed as a continuum or discrete category? a taxometric analysis of childhood and adolescent depression in a population-based sample. *J. Abnorm. Psych.* 2005; 114:96-110.
17. Meehl PE. Bootstraps taxometrics: Solving the classification problem in psychopathology. *Amer. Psychologist* 1995; 50:266-275.
18. Haslam N, Beck AT. Subtyping major depression: a taxometric analysis. *J. Abnorm. Psvch.* 1994; 103:686-692.

CAPÍTULO 2.
SINTOMATOLOGIA DA DEPRESSÃO

1. Campbell JD. *Manic-Depressive Disease.* Philadelphia, Lippincott;1953.
2. Cassidy WL, Flanagan NB, Spellman M. Clinical observations in manic-depressive disease: a quantitative study of 100 manic-depressive patients and 50 medically sick controls. *J. Amer. Med. Ass.* 1957; 164:1535-1546.
3. Grinker R, Miller J, Sabshin M, Nunn R, Nunnally J. *The Phenomena of Depressions.* New York, Hoeber;1961.
4. Friedman AS, Cowitz B, Cohen HW; Granick S. Syndromes and themes of psychotic depression: a factor analysis. *Arch. Gen. Psychiat. (Chicago).* 1963; 9:504-509.
5. Lewis A. Melancholia: a clinical survey of depressive states. *J. Ment. Sci.* 1934; 80:277-378.
6. Watts CA. The mild endogenous depression. *Brit. Med. J.* 1957;1:4-8.
7. Bradley JJ. Severe localized pain associated with the depressive syndrome. *Brit. 1 Psychiat.* 1963; 109:741-745.
8. Kennedy F. The neuroses: related to the manic-depressive constitution. *Med. Clin. N. Amer.* 1944; 28:452-466.
9. Von Hagen KO. Chronic intolerable pain; discussion of its mechanism and report of 8 cases treated with electroshock. *J. Amer. Med. Ass.* 1957; 165:773-777.
10. Saul LJ. *Emotional Maturity.* Philadelphia, Lippincott;1947.
11. Nussbaum K, Michaux WW. Response to humor in depression: a prediction and evaluation of patient change? *Psychiat. Quart.* 1963; 37:527-539.
12. Stenstedt A. A study in manic-depressive psychosis: clinical, social, and genetic investigations. *Acta Psychiat. Scand. Suppl.* 1952; 79.
13. Rennie T. Prognosis in manic-depressive psychoses. *Amer. J. Psychiat.* 1942; 98:801-814.
14. Abraham K. "Notes on the Psychoanalytic Investigation and Treatment of Manic-Depressive Insanity and Allied Conditions" (1911), in *Selected Papers on Psychoanalysis.* New York, Basic Books; 1960. 137-156.
15. Rado S. The problem of melancholia. *Int. J. Psychoanal.* 1928; 9:420-438.
16. Kraines SH. *Mental Depressions and Their Treatment.* New York, Macmillan; 1957.
17. Oswald I, Berger RJ, Jaramillo RA, Keddie KMG, Olley PC, Plunkett GB. Melancholia and barbiturates: a controlled EEG, body and eye movement study of sleep. *Brit. J. Psychiat.* 1963; 109:66-78.
18. Lehmann HE. Psychiatric concepts of depression: nomenclature and classification. *Canad. Psychiat. Ass. J. Suppl.* 1959; 4:S1-S12.
19. Hoch A. *Benign Stupors: A Study of a New Manic-Depressive Reaction Type.* New York, Macmillan; 1921.
20. Bleuler E. *Dementia Praecox or the Group of Schizophrenia* (1911), trans. Zinken J. New York, Internat. Univ. Press; 1950.
21. Weiss B, Garber J. Developmental differences in the phenomenology of depression. *Develnnment and Psychopathology* 2003: 15:403-430.
22. American Psychiatric Association. *Diagnostic and Statistical Manual of Mental Disorders (DSM-IV)* (4th ed., textual revisions). Washington, DC, APA; 2000.

CAPÍTULO 3.
CURSO E PROGNÓSTICO

1. Kraepelin E. "Manic-Depressive Insanity and Paranoia," in *Textbook of Psychiatry,* trans. Barclay RM. Edinburgh, Livingstone;1913.
2. Paskind HA. Brief attacks of manic-depression. *Arch. Neurol. Psychiat.* 1929; 22:123-134.
3. Paskind HA. Manic-depressive psychosis as seen in private practice: sex and age incidence of first attacks. *Arch. Neurol. Psychiat.* 1930a; 23:152-158.
4. Paskind HA. Manic-depressive psychosis in private practice: length of attack and length of interval. *Arch. Neurol. Psychiat.* 1930b; 23:789-794.
5. Rennie T. Prognosis in manic-depressive psychoses. *Amer. J. Psychiat.* 1942; 98:801-814.
6. Lundquist G. Prognosis and course in manic-depressive psychoses. *Acta Psychiat. Neurol. Suppl.* 1945; 35.

7. Hopkinson G. Onset of affective illness. *Psychiat. Neurol. (Basel)* 1963; 146:133-140.
8. Hopkinson G. The prodromal phase of the depressive psychosis. *Psychiat. Neurol. (Basel)* 1965;149:1-6.
9. Steen R. Prognosis in manic-depressive psychoses: with report of factors studied in 493 patients. *Psychiat. Quart.* 1933; 7:419-429.
10. Strecker EA, Appel KE, Eyman EV, Farr CB, LaMar NC, et al. The prognosis in manic-depressive psychosis. *Res. Publ. Ass. Res. Nerv. Ment. Dis.* 1931; 11:471-538.
11. Astrup C, Possum A, Holmboe F. A follow-up study of 270 patients with acute affective psychoses. *Acta Psychiat. Scand. Suppl.* 1959; 135.
12. Stenstedt A. A study in manic-depressive psychosis: clinical, social, and genetic investigations. *Acta Psychiat. Scand. Suppl.* 1952; 79.
13. Cassidy WL, Flanagan NB, Spellman M. Clinical observations in manic-depressive disease: a quantitative study of 100 manic-depressive patients and 50 medically sick controls. *J. Amer. Med. Ass.* 1957; 164:1535-1546.
14. Ayd PJ Jr. *Recognizing the Depressed Patient.* New York, Grune & Stratton; 1961.
15. Klein DK, Schwartz JE, Rose S, Leader JB. Five-year course outcome of dysthymic disorder: a prospective, naturalistic follow-up study. *Amer. J. Psychiat.* 2000; 157:931-939.
16. Buist-Bouwman MA, Ormel J, deGraaf R, Vollebergh WAM. Functioning after a major depressive episode: complete or incomplete recovery? *J. Aff. Disord.* 2004; 82:363-371.
17. Pollack HM. Prevalence of manic-depressive psychosis in relation to sex, age, environment, nativity, and race. *Res. Publ. Ass. Res. Nerv. Ment. Dis.* 1931; 11:655-667.
18. Kraines SH. *Mental Depressions and Their Treatment.* New York, Macmillan; 1957.
19. Belsher G, Costello CG. Relapse after recovery from unipolar depression: a critical review. *Psych. Bull.* 1988; 104:84-96.
20. Kiloh LG, Andrews G, Neilson M. The long-term outcome of depressive illness. *Brit. J. Psychiat.* 1988; 153:752-757.
21. Hoch PH, Rachlin HL. An evaluation of manic-depressive psychosis in the light of follow-up studies. *Amer. J. Psychiat.* 1941; 97:831-843.
22. Lewis NDC, Piotrowski ZS. "Clinical Diagnosis of Manic-Depressive Psychosis," in *Depression,* ed. Hoch PH, Zubin J. New York, Grune & Stratton; 1954.25-38.
23. Farberow NL, Schneidman ES. *The Cry for Help.* New York, McGraw-Hill; 1961.
24. Meerloo JAM. *Suicide and Mass Suicide.* New York, Grune & Stratton; 1962.
25. Vital Statistics of the United States; 1960.
26. Pokorny AD. Suicide rates in various psychiatric disorders. *J. Nerv. Ment. Dis.* 1964; 139:499-506.
27. Temoche A, Pugh TE, MacMahon B. Suicide rates among current and fonner mental institution patients. *J. Nerv. Ment. Dis.* 1964; 136:124-130.
28. Moss LM, Hamilton DM. The psychotherapy of the suicidal patient. *Amer. J. Psychiat.* 1956; 112:814-820.
29. Robins E, Gassner S, Kayes J, Wilkinson RH, Murphy EG. The communication of suicidal intent: a study of 134 consecutive cases of successful (completed) suicide. *Amer. J. Psychiat.* 1959; 115:724-733.
30. Wheat WD. Motivational aspects of suicide in patients during and after psychiatric treatment. *Southern Med. J.* 1960; 53:273-278.
31. Wendel HE, Wendel CS. (Eds.). *Vital Statistics of the United States: Births, deaths, and Selected Health Data.* Lanham, MD, Bernan Press; 2004.
32. MacDonald JM. Suicide and homicide by automobile. *Amer. J. Psychiat.* 1964; 121:366-370.
33. Stengel E. Recent research into suicide and attempted suicide. *Amer. J. Psychiat.* 1962; 118:725-727.
34. Campbell JD. *Manic-Depressive Disease.* Philadelphia, Lippincott; 1953.
35. American Psychiatric Association. *Diagnostic and Statistical Manual of Mental Disorders (DSM-JV)* (4th ed., textual revisions). Washington, DC, APA; 2000.
36. Brown GK, Beck AT, Steer RA, Grisham JR. Risk factors for suicide in psychiatric outpatients: a 20-year prospective study. *J. Consult. Clin. Psych.* 2000; 68:371377.
37. Motto JA. Suicide attempts: a longitudinal view. *Arch. Gen. Psychiat. (Chicago)* 1965; 13:516-520.

38. Brown GK, Have TI, Henriques GR, Xie SX, Hollander JE, Beck AT. Cognitive therapy for the prevention of suicide attempts: a randomized controlled trial. *J. Amer. Med. Assoc.* 2005; 294:563-570.
39. Pichot P, Lemperiere T. Analyse factorielle d'un questionnaire d'autoevaluation des symptoms depressifs. *Rev. Psychol. Appl.* 1964; 14:15-29.
40. Fagiolini A, Kupfer DJ, Rucci P, Scott JA, Novick DM, Frank E. Suicide attempts and ideation in patients with bipolar I disorder. *J. Clin. Psychiat.* 2004; 65:509-514.
41. Riso LP, Miyatake RK, Thase ME. The search for determinants of chronic depression: a review of six factors. *J. Aff. Disord.* 2002; 70:103-115.
42. Riso LP, Blandino JA, Penna S, Dacey S, Grant MM, Toit PL, et al. Cognitive aspects of chronic depression. *J. Abnorm. Psych.* 2003; 112:72-80.

CAPÍTULO 4.
CLASSIFICAÇÃO DOS TRANSTORNOS DE HUMOR

1. American Psychiatric Association. *Diagnostic and Statistical Manual of Mental Disorders (DSM-IV)* (4th ed., textual revisions). Washington, DC, APA; 2000.
2. American Psychiatric Association. Diagnostic and Statistical Manual: Mental Disorders. Washington, DC, APA; 1952.
3. American Psychiatric Association. *Diagnostic and Statistical Manual of Mental Disorders (DSM-III)* (2nd ed.). Washington, DC, APA; 1968.
4. American Psychiatric Association. *Diagnostic and Statistical Manual of Mental Disorders (DSM-III)* (3rd ed.). Washington, DC, APA; 1980.
5. American Psychiatric Association. *Diagnostic and Statistical Manual of Mental Disorders (DSM-III)* (3rd ed. revised). Washington, DC, APA; 1987.
6. American Psychiatric Association. *Diagnostic and Statistical Manual of Mental Disorders (DSM-IV)* (4th ed.). Washington, DC, APA; 1994.
7. Fleming GW. The revision of the classification of mental disorders. *J. Ment. Sci.* 1933; 79:753.
8. Wakefield JC. Disorder as harmful dysfunction: A conceptual critique of *DSM-III-R's* definition of mental disorder. *Psych. Rev.* 1992; 99:232-247.
9. Wakefield JC. The concept of mental disorder: On the boundary between biological facts and social values. *American Psychologist* 1992; 47:373-388.
10. Wakefield JC. Limits of operationalization: A critique of Spitzer and Endicott's (1978) proposed operational criteria for mental disorder. *J. Abnorm. Psych.* 1993; 102:160-172.
11. Kreitman N, Sainsbury P, Morrissey J, Towers J, Schrivener J. The reliability of psychiatric assessment: an analysis. *Brit. J. Psychiat.* 1961; 107:887-908.
12. Beck AT, Ward CH, Mendelson M, Mock JE, Erbaugh JK. Reliability of psychiatric diagnoses: 2. A study of consistency of clinical judgments and ratings. *Amer. J. Psychiat.* 1962; 119:351-357.
13. Ward CH, Beck AT, Mendelson M, Mock JE, Erbaugh JK. The psychiatric nomenclature: reasons for diagnostic disagreement. *Arch. Gen. Psychiat. (Chicago)* 1962; 7: 198-205.
14. Clark JA, Mallet BA. Follow-up study of schizophrenia and depression in young adults. *Brit. J. Psychiat.* 1963; 109:491-499.
15. Lewis NDC, Piotrowski ZS. "Clinical Diagnosis of Manic-Depressive Psychosis," in *Depression*, ed. Hoch PH, Zubin J. New York, Grune & Stratton; 1954.25-38.
16. Lewis A. States of depression: their clinical and aetiological differentiation. *Brit. Med. J.* 1938; 2:875-883.
17. Hoch PH. Discussion of D. E. Cameron, " A Theory of Diagnosis," in *Current Problems in Psychiatric Diagnosis*, ed. Hoch PH, Zubin J. New York, Grune & Stratton; 1953. 46-50.
18. Partridge M. Some reflections on the nature of affective disorders arising from the results of prefrontalleucotomy. *J. Ment. Sci.* 1949; 95:795-825.
19. Gillespie RD. Clinical differentiation of types of depression. *Guy Hosp. Rep.* 1929; 79:306-344.
20. Candolle AP. de *Essai sur les proprietes medicales des plantes, comparees avec leurs formes exterieures et leur classification naturelle*. Paris, Crochard; 1816.
21. Kraepelin E. "Manic-Depressive Insanity and Paranoia," in *Textbook of Psychiatry*,

trans. Barclay RM. Edinburgh, Livingstone; 1913.
22. Heron MJ. A note on the concept endogenous-exogenous. *Brit. J. Med. Psychol.* 1965; 38:241.
23. Klein DF, Wender PH. *Understanding Depression.* New York, Oxford; 1993.
24. Crichton-Miller H. Discussion of the diagnosis and treatment of the milder forms of the manic-depressive psychosis. *Proc. Roy. Soc. Med.* 1930; 23:883-886.
25. Boyle H. Discussion on the diagnosis and treatment of the milder forms of the manic-depressive psychosis. *Proc. Roy. Soc. Med.* 1930; 23:890-892.
26. Buzzard EF. Discussion of the diagnosis and treatment of the milder forms of the manic-depressive psychosis. *Proc. Roy. Soc. Med.* 1930: 23:881-883.
27. Kiloh LG, Garside RF. The independence of neurotic depression and endogenous depression. *Brit. J. Psychiat.* 1963; 109:451-463.
28. Carney MWP, Roth M, Garside RF. The diagnosis of depressive syndromes and the prediction of E.C.T. response. *Brit. J. Psychiat.* 1965; 3:659-674.
29. Hamilton M, White J. Clinical syndromes in depressive states. *J. Ment. Sci.* 1959; 105:485-498.
30. Hamilton M. A rating scale for depression. *J. Neurol. Neurosurg. Psychiat.* 1960a; 23:56-61.
31. Rose JT. Reactive and endogenous depressions-responses to E.C.T. *Brit. J. Psychiat.* 1963; 109:213-217.
32. Shagass C, Jones AL. A neurophysiological test for psychiatric diagnosis: results in 750 patients. *Amer. J. Psychiat.* 1958; 114:1002-1009.
33. Ackner B, Pampiglione G. An evaluation of the sedation threshold test. .I: *Psychosom. Res.* 1959; 3:271-281.
34. Roberts JM. Prognostic factors in the electro-shock treatment of depressive states; II. The application of specific tests. *J. Ment. Sci.* 1959; 105:703-713.
35. Shagass C, Schwartz M. Cortical excitability in psychiatric disorder-preliminary results. *Third World Congr. of Psychiatry Proc.* 1961; 1:441-446.
36. Sloane RB, Lewis DJ, Slater P. Diagnostic value of blood pressure responses in psychiatric patients. *Arch. Neurol. Psychiat.* 1957; 77:540-542.
37. Rees L. "Constitutional Factors and Abnormal Behavior," in *Handbook of Abnormal Psychology,* ed. Eysenck HJ. New York, Basic Books; 1960.
38. Kennedy F, Wiesel B. The clinical nature of "manic-depressive equivalents" and their treatment. *Trans. Amer. Neurol. Ass.* 1946; 71:96-101.
39. Kral VA. Masked depression in middle-aged men. *Canad. Med. Ass. J.* 1958; 79:1-5.
40. Denison R, Yaskin IC. Medical and surgical masquerades of the depressed state. *Penn. Med. J.* 1944; 47:703-707.
41. Lewis A. Melancholia: a clinical survey of depressive states. *J. Ment. Sci.* 1934; 80: 277-378.
42. Castelnuovo-Tedesco P. *Depressions in Patients with Physical Disease.* Cranbury, NI: Wallace Laboratories; 1961.
43. Simonson M. Phenothiazine depressive reaction. *J. Neuropsychiat.* 1964; 5:259-265.
44. Ayd FI Jr. Drug-induced depression-fact or fallacy. *New York J. Med.* 1958; 58:354-356.
45. Schwab JJ, Clemmons RS, Bialow B, Duggan V, Davis B. A study of the somatic symptomatology of depression in medical inpatients. *Psychosomatics* 1965; 6:273-277.
46. Yaskin JC. Nervous symptoms as earliest manifestations of carcinoma of the pancreas. *J. Amer. Med. Ass.* 1931; 96:1664-1668.
47. Yaskin JC, Weisenberg TH, Pleasants H. Neuropsychiatric counterfeits of organic visceral disease. *J. Amer. Med. Ass.* 1931; 97:1751-1756.
48. Dovenmuehle RH, Verwoerdt A. Physical illness and depressive symptomatology. I. Incidence of depressive symptoms in hospitalized cardiac patients. *J. Amer. Geriat. Soc.* 1962; 10:932-947.
49. Michael RP, Gibbons JL. "Interrelationships Between the Endocrine System and Neuropsychiatry," *International Review of Neurobiology,* ed. Pfeifer C, Smythies J. New York: Academic Press; 1963.

CAPÍTULO 5.
DEPRESSÃO PSICÓTICA *VERSUS* NÃO PSICÓTICA

1. Hoch PH. Discussion of D. E. Cameron, " A Theory of Diagnosis," in *Current Problems in Psychiatric Diagnosis*, ed. Hoch PH, Zubin I. New York: Grune & Stratton 1953; 46-50.
2. Kraepelin, E. "Manic-Depressive Insanity and Paranoia," in *Textbook of Psychiatry*, trans. Barclay RM. Edinburgh: Livingstone; 1913.
3. Paskind, HA. Manic-depressive psychosis in private practice: length of attack and length of interval. *Arch. Neurol. Psychiat.* 1930b; 23:789-794.
4. American Psychiatric Association. *Diagnostic and Statistical Manual of Mental Disorders (DSM-IV)* (4th ed., textual revisions). Washington, DC, APA; 2000.
5. Kiloh LG, Garside RF. The independence of neurotic depression and endogenous depression. *Brit. J. Psychiat.* 1963; 109:451-463.
6. Carney MWP, Roth M, Garside RF. The diagnosis of depressive syndromes and the prediction of E.C.T. response. *Brit. J. Psychiat.* 1965; 3:659-674.
7. Sandifer MG Jr, Wilson IC, Green L. The two-type thesis of depressive disorders. *Amer. J. Psychiat.* 1966; 123:93-97.
8. Schwab JJ, Bialow M, Holzer C. A comparison of two rating scales for depression. *J. Clin. Psychol.* 1967; 23:94-96.
9. American Psychiatric Association; *Diagnostic and Statistical Manual: Mental Disorders.* Washington, DC, APA; 1952.
10. Ascher E. A criticism of the concept of neurotic depression. *Amer. J. Psychiat.* 1952; 108:901-908.
11. Ward CH, Beck AT, Mendelson M, Mock JE, Erbaugh JK. The psychiatric nomenclature: reasons for diagnostic disagreement. *Arch. Gen. Psychiat. (Chicago)* 1962; 7:198-205.
12. Mapother E. Discussion on manic-depressive psychosis. *Brit. Med. J.* 1926; 2:872-876.
13. Lewis A. Melancholia: a clinical survey of depressive states. *J. Ment. Sci.* 1934; 80: 277-378.
14. Cassidy WL, Flanagan NB, Spellman M. Clinical observations in manic-depressive disease: a quantitative study of 100 manic-depressive patients and 50 medically sick controls. *J. Amer. Med. Ass.* 1957; 164:1535-1546.
15. Campbell JD. *Manic-Depressive Disease.* Philadelphia: Lippincott; 1953.
16. Kraines SH. *Mental Depressions and Their Treatment.* New York: Macmillan; 1957.
17. Robins E, Gassner S, Kayes J, Wilkinson RH, Murphy EG. The communication of suicidal intent: a study of 134 consecutive cases of successful (completed) suicide. *Amer. J. Psychiat.* 1959; 115:724-733.
18. Winokur G, Pitts, FN. Affective disorder. IV. A family history study of prevalances, sex differences, and possible genetic factors. *J. Psychiat. Res.* 1965; 3:113123.
19. Bleuler, E. *Textbook of Psychiatry*, trans. Brill AA. New York, Macmillan; 1924.
20. Wexberg E. Zur Klinik und Pathogenese der leichten Depressionzustände. *Z. Neurol. Psychiat.* 1928; 112:549-574.
21. Paskind HA. Brief attacks of manic-depression. *Arch. Neurol. Psychiat.* 1929; 22:123-134.
22. Harrowes W McC. The depressive reaction types. *J. Ment. Sci.* 1933; 79:235246.
23. Cheney CO. *Outlines for Psychiatric Examinations.* Albany: New York State Dept. of Mental Hygiene; 1934.
24. Beck AT, Valin S. Psychotic depressive reactions in soldiers who accidentally killed their buddies. *Amer. J. Psychiat.* 1953; 110:347-353.
25. Foulds GA. Psychotic depression and age. *J. Ment. Sci.* 1960; 106:1394.

CAPÍTULO 6.
TRANSTORNOS BIPOLARES

1. Kraepelin E. "Manic-Depressive Insanity and Paranoia," in *Textbook of Psychiatry*, trans. Barclay, R. M. Edinburgh, Livingstone; 1913.
2. Meyer A. "The Problems of Mental Reaction Types" (1908), in *The Collected Papers of Adolf Meyer.* Baltimore, Johns Hopkins Univ. Press 1951; 2:591-603.

3. American Psychiatric Association. *Diagnostic and Statistical Manual: Mental Disorders.* Washington, DC, APA; 1952.
4. Zilboorg G. "Manic-Depressive Psychoses," in *Psychoanalysis Today: Its Scope and Function,* ed. Lorand S. New York: Covici, Friede; 1933. 229-245.
5. Loftus TA. *Meaning and Methods of Diagnosis in Clinical Psychiatry.* Philadelphia: Lea & Febiger; 1960.
6. American Psychiatric Association. *Diagnostic and Statistical Manual of Mental Disorders (DSM-/V)* (4th ed., textual revisions). Washington, DC, APA; 2000.
7. Angst J. The course of affective disorders. *Psychopathol.* 1986; 19:47-52.
8. Sharma V, Khan M, Smith A. A closer look at treatment resistant depression: is it due to a bipolar diathesis? *J. Aff. Disord.* 2005; 84:251-257.
9. Johnson GF. Lithium in depression: a review of the antidepressant and prophylactic effects of lithium. *Austral. New Zeal. J. Psychiatry* 1987; 21:356-365.
10. Hantouche EG, Akiskal HS. Bipolar II vs. unipolar depression: psychopathologic differentiation by dimensional measures. *J. Aff. Disord.* 2005:84:127-132.
11. Serretti A, Olgiati P. Profiles of "manic" symptoms in bipolar I, bipolar II and major depressive disorders. *J. Aff. Disord.* 2005; 84:159-166.
12. Akiskal HS, Benazzi F. Atypical depression: a variant of bipolar II or abridge between unipolar and bipolar II? *J. Aff. Disord.* 2005; 84:209-217.
13. Cameron N. The place of mania among the depressions from a biological stand-point. *J. Psych.* 1942; 14:181-195.
14. Rennie T. Prognosis in manic-depressive psychoses. *Amer. J. Psychiat.* 1942; 98:801-814.
15. Clayton PJ, Pitts FN, Winokur G. Affective disorder IV: Mania. *Compr. Psychiat.* 1965; 6:313.
16. Richter PR. *Biological Clocks in Medicine and Psychiatry.* Springfield, IL: Thomas; 1965.
17. Bunney WE, Hartmann EL. A study of a patient with 48-hour manic-depressive cycles: I. An analysis of behavioral factors. *Arch. Gen. Psychiat. (Chicago)* 1965; 12:611.
18. Titley WB. Prepsychotic personality of patients with involutional melancholia. *Arch. Neurol. Psychiat* 1936; 36:19-33.
19. Kohn M, Clausen J. Social isolation and schizophrenia. *Amer. Sociol. Rev.* 1955; 20:265-273.
20. Leahy RL. Decision-making and mania. *J. Cog. Psychother.* 1999; 13:83-105.
21. Newman CF, Leahy RL, Beck AT, Reilly-Harrington NA, Gyulai L. *Bipolar Disorder: A Cognitive Approach.* Washington, DC, APA; 2001.
22. Johnson, SL, Sandrow D, Meyer B, Winters R, Miller I, Solomon D, Keitner G. Increases in manic symptoms after life events involving goal attainment. *J. Abnorm. Psych.* 2000: 109:721-727.

CAPÍTULO 7.
DEPRESSÃO INVOLUTIVA

1. American Psychiatric Association. *Diagnostic and Statistical Manual of Mental Disorders (DSM-IV)* (4th ed., textual revisions). Washington, DC, APA; 2000.
2. Kraepelin E. "Manic-Depressive Insanity and Paranoia," in *Textbook of psychiatry,* trans. Barclay RM. Edinburgh, Livingston; 1913.
3. Thalbitzer S. *Acta Psychiat. Scand. Suppl.* 1905. Cited in Lundquist G, Prognosis and course in manic-depressive psychoses. *Acta Psychiat. Neurol. Suppl.* 1945; 35:8.
4. Dreyfus, G. The prognosis of involution melancholia. *Arch. Neurol. Psychiat.* 1907; 7:1-37. Quoted in Hoch A, MacCurdy IT, The prognosis of involution melancholia. *Arch. Neurol. Psychiat.* 1922; 7.
5. Kirby GH. *Arch. Neurol. Psychiat.* 1908; 36:19-33. Quoted in Titley WB, Prepsychotic personality of patients with involutional melancholia. *Arch. Neurol. Psychiat.* 1936; 36:19-33.
6. Hoch A, MacCurdy JT. The prognosis of involution melancholia. *Arch. Neurol. Psychiat.* 1922; 7: 1.
7. Cheney CO. *Outlines for Psychiatric Examinations.* Albany: New York State Dept. of Mental Hygiene; 1934.
8. Henderson D, Gillespie RD. *Textbook of Psychiatry* (9th ed.). London: Oxford Univ. Press; 1963.

9. Stengel E. Classification of mental disorders. *Bull. WHO.* 1959; 21:601-663.
10. Palmer HD, Hastings DW, Sherman SH. Therapy in involutional melancholia. *Amer. J. Psychiat.* 1941; 97:1086-1111.
11. Ripley HS, Shorr E, Papanicolaou GN. The effect of treatment of depression in the menopause with estrogenic hormone. *Amer. J. Psychiat.* 1940; 96:905-914.
12. Henderson D, Gillespie RD. *Textbook of Psychiatry* (9th ed.). London: Oxford Univ. Press; 1963.
13. Matthews KA, Wing RR, Kuller LH, Meilhan EN, Kelsey SF, Costello EI, Caggiula AW. Influence of natural menopause on psychological characteristics and symptoms of middle-aged healthy women. *J. Consult. Clin. Psych.* 1990; 58:345-351.
14. Cameron N. "The Functional Psychoses," in *Personality and the Behavior Disorders,* ed. Hunt J McV. New York, Ronald Press; 1944, 861-921.
15. Sawyer JE III. Personal communication; 2005.
16. State of New York Department of Mental Hygiene; 1960.
17. Berger H. Ueber periodische schwankungen in der schnelligkeit der aufeinandfolge willkürlicher bewegungen. z. *Psychol. Physiol. Sinnesorg* 1908; 1:321-331.
18. Driess H. Über der gestaltung und unterteilung in der involution auftretenden depressionen. *Z. Psych. Hyg.* 1942; 14:65-77.
19. Malamud W, Sands SL, Malamud I. The involutional psychoses: a socio-psychiatric study. *Psychosom. Med.* 1941; 3:410-426.
20. Cassidy WL, Flanagan NB, Spellman M. Clinical observations in manic-depressive disease: a quantitative study of 100 manic-depressive patients and 50 medically sick controls. *J. Amer. Med. Ass.* 1957; 164: 1535-1546.
21. Hopkinson G. A genetic study of affective illness in patients over 50. *Brit. J. Psychiat.* 1964; 110:244-254.
22. Titley WB. Prepsychotic personality of patients with involutional melancholia. *Arch. Neurol. Psvchiat.* 1936: 36:19-33.
23. Palmer HD, Sherman SH. The involutional melancholia process. *Arch. Neurol. Psychiat.* 1938; 40:762-788.
24. Beck AT. *Depression: Causes and Treatment.* Philadelphia, Univ. Pennsylvania Press; 1967.
25. Newmann JP. Aging and depression. *Psych. Aging* 1989; 4:150-165.

CAPÍTULO 8. TRANSTORNO ESQUIZOAFETIVO

1. American Psychiatric Association. *Diagnostic and Statistical Manual: Mental Disorders.* Washington, DC, APA; 1952.
2. Clark JA, Mallet BA. Follow-up study of schizophrenia and depression in young adults. *Brit. J. Psychiat.* 1963; 109:491-499.
3. Lewis NDC, Piotrowski ZS. "Clinical Diagnosis of Manic-Depressive Psychosis," in *Depression,* ed. Hoch PH, Zubin J. New York: Grune & Stratton; 1954:25-38.
4. Kirby GH. The catatonic syndrome and its relation to manic-depressive insanity. *J. Nerv. Ment. Dis.* 1913; 40:691-704.
5. Hoch A. *Benign Stupors: A Study of a New Manic-Depressive Reaction Type.* New York, Macmillan; 1921.
6. Kasanin JS. The acute schizoaffective psychoses. *Amer. J. Psychiat.* 1933; 13:97-126.
7. Vaillant GB. An historical review of the remitting schizophrenias. *J. Nerv. Ment. Dis.* 1964a; 138:48-56.
8. Hoch PH, Rachlin HL. An evaluation of manic-depressive psychosis in the light of follow-up studies. *Amer. J. Psychiat.* 1941; 97:831-843.
9. Rachlin HL. A followup study of Hoch's benign stupor cases. *Amer. J. Psychiat.* 1935; 92:531.
10. Rachlin HL. A statistical study of benign stupor in five New York state hospitals. *Psychiat. Quart.* 1937; 11:436-444.
11. Cheney CO. *Outlines for Psychiatric Examinations.* Albany, New York State Dept. of Mental Hygiene; 1934.
12. Vaillant GB. Natural history of remitting schizophrenias. *Amer. J. Psychiat.* 1963a; 120:367-375.
13. Lewis NDC, Hubbard LD. The mechanisms and prognostic aspects of the manic-depressive schizophrenic combinations. *Res. Pub. Ass. Res. Nerv. Ment. Dis.* 1931; 11:539-608.
14. American Psychiatric Association. *Diagnostic and Statistical Manual of Mental Disorders*

(DSM-IV) (4th ed., textual revisions). Washington, DC, APA; 2000.

15. Henderson D, Gillespie RD. *Textbook of Psychiatry* (9th ed.) London, Oxford Univ. Press; 1963.

16. Hunt RR, Appel KE. Prognosis in psychoses lying midway between schizophrenic and manic-depressive psychoses. *Amer. J. Psychiat.* 1936; 93:313-339.

17. Zubin J, Sutton S, Salzinger K, Salzinger S, Burdock B, Peretz D. "A biometric Approach to Prognosis in Schizophrenia," in *Comparative Epidemiology of the Mental Disorders*, ed. Hoch PH, Zubin J. New York, Grune & Stratton 1961; 143-203.

18. Albee G. The prognostic importance of delusions in schizophrenia. *J. Abnorm. Soc. Psychol.* 1951; 46:208-212.

19. Vaillant GB. Manic-depressive heredity and remission in schizophrenia. *Brit. J. Psychiat.* 1963b; 109:746-749.

20. Albee GW. Patterns of aggression in psychopathology. *J. Consult. Psychol.* 1950; 14:465-468.

21. Feldman D, Pascal OR, Swenson CH. Direction of aggression as a prognostic variable in mental illness. *J. Consult. Psychol.* 1954; 18:167.

22. Phillips L, Ziegler E. Role orientation, the action-thought dimension, and outcome in psychiatric disorder. *J. Abnorm. Soc. Psychol.* 1964; 68:381-389.

23. Vaillant GE. Prospective prediction of schizophrenic remission. *Arch. Gen. Psychiat. (Chicago).* 1964b; 11:509-518.

24. Williams PV, McGlashan TH. Schizoaffective psychosis, I: comparative long-term outcome. *Arch. Gen. Psychiat.* 1987; 44, 130-137.

25. Evans JD, Heaton RK, Paulsen JS, McAdams LA, Heaton SC, Jeste DV: Schizoaffective disorder: a form of schizophrenia or affective disorder? *J. Clin. Psychiat.* 1999; 60:874-882.

26. Kendler KS, McGuire M, Gruenberg AM, Walsh D. Examining the validity of DSM-III-R schizoaffective disorder and its putative subtypes in the Roscommon family study. *Amer. .I: Psychiat.* 1995; 152:755-764.

27. Maj M, Starace F, Pirozzi R. Family study of DSM-III-R schizoaffective disorder, depressive type, compared with schizophrenia and psychotic and non psychotic major depression. *Amer. J. Psychiat.* 1991; 148:612-616.

28. Taylor MA. Are schizophrenia and affective disorder related? a selective literature review. *Amer. J. Psychiat.1992;* 149:22-32.

29. Bertelsen A, Gottesman II. Schizoaffective psychoses: genetical clues to classification. *Amer. J. Med. Gen.* 1995; 60:7-11.

CAPÍTULO 9. ESTUDOS BIOLÓGICOS DA DEPRESSÃO

1. Wong M, Licinio J. Research and treatment approaches to depression. *Nature Rev. Neurosci.* 2001; 2:343-351.

2. Beck AT. *Depression: Causes and Treatment.* Philadelphia: Univ. Pennsylvania Press; 1967.

3. Thase ME, Howland RH. "Biological Processes in Depression: An Updated Review and Integration," in *Handbook of Depression* (2nd ed.), ed. Beckham EE, Leber WR. New York: Guilford; 1995. 213-279.

4. Dubovsky SL, Buzan R. "Mood Disorders," in *Textbook of Psychiatry*, ed. Hales RE, Yudofsky SC, Talbott JA. Washington, DC, American Psychiatric Press; 1999.479-565.

5. Kretschmer E. *Physique and Character*, trans. Sprout WJH. New York, Harcourt; 1925.

6. Rees L. "Constitutional Factors and Abnormal Behavior," in *Handbook of Abnormal Psychology*, ed. Eysenck HJ. New York, Basic Books; 1960.

7. Clegg JL. The association of physique and mental condition. *J. Ment. Sci.* 1935; 81:297-316.

8. Burchard EML. Physique and psychosis: an analysis of the postulated relationship between bodily constitution and mental disease syndrome. *Compr. Psychol. Monogr.* 1936; 13:1.

9. Wittman P, Sheldon W, Katz CJ. A study of the relationship between constitutional variations and fundamental psychotic behavior reactions. *J. Nerv. Ment. Dis.* 1948; 108:470-476.

10. Anastasi A, Foley JP. *Differential Psychology: Individual and Group Differences in Behavior.* New York, Macmillan; 1949.

11. Farber ML. Critique and investigation of Kretschmer's theory. *J. Abnorm. Soc. Psvchol.* 1938; 33:398.

12. Rees L. Physical constitution, neurosis, and psychosis. *Proc. Roy. Soc. Med.* 1944; 37:635-638.
13. Bellak, L. *Manic-Depressive Psychosis and Allied Conditions.* New York, Grune & Stratton; 1952.
14. Fagiolini A, Kupfer DJ, Rucci P, Scott JA, Novick DM, Frank E. Suicide attempts and ideation in patients with bipolar I disorder. *J. Clin. Psychiat.* 2004; 65, 509-514.
15. Kallmann F. "Genetic Aspects of Psychoses," in Milbank Memorial Fund, *Biology of Mental Health and Disease.* New York, Hoeber; 1952:283-302.
16. Tienari P. Psychiatric illness in identical twins. *Acta Psychiat. Scand. Suppl.* 1963; 171.
17. Gregory IW. *Psychiatry: Biological and Social.* Philadelphia, Saunders; 1961.
18. Slater E. Psychiatric and neurotic illnesses in twins. Medical Research Council Special Report Series 278. London, HMSO; 1953.
19. Shields J. *Monozygotic Twins Brought Up Apart and Brought Up Together.* London, Oxford Univ. Press; 1962.
20. Stenstedt A. A study in manic-depressive psychosis: clinical, social, and genetic investigations. *Acta Psychiat. Scand. Suppl.* 1952; 79.
21. Winokur G, Pitts FN. Affective disorder. IV. A family history study of prevalances, sex differences, and possible genetic factors. *J. Psychiat. Res.* 1965; 3:113-123.
22. Fremming K. *The Expectation of Mental Infirmity in a Sample of the Danish Population.* London: Cassell; 1951.
23. Taylor L, Faraone SV, Tsuang MT. Family, twin, and adoption studies of bipolar disease. *Curr. Psychiat. Rep.* 2002; 4:130-133.
24. McGuffin P, Rijsdijk F, Andrew M, Sham P, Katz R, Cardno A. The heritability of bipolar affective disorder and the genetic relationship to unipolar depression. *Arch. Gen. Psychiat.* 2003; 60:497-502.
25. Sevy S, Mendlewicz J, Mendelbaum K. "Genetic Research in Bipolar Illness," in *Handbook of Depression* (2nd ed.), ed. Beckham EE, Leber WR. New York, Guilford; 1995. 203-212.
26. Wallace J, Schneider T, McGuffin P. "Genetics of Depression," in *Handbook of Depression,* ed. Gotlib IH, Hammen CL. New York, Guilford; 2002.
27. Cleghom RA, Curtis GC. Psychosomatic accompaniments of latent and manifest depressive affects. *Canad. Psychiat. Ass. J. Suppl.* 1959; 4:S13-S23.
28. McFarland RA, Goldstein H. The biochemistry of manic-depressive psychosis. *Amer. J. Psychiat.* 1939; 92:21-58.
29. Gildea EF, McLean VL, Man EB. Oral and intravenous dextrose tolerance curves of patients with manic-depressive psychosis. *Arch. Neurol. Psychiat.* 1943; 49:852-859.
30. Pryce IG. Melancholia, glucose tolerance, and body weight. *J. Ment. Sci.* 1958; 104:421-427.
31. Whittier JR, Korenzi C, Goldschmidt L, Haydu G. The serum cholesteral "sign" test in depression. *Psychosomatics* 1964; 5:27-33.
32. Cameron N. The place of mania among the depressions from a biological stand-point. *J. Psychol.* 1942; 14:181-195.
33. Birmaher B, Heydl P. Biological studies in depressed children and adolescents. *Internat. J. Neuropsychopharmacol.* 2001; 4:149-157.
34. Gjessing R. Disturbances of somatic functions in catatonia with aperiodic course, and their compensation. *J. Ment. Sci.* 1938; 84:608-621.
35. Klein R, Nunn RF. Clinical and biochemical analysis of a case of manic-depressive psychosis showing regular weekly cycles. *J. Ment. Sci.* 1945; 91:79-88.
36. Crammer JL. Water and sodium in two psychotics. *Lancet.* 1959; 1:1122-1126.
37. Gibbons JL. Total body sodium and potassium in depressive illness. *Clin. Sci.* 1960; 19:133-138.
38. Russell GFM. Body weight and balance of water, sodium, and potassium in depressed patients given electroconvulsive therapy. *Clin. Sci.* 1960; 19:327-336.
39. Coppen AJ, Shaw DM. Mineral metabolism in melancholia. *Brit. Med. J.* 1963; 2:1439-1444.
40. Lobban M, Tredre B, Elithorn A, Bridges P. Diurnal rhythm of electrolyte excretion in depressive illness. *Nature (London).* 1963; 199:667-669.
41. Anderson W McC, Dawson J. The clinical manifestations of depressive illness with abnormal acetyl methyl carbinol metabolism. *J. Ment. Sci.* 1962; 108:80-87.

42. Assael M, Thein M. Blood acetaldehyde levels in affective disorders. *Israel Ann. Psychiat.* 1964; 2:228-234.
43. Flach F. Calcium metabolism in states of depression. *Brit. J. Psychiat.* 1964; 110:588.
44. Cade J. FJ. A significant elevation of plasma magnesium levels in schizophrenia and depressive states. *Med. J. Aust.* 1964; 1:195-196.
45. Gershon S, Yuweiler A. Lithium ion: a specific psychopharmacological approach to the treatment of mania. *J. Neuropsychiat.* 1960; 1:229-241.
46. Gibbons JL. Electrolytes and depressive illness. *Postgrad. Med. J.* 1963; 39:19-25.
47. Mullen PE, Linsell CR, Parker D. Influence of sleep disruption and calorie restriction on biological markers of depression. *Lancet* 1986; 328(8515):1051-1055.
48. Schottstaedt WW; Grace WJ, Wolff HO. Life situations, behaviour, attitudes, emotions, and renal excretions of fluid and electrolytes. IV. Situations associated with retention of water, sodium, and potassium. *J. Psychosom. Res.* 1956; 1:287-291.
49. Michael RP, Gibbons JL. "Interrelationships Between the Endocrine System and Neuropsychiatry," in *International Review of Neurobiology*, ed. Pfeifer C, Smythies J. New York: Academic Press; 1963.
50. Board F, Wadeson R, Persky H. Depressive affect and endocrine function. *Arch. Neurol. Psychiat.* 1957; 78:612-620.
51. Curtis GC, Cleghorn RA, Sourkes TL. The relationship between affect and the excretion of adrenaline, noradrenaline, and 17-hydroxycorticosteroids. *J. Psychosom. Res.* 1960; 4:176.
52. Gibbons JL, McHugh PR. Plasma cortisol in depressive illness. *J. Psychiat. Res.* 1962; 1:162-171.
53. Kurland HD. Steroid excretion in depressive disorders. *Arch. Gen. Psychiat. (Chicago)* 1964; 10:554-560.
54. Gibbons JL. Cortisol secretion rate in depressive illness. *Arch. Gen. Psychiat. (Chicago)* 1964; 10:572-575.
55. Bunney WE, Mason JD, Roatch JF, Hamburg DA. A psycho endocrine study of severe psychotic depressive cases. *Amer. J. Psychiat.* 1965; 122:72.
56. Bunney WE, Hartmann EL, Mason JW. Study of a patient with 48-hour manic-depressive cycles. II. Strong positive correlation between endocrine factors and manic-depressive patterns. *Arch. Gen. Psychiat. (Chicago).* 1965; 12:619.
57. Bunney WE, Fawcett JA. Possibility of a biochemical test for suicidal potential: an analysis of endocrine findings prior to three suicides. *Arch. Gen. Psychiat. (chicago).* 1965; 13:232-239.
58. Tiemeier H. Review: Biological risk factors for late life depression. *European J Epidemiol.* 2003; 18:745.
59. Parker KJ, Schatzberg AF, Lyons DM. Neuroendocrine aspects of hypercortisolism in major depression. *Hormones Behav.* 2003; 43:60-66.
60. Brody EB, Man EB. Thyroid function measured by serum precipitable iodine determinations in schizophrenic patients. *Amer. J. Psychiat.* 1950; 107:357-359.
61. Gibbons JL, Gibson JG, Maxwell AE, Willcox DRC. An endocrine study of depressive illness. *J. Psychosom. Res.* 1960; 5:32-41.
62. Joffe R, Segal Z, Singer W. Change in thyroid hormone levels following response to cognitive therapy for major depression. *Amer. J. Psychiat.* 1996; 153:411413.
63. Funkenstein DH. "Discussion of Chapters 10-11: Psychophysiologic Studies of Depression: Some Experimental Work, " in *Depression*, ed. Hoch PH, Zubin J. New York, Grune & Stratton; 1954.
64. Feinberg I. Current status of the Funkenstein Test. *Arch. Neurol. Psychiat.* 1958; 80:488.
65. Hamilton M. Quantitative assessment of the Mecholyl (Funkenstein) test. *Acta Neurol. Scand.* 1960b; 35:156-162.
66. Rose JT. Autonomic function in derpression: a modified metacholine test. *J. Ment. Sci.* 1962; 108:624-641.
67. Strongin EI, Hinsie LE. Parotid gland secretions in manic-depressive patients. *Amer. J. Psychiat.* 1938; 94:1459.
68. Peck RE. The SHP Test: an aid in the detection and measurement of depress. *Arch. Gen. Psychiat. (Chicago).* 1959; 1:35-40.
69. Gottlieb G, Paulson G. Salivation in depressed patients. *Arch. Gen. Psychiat. (Chicago)* 1961; 5:468-471.
70. Busfield BL, Wechsler H. Studies of salivation in depression: a comparison of salivation rates in depressed, schizoaffective depressed, nondepressed hospitalized patients,

and in normal controls. *Arch. Gen. Psychiat. (Chicago).* 1961; 4:10.

71. Busfield BL, Wechsler H, Barnum WJ. Studies of salivation in depression II. Physiological differentiation of reactive and endogenous depression. *Arch. Gen. Psychiat. (Chicago).* 1961; 5:472-477.

72. Davies BM, Gurland JB. Salivary secretion in depressive illness. *J. Psychosom. Res.* 1961; 5:269-271.

73. Palmai G, Blackwell B. The diurnal pattern of salivary flow in normal and depressed patients. *Brit. J. Psychiat.* 1965; 111:334-338.

74. Ship II, Burket LW. "Oral and Dental Problems," in *Clinical Features of the Older Patient*, ed. Freeman JT. Springfield, 111., Thomas; 1965.

75. Shagass C, Naiman J, Mihalik J. An objective test which differentiates between neurotic and psychotic depression. *Arch. Neurol. Psychiat.* 1956; 75:461-471.

76. Ackner B, Pampiglione G. An evaluation of the sedation threshold test. *J Psychosom. Res.* 1959; 3:271-281.

77. Nymgaard K. Studies on the sedation threshold: A. Reproducibility and effect of drugs. B. Sedation threshold in neurotic and psychotic depression. *Arch. Gen. Psychiat. (Chicago)* 1959; 1:530-536.

78. Martin I, Davies BM. Sleep thresholds in depression. *J. Ment. Sci.* 1962; 108:466-473.

79. Friedman AS, Granick S, Freeman L, Stewart M. Cross-validation of the low (EEG) sedation threshold of psychotic depressives. Paper presented at Annual Meeting of American Psychological Association. Chicago, September 1965.

80. Friedman AS. Personal communication; 1966.

81. Farley P. The anatomy of despair. *New Scientist* 2004; 182:42.

82. Sheline YI, Sanghavi M, Mintun MA, Gado M. Depression duration but not age predicts hippocampal volume loss in women with recurrent major depression. *J Neurosci.* 1999: 19:5034-5043.

83. McEwen BS, Sapolsky RM. Stress and cognitive function. *Curr. Opin. Neurobiol.* 1995; 5(2):205-216.

84. Frodl T, Meisenzahl EM, Zetzsche T, Höhne T, Banac S, Schorr C, et al. Hippocampal and amygdala changes in patients with major depressive disorder and healthy controls during a 1-year follow-up. *J. Clin. Psychiat.* 2004; 65:492-499.

85. Duman RS, Heninger GR, Nestler EJ. A molecular and cellular theory of depression. *Arch. Gen. Psychiat.* 1997; 54:597-606.

86. Santarelli L, Saxe M, Gross C, Surget A, Battaglia F, Dulawa S, et al. Requirement of hippocampal neurogenesis for the behavioral effects of antidepressants. *Science* 2003; 301:805-809.

87. Sheline YI, Gado MH, Kraemer HC. Untreated depression and hippocampal loss. *Amer. J. Psychiat.* 2003; 160:1516-1518.

88. Holden C. Future brightening for depression treatments. *Science* 2003; 302:810-813.

89. Vaidya VA, Duman RS. Depression-emerging insights from neurobiology. *Brit. Med. Bull.* 2001; 57:61-79.

90. Duman RS. Genetics of childhood disorders: XXXIX. Stem cell research, part 3: Regulation of neurogenesis by stress and antidepressant treatment. *J. Acad. Child Adolesc. Psychiat.* 2002; 41:745-748.

91. Jacobs BL. Depression: the brain finally gets into the act. *Curr. Dir. Psychol. Sci.* 2004; 13:103-106.

92. Whatmore GB, Ellis RM Jr. Some neurophysiologic aspects of depressed states: an electromyographic study. *Arch. Gen. Psychiat. (Chicago).* 1959; 1:70-80.

93. Whatmore G, Ellis RM. Further neurophysiologic aspects of depressed states: an electromyographic study. *Arch. Gen. Psychiat. (Chicago).* 1962; 6:243-253.

94. Goldstein IG. The relationship of muscle tension and autonomic activity to psychiatric disorders. *Psychosom. Med.* 1965; 27:39-52.

95. Diaz-Guerrero R, Gottlieb JS, Knott JR. The sleep of patients with manic-depressive psychosis, depressive type: an electroencephalographic study. *Psychosom. Med.* 1946; 8:399-404.

96. Oswald I, Berger RJ, Jaramillo RA, Keddie KMG, Olley PC, Plunkett GB. Melancholia and barbiturates: a controlled EEG, body and eye movement study of sleep. *Brit. J. Psychiat.* 1963; 109:66-78.

97. Zung WWK, Wilson WP, Dodson WE. Effect of depressive disorders on sleep EEG res-

ponses. *Arch. Gen. Psychiat. (Chicago).* 1964; 10:439-445.

98. Gresham SC, Agnew HW, Williams RL. The sleep of depressed patients: an EEG and eye movement study. *Arch. Gen. Psychiat. (Chicago).* 1965; 13:503-507.

99. Mendels J, Hawkins DR, Scott J. The psychophysiology of sleep in depression. Paper presented at Annual Meeting of the Association of the Psychophysiological Study of Sleep. Gainesville, FL, March 1966.

100. Simmons AD, Gordon JS, Monroe SM, Thase ME. Toward an integration of psychologic, social, and biologic factors in depression: effects on outcome and course of cognitive therapy. *J. Consult. Clin. Psych.* 1995; 63:369-377.

101. Thase ME, Fasiczka AL, Berman SR, Simmons AD, Reynolds CF. Electroencephalographic sleep profiles before and after cognitive behavior therapy of depression. *Arch. Gen. Psychiat.* 1998; 55:138-144.

102. Paulson GW; Gottlieb G. A longitudinal study of the electroencephalographic arousal response in depressed patients. *J. Nerv. Ment. Vis.* 1961; 133:524-528.

103. Shagass C, Schwartz M. Cerebral cortical reactivity in psychotic depressions. *Arch. Gen. Psychiat. (Chicago).* 1962; 6:235-242.

104. Wilson WP, Wilson NJ. Observations on the duration of photically elicited arousal responses in depressive illness. *J. Nerv. Ment. Vis.* 1961; 133:438-440.

105. Driver MV, Eilenberg MD. Photoconvulsive threshold in depressive illness and the effect of E.C.T. *J. Ment. Sci.* 1960; 106:611-617.

106. Quraishi S, Frangou S. Neuropsychology of bipolar disorder: a review. *J. Aff. Disord.* 2002; 72:209-226.

107. Shenal BV, Harrison DW, Demaree HA. The neuropsychology of depression: a literature review and preliminary model. *Neuropsych. Rev.* 2003; 13:33-42.

108. American Psychiatric Association. *Diagnostic and Statistical Manual of Mental Disorders (DSM-IV)* (4th ed., textual revisions). Washington, DC, APA; 2000.

109. Mann JJ. Neurobiology of suicidal behaviour. *Nature Reviews Neuroscience* 2003; 4:819-828.

110. Goldapple K, Segal Z, Garson C, Lau M, Bieling P, Kennedy S, Mayberg H. Modulation of cortical-limbic pathways in major depression: treatment-specific effects of cognitive behavior therapy. *Arch. Gen. Psychiat.* 2004; 61:34-41.

CAPÍTULO 10.
ESTUDOS PSICOLÓGICOS

1. Beck AT. A systematic investigation of depression. *Compr. Psychiat.* 1961; 2:162-170.

2. Beck AT. Thinking and depression: 1. Idiosyncractic content and cognitive distortions. *Arch. Gen. Psychiat.* 1963; 9:324-333.

3. Beck AT. Thinking and depression: 2. Theory and therapy. *Arch. Gen. Psychiat.* 1964; 10:561-571.

4. Beck AT. *Depression: Causes and Treatment.* Philadelphia: Univ. Pennsylvania Press; 1967.

5. Beckham EE, Leber WR (Eds.) *Handbook of Depression: Treatment, Assessment, and Research.* Homewood, IL: Dorsey Press;1985.

6. Dubovsky SL, Buzan R. "Mood Disorders." In *Textbook of Psychiatry,* ed. Hales RE, Yudofsky SC, Talbott JA. Washington, DC; American Psychiatric Press; 1999.479-565.

7. Paykel ES. "Treatment of Depression in the United Kingdom," in *Treatment of Depression: Bridging the 21st Century,* ed. Weissman MM. Washington, D.C.: American Psychiatric Press; 2001. 135-149.

8. Rapaport D. (1945): *Diagnostic Psychological Testing: The Theory, Statistical Evaluation, and Diagnostic Application of a Battery of Tests,* vol. 1. Chicago: Yearbook; 1945.

9. Beck, A. T., Feshbach, S., and Legg, D. (1962): The clinical utility of the digit symbol test. *J. Consult. Psychol.* 26:263-268.

10. Granick, S. (1963): Comparative analysis of psychotic depressives with matched normals on some untimed verbal intelligence tests. *J. Consult. Psychol.* 27:439-443.

11. Friedman, A. S. (1964): Minimal effects of severe depression on cognitive functioning. *J. Abnorm. Soc. Psychol.* 1964; 69:237-243.

12. Loeb A, Beck AT; Diggory JC, Tuthill R. The effects of success and failure on mood, motivation, and performance as a function of predetermined level of depression. Unpublished study; 1966.

13. Shapiro MB, Campbell D, Harris, Dewsberry JP. Effects of E.C.T. upon psychomotor speed

and the "distraction effect" in depressed psychiatric patients. *J. Ment. Sci.* 1958; 104:681-695.

14. Tucker JE, Spielberg MJ. Bender-Gestalt Test correlates of emotional depression. *J. Consult. Psychol.* 1958; 22:56.

15. Payne RW; Hirst HL. Overinclusive thinking in a depressive and a control group. *J. Consult. Psychol.* 1957; 21:186-188.

16. Hemphill RE, Hall KRL, Crookes TO. A preliminary report on fatigue and pain tolerance in depressive and psychoneurotic patients. *J. Ment. Sci.* 1952; 98:433-440.

17. Wadsworth WV; Wells BWP, Scott RF. A comparative study of the fatigability of a group of chronic schizophrenics and a group of hospitalized non-psychotic depressives. *J. Ment. Sci.* 1962; 108:304-308.

18. Dixon NE, Lear TE. Perceptual regulation and mental disorder. *J. Ment. Sci.* 1962; 108:356-361.

19. Mezey AG, Cohen SI. The effect of depressive illness on time judgment and time experience. *J. Neurol. Neurosurg. Psychiat.* 1961; 24:269-270.

20. Fisher S. Depressive affect and perception of up-down. *J. Psychiat. Res.* 1964; 2:25.

21. Rosenblatt BP. The influence of affective states upon body image and upon the perceptual organization of space. Ph.D. Dissertation, Clark University, Worcester, MA; 1956.

22. Wapner S, Werner H, Krus DM. The effect of success and failure on space localization. *J. Personality* 1957; 25:752-756.

23. Polyakova M. The effect of blood from manic-depressive psychotics on the higher nervous activity (behavior) of animals. *Zh. Nevropat. I Psikhiat.* 1961; 61:104108.

24. Loeb A, Feshbach S, Beck AT, Wolf A. Some effects of reward upon the social perception and motivation of psychiatric patients varying in depression. *J. Abnorm. Soc. Psychol.* 1964; 68:609-616.

25. Harsch OH, Zimmer H. An experimental approximation of thought reform. *J. Consult. Psychology* 1965; 29:475-479.

26. Wilson DC. Families of manic-depressives. *Dis. Nerv. Syst.* 1951; 12:362-369.

27. Cohen MB, Baker G, Cohen RA, Fromm-Reichmann F; Weigert EV: An intensive study of twelve cases of manic-depressive psychosis. *Psychiat.* 1954; 17:103-157.

28. Gibson RW. *Comparison of the Family Background and Early Life Experience of the Manic-Depressive and Schizophrenic Patient.* Final Report on Office of Naval Research Contract (Nonr-751(00)). Washington, DC, Washington School of Psychiatry; 1957.

29. Becker J. Achievement-related characteristics of manic-depressives. *J. Abnorm. Soc. Psychol.* 1960; 60:334-339.

30. Spielberger CD, Parker JB, Becker J. Conformity and achievement in remitted manic-depressive patients. *J. Nerv. Ment. Dis.* 1963; 137:162-172.

31. Becker J, Spielberger CD, Parker JB. Value achievement and authoritarian attitudes in psychiatric patients. *J. Clin. Psychol.* 1963; 19:57-61.

32. Beck AT, Stein D. The self concept in depression. Unpublished study; 1960.

33. Beck AT, Steer RA, Epstein N, Brown G. Beck Self-Concept Test. *Psych. Assess.* 1990; 2:191-197.

34. Laxer RM. Self-concept changes of depressive patients in general hospital treatment. *J. Consult. Psychol.* 1964; 28:214-219.

35. Abraham K. "Notes on the Psychoanalytic Investigation and Treatment of Manic-Depressive Insanity and Allied Conditions" (1911), in *Selected Papers on Psychoanalysis.* New York: Basic Books; 1960:137-156.

36. Freud S. "Mourning and Melancholia" (1917), in *Collected Papers,* vol. 4. London: Hogarth Press and Institute of Psychoanalysis; 1950: 152-172.

37. Rado S. The problem of melancholia. *Int. J. Psychoanal.* 1928; 9:420-438.

38. Mendelson, M. *Psychoanalytic Concepts of Depression.* Springfield, IL, Thomas; 1960.

39. Beck AT, Valin S. Psychotic depressive reactions in soldiers who accidentally killed their buddies. *Amer. J. Psychiat.* 1953; 110:347-353.

40. Saul U, Sheppard E. An attempt to quantify emotional forces using manifest dreams: a preliminary study. *J. Amer. Psychiat. Ass.* 1956; 4:486-502.

41. Beck AT, Ward CH, Mendelson M, Mock J, Erbaugh J. An inventory for measuring depression. *Arch. Gen. Psychiat. (Chicago).* 1961; 4:561-571.

42. Beck AT, Hurvich MS. Psychological correlates of depression. 1. Frequency of "maso-

chistic" dream content in a private practice sample. *Psychosom. Med.* 1959; 21:50-55.
43. Goldhirsh MI. Manifest content of dreams of convicted sex offenders. *J. Abnorm. Soc. Psychol.* 1961; 63:643-645.
44. Alexander F; Wilson OW. Quantitative dream studies: a methodological attempt at a quantitative evaluation ofpsychoanalytic material. *Psychoanal. Quart.* 1935; 4:371-407.
45. Sheppard E, Saul LJ. An approach to a systematic study of ego function. *Psychoanal. Quart.* 1958; 27:237-245.
46. Hollingshead AB. *Two Factor Index of Social Position* (Mimeographed paper). New Haven, CT, AB Hollingshead; 1957.
47. Gregory IW. *Psychiatry: Biological and Social.* Philadelphia, Saunders; 1961.
48. Brown F. Depression and childhood bereavement. *J. Ment. Sci.* 1961; 107:754-777.
49. Lorr M. Classification of the behavior disorders. *Ann. Rev. Psychol.* 1961; 12:195-216.
50. Pitts FN Jr, Meyer J, Brooks M, Winokur G. Adult psychiatric illness assessed for childhood parental loss, and psychiatric illness in family members-a study of 748 patients and 250 controls. *Amer. J. Psychiat. Suppl.* 1965; 121:i-x.
51. Schwab JJ, Clemmons RS, Bialow B, Duggan V, Davis B. A study of the somatic symptomatology of depression in. medical inpatients. *Psychosomat.* 1965; 6:273-277.
52. Schwab JJ, Bialow M, Martin PC, Clemmons R. The use of the Beck Depression Inventory with medical inpatients. *Acta Psychiat. Scand.* 1967; 43:255-266.
53. Gregory IW. Retrospective data concerning childhood loss of a parent: II. Category of parental loss by decade of birth, diagnosis and MMPI. *Arch. Gen. Psychiat. (Chicago)* 1966; 15:362-367.
54. American Psychiatric Association *Diagnostic and Statistical Manual: Mental Disorders.* Washington, DC, APA; 1952.
55. Schafer R. *The Clinical Application of Psychological Tests.* New York: Internat. Univ. Press; 1948.
56. Payne RW; Hewlett IH. "Thought Disorder in Psychotic Patients," in *Experiments in Personality,* ed. Eysenck HH. London: Routledge; 1961, 3-104.
57. Cohen B, Senf R, Huston P. Perceptual accuracy in schizophrenia, depression, and neurosis, and affects of amy tal. *J. Abnorm. Soc. Psychol.* 1956; 52:363-367.
58. Kraines SH. *Mental Depressions and Their Treatment.* New York, Macmillan; 1957.
59. Kasanin JS. *Language and Thought in Schizophrenia.* Berkeley, Univ. Calif. Press; 1944.
60. Gottschalk L, Gleser G, Springer K. Three hostility scales applicable to verbal samples. *Arch. Gen. Psychiat. (Chicago).* 1963; 9:254-279.
61. Beck AT. Cognitive models of depression. 1. *Cog. Psych* 1987; 1:5-37.
62. Clark DA, Beck AT, with Alford BA. *Scientific Foundations of Cognitive Theory and Therapy of Depression.* New York: Wiley; 1999.
63. Haaga DAF; Dyck MJ, Emst D. Empirical status of cognitive theory of depression. *Psych. But.* 1991; 110:215-236.
64. Scher C, Ingram R, Segal Z. Cogntive reactivity and vulnerability: Empirical evaluation of construct activation and cognitive diatheses in unipolar depression. *Clin. Psvch. Rev.* 2005; 25:487-510.

CAPÍTULO 11.
TEORIAS DA DEPRESSÃO

1. Alford BA, Beck AT. "Psychotherapeutic Treatment of Depression and Bipolar Disorder," In *The Physician's Guide to Depression and Bipolar Disorder,* ed. Evans DL, Charney DS. New York, McGraw-Hill; 2006. 63-93.
2. Ferster CB. "Behavioral Approaches to Depression," in *The Pychology of Depression; Contemporary Theory and Research,* ed. Friedman RJ, Katz MM. Washington, DC, Hemisphere; 1974.
3. Seligman MEp, Groves D. Non-transient learned helplessness. *Psychonom. Sci.* 1970; 19:191-192.
4. Seligman MEP. "Depression and Learned Helplessness," in *The Psychology of Depression; Contemporary Theory and Research,* ed. Friedman RJ, Katz MM. Washington, DC, Hemisphere; 1974.
5. Lewinsohn PM. " A Behavioral Approach to Depression," in *The Psychology of Depression; Contemporary Theory and Research,* ed. Friedman RJ, Katz MM. Washington, DC, Hemisphere; 1974.

6. Dubovsky SL, Buzan R. "Mood Disorders," in *Textbook of Psychiatry,* ed. Hales RE, Yudofsky SC, Talbott JA. Washington, DC, American Psychiatric Press; 1999.479-565.
7. Gotlib IH, Hammen CL. (Eds.). *Handbook of Depression.* New York, Guilford; 2002.
8. Hollon SD, Haman KL, Brown LL. "Cognitive Behavioral Treatment of depression," in *Handbook of Depression,* ed. Gotlib IH, Hammen CL. New York, Guilford; 2002.383-403.
9. Beck AT. Cognitive models of depression. *J. Cog. Psychother.* 1987; 1:5-37. 10. Gilbert P. *Human Nature and Suffering.* Hillsdale, NJ, Erlbaum; 1989.
11. Nesse RM. Is depression an adaptation? *Arch. Gen. Psychiat.* 2000; 57:14-20. 12. Skinner BF. Behaviorism at fifty. *Science* 1963; 140:951-958.
13. Skinner BF. Selection by consequences. *Science* 1981; 213:501-504.
14. Alford BA, Beck AT. *The Integrative Power of Cognitive Therapy.* New York, Guilford Press; 1997.
15. Rado S. The problem of melancholia. *Int. J. Psychoanal.* 1928; 9:420-438.
16. Gero G. The construction of depression. *Int. J. Psychoanal.* 1936; 17:423-461.
17. Klein M. " A Contribution to the Psychogenesis of Manic-Depressive States" (1934), in *Contributions to Psycho-Analysis 1921-1945.* London, Hogarth Press and Institute of Psychoanalysis; 1948,. 282-310.
18. Bibring E. "The Mechanism of Depression," in *Affective Disorders,* ed. Greenacre P. New York: Internat. Univ. Press; 1953, 13-48.
19. Jacobson E. Transference problems in the psychoanalytic treatment of severely depressive patients. *J. Amer. Psychoanal. Ass.* 1954; 2:595-606.
20. Hammennan S. Ego defect and depression. Paper presented at Philadelphia Psychoanalytic Society. Philadelphia, November 7, 1962.
21. Zetzel, E. R. The predisposition to depression. *Canad. Psychiat. Ass. J. Suppl.* 1966; 11:236-249.
22. Abraham K. "Notes on the Psychoanalytic Investigation and Treatment of Manic-Depressive Insanity and Allied Conditions" (1911), in *Selected Papers on Psychoanalysis.* New York, Basic Books; 1960, 137-156.
23. Balint M. New beginning and the paranoid and the depressive syndromes. *Int. J. Psychoanal.* 1952; 33:214-224.

24. Cohen MB, Baker G, Cohen RA, Fromm-Reichmann F; Weigert EV. An intensive study of twelve cases of manic-depressive psychosis. *Psychiatry* 1954; 17: 130137.
25. Abraham K. "The First Pregenital Stage of the Libido" (1916), in *Selected Papers on Psychoanalysis.* New York, Basic Books; 1960,248-279.
26. Jacobson E. "Contribution to the Metapsychology of Cyclothymic Depression," in *Affective Disorders,* ed. Greenacre P. New York: Internat. Univer. Press; 1953, pp. 49-83.
27. Lichtenberg P. A definition and analysis of depression. *Arch. Neurol. Psychiat.* 1957; 77:516-527.
28. Schwartz DA. Some suggestions for a unitary formulation of the manic-depressive reactions. *Psychiatry* 1961; 24:238-45.
29. Arieti S. (1959): "Manic-Depressive Psychosis," in *American Handbook of Psychiatry,* ed. Arieti S, vol. 1. New York, Basic Books; 1959.419-454.
30. Tellenbach H. *Melancholie.* West Berlin, Springer; 1961.
31. Schulte W. Nichttraurigseinkönnen im Kern melancholischen Erlebens. *Nervenartz* 1961; 32:314-320.
32. Kraines SH. Manic-depressive syndrome: a diencephalic disease. Paper presented at Annual Meeting of the American Psychiatric Association, New York, May 6, 1965.
33. Shenal BY; Harrison DW; Demaree HA. The neuropsychology of depression: a literature review and preliminary model. *Neuropsych. Rev.* 2003; 13:33-42.
34. Schildkraut J. The catecholamine hypothesis of affective disorders: a review of support evidence. *Amer. J. Psychiat.* 1965; 122:509-522.
35. Willner P. "Animal models of Depression," in *Handbook of Depression and Anxiety: A Biological Approach,* ed. den Boer JS, Sitsen JM. New York: Dekker; 1994. 291-316.
36. Hayhurst H, Cooper Z, Paykel ES, Vernals S, Ramana R. Expressed emotion and depression: a longitudinal study. *Brit. J. Psychiat.* 1997; 171:439-443.
37. Beck AT. *Depression: Causes and Treatment.* Philadelphia: Univ. Pennsylvania Press: 1967.

CAPÍTULO 12. COGNIÇÃO E PSICOPATOLOGIA

1. Abraham K. "The First Pregenital Stage of the Libido" (1916), in *Selected Papers on Psychoanalysis*. New York: Basic Books, 1960, 248-279.
2. Rado S. The problem of melancholia. *Int. J. Psychoanal.* 1928; 9:420-438.
3. Freud S. (1917): "Mourning and Melancholia" (1950), in *Collected Papers*, vol. 4. London, Hogarth Press and Institute of Psychoanalysis. 152-172.
4. Adler KA. Depression in the light of individual psychology. *J. Indiv. Psych.* 1961; 17:56-67.
5. Klein M. "A Contribution to the Psychogenesis of Manic-Depressive States" (1934), in *Contributions to Psycho-Analysis 1921-1945*. London: Hogarth Press and Institute of Psychoanalysis; 1948.
6. Grinker R, Miller J, Sabshin M, Nunn R, Nunnally J. *The Phenomena of Depressions*. New York: Hoeber; 1961.
7. Campbell JD. *Manic-Depressive Disease*. Philadelphia: Lippincott; 1953.
8. Kraines SH. Manic-depressive syndrome: a diencephalic disease. Paper presented at Annual Meeting of the American Psychiatric Association. New York, May 6, 1965.
9. Diethelm O, Hefferman T. Felix Platter and psychiatry. *J. Hist. Behav. Sci.* 1965; 1:10-23.
10. Jelliffe SE. Some historical phases of the manic-depressive synthesis. *Ass. Res. Nerv. Ment. Proc.* 1931; 11:3-47.
11. Kelly GA. *The Psychology C!f Personal Constructs*. New York: Norton; 1955.
12. Harvey OJ, Hunt DE, Schroeder HM. *Conceptual Systems and Personality Organization*. New York: Wiley; 1961.
13. Ellis A. *Reason and Emotion in Psychotherapy*. New York: Lyle Stuart; 1962.
14. Arieti S. Studies of thought processes in contemporary psychiatry. *Amer. J. Psychiat.* 1963; 120:58-64.
15. Ellis A. Reflections on rational-emotive therapy. *J. Consult. Clin. Psych.* 1993; 61:199-201.
16. Rholes WS, Riskind JH, Neville B. The relationship of cognitions and hopelessness to depression and anxiety. *Soc. Cog.* 1985; 54:36-50.
17. Alford BA, Lester IM, Patel RJ, Buchanan JP, Giunta LC. Hopelessness predicts future depressive symptoms: a prospective analysis of cognitive vulnerability and cognitive content specificity. *J. Clin. Psych.* 1995; 51:331-339.
18. Kendall PC, Hollon SD, Beck AT, Hammen CL, Ingram RE. Issues and recommendations regarding use of the Beck Depression Inventory. *Cog. Ther. Res.* 1987; 11:289-299.
19. Beck AT. Cognitive therapy: a 30-year retrospective. *Amer. Psychologist* 1991; 46:368-375.
20. Rush AJ, Weissenburger J, Eaves G. Do thinking patterns predict depressive symptoms? *Cog. Ther. Res.* 1986; 10:225-236.
21. Teasdale ID, Fennell MJV: Immediate effects on depression of cognitive therapy interventions. *Cog. Ther. Res.* 1982; 6:343-352.
22. Beck AT, Kovacs M, Weissman A. Hopelessness and suicidal behavior: an overview. *J Amer. Med. Assoc.* 1975; 234:1146-1149.
23. Beck AT, Brown G, Berchick RJ, Stewart BL, Steer RA. Relationship between hopelessness and ultimate suicide: a replication with psychiatric outpatients. *Amer. J. Psychiat.* 1990; 147: 190-195.
24. Beck AT, Steer RA, Kovacs M, Garrison B. Hopelessness and eventual suicide: a 10-year prospective study of patients hospitalized with suicidal ideation. *Ame. J. Psychiat.* 1985; 142:559-563.
25. Rush AJ, Kovacs M, Beck AT, Weissenburger J, Hollon SD. Differential effects of cognitive therapy and pharmacotherapy on depressive symptoms. *J. Aft. Disord* 1981; 3:221-229.
26. Rush AJ, Beck AT, Kovacs M, Hollon SD. (1977). Comparative efficacy of cognitive therapy and pharmacotherapy in the treatment of depressed outpatients. *Cog. Ther. Res.* 1977; 1:17-37.
27. Roseman IJ, Evdokas A. (2004). Appraisals cause experienced emotions: experimental evidence. *Cog. Emot.* 2004; 18:1-28.
28. Loeb A, Feshbach S, Beck AT, Wolf A. Some effects of reward upon the social perception and motivation of psychiatric patients varying in depression. *J. Abnorm. Soc. Psychol.* 1964; 68:609-616.
29. Friedman AS. Minimal effects of severe depression on cognitive functioning. *J. Abnorm. Soc. Psychol.* 1964; 69:237-243.

30. Editorial (1963): Thinking disorder in neurosis. *J. Amer. Med. Assoc.* 1963; 186:946.
31. Overall J, Gorham D. Basic dimensions of change in the symptomatology of chronic schizophrenics. *J. Abnorm. Soc. Psychol.* 1961; 63:597-602.
32. Charcot JM. (1890). Cited by White RW in *The Abnormal Personality.* New York: Ronald Press, 1956. 25.
33. Salkovskis PM, Wroe AL, Gledhill A, Morrison N, Forrester E, Richards C et al. Responsibility attitudes and interpretations are characteristic of obsessive compulsive disorder. *Behaviour Research and Therapy* 2000; 38:347-372.

CAPÍTULO 13. DESENVOLVIMENTO DA DEPRESSÃO

1. Jacobson E. "Contribution to the Metapsychology of Cyclothymic Depression," in *Affective Disorders,* ed. Greenacre, P. New York, Internat. Univer. Press; 1953:49-83.
2. Bibring E. "The Mechanism of Depression," in *Affective Disorders,* ed. Greenacre P. New York, Internat. Univ. Press; 1953:13-48.
3. Kelly GA. *The Psychology of Personal Constructs.* New York, Norton; 1955 vol. 1.
4. Cassidy WL, Flanagan NB, Spellman M. Clinical observations in manic-depressive disease: a quantitative study of 100 manic-depressive patients and 50 medically sick controls. *J. Amer. Med. Ass.* 1957; 164:1535-1546.
5. Beck AT. *Depression: Causes and Treatment.* Philadelphia: Univ. Pennsylvania Press; 1967.
6. Scher C, Ingram R, Segal Z. Cognitive reactivity and vulnerability: empirical evaluation of construct activation and cognitive diatheses in unipolar depression. *Clin. Psych. Rev.* 2005; 25:487-510.
7. Teasdale JD, Dent J. Cognitive vulnerability to depression: an investigation of two hypotheses. *Brit. J. Clin. Psych.* 1987; 26:113-126.
8. Miranda J, Persons JB. Dysfunctional attitudes are mood-state dependent. *J. Abnorm. Psych.* 1988; 97:76-79.
9. Miranda J, Persons JB, Byers CN. Endorsement of dysfunctional beliefs depends on current mood state. *J. Abnorm. Psych.* 1990; 99:237-241.
10. Ingram RE, Bemet CZ, McLaughlin SC. Attentional allocation processes in individuals at risk for depression. *Cog. Ther. Res.* 1994; 18:317-332.
11. Hedlund S, Rude SS. Evidence of latent depressive schemas in formally depressed individuals. *J. Abnorm. Psych.* 1995; 104:517-525.
12. Roberts JE, Kassel JD. Mood state dependence in cognitive vulnerability to depression: the roles of positive and negative affect. *Cognitive Therapy and Research* 1996; 20:1-12.
13. Dykman BM. A test of whether negative emotional priming facilitates access to latent dysfunctional attitudes. *Cognit. Emot.* 1997; 11:197-222.
14. Gilboa E, Gotlib IH. Cognitive biases and affect persistence in previously dysphoric and never-dysphoric individuals. *Cognit. Emot.* 1997; 11:517-538.
15. Miranda J, Gross JJ, Persons JB, Hahn J. Mood matters: Negative mood induction activates dysfunctional attitudes in women vulnerable to depression. *Cognitive Therapy and Research* 1998; 22:363-376.
16. Solomon A, Haaga DAF, Brody C, Kirk L, Friedman DO. Priming irrational beliefs in recovered-depressed people. *J. Abnorm. Psych.* 1998; 107:440-449.
17. Brosse AL, Craighead LW, Craighead WE. Testing the mood-state hypothesis among previously depressed and never-depressed individuals. *Behav. Ther.* 1999; 30:97-115.
18. Segal ZV, Gemar MC, Williams S. Differential cognitive response to a mood challenge following successful cognitive therapy or pharmacotherapy for unipolar depression. *J. Abnorm. Psych.* 1999; 108:3-10.
19. Taylor L, Ingram RE. Cognitive reactivity and depressotypic Information processing in children of depressed mothers. *J. Abnorm. Psych.* 1999; 108:202-210.
20. Ingram RE, Ritter J. Vulnerability to depression: Cognitive reactivity and parental bonding in high-risk individuals. 1. *Abnorm. Psych.* 2000; 109:588-596.
21. McCabe SB, Gotlib IH, Martin RA. Cognitive vulnerability for depression: Deployment of

21. attention as a function of history of depression and current mood state. *Cog. Ther. Res.* 2000; 24:427-444.
22. Gemar MC, Segal ZV, Sagrati S, Kennedy SJ. Mood-induced changes on the implicit association test in recovered depressed patients. 1. *Abnorm. Psych.* 200 1; 110:282-289.
23. Murray L, Woolgar M, Cooper P, Hipwell A. Cognitive vulnerability to depression in 5-year-old children of depressed mothers. 1. *Child Psych. Psychiat. Al. Disc.* 2001; 42:891-899.
24. Timbremont B, Braet C. Cognitive vulnerability in remitted depressed children and adolescents. *Behav. Res. Ther.* 2004; 42:423-437.
25. Barnett PA, Gotlib IH. Dysfunctional attitudes and psychosocial stress: the differential prediction of future psychological symptomatology. *Motiv. Emot.* 1988; 12:251-270.
26. Barnett PA, Gotlib IH. Cognitive vulnerability to depressive symptoms among men and women. *Cog. Ther. Res.* 1990; 14:47-61.
27. Kwon S, Oei TPS. Differential casual roles of dysfunctional attitudes and automatic thoughts in depression. *Cog. Ther. Res.* 1992; 16:309-328.
28. Brown GP, Harnmen CL, Craske MG, Wickens TD. Dimensions of dysfunctional attitudes as vulnerabilities to depressive symptoms. 1. *Abnorm. Psych.* 1995; 104:431-435.
29. Dykman BM, Johll M. Dysfunctional attitudes and vulnerability to depressive symptoms: a 14-week longitudinal study. *Cog. Ther. Res.* 1998; 22:337-352.
30. Shirk SR, Boergers J, Eason A, Van Horn M. Dysphoric interpersonal schemata and preadolescents' sensitization to negative events. 1. *Clin. Child Psych.* 1998; 2:54-68.
31. Joiner TE, Metalsky GI, Lew A, Klocek J. Testing the causal mediation component of Beck's theory of depression: evidence for specific mediation. *Cog. Ther. Res.* 1999; 23:404-412.
32. Lewinsohn PM, Joiner TE Jr, Rohde P. Evaluation of cognitive diathesis-stress models in predicting major depressive disorder in adolescents. 1. *Abnorm. Psych.* 2001 ; 110:203-215.
33. Abela JR, D' Alessandro DU. Beck's cognitive theory of depression: a test of the diathesis-stress and causal mediation components. *Brit. 1. Clin. Psych.* 2002; 41:111-128.
34. Beevers CG, Carver CS. Attentional bias and mood persistence as prospective predictors of dysphoria. *Cog. Ther. Res.* 2003; 27:619-637.
35. Hankin BL, Abramson LY, Miller N, Haeffel GJ. Cognitive vulnerability-stress theories of depression: examining affective specificity in the prediction of depression versus anxiety in three prospective studies. *Cog. Ther. Res.* 2004; 28:309-345.
36. Heim C, Meinlschmidt G, Nemeroff CB. Neurobiology of Early-Life Stress. *Psvchiat. Ann.* 2003: 33:18-26.
37. Nemeroff CB, Vale WW. The Neurobiology of depression: inroads to treatment and new drug discovery. *J. Clin. Psychiat.* 2005; 66:5-13.
38. Penza KM, Heim C, Nemeroff CB. Neurobiological effects of childhood abuse: implications for the pathophysiology of depression and anxiety. *Arch. Women's Mental Health* 2003; 6:15-22.
39. Caspi A, Sugden K, Moffitt TE, Taylor A, Craig IW, Harrington HL, et al. Influence of life stress on depression: moderation by a polymorphism in the 5-HTf gene. *Science* 2003; 301:386-389.
40. Hayden EP, Klein DN. Outcome of dysthymic disorder at 5-year follow-up: the effect of familial psychopathology, early adversity, personality, comorbidity, and chronic stress. *Amer. J. Psychiat.* 2001; 158:1864-1870.
41. Dougherty LR, Klein DN, Davila J. A growth curve analysis of the course of dysthymic disorder: the effects of chronic stress and moderation by adverse parent-child relationships and family history. *J. consult. Clin. Psych.* 2004; 72(6):1012-1021.
42. Kendler KS, Thomton LM, Gardner CO. Genetic risk, number of previous depressive episodes, and stressful life events in predicting onset of major depression. *Amer. J. Psychiat.* 2001; 158:582-586.
43. Rapaport D. *Organization and Pathology of Thought*. New York, Columbia Univ. Press; 1951.
44. Allport FH. *Theories of Perception and the Concept of Structure*. New York, Wiley; 1955.
45. Bruner JS, Goodnow JJ, Austin GA. *A Study of Thinking*. New York, Wiley; 1956.
46. Festinger L. *A Theory of Cognitive Dissonance*. Evanston, IL, Harper & Row; 1957.

47. Osgood CE. " A Behavioristic Analysis of Perception and Language as Cognitive Phenomena," in *Contemporary Approaches to Cognition,* ed. Bruner set al. cambridge, MA, Harvard Univ. Press; 1957:75-119.
48. Sarbin TR, Taft R, Bailey DE. *Clinical Inference and Cognitive Theory.* New York, Holt; 1960.
49. Harvey OJ, Hunt DE, Schroeder HM. *Conceptual Systems and Personality Organization.* New York, Wiley; 1961.
50. Ellis A. *Reason and Emotion in Psychotherapy.* New York, Lyle Stuart; 1962.
51. Freud S. *Basic Writings,* trans. Brill AA. New York, Modem Library; 1938. 52. Homey K. *Our Inner Conflicts.* New York, Norton; 1945.
53. Rogers CR. *Client-Centered Therapy.* Boston, Houghton-Mifflin; 1951.
54. Piaget J. *The Moral Judgment of the Child,* trans. Gabain M. Glencoe, IL, Free Press; 1948.
55. Postman L. "Toward a General Theory of Cognition," in *Social Psychology at the Crossroads,* ed. Rohrer IH, Sherif M. New York, Harper; 1951.
56. English HB, English AC. *A Comprehensive Dictionary of Psychological and Psychoanalytical Terms.* New York, Longmans; 1958.
57. Alford BA, Beck AT. *The Integrative Power of Cognitive Therapy.* New York, Guilford Press; 1998.
58. Beck AT. "Beyond Belief: A Theory of Modes, Personality, and Psychopathology," in *Frontiers of Cognitive Therapy,* ed. Salkovskis PM. New York, Guilford; 1996. 1-25.
59. Clark DA, Beck AT, with Alford BA. *Scientific Foundations of Cognitive Theory and Therapy of Depression.* New York, Wiley; 1999.
60. Epstein S. Integration of the cognitive and the psychodynamic unconscious. *Amer. Psych.* 1994; 49:709-724.
61. Mandler G. *Mind and Emotion.* Malabar, FL: Krieger; 1982.
62. Mischel W, Shoda Y. A cognitive-affective system theory of personality: reconceptualizing situations, dispositions, dynamics, and invariance in personality structure. *Psych. Rev.* 1995; 102:246-268.
63. Oatley K, Johnson-Laird PN. Towards a cognitive theory of emotion. *Cognit. Emotion* 1987; 1:29-50.
64. Teasdale JD, Barnard PJ. *Affect, Cognition and Change: Remodelling Depressive Thought.* Hove, UK, Lawrence Erlbaum; 1993.
65. Nolen-Hoeksema S. "Gender Differences in Depression," in *Handbook of Depression,* ed. Gotlib IH, Harnmen, CL. New York, Guilford; 2002. 492-509.
66. Papageorgiou C, Wells A. (Eds.) *Depressive Rumination: Nature, Theory, and Treatment.* Chichester, Endland; 2004.
67. Nolen-Hoeksema S, Larson J, Grayson C. Explaining the gender difference in depressive symptoms. *J. Personal. Soc. Psych.* 1999; 77:1061-1072.
68. Nolen-Hoeksema S. The role of rumination in depressive disorders and mixed anxiety/depressive symptoms. *J Abnorm. Psych.* 2000; 109:504-511.
69. Roseman IJ, Evdokas A. Appraisals cause experienced emotions: experimental evidence. *Cognition and Emotion* 2004; 18: 1-28.
70. Feshbach S. Personal communication; 1965.

CAPÍTULO 14.
TERAPIAS SOMÁTICAS

1. Marangell LB, Yudofsky SC, Silver JM. "Psychopharmacology and Electroconvulsive Therapy," in *Textbook of Psychiatry,* ed. Hales RE, Yudofsky SC, Talbott JA. Washington, DC, American Psychiatric Press; 1999. 1025-1132.
2. American Psychiatric Association. *Practice Guidelines for the Treatment of Psychiatric Disorders: Compendium* 2000. Washington DC, APA; 2000.
3. Dubovsky SL, Buzan R. "Mood Disorders," in *Textbook of Psychiatry,* ed. Hales RE, Yudofsky SC, Talbott JA. Washington, DC, American Psychiatric Press; 1999.479-565.
4. Kline N. Practical management of depression. *I. Amer. Med. Ass.* 1964; 190:732-740.
5. Hordern A. The antidepressant drugs. *New Eng. I. Med.* 1965; 272:1159-1169.
6. Brady JP. Review of controlled studies of imipramine. Unpublished study. 1963.
7. Cole JO. Therapeutic efficacy of antidepressant drugs. *J. Amer. Med. Ass.* 1964; 190: 448-455.

8. Klerman GL, Cole JO. Clinical pharmacology of imipramine and related antidepressant compounds. *Pharmacol. Rev.* 1965; 17:101-141.
9. Friedman AS, Granick S, Cohen HW, Cowitz B. Imipramine (Tofranil) vs. placebo in hospitalized psychotic depressives. *J. Psychiat. Res.* 1966; 4:13-36.
10. Quitkin PM, Rabkin JG, Gerald J, Davis JM, Klein DF. Validity of clinical trials of antidepressants. *Am J. Psychiatry* 2000; 157:327-337.
11. Wechsler H, Grosser G, Greenblatt M. Research evaluating antidepressant medications on hospitalized mental patients: a survey of published reports during a five year period. *J. Nerv. Ment. Dis.* 1965; 141:231-239.
12. Davis J. Efficacy of tranquilizing and antidepressant drugs. *Arch. Gen. Psychiat.* 1965; 13:552-572.
13. Fiedorowicz JG, Swartz KL. The role of monoamine oxidase inhibitors in current psychiatric practice. *J Psychiatr Pract* 2004; 10:239-248.
14. Potter WZ, Rudorfer MY, Manji H. The pharmacologic treatment of depression. *New England J. Med.* 1991; 325:633-642.
15. Paykel ES. "Treatment of Depression in the United Kingdom," in *Treatment of Depression: Bridging the 21st Century,* ed. Waissman MM. Washington, DC, American Psychiatric Press; 2001. 135-149.
16. Stafford RS, MacDonald EA, Finkelstein SN. National patterns of medication treatment for depression, 1987 to 2001. *Prim. Car. Companion. J Clin. Psychiat.* 2001; 3:232-235.
17. Masand PS, Gupta S. Selective serotonin-reuptake inhibitors: an update. *Harv. Rev. Psychiat.* 1999; 7:69-84.
18. Pirraglia PA, Stafford RS, Singer DE. Trends in prescribing of selective serotonin reuptake inhibitors and other newer antidepressant agents in adult primary care. *Prim. Care Companio. J Clin. Psychiat.* 2003; 5:153-157.
19. Ma J, Lee KV, Stafford RS. Depression treatment during outpatient visits by U.S. children and adolescents. *J. Adolesc. Health.* 2005; 37:434-42.
20. Satel SL, Nelson JC. Stimulants in the treatment of depression: a critical overview. *J. Clin. Psych.* 1989; 50:241-249.
21. Johnson GF. Lithium in depression: a review of the antidepressant and prophylactic effects of lithium. *Austral. New Zeal. J. Psychiat.* 1987; 21:356-365.
22. Sharma V, Khan M, Smith A. A closer look at treatment resistant depression: is it due to a bipolar diathesis? *J. Aff. Disord.* 2005; 84:251-257.
23. Kessing LV, Sondergard L, Kvist K, Andersen PK. Suicide risk in patients treated with lithium. *Arch. Gen Psychiat.* 2005; 62:860-866.
24. Baldessarini RJ, Tonodo L, Hennen J, Viguera AC. Is lithium still worth using? an update of selected recent research. *Harv. Rev. Psychiat.* 2002; 10:59-75.
25. Parker G. "New" and "old" antidepressants: all equal in the eyes of the lore? *Brit. J. Psychiat.* 2001; 179:95-96.
26. Fava M. Management of nonresponse and intolerance: switching strategies. *J. Clin Psychiat.* 2000; 61 (Suppl 2):10-12.
27. Rush AJ, Trivedi HM, Wisniewski SR, Stewart JW, Nierenberg AA, Thase ME, et al. Bupropion-sr, sertraline, or venlafaxine-xr after failure of SSRIs for depression. *New England J Med.* 2006; 354:1231-1242.
28. Marangell LB. Switching antidepressants for treatment-resistant major depression. *J. Clin. Psychiat.* 2001; 62:12-17.
29. Thase ME, Rush AJ, Howland RH, Kornstein SG, Kocsis JH, Gelenberg AJ, et al. Double-blind switch study of imipramine or sertraline treatment of antidepressant-resistant chronic depression. *Arch. Gen. Psychiat.* 2002; 59:233-239.
30. Lam RW; Dante DC, Cohen NL, Kennedy SH. Combining antidepressants for treatment-resistant depression: a review. *J. Clin. Psychiat.* 2002; 63:685-693.
31. Coryell W. Augmentation strategies for inadequate antidepressant response: A review of placebo-controlled studies. *Ann. Clin. Psychiat.* 2000; 12:141-146.
32. Hollon SD, Jarrett RB, Nierenberg AA, Thase ME, Trivedi MD, Rush AJ. Psychotherapy and medication in the treatment of adult and geriatric depression: which monotherapy or combined treatment? *J. Clin. Psychiat.* 2005; 66:455-468.
33. Mendlewicz, J. Optimising antidepressant use in clinical practice: towards criteria for antidepressant selection. *Brit. J. Psychiat.* 2001: 179 (Suppl. 42), s1-s3.

34. Freudenstein U, Jagger C, Arthur A, Donner-Banzhoff N. Treatments for late life depression in primary care: a systematic review. *Family Practice* 2001; 18:321327.

35. Baldwin RC. Refractory depression in late life: a review of treatment options. *Rev. Clin. Geront.* 1996; 6:343-348.

36. Satel SL, Nelson JC. Stimulants in the treatment of depression: A critical overview. *J. Clin. Psychiat.* 1989; 50, 241-249.

37. Snow LH, Rickels K. The controlled evaluation of imipramine and amitriptyline in hospitalized depressed psychiatric patients. *Psychopharmacol.* 1964; 5:409-416.

38. Rickels K. Psychopharmacological agents: a clinical psychiatrist's individualistic point of view: patient and doctor variables. *J. Nerv. Ment. Dis.* 1963; 136:540-549.

39. Rickels K, Ward CH, Schut L. Different populations, different drug responses: comparative study of two anti-depressants, each used in two different patient groups. *Amer. J. Med. Sci.* 1964; 247:328-335.

40. Grosser GH, Freeman H. "Differential Recovery Patterns in the Treatment of Acute Depression," in *Proceedings of the Third World Congress of Psychiatry.* University of Toronto Press and Montreal, McGill Univ. Press 1961; 2:1396-1402.

41. DiMasico A, Klerman GL. "Experimental Human Psychopharmacology: The Role of Non-Drug Factors," in *The Dynamics of Psychiatric Drug Therapy,* ed. Sarwer-Fober GI. Springfield, IL, Thomas, 1960:56-97.

42. Bolwig TG. Commentary: Recent developments and controversies in depression. *The Lancet.* 2006; 367:1235-1237.

43. Summerfield D. Commentary: Recent developments and controversies in depression. *The Lancet.* 2006; 367:1235-1237.

44. Greenberg RP, Bornstein RF, Greenberg MD, Fisher S. A meta-analysis of antidepressant outcome under "blinder" conditions. *J. Consult. Clin. Psychol.* 1992; 60:664-669.

45. Moncrieff J, Wessely S, Hardy R. Meta-analysis of trials comparing antidepressants with active placebos. *Brit. J. Psychiat.* 1998; 172:227-231.

46. Moncrief J. The anit-depressant debate. *Brit. Psychiat.* 2002; 180:193-194.

47. Ayd FJ. Chemical remedies for depression. *Med. Sci.* 1964; 15:37-44.

48. Hu XH, Bull SA, Hunkeler EM, Ming E, Lee JY, Fireman B, Markson LE. Incidence and duration of side effects and those rated as bothersome with selective serotonin reuptake inhibitor treatment for depression: patient report versus physician estimate. *J. Clin. Psychiat.* 2004; 65:959-965.

49. Culpepper L., Davidson IRT, Dietrich AJ, Goodman WK, Kroenke K, Schwenk TL. Suicidiality as a possible side effect of antidepressant treatment. *J. Clin. Psychiat.* 2004; 65:742-749.

50. Holmberg G. Biological aspects of electroconvulsive therapy." *Intemat. Rev. Neurobiol.* (ed. Preiffer C, Smythies J.). 1963; 5:389-406.

51. Cronholm B, Molander L. Memory disturbances after electroconvulsive therapy: 5. Conditions one month after a series of treatments. *Acta Psychiat. Scand.* 1964; 40:212.

52. Kalinowsky LB, Hoch PH. *Somatic Treatments in Psychiatry.* New York: Grune & Stratton; 1961.

53. Holden C. Future brightening for depression treatments. *Science* 2003; 302:810-813.

54. Sterling P. ECT damage is easy to find if you look for it. *Nature* 2000; 403:242.

55. Fink M. ECT has proved effective in treating depression. *Nature* 2000; 403:826.

56. Carney S, Cowen P, Geddes J, Goodwin G, et al. Efficacy and safety of electroconvulsive therapy in depressive disorders: A systematic review and meta-analysis. *The Lancet.* 2003; 361:799-808.

57. Kho KH, van Vreeswijk F, Simpson S, Zwinderman AH. A meta-analysis of electroconvulsive therapy efficacy in depression. *J. ECT.* 2005; 19:139-147.

58. Pridmore S. Substitution of rapid transcranial magnetic stimulation treatments for electroconvulsive therapy treatments in a course of electroconvulsive therapy. *Depress. Anx.* 2000; 12:118-123.

59. Pridmore S, Bruno R, Thurnier-Shea Y, Reid P, Rvbak M. Comparison of unlimited numbers of rapid transcranial magnetic stimulation (rTMS) and ECT treatment sessions in major depressive *episode.lnternat. J. Neuropsychopharm.* 2000; 3:129134.

60. Grunhaus L, Dannon PN, Schreiber S, Dolberg OH, Amiaz R, Ziv R, Letkitker E. Repetitive transcranial magnetic stimulation is as effective as electroconvulsive therapy in the

treatment of nondelusional major depressive disorder: an open study. *Biol. Psychiat.* 2000; 47:314-324.

61. Grunhaus L, Schreiber S, Dolberg OT, Polak D, Dannon PN. A randomized controlled comparison of electroconvulsive therapy and repetitive transcranial magnetic stimulation in severe and resistant non psychotic major depression. *Biol. Psychiat.* 2003; 53:324-331.

62. Smeraldi E, Zanardi R, Benedetti F, Di Bella D, Perez J, Catalano M. Polymorphism within the promoter of the serotonin transporter gene and antidepressant efficacy of fluvoxarnine. *Mol. Psychiatry* 1998; 3:508-11.

63. Pollock BG, Ferrell RE, Mulsant BH, Mazumdar S, Miller M, Sweet RA, et al. Allelic variation in the serotonin transporter promoter affects onset of paroxetine treatment response in late-life depression. *Neuropsychopharmacol.* 2000; 23:587-590.

64. Rausch JL, Johnson ME, Fei YJ, Li JQ, Shendarkar N, Hobby HM, et al. Initial conditions of serotonin transporter kinetics and genotype: influence on SSRI treatment trial outcome. *Biol. Psychiat.* 2002; 51:723-32.

CAPÍTULO 15. PSICOTERAPIA

1. Butler AC, Chapman JE, Forman EM, Beck AT. The empirical status of cognitive-behavioral therapy: a review of meta-analyses. *Clin. Psych. Rev.* 2006; 26, 17-31.

2. Chambless DL, Ollendick TH. Empirically supported psychological interventions: controversies and evidence. *Ann. Rev. Psych.* 2001; 52:685-716.

3. Beck AT, Rush AJ, Shaw BF, Emery G. *Cognitive Therapy of Depression.* New York, Guilford; 1979.

4. Campbell JD. *Manic-Depressive Disease.* Philadelphia, Lippincott; 1953.

5. Wilson DC. Dynamics and psychotherapy of depression. *J. Amer. Med. Ass.* 1955; 158:151-153.

6. Kraines SH. *Mental Depressions and Their Treatment.* New York, Macmillan; 1957.

7. Ayd PJ Jr. *Recognizing the Depressed Patient.* New York, Grune & Stratton; 1961.

8. Arieti S. The psychotherapeutic approach to depression. *Amer. J. Psychother.* 1962; 16:397-406.

9. Gibson RW. Psychotherapy of manic-depressive states. *Psychiat. Res. Rep. Amer. Psychiat. Ass.* 1963; 17:91-102.

10. Regan PP. Brief psychotherapy of depression. *Amer. J. Psychiat.* 1965; 122:28-32.

11. Bonime W. A psychotherapeutic approach to depression. *Contemporary Psychoanalysis* 1965; 2:48-53.

12. Loeb A, Beck AT, Diggory JC, Tuthill R. The effects of success and failure on mood, motivation, and performance as a function of predetermined level of depression. Unpublished study. 1966.

13. Ursano RJ, Silberman EK. "Psychoanalysis, Psychoanalytic Psychotherapy, and Supportive Psychotherapy." In *Textbook of Psychiatry,* ed. Hales RE, Yudofsky SC. Talhott JA. Washington. DC. American Psychiatric Press; 1999.479-565.

14. American Psychiatric Association. D *Diagnostic and Statistical Manual of Mental Disorders (DSM-IV)* (4th ed., textual revisions). Washington, DC, APA; 2000.

15. Dewald PA. The process of change in psychoanalytic psychotherapy. *Arch. Gen. Psychiat.* 1978; 35:535-542.

16. Freud S. *Analysis Terminable and Interminable* (Standard Edition, Vol. 23.); 1937.

17. Corsini RJ, Wedding D. (Eds.). *Current Psychotherapies.* Itasca, IL, Peacock; 2000.

18. Arlow JA. "Psychoanalysis," in *Current Psychotherapies,* ed. Corsini RJ, Wedding D. Itasca,IL, Peacock Publishers; 2000. 16-53.

19. Thase ME, Friedman ES, Howland RH. Management of treatment-resistant depression: psychotherapeutic perspectives. *J. Clin. Psychiat.* 2001; 62(suppl 18):18-24.

20. Lam DH, Watkins ER, Hayward P, Bright J, Wright K, Kerr N, et al. A randomized controlled study of cognitive therapy for relapse prevention for bipolar affective disorder. *Arch. Gen. Psychiat.* 2003; 60:145-152.

21. Beck AT. *Depression: Causes and Treatment.* Philadelphia: Univ. Pennsylvania Press; 1967.

22. Markowitz JC. Learning the new psychotherapies. In *Treatment of Depression: Bridging the 21st Century,* ed. Weissman MM. Washington, DC, American Psychiatric Press; 2001. 135-149.

23. Markowitz JC. Interpersonal psychotherapy for chronic depression. *J. Clin. Psych.* 2003; 59(8):847-858.

24. Weissman MM, Markowitz JC, Klerman GL. *Comprehensive Guide to Interpersonal Psychotherapy.* New York, Basic; 2000.
25. Paykel ES. Treatment of depression in the United Kingdom. In *Treatment of Depression: Bridging the 21st Century,* ed. Weissman MM. Washington, DC: American Psychiatric Press; 2001. 135-149.
26. Frank E, Kupfer DJ, Perel JM, Comes C, Jarrett DB, Mallinger AG, et al. Three-year outcomes for maintenance therapies in recurrent depression. *Arch. Gen. Psychiat.* 1990; 47:1093-1099.
27. Hinrichsen GA. Interpersonal psychotherapy for depressed older adults. *J. Geriat. Psychiat.* 1997; 30:239-257.
28. Freud S. "Mourning and Melancholia" (1917), in *Collected Papers,* vol. 4. London, Hogarth Press and Institute of Psychoanalysis; 1950: 152-172.
29. Beck AT. How an anomalous finding led to a new system of psychotherapy. *Nature Med.* 2006; 12(10):xiii-xv.
30. Beck AT. Cognitive therapy: nature and relation to behavior therapy. *Behav. Ther.* 1970; 1:184-200.
31. Alford BA, Beck AT. Therapeutic interpersonal support in cognitive therapy. *J. Psychother. Integ.* 1997; 7:275-289.
32. Safran JD, Segal ZV. *Interpersonal Process in Cognitive Therapy.* New York, Basic Books; 1990.
33. Alford BA, Beck AT. "Psychotherapeutic Treatment of Depression and Bipolar Disorder," in *Physician's Guide to Depression and Bipolar Disorder,* ed. Evans DL, Charney DS. New York, McGraw-Hill; 2006. 63-93.
34. Beck AT. "Cognitive Therapy of Depression: New Perspectives," in *Treatment of Depression: Old Controversies and New Approaches,* ed. Clayton PJ, Barrett JE. New York, Raven Press; 1982:265-290.
35. Jacobson, Dobson, Truax, Addis, Koemer, Gollan, Gortner, Prince. A component analysis of cognitive-behavioral treatment for depression. *J. Consult. Clin. Psych.* 1996; 64(2):295-304.
36. Dimidjian S, Hollon SD, Dobson KS, Schmaling KB, Kohlenberg RJ, Addis ME, et al. Randomized trial of behavioral activation, cognitive therapy, and antidepressant medication in the acute treatment of adults with major depression. *J. Consult. Clin. Psych.* 2006; 74:658-670.
37. Ellis A. *Reason and Emotion in Psychotherapy.* New York, Lyle Stuart; 1962.
38. Newman CE, Leahy RL, Beck AT, Reilly-Harrington NA, Gyulai L. *Bipolar Disorder: A Cognitive Approach.* Washington, DC, APA; 2001.
39. Baldessarini RJ, Tonodo L, Hennen J, Viguera AC. Is lithium still worth using? an update of selected recent research. *Harv. Rev. Psychiat.* 2002; 10:59-75.
40. Colorn E, Vieta E, Martinez-Aran A, Reinares M, Goikolea JM, Benabarre A, et al. A randomized trial on the efficacy of group psychoeducation in the prophylaxis of recurrences in bipolar patients whose disease is in remission. *Arch. Gen. Psychiat.* 2003; 60:402-407.
41. Brown GK, Have TI, Henriques GR, Xie SX, Hollander JE, Beck AT. Cognitive therapy for the prevention of suicide attempts: a randomized controlled trial. *J. Amer. Med. Assoc.* 2005; 294:563-570.
42. Klein DN, Santiago NJ, Vivian D, Arnow BA, Blalock JA, Dunner DL, et al. Cognitive-behavioral analysis system of psychotherapy as a maintenance treatment for chronic depression. *J. Consult. Clin. Psych.* 2004; 72(4):681-688.
43. Bockting CLH, Schene AH, Spinhoven P, Koeter MWJ, Wouters LE, Huyser J, Kamphuis JH, DELTA Study Group. Preventing relapse/recurrence in recurrent depression with cognitive therapy: a randomized controlled trial. *J. Consult. Clin. Psych.* 2005; 73:647-657.
44. Beck AT. *Cognitive Therapy and the Emotional Disorders.* New York: International Univ. Press; 1976.
45. Moore RG. It's the thought that counts: the role of intentions and meta-awareness in cognitive therapy. *J. Cog. Psychother.* 1996; 10:255-269.
46. Reisberg D. *Cognition: Exploring the Science of Mind.* New York, Norton; 1997.
47. Simmons AD, Murphy GE, Levine JL, Wetzel RD. Cognitive therapy and pharmacotherapy for depression: sustained improvement over one year. *Arch. Gen. Psych.* 1986; 43:43-48.
48. Robins CJ, Hayes AM. An appraisal of cognitive therapy. *J. Consult. Clin. Psych.* 1993; 61:205-214.
49. Rush AJ, Kovacs M, Beck AT, Weissenburger J, Hollon SD. Differential effects of cognitive

therapy and pharmacotherapy on depressive symptoms. *J. Affect. Disord.* 1981; 3:221-229.

50. Rush AJ, Beck AT, Kovacs M, Hollon SD. Comparative efficacy of cognitive therapy and pharmacotherapy in the treatment of depressed outpatients. *Cog. Ther. Res.* 1994; 1:17-37.

51. Segal ZV, Ingram RE. Mood priming and construct activation in tests of cognitive vulnerability to unipolar depression. *Clin. Psych. Rev.* 1994; 14(7):663-695.

52. Alloy LB, Abramson LY, Neeren AM, Walshaw PD, Urosevic S, Nusslock R. Psychosocial Risk factors for Bipolar disorder: current and early environment and cognitive styles," in *The Psychology of Bipolar Disorder: New Developments and Research Strategies*, ed. Jones S, Bentall R. Oxford, Oxford. Univ. Press; 2006.

53. Alloy LB, Abramson LY, Walshaw PD, Neeren AM. Cognitive vulnerability to unipolar and bipolar mood disorders. *J. Soc. Clin. Psych.* 2006; 25(7):726-754.

54. Oei TPS, Free ML. Do cognitive behaviour therapies validate cognitive models of mood disorders? a review of the empirical evidence. *Int. J. Psych.* 1995; 30:145-179.

CAPÍTULO 16. AVALIANDO OS TRATAMENTOS PARA DEPRESSÃO

1. Klein DF. *Understanding Depression: A Complete Guide to Its Diagnosis and Treatment.* New York, Oxford Univ. Press; 1993.

2. Butler AC, Chapman JE, Forman EM, Beck AT. The empirical status of cognitive-behavioral therapy: a review of meta-analyses. *Clin. Psych. Rev.* 2006; 26: 17-31.

3. Dobson KS. A meta-analysis of the efficacy of cognitive therapy for depression. *J. Consult. Clin. Psych.* 1989; 57,3:414-419.

4. Hollon SD, DeRubeis RJ, Evans MD. "Cognitive Therapy in the Treatment and Prevention of Depression," in *Frontiers of Cognitive Therapy,* ed. Salkovskis PN. New York, Guilford; 1996,293-317.

5. Robins CJ, Hayes AM. An appraisal of cognitive therapy. *J. Consult. Clin. Psych.* 1993; 61:205-214.

6. Bailar JC. The promise and problems of meta-analysis. *New England J. Med.* 1997; 337:559.

7. DeRubeis RJ, Hollon SD, Amsterdam JD, Shelton RC, Young PR, Salomon RM, et al. Cognitive therapy vs. medications in the treatment of moderate to severe depression. *Arch. Gen. Psychiat.* 2005; 62:409-436.

8. Hollon SD, DeRubeis RJ, Evans MD, Weimer MJ, Garvey MJ, Grove WM, Thason VB. Cognitive therapy and pharmacotherapy for depression: singly and in combination. *Arch. Gen. Psychiat.* 1992; 49:774-781.

9. Elkin I, Shea MT, Watkins JT, Imber SD, Sotsky SM, Collins JF, et al. National Institute of Mental Health Treatment of Depression Collaborative Research Program: general effectiveness of treatments. *Arch. Gen. Psychiat.* 1989; 46:971-982.

10. Bowers WA. Treatment of depressed inpatients: cognitive therapy plus medication, relaxation plus medication, and medication alone. *Brit. J. Psychiat.* 1990; 156:73-78.

11. Jacobson N.S, Hollon SD. Prospects for future comparisons between drugs and psychotherapy: lessons from the CBT-versus-pharmacotherapy exchange. *J. Consult. Clin. Psych.* 1996; 64:104-108.

12. Miller IW, Norman WH, Keitner GI, Bishop SB, Dow MG. Cognitive-behavioral treatment of depressed inpatients. *Behav. Ther.* 1989; 20:25-47.

13. Covi L, Lipman RS. Cognitive behavioral group psychotherapy combined with imipramine in major depression. *Psychopharm. Bull.* 1987; 23:173-176.

14. Beck AT, Hollon SD, Young JE, Bedrosian RC, Budenz D. Treatment of depression with cognitive therapy and amitriptyline. *Arch. Gen. Psychiat.* 1985; 42: 142-148.

15. Murphy GE, Simons AD, Wetzel RD, Lustman PJ. Cognitive therapy and pharmacotherapy: singly and together in the treatment of depression. *Arch. Gen. Psychiat.* 1984; 41:33-41.

16. Blackburn IM, Bishop S, Glen AIM, Whalley LJ, Christie JE. The efficacy of cognitive therapy in depression: A treatment trial using cognitive therapy and pharmacotherapy, each alone and in combination. *Brit. J. Psychiat.* 1981; 139:181-189.

17. Rush AJ, Beck AT, Kovacs M, Hollon SD. Comparative efficacy of cognitive therapy

and pharmacotherapy in the treatment of depressed outpatients. *Cog. Ther. Res.* 1977; 1:17-37.

18. Kendall PC. Empirically supported psychological therapies. *J. Consult. Clin. Psych.* 1998; 26:27-38.

19. Chambless DL, Hollon SD. Defining empirically supported therapies. *J. Consult. Clin. Psych.* 1998; 66:7-18.

20. Goldfried MR, Wolfe BE. Psychotherapy practice and research: repairing a strained alliance. *Amer. Psych.* 1996; 51:1007-1016.

21. Jonas WB. Clinical trials for chronic disease: Randomized, controlled clinical trials are essential. *J. NIB Res.* 1997; 9:33-39.

22. Persons JB, Bostrom A, Bertagnolli A. Results of randomized controlled trials of cognitive therapy for depression generalize to private practice. Paper presented at 30th Annual Convention of the Association for the Advancement of Behavior Therapy, New York; 1996.

23. Task Force on Promotion and Dissemination of Psychological Procedures, Division of Clinical Psychology. Training in and dissemination of empirically validated psychological treatments: report and recommendations, *Clin. Psych.* 1995; 48:3-23.

24. Thase ME, Greenhouse JB, Frank E, Reynolds CE Pilkonis PA, Hurley K, et al. Treatment of major depression with psychotherapy or psychotherapy-pharmacotherapy combinations. *Arch. Gen. Psychiat.* 1997; 54:1009-1015.

25. Hollon SD, Shelton RC, Davis DD. Cognitive therapy for depression: Conceptual issues and clinical efficacy. *J. Consult. Clin. Psych.* 1993; 61:2,270-275.

26. Dobson KS, Pusch D, Jackman-Cram S. Further evidence for the efficacy of cognitive therapy for depression: multiple outcome measures and long-term effects. Paper presented at the 25th Annual Convention of the Association for the Advancement of Behavior Therapy, New York, New York; 1991.

27. Williams JMG. "Depression," in *Science and Practice of Cognitive Behaviour Therapy*, ed. Clark DM, Fairburn CA. Oxford: Oxford Univ. Press; 1997, 259-283.

28. McLean P, Taylor S. Severity of unipolar depression and choice of treatment. *Behav. Res. Ther.* 1992; 30:5, 443-451.

29. Ahmed I, Soares KVS, Seifas R, Adams CE. Randomized controlled trials in Archives of General Psychiatry (1959-1995): a prevalence study. *Arch. Gen. Psychiat.* 1998; 55:754-755.

30. Jarrett RB, Schaffer M, McIntire D, Witt-Browder A, Kraft D, Risser RC. Treatment of atypical depression with cognitive therapy or phenelzine: a double-blind, placebo-controlled trial. *Arch. Gen. Psychiat.* 1999; 56:431-437.

31. Judd LL. The clinical course of unipolar major depressive disorders. *Arch. Gen. Psychiat.* 1997; 54:989-991.

32. Hollon SD, DeRubeis RJ, Seligman MEP. Cognitive therapy and the prevention of depression. *Appl. Prev. Psych.y* 1992; 1:89-95.

33. Hollon SD, DeRubeis RJ, Shelton RC, Amsterdam JD, Salomon RM, O'Reardon JP, et al. Prevention of relapse following cognitive therapy vs medications in moderate to severe depression. *Arch. Gen. Psychiat.* 2005; 62:417-422.

34. Jarrett RB, Basco MR, Risser R, Ramanan J, Marwill M, Kraft D, Rush AJ. Is there a role for continuation phase cognitive therapy for depressed outpatients? *J. Consult. Clin. Psych.* 1998; 66:1036-1040.

35. Evans MD, Hollon SD, DeRubeis RJ, Grove WM, Garvey MJ, Thason VB. Differential relapse following cognitive therapy and pharmacotherapy for depression. *Arch. Gen. Psychiat.* 1992; 49:802-808.

36. Shea MT, Elkin I, Imber SD, Sotsky SM, Watkins JT, Collins JF, et al. Course of depressive symptoms over follow-up: findings from the National Institute of Mental Health Treatment of Depression Collaborative Research Program. *Arch. Gen. Psychiat.* 1992; 49:782-787.

37. Blackburn IM, Eunson KM, Bishop S. A two-year naturalistic follow-up of depressed patients treated with cognitive therapy, pharmacotherapy and a combination of both. *J. Affect. Disord.* 1986; 10:67-75.

38. Simons AD, Murphy GE, Levine JL, Wetzel RD. Cognitive therapy and pharmacotherapy for depression: sustained improvement over one year. *Arch. Gen. Psychiat.* 1986; 43:43-48.

39. Kovacs M, Rush AJ, Beck AT, Hollon SD. Depressed outpatients treated with cognitive

therapy or phannacotherapy: A one-year follow-up. *Arch. Gen. Psychiat.* 1981; 38:33-39.

40. Rush A., Kovacs M, Beck AT, Weissenburger J, Hollon S. D. Differential effects of cognitive therapy and phannacotherapy on depressive symptoms. *J. Affect. Disord.* 1981; 3:221-229.

41. Vos T, Haby MM, Barendregt JJ, Kruijshaar M, Corry J, Andrews G. The burden of major depression avoidable by longer-term treatment strategies. *Arch. Gen. Psychiat.* 2004; 61:1097-1103.

42. Segal ZV, Gemar MC, Williams S. (1999). Differential cognitive response to a mood challenge following successful cognitive therapy or phannacotherapy for unipolar depression. *J. Abnonn. Psych.* 1999; 108:3-10.

43. Hollon SD, Iarrett RB, Nierenberg AA, Thase ME, Trivedi MD, Rush AJ. Psychotherapy and medication in the treatment of adult and geriatric depression: which monotherapy or combined treatment? *J. Clin. Psychiat.* 2005; 66:455-468.

44. DeRubeis RJ, Gelfand LA, Tang TZ, Simmons AD. Medications versus cognitive behavior therapy for severely depressed outpatients: mega-analysis of four randomized comparisons. *Amer. J. Psychiat.* 1999; 156:1007-1013.

45. Rush, AJ. STAR*D: What have we learned? *Amer. J. Psychiat.* 2007; 164:201-204.

EPÍLOGO

1. Siegle GJ, Carter CS, Thase ME. Use of fMRI to predict recovery from unipolar depression with Cognitive Behavior Therapy. *Amer. J. Psychiat.* 2006; 163:735-738.

2. Mayberg HS. Defining neurocircuits in depression: insights from functional neuroimaging studies of diverse treatments. *Psych. Ann.* 2006; 36:258-267.

3. Ressler KJ, Mayberg HS. Targeting abnormal neural circuits in mood and anxiety disorders: from the laboratory to the clinic. *Nat. Neurosci.* 2007; 10(9):1116-1124.

4. Clark DA, Beck AT, Alford BA. *Scientific Foundations of Cognitive Theory and Therapy of Depression.* New York, Wiley; 1999.

5. Scher C, Ingram R, Segal Z. Cognitive reactivity and vulnerability: empirical evaluation of construct activation and cognitive diatheses in unipolar depression. *Clin. Psych. Rev.* 2005; 25:487-510.

6. Dozois DJA, Beck AT. Cognitive schemas, beliefs and assumptions, in *Risk Factors for Depression,* ed. Dobson KS, Dozois DJA. Oxford, Elsevier in press.

7. Garratt G, Ingram RE, Rand KL, Sawalani G. Cognitive processes in cognitive therapy: evaluation of the mechanisms of change in the treatment of depression. *Clin. Psych. Rev,* in press.

8. Caspi A, Sugden K, Moffitt TE, Taylor A, Craig IW, Harrington HL, et al. Influence of life stress on depression: moderation by a polymorphism in the 5-HTT gene. *Science* 2003; 301:386-389.

9. Canli T, Lesch K. Long story short: the serotonin transporter in emotion regulation and social cognition. *Nature Neurosci.* 2007; 10:1103-1109.

10. Beevers CG, Gibb BE, McGeary JE, Miller IW. Serotonin transporter genetic variation and biased attention for emotional word stimuli among psychiatric inpatients. *J Abnonn. Psych.* 2007; 116:208-212.

11. Gibb BE, Uhrlass DJ, Grassia M. Hopelessness theory of depression in children: concurrent and predictive validity of the causes, consequences, and self-characteristics dimensions. Paper presented at the annual meeting of the Association for Behavioral and Cognitive Therapies, Philadelphia. 2007.

12. Munafb MR, Brown SM, Hariri AR. Serotonin transporter (5-HTTLPR) genotype and amygdala activation: a meta-analysis. *Bioi Psychiat.* 2008; 63:852-857.

13. Hariri AR, Mattay VS, Tessitore A, Kolachana B, Fera F, Goldman D, et al. Serotonin transporter genetic variation and the response of the human amygdala. *Science* 2002; 297:400-403.

14. Hariri AR, Drabant EM, Munoz KE, Kolachana BS, Mattay VS, Egan MF, Weinberger DR. A susceptibility gene for affective disorders and the response of the human amygdala. *Arch. Gen. Psychiat.* 2005; 62:146-152.

15. Heinz A, Braus DF, Smolka MN, Wrase J, Puls I, Hermann D, et al. Amygdala-prefrontal coupling depends on a genetic variation of the serotonin transporter. *Nat. Neurosci.* 2005; 8:20-21.

16. Canli T, Omura K, Haas BW, Fallgatter A, Constable RT, Lesch KP. Beyond affect: A role for genetic variation of the serotonin transporter in neural activation during a cognitive attention task. *Proc. Nati. Acad. Sci. USA.* 2005; 102:12224-12229.

17. Pezawas L, Meyer-Lindenberg A, Drabant EM, Verchinski BA, Munozm KE, Kolachana BS, Egan MF, Mattay VS, Hariri AR, Weinberger DR. 5-HTTLPR polymorphism impacts human cingulate-amygdala interactions: A genetic susceptibility mechanism for depression. *Nat. Neurosci.* 2005; 8:828-834.

18. Bertolino A, Arciero G, Rubino V, Latorre V, De Candia M, Mazzola V, et al. Variation of human amygdala response during threatening stimuli as a function of 5-HTTLPR genotype and personality style. *Biol. Psychia.* 2005; 57:1517-1525.

19. Furmark T, Tillfors M, Garpenstrand H, Marteinsdottir I, Langstrom B, Oreland L, Fredrikson M. Serotonin transporter polymorphism related to amygdala excitability and symptom severity in patients with social phobia. *Neurosci. Lett.* 2004; 362:189192.

20. Dannlowski U, Ohrmann P, Bauer J, Kugel H, Arolt V, Heindel W, Kersting A, Baune BT. Suslow T. Amygdala reactivity to masked negative faces is associated with automatic judgmental bias in major depression: a 3 T fMRI study. *J. Psychiat. Neurosci.* 2007; 32:423-429.

21. Gotlib IH, Joormann J, Minor KL, Hallmayer J. HPA axis reactivity: a mechanism underlying the associations among 5-HTTLPR, stress, and depression. *Biol. Psychiat.* in press.

22. Manji HK, Drevets WC, Charney DS. The cellular neurobiology of depression. *Nat. Med.* 2001; 7:541-547.

23. Akil H. Stressed and depressed. *Na. Med.* 2005; 11:116-118. 24. Heim C, Meinlschmidt G, Nemeroff CB. Neurobiology of early-life stress. *Psychiat. Ann.* 2003; 33:18-26.

25. Beck AT, Rush AJ, Shaw BF; Emery G. *Cognitive Therapy of Depression.* New York, Guilford Press; 1979.

26. Beck AT. How an anomalous finding led to a new system of psychotherapy. *Nat. Med.* 2006; 12(10):xiii-xv.

27. Goel V, Dolan RJ. Explaining modulation of reasoning by belief. *Cognition* 2003; 87:B11-22.

28. Beck AT. The evolution of the cognitive model of depression and its neurobiological correlates. *Am. J. Psvchiat.* 2008: 165(8):969-77.

ÍNDICE ONOMÁSTICO

A

Abela, J. R., 211-212
Abraham, Karl, 185-187
Ackner, B., 73, 139-140
Adler, K. A., 193
Ahmed, I., 283-284
Akiskal, H. S., 95-96
Albee, G., 111-113
Alexander, F., 163-164
Allport, F., 216, 222-223
Anastasi, A., 123-124
Anderson, W., 133-134
Angst, J., 87-89
Appel, K. E., 111
Aretaeus, 16-17
Arieti, S., 188-189, 246-247
Ascher, E., 78-79
Assael, M., 133-134
Astrup, C., 50-51, 57-58
Ayd, F. J., 50, 53-54, 75-76, 241, 246-247

B

Bailar, J. C., 273
Baldessarini, R. J., 232-234
Baldwin, R. C., 236
Balint, M., 187
Bandura, Albert, 256-257
Barnett, P. A., 211-212
Beck, A., xvii, xx, 19, 81, 122, 150, 155-157,
    163-168, 173-175, 182, 184-185,
    193-194, 199-200, 202-203, 208,
    211-212, 219-220, 246, 250-254,
    256-257, 270-271, 280-281, 290
Becker, J., 154, 155
Beckham, E. E., 150
Beers, Clifford W., 16-17
Beevers, C. G., 211-212
Belsher, G., 54-55
Benazzi, F., 95-96
Berger, R. J., 100
Bertelsen, A., 116-118

Bibring, E., 186-188, 209-210
Bini, Lucio, 241-242
Birmaher, B., 147-148
Bishop, S. B., 287-288
Blackburn, I. M., 281-282, 287-288
Blackwell, B., 139
Bleuler, E., 44-45, 79-80, 204-205
Board, F., 135-136
Bockting, C. L. H., 270
Bolwig, T. G., 238-239, 241-242
Bonime, W., 246, 246-247
Bowers, W. A., 278-279
Bradley, J. J., 22-23
Brady, J. P., 227-228
Braet, C., 211-212
Bright, Timothy, 69
Brody, E. B., 136-137
Brosse, A. L., 211-212
Brown, F., 170-173
Brown, G. K., 59-60, 269
Brown, G. P., 211-212
Bruner, J. S., 216
Buist-Bouwman, M. A., 51-52
Bunney, W. E., 94-95, 135-137
Burchard, E. M. L., 123-124
Burton, R., 16-17
Busfield, B. L., 139
Buzan, R., 122, 150, 190-191
Buzzard, E. F., 70-71

C

Cade, J. F. J., 133-134
Cameron, N., 99-100, 130, 131
Campbell, J. D., 21, 22-23, 246-247, 268-269
de Candolle, A., 69
Canli, T., 293-294
Carney, M. W. P., 71-74, 77-78
Carney, S., 244
Carver, C. S., 211-212
Caspi, A., 292-294
Cassidy, W. L., 21-25, 50, 78-79, 101

Castelnuovo-Tedesco, P., 75-76
Celetti, Ugo, 241-242
Chambless, D. L., 282, 283
Charcot, J. M., 206-207
Cheney, C. O., 80
Clark, J. A., 66, 68, 104, 111, 182
Clausen, J., 95-96
Clayton, P. J., 88-89, 93-94
Clegg, J. L., 123-124
Cleghom, R. A., 128-130
Cohen, B., 181
Cohen, M. B., 155-156, 187-188
Cohen, S. I., 151-155
Cole, J. O., 227-229, 231, 237-241
Colom, F., 268-269
Coppen, A. J., 132-133
Coryell, W., 234-235
Costello, C. G., 54-55
Covi, L., 279-280
Crammer, J. L., 132-133
Crichton-Miller, H., 70-71
Cronholm, B., 243
Culpepper, L., 240
Curtis, G. C., 128-130, 135-136, 138
Cushing, Harvey, 75-76

D

D' Alessandro, D. U., 211-212
Davies, B. M., 139-140
Davis, J., 227-228
Dawson, J., 133-134
Denison, R., 74-75
Dent, J., 211-212
DeRubeis, R. J., 273, 282-284, 290-291
Dewald, P. A., 248-249
Diaz-Guerrero, R., 143-145
Dimidjian, S., 257-258
Dixon, N. F., 151-152
Dobson, K. S., 283
Dougherty, L. R., 214-215
Dovenmuehle, R. H., 75-76
Dreyfus, G., 98-99
Driess, H., 100
Driver, M. V., 147-148
Dubovsky, S. L., 122, 150, 190-191
Duman, R. S., 141-143
Dykman, B. M., 211-212

E

Eilenberg, M. D., 147-148
Elkin, I., 278-279
Ellis, Albert, 199-200, 216, 260-261
Ellis, R. M., 142-144
Eunson, K. M., 287-288
Evans, J. D., 114-116
Evans, M. D., 284, 287-288

Evdokas, A., 199-200, 220-221
Ey, Henry, 188-189

F

Fagiolini, A., 59-60, 124-125
Farber, M. L., 123-124
Farberow, N. L., 57-58
Farley, P., 140-142
Fava, M., 241-242
Fawcett, J. A., 136-137
Feinberg, I., 137-138
Feldman, D., 113
Ferster, C. B., 184-185
Festinger, L., 216
Fiedorowicz, J. G., 228-229
Fink, M., 244
Fisher, S., 152-153
Flach, F., 133-134
Flanagan, N. B., 24-25, 101
Foley, J. P., 123-124
Foulds, G. A., 82-83
Frangou, S., 148-149
Frank, E., 250
Free, M. L., 271-272
Freeman, H., 237-238
Fremming, K., 127-128
Freud, S., 65-66, 155-157, 182, 184-187, 193, 216, 248-252
Freudenstein, U., 236
Friedman, A. S., 139-140, 150-151, 203, 227-229
Frodl, T., 140-142
Funkenstein, D. H., 137-138

G

Garber, J., 45-46
Garside, R. F., 70-74, 77-78
Gemar, M. C., 211-212
Gero, G., 186-187
Gibbons, J. L., 75-76, 132-137
Gibson, J. G., 154-155
Gibson, R. W., 246-247
Gilboa, E., 211-212
Gildea, E. F., 130
Gillespie, R. D., 68-71, 99-111
Gjessing, R., 107-108, 131-132
Gleser, G., 182
Goldstein, H., 129-132
Goldstein, I. G., 143-144
Gorham, D., 207-208
Gotlib, I. H., 184-185, 211-212
Gottesman, I. I., 116-118
Gottlieb, G., 138, 139, 146-147
Gottschalk, L., 182
Granick, S., 150-151
Greenberg, R. P., 239-240
Gregory, I. W., 126, 170, 173

Gresham, S. C., 145-146
Grosser, G. H., 237-238
Grunhaus, L., 244-245
Gupta, S., 229-231
Gurland, J. B., 139

H

Haaga, D. A. F., 182
Hamilton, D. M., 58-59
Hamilton, M., 73, 138
Hammen, C. L., 184-185
Hammerman, S., 187
Hankin, B. L., 19, 211-212
Hantouche, E. G., 95-96
Harrowes, W., 79-80
Harsch, O. H., 153-154
Hartmann, E. L., 94-95
Harvey, O. J., 216
Haslam, N., 19
Hastings, D. W., 98-99
Hayden, E. P., 214-215
Hayes, A. M., 270-271
Hayhurst, H., 191-192
Hedlund, S., 211-212
Heim, C., 213-214
Hemphill, R. E., 151-152
Henderson, D., 99-111
Heron, M. J., 69
Heydl, P., 147-148
Hinrichsen, G. A., 250-251
Hinsie, L., 138
Hippocrates, 15-16
Hirst, H. L., 150-151
Hoch, August, 98-99, 104-110, 243
Hoch, Paul, 56-57, 68-69, 77
Holden, C., 244
Hollon, S. D., 184-185, 235-236, 273, 278-279, 282-284, 287, 289-290
Holmberg, G., 242-244
Homer, 226
Hopkinson G., 49-50, 101
Hordern, A., 228-229, 241
Homey, K., 216
Howland, R. H., 122
Hu, X. H., 240
Hubbard, L. D., 107-108
Hunt, D. E., 111
Hurvich Marvin S., 164-166

I

Ingram, R. E., 211-212, 271-272

J

Jacobs, B. L., 142-143
Jacobson, E., 186-188, 209-210, 257-258, 278-279
Jarrett, R. B., 283-284

Joffe, R., 136-137
Johll, M., 211-212
Johnson, G. F., 96-97, 231, 232
Joiner, T. E., 211-212
Jonas, W. B., 282
Jones. A. L., 73

K

Kahlbaum, Karl Ludwig, 104-105
Kalinowski, L. B., 242-243
Kallmann, F., 125-126
Kasanin, J. S., 104-105, 107, 111, 116-117
Kassel, J. D., 211-212
Katz, C. J., 123-124
Kelly, G. A., 216
Kendler, K. S., 115-117, 214-216
Kennedy, F., 22-23, 73-74
Kessing, L. V., 232-233
Kessler, R. C., 14-16
Kho, K. H., 244
Kiloh, L. G., 56-57, 70-74, 77-78
Kirby, G. H., 98-99, 104-105
Klein, D. F., 70
Klein, D. K., 50-52, 59-60, 270
Klein, D. N., 214-215
Klein, M., 186-187, 193
Klein, R., 131-132
Klerman, G. L., 227-229, 237-241, 287-288
Kline, N., 13-14
Kohn, M., 95-96
Kovacs, M., 288-289
Kraepelin, E., 20, 47-48, 50-51, 53-56, 64-66, 68, 69-70, 77, 79-80, 85-89, 94-95, 98-99, 104-105
Kraines, S. H., 53-54, 58-59, 78-79, 173-174, 189-190, 246-248
Kretschmer, E., 123-125
Kurland, A. A., 135-136
Kwon, S., 211-212

L

Lam, R. W., 234-235, 268-269
Lange, J., 79-80
Laxer, R. M., 155
Leahy, R. L., 96-97
Lear,T. E., 151-152
Leber, W. R., 150
Lempéière, T., 59-60
Lewinsohn, P. M., 184-185, 211-212
Lewis, A., 43-45, 68-69, 79-80, 98-99
Lewis, N. D. C., 57-58, 68-69, 78-79, 104, 107-110
Lichtenberg, P., 187-188
Lipman, R. S., 279-280
Lobban, M., 132-133
Loeb, A., 150-151
Lopez, A. D., 13-15

Lorr, M., 173
Lundquist, G., 49-58

M

Ma, J., 229-231
MacCurdy, J. T., 98-99
MacDonald, J. M., 58-59
Maj, 115-117
Malamud, I., 101-103
Malarmd, W., 101-103
Mallet, B. A., 66, 68, 104, 111
Man, E. B., 136-137
Manji, H. K., 244-245
Mapother, E., 70, 78-79
Marangell, L. B., 233-235
Markowitz, J. C., 250
Martin, I., 139-140
Masand, P. S., 229-231
Matthews, K. A., 99-100
McCabe, S. B., 211-212
McEwen, B. S., 140-141
McFarland, R. A., 129-132
McGlashan, T. H., 114-115
McGuffin, P., 127-129
McHugh, P. R., 135-136
McLean, V. L., 283-284
Meduna, L. J., 241-242
Meehl, P. E., 19
Meerloo, J. A. M., 57-58
Mendels, J., 145-146
Mendlewicz, J., 235-236
Meyer, A., 20, 65-66, 80, 85
Mezey, A. G., 151-152
Michael, R. P., 75-76, 135-136
Michaux, W. W., 29
Miller, J., 278-279
Miranda, J., 211-212
Moebius, P. J., 69
Molander, L., 243
Moncrieff, J., 239-240
Moore, R. G., 270-271
Moss, L. M., 58-59
Mueller, E. H., 188-189
Mullen, P. E., 133-135
Murphy, G. E., 280-281
Murray, C. J. L., 13-15, 159-160
Murray, L., 211-212

N

Nelson, J. C., 231, 236
Nemeroff, C. B., 213-214
Nesse, R. M., 185-186
Newman, C. F., 268-269
Newmann, J. P., 103
Nolen-Hoeksema, S., 220
Nunn, R. F., 131-132

Nussbaum, K., 29
Nymgaard, K., 139-140

O

Oei, T. P. S., 211-212, 271-272
Olgiati, P., 95-96
Osgood, C. E., 216
Oswald, I., 38-39, 143-145
Overall, J. E.. 206-207

P

Palmai, G., 139
Palmer, H. D., 98-99, 102-103
Pampiglione, G., 73, 139-140
Papanicolaou, G. N., 99-100
Parker, J. B., 155, 232-233
Partridge, M., 70
Paskind, H. A., 47-49, 53-56, 77-80
Patrick, Q. T., 48-49
Paulson, G. W., 138, 146-147
Paykel, Eugene S., 150, 250
Payne, R. W., 150-151
Peck, R. E., 138
Penza, K. M., 213-214
Persons, J. B., 211-212, 282
Phillips, L., 113
Piaget, J., 216
Piccinelli, M., 13-14
Pichot, P., 59-60
Pinel, P., 16-17
Piotrowski, Z. S., 57-58, 68-69, 104, 108-110
Pirraglia, P. A., 229-231
Pitts, F. N., 78-79, 93-94, 127-128, 173
Platter, Felix, 199-200
Plutarch, 16-17
Pokorny, A. D., 57-58
Pollack, H. M., 53-54
Pollock, B. G., 245
Polyakova, M., 152-153
Postman, L., 216
Potter, W. Z., 228-230, 244-245
Pridmore, S., 244-245
Pryce, I. G., 130

Q

Quitkin, F. M., 227-228, 239-240
Quraishi, S., 148-149

R

Rachlin, H. L., 56-57, 106-110
Rado, S., 186-187, 193
Rapaport, D., 150, 215-216
Rausch, J. L., 245
Rees, L., 73-74, 123-125
Regan, P. F., 246-247

Reisberg, D., 270-271
Rennie, T., 42, 48-51, 54-58, 88-89
Richter, P. R., 94-95
Ripley, H. S., 99-100
Riso, L. P., 60-62
Ritter, J., 211-212
Roberts, J. M., 73, 211-212
Robins, E., 58-59, 78-79, 270-271
Rogers, C. R., 216
Rose, J. T., 73-74, 138
Roseman, I. J., 199-200, 220-221
Rosenblatt, B. P., 152-153
Roth, M., 73, 77-78
Rude, S. S., 211-212
Rudorfer, M. V., 244-245
Rush, John, 199-200, 233-234, 241-242, 270-271, 282, 288-291
Russell, G. F. M., 132-133

S

Safran, J. D., 254
Salkovskis, P. N., 207
Sands, S. L., 101-103
Santarelli, L., 141-142
Sapolsky, R. M., 140-141
Sarbin, T. R., 216
Satel, S. L., 231, 236
Saul, L. J., 27-28, 163-164
Scher, C., 182, 211-212
Schildkraut, J., 190-191
Schneidman, E. S., 57-58
Schottstaedt, W. W., 134
Schulte, W., 189-190
Schwab, J. J., 77-78
Schwartz, D. A., 73, 147-148, 188-189
Segal, Z., 211-212, 254, 271-272
Seligman, M. E. P., 184-185
Serretti, A., 95-96
Sevy, S., 128-129
Shagass, C., 73, 139-140, 147-148
Shapiro, M. B., 150-151
Sharma, V., 88-89, 231
Shaw, D. M., 132-133
Shea, M. T., 287-289
Sheldon, W., 123-124
Sheline, Yvette, 140-141
Shenal, B. V., 148-149, 189-190
Sheppard, E., 163-164
Sherman, S. H., 98-99, 102-103
Shields, J., 126-127
Shirk, S. R., 211-212
Shorr, E., 99-100
Silberman, E. K., 248-249
Simons, A. D., 145-146, 270-271, 288-289
Simonson, M., 75-76
Skinner, B. F., 184-185
Slater, E., 126
Sloan, R. B., 73-74

Smeraldi, E., 244-245
Solomon, A., 211-212
Spellman, M., 24-25, 101
Spielberg, M. J., 150-151
Spielberger, C. D., 154, 155
Springer, K., 182
Stafford, 228-230
Steen, R., 50
Stein, D., 155
Stengel, E., 59-60
Stenstedt, A., 50, 54-55, 126-127
Sterling, P., 244
Strecker, E. A., 50, 53-54
Strongin, E. L., 138
Surnmerfield, D., 238-239, 241-242
Swartz, K. L., 228-229

T

Taylor, L., 127-128, 211-212
Taylor, M. A., 114-115
Taylor, S., 283-284
Teasdale, J. D., 211-212
Tellenbach, Hubert, 188-189
Temoche, A., 58-59
Thalbitzer, S., 98
Thase, L. M., 122, 145-147, 234-235, 248-249, 256-257, 283
Thein, M., 133-134
Tiemeier, H., 136-137
Tienari, P., 126
Timbremont, B., 211-212
Titley, W. B., 94-95, 101-103
Tucker, J. E., 150-151

U

Ursano, R. J., 248-249

V

Vaillant, G. E., 107-108, 111-113
Vale, W. W., 213-214
Valin, S., 81
Verwoerdt, A., 75-76
Von Hagen, K. O., 22-23
Vos, T., 290

W

Wadsworth, W. V., 151-152
Wakefield, J., 65-66
Wallace, J., 128-129
Wapner, S., 152-153
Ward, Clyde, 167-168
Wechsler, H., 139, 227-229
Weiss, B., 45-46
Wender, P. H., 70
Wexberg, E., 79-80
Whatmore, G. B., 142-144
Wheat, W. D., 58-59

White, J., 73
Whittier, J. R., 130
Wiesel, B., 73-74
Williarns, R. L., 114-115
Willner, P., 191
Wilson, D. C., 153-155, 246
Wilson, G. W., 163-164
Wilson, N. J., 147-148
Wilson, W. P., 147-148
Winokur, G., 78-79, 93-94, 127-128
Wittman, P., 123-124

Y

Yaskin, I. C., 74-76

Z

Zetzel, E. R., 187
Ziegler, E., 113
Zilboorg, G., 16-17, 85-86
Zimmer, H., 153-154
Zubin, J., 111-113
Zung, W. W. K., 144-145

ÍNDICE REMISSIVO

A

Aborrecimento, 187-188
Abstração seletiva, 178, 182
Abuso de substância, 113
Acetilmetilcarbinol, 133-134
Acidez e reserva alcalina, 129-130
Administração de Veteranos, 162
    classificação, 81
Adolescentes, 45-46, 131, 147-149, 230-231
Adrenalina, 137-138
Adrenalina, 138
ADT *Veja* Antidepressivos tricíclicos
Adultos, 45-46
Afeto, 111-112, 124-125, 193-194
    cognição e, 220-222
    depressão e, 17-18, 179-181, 198-200, 207-208
    dissociação entre o conteúdo do pensamento e, 109-110
    estímulo e cognição e, 260-262
    estupores benignos e, 105-106
    juízos de valor e, 209-210
    prognóstico da esquizofrenia e, 111-113
    sonhos e, 164-165
Afetos depressivos, 182
Agitação, 21, 44-46
Agressão, 112-113, 187
Alcoolismo, suicídio e, 57-59
Alucinações, 42, 81-84, 109-110, 112-114
    Veja também Delírios
Ambientalistas, 20
Ambientoterapia hospitalar, 278-280
Ambientoterapia, 278-279
Amígdala, 140-142, 149, 293-294
Amitriptilina, 229-230, 239-240
Amor próprio, 89-90
Amor, 185-186
Amoxapina, 239-240
Análise de regressão múltipla, 72-73
Análise fatorial, 71-73, 77-78
Animais, 152-153
Anorexia, 21
Anoxia, 242-243

Ansiedade, 22-23, 110, 167-168, 175-176, 179-181, 199-200, 203-204, 206-208
    reações depressivas psiconeuróticas e, 77-79
Antidepressivos tricíclicos, 190-191, 226-229, 241-242, 289
    ausência de resposta para, 244-245
    efeitos colaterais de, 240-241
    em estudos controlados com placebo, 234-235
    risco *versus* benefício de, 238-239
    uso atual de, 232-234
    versus ISRS, 229-230
    versus lítio, 231
Anual Report (Departamento de Higiene Mental do Estado de Nova York), 100
Aparência, 42-44
Apatia, 76, 174-175
    estupores benignos e, 106-107
Apego às pessoas e atividades, 89-91
Apetite, 93
Arbitrariedade, 91-92, 178, 182
Aspectos interpessoais da mudança, 254-258
Aspectos longitudinais de depressão, 47
Associação entre autodestruição e depressão, 158
Associações depressivas, 175-176
Atitude perante a vida, 22-23
Atitudes negativas, 292-293
Ativação comportamental, 257-258
Atividade no eletroencefalograma (EEG), 139-140, 149
    durante ECT, 144-145, 147-148, 242-243
Atividade sexual criminosa, 160-161
Atividade, 43-45
Atropina, 237
Autoaprimoramento, impulso para, 92-93
Autoavaliação baixa, 29-31
Autoconceito, 90-91, 155-156, 176-177, 194-195, 197-198, 271-272
Autocrítica, 19, 21, 31-32, 174-177
Autoestima, 186-187
    reasseguramento e, 247-248
Autorrecriminação, 17-18, 29, 31-32, 42, 48-49, 175-177, 210-211, 217-218, 222-223
Averiguação dos gêmeos, 125-126

B

Barbitúricos, 144
Benign Stupors: A Study of a New Manic-Depressive Reactive Type (Hoch), 105-106
Benzodiazepínicos, 230-231
Bipolar I, 86-88, 269
Bipolar II, 86-88, 95-96
"Breve Estudo do Desenvolvimento da Libido" (Abraham), 185-186
"Brief Psicoterapy of Depression" (Regan), 246-247
Bupropiona, 230-231

C

Cães, 152-153
Cálcio e fósforo séricos, 129-130
Cálcio, 133-134
California Fascism Scale, 155
Cânfora, 241-242
Características formais de cognições depressivas, 178-180
Casos bifásicos, 47-49, 62
 intervalos entre as crises em, 55-56
Casos ciclotímicos (bifásicos), 49-50
 recorrência de, 54-55
Casos circulares, 48-49
Casos do tipo circular fechado, 48-49
Catalepsia, estupores benignos e, 105-106
Catarse, 247-248
Catatonia, transtorno esquizoafetivo e, 104-105
Categorias de pontuação, 164-166
Causalidade em processos biológicos de depressão, 122
Citalopram, 229-231
Classe, 124-125, 166
Classificação do Ministério de Guerra dos Estados Unidos, 80-81
Classificando os transtornos de humor, 64-76
 cognitiva, 204-208
 comprometimento cognitivo e, 181
 depressão involutiva e, 98-103
 depressão psicótica *versus* não psicótica e, 77-84
 transtorno bipolar e, 85-97
 transtorno esquizoafetivo e, 104-119
Climatério, 101
Clínica da Universidade de Glasgow, 101
Clínica Psiquiátrica Henry Phipps, 48-49
Cloretos, 130, 132-133
Cognição(ões), 17-18
 afetos e, 220-222
 na mania, 203-205
 psicopatologia e, 193-208
 reconhecendo características formais das, 261-262
 respondendo ao depressivo, 263-264
Cognições de nível inferior, 262
Cognições de nível superior, 262
Cognições depressivas, 179-181, 260-262
Comportamento adaptativo, 184

Comportamento impulsivo, 91-93, 108-109
Comportamento orientado à ação, 92-93
Comportamento, 193-194, 256-257
 da fase maníaca, 93-94
 de depressão *versus* humor normal, 19
 temas dos sonhos e, 160-161
Comunicação de intenções suicidas, 59-60, 62-63
Conação, 17-18
Conceitos descritivos de depressão, 15-18
Conceitos permanentes, formação de, 209-210
Conceituação da terapia cognitiva, 250-252
Concentração, 21-110
Concordância em casos probantes, 128-129
Concordância, 126
Condições médicas, 113
Confiabilidade entre avaliadores, 157
Constipação, 21, 24-25
Constituição Física (fatores constitucionais), 73-74
Constituição pícnica, 123-124
Conteúdo de pensamento verbalizado, 174-176
Conteúdo ideacional, estupores benignos e, 106-107
Conteúdo temático das cognições, 175-177
Controles psiquiátricos, 145-146
Controles sem doença mental, 61
Controles, 61, 122-123, 126-127, 170-171
Crenças subjacentes, 270-271
Crianças, 45-46, 131, 153-154, 248-249
 estudos biológicos sobre, 147-149
 terapia medicamentosa para, 230-231
Crime, 41-42
Crises de choro, 21, 25-26, 28-29, 174-175
 psicoterapia e, 247-248
Crises sucessivas, 53-54
Crises únicas, 49-50, 54-55
Critérios Diagnósticos de Feighner, 288-289
Cronicidade, 50-53, 66, 68, 118-119
Culpa, 173-174, 188-190
Culpa, atribuição de, 90-92, 113
Curso
 da depressão involutiva, 98
 do transtorno bipolar, 87-88
 do transtorno esquizoafetivo, 114-115

D

Danos neurológicos, 140-141
Deaner, 231
Débito urinário, 131-134
Deficiências, 13-15
Definição de depressão, 13-20
Definição de negativo, 158-159
Deidroepiandrosterona (DHEA), 234-235
Delírios somáticos, 41-42
Delírios, 21, 40-42, 53-54
 alucinações e, 42, 81-84, 109-110, 112-114
 conteúdo de, 111-112
 ECT e, 244-245
 estupores benignos e, 106-107
 mania e, 91-92, 109-110

transtorno esquizoafetivo e, 111-113
Demência precoce, 85, 98, 104-105
  estupores benignos e, 106-107
  psicose maníaco-depressiva e, 108-109
Dependência, 36-38
  em psicoterapia, 255-256
Depressão agitada, 68-69, 100-101
Depressão aguda, 136-137
Depressão autônoma, 19, 68-69
Depressão com retardo, 68-69
Depressão crônica, 60-62, 136-137, 250
Depressão exógena, 68-74
Depressão involutiva, 98-103
Depressão reativa, 68-71, 73, 79-80, 139
  limiar de sedação e, 139-140
Depressão resistente a tratamento, 249
Depressão sociotrópica, 19
Depressão unipolar, 87-89
Depressão, 18-19, 66, 68
  crônica, preditores de, 60-62
  diferenciação de esquizofrenia e, 108-111
  distorções cognitivas na, 173-182
  escalas de, 168-169
  ideação e, 182
  latente, 107
  limiar de sedação e, 139-140
  luto na infância e, 170-174
  medicamentos usados no tratamento da, 226-227
  profundidade da, 24-25
  suicídio e, 57-60
  transtorno esquizoafetivo e, 112-113
Depressões psicogênicas, 79-80
Deprol, 231
Desejos de retraimento, 34-36
Desempenho conceitual, 150-152
Desempenho psicomotor, 150-151
Desenvolvimento da depressão, 209-223
Desesperança, 19, 59-60, 237-238, 271-272
Desipramina, 229-230
Determinação da zigosidade, 126
Diagnosticadores (psiquiatras), 66, 68
Diagnósticos de casos probantes, 115-117
Diagnósticos, 71-73, 166-167
  de depressão involutiva, 98
  de depressão maníaca, 48-50
  de depressão, 174-175
  de reações neurótico-depressivas, 165-166
  de transtorno bipolar, 86-88, 95-96
  de transtorno distímico, 51-52
  de transtorno esquizoafetivo, 104, 114
  estudos revisados, 107-109
  primários, 24-25
  psicoterapia e, 246
Diferenças bioquímicas entre as fases maníaca e depressiva, 130-132
Diferenciação de depressão e esquizofrenia, 108-111
Disforia, 158-159
Disfunção cerebral, 189-191
Disfunção nociva, 65-66

Disfunção sexual, 231, 240
Dissociação, 109-110
Distorção da realidade, 177-179
Distorção de julgamento espacial, 151-153
Distorção do julgamento temporal, 151-152
Distorções cognitivas na depressão, 173-182
  características formais das, 178-180
  conteúdo temático das, 175-177
  pensamentos depressivos e afeto e, 179-181
  tipologia das, 177-179
Distorções estilísticas, 178
Distorções paralógicas, 178
Distorções semânticas, 178
Diversidade da fenomenologia e comorbidade, 122
Doença de Addison, 76
Doença maníaco-depressiva, sintomatologia. *Veja* Sintomatologia
Doença mental. *Veja em transtorno específico*
Dor, 21-24, 26-27, 44-45, 73-74, 151-152
Dores de cabeça, 22-23
Doxepina, 229-230
Duração dos episódios, 49-50, 52-55, 60-61
  crises sucessivas e, 54-55

E

ECT. *Veja* Eletroconvulsoterapia
Efeitos colaterais, 230-231, 238-242
  de estimulantes, 231
  ISRS e, 229-231, 240
Efeitos do desempenho inferior em pacientes deprimidos, 162
Efeitos primários da depressão, 133-134
Efeitos secundários da depressão, 133-134
Efetividade, 278-279, 282
Eficácia dos antidepressivos, 235-236
Ego, 186-187
Eixo hipotalâmico-hipofisário-adrenal, 136-137
Eletroconvulsoterapia (ECT), 22-23, 226, 241-245
  complicações do, 243
  depressão involutiva e, 99-100
  efeitos bioquímicos da, 243
  efeitos fisiológicos da, 242-243
  efeitos psicológicos da, 243
  eficácia da, 244-245
  episódios depressivos e, 132-133
  equivalentes depressivos e, 74-75
  estudos de EEG e excitação, 147-148
  mecanismo de ação da, 243-244
  nas histórias dos pacientes, 47-48
  reações depressivas psiconeuróticas e, 81-82
  registros de EEG e, 144-145, 242-243
  salivação intensa e, 139
  versus depressão endógena e exógena, 73-74
Eletrólitos, 132-134
Emoção expressa (crítica), 191-192
Emoções, 22-23, 70, 131, 135, 189-190
Endógena, depressão 19, 56-57, 66, 68-69-73-74, 77, 79-80, 132-133

limiar de sedação e, 139-140
salivação e, 139
Ensaios randomizadoscontrolados, 273-291
   prevenção de recaída e, 283-289
   validade ecológica e, 282-284
Entidade clínica, como depressão, 47
Entidades patológicas, 85
Episódios depressivos
   estudos bioquímicos durante, 132-133
   maiores, critérios para, 64-65
   relação com a mania de, 87-89
Episódios maníacos
   critérios, 65-66
   diferenças bioquímicas entre as fases depressivas e, 130-132
   observações comportamentais de, 93-94
   relação com episódio depressivo, 87-89
   sintomatologia, 88-93
Equivalentes depressivos, 73-75
Erotismo anal, 185-186
Erros sistemáticos, 178
Escala de Hamilton para Depressão, 273, 278, 281-283, 288-289
Escala de Melhoria Global, 280-281
Escala de realização de necessidades, 155
Escalas de classificação, 170
Escalas de realização de metas e positividade do programa de eventos e dificuldades, 96-97
Escapismo, 34-36, 177
Escola somatogênica, 20
Esgotamento (exaustão), 94-95
Especificidade, 122-123, 155-156
Esquemas, 216-223, 249-252, 257-258, 264-265
   afetos e cognição e, 220-222
   definição de, 216-218
   distorção e má interpretação de, 219-220
   identificação de, 217-218
   modelo de *feedback* e, 221-223
   modos e psicopatologia e, 218-220
   na depressão, 217-219
   perda de objetividade e, 220-221
   preservação e, 220
   prevenção da recaída e, 271-272
   viéses, 185-186
Esquizofrenia remitente aguda, 107-108
Esquizofrenia, 66, 68, 104, 114-115, 181
   agitação e, 101-102
   constituição e, 123-125
   diferenciação de depressão e, 108-111
   fatores afetivos e, 117-118
   inicialmente diagnosticada como mania, 48-49, 56-58, 107-111
   prevalência de, 13-14
   suicídio e, 57-59
Estado mental negativo, 292-293
Esteroides, 135, 149
Estimulação magnética transcraniana, 244-245
Estimulantes, 231
Estímulo externo, 175-176

Estratégia da terapia cognitiva, 251-254
Estratégias de enfrentamento, 292-293
Estresse ambiental, 107
Estresse específico, 251-252
Estresse não específico, 251-252
Estresse, 131, 140-141, 148-149, 251-252
   ambiental, 107
   em animais, 191
   específicos, 211-214
   gênero e, 72-73
   não específico, 213-216
   precipitação de depressão e, 211-216
   psicoterapia e, 247-248
   respostas de indivíduos normais ao, 134-135
Estresses no desenvolvimento, 163-164
Estrutura da terapia cognitiva, 251-254
Estudo de sondagem e incidência de saúde mental da Holanda, 52-53
Estudo Pittsburgh de Terapias de Manutenção no Transtorno Bipolar, 59-60
Estudo STAR*D ("Sequenced Treatment Alternatives to Relieve Depression"), 290-291
Estudos anatômicos de depressão, 140-142
Estudos biológicos de depressão, 122-149
   anatômicos, 140-142
   bioquímicos, 128-135
   constituição e, 123-125
   em crianças e adolescentes, 147-149
   endócrinos, 135-138
   função autonômica e, 137-140
   hereditariedade e, 125-129
   neurofisiológicos, 139-141
   neuropsicológicos, 148-149
   primeiros, 122-124
   teorias neurotróficas e neurogênese e, 141-148
   transtorno maníaco-depressivo e, 123-129
Estudos da família e, 128-129
Estudos de adoção, 116-118, 127-128
Estudos de família, 114-118, 125-129
Estudos de gêmeos, 116-118, 125-127
Estudos de salivação, 138-140
Estudos do sono, 143-147
Estudos eletroencefalográficos, 123-124, 143-148
Estudos eletromiográficos, 142-144
Estudos endocrinológicos da depressão, 135-138
Estudos experimentais, 162-163
Estudos genealógicos, 126-129
Estudos longitudinais, 163-164
Estudos neurofisiológicos da depressão, 139-141
Estudos neuropsicológicos da depressão, 148-149
Estudos psicológicos colaterais, 163-182
   distorções cognitivas e, 173-182
   estudos longitudinais e, 163-164
   luto da criança e, 170-174
   padrões cognitivos no material verbal e, 163-164
   sonhos e, 163-170
Estudos psicológicos, 150-182
   autoconceito e, 155-156

colaterais, 163-182
experimentais iniciais, 152-154
história familiar e, 153-155
investigação sistemática da depressão e, 155-163
testes do funcionamento psicológico e, 150-153
Veja também estudos psicológicos colaterais
Estupores benignos, 43-45, 104-105
transtorno esquizoafetivo e, 105-107
Etiologia
de depressão endógena, 70-71
de depressão involutiva, 98-100
do transtorno bipolar, 85-86
Euforia, 76, 180-181
Euforia, 89-90
Evasivas, 108-110
Evitação, 34-36, 39-40, 113
Expectativas negativas, 30-32, 197-199
Expectativas positivas, 90-91
Expectativas, nível de, 162
Experiência, interpretação negativa da, 194-197
Experimentação controlada, 237
Exposição, 247-248
Expressões faciais, 42-44
Extroversão, 126-127

F

Fantasias induzidas, 266-267
Farmacogenômica, 244-245
Farmacoterapia, 226-242, 290
efeitos colaterais na, 229-231, 238-242
estimulantes e, 231
inibidores da MAO e, 228-229, 232-234
ISRS e, 228-230
lítio e, 231-233
padrões de prescrição de antidepressivos e, 229-231
placebos e, 226-230, 238-240
problemas de pesquisa e controvérsias, 236-239
resistência ao tratamento, 233-236
risco *versus* benefício da, 238-239
terapia cognitiva e, 270-272
tratamento após 60 anos de idade com, 236
tricíclicos e, 226-229, 232-234
Fases depressivas, diferenças bioquímicas entre fases maníacas e, 130-132
Fatigabilidade, 39-41, 92-93, 155-156, 174-175
Fatores afetivos, 117-118
Fatores bipolares, 71-73, 77-78
Fatores cognitivos na depressão crônica, 62-63
Fatores constitucionais, 70-71, 73-74
transtorno maníaco-depressivo e, 123-125
Fatores gerais, 71-72
Fatores psicossociais, 248-249, 256-257
"Fatos", 262-263
Fenelzina, 228-229
Fenotiazinas, 75-76, 226-227
Físico astênico, 123-124
Físico atlético, 123-124

Físico endomórfico. *Veja* Constituição pícnica
Físico eurimórfico. *Veja* Constituição pícnica
Físico leptossômico, 123-125
Fluoxetina, 142-143, 228-231
Fluoxetina, 142-143, 228-231
Fluvoxamina, 229-231, 244-245
Força-Tarefa da Promoção e Disseminação de Procedimentos Psicológicos, 283
Formulação da terapia cognitiva, 250-252
Fracasso, 158-159, 162-163
reasseguramento e, 247-248
Frustração, sonhos e, 164-165
Função autonômica, 137-140
Função cognitiva, 244
Função tireóidea, 136-138
Funcionamento psicológico, testes do, 150-153

G

Gênero, 13-15
crises de choro e, 28-29
depressão involutiva e, 99-101
estudo do luto na infância e, 171-172
estudos de sonho e, 166
imagem corporal e, 32-33
suicídio e, 58-59
Genética, 70-71, 115-118, 125-129, 292-294
Giro denteado (GD), 142-143
Glasgow Royal Hospital Mental, 99-100
Glicose sanguínea, 129-130
Gradualistas, 68-69, 77-79
Gratificação
aumento, 89-90
redução, 26-28
Gravidade dos transtornos, 24-25, 86-87, 166
Guerra da Coreia, 81

H

Heptabarbital, 144
Hereditariedade, 70-71
no transtorno maníaco-depressivo, 125-129
Hiperatividade, 92-93
Hiper-reatividade fisiológica, 292-294
Hipocampo, 140-143, 149, 244
Hipófise, 94-95
Hipomania, 95-96
Hipopituitarismo, 76
Hipótese da catecolamina, 190-191
Histeria, 22-25
História familiar, 111-113, 115-116, 127-128, 148-149, 153-155
Histórias dos pacientes, 47, 258-259, 267-269
Homicídios, 58-60
Hormônio do crescimento, 147-148
Hormônios adrenais, 135
Hormônios, 135
Hospitais psiquiátricos, internação em, 13-14
Hospital Butler, 278-280
Hospital da Universidade da Pensilvânia, 166-167

Hospital Estadual de Manhattan, 107-109
Hospital Geral da Filadélfia, 167-168, 170-171
Hospital Langbrö, 49-50
Hospital St. Elizabeth, em Washington, DC, 154
Hospital Universitário Psiquiátrico de Zurique, 87-88
Hospitalização, 54-55, 115-116
    duração da, 53-54, 113
    nas histórias dos pacientes, 47-48
    para transtornos esquizoafetivos, 111
Hostilidade, 113, 161-164, 185-186
    invertida, 157
    processos cognitivos e, 173-174
Humor normal, 13, 17-20
Humor, 26-27, 67, 252-253
    efeitos de sucesso e fracasso em, 152-154
    estudos experimentais e, 162-163
    fantasias induzidas e, 266-267
    terapia cognitiva e, 271-272

I

Idade, 15-16, 72-73, 133-134, 148-149
    adrenalina e, 137-138
    constituição e, 123-125
    delírios e, 53-54
    depressão involutiva e, 99-100
    desempenho psicomotor e, 150-151
    duração dos episódios e, 52-54
    em grupos-controle, 145-146, 149
    estudo do luto na infância e, 171-173
    estudos biológicos da depressão e, 122-123
    estudos eletromiográficos e, 143-144
    limiar de sedação e, 139-141
    no início da depressão involutiva, 98
    no início da depressão, 50
    no início do transtorno bipolar, 87-88, 100
    salivação e, 139
    terapia interpessoal e, 250-251
    tratamento para pacientes acima de 60 anos e, 236
Ideação do paciente, 109-110
Ideacional material, 158-159, 181
"Ideias", 262-263
Identidade, 186-187
Imagem corporal, 32-33
Imipramina, 190-191, 226-228, 231
    resultado antidepressivo e, 239-240
    taxa de resposta a placebo e, 237-238
    TIP e, 250-251
Impulsos sádicos, 185-186
Impulsos suicidas, 174-175
    como efeito colateral de inibidores da MAO, 241-242
    como efeito colateral dos ISRS, 240
    estupores benignos e, 106-107
    lítio e, 232-233
Inanição, 57-58
Inatividade, 76, 105-106
Indecisão, 31-33, 174-175

Independência, impulso para, 92-93
Inibidores da MAO, 226-229
    efeitos colaterais dos, 230-231, 241-242
    o uso atual de, 232-234
    teorias bioquímicas da depressão, e 190-191
    Veja também Medicamentos antidepressivos, inibidores seletivos da recaptação da serotonina (ISRS), antidepressivos tricíclicos, *em inibidor da MAO específico*
    versus lítio, 231
Inibidores da monoaminoxidase (IMAO). *Veja* Inibidores da MAO
Inibidores seletivos da recaptação da serotonina (ISRS), 228-230, 289-290
    efeitos colaterais de, 229-231, 240
    em estudos controlados com placebo, 234-235
    risco *versus* benefício de, 238-239
    versus antidepressivos tricíclicos e inibidores da MAO, 232-233
Iniciativa, 174-175
Início dos episódios, 47, 52-53
    agudo, 49-50, 62, 104-105
    de catatonia, 104-105
    de episódios depressivos, 114
    de transtorno bipolar, 87-88
    depressão agitada e, 101
    idade no, 15-16, 50
    psicose esquizoafetiva aguda e, 107
Inícios agudos, 49-50, 62, 104-105
Inícios insidiosos, 49-50, 104-105
Injunções, 177
Insanidade episódica, 85
Insanidade não deteriorante, 85
Insegurança no diagnóstico, 125-126
Insônia, 93
Instituto Nacional de Saúde Mental (NIMH), 278-279, 283-284, 287-288, 290-291
Instituto Psiquiátrico do Estado de Nova York, 108-109
Inteligência, 154, 166
    desempenho psicomotor e, 150-151
Interação entre cognição e afeto, 182
Interrupção, 110
Intervalos entre crises, 47, 54-57
Inutilidade, 40-42
Inventário de Depressão de Beck. *Veja* Inventário de Depressão
Inventário de Depressão, 59-60, 83-84, 152-153, 160-162, 166-168, 170, 199-200, 280-283, 288-289
    autoconceito e, 155
    estudo do luto na infância e, 170-174
Inventário negativo, 161-162
Investigação sistemática da depressão de Beck. *Veja* Investigação sistemática da depressão
Investigação sistemática da depressão, 155-163
    fatores psicodinâmicos e, 155-157
Iodo ligado à proteína (PBI), 136-137
Iproniazida, 226-229, 241

Irritabilidade, 21, 24-25
Isolamento, 110
Isolamento, 110

J

Juízos de valor, 209-210
Julgamentos de inclinação negativa, 163-164

L

Lancet, The (periódico médico), 238-239, 241-242
Libido
    aumento da, 93
    perda da, 38-40, 174-175
Limiar de sedação, 73, 139-141
Limiar perceptivo, 151-152
Lítio, 229-234, 269
    eletrólitos e, 133-134
    em estudos controlados com placebo, 234-235
    transtorno bipolar e, 268-269
Luto e melancolia (Freud), 155-157, 185-187
Luto na infância e depressão, 158, 163-164, 170-174

M

Magnificação de problemas, 178-179, 182
Manejo clínico, 283-284, 287-288
Mania, cognição na, 203-205
Manic-Depressive Disease (Campbell), 246
Manifestações cognitivas da depressão, 29-33
    da fase maníaca, 90-91
Manifestações emocionais
    da depressão, 25-29
    de mania, 89-91
Manifestações motivacionais
    da depressão, 29-30, 33-38
    da fase maníaca, 91-93
Manual de pontuação, 164-167
Maprotilina, 239-240
"Mascaramentos Médicos e Cirúrgicos do Estado Depressivo" (Denison e Yaskin), 74-75
Massa corporal, 59-60, 62-63, 124-125
Maturação, 148-149
Maturidade psicológica, 187
Mecolil, respostas na pressão arterial ao, 137-138
Medicação, 115-116, 235-236, 249. *Veja também* Medicamentos antidepressivos, Medicamentos
Medicamentos anticolinérgicos, 115-116
Medicamentos antidepressivos
    aumentando, 233-235, 241-242
    efeito neuroprotetor de, 141-143
    efeitos adversos dos, 239-240
    padrões de prescrição, 229-231
    segurança dos, 235-236
    Veja também Inibidores da MAO, inibidores seletivos da recaptação da serotonina (ISRS), antidepressivos tricíclicos
Medicamentos antipsicóticos, 115-116

Medicamentos tranquilizantes, 75-76
Medicamentos, 234-235
    nas histórias dos pacientes, 47-48
    transtorno bipolar e, 268-269
    Veja também medicamentos antidepressivos; *em medicamentos específicos*
Medo da morte, 24-25
Melancholie (Tellenbach), 188-189
Melancholy and the Conscience of Sinne (Bright), 69
Melancolia autônoma, 144
Melancolia, 15-17, 185-187
    involutiva 98-99
    teorias existenciais e, 188-190
    Veja também Depressão
Menopausa, 99-100
Mental Depressions and Their Treatment (Kraines), 246-247
Metabolismo de esteroides, 135-137
Metabolismo, 131-134
Metas, 187-189, 257-258, 264-265
Metrazol, 241-242
Minimização dos problemas, 178-179, 182
Mirtazapina, 230-231
Modelo de *feedback* circular, 249
"Modelo Polidimensional", 173
Modelos animais de depressão, 191
Modelos biopsicossociais, 292
Mortalidade, 244
Morte: estupores benignos e, 106-107
    do(s) genitor(es), 24-25, 158, 163-164
Motivação, 22-23, 34-35, 64, 159-160, 193-194, 200-203
    efeitos de sucesso e fracasso em, 152-154
    na depressão, 207-208
    perda de, 39-40
    terapia cognitiva e, 271-272
Movimento rápido dos olhos (REM), 133-134, 144-146
Mudança ambiental, 247-248
Mudanças de peso, 33, 38-39, 64, 71-74, 131-133, 165-166, 174-175

N

National Ambulatory Medical Care Survey, 230-231
National Disease and Therapeutic Index, 229-230
Náusea, 230-231
Necessidade de sofrer, 159-160, 163
Nefazodona, 230-231
Negação, 91-92
Negativismo, estupores benignos e, 105-106
Neuropatologia do transtorno bipolar, 85-86
Neuroses, 22-23, 57-58, 205-207
    Psicoses e, 185-186, 207-208, 244-245
Neurotransmissores, 122-123
Nialamida, 228-229
Niilismo, 41-42
NIMH. *Ver* Instituto Nacional de Saúde Mental (NIMH)
Níveis de cortisol, 147-148

Níveis plasmáticos de cortisol, 135-136
Níveis plasmáticos de magnésio, 133-134
Nível de desenvolvimento, 45-46
Nomenclatura americana oficial, 64, 85-86
Nomenclatura do exército, 80-81
Noradrenalina, 137-138, 190-191
Nutrição, 124-125

O

Objetos amorosos perdidos, 157
Observações dos pacientes, verificando, 262-263
Ódio, 185-186
Odisseia, A (Homero), 226
Oralidade, 139-140, 155-156, 173-174, 185-188
Orfandade, 170-174
Organização da personalidade na depressão, 215-219
Organização, 188-190
Orientação, 247-248
Otimismo, 247-248
Outlines for Psychiatric Evaluations (Cheney), 80

P

Pacientes clínicos não psiquiátricos, 170-171
Pacientes esquizofrênicos
    história familiar e personalidade e, 154
    metabolismo de esteroides e, 135-136
    tratamento de, 226-228
Pacientes extramurais, 54-55
Padrões cognitivos no material verbal, 163-164
Padrões de autossofrimento, 158
Padrões mal adaptativos, delineando os principais, 258-261
Palpitações, 22-23
Paradoxos da depressão, 13-14
Paralisia da vontade, 34-35
Paranoia, 71-72, 93-94, 110, 139-140, 155
Paroxetina, 229-231, 245, 273
Pensamento negativo, 270-271
Pensamentos automáticos, 250-251
    negativos, 252-253
    neutralizantes, 260-266
Pensamentos idiossincráticos, 250-251, 261-263
Pensamentos involuntários, 179-180, 262
Pensamentos suicidas, 21, 30-31, 35-37, 177, 179-180
Pensamentos, 175-176, 181. *Veja também* Cognição(ões)
Pensar *versus* acreditar, 262-263
Percepção de superior-inferior, 152-153
Percepção espacial, 155-156
Perda de apetite, 37-40, 72-73, 133-134, 174-175
Perda dos genitores na infância; 158, 163-164. *Veja também* Luto na infância
Perfis cognitivos, 114-116
Performance, 152-154, 163
Periodicidade, 109-110
Período pós-depressão, 258-259

Período prodrômico, 50
Perseveração de pensamentos depressivos, 179-180
Personalidade pré-mórbida, 72-73
    de pacientes com depressão involutiva, 98, 101-103
    de pacientes maníaco-depressivos, 94-96
Personalidade, história familiar e, 153-155
Perspectiva de continuidade, 19
Perspectiva de *continuum*, 70-71, 114-115
Perturbação da fala, 110
Perturbação do sono, 21, 38-40, 72-74, 89-90, 133-134, 174-175
    como efeito colateral de inibidores da MAO, 230-231
    fase maníaca e, 93
    transtorno bipolar e, 269
Perturbações gastrointestinais, 230-231
Pesquisa em genética molecular, 127-128
Pessimismo, 21, 30-31, 39-40, 59-60, 163, 174-175, 247-248, 266-267
Pindolol, 234-235
Placebo, 237-238, 281-282
    atropina como, 237
    efeitos, 226-230, 234-235, 238-240
    farmacogenômica e, 244-245
    pacientes acima de 60 e, 236
Plausibilidade de pensamentos depressivos, 179-180
Pobreza, 42
Polimorfismo, 245
Pontuação cega, 166-167
Pontuações Bender-Gestalt, 150-151
Pontuações de autoaceitação, 155
Potássio, 132-133
Precipitação de depressão, 73, 75-76, 211-216
Predisposição à depressão, 209-212
Prejuízos funcionais, remissão de, 51-53
Presos, 160-161
Pressão arterial, 137-138
Prevalência de depressão, 13-16
Prevenção dos transtornos de humor, 70
Previsões negativas, 267-268
Privação, 163-164, 176-177
Problemas de saúde, 99-100
Problemas específicos, 258-259
Problemas opressores, 177
Processos intelectuais, 110, 148-149
    estupores benignos e, 105-107
Processos Psicoterapêuticos de mudança, 270-272
Produção de esteroides, 137-138
Prognóstico, 47-48, 118-119
    transtorno bipolar e, 85-86
    transtorno esquizoafetivo e, 104-105, 111-113
Programação de atividades, 258
Progressão de depressão, 47
Prolactina, 147-148
Psicanálise e psicoterapia psicanalítica, 185-188, 247-249
Psicoestimulantes, 229-230

Psicopatologia, cognição e, 193-208
Psicose esquizoafetiva aguda, 107-108
Psicose maníaco-depressiva (transtorno bipolar), 47-49, 98
    contexto familiar e personalidade e, 153-155
    crises breves de, 53-55
    esquizofrenia e, 104-105, 107-110
    estudos bioquímicos de, 128-130
    estupores benignos e, 107
Psicoses 207-208, 244-245
    neuroses e, 22-23, 57-58, 185-186, 205-208
Psicoterapia de apoio, 246-248
Psicoterapia *versus* farmacoterapia
    tabela de ensaios comparando, 274-277
Psicoterapia, 69, 70, 235-236, 246-272, 290
    abordagens iniciais da, 246-247
    de apoio, 246-248
    efeitos preventivos da, 290-291
    focada na depressão, 248-249
    psicanalítica, 247-249
    reações depressivas e psicóticas, 82-83
    terapia cognitiva e, 250-272
    terapia interpessoal e, 249-251
    transtorno bipolar e, 268-269
    Veja também Terapia cognitiva
Psicoterapias centradas na depressão, 248-249
Psicótica *versus* não psicótica, depressão, 77-84
Psiquiatras, uso de inibidores da MAO por, 228-229
Punição, 41-42, 156-157, 184

Q

Queixas físicas, 22-24
Queixas psicológicas, 22-24
Queixas somáticas, 22-23, 73-74, 239-240

R

Raça, estudo de luto na infância e, 171-172
Reação depressiva neurótica, 56-57, 68-70, 77, 83-84, 101-102, 187
    limiar de sedação e, 139-140
    reação depressiva psiconeurótica, 77-81
    sonhos e, 163-167, 170
Reação, 65-66
Reações depressivas psiconeuróticas, 77-78-81. *Veja também* Reação depressiva neurótica
Reações depressivas psicóticas, 68-69, 70, 73-74, 81, 101-102, 187
    limiar de sedação e, 139-140
Reações maníaco-depressivas
    novas subcategorias de, 104-105
Realização de desejos, 157
Reasseguramento, 246-248
Recaídas, 268-269, 294
    prevenção de, 267-272, 283-
    Veja também Recorrência dos episódios
Reclamações na depressão, principais, 22-24
Recognizing the Depressed Patient (Ayd), 246-247
Recordações, 160-161, 243

Recorrência dos episódios, 47, 49-52, 54-55, 62, 109-110, 294
    de depressão, 174-175
    duração e, 53-54
    probabilidade de, 55-57
    transtorno bipolar e, 85-88, 268-269
Recorrência e, 54-55
Recuperação, 50-51, 66, 68, 104-105, 107, 118-119
Reforço, 184-185
Registro diário dos pensamentos disfuncionais (RPD), 252-253
Relação terapêutica, 246-247, 254-256
Relacionamento com terapeutas, 246-247, 254-256
Relações cognitivas da depressão, 207-208
Relógios biológicos, 94-95
Remissão da esquizofrenia, 111
Remissões, 49-50, 50-52-53, 62, 109-110, 174-175
    catatonia e, 104-105
    de incapacidades funcionais, 51-53
    estupores benignos e, 106-107
    psicanálise e, 248-249
    reações depressivas psiconeuróticas e, 81-82
    taxa de, 50, 273, 278
Research Diagnostic Criteria, 122
Reserpina, 75-76, 226
Resolução independente de problemas, 255-256
Resposta de excitação, 144-145
Resultados contraditórios, 122-123
Retardo, 21, 43-45, 101
Reticência, 108-110
Riso
    aumento do, 90-91
    perda da capacidade de, 29
Ritmos diários, 132-134, 139
Rupturas, 254-255

S

Satisfação, 39-40
Semântica da depressão, 17-19
Senso de humor, 29, 174-175
Separatistas, 68-69, 77
Serotonina, 142-143
    Veja também Inibidores seletivos da recaptação da serotonina (ISRS)
    vulnerabilidade cognitiva e, 292-294
Sertralina, 229-231
Sexo, 38-40, 72-73, 148-149, 185-186
    em grupos-controle, 145-146
Short Form-36 Health Survey, 52-53
Sintomas autonômicos, 21-23
Sintomas biológicos, 64
Sintomas cognitivos, 22-23, 64
Sintomas físicos e vegetativos, 22-23, 37-41, 193-194, 202-203, 207-208
    da fase maníaca, 92-93
Sintomas fisiológicos, 64
Sintomas psicóticos, 114
Sintomatologia, 47, 73, 75-76, 244, 258-259
    crianças e adolescentes e, 148-149

da depressão 21-46
da depressão involutiva, 100-102
da fase maníaca, 88-93
de transtorno bipolar, 85-86
do transtorno esquizoafetivo, 113-116
em termos psicológicos, 193-194
passim, 70-71, 174-175
Sistemas de análise cognitivo-comportamental de psicoterapia (CBASP), 270
Sistemas de pontuação de conteúdo, 157
Sódio, 132-133
Sofrimento, 156-160, 163
Solidão, 17-18, 164-165
Sonhos, 156-157, 182
　identificando padrões autoderrotistas através de, 158
　padrões em pacientes deprimidos, 163-170
　suposições sobre, 158-161
　temas de, 169-170
　Veja também "sonhos negativos"
Sonhos masoquistas, 164-165. *Veja também* "Sonhos negativos"
"Sonhos negativos", 156-161, 163-170
　Inventário de Depressão de, 168-169
　sistema de pontuação para identificar, 158-159
　Veja também Sonhos
Standard Nomenclature da American Psychiatric Association, 170-171
Submissão, 161-162
Substâncias lipoides, 130
Substâncias nitrogenadas, 129-130
Substrato biológico da depressão, 122
Subtipos de depressão, 19-20
Subtratamento, 235-236
Sucesso, 158-159, 162-163
　reasseguramento e, 247-248
Suicídio, 49-50, 57-60, 136-137, 269-270
Superego, 186-187
Supergeneralização, 178-179, 182

T

Tabagismo, 139-140
Tarefas de casa, 254-257, 267-268
Técnicas sorológicas, 126
Tendências autopunitivas, 156-157
Tentativas de suicídio, 51-52, 62-63, 124-125, 156-157
Teorias bioquímicas da depressão, 128-135, 190-191
Teorias cognitivas e evolutivas da depressão, 184-186
Teorias comportamentais da depressão, 184-185
Teorias da depressão, 184-192
　bioquímica, 190-191
　cognitiva e evolutiva, 184-186
　comportamental, 184-185
　emoção expressa (crítica) e, 191-192
　existencial, 188-190
　modelo animais e, 191

　neurológica, 189-190
　neuropsicológica, 189-191
　psicanalítica, 185-188
　psicodinâmica e psicológica, 187-189
Teorias da neurogênese, 141-149
Teorias de depressão neurológica, 189-190
Teorias existenciais de depressão, 188-189
Teorias neuropsicológicas de depressão, 189-191
Teorias neurotróficas, 141-149
Teorias psicodinâmica e psicológica da depressão, 187-189
Terapia Cognitiva da Depressão (Beck et al.), 290
Terapia cognitiva *versus* farmacoterapia. *Veja* ensaios randomizados controlados
Terapia cognitiva, 59-60, 182, 246-272, 292-294
　aspectos interpessoais da mudança e, 254-258
　características formais das cognições e, 261-262
　cognições depressivas e, 260-262
　conteúdo idiossincrático e, 261-262
　efeitos preventivos da, 269-270, 290-291
　estrutura e estratégia da, 251-254
　fantasias induzidas e, 266-267
　formulação e conceituação da, 250-252
　história do paciente e, 258-261
　"ideias" e "fatos" e, 262-263
　ilustrações de caso de, 266-269
　observações dos pacientes e, 263-264
　pensamentos automáticos e, 260-261
　prevenção de recaída e, 267-270
　prevenção do suicídio e, 269 -270
　processo de mudança psicoterapêutica e, 270-272
　transtorno bipolar e, 268-269
　validando premissas básicas na, 264-266
Terapia estrogênica, 98-100
Terapia Interpessoal (TIP), 249-251
Terapias somáticas, 70, 226-245
　eletroconvulsoterapia (ECT) e, 241-245
　farmacoterapia e, 226-242
　Veja também Farmacoterapia
Teste da fantasia focalizada, 160-162
Teste de Completar Frases de Zimmer, 153-154
Teste de Funkenstein, 73-74, 137-138
Teste de Gestalt, 173-174, 181
Teste de Rorschach, 181
Teste de Sinais, 172-173
Teste de Superinclusão de Epstein, 150-151
Teste de supressão da dexametasona (DST), 133-134
Teste de Vocabulário de Thorndike-Gallup, 150-151
Teste diferencial semântico, 155
Teste do autoconceito, 161-162
Teste pareado de Wilcoxon, 166
Teste U de Mann-Whitney, 160-161
Testes de Informações e Semelhanças da Escala de Inteligência Wechsler para Adultos, 150-151
Testes de rapidez, 173-174
TIP. *Veja* Terapia interpessoal
Tipologia das distorções cognitivas, 177-179

Tipos de reação, 85-86
Tolerabilidade de antidepressivos, 235-236
Tolerância à glicose, 129-130
Traditional Family Ideology Scale, 155
Tranilcipromina, 228-229
Transtorno distímico, 50-52, 60-61
Transtorno do pensamento, 181, 204-205
Transtorno esquizoafetivo, 64-65, 104-119
    atual classificação dos, 113-118
    psicose esquizoafetiva aguda e, 107-108
    remissão de esquizofrenia aguda e, 107-108
    transtorno bipolar e, 86-87
Transtorno maníaco-depressivo, 70, 85, 102-103
    como depressão psicótica, 77-78
    constituição e, 123-125
    depressão neurótica e, 80
    hereditariedade em, 125-129
    metabolismo e, 131-133
    periodicidade do, 94-95
    personalidade pré-mórbida do, 94-96
    prognóstico do, 118-119
    suicídio e, 58-59
Transtorno unipolar, 114-115
Transtornos bipolares, 18-19, 48-49, 64-65, 85-97, 114-115
    estudos da família e, 128-129
    idade e, 87-88, 100
    lítio e, 231-233
    reincidência e, 54-55
    suicídio e, 59-60, 62-63
    tratamento, 268-269
Transtornos depressivos maiores, 84, 289-290
Transtornos somáticos, 74-76
Tratamento, 70
    após 60 anos, 236
    avaliação do, 252-253
    duração do episódio e, 52-53
    estratégias de otimização para, 290
    físico, 69
    metas no, 252-253

    nas histórias dos pacientes, 47-48
    resistência ao, 233-236
    respostas ao, 73-74
Trazodona, 229-230, 239-240
Tríade maníaca, 203
Tríade primária na depressão, 193-195
Triiodotironina, 234-235
Tristeza, 18-19, 26, 43-44, 48-49, 80, 152-153, 205-206, 207-210, 212, 220-221, 223, 260-261
    como humor normal, 17-18
    sonhos e, 164-165
    teorias existenciais e, 189-190
Troca de antidepressivos, 233-235, 241-242

U

Universidade da Pensilvânia, 170-171, 273
Universidade de Vanderbilt, 273

V

Validade das cognições, 262-264, 266
Validade dos diversos achados, 122-124
Validade ecológica, 282-284
Validando premissas básicas, 264-266
Variabilidade de diagnósticos psiquiátricos, 170
Variações culturais na sintomatologia, 46
Variações do humor diurno, 94-95
Variáveis, 122-123
Venlafaxina, 230-231
Veteranos, suicídio e, 57-58
Viés do avaliador, 237
Vínculos emocionais, perda de, 27-29
Violência, 93
Virtudes, 161-162
Visão borrada, 240
Visão negativa de si mesmo, 26-27, 197-198
Vulnerabilidade cognitiva, 292-294
Vulnerabilidades, 209-212